유럽은 어떻게 관용사회가 되었나

— 근대 유럽의 종교 갈등과 관용 실천

DIVIDED BY FAITH:

Religious Conflict and the Practice of Toleration in Early Modern Europe

by Benjamin J. Kaplan

@ 2007 by Benjamin J. Kaplan

Published by Arrangement with Harvard University Press.

All rights reserved.

Korean Translation edition @ 2015 by Prunyoksa

Published by arrangement with Harvard University Press, US

via Bestun Korea Agency, Korea.

All rights reserved.

Divided by Faith:

Religious Conflict and the Practice

of Toleration in Early

Modern Europe

근대 유럽의
종교 갈등과 관용 실천

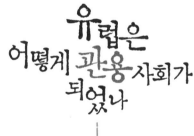

유럽은
어떻게 관용 사회가
되었나

벤자민 J. 카플란
김응종 옮김

푸른역사

CONTENTS

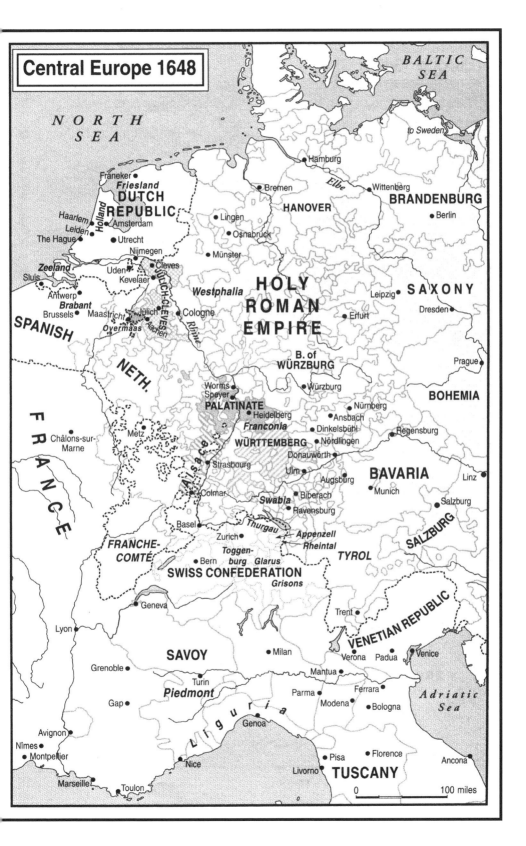

옮긴이의 글

이 책은 벤자민 카플란Benjamin J. Kaplan의 *Divided by Faith: Religious Conflict and the Practice of Toleration in Early Modern Europe*(신앙에 의한 분열: 근대 초 유럽의 종교 갈등과 관용 실천), Harvard University Press. 2007을 번역한 것이다. 저자는 유니버시티 칼리지 런던UCL과 네덜란드 암스테르담 대학의 네덜란드 사史 교수다. 이 책 외에도 저자의 주요 저작으로는, *Calvinists and Libertines: confession and community in Utrecht, 1578~1620*(칼뱅파와 자유사상가들: 1570년~1620년, 위트레흐트의 종파와 공동체), Clarendon Press, 1995, *Cunegonde's Kidnapping. A Story of Religious Conflict in the Age of Enlightenment*(쿠네곤트의 유괴. 계몽주의 시대의 종교 갈등), Yale University Press, 2014가 있고, *Boundaries and their meanings in the history of the Netherlands*(네덜란드 역사에서의 경계와 그 의미), 2009와 *Catholic Communities in Protestant States: Britain and the Netherlands* C.1570~1720(프로테스탄트 국가 내의 가톨릭 공동체들: 1570~1720년 영국과 네덜란드), 2009를 공동 편집했다.

벤자민 카플란의 책 제목이 말하듯이, 근대 유럽, 그러니까 종교개혁에서 계몽주의 시대까지의 유럽은 "신앙에 의한 분열"로 고통을 겪었다. 중세 그리스도교 통일 세계에서 신앙은 분열이 아니라 '통합'의 힘이었던 것과 비교하면 커다란 변화다. 물론 중세에도 가톨릭교회의 가르침을 따르지 않던 '이단', 정확하게 말하면 "가톨릭교회와는 '다른' 선택을 한 사람들"이 있었으나, 그들의 존재가 그리스도교 세계를 분열시키거나 개인들의 신앙생활에 혼란을 줄 정도는 아니었다. 그러나 종교개혁 이후, 신앙은 그리스도교 통일 세계를 파괴하고 적대적인 종파들confessions로 분열시켰다. 종교개혁의 직접적인 결과는 종교 박해요 종교전쟁이었다.

이러한 "종교 갈등" 속에서 이 책의 주제인 '관용'이 싹트기 시작했다. 중세에는 '관용'이 없었다. 가톨릭교회는 '이단'을 용서하지 않았다. 그러나 종교개혁 이후 등장한 루터파, 칼뱅파 등의 프로테스탄트 종파들은 중세의 이단과는 달리 강력했기 때문에 가톨릭교회로서는 타협하지 않을 수 없었다. 1562년 프랑스에서 종교전쟁이 일어날 무렵에 '관용'이라는 단어가 사용되기 시작하는데, 그 의미는 나의 종교와 '다른' 종교는 '틀린' 종교이기 때문에 받아들일 수는 없지만 사회의 안정을 위해서 어쩔 수 없이 '용인'한다는 의미였다. 그것은 '일시적인' 허용이었기 때문에 적절한 조건이 형성되면 언제든지 폐기될 수 있는 것이었다.

종교 갈등과 그에 수반된 세속화의 과정을 겪으면서, 다른 종교에게 종교의 자유를 부여하는 이유가 변한다. 종교전쟁 시대에 종교의 자유는 용인, 시혜의 대상이었으나 계몽주의 시대에 이르면 그것은 개인의 자연권이 된다. 그것은 내가 베풀어주는 것이 아니라 그 사람의 자유요 권리가 되는 것이다. 이러한 "사상의 진보"에 기여한 사람으로는 에라스뮈스, 세바스티앵 카스텔리옹, 피에르 밸, 존 로크, 볼테르 등을 꼽는 것이 일반적이다.

그런데, 이 책의 특징이자 강점은 관용의 '사상'이 아니라 관용의 '실천'에 초점을 맞추고 있다는 것이다. 이제까지 '관용'에 대한 연구는 주로 위대한 사상가들의 선구적인 관용사상과 국가주의 정치가들—마키아벨리의 사상을 받아들였거나 계몽주의를 받아들인 계몽전제군주나 정치가들—을 주인공으로 설정하여, 이들의 선구적인 노력덕분에 관용사상이 진보하고 확산되었다는 식으로 설명하였다. 종교개혁에서 근대 자유주의가 발아했다고 주장한 소위 휘그 역사가들에서부터 본격적으로 관용을 연구한 역사가들, 예를 들면, 페레즈 자고린(*How the Idea of Religious Toleration came to the West*), 헨리 카멘(*The Rise of Toleration*) 등의 주장이 그러하였다. 졸저拙著《관용의 역사—르네상스에서 계몽주의까지》(푸른역사, 2014)도 대체로 이러한 설명 체계를 따르고 있다. 그러나 '사상'이 아니라 '실천'에 초점을 맞출 때 역사의 모습은 달라진다.

카플란의 '관용의 역사'는 두 가지 차원에서 기존의 '관용의 역사'를 비판한다. 첫째, 그는 근대에 관용이 '상승'했거나 '진보'했다는 설명을 비판한다. 1648년에 끝난 종교전쟁 이후에도, 심지어는 계몽주의 시대 말기에도, 불관용적인 사건들이 일어났다는 것이다. 1685년 프랑스에서 칼뱅파를 강제개종시킨 사건은 1598년에 칼뱅파에게 종교의 자유를 부여했던 사건에 비해 관용의 '후퇴'이며, 1780년 당시 가장 관용적이라고 평가를 받던 영국에서 일어난 고든 폭동 역시 불관용적인 사건이었음은 부인할 수 없다. 카플란은 많은 사례를 들면서 관용의 진보라는 휘그적인 역사 해석을 비판한다. 둘째, 카플란은 관용의 '사상'이 아니라 '실천'으로 시선을 옮긴 만큼 당연히 관용사상가가 아니라 관용이라는 사상을 알지도 못하던 사람들, 다시 말하면 보통 사람들을 바라본다. 이들은 관용사상과는 '무관'하게 나름대로의 생존을 위해서 갈등을 조정하고 타협하며 살아갔다. 다시 말하면 이들은 관용을 알지는 못했지만 관용을 실천했던 것이다. 특히 네덜란드 사史 전문가인 저자가 소개하는 '공유교회'나 '비밀교회' 등에 대한 이야기는 흥미롭고 놀랍다. 이렇게 보통사람들의 종교 생활에 초점을 맞춘 것이 이 책의 가장 큰 새로움이 아닐까 싶다.

서양에서 관용의 역사는 '개인'에게 종교의 자유를 부여하는 방향으로 진행되었다. 그러나 관용의 역사가 이렇게 하나의 형태만 가지는 것은 아닐 것이다. 카플란이 서양의 사례를 이슬람 세계의 밀레트 제도와 비교하여 설명하는 것은 흥미롭고 교훈적이다. 밀레트 제도란, 이슬람 세계에서 이슬람교가 아닌 다른 종교—유대교, 그리스 정교, 아르메니아 정교 등—를 믿는 사람들에게 종교의 자유를 부여한 제도다. 그런데 밀레트에서 종교의 자유는 '개인'에게 부여한 것이 아니라 '공동체'에게 부여했다. 따라서 밀레트 제도에서는 여러 가지 종교공동체가 공존했지만, 그 공동체 안에 있는 '개인'은 종교의 자유를 누리지 못했다. 이러한 밀레트 제도와 비교할 때 서양에서의 종교의 자유는 '개인'에게 부여되었음이 두드러진다. 이러한 개인과 집단에 대한 논의는 비단 종교의 자유를 넘어 서양문명과 동양문명의 상이한 역사발전을 엿볼 수 있는 창窓이다. 이 문제에 대해서는 국내에 번역된 마이클 왈쩌의 《관용에 대하여》(송재우 옮김, 미토, 2004)에서도 논의되고 있다. 독자들이 깊이 생각해볼 만한 좋은 주제가 아닌가 한다.

카플란이 시도한 관용의 사회사는 우리의 역사 인식을 풍요롭게 하고 역사 지평을 확대해주는 사학사적 가치를 지닌다. 관용의 사상사에 비해 관용의 사회사는 연구하기 어려운 분야다. 그러나 진정한 역사가는 표면에 나타난 사상을 분석하는 것을 넘어 심층 사회를 탐사하고 발굴하는 사람일 것이다. 사상사의 멋있는 이야기들에 비해 사회사의 세부 사실들은 허접하고 산만해보일지 모르지만 역사가의 중요한 임무는 그러한 일상적인 사실들을 찾아내고 거기에서 의미를 읽어내는 데 있을 것이다.

그러나 카플란이 근대에 관용이 '상승'했음을 부정하는 것은 전폭적인 지지를 받기 어렵지 않을까 싶다. 카플란은 계몽주의 시대에도 발생한 불관용적인 사건들은 관용의 상승이나 진보 상에 나타난 단순한 '예외'가 아니라면서 관용이 하나의 방향으로 상승했음을 부정하거나 다른 시점을 제시하거나 심지어는 관용이 '하강'했다고도 말한다. 관용의 상승을 주장하는 역사가들이 카플란이 말하는 불관용적인 사건들에 대해 알지 못했던 것은 아니다. 그럼에도 그들이 관용이 상승했다고 말한 것은 근대를 지나면서 인간의 '이성'이 사유의 힘이 되었고 사회적으로는 세속화가 진행되면서 종교의 지배력이 약해진 만큼 관용이 확산되었다고 판단했기 때문이다. 실제로, 종교개혁 시대와 계몽주의 시대를 비교하면, 유럽은 관용적인 사회가 되었음을 부인할 수 없다. 유럽의 각 나라들은 종교의 자유를 허용했다. 프랑스에서는 프랑스혁명 직전인 1787년에 루이 16세가 종교의 자유를 부여하는 칙령을 공포했다. 이제 시민들은 종교적인 이유로 법적인 불이익을 당하지 않게 되었다. 계몽주의 시대에 이르면, 종교의 자유를 얻는 데 더 이상 군주의 시혜, 즉 '관용'이 불필요해졌다. 종교의 자유는 개인의 자연권이 된 것이다. 라보 생테티엔, 토마스 페인 같은 사람들이 '관용'이라는 권위주의적인 말을 거부한 이유도 여기에 있다. 카플란의 주장이 타당한지 여부는 독자들이 판단할 문제다.

16세기의 인문주의자인 몽테뉴는 '관용'이라는 말에 들어 있는 '용서'라는 의미 때문에 관용이라는 말 보다는 '양심의 자유'라는 말을 선호했다. 그가 관용이라는 말을 사용한 것은 '악의 관용' 같은 경우였다. 이렇듯, 엄밀한 의미에서 관용의 대상은 '악'이었다. '선'은 관용의 대상이 아니었다. 그러나 오늘날 서양에서 관용이라는 말은 이렇게 과거의 의미대로 엄격하게 사용되지는 않는다. 그 말은 다름을 인정하고 존중한다는 의미로 진화했다. 자연권사상이 영향을 주었을 것으로 생각된다. 2014년 여름 방한한 프란치스코 교황은 관용과 배려라는 덕목을 특히 강조했는데, 그 의미는 타자를 존중하라는 뜻이었을 것이다. 우리 사회에서는 관용이라는 말에 '용서한다'는 의미가 강하게 남아 있어서, 관용을 거부하는 경향이 있지 않나 싶다. "내가 무슨 잘못을 했다고 나를 관용한다고 하느냐"는 식이다. 관용의 의미가 확대되고 진화했음을 인식할 필요가 있다.

카플란의 책은 '관용'이 갈등을 해결하려는 노력이었음을 보여준다. 사상가들은 관용의 필요성을 역설했고, 정치가들은 관용을 통해 국가의 안정과 발전을 도모했으며, 일반 사람들은 공동체 내에서 관용을 실천함으로써 갈등을 해결해나갔다. 어느 사회나 갈등을 겪고 해결하며 발전하는 것이지만, 우리 사회는 갈등 해결 능력이 약하지 않은가 싶다. 우리 사회는 수직적인 위계사회에서 수평적인 민주주의 사회로 급속히 이행하면서, 새로운 사회에 필요한 법, 규범, 공중도덕, 시민의식 등이 확립되지 못하였다. 자기의 권리만 주장할 뿐 타인의 권리를 존중하지 않고, 타인의 의무만 요구할 뿐 자기의 의무는 없는 사회가 되었다. '관용'은 그것의 의미가 '용인'이건 '타자의 권리 존중'이건 모두 오늘날 우리 사회에서 절실하게 요구되는 덕목이 아닌가 싶다. 이 책이 '관용'의 필요성을 환기시키는 데 조금이라도 도움이 되기를 기대한다.

서론

근대 초 그러니까 중세와 근대 사이에 끼어 있는 3세기 동안 벌어진 사건들 가운데 1572년의 성바르텔르미 축일의 학살 사건보다 더 악명 높고 무시무시한 사건은 없다. 그것은 위그노라고 알려진 프랑스 칼뱅파의 정치적·군사적 지도자인 가스파르 드 콜리니를 암살하려는 서투른 시도로 시작되었다. 그날, 샤를 9세는 핵심 위그노 귀족들을 죽이라고 명령했다. 그날 아이러니하게도 위그노 귀족들은 앙리 드 나바르와 국왕 여동생의 결혼을 축하하기 위해 파리에 모여 있었다. 이 결혼은 프로테스탄트와 가톨릭 사이의 관계를 진정시키고, 10년간의 종교전쟁을 종식시키기 위한 것이었다. 그때 파리의 가톨릭 군중이 개입하여 살인은 통제불능 상태에 빠졌다. 그 사건은 처음에는 파리에서 그 다음에는 프랑스의 몇몇 도시에서 위그노의 대량학살로 끝을 맺었다. 수천 명의 위그노가 사망했다—파리에서 2천 명, 지방에서 3천 명이 죽은 것으로 추산되는데, 정확한 숫자는 알 수 없다. 많은 사람들이 고통스럽고 참혹한 죽음을 맞이했다. 살인자들이 이들

"이단들"의 시신을 유희하듯이 절단하고 훼손했기 때문이다. 1535년, 프랑스의 "매우 그리스도교적인 왕"인 프랑수아 1세는 왕국에서 이단이 사라지기를 원한다고 선언한 바 있다. "내 몸의 두 팔 중 하나가 감염되면 그것을 잘라내고, 나의 아이들이 감염되면 기꺼이 그들을 희생시키는 것처럼."[1] 1572년 그의 손자의 가톨릭 신하들은 숨막힐 정도로 잔인하게 그러한 확신을 행동으로 옮겼다. 그 사건은 유럽을 전율시켰고, 프랑스의 국가 기억에 결코 완전히 치유될 수 없는 상처를 남겼다.

성바르텔르미 축일의 학살 사건은 오늘날 여전히 근대 초, 특히 교과서에서 "종교전쟁의 시대"라고 기술되는 대략 1550년에서 1650년까지의 시기와 관련된 경계석 같은 사건들 가운데 하나다. 우리는 프로테스탄트 종교개혁에 뒤이은 그 시대를 많은 측면에서 억압의 시대요 종교 박해의 시대라고 생각한다. 검은 옷을 입은 퓨리턴들은 육체의 쾌락을 추방하고 마녀로 몰린 사람들을 사냥하면서 신정神政 체제를 확립했다. 가톨릭 이단재판관들은 이단을 화형시키라고 명령했으며, 그들의 왕들은 절대권력을 잡기 위해 애썼다. 군중들은 신의 이름으로 잔악한 행위를 범했다. 일련의 종교전쟁은 프로테스탄트 군대와 가톨릭 군대를 대륙적인 차원에서 맞붙게 했다. 서양사에서 그러한 양상이 이제는 먼 과거가 된 것이 얼마나 다행인가! 다행스럽게도 서구는 그러한 경험으로부터 배웠다. 1650년에서 1700년 사이의 어느 시점에, 유럽은 새로운 발전 국면, "계몽주의 시대"에 들어섰다. 그것은 그 같은 야만을 영원히 종식시켰다. 이성이 종교적 광신에, 관용이 박해에 승리를 거두었다. 그 이후, 유럽과 유럽의 아메리카 식민지는 근본주의가 여전히 강력하고 박해가 여전히 진행형이며 종교 폭력이 여전히 일상적인 다른 지역과는 언제나 달랐다. 이 지역도 문명사의 어두운 국면을 넘어 진보해야 한다.

우리가 이야기하려는 것은 한마디로 종교적 관용과 불관용의 역사다. 그러한 종류의 다른 이야기들과 마찬가지로, 그것은 진실된 면면들을 담고 있다. 프로테스탄트 종교개혁과 그것의 상대인 가톨릭 종교개혁 혹은 대응 종교개혁은 유럽이 그때까지 혹은 그 이후로도 알지 못했던 차원의 종교적 박해와 갈등으로의 길을 닦았다. 이것은 분명한 사실이다. 종교개혁 이전에, 이탈리아 장화長靴에서 노르웨이의 피오르드까지, 에메랄드 섬*에서 리투아니아의 평원까지, 유럽은 느슨하기는 했지만 로마의 방패 아래 통합된 하나의 정신적 공동체—보편적이라는 의미의 "가톨릭" 공동체—를 구성했다. 종교적인 차이가 있었던 것은 사실이다. 중세 내내, 일부 그리스도교인들은 유대인들과 접촉했는데, 유대인공동체는 잉글랜드와 프랑스의 유대인들이 추방된 이후에도 오랫동안 이탈리아, 스페인, 프로방스, 독일, 폴란드 등지에서 번성했다. 이베리아 반도에는 1492년에 완료되는 그리스도교의 재정복 이후에도 많은 무슬림들이 남아 있었다. 그러나 그리스도교인들이 '불신자'라고 낙인찍은 이들 두 집단은 언제나 다른 사람들—다른 신을 믿는 이질적인 종족—이었다. 그리스도교 세계는 그들과 종종 폭력적으로 대립하면서 스스로를 규정했고, 그러한 동력에서 정체성을 획득했다. 동부 유럽의 변경에서, 가톨릭 그리스도교인들은 교황이 아니라 콘스탄티노플 총대주교와 그의 동료들을 정신적 지도자로 인정하는 그리스정교 그리스도교인들과 이웃하며 살았다.

* 아일랜드를 지칭하는 시적인 이름(*는 역주 표시다.)

가톨릭은 이들 그리스도교인 사촌들을 자기들과 본질적으로는 다르지 않은 신앙을 가지고 있는 고집 센 '종파 분리자'로 간주했다. '이단들'—교회의 가르침을 거부하는 가톨릭—은 그들이 보기에 훨씬 더 해로운 위협이었다. 11세기 이후 그들의 움직임은 활발했으며, 어떤 것들은 다수의 추종자를 확보했다. 로마 가톨릭교회는 그들을 상대로 십자군과 이단재판소 같은 무서운 무기를 만들었다. 가톨릭 당국은 그러한 내부의 반대파들을 완전히 제거하지는 못했지만, 그래도 카타르파, 발도파, 롤라드파 등의 이단들을 산골 마을이나 후미진 지역으로 몰아내는 데는 성공했다. 교회에 대항하여 승리를 거둔 유일한 집단은 보헤미아의 후스파였다. 이들은 일련의 군사적인 성공을 통해 15세기에는 종교의 자유를 쟁취했지만, 그들의 움직임은 강력한 민족주의적 성격을 지니고 있어서 그들의 본거지 밖으로는 나가지 못했다.

16세기의 종교개혁들은 그 이전의 것들과는 근본적으로 다른 종교적인 분열을 낳았다. 첫째, 그것들은 규모에 있어서 대륙적이었다. 가톨릭 당국은 이탈리아, 스페인, 포르투갈에서는 프로테스탄티즘을 진압하는 데 성공했으나, 그 밖의 지역에서는 그렇지 못했다. 어떤 나라들—잉글랜드, 스코틀랜드, 덴마크, 스웨덴, 네덜란드공화국—은 프로테스탄티즘을 공식 종교로 채택한 반면, 다른 나라들은 가톨릭으로 남았다. 왕국이 아니라 느슨한 정치체였던 독일과 스위스에서는 영방들과 칸톤들에서 가톨릭-프로테스탄트 균열이 일어났다. 프로테스탄티즘도 루터파, 개혁파(일상적으로는 칼뱅파로 알려진), 재세례파 등의 경쟁적인 종파들로 분열했다. 이러한 과정은 천년이 넘도록 지속된 종교적 단일성을 파괴하면서 서방 그리스도교 세계를 조각냈다. 둘째, 수백만 명의 유럽인들이 대단히 직접적이고 지역적으로 그러한 분열을 체험했다. 프랑스와 헝가리 같은 일부 지역은 공식적으로 다종파적이었고, 다른 지역들은 단일신앙에 대한 충성을 선언했으나 주민들이 실천하지 않았다. 법적이건 사실적이건, 수만 개의 도시와 마을들이 내부적으로 분열되었으며, 더 많은 수의 도시와 마을들에서는 길 아래 혹은 들판 저쪽에 '이단들'이 살고 있었다. 친구, 이웃, 동료 시민, 심지어는 가족 등 가장 가까운 동반자들부터 신앙에 의해 분열되었다. 그리고 그 분열은 항구적이었다.

다른 신앙을 가진 사람들과 어떤 관계를 맺을 것인가는 그 시대의 가장 절박한 문제였다. '관용'과 '불관용'이 처음으로 유럽의 사상에서 중요한 주제가 되었으며, 수백만 명의 사람들에게는 일상생활의 이슈가 되었다. 심지어는 18세기에 유럽인들이 식민지 정복을 통해 세계의 수많은 사람들과 대면한 이후에도, 유럽인들이 직면했고 고심했던 '타자성'의 형태는 여전히 그들 사이의 종교적 차이였다. 종교적 관용은 하나의 범례가 되었다. 그것은 유럽사에서 최초의 관용이었고, 모든 형태의 다름—종교적, 종족적, 문화적, 인종적—에 적용되는 근대적 관용 개념의 모태였다.

관용의 상승에 대한 이야기는 자체의 역사를 가지고 있다. 그것은 계몽주의의 유산이었다. 그 낙관적인 운동의 선두에 섰던 사람들에게는 역사란 무엇보다도 정신적인 진보의 역사였다. 그것은 인류가 유아기의 불안, 미신, 무지를 집어던지고 성년기의 합리성과 지식으로 나아가는 성장의 이야기였다. 이러한 성숙의 은유를 이용하여, 계몽주의 '철학자들'은 그들이 이해한 개인적인 인간의 성장 과정을 전체 인류의 성장 과정에 투사했다. 그들이 특별히 염두에 둔 인류는 유럽과 그 식민지로 국한되었지만 말이다. 그것의 최종적인 성숙을 어떤 사람들은 자신들이 살던 18세기에서 찾았고, 어떤 사람들은 시대의 지평선 너머에서 발견했다. 두 경우 모두에서, 볼테르, 레싱, 디드로, 콩도르세 같은 철학자들은 이성의 빛(또다른 은유를 사용하면)이 신앙의 어둠을 몰아내는 것을 보았다. 계몽주의가 종교를 완전히 추방한다고 믿었던 것은 아니었다. 특히 프랑스에서 몇몇 철학자들은 교회의 독단과 전제專制를 강하게 비난했지만, 다수는 종교가 좀더 합리적으로, 덜 "열광적"이고 덜 "광신적"으로 변할 거라고 생각했다. 그들은 성숙한 인류의 신앙이, 제대로 이해된 성서의 계시가 그러하듯이, 인간 이성의 명령과 완전히 합치할 거라고 주장했다. 그들은 관용이 이렇게 성숙한 종교의 본질이며, 그것의 합리성의 구체적인 사회적 현시라고 선언했다. 이전의 몇몇 유럽 사상가들이 그랬듯이, 철학자들도 관용이 진정한 그리스도교의 본질적인 표식이라고 선언했다. 이전 사람들과 달리, 그들은 관용을 정교한 역사적 도식의 종점, 인간의 진보를 측정하는 척도로 만들었다.

21세기의 벽두에도, 우리는 과거를 해석하는 데 이러한 도식을 사용한다. 예를 들어, 오늘날의 역사가들이 성바르텔르미 축일의 학살 사건에 대해 해석하는 것을 살펴보자. 자닌 가리송에 의하면, 가해자들의 잔인한 살인 형태는 "태초부터 내려온 것이다. 그것은 집단무의식 속에 묻혀 있다가, 1572년 8월에 다시 솟아올랐다. 원시인들이 정화의식을 거행하듯이, 그 사람들은 그 '사악한 사자死者들'을 물, 진흙, 공기, 불…… 같은 필수요소들의 활동에 넘겨주었다. 인류학자들은 이와 동일한 정화의식과 신을 진정시키는 의식을 원시인들에게서 발견한다."[2] 마찬가지로, 로버트 킹던도 학살은 민중의 "원시적 종교 감정"에 의해 가장 잘 설명될 수 있다고 말한다.[3] 이 학자들이 사용하는 강한 형용사들과 비서구 세계의 유사사례들이 의미하는 것은 무엇인가? 그것은 인간사회는 발전 단계를 따라 원시사회에서 진보사회로 나아간다고 말하는 것이다. 종교적 갈등은 감정, 의식주의儀式主義, 종족애 등이 촉발하는 원시적 행동 형태다. 사회가 더 진보하거나 문명화될수록, 그 사회가 실천하는 관용도 늘어난다. 몇몇 사회는 다른 사회보다 이러한 진보의 노선에서 뒤처졌으며, 그리하여 후진적이다. 일시적인 후진과 우회는 있을 수 있지만, 모든 사회는 더 많은 관용을 향하여 동일한 방향으로 움직인다.

이 도식이 안고 있는 문제는 그것이, 여러 가지 의미에서, 신화라는 것이다. 신화란, 하나의 정의에 의하면, 거짓이거나 오류로 밝혀질 수 있는 진술이다. 현대의 사건들은 이 책의 주제가 아니지만, 북아일랜드, 발칸반도, 서아시아, 인도, 인도네시아, 기타 세계의 여러 지역들에서 일어나는 갈등들이 증명하듯이, 명백히 종교적인 폭력이 여전히 참혹하게 일어나고 있다. 이들 지역이 원시적인 사회인가? 이들 지역이 더 많은 관용을 향해 나아가고 있는가? 우리는 유럽과 아메리카에서 종교적인 관용이 영원히 지속될 것으로 믿을 수 있을까? 전 지구적인 차원에서, 오늘날 종교 갈등은 늘면 늘었지 줄지는 않은 것 같으며, 기술, 경제 발전, 근대화, 진보 등과 결합된 여러 가지 것들이 그것을 감소시키는 효과가 있을지도 미지수다. 근대 초 유럽의 역사가 이러한 관용의 증가 패턴과 맞지 않음을 보여주는 연구는 무수히 많다. 잉글랜드에서의 고든 폭동, 카미자르 전쟁, "토른의 유혈극",* 잘

---

* 1724년 폴란드 국왕은 토른 시장과 9명의 프로테스탄트를 처형했다.

츠부르크의 루터파 2만 명 추방, 프랑스의 장 칼라스 사건 등은 18세기에도 갈등과 박해가 지속되었음을 증언해주는 사건들의 일부다. 17세기 말 영국에서는 가톨릭 군주를 왕위에서 몰아내는 혁명이 있었고, 프랑스에서는 백만 명 위그노의 4분의 3을 강제로 개종시켰다. 이러한 사실들은 역사가들에게는 상식이다. 그러나 어쩐 일인지 관용이 늘어났다는 그 이야기는 신뢰성을 상실하지 않았다. 19세기에, 토마스 배딩턴 머콜리, 존 로트롭 모틀리, W. E. H. 레키 같은 학자들이 열심히 그 이야기를 했다. 이들은 소위 휘그 역사가들로서 그 이야기에 반反가톨릭적인 성격을 가미했다. 20세기에, 그 이야기는 지지와 비판의 대상이 되었다. 그렇지만, 그 이야기는, 그 이전보다 더, 유럽인들과 아메리카인들 사이에서는 전통적인 지식이 되었다. 사실과 신화 사이의 불일치는 예외, 후퇴, 우회 등으로 간주되었다.

'신화'는 두 번째 의미, 좀더 문학적인 의미를 가지고 있다. 신화는 특출한 인물에 대한 상징적인 이야기다. 그것은 현재의 사건들을 설명하거나 정당화시키기 위해 과거에 대해서 말하는 도덕적인 이야기다. 이러한 의미에서도 "종교적 관용의 상승"은 신화다. 그것은 역사의 매 시기마다 영웅들을 배치하는데, 이들 관용의 챔피언들은 "근대적인" 가치를 예견하고 "후진적인" 적들을 상대로 최종 승리를 거둔다. 그것은 은유적인 용어—위로의 움직임, 앞으로의 움직임("진보"), 어둠을 대체하는 빛("계몽", "계몽주의 시대", 아우프클래룽), 성숙—를 동원하여 변화를 묘사하고 있다는 점에서 상징적인 이야기다. 우리는 그 이야기를 하면서 하나의 교훈, 즉 관용의 영원한 가치를 전하며, 우리가 그 이전 시대보다 그것을 더 많이 실천하는 데 자부심을 느낀다.

이것이 나쁘기만 한 것은 아니다. 왜냐하면 비슷한 이데올로기적 구성물과 마찬가지로, "관용의 상승"은 순환적이고 자기확인적인 힘을 가지고 있기 때문이다. 그것은 우리 사회를 때로는 가혹하게 판단할 수 있는 기준을 제공해주며, 더 많은 관용에 대한 요구에 도덕적인 힘을 실어준다. 그렇지만, 그것의 쇼비니즘은 판단력을 마비시킨다. 그것은 불관용을 원시적 비합리성 때문이라고 뒤집어씌움으로써 불관용의 진정한 원인을 모호하게 만든다. 그리고 어느 누구도 자신을 원시적이라고 생각하기를 원치 않기 때문에, 그것은 불관용을 우리 자신이 아니라 다른 사람의 잘못 때문이라고 보게 만들며, 모든 차이를 양적인 문제로 환원시킨다. 그것은 관용이 특정한 시대 특정한 장소에 '얼마나 많이' 있었는지만을 물음으로써, 질적으로 다른 '종류'의 관용이 존재할 수 있음을 인정하지 않는다. 이러한 식으로 그것은 현재의 갈등을 피하거나 해결하는 방법에 대한 사고를 축소시키며, 과거를 보는 시각을 왜곡시킨다.

이 책은 종교개혁과 프랑스혁명 사이에 유럽에서 전개된 종교적 관용과 갈등의 역사를 새롭게 조명한 것이다. 그것은 새로운 사실을 소개하거나 기지의 사실들을 검토하지 않는다. 이 책의 목표는 관심의 초점을 바꿈으로써 사람들이 역사를 다르게 바라보도록 만드는 것이다. 관용에 대한 전통적인 역사는 세바스티앵 카스텔리옹, 존 로크, 볼테르 같이 관용을 주장했던 대범한 지식인들, 그리고 잉글랜드의 올리버 크롬웰, 프로이센의 프리드리히 대제, 합스부르크 황제 요셉 2세 같이 관용적인 정책을 추진했던 계몽군주들에 초점을 맞추는 것이다. 전통적으로 역사가들은 첫 번째 집단의 글에서 근대적인 관용 관넘의 등장을 확인했고, 두 번째 집단의 정책 결정에서 그것의 확산을 확인했다. 역사가들이 첫 번째 경우에는 관용을 추상적인 개념으로 다루었고, 두 번째 경우에는 관용을 법과 통치령의 문제로 다루었다. 그들이 시사하는 바에 의하면, 관용은, 관용을 점점 확실하게 이론적으로 정당화시키는 소수의 선각자들에 의해 상상된 다음, 이성적으로 사고하는 소수의 진보적인 통치자들에 의해 제도화되었다. 두 종류의 역사(종종 서로 서로 결합되어 있지만)가 이야기의 주요 전달자로서 기능해왔다. 하나는 관념의 계보를 추적하는 것이고, 다른 하나는 정치적 내러티브를 이야기하는 것이다. 두 경우 모두 등장인물은 엘리트이다.

지난 10년이나 15년에, 점점 더 많은 역사가들이 이러한 종류의 이야기에 불만을 느껴왔고, 각자의 전공분야에서 그것과는 다른 연구결과를 생산해냈다. 그렇지만, 그들의 연구는 단편적이어서 비전문가들이 접근하기 어려운 것이었다. 반면, 다른 역사가들은 조셉 르클레르가 이 주제에 대한 고전을 발표한 1950년대식, 심지어는 윌버 K. 조르단의 연구가 나왔던 1930년대식 관용의 역사를 계속해왔다.[4] 그 사이 수십 년 동안 역사의 광범위한 영역에 혁명이 일어나지 않은 것처럼 여겨질 정도다. 그 혁명의 핵심에는 하나의 통찰력이 놓여 있다: 과거를 만드는 데 있어서 엘리트는 전능하지 않으며, 다른 종류의 사람들—농민과 장인, 여자와 소수자들—이 적극적인 역할을 수행한다는 인식 말이다. 전에는 "역사가 없는" 사람들이었던 그러한 사람들이 이제는 철학자와 왕들만큼 주목을 받는다.[5] 이러한 변화와 더불어, 역사가들은 특별한 사건뿐만 아니라 일상적인 삶, 개별 지도자뿐만 아니라 사회 집단, 지적인 사상체계뿐만 아니라 대중의 집단심성(망탈리테), 국가적인 차원의 정치체뿐만 아니라 지역공동체도 포함하도록 연구 범위를 크게 확대했다. 역사가들은 이 같은 새로운 주제들을 다루기 위해 인구학, 인류학, 문학 같은 학문들에 의지하여 새로운 방법론을 만들어냈다. 그 결과, 역사에 대한 사회적·문화적 접근이 지적이고 정치적인 접근과 나란히 꽃을 피웠고, 옛날의 진실들에 도전했으며, 새로운 탐구 노선을 열었고, 사람들이 과거를 새롭게 조망할 수 있도록 해주었다.

이 책은 근대 초 유럽의 종교적 관용의 역사를 재검토하기 위해 이러한 접근방법들을 사용할 것이다. 이 책은 관용이 지식인들과 통치 엘리트들만의 문제가 아니라 종교적인 혼합공동체 안에 사는 사람들 모두의 문제였다는 결정적인 가정에서부터 시작한다. 그들에게 관용은 대단히 구체적이고 세속적인 차원을 가지고 있었다. 그것은 개념이나 정책이었을 뿐만 아니라 행동 형태였다. 이러한 행동 형태를 "관용하기toleration"라고 부르자. 그것은 상이한 신앙을 가진 사람들 사이의 상호적 행동, 즉 사회적 실천이었다. 그것은 지역적 차원에서 실행되거나 실패했고, 이상理想 및 공식적인 정책과 복잡한 관계를 맺어왔다. 요컨대, 이 책은 상이한 신앙을 가진 사람들이 한 마을이나 도시에서 평화롭게 공존하기라고 정의될 수 있는 '관용하기'에 초점을 맞춘다. 이 책은 그 같은 관용하기가 실제로 어떻게 실천되었으며, 왜 특정한 시간과 특정한 장소에서만 지배적이었는지를 다룬다. 그리고 그러한 관용하기가 지속적으로 늘어났는지의 문제를 다룬다.

종교적 관용을 이렇게 정의할 경우 그것은 "상호적 수용 원칙"을 요구하지 않으며, 우리의 근대적 관용 개념이 상상하듯이, 다양성의 포용은 더더욱 요구하지 않는다.[6] 계몽사상가들의 주장에도 불구하고,

대부분의 유럽인들은 근대 초 막판까지도 '관용하다tolerate' 라는 단어를 반대하는 것을 참기, 인내하기 등의 전통적인 의미로 사용했다. 그것은 불유쾌한 것을 마지못해 수용하는 실용적인 행동이었지, 어떠한 긍정적인 덕행이 아니었다. 그것을 법제화하는 데 있어서, 관용하기를 실천하는 사람들은 자기들의 종교의 진실성에 대해서 그리고 다른 사람들의 종교의 거짓되고 일탈적인 성격에 대해 은근하지만 강력한 주장을 펼쳤다. 혁명적 팸플릿 작가인 토마스 페인은 바로 이런 이유로 관용하기를 단죄했다. 그는 그것을 인간의 자연권—그는 종교의 자유를 여기에 포함시켰다—에 대한 모욕이라고 보았다. 페인에 의하면, "관용하기는 불관용의 반대가 아니라 그것의 닮은꼴이다. 둘은 모두 독재이다. 하나는 양심의 자유를 유보하는 권리를 떠맡고, 다른 하나는 그것을 허용하는 권리를 떠맡는다. 하나는 불과 섶단으로 무장한 교황이고, 다른 하나는 면벌부를 판매하고 교부하는 교황이다." 시인 괴테는 한층 간결하게 말했다: "관용하기는 모독하기다."[7]

관용에 대한 페인의 고발은 섬세하지만 중요한 논점을 가지고 있다. 일반적인 의미에서 관용과 불관용은 근대 초 유럽에서는 반대말이 아니었으며, 그렇기 때문에 둘 중 하나만 보기를 기대해서는 안 된다는 것이다. 오히려 그 둘은 "변증법적으로, 상징적으로 결합되어 있었다."[8] 관용에 편협한 신앙과 차별이 내재해 있듯이, 가장 평화로운 공존에도 갈등이 내재해 있다. 이 같은 역설적인 진술은 사회과학자들을 놀라게 하지 않을 것이다. 왜냐하면 그들은 갈등을 인간의 사회생활의 정상적인 일부라고 인정하기 때문이다. 공동체는 갈등을 조정하고 그것을 제한하기 위해 행동 규율을 규정하고 다양한 형태의 공식·비공식 장치를 사용한다. 평화는 갈등을 제거하는 것이 아니라 갈등을 성공적으로 조정하고 억제하는 것이다. 이것은 한 사회의 가치들이 특정 영역에서 갈등을 합법화하고 조장할 때 더욱더 유효하다. 종교문제에 있어서 근대 초 유럽이 그러했다. 다른 신앙들에 대해 아무런 적대감이 없는 사람은 예외적인 사람이었다. 이들은 엘리트와 민중 사이의 의견의 골이 깊어지는 계몽주의 시대까지 자기 공동체의 공식적인 규범과 갈등을 빚었다. 마찬가지로, 종교적인 분쟁을 이유로 이웃을 죽이려는 사람들 역시 예외적인 사람들이었다. 근대 초 유럽에 있었던 도살자와 순교자들은 동시대인들을 놀라게 했고, 그들의 문화에 지울 수 없는 흔적을 남겼다. 대다수는 도살자와 순교자가 아니었으며, 그들의 그리스도교 신앙의 개념도 그들이 도살자와 순교자가 되도록 강요하지 않았다. 유럽의 교회들은 불관용을 격렬하게 설교할 때에도, 다른 한편으로는 이웃에 대한 사랑과 법에 대한 존중이라는 반대의 가치를 가르쳤다. 종교적 의무와 세속적인 의무는 근대초 문화에서는 분리하기 어려웠다. 명예, 충성, 우정, 애정, 혈연, 공공 의무, 공공의 안녕에 대한 헌신: 이러한 유대紐帶는 개인의 신앙적 충성심을 강화하거나 복잡하게 만드는 신성한 성격을 가지고 있었다. 경쟁적인 종파들은, 한창 싸울 때에도, 그리스도교인들, 유대인들, 무슬림들이 공통의 성서적 유산을 공유하듯이, 고대와 중세 이래의 공통의 그리스도교 유산을 계속 공유했다. 다른 한편으로, 신구의 각종제도들은 평화를 지키기 위해 노력했다. 근대 초의 관용/불관용의 외면적 불일치성—야누스의 얼굴—과 종교적으로 혼합된 사회에서 삶이 위태로웠던 것은 이 때문이다.[9]

평화 공존은 언제나 불확실한 성과였다. 종교는 근대 초 공동체들의 사회적, 문화적, 정치적 삶에 깊숙이 용해되어 있었기 때문에, 대립적인 신앙을 가진 사람들이 평화롭게 공존하기 위해서는 정교한 조정과 조절 장치가 필요했다. 그 다양한 집단들이 어디에서 예배를 볼 것인가? 교회와 성직자들에게 어떻게 지불할 것인가? 누가 그들의 아이들을 교육할 것인가? 그리고 어떤 커리큘럼으로? 자선기금은 어떻게 분배할 것인가? 공공행사는 어떻게 엄숙하게 올릴 것인가? 누구의 축일을 기념할 것인가? 권력과 그에 따른 이권은 어떻게 나눌 것인가? 각각의 집단은 어떤 권리와 특권을 갖는가? 평화는 모든 집단이 만족하거나 최소한 수용할 만한 방식으로 이러한 문제들이 해결되느냐에 달려 있었다. 또한 공존은 상이한 신앙을 가진 사람들이 서로 어떻게 대하느냐에 대해 심각한 문제를 제기했다. 그들은 서로 결혼했는가? 그렇다면, 아이들은 어떻게 기를 것인가? 그들은 같은 마을에서 살았는가? 상대를 고용하거나 상대로부터 물건을 구매했는가? 동일한 길드나 클럽에 속했는가? 같은 술집에서 술을 마셨는가? 상대방의 결혼식이나 장례식에 참석했는가? 어느 정도로 그들은 특별한 하위공동체나 하위문화를 구성했는가? 이러한 질문들에 대한 답변에 따라, 집단들 사이의 관계는 매우 상이한 패턴을 따를 수 있다.

이 책은 유럽인들이 16세기에서 18세기까지 다른 신앙을 가진 사람들과 어떠한 관계를 맺으며 살아왔는지에 대한 모든 문제를 다루지는 않을 것이다. 그렇게 하려면, 이 책은 전 지구를 다루어야 할 것이다. 왜냐하면 그 기간 중에 유럽인들은 멀리 떨어진 섬들을 탐험하고, 수많은 사람들과 교역하고, 아시아와 아메리카에 방대한 제국을 세웠기 때문이다. 그 과정에서 그들은 세계의 거의 모든 종교를 만났다. 그러한 만남이 아무리 중요하다고 해도 이 책의 중심 문제가 되지는 못한다. 이 책의 중심 문제는 근대 초 유럽의 그리스도교 사회 안에서 종교적 다양성이 어떻게 조정되었나, 이다. 따라서 이 책은 유럽 특히 중세에 교황의 정신적 리더십과 샤를마뉴의 후계자인 신성로마제국 황제의 세속적 리더십을 인정한 지역에 초점을 맞춘다. 영국에서 폴란드-리투아니아에까지 펼쳐진 이 지역은 종종 "라틴 그리스도교 세계" 또는 "서구 그리스도교 세계"로 불리어왔으며, 근대 초에는 유럽 그 자체와 동의어였다. 그것은 사람들이 '유럽'이라는 단어를 사용할 때 의미했던 지역이었다. 이 같은 제한적인 의미의 용례는 1453년에 콘스탄티노플을 정복한 오스만투르크인들의 무슬림제국이라는 새로운 강력한 위협에 대항하기 위해 교황 피우스 2세를 비롯한 사람들이 '유럽의' 제후들이 연합할 것을 요구했을 때 정착되었다. 이 엄청난 사건은 두 번째 그리스도교 세계, 즉 동구 그리스도교 세계를 구성했던 비잔티움제국의 잔재를 파괴했다. 1520년경, 오스만인들은 헝가리로 정복을 확대했으며, 1529년에는—처음으로, 그러나 마지막은 아닌—빈Wien을 공격했다. 근대 초에 이들 '불신자들'을 격퇴하기 위한 필사적인 투쟁 속에서 형성된 '유럽'이라는 용례는 수세기 동안 공통의 종교, 지적인 언어(라틴어), 정치 전통을 공유해온 서구 지역을 가리키는 용어가 되었다. 이 유럽, 이 그리스도교 세계는 하나의 공동체였지만 프로테스탄트 종교개혁과 가톨릭 종교개혁 때문에 많은 차원에서 조각나버렸다. 그 공동체의 구성원들은 자기들이 신앙에 의해 분열되었음을 알았다. 이 책의 주제는 유럽인들이 도시와 마을에서 종교적 차이에 직면하여 어떻게 싸웠는지, 경쟁적인 종파의 구성원들이 어떻게 공존했는지 혹은 실패했는지, 그리고 자기들과 함께 살던 (혹은 함께 사는 것을 방해받던) 유대인, 무슬림, 그리스정교 그리스도교인들을 어떻게 다루었는지이다.

일부 학자들은 관용의 현실적인 실천과 관용의 이상理想을 구분하기 위해 전자前者를 다른 이름, 예컨대 "종파의 공존" 혹은 "종교적 다원주의"라고 부르기를 선호한다.[10] 이 책도 그러한 관점에 동의하지만, 평이한 언어를 선택한다. 이 책은 '관용하기toleration'라는 용어를 사용하는데, 그것은 갈등을 성공적으로 봉합하고 물리적인 폭력을 피하여, 공존이 안정적으로 유지되는 상태를 가리킨다. 봉합 과정을 이해하기 위해서는 갈등을 이해하는 것이 필요하다. 제1부 "방해물"은 신앙에 의해 분열된 사람들이 근대 초 유럽에서 함께 살아가는 것이 그토록 어려웠던 이유를 분석한다. 제1부는 불관용을 부채질한 거대한 힘들에 대해 기술한다: 갈등을 정당화했고 그런 다음에는 그것을 조장한 믿음체계; 종교가 공동생활에서 수행한 중심 역할; 종교와 정치가 뒤얽혀 있던 방식. 제1부는 종교분쟁이 두 가지 중요 원인 때문에 일어났다고 본다. 하나는 종교개혁 이후 시대의 그리스도교 신앙의 종파적 성격이고, 다른 하나는 지역적 차원과 국가적 차원에서 진행된 시민공동체와 성례聖禮공동체의 동일시이다. 그렇지만, 이러한 요인들 외에도, 민중의 폭력을 일으키는 데는 특별한 자극이 필요했으니 그것은 공적 의식儀式, 다시 말하면 전복顚覆의 공포를 점화시키는 사건이다.

제2부 "조정"은 일부 혼합공동체들이 갈등 위협을 어떻게 이겨냈는지를 보여준다. 제2부는 어떻게 소수의 공동체는 상이한 믿음을 가진 그리스도교인들을 동일한 교회에서 예배보게 하는 데 성공한 반면, 어떻게 많은 공동체들은 실제는 그렇지 않으면서도 종교적 통일이라는 외양을 유지했는지 보여준다. 그것은 그들이 공적으로는 하나의 신앙을 유지하면서도 비국교도들이 공동체의 경계 밖 아니면 새롭게

규정된 사적인 공간 안에서 예배보는 것을 허용함으로써 유지되었다. 공동체들은 상황에 밀려 어쩔 수 없을 때에만 그들의 분열을 인정하고 받아들였다. 그때 종교집단들은 권력뿐만 아니라 심지어는 교회도 공유해야 했다. 공식적인 종교적 다원주의는 법과 제도들의 복잡하고 엄격한 틀을 만들었다. 그것들은 평화를 유지하는 데 필요했다.

제3부 "상호작용"은 상이한 신앙을 가진 사람들이 어떻게 함께 일상생활을 영위해나갔는지를 살펴본다. 제3부는 관용은 단지 양적인 차이의 문제만이 아니라 상이한 형태를 취하는 것임을 다시 한번 보여준다. 유럽의 어떤 지역에서는, 프로테스탄트와 가톨릭이 상호 격리로의 장기적인 경향을 보여주었는데, 그것은 그들이 이전에 유지했던 통합이 그러했듯이 평화적인 관계를 유지하는 데 기여했다. 통혼과 개종에 대한 금기가 이러한 경향을 추동했다. 역설적으로, 유럽인들은 다른 신앙을 가진 외국인이나 이방인을 관용하는 것이 그들 공동체의 완전한 구성원을 관용하는 것보다 더 쉽다는 것을 종종 알아차렸다. 그것은 16세기 이탈리아에서 게토에 격리되기 시작한 유대인들에게 적용되었다. 베네치아를 제외하고는, 어떠한 유사한 조정도 무슬림들의 관용을 용이하게 하지 못했다.

제4부 "변화"는 16세기부터 18세기까지 얼마나 변했는가 하는 문제로 되돌아간다. 제4부는 지배적인 종교 갈등이 어떻게 남아 있으며, 유럽의 상이한 지역들이 관용의 계몽주의 이상을 포용하는 것이 얼마나 늦고 불균등했는지 보여준다. 상이한 종교집단들이 향유한 특권의 불평등 같은 기본적인 구조는 구체제 말까지 여전히 보편적이었다. 그것들이 변했을 때, 그것은 진화를 통해서가 아니라 혁명을 통해서였다.

오늘날, 슬프게도, 전 세계적으로 종교 갈등은 10년이나 20년 전 보다 더 만연된 것 같다. 이러한 사실은 종교개혁 직후에 수백만 유럽인들을 싸우게 했던 문제가 우리와 무관한 문제가 아님을 알려준다. 기본적인 믿음에서 화해불가능할 정도로 대립적인 사람들이 평화롭게 공존할 수 있을까? 일반적으로 인정되는 것 이상으로, 이전 시대의 대답은 '그렇다'였다. 물론, 오늘날 우리는 비차별과 개인적 자유를 소중히 여기는 만큼, 이 책에서 기술한 평화 공존을 위한 조정책을 수용할 만한 것으로 여길 사람은 거의 없을 것이다. 그렇다고 해서, 그 조정책들이 근대 초 유럽에서는 유혈에 대한 실행가능한 대안이었음을 간과해서는 안 된다. 그때, 사람들은 서로 죽이지 않기 위해 서로 사랑할 필요가 없었다. 아마 지금도 마찬가지일 것이다.

[제1부]
———
방
해
물

OBSTACLES

쫓기는 이단

1553년 10월 27일, 주네브 시 성벽 근처 샹펠 광장에서, 스페인의 의사인 미카엘 세르베투스가 이단이라는 이유로 화형에 처해졌다. 그의 처형은 16세기의 가장 악명 높고 논란 많은 사건 가운데 하나였다. 그후 450여 년 동안 그 사건을 다룬 책들이 거의 10년마다 출판되었다. 세르베투스를 비참한 종말로 이끈 사건은 사촌들 사이의 논쟁이라는 매우 흔한 일로 시작되었다. 가톨릭신자인 앙투안 아르네는 남부 프랑스의 중심 도시인 리옹에 살고 있었다. 그의 사촌인 기욤 트리는 프로테스탄티즘으로 개종했고, 가톨릭 고향을 피해 대★개혁가인 장 칼뱅이 있는 주네브로 도주했다. 트리와 아르네는 신앙의 차이와 거리 때문에 갈렸지만, 여전히 가깝게 느끼고 있었다. 그들이 가족으로서의 관심을 표현하는 하나의 방법은 논쟁하는 것이었다. 1553년 2월, 아르네는 트리에게 편지를 보내 그를 파멸로 이끌 종교를 버리라고 간곡히 말했다. 그가 프로테스탄티즘이 거짓이라는 증거로 든 것은 주네브에는 "교회의 규율과 질서"를 갖춘 어떤 정당한 체계에 의해 통제되지 않는 온갖 종류의 악이 만연해 있다는 것이었다. 그의 마음속에 뚜렷이 새겨진 "너희는 그 행위로 보아 그들이 어떤 사람인지 알게 된다"(마태오복음 7: 20)라는 성서 구절을 가지고, 아르네는 진정한 종교는 진정한 신심信心을 만들어내기 때문에, 종교의 진실성은 그것을 받아들인 사람들의 행동─물론 이것이 전부는 아니지만 강력한 추정 근거다─에 의해 판단할 수 있다고 생각했다. 또한 아르네는 자기의 사촌이 자기와 똑같은 믿음을 가지고 있다고 생각했으며, 이 믿음이 프로테스탄트와 가톨릭이 공유한 공감대 가운데 하나이며, 둘 사이의 경쟁의 토대라고 생각했다. 그는 옳았다. 그 비난은 트리를 경악케 했고, 트리는 사촌에게 정면으로 반박했다. 그가 보기에는 주네브가 아니라 리옹이 올바른 규율과 질서를 결여했다.

내가 보기에는 네 나라보다 이곳에서 악이 더 잘 다스려지고 있다. 비록 우리는 종교와 교리에서 더 많은 자유를 허용하고 있지만, 신의 이름이 모욕당하는 것을 용인하지는 않는다…… 너를 크게 혼란스럽게 할 사례를 들어보겠다…… 어디에 있든지 화형당해 마땅한 이단이 한 명 있다. 내가 말하는 그 자는…… 우리가 믿고 있는 삼위일체는 케르베루스 같은 지옥의 괴물이라고 말하고…… 성자聖子의 영생에 대해 극악무도한 말을 토해내고 있다…… 그런데 이 자는 너의 나라에서 좋은 명성을 얻고 있으며, 악하지 않은 사람으로 용인되고 있다. 너희들이 뽐내는 열정은 어디로 갔냐?

너희들이 자랑하는 그 잘난 교회의 경찰력은 어디 있냐?[11]

트리가 고발한 사람은 세르베투스였다. 그는 우상파괴주의자들의 시대에 살았던 똑똑하고 파괴적인 사상가들 가운데 한 명이었다. 1531년 당시 20살의 세르베투스는 천년이 넘도록 그리스도교 세계의 핵심 교리였고 프로테스탄트와 가톨릭이 동의한 몇 안 되는 교리 가운데 하나인 삼위일체설을 비판하는 책을 썼다. 후일, 세르베투스의 견해는 소치니Socinus의 설이라고 불리거나 더 친숙하게는 유니테리언이라고 불린다. 세르베투스는 '쫓기는 이단'이 되었고, 위장과 침묵 속에서 목숨을 지켰다.[12] 1541년, 그는 빌뇌브라는 이름으로 리옹의 교외에 정착하여, 이곳에서 12년 동안 의사, 출판편집인 등으로 살았다. 그의 환자 가운데에는 그 지역의 대주교도 있었다. 그러나 1553년 1월,《그리스도교의 회복》이라는 제목의 새 책을—익명으로, 극단적인 비밀 속에—출판했다. 젊었을 때의 책들보다 훨씬 더 대담한 그 책은 그리스도의 인성人性을 부정하고, 신의 개념을 새롭게 하고, 신과 인간의 관계를 변경한 포괄적인 새로운 신학을 제시했다. 그 책의 출판은 트리를 분노케 했다. 그는 그 책의 저자가 누구인지 모르지 않았다. 세르베투스가 그 책의 내용과 관련된 대화에 칼뱅을 참여시키기 위해서 필사본의 일부를 칼뱅에게 보냈으며, 칼뱅은 그것을 트리와 함께 보았기 때문이다. 트리는 자신의 주장을 뒷받침하기 위해 필사본의 처음 4장을 사촌에게 보냈다.

아르네는 지체없이 그것을 이단재판관인 마티외 오리에게 넘겼고, 전방위 수사가 진행되었다. 당황한 리옹 대주교는 자기 피호인을 보호하기 위해 더 많은 증거를 요구했다. 그 요구는 아르네를 거쳐 트리에게로, 최종적으로는 칼뱅에게 전해졌다. 칼뱅은 잠시 망설인 후 세르베투스에게서 받은 20여 통의 편지를 프랑스에 넘기도록 했다. 이러한 식으로, 개혁 프로테스탄티즘의 지도자는 로마 가톨릭 이단재판소가 세르베투스를 이단으로 선고할 증거를 제공한 것이다.

세르베투스는 친구들의 도움으로 리옹의 감옥을 탈출했다. 이단재판관은 그의 초상肖像과 그의 책들을 불태우는 것으로 만족해야 했다. 세르베투스는 변장을 하고 떠돌아다니면서 새로운 은신처를 모색했다. 그는 이탈리아로 향했다. 그때 그가 왜 주네브를 경유하는 길을 택했는지는 오늘날까지도 미스터리다. 그는 자기가 불행에 빠지게 된데 칼뱅이 한 역할을 알고 있었기 때문에 다른 길을 택할 수 있었는데 말이다. 어쨌든 그것은 치명적인 실수였다. 그는 주네브에서 예배에 참석했다가 발각되었고 체포되었다. 칼뱅은 직접 39개의 죄목을 작성했고, 그를 신성모독적인 이단이라고 고발했다. 주네브 법정의 판결은 이미 내려졌지만, 재판관들은 선고 전에 주네브의 자매 교회들에게 의견을 타진했다. 샤프하우젠의 목사들은 "세르베투스의 신성모독이 암처럼 그리스도의 몸을 앗아가지 않도록" 그를 침묵시켜야 한다고 주장했다.[13] 취리히의 목사들은 이 사건을 스위스 교회들이 과격한 교리에 관대하다는 비난을 물리치도록 신이 주신 기회라고 생각했다. 이에 고무된 재판관들은 칼뱅의 사형 요구에 동의했다. 그리하여, 삼위일체를 부정한 범죄에 화형을 규정한 유스티니아누스법에 따라, 세르베투스는 유럽인들이 알고 있는 가장 고통스러운 죽음에 처해졌다.

종교개혁 이후 주네브에서는 처음 실시된 이단 처형은 국제적인 논란을 일으켰으며, 종교적인 관용이라는 주제에 대한 최초의 논쟁을 점화시켰다. 이탈리아, 프랑스 그리고 스위스에서는 세바스티앵 카스텔리옹 같은 비국교도들에게 안전한 거처를 제공해준 관용적인 도시 바젤 등지에서 저항의 목소리가 터져나왔다. 사부아 출신 시인이자 문헌학자인 카스텔리옹은 한때 칼뱅과 사이가 좋았으며 1540년대 초에는 주네브의 고등교육기관인 리브 콜레주의 교장을 지냈다. 그 후, 카스텔리옹의 믿음은 개혁교회의 정통으로부터 멀어졌다. 카스텔리옹은 주네브의 세르베투스 처형에 대한 저항의 선봉에 섰다. 그 이유는 세르베투스의 가르침에 동의해서가 아니라 이단을 처형하는 것은 안 된다는 신념 때문이었다. 그는 이점을 주장하기 위해 1554년에 《이단에 대하여. 그들을 처형해야 하는지, 그리고 그들을 어떻게 다루어야 하는지》를 출판했다. 그것은 근대 초 유럽에서 종교적 관용을 주장한 최초의 중요한 글이었다.

카스텔리옹이 펴낸 책은 교부, 프로테스탄트 개혁가, 그리고 그 밖의 사람들이 쓴 글에서 관용을 옹호하는 부분을 모아놓은 것이다. 전략적으로, 카스텔리옹은 성아우구스티누스, 마르틴 루터, 그리고 역설적인 비꼬기로, 칼뱅을 포함하여 주류 프로테스탄트들이 존경하는 사람들의 글에서 대부분을 발췌했다. 가장 긴 글은 루터가 1523년에 쓴 《시민정부론》이라는 팸플릿에서 발췌한 것이다. 여기에서, 그 독일의 주도적인 개혁가는 자신이 "신의 왕국"과 "세상의 왕국"이라고 명명한 정신적인 왕국과 시민적인 왕국을 분명하게 구분했다. 루터는 사법관의 권위를 세상의 왕국으로만 제한하고, 믿음의 문제에 관해서는 사법관에게 사법권을 부여하지 않았다. 또한 카스텔리옹은 자기가 여러 가지 익명으로 쓴 글을 포함시켰다. 그는 전체 방향을 잡은 두 편의 헌정 서한에서 분명하고 직접적으로 자기 생각을 표현했다. 그는 주요 논점을 4가지로 제시했다. 첫째, 종교집단들 사이에서 논쟁되고 있는 교리들 가운데 어떤 것이 옳은지 여부는 확실하지 않다는 것이다. 그는, 종교적 믿음이 다양하다는 사실 자체가 진리는 명약관화하지 않다는 증거로 여겼다. 그러면 이단이란 무엇인가? "나는 우리가 동의하지 않는 사람들을 이단이라고 부른다는 것 외에 다른 것을 발견하지 못했다." 둘째, 카스텔리옹은 모든 그리스도교인들은 몇 가지 "근본" 교리에 대해서는 동의한다는 사실을 지적했다. 그는 이러한 교리들에 동의하는 것만으로 정통이 되는 데 충분하다고 말했다.

종교는 인간의 이해력을 넘어서는 사항들 그리고 성서에 이론의 여지가 없을 정도로 명백하게 나와 있지 않은 사항들, 예컨대 성부, 성자, 성령의 삼위를 이해하는 데 있지 않다. 삼위의 관계에 대해 고심할 필요 없이 그냥 삼위 안에 하나의 실체가 있다고 믿는 것으로 충분하다. 그리스도의 몸이 하늘에 있는지, 신은 어떤 사람은 저주받도록 어떤 사람은 구원받도록 창조했는지, 그리스도가 어떻게 지옥으로 내려갔는지 같은 문제를 놓고 골치를 썩일 필요가 없다. 이러한 문제에 대해서는 각자의 의견과 구세주의 계시에 맡기는 편이 좋다. 진정한 종교의 근본적인 사항들, 즉 신은 모든 선의 원천이고, 인간은 최초의 인간의 불복종 때문에 저주 받았지만 두 번째 인간인 우리의 구세주 예수 그리스도에게 복종함으로써 구원받는다는 점을 믿는 것으로 충분하다.

이러한 근본 사항들의 범위 안에서, 우리를 좋은 그리스도교인과 나쁜 그리스도교인으로 만드는 것은 우리가 지지하는 교리가 아니라 도덕적인 행동 혹은 비도덕적인 행동이다. 카스텔리옹은 후일 이러한 논지를 다시 전개한다. "왜〔칼뱅은〕탐욕이나 질투 때문에 죄를 지은 사람들을 많이 알고 있었고 그들을 기소하고 처벌할 수 있었으면서도 화형시키지 않았는가? …… 위선자가 이단보다 나은가?"라고 그는 수사학적으로 물었다. 마지막으로, 그는 그리스도 자신이 지상 활동을 통해 모든 그리스도교인들에게 특별한 도덕적 모델을 보여줌으로써 "세상의 창조 이후 모든 사람들의 마음속에 새겨진" 도덕적 기준의 수를 늘이고 분명히 했다고 주장했다. 경건하다는 것은 그것을 모방하는 것이었다. 그리스도 자신이 최악의 죄인까지도 동정과 온후함으로 다룸으로써 관용을 가르쳐주었다. 이단을 처형하는 것은 "참으로 잔인하다. 이러한 행위가 그리스도의 옷 아래에서 정당화되고 그의 의지와 부합한다고 옹호될 때 더 큰 범죄가 추가된다. 사탄이라도 그것보다 더 신의 본성과 의지에 위배되는 일을 할 수 없을 것이다!"[14] 그 후, 관용의 변호자들은 그의 논지를 정교하게 되풀이한다.

한편, 칼뱅은 재판에서 자기가 한 역할을 변호하기 위해 카스텔리옹의 책이 출판되는 것을 기다리지 않았다. 언제나 비타협적인 그는 기절할 정도로 완강한 태도를 취했다. "이단과 신성모독자를 봐주는 사람은 신성모독자다. 여기에서 우리는 인간의 권위를 따르지 않고, 신이 직접 당신의 교회에게 영원히 명령을 내리듯이 분명한 어조로 말씀하시는 것을 듣는다. 신이 부모의 사랑, 형제의 사랑, 이웃과 친구의 사랑같이 우리의 마음을 부드럽게 하는 감정들을 끊어버린 것이 전혀 헛된 일은 아니다. 신은 어떠한 방해물도 신성한 열정을 방해하지 못하도록 하기 위해 신혼부부를 결혼침대에서 떼어놓고, 인간의 본성을 박탈해버린다. 신의 명예를 위해 몸을 바치는 것이 모든 인간적인 일보다 우선이 아니라면 그 같은 가혹함이 요구되겠는가? 따라서 신의 영광이 위험할 때에는 우리의 기억에서 서로간의 인간애를 말소시켜야 한다."[15] 이단은 "신의 명예"에 대한 범죄이기 때문에 그 무엇보다 앞서 말소되어야 한다. 칼뱅은 신의 명예를 지키기 위해서는 이단뿐만 아니라 자기 자신도 비인간화할 준비가 되어 있었으며, 다른 사람들도 자기처럼 하라고 요구했다. 모든 그리스도교인들은 신의 명예를 높일 의무가 있으며, 그리스도교인 사법관들에게 그것은 신성한 직무였다. 신이 그들에게 "칼의 권력"을 부여한 것은 무엇보다도 이러한 목적을 위해서, "더럽고 성마른 입들이 신의 신성한 이름을 더럽히고 신성한 예배를 짓밟는 것을" 막기 위해서였다.[16] 또한 사법관들은 이단으로부터 치명적인 위협을 받고 있는 교회를 지킬 의무가 있다. 무엇이 이단을 구성하는지는 의문의 여지가 없다. 개혁교회의 가르침은 그 의미가 분명한 성서로부터 직접 나온 것이기 때문에, 개혁교회의 가르침이 그리스도교의 본질적이고 분명한 모습이다.

이 마지막 논점은 로잔 시의 그리스어 교수인 테오도르 베즈에 의해서도 강조되었다. 베즈는 칼뱅을 열정적으로 지지했고, 카스텔리옹의 《이단에 대하여》를 반박하는 일을 맡았다. 그의 반박문은 1554년 말에 나왔는데, 줄여서 《반反벨리우스Anti-Bellius》라고 알려졌다. 베즈는 카스텔리옹이 프로테스탄트 개혁가들의 책에서 발췌할 때 초기 저작에서만 발췌했다고 지적했다. 종교개혁가들은 후기의 더 성숙한 저작에서는 훨씬 덜 관용적인 태도를 취했는데, 베즈는 여기에서 그것을 인용하여 역공을 펼쳤다. 그는 도그마의 지위에 대해 쓰기를, "신에게로 가는 단 하나의 길은 그리스도이고, 그리스도에게로 가는 단 하나의 길은 신앙이다. 신앙은 네가 불필요하다고 거부한 일체의 도그마를 포함한다. 만일 그리스도가 진정한 신이 아니고, 성부와 함께 영원하시고 함께 실체를 가지고 계시지 않다면 어떻게 그가 우리의 구세주이겠는가? 어떻게 그가 우리를 신성하게 하시는 분이겠는가? 어떻게 그가 죄와 죽음과 악을 물리치시는 분이겠는가? 그가 죄 없는 진정한 인간이 아니라면 어떻게 우리의 중보자이겠는가?"[17]

신앙은 구체적인 무엇에 대한 신앙이 아니라면 공허하다. 베즈에 의하면, 카스텔리옹의 반증은 신성모독적이고 이단적이다. 그는 종교 개혁의 대의를 배신했다. 그가 요구한 자유는 "교황의 전제專制"보다 더 나쁘다. 이단이 신성모독과 불경을 범하면, 신의 말씀을 경멸하고 모든 교정 시도를 거부하면, 죽음의 형벌은 완전히 정당하다. 그것은 이단이 다른 사람들을 "감염"시키고 교회를 안으로부터 파괴하는 것을 막기 위해 꼭 필요하다. 사법관들은 십계명의 후반부에 구체화된 도덕률인 "[모세]율법의 두 번째 서판뿐만 아니라" "외적인 규율에 관한 문제에 있어서, 진정한 종교의 중요한 수호자이자 보호자다." 베즈는 세르베투스의 재판에 항의하는 사람들은 "사탄의 종"이요 "그리스도교의 치명적인 적"이니 그들이 빼앗아가려는 바로 그 사법관들의 칼에 의해 처형되어야 마땅하다고 선언했다.[18]

논쟁은 2년 동안 격렬하게 계속되었다. 카스텔리옹은 칼뱅의《방어》에 대한 반박에서 가장 유명한 말을 했다: "한 사람을 죽이는 것은 교리를 옹호하는 것이 아니라 그냥 한 사람을 죽이는 것이다." 예상대로, 그는 칼뱅과 그의 지지자들을 설득하는 데 실패했다. 그렇지만, 몇 가지 사실은 1550년대 중반의 논쟁에서 확인되었다. 첫째, 개혁파 프로테스탄티즘〔칼뱅파〕은 이단 처형을 인정하는 데 있어서 루터파와 가톨릭과 다르지 않았다. 그 후 불관용은 유럽의 모든 정부가 인정한 교회의 공식적인 가르침이었다. 불관용은 실행되었을 뿐만 아니라 선한 일이라고, 관용은 악한 일이라고 선언되었다. 영국의 주교인 존 주얼은 가톨릭이 아니라 프로테스탄트가 세르베투스를 처형한 것이 자랑스럽다고 말했다. 루터 사후의 저명한 루터파 지도자인 필리프 멜란히톤은 교회는 칼뱅의 역할에 대해 "지금도 앞으로도 영원히" 칼뱅에게 감사해야 할 거라고 말했다.[19] 17세기에 프랑스의 주교인 보쉬에는 가톨릭은 "모든 종교 가운데 가장 엄격하고 가장 덜 관용적인 종교"라고 자랑스럽게 정의했다.[20] 유럽의 교회들은 이단을 박멸하는 데 있어서 교리적으로 가장 엄격하고 열정적이 되기 위해서 경쟁했다.

둘째, 관용을 지지하는 것은 이단과 다름없다고 선언된 것이다. 개혁파 프로테스탄트들에게, 불관용에 도전하는 것은 위험한 행동이었다. 1560년, 스코틀랜드의 종교개혁가인 존 녹스는 세르베투스의 처형을 인정하지 않는 목소리를 과감하게 낸 스코틀랜드인들을 비난했다. 그들이 신성모독자를 옹호했다는 것이다. "그러므로 너희들은 신 앞에서 신성모독자이고, 그와 마찬가지로 가증스럽다."[21] 이단을 처형하는 것이 정당하다는 것은 개혁파 교회에게는 도그마가 되었다. 아무런 처형도 이루어지지 않았던 지역에서도 그러했다. 가톨릭 진영에서도, 관용적인 마음은 물론이고 인도주의적인 마음을 표현하는 것조차 위험해졌다. 1569년, 로베르 들로르라는 사람이 교수대에 있는 위그노에게 동정심을 표했다가 파리 군중들의 공격을 받았다. 들로르는 그 사람의 종교가 무엇인지 알지조차 못했으나, 동정심 때문에 여러 차례 말했다. "친구들이여, 이게 뭔가? 그가 죽는 것으로 충분하지 않은가? 사형집행인이 자기 일을 하게 두라. 형량 이상으로 그에게 고통을 주려는가?"²² 4일 후, 들로르는 신성모독으로 처형당했다.

마지막으로, 세르베투스의 죽음을 둘러싼 논쟁은 개혁파 운동의 미래를 결정하는 데 일조했다. 대개혁가는 베즈의 《반反벨리우스》—칼뱅의 교리를 옹호하는 다른 논쟁적인 팸플릿들이 뒤를 이었다—를 보고 베즈에게 존경과 감사를 표했고, 그를 주네브 교회의 후계 지도자로 내정했다. 이것이 넓은 의미에서는 베즈를 1564년 칼뱅 사후 전체적인 개혁파 프로테스탄티즘의 지도자로 만들었다. 그 결과, 칼뱅주의 도그마에 대한 베즈의 "스콜라적인" 브랜드가 전반적인 운동에서 정통의 기준이 되었다. 그것은 칼뱅의 브랜드보다 더 엄격하고 더 꼼꼼했다.

그리스도교인의 자유

프로테스탄트들이 불과 칼을 가지고 이단과 싸울지 여부는 종교개혁 초기에는 분명하지 않았다. 마르틴 루터는 처음에는 교회나 국가가 믿음을 강요할 수 있다고 생각하지 않았다. 1523년 그는 성직자들에게 그들은 "다른 그리스도교인들보다 더 높거나 더 훌륭하지 않다"고 말했으며, "누구에게든지 그들이 원하거나 동의하지 않는 법이나 명령을 부과해서는 안 된다"고 말했다. 카스텔리옹이 인용한 바로 그 글에서 루터는 행정관들이 신의 왕국을 침입하는 것은 잘못일 뿐만 아니라 무익하다고 말했다. "세속 정부의 법은 지상의 생명과 재산과 외적 사항에만 미친다. 왜냐하면 신은 자기가 아닌 남이 영혼을 지배하는 것을 허용할 수도 없고 허용하지도 않기 때문이다. 이단은 행정관들이 칼로 난도질하거나 불로 태워버리거나 물에 처넣어버릴 수 없는 정신적인 문제다. 여기에서는 신의 말씀만이 효력이 있다.[23] 그 직전 해에, 그는 비텐베르크의 행정관들이 가톨릭 미사를 폐지한 것을 꾸짖었다. 그들은 "먼저 사람들의 마음을 얻기 위해서" 복음의 메시지를 기다렸어야 했다는 것이다.[24] 루터는 설교와 가르침으로 지상에 퍼진 신의 말씀은 그 자체로 종교혁명을 일으킬 것이라고 확신했다. 이러한 처음의 낙관주의 속에서, 그와 그의 추종자들은 강제로 복음을 전파할 필요를 느끼지 않았다. 박해는 아직은 가톨릭교회의 전용 도구였고, 그래서 사용을 거부할 수 있었다.

게다가, 강제력을 사용하는 것은 사람들을 종교적 억압으로부터 구해낸다는 초기 복음주의 운동의 기본과도 모순되었다. 1520년, 루터는 "그리스도교인의 자유"를 선언함으로써 유럽을 뒤흔들었다. 그가 이 슬로건으로 의미했던 것은 그리스도교인들은 천국에 가기 위해 면벌부를 사고, 성지순례를 가고, 금식을 하고, 그 밖의 여러 가지 '선업'을 할 필요가 없다는 것이었다. 구원은 인간에게는 과분한 신의 은총이 무상으로 주는 선물이었다. 또한 그것은 행운이었다. 왜냐하면 죄는 인간의 본성에 너무나 깊이 뿌리를 내리고 있어서 어느 누구도 구원을 얻기에 충분한 선함에 도달할 수 없기 때문이다. 인간은 아무리 노력해도 구약의 율법이 정한 요구를 충족시킬 수 없다. 그러나 예수 그리스도의 희생 덕분에 그리스도교인은 그럴 필요가 없어졌다. 그 희생을 믿고, 그것을 선포한 복음을 믿는 것으로 충분하다. 구원을 위해 필요하다고 가톨릭교회가 정한 것들은 "인간의 명령"이지 "신의 명령"이 아니다. 그것은 로마에 있는 사제들의 기구가 세속인들을 마음대로 지배하기 위해 성서에다가 덧붙인 것이다. 사제들은 구원에 대한 불가능한 기준을 설정했고 경건한 그리스도교인들에게 죄의식과 불안감을 주입했다. 동시에, 그들은 신을 대신해서 판관의 자리에 앉았고, 천국의 문을 열고 닫는 "열쇠의 힘"을 가지고 있다고 주장했다. 루터는 인간이 만든 법, 성직자들의 독재, 불안 그리고 무엇보다도 구원을 얻기 위해서는 선행을 해야 한다는 요구로부터 그리스도교인들을 해방시키기를 원했다. 그것이 루터가 말한 "그리스도교인의 자유"였다.

루터의 생각은 종종 잘못 이해되었다. 근대에, 우리의 진보에 대한 믿음이 루터의 생각에서 비롯된다고 보려는 유혹이 있었다. 19세기와 20세기 초, 영국과 미국의 많은 사람들은 "그리스도교인의 자유"를 자유주의로의 거대한 진전이라고 환호했다. 이러한 해석은 머콜리와 모틀리 같은 휘그 역사가들이 가공한 것이다. 이들의 견해에 따르면, 중세의 가톨릭은 교황의 독재와 사제들의 속임수에 세속인들의 양심을 굴복시킨 억압적인 종교였다. 종교개혁은 프로테스탄트들을 그러한 굴종으로부터 해방시켰고, 세속인들을 사제들과 동등한 지위로 격상시켰으며(루터의 표현을 빌리면, "만인사제주의"를 만들었으며), 그들이 스스로 성서를 읽고 해석하도록 격려했다. 그들의 주장에 의하면, 프로테스탄티즘은 가톨릭보다 더 합리적이고 개인적인 신앙이었으며, 양심의 자유를 근본적인 원칙이라고 가르쳤다. 그 결과 프로테스탄티즘은 민주주의의 종교적 대응물이 되었고, 자유에 대한 사랑이 각별한 영국인들과 미국인들에게 어울리는 믿음체계가 되었다. 종교적 자유와 정치적 자유는 함께 상승하고 함께 하강하는 불가분의 관계였다. 종교적 관용은 프로테스탄티즘의 상승의 표현이거나 결과였다.

이러한 휘그적 해석이 한때 영미 세계를 지배했던 정치 이데올로기와 자유주의적 프로테스탄티즘을 반영하는 것임은 어렵지 않게 알 수 있다. 그것은 근대 초 유럽의 프로테스탄트들에게 그들의 후손들의 가치와 원칙을 투사한 것이다. 그것은 모든 진보적인 역사적 도식들이 안고 있는 위험이다. 현재의 뿌리를 찾는 데 있어서, 그러한 도식들은 현재와 과거를 연결시키는 다리를 놓는다. 그러나, 루터와 칼뱅 같은 개혁가들이 옹호한 "그리스도교인의 자유"는 매우 제한적인 것이었으며, 근대적인 "양심의 자유"와 닮지 않았다.

물론, 루터는 두 용어를 동의어로 사용했다. 예컨대, 그는 1521년 팸플릿인《수도서원에 대하여》에서, "그리스도교의 혹은 복음주의자의 자유는 선업으로부터 양심을 해방시키는 양심의 자유를 말한다. 그렇다고 아무런 선업을 행하지 않아도 좋다는 것이 아니라, 양심이 그것들을 신뢰하지 않는다는 것이다.…… 신의 복음은 양심이 선업에 신뢰를 두지 말고 오직 신의 자비만 의지하도록 가르침으로써 양심을 선업으로부터 해방시켰다. 그리하여 믿음 깊은 양심은 가장 완전한 자유 속에서 그리스도의 일에만 몰두할 수 있다."[25] 이 인용문이 보여 주듯이, 루터에게 "양심의 자유"는 믿음을 선택할 수 있는 자유가 아니었다. 루터는 교황과 공의회의 권위를 배격한 바로 그 입으로 자기의 양심이 "신의 말씀에 사로잡혀 있다"고 선언했다. 그는 신이 인간에게 가르치는 것은 너무나 분명하다고 생각했다. "이 세상에 성서보다 더 명료한 책은 없다."[26] 그가 말하는 양심의 자유는 예배에 참석하고 구호금을 내는 것 같은 종교적인 선행을 행하는 의무로부터도 사람들을 해방시키지 못했다. 그것이 의미하는 것은 구원은 그러한 일을 하는 데에 달려 있지 않다는 것뿐이었다. 어떤 의미에서(루터에게는 결정적인 의미다) 그들은 그러한 일을 대가없이 행한다.《그리스도교 요강要綱》에서, 칼뱅 역시 "양심의 자유"를 그리스도교인의 자유의 하나라고 정의했다. 그러나 칼뱅이 우리는 그것 덕분에 "인간의 권력으로부터 해방되었다"고 썼을 때, 그는 개인의 자율권이나 선택의 자유를 인정한 것이 아니었다.[27] 정반대로, 그가 의미했던 것은 우리는 배타적으로 그리고 절대적으로 신의 의지를 따른다는 것이었다. 칼뱅은 우리는 신의 뜻을 행하는 사람으로서 봉사하는 데 삶을 바쳐야 한다고 가르쳤다. 그것은 신이 아니라 인간을 원천으로 삼은 일체의 종교적인 명령으로부터 벗어날 것을 요구하는 것이다. 1640년대까지도, 칼뱅의 추종자들은 "양심의 자유"를 이러한 원래의 의미로 사용했다. 그것은 퓨리턴인 존 캔이 말하듯이 "왕이 아니라 예수"를 모시는 것을 의미했다.[28]

초기의 짧은 기간 이후, 프로테스탄티즘은 가톨릭이 그랬던 것처럼 종교적인 이탈에 대해서 관용하지 않았다. 1530년대, 독일, 스위스, 오스트리아의 프로테스탄트 당국은 종교개혁가들의 동의 아래 수백 명의 재세례파를 처형했다. 그들은 이러한 박해를 그들의 적인 가톨릭과 동시에 때로는 협력하여 수행했다. 재세례파는 단순한 이단이 아니었다. 그들은 그리스도교 공동체의 토대를 위협하면서, 유아세례를 거부했고, 교회의 구성은 자발적이어야 한다고 주장했다. 그들은 서약하고, 정부에 봉사하고, 군무軍務를 수행하기를 거부했다. 그들의 가르침에 들어 있는 사회적·정치적 함의만으로도 그들을 위험한 과격파로 낙인찍기에 충분했다. 당국은 1535년에 재세례파들이 뮌스터 시를 점령하고 암스테르담에서 폭동을 일으켰을 때 최악의 의혹이 확인되는 것을 보았다. 그 세기 중반에, 세르베투스 사건을 유별난 사건으로 보게 만든 것은 그것이 폭동이나 부도덕함을 수반하지 않았다는 점이었다. 동시에 그것은, 프로테스탄트 지도자들은 "신성모독적인 이단"은 폭동이나 부도덕함을 수반하지 않더라도 사형에 처할 만한 도발이라고 간주했음을 분명히 보여주었다.

프로테스탄트와 가톨릭은 박해를 정당한 것으로 보는 그리스도교 사상의 유산을 함께 상속받았다. 고대古代로 돌아가면, 그 유산은 그 누구보다도 히포의 아우구스티누스에 의해 만들어졌다. 여러 해 동안, 교부 아우구스티누스는 주저하는 박해자였다. 그는 교회가 도나투스파와 싸우는 데 무력에 의지하지 말라고 권했으며, 생의 마지막까지 이단을 고문하거나 처형하는 데 반대했다. 그러나, 후기 저작에서, 그는 심하지 않은 형태의 강제를 정당화시켰다. 그것은 가톨릭 도그마가 되었으며 프로테스탄트가 이어받았다. 아우구스티누스에게 박해는 지독한 사랑의 표현이었다. 그는 "회초리로 그를 쳐라, 그러면 그의 영혼을 지옥으로부터 구할 것이다"(《잠언》23 : 14)를 인용했다. 아들을 꾸짖는 아버지처럼, 방황하는 양떼를 우리 속으로 다시 들여보내는 목자처럼, 자기가 선택한 사람들에게 시련을 주시는 신神처럼, 교회는 고집 센 사람들을 위해 박해한다. 교정을 위한 벌을 잘 적용하기만 하면 이단들을 교회로 데려올 수 있을 것이다. 교회 밖에는 구원이 없다. 오류에 빠진 이단을 내버려두는 것은 그들을 지옥에 떨어뜨리는 것이다. 그러니 앞의 것은 그리스도교적인 사랑의 행동이고, 뒤의 것은 게으르고 무관심한 행동이다. 1582년, 한 칼뱅파 시노드는 그것을 다음과 같이 표현했다: "불신자를 바로잡는 말을 하거나 벌을 주지 않고 그냥 관용하는 것은 그리스도교적 사랑이 아니다.…… 필요에 따라 부드럽고 강한 말로 타이르고 가르치는 사람은 사랑을 베푸는 것이다.…… 개혁교회는 신의 법으로부터 〔어떤 사람을〕 면제시키거나 그 어떤 다른 것을 가르칠 수 없으며, 신이 약속하신 사람들이 아닌 누구에게도 자유와 구원을 약속할 수 없다. 그러므로, 목사들은 관용하느라 사랑을 빠뜨리지 말 것이며, 필요할 때에는 신의 명령에 부합하도록 타이르고 벌을 주어야 한다."[29] 아우구스티누스는 이러한 주장을 뒷받침하는 여러 가지 성서 구절들을 찾을 수 있었다. 대표적인 것이 《누가복음》에 있는 혼인잔치의 비유(14: 15-24)이다. 집주인은 초대한 손님들이 초대에 응하지 않자, 가난한 자들과 불구자들을 식사에 부른다. 그래도 여전히 식탁에 자리가 비자 하인들에게 "길거리와 담벼락 쪽에 가서 눈에 보이는 사람들을 강제로 오게 하라"고 명령한다. 아우구스티누스는 잔치를 "그리스도의 몸의 일체성"에 비유했고, 길거리와 담벼락은 "이단과 분파주의자"에 비유했다.

물론, 아우구스티누스도 강제로 사람들이 믿게 할 수는 없다는 것을 인정했다. 이 원칙은 초기의 교부들, 특히 테르툴리아누스에 의해 확립되었다. 테르툴리아누스가 주장하기를, 신앙은 외적인 강제력으로 만들어낼 수 없는 내적인 신념이다. 그러므로 "종교를 강제하는 것은 종교의 본성에 위배되는 것"이다.[30] 그러나 아우구스티누스는 이단들이 진리를 듣고, 그것에 대해 생각하고, 자기들의 생각을 재고해보도록 할 수는 있다고 주장했다. 많은 사람들이 관습, 부주의, 고집 등에서 비롯된 잘못 속을 헤매고 있다. 그러한 사람들은 "세속적인 생활에 제약을 가하는 법을 동원하여 제대로 세울" 필요가 있다.[31] 박해는 가르침을 전하는 사목 기능을 할 수 있다. 1690년 성공회 신학자인 조나스 프로우스트가 썼듯이, 박해의 힘이 어떠할지는 확실하지 않지만, 박해는 "사람들을 설득하는 데 필요하고 충분한, 그러나 강요하지 않으면 생각해보지 않을 그러한, 이유와 주장을 사람들이 깊이 생각

해보도록" 할 수는 있다.[32]

　박해를 한층 더 정당화시킨 것은 이단을 '불신앙'과 구별하여 정의한 것이다. 이교도, 유대인, 무슬림들은 그리스도를 구세주로 받아들인 적이 없기 때문에, 그리스도교 신학자들은 이들을 불신자라고 규정했다. 사람을 강제로 믿게 할 수는 없다는 테르툴리아누스의 언명은 바로 이들에게 적용되는 것으로 여겨졌다. 반면에, 이단은 그리스도교 교회 내부의 적이다. 그들은 "그리스도교 신앙을 공언하지만 그것의 도그마를 더럽힌다."[33] 그들의 범죄는 "신의 존엄함에 대한 반역" 가운데 하나다. 테르툴리아누스에 의하면, 이단heresy이라는 용어는 그리스어 αἵρεσις에서 유래한 것으로 선택을 의미한다. 이단은 진리를 알지만 진리가 아니라 자기들의 공상에 집착한다. 교회가 보기에 그들의 잘못은 잘못된 이해의 산물이라기보다는 악의적인 의지의 사악한 행동이다. 그들은 자만심에 이끌려 종교적인 권위를 얻고자 한다. 그들은 육신의 욕망에 이끌려 부도덕을 허용하는 주장을 한다. 고대 이래로, 이단을 쾌락주의자로 규정한 스테레오타입이 퍼져나갔다. 그들의 은밀한 야간집회는 실제로는 난교의 자리였다는 것이다.

　이러한 비난은 오늘날 대부분의 사람들에게는 어리석은 것으로 보인다. 왜 그리스도교 교회는 개인들이 건전한 양심을 가지고도 신앙의 근본문제들에 대해서 의견을 달리할 수 있다는 가능성을 인정할 수 없었나? 일단의 대답은 도그마주의에 있다. 즉, 진리라는 것이 있으며, 그것은 신이 우리가 분명히 알 수 있도록 계시해준 것이고, 그밖의 다른 믿음은 모두 거짓이라는 것이다. 또한 중요한 것은, 그리스도교 전통은 양심을 오늘날 우리가 생각하듯이 옳고 그름에 대한 독립적인 심판관이 아니라 신이 자기의 법을 새긴 석판이라고 생각한다는 것이다. 따라서 그 법을 위반하는 것은 개인의 양심을 위반하는 것이다. 물론, 사람들이 교회의 가르침을 잘못 이해하거나 모를 수는 있다. 그렇지만 그들이 잘못된 생각을 교정받은 후에도 계속 "완강하게" 견지한다면 이단으로 떨어진다. 이렇게 교회의 권위를 거부하는 것은 신에게, 지상에 있는 신의 대리인에게, 심지어는 자기들의 양심에 반역하는 것이다. 이것이 바로 교회가 정의한 이단의 성격이다.

박해는 또한 직접적인 성서적 근거를 가지고 있다. 대부분은 구약에 있다. 《신명기》(13: 1-11, 18: 20)와 《레위기》(24: 14)는 우상숭배, 거짓예언, 신성모독에 대해 사형을 명한다. 테르툴리아누스, 아타나시우스 같은 교부들에게까지 소급되는 그리스도교 전통은 이단을 이러한 범죄들과 동일시했다. 이 같은 동일시는 중세에 스며들어가, 가톨릭교회는 이단을 그 자체로 처벌받아 마땅한 죄로 규정했으며, 11세기부터는 이단죄로 처형하기 시작했다. 그것은 프로테스탄트들이 반대파를 억압하는 데 사용함으로써 새로운 국면을 맞이했다. 프로테스탄트들은 성상과 성유물을 경배하는 가톨릭을 우상숭배자라고 선언했다. 가톨릭은 프로테스탄트가 자기 자신을 "숭배"하는 "정신적 우상숭배자"라고 맞받아쳤다. 거짓예언이라는 비난이 사방에서 가해졌는데, 신으로부터 새로운 계시를 받았다고 주장하는 사람들에게 특히 잘맞았다. 16세기에는 재세례파와 영성주의자들이, 17세기에는 특히 퀘이커교도들이 그러한 주장을 했다. 신성모독은 한층 더 유연한 개념이었다. 비록 모세의 율법에서는 그것이 신을 경멸하거나 저주하는 것을 의미했지만, 처음부터 그리스도교인들은 교회의 근본적인 교리에 대한 거의 모든 도전에 그것을 적용했다. 루터는 미사를 "공적인 신성모독"이라고 불렀는데, 왜냐하면 미사는 그리스도가 십자가에서

한 번 희생된 것이 인류를 구원하는 데 충분하지 않다고 보는 것이기 때문이었다. 가톨릭에 의하면, 프로테스탄트들은 성찬식에서 그리스도가 실재함을 부정함으로써 신성모독을 범했다. 무엇보다도, 당시 사람들이 보기에, 소치니파는 그리스도의 신성을 부정함으로써 신성모독을 범했다. 그들이 삼위일체와 성육신을 부정한 것은 그들이 그리스도교인이기나 한 것인가 하는 의문을 불러일으켰다. 그것은 그 어떤 종교집단에 대한 박해보다 가혹하고 긴 박해를 야기했다. 칼뱅파인 프랜시스쿠스 유니우스 같은 종교간 평화주의자들까지도 그들에 대해서만큼은 처형을 인정했다. 카스텔리옹조차도 그들을 처벌해야 한다고 주장했다.

아우구스티누스는 사형을 거부했지만, 우리는 우리가 다루는 세계에서는 사소한 절도와 같은 범죄에도 사형이 가해졌다는 점을 기억할 필요가 있다. 13세기에 토마스 아퀴나스는 이단은 처형해야 한다고 주장했다. 그들의 죄는 일반적으로 사형에 처하는 위조범들의 죄보다 훨씬 중하기 때문이었다. 또한 아퀴나스는 이단의 범죄는 전염성이 있어서 다른 정통 신자들을 감염시킬 것이라고 주장했다. 그는 교부인 히에로니무스를 인용했다. "집안 전체가, 반죽식품 전체가, 신도 전체가 불타고, 썩고, 시들고, 죽지 않도록, 썩은 살을 도려내고, 더러운 양들을 우리에서 쫓아내라."[34] 16세기에, 가톨릭 신학자인 로베르토 벨라르미노는 이단이 다른 사람들을 오도함으로써 죄를 키우지 않도록 해야 한다고 주장했다. 그것은 이단들을 위해서도 좋은 일이라는 것이었다. 또한 그는 파문으로 이단을 영원히 지옥에 빠뜨리는 것이기 때문에, 육체적으로만 죽일 뿐인 처형이라는 가벼운 벌을 내리는 것은 얼마든지 가능하다는 주장을 되풀이했다.

종파주의

이 모든 주장들은 근대 초의 가톨릭뿐만 아니라 프로테스탄트들 사이에서도 통용되었다. 그것은 서구 그리스도교 세계의 분리 이후에 등장한 모든 교회의 공통 유산 가운데 일부였다. 그렇지만 그 분리로 인해 그것들을 적용하는 데 완전히 새로운 상황이 만들어졌다. 그것은 새로운 형태의 그리스도교가 등장했다거나, 그리스도교 세계가 지난 천년이 넘는 기간 동안 보지 못했던 갈등이 경쟁적인 교회들 사이에서 발생했다는 것만이 아니었다. 프로테스탄트뿐만 아니라 가톨릭에서 그리스도교 신앙의 본질 자체가 변했다.

어떤 종교도 고정되어 있지 않다. 2천 년이 넘는 기간 동안 로마 가톨릭 교회는 여러 차례 변했다. 11세기의 소위 서임권 논쟁은 그 같은 변화 가운데 하나를 촉진했다. 1960년대에 제2차 바티칸 공의회는 또 하나의 변화를 공포했다. 16세기에도 그러했다. 부분적으로는 프로테스탄트의 도전에 대한 대응으로, 부분적으로는 갱신과 개혁에 대한 내적 요구에 이끌려, 가톨릭교회는 교회 행정과 사제들의 훈련에서부터 제식과 사적인 신앙의 형태에 이르는 모든 것에서 광범위한 변화를 모색했다. 일반적으로, 이러한 변화의 추진력을 반反종교개혁 혹은 가톨릭 종교개혁이라고 부른다. 첫 번째 용어는 대응적인 성격을 강조하는 것이고, 두 번째 용어는 자생적인 성격을 강조하는 것이다. 그렇지만 두 용어는 결정적인 사실, 즉 가톨릭의 변화는 어떤 측면에서는 프로테스탄트들의 개혁과 닮았다는 점을 흐릿하게 만든다. 어떤 측면에서, 근대 초 유럽의 교회들은, 그들을 격렬하게 갈라놓았던 차이와 쟁점들에도 불구하고, 함께 발전했던 것이다. 그리스도교는 교회에 관계없이 변하고 있었다. 이러한 과정에서 나타난 새로운 형태의 그리스도교는 '종파적confessional'이었다. "종파주의의 상승"이나 "종파들의 형성"은 16세기에 시작되어 17세기 내내 계속된 것으로 기록될 수 있다.

일체의 혼란을 없애기 위해, '종파'라는 용어와 그것의 파생어들은 가톨릭교회의 고해성사와는 아무 관계가 없음을 설명할 필요가 있다. 그것들은 "신앙고백서"라고 하는, 교회가 견지하는 근본적인 교리를 선언하는 문서와 관련이 있다. 아마도 가장 유명한 것은 루터파의 정통 교리를 규정한 1530년의 아우크스부르크 신앙고백일 것이다. 근대 초의 모든 교회들은 그러한 문서를 발표했는데, 그것들은 당시 그리스도교의 기본 경향 가운데 세 가지를 구체화했다: 교회 가르침의 내면화, 예리한 이분법, "신성한 일체성의 추구." 세 가지 모두 불관용의 불을 지폈다.

세 가지 경향의 시점과 방식은 교회와 지역에 따라 크게 달랐다. 그리고 그 경향은, 아일랜드에서는, 1660년대까지는 대다수의 농민들(충실한 가톨릭으로 남았던)에게 별로 영향을 끼치지 못했다. 영국인 제레미 테일러에 따르면, 아일랜드 농민들은 "그들의 종교가 현재 어떠한지에 대해 아무런 설명도 할 수 없었다. 오로지 그들은 사제들이 명하는 대로 믿고, 이해하지도 못하는 미사에 참석하고, 묵주를 굴려 수를 세고 기도를 하고, 사순절에 달걀과 육식을 금하고, 성패트릭의 우물을 방문하여 그 신성한 우물에 핀, 리본, 실 등을 남겨두고*, 신, 성

---

* 성패트릭Saint Patrick은 5세기에 아일랜드에 파견된 가톨릭 선교사요 주교로서, 아일랜드의 수호 성인으로 추앙받는 인물이다. 성패트릭의 우물은 1527년 신성로마제국 군대의 로마 약탈을 피

모 마리아, 성패트릭, 성콜룸바누스, 성브리제트에게 기도하고, 성프란체스코의 천으로 덮어 묻히고, 성모 마리아를 위해 토요일에는 금식하기를 바랄 뿐이다."[35]

테일러가 적대적인 이방인이라는 점을 감안해도, 그가 묘사한 것은 우리가 알고 있는 17세기 아일랜드와 일치할 뿐만 아니라 종교개혁 이전 유럽의 일반적인 상황이었다. 중세의 그리스도교인들에게, 종교는 믿음체계이자 의식儀式적인 실천체계였다. 그것은 정해진 날에 축제를 열고, 금식을 하고, 미사에 참석하고, 거의 이해하지 못하는 언어(라틴어)로 기도문을 암송하고, 성지순례를 떠나 기적을 일으킨 성인들에게 제물을 바치는 등 많은 '선업'을 요구했다. 신학자들에 의하면, 이러한 것들은 경건한 마음으로 행할 때만 가치가 있다. 사제들과 평신도들은 그러한 것들이 성체 변화—빵과 포도주가 그리스도의 몸과 피로 변하는 미사의 기적—와 마찬가지로 효과가 있다고 보았다. 그러한 것들을 더 자주 행할수록 신의 은총을 더 많이 전하고, 그리하여 천국에 갈 기회가 더 많아진다는 것이다. 종교 행위들은 사후에 구원을 얻기 위해서라기보다는 살아생전에 불행을 피하기 위해서 이루어졌다. 성호를 긋고, 요한복음의 구절이 새겨진 호부護符를 지참하고, 성상을 들고 행진하는 등의 행동은 악을 몰아내고, 질병, 사고, 전쟁, 기근으로부터 보호해준다고 믿었다.

중세 유럽에서, 일반인들은 교리에 대해 아는 것이 별로 없었다. 그

해 이탈리아 중부 오르비에토로 피신했고, 적의 공격 시 도시의 물 공급이 부족할 것을 우려한 교황 클레멘트 7세의 지시로 1537년에 오르비에토에 판 우물이다. 이 깊은 우물은 아일랜드에 있는 성패트릭의 연옥Purgary이 매우 깊은 곳을 의미하는 연옥으로 가는 입구라는 중세의 전설에서 영향을 받아 성패트릭의 우물이라는 이름이 붙여졌다.

들은 공식적인 종교 교육을 받지 못했고, 목자들은 설교하는 경우가 드물었다. 테일러의 농민들처럼, 그들은 단지 "신부들이 요구하는 대로 믿는다"고 선언함으로써 정통임을 확인할 수 있었다. 그러한 무지는 가톨릭밖에 믿을 것이 없었던 세계에서는 문제가 되지 않았다. 그러나, 유럽이 경쟁적인 '종파'로 분열되고, 각각의 종파들이 경쟁적인 진리를 제시할 때는 문제가 되었다. 각각의 교회가 자기의 가르침에 따라 정체성을 확립하기 시작하면서, 교리는 전대미문의 중요성을 띠게 되었다. 테일러의 경멸에 나타났듯이, 교회 구성원들은 교회가 가르치는 것이 무엇이고, 그것이 다른 교회의 가르침과 어떻게 다른지 알 거라는 기대감이 형성되기 시작했다. 프로테스탄트들에게, 이러한 기대감은 구원이 "오직 믿음에 의해서"라고 가르치는 그들 종교의 바로 그 정의 속으로 스며들어갔다. 모든 교회들은 그리스도교인들이 구원받기 위해서 무엇을 믿을 필요가 있는지 가르치는 것을 임무로 받아들였다. 동시에, 좀더 일반적인 동력이 가동했으니, 대안들의 존재는 자기들의 종교에 대해 더 잘 알고 더 많이 의식하라는 압력이 되었다. 가톨릭 개혁가들 역시 교회 구성원들이 교회의 가르침을 내면화할 것을 요구하기 시작했다. 이렇게 해서, 종교는 특별한 교리에 대한 믿음과 거기에 부합하는 생활을 의미하게 되었다.

교회가 그렇게 극적으로 높아진 기준을 제시하는 것은 어렵지 않았다. 그것들을 이행하는 데는 수십 년의, 일부 지역에서는 2세기의 끈질긴 노력이 요구되었다. 교회들은 설교, 교육, 인쇄선전물, 교회 규율, 개정된 의식儀式 등을 통해 대대적인 교육 캠페인을 벌여야 했다. 이 모든 영역에서 프로테스탄트 지도자들은 신천지를 개척했다. 그들은 설교를 프로테스탄트 예배의 중심으로 만들었다. 그들은 어린이들이 학교에서 혹은 특별 교리문답 과정을 통해서 기초적인 종교 교육을 받을 것을 요구했다. 그들은 수많은 인쇄선전물을 배포했으며, 일반 그리스도교인들이 성서를 읽도록 권장했다. 그들은 교구생활을 감독하기 위해 새로운 기관과 절차를 만들었다. 가장 유명한 것은 칼뱅주의자들이 당회consistory를 만든 것인데, 이것은 새로운 형태의 엄격한 규율을 관장하는 감독기구였다. 마지막으로, 그들은 프로테스탄트 교의教義에 가시적인 형태를 부여하는 제식祭式을 만들었다. 역설적이지만, 구원은 제식의 실행에 의해 얻을 수는 없다는 점도 인정하면서 말이다.

가톨릭 개혁가들은 두 개의 명령 사이에 끼어 있었다. 한편으로, 가톨릭의 생존 자체가 가톨릭의 개혁에 달려 있었다. 이것은 전 유럽적인 차원에서 전체적으로 사실이었다. 공식적으로 프로테스탄트를 받아들인 지역은 극단적인 사례를 보여주었다. 만일 그곳 주민들이 가톨릭 소교구에서 열리는 정례적인 제식에 생각없이 계속 참석한다면, 그들을 가톨릭교회에 빼앗길지 모르는 일이었다. 그들은 구원이 습관적인 의식 준수가 아니라 정해진(이제는 금지된) 종교 교의를 의식적으로 따르는 데에서 얻는 것임을 배워야 했다. 이것은 영국의 사제들이 가톨릭에 대한 충성을 공언하면서도 성공회 예식에 참여하는 "교회 교황파"에 반대하여 제작한 논쟁적인 책자의 주요 메시지였다. 아이러니하게도, 영국의 퓨리턴들 역시 관성적이고 순응적으로 예식에 참석하는 "법령 프로테스탄트들"을 상대로, 그리고 다음과 같은 의미에 반대하여 동일한 메시지를 제작했다: 만일 그들이 "말씀과 성사聖事를 불경스럽게 비방하지 않고, 안식일이면 교회에 보답하고, 법이 명하는 대로 꼬박꼬박 예식에 참석하고, 설교를 들으면, 그들은 선량한 그

리스도교인이며, 확실히 구원받을 것이다."[36] 퓨리턴이건 가톨릭이
건, 개혁가들이 보기에 교회 교황파와 법령 프로테스탄트는 별 차이
가 없었다. 이 둘은 모두 형식적인 말과 공허한 몸짓만 있을 뿐, "의식
도, 열정도, 신앙도, 종교도 없는" 사람들이었다.[37]

가톨릭 개혁가들은 프로테스탄트 개혁가들과 대체로 동일한 도전
에 직면했으며, 프로테스탄트 개혁가들의 교육 방법을 채택하는 데
아무런 망설임이 없었다(반대도 마찬가지였다). 특히 예수회는 그들의
적들이 행하는 활동과 놀랍도록 유사한 활동을 했다. 그들은 유명 설
교자가 되었고, 교리문답서를 작성했으며(피터 카니시우스의 것이 가톨
릭 유럽에서는 가장 유명했다), 수백 개의 새로운 학교—대부분은 중등
과정과 대학 과정—를 세웠다. 설립자인 이그나티우스 로욜라가 쓴
《영적 훈련》을 사용하여, 그들은 어떻게 양심을 살펴보는지, 특별한
자기 훈련을 통해 어떻게 경건한 목표를 달성하는지 가르쳤다. 그들
은 새로운 형태의 조직인 마리아회의 신앙고백자요, 고해신부요, 조
직자로서 빈번한 고해와 영성체를 장려했다. 이러한 규율 프로그램은
그것을 강요하기 위한 외적 메커니즘을 가동시키기는 했지만 규범의
내면화를 용이하게 해주었다.

다른 한편으로, 가톨릭 개혁가들은 가톨릭이 가진 대중적인 호소력
의 상당부분은 그것의 전통주의에서 유래한다는 점을 알았다. 특히
농민들—이들은, 북부 이탈리아와 네덜란드처럼 극히 도시화된 지역
을 제외하고는 유럽 인구의 대다수를 차지했다—은 옛 신앙의 제식
과 그것이 제공한다고 여겨졌던 질병으로부터의 보호에 집착했다. 많
은 사람들은 또한 그것이 제공해주는 선조들의 삶과의 연속성이 위안
을 준다고 생각했다. 나아가 개혁가들은 교회의 정교한 제식과 그것

이 구체화한 선업의 신학에 의해 교회는 고유한 정체성을 부여받았다는 것을 알았다. 1545년과 1563년 사이에 25차례 열린 트렌토 공의회*에서, 교회 지도자들은 둘 중 어떤 것도 포기할 수 없음을 인정했고, 일련의 역사적인 결정에서 그 두 사항을 강력하게 재천명했다. 그러므로 가톨릭 개혁가들은 옛 관행을 대체하는 것이 아니라 수정하면서 나아가야 했다. 그들은 가톨릭의 매력을 유지할 필요와 가톨릭을 개혁하려는 의지가 충돌한다는 것을 모르지 않았다.

하나의 사례로 충분할 것이다: 네덜란드 남부에 있는 샤프 힐(스케르펜회벨)로의 순례. 까마득한 옛날부터, 치유의 힘을 가지고 있다고 알려진 참나무가 외딴 언덕 위에 서 있었다. 이교도들은 그것을 경배했고, 후일 그리스도교인들도 질병을 치료하기 위해 찾아왔다. 15세기에, 성모 마리아의 상이 기적적으로 나무 위에 나타났다. 성직자들은 성모 마리아가 거기에서 놀라운 치유를 행한다고 순례자들에게 가르쳤다. 이 호젓한 순례지는 17세기가 되면서 갑자기 종파간 갈등으로 소란스러워졌다. 스페인군과 네덜란드공화국 군대가 동부 브라방 지방을 놓고 싸울 때, 샤프 힐은 가톨릭 유럽과 프로테스탄트 유럽 사이의 전선에서 불과 몇백 야드 떨어지지 않은 곳에 위치했다. 갑자기, 그곳으로의 순례는 자기의 종파를 선언하는 용감한 행동이 되었다. 남부 네덜란드의 지배자인 알베르트 대공과 이사벨라 대공비는 자기들이 거둔 중요한 승리가 성모 마리아 덕이라고 생각한 후 성소를 증축하기 시작했다. 이제 성모 마리아가 적이 보는 가운데 일으킨 기적

---

* 트렌토 공의회는 루터의 종교개혁으로 제기된 교리상의 문제를 해결하기 위해 1545년에서 1563년까지 북이탈리아의 트렌토Trento에서 열린 보편 공의회이다.

은 가톨릭이 초자연적인 지지를 받으며 승리가 예정된 진정한 신앙이라는 증거가 되었다. 기적은 또한 경건한 대공들이 신의 총애를 받고 있음을 보여주었다. 성소는 전에는 단지 치유의 힘이 있는 장소였으나, 이제는 군사적 가톨릭주의의 상징이자 애국심의 중심지가 되었다. 순례자들은 수만 명씩 이곳으로 몰려들었다.

그곳의 인기는 교회 관리자들을 기쁘게 했을 뿐만 아니라 우려하게 만들었다. 한편으로, 그곳에서의 기적적인 치유는 프로테스탄티즘과의 싸움에서 무기를 제공해주었다. 다른 한편으로, 교회는 대중들이 육체적인 건강에만 사로잡혀 있는 것을 좋게 보지 않았고, 기적이라고 떠벌린 것들이 사실은 기적이 아니지 않은가 하고 의심했다. 점차 그들은 거짓기적은 진짜기적이 가톨릭을 지지하게 하는 것만큼이나 가톨릭을 불신하게 하지 않을까 우려했다. 남용을 막기 위해, 1604년에 메켈런 대주교는 참나무를 베어버렸다. 그 나무는 엄중한 감시 아래 마리아 상들을 만드는 데 이용되었다. 커다란 바로크 양식의 바실리카가 세워졌고, 미사와 제식들이 예법에 맞게 거행되었다. 한동안 교회 관리자들은 몇몇 치유는 진짜기적이라고 확인해주었으나 1682년 이후에는 완전히 중단했다. 성소 관리를 맡은 금욕적인 오라토리오 수도회 수도자들은 순례자들에게 고행을 권했으며, 마리아에게 단지 건강만을 위해서가 아니라 구원을 위해서 기도하라고 가르쳤다.

샤프 힐에서처럼 다른 곳에서도, 긍정적인 가톨릭 종교개혁은 반프로테스탄트적인 반종교개혁보다 달성하기 더 어려운 목표였음이 드러났으며, 더 많은 시간을 필요로 했다. 이것은 프로테스탄트 측에게도 마찬가지였다. 개혁가들은 교회 구성원들의 이해 수준을 높이거나 행동을 변화시키는 것보다는 충성심을 확보하는 편이 더 쉽다는 것을 알았다. 또는 일반적인 그리스도교인들의 관점을 채택하는 편이: 사람은 자기 종파의 신학적인 체계를 숙지하지 않거나 모든 요구를 받아들이지 않고도 자기 종파 교회에 강하게 집착할 수 있다. 이것은 이분법이라는 종파주의 등장의 두 번째 측면 때문에 그러했다.

분필과 치즈*

프랑스인 장 제스는 1665년에 "우리는 모두 그리스도교인이다"라고 말했다.[38] 인구 2천 명에 불과한 남부 프랑스의 작은 마을 모즈뱅의 행정관인 제스는 매일매일 자기가 속한 칼뱅파들뿐만 아니라 가톨릭 신자들도 접촉했다. 그가 보기에 그들 가운데에는 신이 분명히 천국으로 받아들일 겸손하고 자비로우며 선량한 사람들이 많았다. 제스는 두 신앙의 차이를 상대적인 차이라고 생각했다. 그는 둘 다 그리스도교의 진실한 형태라고 믿었다. 어떤 것이 좀더 확실한 구원으로의 길을 제공하는가? 제스는 사촌지간인 트리와 아르네가 편지를 통해 나누었던 것과 비슷한 토론을 조용히 마음속으로 진행했다. 어떤 교회가 신의 법에 더 충실한가? 어떤 것이 신의 법에 대한 올바른 복종을 가르치는가? 제스는 양심적이고 경건한 그리스도교인이었기 때문에 오랫동안 이 문제로 고심했고 1664년에는 정신적인 위기를 맞이했는데, 가톨릭으로 개종함으로써 그것을 해결했다.

아이러니하게도, 제스의 개종은 칼뱅파의 가르침은 물론이고 공식

---

* 겉보기는 비슷해도 속은 전혀 다르다는 뜻이다.

적인 가톨릭의 가르침과도 반대였다. 왜냐하면 그것은 두 교회가 모두 배격하는 비非종파주의적인 태도에 기반했기 때문이다. 냉전시대의 자본주의 이데올로기의 지지자들과 공산주의 이데올로기의 지지자들처럼, 근대 초 유럽의 종교적인 적대자들은 세상이 진실과 거짓, 선과 악, 그리스도와 적그리스도의 두 진영으로 나뉘어 있다고 보았다. 그들이 보기에 그 차이는 전혀 상대적인 것이 아니었으며, 둘 사이에는 아무런 공통 기반이 없었다. 1579년 익명의 칼뱅파 팸플릿 작가는 다음과 같이 썼다: "개혁종교는 선하거나 악하다. 중간은 없다. 왜냐하면 하늘의 일은 평균을 허용하지 않기 때문이다. 진실과 거짓은 벨리알과 그리스도만큼이나 사이가 안 좋다. 따라서 개혁종교의 가르침과 로마의 공상 사이에는 흰색과 흑색 사이만큼이나 공통점이 없다."[39] 그의 적도 사물을 비슷하게 바라보았다. 예수회원인 존 래드포드는 두 신앙은 "천국과 지옥만큼 멀리 떨어져" 있으며 "분필"과 "치즈"만큼 다르다고 말했다.[40] 루터파 설교자인 틸만 헤수스는 자기의 신앙과 개혁파 신앙*은 "겨울과 여름, 낮과 밤, 빛과 어둠만큼이나 대조적"이라고 선언했다.[41] 재세례파도 동일한 관점을 가지고 있었다. 그들의 슐라이트하임 신앙고백**은 다음과 같이 선언한다: "모든 피조물은 선과 악, 믿음과 불신, 어둠과 빛, 세상과 세상 밖 사람들, 신의 신전과 우상, 그리스도와 벨리알 같은 두 계급으로만 되어 있다. 이들은 전혀 겹치지 않는다."[42] 이것은 모든 차이를 이분법적 대립물

---

* 개혁파는 칼뱅파를 가리킨다.
** 1527년 스위스의 Schleitheim에서 열린 재세례파 집회에서 만장일치로 가결된 것으로, 재세례파의 원칙을 담고 있는 대표적인 선언이다.

로 환원시키고 모든 회색지대를 예리한 경계선으로 대체하는 것이다. 어떤 의미에서 그것은 종교개혁들의 근본적인 결과—그리스도교가 경쟁적인 형태로 분열된 것—를 지워버리는 것이었다. 그것을 견지하는 사람은 다른 신앙을 그리스도교의 열등한 형태가 아니라 그리스도교의 적 혹은 반反종교—진정한 그리스도교가 대적하는 모든 것을 구체화한—라고 본다. 둘 사이에 중립이나 온전한 선택은 없다.

처음부터, 그리스도교는 자기의 적들을 악마화하는 경향을 가지고 있었다는 점에서 다른 종교들과 달랐다. 그중에서도 교회 안에 있는 적이 특히 그러했다. 초기 그리스도교인들에게 그 적은 유대인들이었다. 2세기 말에 가면 이단이 그 지위를 차지한다. 교부인 이레나이우스는 처음으로 그들을 "사탄의 대행인"이라고 불렀다.[43] 그리스도교 신학은 이단을 단지 오류에 빠진 인간이 아니라 악의 화신, "초월적인 힘의 화신"이라고 규정하기 시작했다.[44] 초기 그리스도인들은 사탄과 그 앞잡이들이 너무나도 강력하다고 생각했기 때문에 이교도 철학자인 켈수스는 그리스도교인들이 일신론을 저버리고 있다고 공격했다. 그가 만일 후대의 사람이었다면, 그는 그들이 신과 사탄을 대등한 적대자로서 영원한 투쟁에 빠져 있다고 보는 마니교도들이라고 비난했을 것이다. 그는 틀렸다. 그러나 제대로 보기는 했다. 왜냐하면, 그리스도교 신학은 언제나 신이 전능하며 최종적으로는 선이 악을 이긴다고 주장하지만, 그리스도교인들은 사탄이 독립적으로 거대하고 놀라운 힘을 휘두른다고 종종 말했기 때문이다.

이것 역시 근대 초 유럽의 교회들이 물려받은 그리스도교 전통 가운데 일부였다. 그들은 이단에 대한 지상에서의 전투는 신이 사탄을 상대로 벌이는 우주적 전투의 가시적 차원이라고 생각했다. 가톨릭은 루터가 악마의 사주를 받은 것이 분명하다고 보았다. 위그노 목사들은 가톨릭교회를 "사탄의 시나고그"라고 불렀다. 틸만 헤수스는 "사탄은 칼뱅파와 예수회 둘 다 이끈다"고 말했다. 또다른 루터파 목사에 의하면, 개혁파는 "실제로는 어둠의 제후를 따르는 추하고 검은 추종자들임에도 밝고 하얀 빛의 천사"인 척 했다."[45] 1653년부터 1678년까지 호국경으로서 잉글랜드를 통치했던 올리버 크롬웰은 퀘이커파 같은 자기 시대의 새로운 섹트들을 "악마적"이며, "사탄의 사악함의 극치"라고 불렀다.[46]

프로테스탄트들도 더하면 더했지 못하지 않았다. 그들은 적그리스도의 모티브를 사용했다(그림 1.1). 《요한계시록》에 처음 언급된 이 종말론적 인물은 강력한 지배자, 신의 적이자 사탄의 대행자로 인식되었으며, 그의 사악한 지배는 그리스도의 재림과 종말을 예고했다. 1520년대 마르틴 루터는 교황을 적그리스도라고 부름으로써 영속적인 패턴을 설정했다. 그를 본받아, 베즈에서 카스텔리옹에 이르는 모든 형태의 프로테스탄트들도 똑같이 했다. 그들은 또한 《요한계시록》 제17장에서 일곱머리 용의 머리 위에 앉아 있는 바빌론의 음녀의 이미지를 따왔다. 음녀와 용은 교황청, 가톨릭교회, 신성로마제국의 합스부르크 황제들을 다양하게 지칭했다. 대부분의 가톨릭교도들 이상으로, 프로테스탄트들은 자기 시대의 종파 투쟁을 종말론적인 용어로 묘사했다. 그 투쟁이 1620년대의 독일에서처럼 불리하게 전개될 때, 혹은 1685년 이후의 위그노처럼 가혹한 박해를 받을 때, 그러한 생각은 특히 많은 지지를 받았다. 1640년대의 잉글랜드 혁명기에 조지 위더 같은 퓨리턴들이 국왕의 지지자들을 "적그리스도의 패거리들"이라고 비난했을 때도 마찬가지였다.[47] 그때 그렇게 규정하는 것은 그들

그림1.1

적敵그리스도로 묘사된 교황이 묵시록의 일곱머리 짐승을 타고 있다. 그는 입에서 악마들을 토해 내며 수도자, 신부, 세속인들에게 프로테스탄트 지배자를 살해하라는 명령을 내리고 있다. 《신성한 신의 노여운 심판……》(런던, 1611)에 수록된 목판화. 브리티쉬 도서관 소장.

을 안심시켰다. 왜냐하면 성서는 적그리스도의 최종적인 패배를 보장하고 있기 때문이다.

적을 악마화하는 것은 이분법적인 세계관이 그러하듯이 역사에서 반복되는 현상이었다. 둘 다 정치적인 목적 그리고 그 밖의 다른 목적을 위해 쉽게 조작되었지만, 그것의 내적인 호소력을 과소평가해서는 안 된다. 종교개혁 이후, 유럽 사회는 전에 볼 수 없던 방식으로 분열되었다. 전에는 비록 느슨하기는 했지만 그래도 "그리스도교 세계의 공통의 몸"으로 통합된 하나의 정신적 공동체였는데, 이제는 모든 질서와 통일성을 상실한 것처럼 보였다. 가톨릭 논객들은 프로테스탄티즘이 아나키즘을 만들어냈다고 두고두고 얘기했다. 바로 이점이 청중들의 불안과 걱정을 자극한다는 것을 알고서 말이다. 세상을 둘로 나눔으로써, 종파주의는 유럽인들의 통합된 우주를 회복하지도 종교적 투쟁을 종식시키지도 못했다. 오히려 정반대였다. 그렇지만, 그것은 불확실한 것들을 해결하고 새로운 세상의 혼란스러운 복잡성을 단순화시키기는 했다.

또한 그것은 종교적 동질성을 천명하는 데 사전에 준비된 수단들을 공급했으니, 대립과 대조가 그것이었다. 예를 들면, 보수파에서 퓨리턴에 이르는 매우 다양한 프로테스탄트들의 고향인 잉글랜드 교회에 대해 생각해보자. 그것의 구성원들을 통합시킨 것, 무엇보다도 잉글랜드를 프로테스탄트 국가로 규정한 것은 광범위하고 격렬한 반反가톨릭주의였다. 사람들은 기도와 설교가 지니는 각각의 장점에 대해서, 혹은 교회가 주교들에 의해 통치되어야 하는지 여부에 대해서 동의할 필요가 없었으며, 그들이 무엇을 반대하는지 그리고 그들의 적이 누구인지에 대해서도 알 필요가 없었다. 피에 굶주린 이단재판관, 예수회 밀정, 전제적인 왕, 로마에 충성을 바치는 배신자 같은 표준적인 스테레오타입으로 충분했다.[48] 비록 잉글랜드 교회가 포지티브한 용어로 스스로를 규정하는 데 어려움이 있었지만, 그것은 모든 교회에 마찬가지였다. 상호간의 대립성이 서로에게 강력한 효과를 냈다. 이러한 종교문화에서, 불관용은 사람들이 자기들의 신앙을 천명하고 교회가 연합하는 첫 번째 길이었다. 실로, 불관용은 진정한 신앙의 본질적인 표식으로 여겨졌으며, 그것의 부재는 그 자체로 의심과 처벌을 불렀다. 런던의 성직자인 윌리엄 구즈는 마음이 흔들리고 미지근한 프로테스탄트들만이 로마의 음녀에 대항하는 "우리들의 분노에 신성한 열정을 보여주지" 못할 것이라고 말했다.[49] 앞뒤를 바꾸면, 구즈의 적들도 전적으로 동의할 것이었다.

대립과 대조의 그림은 종파적 종교문화에 만연된 요소였다. 그것은 그 시대의 많은 신학저술에 나타났다. 원래의 프로테스탄트 개혁가들은 주석이나 교리문답 같은 장르를 선호했으나, 그들의 후계자들은 로베르토 벨라르미노 같은 가톨릭 신학자들의 "스콜라적인" 방법을 차용했다. 칼뱅의 후계자인 베즈는 이러한 변화의 전면에 있었다. 중기 중세의 발명품인 스콜라적인 방법은 매우 기술적인 방식으로 신학을 다루었다. 그것의 핵심은, 문제를 제기하고, 구별하고, 제안하고, 증거를 제시하고 논박하는 식의 논쟁이었다. 그것은 긍정적인 용어뿐만 아니라 부정적인 용어로도 정통성을 규정함으로써 신학자들이 도그마의 전반적인 체계를 발전시킬 수 있도록 해주었다. 그것은 신학에서 학생들을 가르치는 데(여기에서 그 이름이 유래했) 사용되는 것과 같은 토론에, 그리고 종파의 적에 대항하여 도그마를 수호하는 데 이상적으로 들어맞았다. 경쟁과 공동의 필요에 의해 스콜라적인 신학은 16세기 말부터 17세기 말까지 프로테스탄트 신학자들과 가톨릭 신학자들에게 공히 지배적인 장르였다.

그 장르는 점점 발전하여 특별한 적들에 대한 논쟁들을 통합해나갔다. 또한 그러한 논쟁들은 그 자체로 하나의 저술 장르를 구성했다. 유럽의 인쇄소에서는 이렇게 한층 더 집중적인 출판물들을 쏟아냈다. 프랑스에서만 상이한 제목을 가진 7천 종의 출판물이 나왔다. 어떤 것들은 짧은 팸플릿이었고, 어떤 것들은 4절판이나 2절판 책이었다. 도전하듯이 던진 장갑처럼, 하나의 출판은 대답을 요구하는 것으로 여겨졌고, 그러면 일련의 출판물들이 생산되었다. 도전과 응전, 찌르기와 피하기—이러한 것들은 단순한 비유가 아니라, 그 시대에 말해졌듯이, 진짜 "책 전쟁"이었다.[50] 긴 제목은 논쟁이 되고 있는 교리적인 논점들이 무엇이고 그 텍스트가 겨냥한 적들이 누구인지 알려준다. 예를 들면, 《교회가 예수 그리스도의 귀한 몸이 제단의 성사에 실재한다는 것에 대해 가르치는 것은 다름 아니라 신의 말씀 그대로인바, 여기에서 소위 개혁종교religion prétendue réformée〔개혁파 신앙을 지칭하는 프랑스 가톨릭의 공식 용어〕는 자기들이 성찬에 대해 주장하는 것을 입증하는 단어를 하나도 발견할 수 없을 것인데, 그것은 〔신의 말씀〕은 물론이고 모든 신성한 교부들의 가르침에 정면으로 위배되는 것이기 때문이라는 것에 대한 증명》(1608).

물론, 논쟁자들은 적을 이기기 위해서 논쟁을 해야 했다. 종파적 논쟁의 가장 두드러진 측면 가운데 하나는 그것이 경쟁집단의 가르침에 대해 독자들에게 제공하는 상세한 정보였다. 다른 시대에는 자기들의 근본 가치에 대한 도전에는 침묵으로 대응하고, 몇몇 "이단"적인 주장에 대해서는 터부시하는 경향이 있었다. 그러나 종파주의 시대에는 그렇지 않았다. 교회는 단순한 평신도들도 자기들의 도그마에 대해 이해하도록 가르치는 데에 많은 희망을 가지고 있었기 때문에, 설교와 인쇄물을 통해 교리상의 논점들을 직접 알려주었다. 프로테스탄트 목사들은 논쟁이 되고 있는 교리들을 정기 설교에서 폭넓게 다루었다. 목사들은 축일과 성찬예식 때는 그와 관련된 특별한 주제를 뽑았고, 종교개혁 100주년인 1617년 같은 특별한 시기에는 독설을 뿜어냈다. 가톨릭 측에서는, 예수회와 카푸친 수도회 수도자들이 논쟁적 설교의 개척자였다. 이들은 "논쟁 설교"라는 특별한 장르를 발전시켰다. 이러한 것들은 1550년대에 이미 파리와 리옹 같은 프랑스 도시에서 일반화되었고, 그 후 일어난 민중의 종교적 폭력에 대해 설명해준다. 그것은 아우크스부르크 같은 독일 도시에서는 18세기에 접어들면서 정점에 도달했다. 그러나 일반적으로 논쟁 설교는 모든 진영에서 논쟁이 뜨거웠던 17세기 초·중반에 한창이었다.

논쟁으로 단련된 신학 전문가인 성직자들은 이러한 방식의 설교를 도입했으며, 많은 경우에 그것을 통해서 종교 갈등에 기름을 부었거나 부추겼다. 그러나 종파주의는 성직자들만의 배타적인 문화가 아니었다. 여기저기에서 민중은 논쟁적 설교를 요구했고 여기에 성직자들이 답했다는 증거가 있다. 1615년, 네덜란드의 작은 마을 바세나르의 칼뱅파 목사가 자기 신도들에 의해 지역 시노드의 징계위원회에 제소되었다. 신도들이 그에 대해 "교황파나 다른 섹트를 반박하지 않아서 마치 옛날의 가톨릭 목자가 아직도 있는 듯한 인상을 주었다"고 비난했기 때문이다.[51] 어떤 사람들은 이 때문에 그가 집전하는 예배에 참석하기를 거부했다. 1709년, 함부르크의 루터파 성직자들은 반反가톨릭 설교를 한 데 대해 시의회에 사과해야 했다. 그들의 해명에 의하면, 신도들은 "몇몇 불만자들이 사용한 표현인 말없는 개가 아니라 충실한 보호자를 가지고 있음"을 보여달라고 요구하기 때문에, 그들로부터 계속 존경받기 위해서는 그렇게 설교할 수밖에 없었다는 것이다.[52]

논쟁은 구원을 받는 데 있어서 신앙과 선업의 역할, 성찬식의 성격, 성인 경배, 교회 관리의 올바른 형태 등과 같은 교리적이고 실천적인 문제를 중심으로 벌어졌다. 이러한 초점은 애초에 바라던 대로 정통과 이단을 분명히 구분하는 효과가 있었다. 그 과정에서, 그것은 논점의 중요성을 특별히 높은 수준으로 끌어올렸다. 이것은 의도하지 않았던 교육적 결과를 낳았다. 예컨대, 가톨릭 관리들은 독일 라우엔부르크와 울름 인근 시골 농민들이 십계명이나 주기도문보다 종파들의 논쟁점에 대해 더 잘 알고 있다고 적었다. 그것은 또한 경쟁교회들의 자기 정의定義를 변화시키는 중요한 결과를 낳기도 했다.

하나의 예는 예정설과 관련되어 있다. 예정설에 따르면, 신은 사람이 태어나기 전에 구원받을지 여부를 영원히 정해놓았다. 칼뱅은 이러한 교리를 동시대 사람들보다 다소 엄격하게 정립했지만, 그의 시대의 모든 주류 프로테스탄트들은 정도의 차이는 있지만 이 교리를 받아들였다. 사실, 그것은 구원은 믿음에 의한 것이며 신의 선물이지 선업의 대가가 아니라는 프로테스탄티즘의 주장 안에 내재되어 있다. 1551년, 일련의 논쟁들 가운데 첫 번째 논쟁은 예정설을 격론의 주제로 삼았다. 그 후 수십 년 동안, 프로테스탄트 신학자들은 그 교리의 함의에 대해 토론을 벌였고, 스콜라적인 방법을 통해 그들의 선배들이 제안했던 것보다 훨씬 더 정교한 교리로 발전시켰다. 루터파는 일치 신앙고백Formula of Concord(1577)에서 한층 엄격한 칼뱅파 해석을 거부했다. 예정설은 칼뱅주의의 대명사가 되었다.

교회와 교회를 구분하는 모든 대조와 대립 가운데 세속인들의 감정을 가장 많이 자극한 것은 전례典禮와 의식儀式의 차이였다. 그 차이는 교리 자체는 잘 알지도 못하고 관심도 적은 사람들을 포함하여 모든 사람이 알고 있고 관심을 가지고 있는, 종파적 정체성의 가시적이고 구체적인 표식이었다. 예를 들면, 성모 마리아 신앙은, 어떤 사람들은 순수함 때문에 다른 사람들보다 더 성스러우며, 모든 사람들 가운데 가장 성스러운 성모 마리아와 성인들은 우리를 위해 신에게 말씀하실 수 있다는 가톨릭 믿음을 만들어냈다. 사제들에게 죄를 고해하는 것은 사제들이 죄를 사할 수 있는 힘을 신으로부터 부여받았다는 것을 확고히 해주었고, 나아가, 그 밖의 모든 성사의 힘은 사제들을 세속인들 위에 위치시켰다. 물론 이러한 것은 이미 오래된 관행이었으나, 분열된 유럽에서 예수회 수도자들에 의해 그 의미의 층이 두꺼워졌다. 한편, 카푸친회 수도자들이 좋아한 '40시간 신앙'은 새로운 의식儀式이었다. 그것은 "성체"를 밤낮으로 경배하는 것을 포함했다. 이러한 신앙은 가톨릭의 성체변화설을 분명히 확인해준다. 그것의 논쟁적인 근본 의미는 가라앉지 않았다. 프랑스에서 카푸친회 수도자들은 위그노들이 종교회의를 열고 있던 도시들에서 그 의식을 벌이곤 했다. 나아가 그들은 그 의식이 위그노들이 성체에 가한 모독에 대한 속죄행위라고 말했다.

프로테스탄트의 의식은 가톨릭의 의식보다 덜 화려하고 소박했다. 이것은 프로테스탄트 신학이 의식에 부여하는 중요성이 감소했음을 말해준다. 그렇기는 하지만, 그것 역시 종파적 차이의 특별한 표식을 담고 있었다. 예를 들면, 평신도들이 빵과 포도주로 양형영성체를 하는 것은 만인사제주의를 의미했다. 개혁운동의 처음부터, 프로테스탄트들은 자기들의 의식을 가톨릭의 의식과 구분시키는 이러한 행동을 진정한 그리스도교의 핵심이라고 생각했다. 다른 표식들은 좀더 복잡한 역사와 지위를 가지고 있다. 개혁파는 가톨릭의 냄새가 나는 것이라면 모조리 폐지하기 위해 최선을 다했다. 그러나 루터파는 모호한 입장을 취했다. 왜냐하면 의식은 구원에 도움을 주는 것이 아니기 때문에, 그들은 많은 의식들을 요구하지도 않았고 금하지도 않았다. 신학적으로 그러한 선택적 행위들은 "중요하지 않은 것adiaphoral"이라고 불렸다. 그러한 것들을 행하고 행하지 않고의 선택은 그리스도교인의 자유의 결정적인 부분이라고 여겨졌다. 누구나 상황과 필요에 따라 결정할 수 있다. 그러나 그러한 행위들이 종파적 정체성의 표식이 되었을 때는 교리에 없던 중요성을 띠게 되었다.

하나의 예가 성체거양이다. 그것은 성직자가 빵을 축성한 다음 모든 사람들이 볼 수 있도록 머리 위로 높게 들어올리는 것으로, 12세기 이후 가톨릭 미사 전례의 일부가 되었다. 루터는 "그리스도는 거양을 금하지 않고 자유 선택에 맡기셨다"며 그것은 '중요하지 않은 것'이라고 선언했다. 루터가 살아 있는 동안 독일의 일부 루터파 교회들은 그것을 유지했고, 일부는 그것을 하지 않았다. 그러나 1550년대에 시작된 논쟁은 그 관행을 중심으로 벌어졌다. 작센의 루터파 교회의 총감독인 파울 에베르 같은 개혁가들은 그것이 오랜 가톨릭 "미신"을 부추긴다는 이유로 폐기하기를 원했다. 그들은 그 같은 "교황파의 유물"이 프로테스탄트 예배와 가톨릭 예배의 차이를 흐리게 하여, 가톨릭 개혁가들이 "사람들을 자기들의 종교로 데려가는 것"을 쉽게 하지 않을까 우려했다. 다른 한편으로, 루터파 개혁가들은 가톨릭의 위협보다 개혁파[칼뱅파]의 위협에 대해 더 많이 염려했다. 그들은 그 관행이 개혁파가 부정하는 그리스도의 성체실재설을 천명하는 것으로서 유지되기를 원했다. 대략 1550년과 1600년 사이에, 독일의 일부 지역이 루터파를 버리고 개혁파 프로테스탄티즘으로 돌아섬에 따라, 독일의 루터파들은 개혁파의 위협에 사로잡혔다. 개혁파적인 관행들을 채택한 루터파들은 비밀 칼뱅파라고 낙인찍혔다. 자칭 정통 루터파 Gnesio lutherans는 거양을 유지하는 편에 확고히 섰다. 그것은 이론적으로는 중요하지 않다고 인정되었지만 "실제로는 사람들의 종파적 정통성을 판별하는 시금석이 되었다."[53]

다음과 같은 루터파 의식에도 마찬가지의 과다한 중요성이 부여되었다: 어린아이들 액막이; 성체축일 및 다른 축일들의 기념; 영성체 의식에서 빵조각이 아니라 과자 사용; 성서 전권이 아니라 복음서와 사도서간 선문選文을 매주 연속적으로 한 절씩 설교하기. 루터와 그의 세대는 중요하지 않은 것으로 여겼던 이러한 의식들이 후대의 루터파에게는 "참된 교리와 거짓 교리를 구분하고…… 우리의 적이 어떤 섹트인지를 구분하는" 표식이 되었다.[54] 이러한 관행들을 하지 않은 사람들도 루터파임을 자처할 수 있었지만, 16세기 말에 이르면 더 이상 루터파로 여겨지지 않았다. 정통파의 눈에 그들은 악마적인 "타자他者"가 되었다.

신성한 일체성

비밀 칼뱅파 논쟁으로부터 정통 루터파에 대한 정밀하고 엄격한 정의가 생겨났다. 그것에 동의하지 않는 사람들은 규율을 통해 복종하거나 루터파 교회로부터 추방되었다. 교회 내에서 믿음과 의식儀式은 점점 하나가 되었다.

가톨릭에 대해서도 비슷한 이야기를 할 수 있다. 트렌토 공의회가 조금이라도 프로테스탄티즘을 연상시키는 것은 모조리 단죄했을 때 그것은 목욕물과 함께 아이도 버리는 것과 마찬가지였다. 완벽하게 정통이었던 몇몇 움직임들, 심지어는 15세기 가톨릭에서는 지배적이었던 것들마저 질식사했다: 공의회주의(교황이 아니라 공의회에 최고 권위를 부여하는 것), 유명론(도미니코 수도회의 "실재론"에 맞섰던 프란체스코 수도회의 신학), 르네상스 휴머니즘, 신비주의, 세속어 성서 읽기. 사실, 종교개혁 시대 이전의 가톨릭교회는 넓은 우산 아래 폭넓은 다양성을 포용하고 있던 느슨한 조직이었다. 트렌토 공의회와 더불어 그것은 본질적으로 불관용적인 것이 되었다. 공의회의 결정은 개혁으로의 대체 경로를 봉쇄했다. 1569년대까지도, 샤를 드 기즈, 로렌 추기경, 황제 페르디난트 1세 같은 강력한 가톨릭 지도자들은 성직자들의 결혼과 양형영성체를 허용하기를 선호했다. 이러한 것들은 일부 지역에서는 널리 퍼졌지만 사라질 운명이었다. 공의회로부터 힘을 얻은 교황청은 교회에서의 믿음과 실천을 표준화하기 위한 규범적인 문서들을 만들어냈다. 그 가운데에는 트렌토 공의회 신앙고백, 트렌토 공의회 금서, 가톨릭 기도서, 가톨릭 전례서 등이 있는데, 그 목적은 세례와 장례 같은 일반 의식의 형식을 상세히 규정하는 것이었다. 가톨릭 종파주의는 내부적인 긴장과 차이를 없애고, 다양성을 제거했으며, 엄격하고 새롭게 정의된 정통성을 전체 교회에 부과했다. 그렇게 하는 데 일부 지역에서는 한 세기가 넘는 시간이 걸렸지만, 1614년에 이르면 그러한 정의定義는 완전했다.

일체성은 양극화의 부산물이 아니라 종파주의적 개혁가들이 이상적인 것으로 여겼고 자기들의 교회에 구비하려고 애썼던 특성이었다. 1568년에 교회의 기초를 다지기 위해 모인 네덜란드의 칼뱅파들은 이러한 이상을 분명히 했다: "사도 바울은 신의 교회 안에서 모든 것은 품위 있고 질서 정연하게 행해져야 한다고 가르쳤다. 그러므로, 교리에서뿐만 아니라 예식과 성직의 정치적 관리에서도 완전한 동의가 확립되고 유지되어야 한다. 이러한 문제들이 네덜란드의 모든 교회에서 같은 식으로 정리되도록 하기 위해서, 우리가 가장 훌륭한 개혁교회들과 상의했던 다음과 같은 사항들을 제시하는 것이 적절하다고 생각한다."[55] 트렌토 가톨릭교도들이나 자칭 정통 루터파와 마찬가지로, 칼뱅파 역시 일체성 속에서 조화와 질서를 발견했다. 그것을 추구하는 데 있어서 그들은 동일한 교리를 가르치는 것뿐만 아니라 동일한 찬송가를 부르고, 동일한 기도문을 외우고, 교회를 비슷하게 장식하고, 몇 안 되는 휴일을 함께 기념하기로 했다. 그들은 몇 가지는 '중요하지 않은 것'임을 부정하지 않았다: 예컨대, 영성체를 서서 할 것인가 앉아서 할 것인가, 어린이에게 세례를 줄 때 물을 한 번 뿌릴 것인가 세 번 뿌릴 것인가. 그렇지만 그들은 '중요하지 않은 것'의 범위를 엄격히 제한했고, 마지못해 관용했다. 그들은 다양성을 이탈의 조짐이라고 의심했을 뿐만 아니라 본질적으로 신을 모독하는 무질서의 한 형태라고 생각했다. 그들은 일체성을 "신성한 것"이라고 선언했다. 그들에게 그것은 정신적인 가치이자 아름다움이었다.

일체성은 지역적 차원에서만이 아니라 국가적이고 국제적인 차원에서도 하나의 이상이었다. 이점에서 가톨릭 개혁가들은 이론적으로는 유리했다. 왜냐하면 그들의 교회는 한 명의 수장을 가진 국제적인 기구였기 때문이다. 트렌토 공의회의 법령과 교령은 처음에는 지역

시노드에서 채택되어야 했지만, 가톨릭 기도서, 가톨릭 전례서 등의 권위를 확고히 한 교황의 교서들이 그러했듯이, 곧바로 모든 구성원들에게 적용되었다. 개혁가들은 로마에 권위를 집중하고, 교황에서 주교로, 주교에서 신부로의 명령체계를 합리화함으로써 일체성을 높일 수 있었다. 실제로 이것은 잘 작동하지 않았다. 교황이 교회의 인사와 재정을 제대로 통제하지 못했기 때문이다. 또한 가톨릭 개혁가들에게 중세 말 가톨릭의 다양성은 유례없는 도전이었다. 극단적인 예를 들면, 우리는 1,500년 이전에 사용된 약 560개의 상이한 성무일도서(성무일도를 위한 기도서)에 대해 알고 있다. 출판된 것만 셈한 것이 이 정도였다.

이와는 대조적으로, 루터파 교회는 정치적인 단위와 일치하도록 조직되었다. 그래서 덴마크 같은 루터파 국가에는 국가적 차원의 루터파 교회가 있었고, 뷔르템베르크 같은 영방에는 영방 루터파 교회, 그리고 폴란드령 프로이센Royal Prussia의 단치히, 토른, 엘빙 같은 자치도시에는 도시 루터파 교회가 있었다.* 이러한 단위 내에서의 일체성은 다양한 장치들에 의해 이루어졌다. 교회감독권을 부여받은 지배자를 수반으로 하는 교회 관리자들의 위계조직이 명령을 하달했고, "방문"이라고 알려진 순회감찰을 실시했다. 반면에, 개혁파는 대부분의 지역에서 장로에 의한 교회 관리제도를 실시했다. 지역 교회들은 목사들과 세속 장로들로 구성된 당회라는 위원회에 의해 관리되었다. 주네브에서, 당회는 교회의 최고 관리기구였다. 다른 지역에서, 지역 교회들은 정기적으로 모여 협의했고 집단적으로 결정했다. 지역적인

---

* Royal Prussia는 1466년 제2차 토른 평화에 의해 폴란드 왕국에 양도된 지역이다.

차원에서는, 영국의 경우, 장로회라고 알려진 대의체를 통해, 더 높은 차원에서는 지방 시노드와 국가 시노드를 통해 협의하고 결정했다. 이러한 피라미드 형태의 위계를 통해 권위는 아래에서 위로 올라갔다. 그러나 모든 교회는 다수결 결정에 복종해야 했다. 교회 회의는 흔들리는 구성원들을 훈육하고 필요하다면 파문했다. 시노드는 목사들을 대상으로 그렇게 했다.

영방들과 국가들 사이에서, 프로테스탄트들은 상호간에 영향을 주고 콘센서스를 구축함으로써 일체성을 확보하려고 노력할 수 있었다. 그들의 성공은 그들이 공유한 이상의 힘을 증명해준다. 예를 들면, 네덜란드 칼뱅주의의 창시자들은 프랑스 개혁교회 신앙고백에 서명하고 주네브와 하이델베르크 교리문답을 교육지침서로 채택했다. 그들 가운데 한 명인 피터 다테누스는 베즈의 찬송가와 클레망 마로의 찬송가를 토대로 찬송가 운문 번역판을 만들었다. 네덜란드의 모든 교회가 채택한 피터 다테누스의 찬송가는 수세기 동안 사용되었다. 17세기에 네덜란드 칼뱅주의는 국제적인 칼뱅주의의 리더십을 이어받았다. 과거에는 주네브와 하이델베르크로 네덜란드의 학생들이 몰려갔지만, 이제는 라이덴, 프라네커, 위트레흐트에서 수천 명의 외국인 학생들을 맞이했다. 그들 가운데 상당수는 전에는 종교 박해를 피해 도주했던 사람들이었지만 이제는 외국에서 도망쳐온 칼뱅파를 맞이했다. 1618년, 그들은 도르트레히트 시노드에 스위스, 프랑스, 잉글랜드, 독일의 대표들을 초청했다. 예정설에 대한 도르트레히트의 결정은 유럽 칼뱅파의 정통 교리가 되었다.

"신성한 일체성"은 일부 재세례파들에게도 호소력이 있었지만, 가톨릭, 루터파, 칼뱅파가 이룩한 것만큼은 아니었다. 그 결과, 재세례파와 그들의 후계자인 메노파는 종파주의의 구성요소를 결여했거나 약했다. 재세례파 교회는 상호 결연을 맺을 때에도 자율성을 놓지 않은 자치적인 교회였다. 슐라이트하임 신앙고백(1527) 같은 선언문을 채택할 정도의 콘센서스에 도달하기도 했지만, 거기에 서명하고 안하고는 전적으로 개별 교회의 자유였다. 교회에 들어오는 것은 자발적으로 행해졌으며, 일단 들어오면 절대적인 헌신과 복종이 기대되었다. 재세례파와 후일의 메노파는 자기들의 교회를 신의 선민들의 현존 공동체라고 생각하여, 죄를 지었거나 신앙을 결여한 사람들을 배제함으로써 "오점과 구김이 없는" 공동체를 유지하려고 노력했다. 교리나 행동 면에서 문제가 있는 사람들은 신속히 "추방", 즉 파문되었다. 불일치는 분열을 낳았고, 서로가 서로를 추방했다. 교회 내에서의 엄격한 일체성은 이렇게 교회들 사이의 통일성을 희생시켰다.

어느 정도의 일체성을 확보한 그리스도교인들은 새로운 형태의 강력한 공동체 안에서 결합되었다. 정체성을 확인해주는 믿음과 행위들은 중세 그리스도교 세계에서보다 더 촘촘한 정신적 통일성을 만들어냈다. 전형적인 예로, 퓨리턴인 윌리엄 브래드쇼는 동료 영국인들 가운데 어떤 사람들보다는 외국의 칼뱅파와 더 가깝다고 느꼈다: "'외국의'라는 말과 관련해서, 그 교회들이 우리와 같은 신앙의 집일 때는, 그들을 '외국의'라고 부르는 것은 적합하지 않다. 모든 교회와 교회 구성원들은, 어떤 국가에 있든지 간에, 서로서로를 '외국의'라고 여기지 말아야 한다. 왜냐하면 그들은 모두 천국의 시민들이며, 우리는 모두 하나의 가족, 하나의 몸을 구성하기 때문이다."[56] 가톨릭도 똑같은 말을 할 수 있었다는 것이 종파주의 시대의 특징이었다. 1624년 스위스 주재 스페인 대사는 그곳에 있는 동료 신앙인들에게 "그들은 이단적인…… 국가의 사람들보다 가톨릭을 믿는 인디언이나 아프리카인들과 더 가깝게 느껴야 한다"고 충고했다.[57] 이러한 새로운 통일성의 이면은 상이한 신앙을 가진 사람들에게 느끼는 적대감이었다. 하나는 통합을 위한 힘으로서 새로운 우정과 연대감을 만들어냈고, 다른 하나는 대립을 조장하는 힘으로서 옛것을 해체했다. 이 두 힘은 함께, 전 유럽에 걸쳐 고등정치*와 일상생활을 붕괴시켰다.

세르베투스 사건은 유럽 종교사의 중요한 시점에 일어났다. 프로테스탄트 종교개혁은 수많은 그리스도교인들의 개혁에 대한 열망을 행동으로 바꾸어놓았다. 그것은 이미 다양했던—왜냐하면 프로테스탄트의 도전이 고개를 들기까지 가톨릭교회는 다양한 종교적 형태와 실천을 포용하는 데 망설이지 않았기 때문이다—종교 무대 위에 올라왔고, 지평을 크게 확대했다. 천재들의 세대는 그리스도교의 진실성에 대한 강력한 전망을 새롭게 제시해주었고, 세속인들은 어느 것이 옳은가 결정해야 했다. 그 세기 중반에, 이 같은 격변의 최종 결과가 어떨지는 여전히 오리무중이었다. 상이한 경향을 가진 그리스도교인들은 아직 화해불가능한 진영으로 분열되지는 않았고, 그래서 그리스도교 세계의 잃어버린 통일성을 회복할 가능성이 없지 않았다. 그 시기에, 카스텔리옹 같은 사람들의 생각은 예외적인 생각이 아니라 널리 퍼진 생각이었다. 카스텔리옹은 교리가 도덕보다 우월한지에 대해 의문을 제기했다. 그는 약간의 근본적인 원칙만으로도 충분히 정통신자를 만들 수 있을 거라고 제안했다. 그리고 그는 상이한 믿음을 가진

---

* 고등정치High Politics란 국가의 안전과 직결된 정치를 말한다.

사람들이 서로 생산적인 대화를 벌일 수 있는 복잡하고 다원적인 세계의 이미지를 제시했다. 세르베투스의 요란한 이단에 비해, 그러한 생각은 반대를 점잖게 표현한 것이다. 그러한 생각을 가진 사람들은 정통의 이름으로 다른 정통에 도전하는 것이 아니라, 종파주의적 정통을 세우려는 일체의 노력에 저항했다. 요컨대, 그들은 종파주의 자체를 거부했다.

종파주의라는 용어로 우리가 의미하는 것은 특정 그리스도교 교파가 견지하는 신조라는 의미에서의 하나의 믿음체계가 아니다. 종파주의는 16세기와 17세기에 서구 그리스도교 세계의 모든 분리된 가지들에서 발전해온 하나의 종교문화를 가리킨다. 이러한 관점에서, 그것은 신비주의, 혹은 좀더 적절하게는 종말주의나 오늘날의 근본주의같이 불관용에 기름을 붓는 종교문화들과 비교될 수 있다. 부분적으로, 종파주의의 등장은 많은 유럽인들을 충격 속에서 방황하게 만들었으며 정신적인 우주의 새로운 조직 원리를 찾아 나서게 했던 서구 그리스도교 세계의 분열에 대한 반작용이었다. 종파주의는 칼뱅파인 프리와 가톨릭인 아르네가 함께 열망했던 "규율과 질서"를 제공했다. 또한 종파주의의 등장에는 실천적인 고려도 작용했는데, 그 이유는 종교적인 라이벌이 경쟁 논리에 따라 공통의 전략과 목표를 추구했기 때문이다. 그것들 가운데 중요한 것으로는 교회 가르침의 내면화, 이분법, 일체성의 추구 등을 꼽을 수 있다. 첫 번째 것은, 종교는 특정 신조를 믿고 그것에 따라 사는 것을 의미한다고 종교의 정의 자체를 바꾸었다. 그것이 어느 정도 성공했느냐에 따라, 그것은 유럽인들을 특정 신앙에 대한 의식과 지식을 갖춘 지지자로 만들었다. 두 번째 것은 절대적인 흑백용어로 신앙의 차이를 규정했다. 그것은 종교상의 차이들을 모두 단순한 대립항으로 환원시킴으로써 그것들을 진실과 거짓, 신과 사탄 사이의 우주적인 투쟁의 일환으로 여겼다. 세 번째 것은 정통이 무엇인지를 전례 없이 정밀하게 규정하여, 교회 내에서 허용되는 믿음과 실천의 범위를 축소했다.

근대 초 유럽은 불관용을 정당화했던 그리스도교 사상의 전통을 계승했다. 그 후 종파주의는 불관용을 신앙의 본질적인 지위로 상승시켰다. 종파주의는 한창일 때에도 서부 유럽의 교회에서 형성된 유일한 신앙 형태는 아니었다. 이상과 현실 사이의 괴리는 언제나 컸다. 그럼에도 불구하고, 관용의 역사는 종파주의의 역사를 거꾸로 비추어 준다고 말할 수 있다. 앞의 것이 내려가면 뒤의 것이 올라가고, 뒤의 것이 내려가면 앞의 것이 올라간다. 휘그 해석의 발전적 도식과는 반대로, 관용은 종교개혁 이후 유럽에서 현저하게 떨어졌다. 대략 16세기 중엽부터 18세기 중엽까지 2세기 동안, 관용은 대다수의 유럽인들에게는 매우 불확실했다. 퓨리턴인 대니얼 코드리는 관용을 "적그리스도가 교회와 국가를 파괴하려는 최후의 필사적인 계획"이라고 불렀다.[58] 유럽 교회들의 공식적이고 집요한 가르침이었던 종파주의는 관용의 실천에 대한 첫 번째 거대한 방해물이었다.

OBSTACLES

II

그리스도교 공동체

종탑의 시

"만일 잉글랜드의 모든 종들이 정해진 시간에 한꺼번에 울린다면, 종소리를 들을 수 없는 지역은 별로 없을 것이다."[59] 설교사 휴 래티머는 과장했지만 지나치지는 않았다. 잉글랜드에는 9천 개가 넘는 소교구 교회가 있었는데, 어떤 교회에는 종이 한두 개밖에 없었지만 어떤 교회에는 잘 조율된 6개나 8개의 종이 종탑에 걸려 있었다. 만일 종소리가 1마일 정도 퍼져나간다면, 그것은 실로 알비온*의 하늘을 가득 채웠을 것임에 틀림없다. 대륙에서도 마찬가지였다. 교회 종소리는 태양이 작열하는 남부 유럽의 산 위 도시에서 바위투성이 경사면을

* 알비온Albion은 잉글랜드를 지칭한다.

따라 폭포수처럼 내려왔고, 깊은 알프스 계곡에 있는 교회에서 나와 산허리를 휘감았으며, 비옥한 북부의 평원을 쓸고 지나갔다. 극작가인 벤 존슨은 그것을 "종탑의 시詩"라고 불렀다. 그러나 대여섯 개의 교회 종이 한꺼번에 울릴 때 좁은 도시의 거리는 얼마나 시끄러웠던가.[60] 은은하고도 침투력이 강한 종소리는 끝없이 반복되어 사람들을 예배당으로 불러냈다. 처음에는 하나의 종이, 그 다음에는 두 개의 종이, 그 다음에는 세 개의 종이 울리는 것은 네덜란드에서는 안식일을 알리는 신호였다. 마지막 종소리가 잦아들면, 설교자는 설교단에 올라갔다. 가톨릭 지역에서, 종은 신도들을 미사와 종교행렬로 불러냈고, 축일의 시작을 알렸다. 또한 그것은 아침기도에서 저녁기도와 종료기도까지의 성무일도聖務日禱 시간을 알려주었다. 프로테스탄트의 종은 시계의 시간, 혹은 작업의 시작과 끝을 알려주었다.

오늘날에도 교회 종은 여전히 그러한 시간들을 알려주지만, 근대 초 유럽에서는 다른 메시지도 전해주었다. 그것은 종종 교회 안이나 앞 혹은 교회 뜰에서 열리는 정치집회로 사람들을 불러냈다. 위험이 발생하면 빠르고 심란하게 울려 사람들이 위험에 대처하거나 대피하도록 했다. "불이야!" 하고 그것들은 외쳤다. 독일의 보름스 같은 도시에서는 가장 높은 종탑에 감시인을 두어 화재를 감시하도록 했다. "군인들이다!" 교회 건물은 종종 군인들의 약탈을 피하는 도피처로 사용되었다. "폭풍이다!" 가톨릭교회에서는 폭풍우가 밀려오는 것을 경고하기 위해서뿐만 아니라 천둥과 번개를 일으킨다고 여겨진 악마를 몰아내기 위해서도 종을 울렸다. 교회 종은 시장의 개시, 신년, 축제의 시작을 알렸다. 1606년 크리스마스 전야에, 요크 시에서는, 종치기들이 "가운데 종 줄이 다음 날 아침을 열 때까지" 밤새도록 줄을 잡아당겼다.[61] 교회 종은 유명인사의 방문을 기념하여 울렸다. 지배자의 결혼, 축성, 왕자의 출생, 전승, 평화조약 체결 등이 있을 때에는 종소리가 전국적으로 즐겁게 울려퍼졌다. 간혹 그것은 당국의 바람을 거스르기도 했다. 네덜란드의 프리슬란트에서 칼뱅파 시노드는 "종소리가 젊은이들을 5월제에 불러냈다"고 단죄했다(그러나 끝내지는 않았다).[62] 1623년 잉글랜드 왕자인 찰스가 결혼하려 했던 스페인 공주를 동반하지 못하고 스페인에서 돌아왔을 때 교회의 종은 그 소식을 그 결혼에 반대했던 사람들의 기쁨과 편협한 신앙을 담아, 포츠머스에서 전국으로 전했다. 한 세기 후에, 브리스톨의 토리당원들은 당파의 집회를 알리기 위해 종을 쳤다.

프랑스의 리옹 인근 농촌에서, 교회 종은 결혼식 후뿐만 아니라 세례식 후에도 울렸다. 되풀이되는 역병, 끝없는 전쟁, 천문학적인 유아 사망률을 가진 세계에서, 교회 종은 새로운 생명보다는 죽음을 위해 더 자주 울렸다. 장례식 때 교회 관리인들은 시간에 맞춰 다양한 방식으로 줄을 잡아당김으로써 장례식을 통해 적지 않은 돈을 벌었다. 잉글랜드에서의 규칙은 "그리스도교인의 시신이 지나갈 때…… 그리고 지나간 후에 짧게 한 번 치고, 매장 전에 한 번, 매장 후에 짧게 한 번 치는 것"이었다.[63] 첫 번째 종소리는 죽은 사람을 위해 기도하라고 알리는 것이었고, 그 다음 것은 그만하라고 알리는 것이었다: 프로테스탄트들은 죽은 사람의 영혼을 위해 기도하지 않았다. 가톨릭 지역에서, 종소리는 시신을 묘지로 운반하는 장례행렬 내내 운구행렬처럼 절도 있고 우울하게 울렸다. 그 소리는 여러 가지 의미를 전달했다. "죽음을 기억하라memento mori", 그것은 그들의 죽음에 대한 건전한 기억을 제공했고, 산자의 양심을 찔렀다. 구슬픈 종소리는 망자의 상실에 대한 공동체의 슬픔과 망자에 대한 존경을 표현했다. 종소리가 크고 많이 울릴수록 존경도 컸고 더 비쌌다. 어떤 가톨릭신자들은 자기들의 기일에 교구 종을 치도록 하기 위해 유언으로 돈을 남겨놓았다. 핼러윈 날—만성절 전날—에, 가톨릭 지역에서는 "성실한 고인들"을 위해 종을 울렸다. 종을 울리지 않는 것도 무엇인가를 표현하는 것이었다. 브라방 사람들은 그리스도의 배신을 기억하기 위해서 성수요일에는 줄을 묶어놓았다.

　신앙과 탈선, 결의와 패닉, 애도와 기념 등을 알리는 교회 종은 지역공동체의 목소리였다. 종소리는 공동체 구석구석 울려퍼졌기 때문에, 공동체의 느낌을 표현했고 공동체의 필요에 봉사했다. 그것은 공동체의 일체성을 그리스도교 공동체—그리스도의 몸—라고 선언했고, 공동체들이 그렇게 행동하도록 동원했다. 이런 식으로, 그것은 근대 초 유럽의 많은 종교행위들이 지닌 비개인주의적이고 공동체적인 성격을 예시한다. 또한 교회 종의 사용은 대단히 중요한 것을 보여주는데, 그것은 세속적인 것과 성스러운 것의 미분화이다. 전 유럽의 도시와 농촌에서, "사회적인 몸, 정치적인 몸, 그리고 그리스도의 몸은 분리할 수 없을 정도로 밀접하게 얽혀 있었다."[64] 중세의 유산인 시민공동체와 종교공동체의 일치는 프로테스탄트 종교개혁과 가톨릭 종교개혁 이후에도, 심지어는 그것이 더 이상 현실이 아닌 지역에서도, 하나의 이상으로 살아남았다. 그것은, 종파주의에 이어, 종교적 관용에 대한 두 번째 커다란 방해물이었다.

공동체주의

물론, 근대 초의 공동체는 모양과 크기가 다양했다. 한쪽 극단에는 유럽의 최대 도시들이 있다. 1750년대, 파리와 런던의 인구는 각각 50만이 넘었으며, 나폴리는 30만, 암스테르담은 20만이 넘었다. 이 도시들은 오늘날의 거대도시들과는 비교가 안 되지만, 그래도 구조적으로 복잡하고 산만한 공동체였다. 도시들은 지속적인 이민으로 인구가 늘어났으며, 외국인, 상인, 군인, 빈민들과 같은 유동인구가 많았다. 도시 인구 가운데 상당수는 시민권이 없었다. 도시 인구는 도시 성벽을 넘어 외곽으로 넘쳐났기 때문에, 그들의 경제 활동은 전통적인 길드체제를 넘어서 진행되었다. 물론, 그러한 메트로폴리스는 개인들이 표류하는 아노미의 바다라기보다는 수많은 개별 하위공동체들로 구성된 모자이크였다. 도시의 이웃도 농촌의 이웃만큼 가까울 수 있었으며, 나름대로의 리듬, 냄새, 성격, 자부심을 가지고 있었다. 그럼에도 불구하고, 대도시들은 사회학자들이 말하는 "다수의 준거집단들"에 속할 가능성을 제공해주었다. 사람들은 어떤 사람들하고는 비즈니스를, 어떤 사람들하고는 교제를, 어떤 사람들하고는 종교생활을 하는 등 스스로를 다양한 맥락에 따라 상이하게 규정했다.

그 밖에 여덟 개 도시만 1750년에 인구 10만을 넘었다. 2세기 전에는 오직 세 개 도시만 그러했다. 근대 초 유럽은 도시들로 채워졌으나—프로테스탄트 종교개혁 당시에 3~4천 개가 있었다—오늘날의 기준으로 보면 인구가 적었다. 도시의 기준은 인구라기보다는 도시를 농촌으로부터 구분해주는 성벽, 상업과 수공업(말 그대로 손으로 하는 작업)이 이루어지는 시장, 가게들이었다. 무엇보다도 도시는 자치권

같은 특권을 부여한 특허장 덕분에 도시가 되었다. 인구 만 명 정도의 도시가 10분의 1도 안 되었다. 그 크기라면 약 2천 가호 정도여서 모든 도시민들이 적어도 안면은 트고 지낼 수 있었다. 그처럼 가까운 "고향"에는 많은 준거집단이 있을 수 없었다. 친구는 동료 길드 구성원이었고, 이웃이었고, 소교구민이었고, 시민이었다.[65] 법을 어기거나, 가짜상품을 만들거나, 이방인과 결혼하거나 해서 그들을 기분 나쁘게 하면, 투표권은 물론이고 생계를 잃을 수 있었다. 법과 관습은 사회적 존경, 시민다움, 경제적 자족, 정통교회의 구성원 자격 등을 상호의존적으로 만들어놓았기 때문에, 전부를 향유하거나 아니면 무無였다.

농촌의 사회적 구조 역시 도시만큼이나 다양했다. 한쪽 극단에는 오스트리아의 알프스 산중에 높이 들어선 마을이 있었다. 그곳의 가족 농장은 마을에 집중되어 있지 않고 분산되어 있었다. 그곳을 경작하는 농민들은 계곡 안에 있는 도시에 나가기 힘들었기 때문에 자주 가지 않았다. 특히 겨울에는 교회에 거의 가지 않았고 관리들의 얼굴을 보지 못했다. 대부분 가족 단위로 집에서 기도하고 신앙서적을 읽으며 예배를 보았다. 그들의 정주 형태는 인구밀도라는 측면에서 대도시와 정반대였지만, 도시와 마찬가지로 비교적 느슨한 공동체였다. 그들은 북유럽 평원지대에 많았던 정주 형태인 핵核마을하고는 대조적이었다. 집들이 인접해 있고 주민들이 인근의 개방경작지를 공동으로 경작한 이러한 마을에서는 사회적 통제가 꼼꼼했다. 이곳에서는 주민회의가 어떤 곡물을 심고 언제 수확할 것인가 하는 문제처럼 공동체의 삶과 죽음에 관계된 일들을 모두 결정했다. 동물들은 공동방목지에서 풀을 뜯어 먹었고, 사람들은 공유지에서 물을 긷고 땔감을 장만했다. 근대 물리학의 원자력만큼이나 강하게 접착된 이들 핵核마을들은 고향의 농촌적 형태였다.

이러한 극단적인 모습들은 근대 초 공동체들의 범위를 보여주지만 다양성은 보여주지 못한다. 많은 도시들은 메트로폴리스도 고향도 아니었다. 그 밖에도 많은 도시들이 있었다: 판사들과 행정관들이 통치하는 지방의 수도들; 상인들과 시장으로 북적거리는 원격지 교역의 중심도시들; 광산도시; 온천도시; 유럽 최대의 산업인 직물 생산 중심지. 마찬가지로, 농촌의 광활한 지역은 개방경작지도 아니고 높은 산도 아니었다. 북부 이탈리아에 있는 리구리아와 피에몬테의 바위투성이 시골마을은 조각조각 나뉘어, 이웃집과 행정구역이 마을 변두리에 있는 거의 카오스적인 배치였다. 네덜란드에서 바다를 메워 조성한 간척지 마을에서는 농장이 정확히 일렬로 늘어서서 비옥한 경지를 바라보았다. 프랑스 중부와 서부에서는 분산된 작은 마을들이 보카주를 표시해주었다.* 정주 형태는 자연생태학과 인간의 필요에 따라 달라졌다.

이러한 범주에 속하지 않은 도시들과 마을들은 독자적인 관습과 제도와 지형을 가지고 있었다. 16세기 네덜란드에서만 해도, 7백여 개의 공동체가 나름대로의 법령을 가지고 있었다. 이 숫자는 근대 초 사회의 지역주의나 배타주의를 증명하고도 남는다. 작은 지역공동체라도 자율성을 지키기 위해서 스스로를 하나의 세계라고 생각했다. 여행, 특히 육로 여행의 어려움과 느림—말을 타고 최대로 빨리 가면 하루에 85마일을 갈 수 있었다—이 이러한 생각을 하는 데 일조했다.

---

* 보카주Bocage란 경작지가 흙이나 관목으로 에워싸인 지역을 가리킨다.

시인인 존 클레어는 1790년대에 노스햄턴샤이어에서 보낸 젊은 시절에 대해 썼다: "나는 생전에 집에서 8마일을 벗어난 적이 없었고, 잉글랜드가 내가 알고 있는 지역보다 훨씬 크다는 것을 상상할 수 없었다."[66] 어떤 수치나 사실보다 더 강한 것은 그의 정신적인 세계의 지평선을 긋고 그의 소속감을 지배한 클레어의 "상상" 혹은 생각이었다. 그의 소속감은 최우선적으로 지역공동체로 향했으며, 가장 가까운 시장을 넘어가면 모든 것이 모호해졌다. "이방인"은 그의 도시나 농촌 출신이 아닌 사람이었다. 그의 "나라country"는 그가 살고 있는 마을county이었다. 유럽의 공동체들은 서로 멀리 떨어져 있었지만 배타주의라는 특징은 공유하고 있었다. 중세의 유산인 배타주의는 천천히 그리고 지역마다 다르게 약해졌다.

자치체들 역시 그러한 특징을 보여준다. 근대 초 사회는 자치체corporation, 즉 법적으로는 집단적 실체인 각종 조직들로 구성되었다. 도시, 마을, 신분회(성직자, 귀족, 평민들), 수공업자 길드, 귀족단, 민병대, 대학, 교구, 성당참사회 등이 자치체이거나 자치체가 되기를 원했다(법적으로 완전한 자치체 지위를 얻는 것은 대륙에서보다 잉글랜드에서 드물었다). 용어가 시사하듯이, 자치체는 개인들의 연쇄가 아니라 몸, 사지四肢, 심지어는 정신을 갖춘 유기체―여기에서 단체정신esprit de corps이라는 말이 유래했다―로 인식되었다. 자치체는 재산을 소유하고, 조례를 발표하고, 관리를 선발하고, 고유의 증인證印으로 문서에 서명하고, 고소를 하거나 고소를 당하고, 구성원들에게 세금이나 벌금을 부과하고, 구성원들의 분쟁을 중재하는 일들을 할 수 있었다. 자치체는 어느 정도 정기적으로 회의를 열어 업무를 논의하고 화합을 기념했다. 자치체들은 "특권" 혹은 "자유"라고 불린 배타적인 권리를 소유했다는 점에서 서로 달랐다. 어떤 자치체에 속했는가가 그들의 법적인 권리와 사회적 계급을 결정했을 뿐만 아니라, 고유의 복장, 언어, 지식, 의식儀式을 가지고 있는 다양한 하위문화들에 참여할 수 있게 해주었다.

자치체들은 현기증 날 정도로 심한 다양성 속에서도 공통의 에토스를 공유했다. 그들은 가능한 한 많은 자율과 자치를 추구했으며, 동시에 구성원들 사이의 형제애와 상호의존의 유대를 강화시켰다. 개념적인 차원에서 모든 구성원들은 어느 정도 동등하다고 여겨졌으며, 모두가 개인들의 이해관계를 집단의 공동이익—잉글랜드인들이 말하는 공동복지common weal—을 위해 희생할 것으로 생각되었다. 이러한 에토스는 자치체가 도시나 마을일 때에는 "공동체주의communalism"라고 불렀다. 그것은 중세에 코뮤네commune로 존재하기 시작했던 도시의 설립 원리였다. 근대 초에도 여전히 도시는, 이론적으로는, 도시의 행정관들에게 권위를 위임한 자유 시민들의 자발적인 결사체였다. 스트라스부르 같은 도시에서는 여전히 매년 도시민들이 애초의 결사 서약을 갱신했다. 비록 소수의 엘리트들이 실제적인 권력을 쥐고 있는 것이 일반적이었지만, 대부분의 도시 정부는 평민들의 대의기구를 갖추고 있었다. 극히 폐쇄적인 도시 과두정부도 전체 시민들을 대표한다고 주장했으며, 그래서 위기의 순간에는 의회를 소집하거나 시민들과 협의하여 자기들의 결정에 대한 추인—정치적인 보증—을 받으려했다.

농촌마을의 제도는 도시만큼 정교하지 않았다. 그러나 유럽의 많은 지역에서 그것 역시 공동체 원리에 살을 붙였다. 이곳에서도 부자들은 과다한 권력을 가졌으며, 시간이 지날수록 이 집단의 크기는 줄어들었다. 그렇지만, 18세기 말까지도 대부분의 프랑스 농촌마을에는 어떤 형태든지 간에 주민총회가 있었다. 네덜란드 농촌 주민들은 언제나 위협적이었던 바닷물을 만灣에 가두는 책임을 맡은 배수위원회에 참석했다. 농촌 공동체주의의 가장 극단적인 사례는 스위스에서 찾아볼 수 있다. 우리Uri와 슈비츠 같은 스위스의 칸톤들은 모두 칸톤회의를 구성했고, 시민들은 이따금 회의에 참석했다.

공동체주의는 평등주의적인 소리를 냈지만 평등하지는 않았다. 그것은 지역의 모든 주민들이 아니라 시민들만을 받아들였으며, 일반적으로 성인남자 가장들만 완전한 시민권을 얻을 수 있었다. 프리슬란트 같은 지역에서는 재산 자격 기준이 있었고, 뇌샤텔 같은 지역에서는 광범위한 친족집단을 지배하는 집안만이 트롱, 즉 투표권을 가지고 있었다. 비토착민들은 시민권을 얻기 위해 돈을 내야 했는데 그 액수는 가난한 이민자들의 능력을 벗어나는 것이었다. 가족들은 부분적인 시민권을 가지고 있었다. 그들은 공동체 구성원으로서의 혜택을 주장할 수는 있었지만 공동체의 문제에 대한 발언권은 없었다. 따라서 하나의 이상이기는 했지만, 공동체주의는 특권 집안들의 연합이었다. 그것은 그러한 집안의 우두머리이지만 지배적인 과두체에는 끼지 못한 사람들—가게 주인, 수공업자, 약간의 땅을 가진 농민들—에게 위엄과 권위를 주었다. 자연히, 그들은 공동체주의의 대규모 지지자였다.

공동체주의는 비록 정치 현실과 타협하기는 했지만 하나의 에토스로서 보편적인 동의를 요구했다. 이 에토스에 의하면 지역공동체의 복지가 최고의 선이며, 그것을 성취하는 책임은 전 구성원들의 수중에 있었다. 물론 행정관들이 특별한 책임을 지고 있다는 것은 언제나 인정되었다. 그러나 모든 사람은 평화와 통일, 법과 질서를 유지하기 위해 나름대로의 역할을 해야 했다. 범죄를 목격한 주민은 하던 일을 멈추고, 고함을 지르고, 범인을 잡는 데 일조해야 했다. 방어 역시 집단적인 책임으로 여겨졌다. 그래서 많은 도시들은 도시민들이 참여하는 민병대를 운영했다. 시민들은 필요할 경우 서로간에 자비와 원조를 베풀 의무가 있었다. 심지어는 선행과 악행도 어느 정도는 집단적인 책임으로 여겨졌다. 이웃사람들은 서로 도와줄 의무가 있는 것처럼, 서로 감시할 것도 기대되었다. 아우크스부르크의 시민서약은 어떤 사람이 죄악을 저지르는 것을 목격하면 "형제애를 가지고 점잖게" 충고하고, 그래도 나아지지 않으면 행정관에게 보고할 것을 요구했다.[67]

신성함의 추구

아우크스부르크 선서가 '죄'라는 단어를 사용한 것은 의미심장하다. 중세 초부터 공동체주의는 종교적인 차원을 가지고 있었다. 테르툴리아누스는 "한 개인의 종교는 다른 사람에게 해가 되지도 이익이 되지도 않는다"고 말했고, 오늘날 서구의 대부분 사람들은 그 말에 분명히 동의한다.[68] 그러나 중세 가톨릭교회는 정반대를 가르쳤다. 개인은 구원을 추구하는 데 있어서 서로서로 많은 도움을 줄 수 있으며, 신은 공동체 구성원들의 행동에 대해 전 공동체에 책임을 물으리라는 것이었다. 이것은, 하나의 수준에서는, 모든 신자들의 공동체—유럽인들이 말하는 "그리스도교 공동체" 혹은 "그리스도교 국가"—에 적용되는 것이었다. 그러나, 실제로 중세 교회는 일반 사회와 마찬가지로,

수천 개의 자치체로 구성되어 있었다: 교구, 수도원, 수녀원, 대수도원, 대학부속교회참사회, 탁발수도회, 베긴회, 병원위원회, 형제회, 군사교단, 재속수도회, 공동생활형제자매회…… 자치체는 구성원들이 물자를 공유하고 구원을 얻는 것을 돕기 위해 다양한 방식으로 공동생활을 규정한 상조회였다.

형제회는 이러한 공동 추구의 좋은 예다. 형제회의 인기는 대단해서, 프로테스탄트 종교개혁 직전에 대부분의 농촌 소교구에는 최소한 하나, 도시에는 대략 10여 개나 있을 정도로 폭발적이었다. 잉글랜드의 도시 킹스린은 인구 1인당 최고 기록이었다. 어린이를 포함해 인구가 5천이었는데 형제회는 70개였다. 어떤 형제회는 수공업자 길드와 연결되어 있어서, 도시의 모든 푸주한들은 이 형제회에, 모든 대장장이들은 저 형제회에…… 하는 식이었다. 그러나 다양한 구성원들이 섞여 있는 자발적인 결사체가 더 많았다. 다른 자치체들과 마찬가지로, 형제회는 빈민, 노숙인, 천민들을 배제했다. 그렇지만, 형제회는 "우리는 신 안에서 모두 형제이며, 신 앞에서는 우열이 없다"는 원칙 위에서 움직였다.[69] 성인, 삼위일체, 성십자가 같은 신성함에 스스로를 바친 이들 신앙단체들은 초자연적인 수호자를 경배했으며, 그의 중보中保를 기대했다. 어떤 형제회는 자선 활동에 특화되어 있었고, 어떤 형제회는 지중해 지역에서 인기가 높았던 채찍질고행에 특화되어 있었다. 모든 형제회는 매년 축제를 즐겼다. 그날 영혼의 형제들(혼성형제회의 경우에는 영혼의 자매들도)은 행렬을 벌였고, 특별히 엄숙한 미사와 저녁기도를 드렸으며, 향연을 베풀었다. 그때 구성원 사이의 분쟁이 조정되었고, 신입회원들이 입회했으며, 가끔은 "사랑과 자비와 평화의 표시로" 영혼의 형제자매들과 키스를 나누었다.[70] 이렇게 고양된 정신적인 결합은 그 자체가 지극한 선善—그리스도교인들 사이의 정상적인 관계—으로 여겨졌다. 그러나 형제회의 궁극적인 목적은 죽음 앞에서 연대감을 제공하는 것이었다. 각각의 형제회는 지역 교회 안에 제단—경우에 따라서는 온전한 부속교회도—과 공동묘지를 가지고 있었다. 구성원이 죽으면 그 묘지에 묻혔으며, 사제는 그들의 영혼을 위해 제단에서 미사를 드렸고, 남은 사람들은 장례식에 참석하여 고인을 위해 기도했다. 형제회는 사제들이 살아 있는 구성원들과 죽은 구성원들을 위해 들인 미사 비용을 지불했다.

근대 초 가톨릭 개혁가들은 중세의 많은 관행들에 대해서와 마찬가지로 형제회에 대해서도 이중적인 감정을 가지고 있었다. 한편으로, 이러한 조직들은 놀라운 독립성을 보여주었다. 속인들이 조직하고 운영했으며, 성직자의 느슨한 감독을 받았다. 연례 축제는 음식, 술, 게임과 신앙이 신성모독적으로 혼합된 난폭한 행사였다. 그리고 그 신앙의 공동체적이고 의식儀式화된 성격은 부적절한 것으로 여겨졌다. 앞에서 살펴보았듯이, 가톨릭 개혁가들은 좀더 내면화되고 개인적인 신앙을 선호했기 때문이다. 다른 한편으로, 가톨릭 개혁가들은 옛날의 신앙 행태들이 대중적인 호소력이 있음을 알아차렸고, 그 배후에 있는 신학과의 관계를 끊지 않았다. 다른 영역에서와 마찬가지로 이 영역에서도, 개혁은 옛것의 호소력을 이용하되 그것의 과도함을 제거함으로써, "정통을 전통적이고 민중적인 정신에 접목시킴으로써", 성공할 수 있었다.[71] 특히 농촌 지역에서는, 전통적인 형제회가 이제는 소교구 성직자들의 꼼꼼한 감독을 받으면서 계속 번성할 수 있었다. 베스트팔렌, 슈파이어, 바이에른 등의 독일 지역 가톨릭 마을에서, 형제회는 18세기 초에 새로운 전성기를 맞이했다. 형제회의 이야기는,

다양성과 깊이에서는 달라졌다 해도 결코 공동체적 성격을 잃지 않았던 가톨릭 신앙의 이야기를 압축적으로 들려준다.

어떻게 생각하면, 프로테스탄트 종교개혁은 추종자들이 집단적으로 구원을 추구하는 것을 종식시켰다. 새로운 믿음체계의 신학적 핵심을 형성한 돌파구는 신앙에 의한 의인義認이었기 때문이다. 이 교리는 공덕을 전이하거나 공유할 수 있다는 생각을 일축했다. 왜냐하면 인간은 구원에 충분한 공덕을 가지고 있지 못하다고 주장했기 때문이다. 그것은 구원을 전적으로 개인의 신앙, 좀더 정확히 말하면, 어떤 사람에게는 신앙의 선물을 주고 다른 사람에게는 주지 않는 신의 결정에 따르는 것으로 만들었다. 그리스도교인의 사랑과 자비는 신앙의 결실일 뿐이다. 우리가 다른 사람들을 위해 기도하는 것은 우리 자신을 위해 기도하는 것과 마찬가지로 아무런 힘을 발휘하지 못한다. 그러니 그들의 운명을 그것이 언제나 있는 곳, 다시 말하면 신의 섭리에 맡겨야 한다. 우리는 동료 그리스도교인들이 구원을 얻는 것을 도울수 없으며, 마찬가지로 우리 자신의 구원도 어떻게 할 수 없다. 프로테스탄트들은 성인을 경배하거나 죽은 자를 위해 기도하지 않는다. 따라서 그들은 힘이 있을 때 형제회를 해체했다.

그러나 프로테스탄트 개혁가들은 현관문으로 내쫓은 것을 뒷문으로 다시 받아들였다. 왜냐하면, 의인義認은 본질적으로 개인적이고 정신적인 것이지만, 그들이 말한 "성화聖化"는 그렇지 않기 때문이다. 루터에 의하면, "사람들에게 그리스도에 대한 신앙을 준" 성령이 "그들을 성화한다.…… 다시 말하면, 성령은 마음, 영혼, 몸, 일, 행동을 다시 새롭게 하고, 신의 명령을 돌판이 아니라 심장에 새겨준다." 이같은 끝없는 과정에 의해, 우리는 십계명에 복종하고 죄악을 피하려는 의지를 얻게 된다. 비록 우리는 이승에서는 그렇게 완벽하게 할 수는 없을지라도, "언젠가는 그리스도처럼 완전히 성스러워져 더 이상 용서받을 필요가 없게 될 때까지…… 항상 그 목표에 도달하려고 노력한다." 그날은 우리가 죽은 후에야 온다 해도, 우리는 이승에서 "율법적인 의무를 알기 위해서 뿐만 아니라 성령이 우리를 얼마나 성화시켰는지를 알기 위해서 그리고 얼마나 그 목표에 미달한지 알기 위해서 십계명을 필요로 한다."[72] 그것은 부모를 존경하고, 지배자에게 복종하고, 이웃을 도우라고, 훔치거나 바가지 씌우지 말라고 가르친다. 그것은 명한다. 그리고 성령은 우리가 더욱 "깨끗하고, 자제력 있고, 침착하고…… 자비롭고…… 정직하고, 믿을 수 있게", 그리고 "명예로운 삶"을 살 수 있도록 해준다.[73]

이 구절은 교회에 대한 1539년의 글에 나오는데, 종종 간과되고 있는 루터의 가르침을 보여준다. 일반적으로, 학자들은 성화를 루터파 교회가 아니라 개혁파 교회의 전통과 연결시킨다. 초기 개혁파 프로테스탄트들은 복음을 신의 법, 공동생활의 질서를 잡기 위한 규칙이라고 생각했다. 칼뱅은 한 걸음 더 나아가, 신약은 신이 구약에서 인간과 맺은 성약을 갱신하는 것이라고 주장했다. 칼뱅은 유대인들의 성서에 대한 대단히 긍정적인 인식을 추종자들에게 물려주었으며, 신의 선민이었던 이스라엘 사람들과 동일시하라고 격려했다. 그들은 성서에 나오는 영웅들의 이름을 따서 아이들의 이름을 짓고, "새로운 예루살렘"을 건설하고, 이집트의 노예생활이나 약속된 땅으로의 도피 같은 용어로 자기들의 삶을 이야기하는 등 매우 열심히 그렇게 했다. 마찬가지로, 칼뱅은 당회를 만들었는데, 그것은 죄악과 싸우는 막강한 제도적 장치였다. 그리고, 학자들에 의하면, 선량한 행동을 하는 것은 신의 선민 가운데 하나라는 추정적인(확실한 것은 아니지만) 증거라고 말한 사람도 칼뱅이었다.

신의 법에 따라 살아가는 신성한 공동체의 이상은 개혁파 프로테스탄트들에게 강력했지만, 그들만의 전유물은 아니었다. 그것은 주네브에서뿐만 아니라 종교전쟁 시기의 프랑스에서도 가톨릭신성동맹이 장악한 지역에서는 어디에서든지 나타났다. 동일한 이상이 뇌르들링겐 같은 루터파 도시들에서도 나타났다. 1650년에 제정된 뇌르들링겐 도시법의 제1조는 "신의 의지를 존중하기 위해, 신의 정의롭고 마땅한 분노를 더 잘 진정시키기 위해, 우리의 신성한 도시와 공동체에 그리스도교적 규율과 시민적 명예를 훌륭하게 세우기 위해" 저주와 신성모독을 금지하고, 도시민들이 그러한 짓을 하지 않도록 "서로 경고하고, 기도하고, 충고할 것"을 촉구했다.[74] 마찬가지로 루터파(그리고 다른 프로테스탄트 종파들도)는 구약의 역할 모델들을 전유했다. 종교개혁이 100주년을 맞이한 1617년에, 함부르크의 루터파는 마르틴 루터를 "독일인들을 로마의 '이집트 포로생활'로부터 이끌어낸 근대의 엘리야"라고 환호했다. 200주년 때에는, "우리의 함부르크 시온"의 안녕을 위해서 기도했다.[75] 15년 후인 1732년, 전 독일의 루터파들은 오스트리아의 잘츠부르크 대주교구에서 추방당한 후 프로이센에서 새로운 거처를 마련하기 위해 북쪽으로 피난간 루터파들을 환영했다. 이듬해 출판된 그들의 박해와 도주의 기록(그림 2.1)은 구약의 이야기와 참으로 비슷하다.

너, 억압받는 이스라엘이 불과 구름에 이끌렸듯이,

네가 이집트의 저주를 떠나 갱생의 길을 나섰을 때,

그림2.1

이스라엘인들의 이집트 탈출에 비유된 잘츠부르크 루터파의 이주. 《위로받는 잘츠부르크인들 또는 생존자들의 세계에서 …… 잘츠부르크인들과 …… 발도파의 대화》(마그데부르크, 1733)에 수록된 판화. 아우크스부르크 시립 도서관 소장.

Dich bedrängtes Israel führte Feuer- und Wolcken Seule,
Als dein Fuß in fremde Lande aus Egyptens Grantzen zog,
Dir, O Saltzburgs armes Volck, ward auch Gottes Huld zu theile,
Weil vor dir auf deiner Reise Friedrich Wilhelms Adler flog.

너, 가여운 잘츠부르크의 백성들에게 신의 은총이 내렸도다,

너의 발걸음 앞에, (프로이센 국왕) 프리드리히 빌헬름의 독수리가 날 때.[76]

아마도 인간은, 인간은 물론이고 신에 의해서도 덕은 보상받고 악은 처벌받는다는 믿음을 본래 가지고 있는 것 같다. 어쨌든, 근대 초 유럽의 루터파와 그 밖의 다른 그리스도교 종파들은 도덕규범을 어떤 의미에서는 신성한 것으로 여겼다. 그들 모두는 선량한 행동을 하는 것이 선량한 그리스도교인의 본질적인 부분이라고 생각했다. 모두는 기욤 트리 같은 칼뱅파와 앙투안 아르네 같은 가톨릭교도와 마찬가지로 진정한 종교는 진정한 신앙심을 만들어내며, 도덕적인 방종은 거짓 신앙심의 표시라고 생각했다. 그리고 트리와 아르네에게 있어서와 마찬가지로 그들에게도, 그러한 생각은 개인들뿐만 아니라 공동체에게도 유효한 것이었다. 경건함을 고양시키고 죄악을 억압하는 것을 공동체의 책임으로 보는 것은 유럽의 공통적인 그리스도교 문화의 일부였다. 신학상의 차이에도 불구하고, 신성함은 공동체가 추구하는 것이었다.

시민적인 것과 신성한 것

유럽인들에게, 모든 도시와 마을은 정신적인 차원을 가지고 있었다. 그것은 인간의 공동 주거를 위한 편리하고 세속적인 공간을 넘어 하나의 종교적인 몸—"그리스도의 몸"—이었다. 그리스도교 신앙의 프리즘을 통해 볼 때, 그것의 통일성은 그리스도적 사랑의 표현이었

고, 그것의 평화는 신적 사랑의 표현이었으며, 그것의 상호부조는 자애심의 실천이었다. 그것은 공동체의 복지를 증진시키기 위해서 존재하는데, 공동체의 복지는 물질적이면서 정신적이었다. 실로, 복지 welfare라는 말과 그것의 파생어들은, 라틴어 salus와 독일어 Heil과 마찬가지로, 둘 다를 의미했다. 왜냐하면 어느 누구도 정신적인 것과 물질적인 것이 분리될 수 있다고 생각하지 않았기 때문이다. 신은 그것〔복지〕을 받을 자격이 있는 사람들에게 보상을 해주며, 신이 주는 축복은 사후의 구원뿐만 아니라 이 세상에서의 평화와 번영을 포함했다. 개인만이 아니라 전 공동체의 운명이 신의 은총에 달려 있다. 따라서 그것을 얻는 것은 집단의 책임이다. 프로테스탄트와 가톨릭은 이점에서 다르지 않았다. 차이가 있다면 프로테스탄트들은 기도와 희망을 신의 의지에 초점을 맞춘 반면, 가톨릭은 성모 마리아와 성인들에게도 기원을 했다는 점이다.

물론, 공동체들은 많은 얼굴을 가지고 있기 때문에, 그 등식에는 많은 편차가 있다. 그것은 프랑스의 루아르 강 북부에 많았던 핵核마을과 같은 집중식 농촌 마을에서 가장 심플했다. 여기에서는 마을과 소교구가 일 대 일로 대응하는 경향이 있어서 그 둘의 구역, 구성원, 지도층이 거의 일치했다. 사실, 소교구의 제도들은 마을의 제도들보다 먼저 생긴 것도 있었고, 마을의 제도들이 만들어지는 데 일조한 것도 있었다. 소교구 교회에서 혹은 그 주위의 신성한 곳인 교회 경내에서, 마을 사람들은 평화의 서약을 했다. 이 맹세는 소교구의 의식儀式으로 시작했으며, 그것의 정신적인 톤을 잃지 않았다. 그것은 마을을 하나의 정치적인 단위, 즉 "코뮌"으로 구성하기에 이르렀다. 이 지역에서, 모든 가장들은 일반적으로 소교구 회의에 소속했다. 소교구 회의는 소교구의 세속적인 일에 대해 최종적인 발언권을 가졌으며, 소교구 관리자들을 뽑거나 선임을 추인했다. 이론적으로, 소교구 회의는 마을 주민회의와 구별되었지만, 두 회의의 구성원과 관심사가 동일했기 때문에, 아무도 두 회의의 미세한 차이에 대해서는 관심을 두지 않았다. 베리 주에서는, 교회와 마을 대관이라는 이름의 관리들이 소교구와 코뮌을 대표했다. 그러한 겸임은 인사뿐만 아니라 재정에서도 일어났다. 소교구들은 소교구 교회의 물리적인 인프라—fabric이라고 불렸다—를 유지 관리하는 책임을 맡았다. 그러나 기부금이 많지 않았기 때문에, 북프랑스의 농촌 소교구들은 중요한 재건축을 위해서는 코뮌에 재정적으로 의지하지 않을 수 없었다. 마을의 돈이 소교구의 교회 건물을 유지 보수하는 데 사용되었듯이, 소교구의 돈도 전쟁세를 낸다든가 군인들을 숙박시킨다든가 하는 식으로 마을의 필요에 사용되었다. 이 지역만 그런 것이 아니었다. 독일어 사용 지역에서, 그처럼 경계가 흐릿한 것은 언어의 경우에도 나타났다. 공동체Gemeinde는 소교구와 마을 코뮌에 두루 사용되었다.

　분산 마을 지역은 집중 마을 지역보다 더 복잡하다. 예컨대, 남부 프랑스 세벤 지방의 산골 마을은 넓은 소교구 단위로 응집할 수 없었다. 모든 소교구에는 소교구 교회, 목사관, 공동묘지 등이 있는 중심지가 있었다. 그런데 다른 곳에 사는 가족들은 너무 멀고 길도 나빠서, 예컨대, 허약한 아이를 세례를 주려고 데려올 수 없었다. 목사들 역시 똑같은 이유로 병자들을 방문하는 데 어려움을 겪었다. 꼭 이동성 때문이 아니더라도 '중심지'는 원망의 대상이 되었고, 우선권 요구에서 경쟁지를 가졌다. 외진 마을들은 소교구 교회 소속 부속 교회에서 담당했는데, 그러한 부속 교회는 주민들의 모든 종교적 요구와 자존심을 만족시키지 못했다. 그러한 것이 바로 라비올에 사는 농민들의 사례였다. 이 마을은 앙트래그에 있는 소교구 중심지에서 9킬로미터 떨어져 있고, 240미터나 더 높은 곳에 위치했다. 그 결과: 1685년에 부속 교회를 세운 뒤, 라비올의 주민들은 그것을 소교구 교회의 지위로 승격시키기 위해 영웅적인 투쟁을 전개했다. 기득권과 교회의 보수주의 때문에 그들의 한 세기 반에 걸친 노력은 무산되었다. 그렇지만, 중요한 것은 조그만 마을들의 특별한 사정이 어떻게 종교적인 짝을 구했으며, 종교적인 단위와 사회적인 단위를 병렬시키기 위한 압력의 추세와 방향이 어떠했나 하는 점이다.

도시에서도 시민공동체와 신앙공동체가 똑같이 복잡한 방식으로 겹쳐 있었다. 뉘렘베르크는 한 도시가 이룩할 수 있는 신성한 통일성의 높은 수준을 잘 보여준다. 종교개혁기에 시행정관들의 권위는 확대되었고, 전 도시적인 종교기관들이 자리 잡았다. 다른 지역에서도, 프로테스탄트 종교개혁은 일반적으로 도시의 통합에 기여했다. 동시에, 도시에는 언제나 많은 하위공동체들이 있었다. 단 하나의 소교구만 있는 도시는 매우 드물었는데 리버풀, 리즈, 킹스린 등이 그러했다. 이곳의 시의회를 지칭한 vestry라는 말은 잉글랜드인들이 소교구 회의를 부르는 말이었다. 잉글랜드에서 훨씬 더 일반적이었던 것은 많은 소교구를 가진 보통 크기의 도시들이었다. 예컨대, 노르위치에는 46개의 소교구가 있었다. 그러한 소교구는 함께 살고 함께 예배보는 사람들의 진정한 공동체였다. 이와 대조적으로, 런던에는 100개가 넘는 소교구가 있었으며, 심지어는 1700년에도 세인트 마틴스 인더필드, 세인트 질스, 크리플게이트에는 각각 2만여 명이 살고 있었다. 파리에서, 생트 마르그리트의 인구는 1766년에 4만 2천 명에 도달했다.

그 무렵, 몇몇 도시의 소교구는 너무 넓어서 모든 구성원들이 교회에 함께 모이지도 못했고 서로 알지도 못했다. 또한 몇몇 소교구들은 지리적 통일성을 갖지 못했고, 인근 농촌의 들판도 포함하고 있었다. 게다가, 잉글랜드 이외의 나라에서는, 대부분의 도시들이 지구로 나뉘어 있었다. 예를 들면, 네덜란드의 도시인 위트레흐트에는 8개의 지구가 있었는데, 각 지구는 민병대에 인력을 공급했고, 자체의 관리를 뽑았고, 세금을 징수했고, 기旗와 모토를 가지고 있었으며, 특별한 경우에는 집회를 열었다. 또한 도시들은 당대인들이 부른 "이웃"으로 나뉘어 있었다. 위트레히트에서, 이 작은 단위는 구역과 비슷했고, 나름대로의 조례, 재정, 관리, 의식, 행동 준칙 등을 갖추고 있었다. 구성원들은 축제 때 모여 식사를 함께했고, 장례식에 참석했으며, 빈민구호금을 걷었다. 도시, 소교구, 지구, 이웃: 이 모든 공동체 단위들은 서로서로 보완하거나 경쟁하여 도시생활에 다양한 화음을 넣어주었다.

그렇지만, 변함없는 것은 교회가 공동체 생활의 중심이었다는 점이다. 근대 초의 도시 그림을 보자: 변함없이, 교회는 가장 높은 건물이어서 도시의 모습을 결정했다. 교회 종소리가 멀리서도 들리듯이, 교회 첨탑 역시 멀리서도 보였다. 단 하나의 교회—종종 그것은 주교좌 성당이거나 구舊주교좌 성당이었다—가 지배적이었고, 그것은 전체 도시의 상징이었다. 소교구 교회는 마찬가지 방식으로 마을을 규정했다. 도시마다 적어도 성벽과 시청을 가지고 있었는데, 이것들은 도시의 정체성을 상징했다. 마을에서, 소교구 교회는 가장 크고 가장 견고하고 가장 상징적인 건물이었다. 선술집 외에는 경쟁자가 없었다. 선술집은 또다른 "공적" 건물로서 마을 공유지를 사이에 두고 교회와 마주했다. 그러나 건축학적으로, 그리고 인간의 열망의 상징으로서,

교회는 홀로 우뚝 솟아 있었으며, 마을 사람들은 거기에 돈, 노동, 자부심을 쏟아부었다.

교회는 또한 실용적인 건물이었다. 교회는 예배 장소만이 아니라 많은 용도를 가진 공동재산이었다:

〔소교구 교회〕는 학교, 창고, 무기고, 소방서, 그리고 필요할 때는 성채였다. 요크에 있는 만성萬聖(All Saints) 교회의 등탑은 여행자를 위한 등대였다. 교회는 뉴잉글랜드에서 그리고 잉글랜드 내전 때에는 창고와 성채로 사용되었다. 또한 교회는 감옥, 병원, 마사馬舍로 사용되었다. 더블린에서, 성 앤드류 교회는 평화 시에도 총독의 마사였다…… 대부분의 소교구에서 교회는 아마도 유일한 도서관이었다…… 또한 교회는 방송국이었다. 공적이고 사적인 소식들(예를 들면, 찰스 1세 시대에, 서머세트에 있는 러콤브에서 잃어버린 양과 가축에 대해)이 전해지는 센터였으며, 공동체의 운영문제가 처리되는 포럼이었다. 장원법정의 명령들이 여기에서 공포되었다. 증거서류 상자들이 "교회의 로비"에 보관되었다. 교회 입구에서 지대 납부가 이루어졌다…… 구빈물자가 분배되고, 회계 보고가 행해졌고, 채무자들에게는 채무 변제 명령이, 아버지로 추정되는 이에게는 생활비 지급 명령이 내려졌다. 이것 모두 교회 안에서나 입구에서 행해졌다. 도시의 쟁기는 교회 안에 보관되었다. 라이에서, "말 안 듣는 하인들"은 여기에서 매를 맞았다. 윌리엄 켄트는 1549년 반란 이후 와이먼 댐 교회 종탑에서 교수형에 처해졌다. 특별한 엄숙함이 요구되는 업무는 교회에서 공적으로 진행되었다…… 성바울 성당은 비즈니스를 위한 만남의 장소였고, 벽보가 게시되었다. 남자들이 모자를 쓴 공공의 대로였고, 하인들을 고용하는 장소였고, 어린이들의 놀이터였다…… 1602년, 어린이들은 라이체스터샤이어의 시

스톤에 있는 교회에서 놀지 말라고 1실링을 받았다. 1612년 워번에서, 신부는 교회에서 곰을 괴롭혔다. 25년 후 베드포드샤이어의 노팅글레이 교회에서 3년 연속 성회 화요일에 제단 둘레에서 닭싸움이 벌어졌다. 목사들과 교회 관리자들도 참석했다.

요컨대, 교회는 "일주일에 한 번만 사용되는 단일목적 건물"이 아니라 "시민생활의 중심지"였다.[77]

교회 경내나 공동묘지도 마찬가지였다. 성아우구스티누스는 여기에서 벌어지는 "술판과 요란한 식사"에 대해 불만이었고, 1,200년 후 종교개혁가들은 그의 불만에 동조했다.[78] 16세기에 경내에서 춤, 장사, 잔치, 시합이 벌어지는 것은 이상한 일이 아니었다. 네덜란드 젊은이들은 일요일 오후에 이곳에서 마블, 주사위, 각종 공놀이를 했다. 일요일 오후에는 두 번째 설교보다 오락을 좋아한 사람이 많았다. 그들의 시끄러운 소리 때문에 목사들의 불평이 끝이 없었다. 젊은이들만 그런 것이 아니었다. 민병대는 경내를 사격장으로 사용하여 훈련했다. 양과 가축들은 거기에서 풀을 뜯었다. 플랑드르 지방의 작은 마을인 라르의 가난한 목사 헨둘푸스 반 스카헨은 경내에 채소를 심고, 닭, 돼지, 비둘기를 키웠다. 소교구민들은 그의 비둘기가 예배 중에 똥을 떨어뜨리고 그의 닭이 제단 위에서 알을 낳고서야 대주교에게 하소연했다.

그리스도의 몸

교회와 교회 경내가 시민생활과 사회생활의 무대였듯이, 종교 의식은 공동체의 행사였다. 종교 의식의 스케줄이 노동과 여가의 기본 리듬을 결정했는데, 어찌 그렇지 않을 수 있었겠는가? 가톨릭 지역에서, 신성한 날은 규칙적이지는 않지만 빈번한 휴식을 제공했다. 농경생활의 사이클과 조화를 이루는 가톨릭의 제식 달력은 둘로 나뉜다. 모든 가톨릭 지역에서 거행된 그리스도의 삶과 죽음과 부활을 기념하는 날이 달력의 반을 차지했고, 성인들의 축일—이들 상당수는 순전히 지역적인 차원의 의미를 가지고 있다—이 그 나머지 반에 흩어져 있다. 비교하면, 프로테스탄트의 의식은 시계처럼 진행되었다. 7일마다 중요하지 않은 노동은 중단되었고, 모든 사람은 신에게 자신을 바쳤다. 프로테스탄트들은 전통적인 그리스도교 달력으로부터 크리스마스와 오순절(부활절은 항상 일요일에 떨어졌다)을 제외하고는 축일을 별로 받아들이지 않았다. 그렇지만, 모든 차이에도 불구하고, 두 달력은 공히 하나의 묵시적 메시지를 전달했다: "모든 사람은 같은 시간에 같은 일을 해야 한다. 그렇게 함으로써 공동체는 더욱 강해질 것이다."[79]

프로테스탄트들은 매우 상이한 종교적 기념일을 가지고 있었다. 그들은 매년 역사적인 종교 사건을 기념했다. 종교개혁 100주년에, 독일의 루터파들은 시민적이고 종교적인 의식이 혼합된 특별한 축제를 열었다. 그들은 루터가 1517년에 면벌부에 항의한 것, 1530년의 아우크스부르크 신앙고백 작성, 루터파 신앙을 법적으로 보호한 1555년의 아우크스부르크 평화, 그리고 그것의 미래 안전을 보장한 1648년의 베스트팔렌 조약 등을 기념했다. 함부르크에서 이러한 기념제는 테데움(성가聖歌), 찬송가, 종치기, 교회에서의 설교, 학교에서의 기념 연설, 도시 성벽에서의 축포, 오라토리오 연주 등으로 구성되었다. 함부르크는 마찬가지 방식으로 1529년에 프로테스탄티즘을 도시의 공식 종교로 만들기 위해 도시 법을 개정한 것을 기념했다. 아우크스부르크의 루터파들은 1530년과 1555년의 사건에 대해 특별한 자부심을 가질 분명한 이유가 있었다. 그것을 기념하기 위해 그들은 메달을 만들고, 판화를 찍고, 종교음악—오라토리오와 칸타타—을 연주했다. 학생들은 그 사건들의 과정과 의미를 설명하는 "역사 교리문답"을 치렀다. 이러한 기념식이 시민적이고 종교적인 정체성을 형성했으며, '또한' 둘 사이의 경계를 흐리게 했다.

가톨릭 의식의 다양성도 그러했다. 모든 가톨릭 소교구와 도시는 수호성인의 날을 특별히 화려하게 기념했다. 그날은 그 성인에게 바쳐진 공동체의 중심교회 제단에서 장중한 미사를 거행하는 것으로 시작했고, 축제, 술마시기, 놀이, 시합, 요란한 파티로 끝났다. 그러나 연중행사의 핵심은 언제나 수호성인의 귀중한 유물이나 상像을 교회 밖으로 가지고 나가 거리를 행진하는 종교행렬이었다. 이런 식으로 성인은 그가 보호하는 지역bann과 다시 친해졌다. 소교구민들이나 시민들은 그곳에 살고 있는 덕분에 성인의 피호민이었다. 같은 지역에 거주한다는 것이 종교적 동료애를 만들었다.

어떤 행렬은 관할 지역의 경계를 분명히 표시했다. 가장 일반적인 예는 그리스도 승천일 전의 기도성일주간에 거행된 소교구 경계 순회였다. 이것은 농업적인 기원을 가진 고대의 의식으로서, 악령을 몰아내고 좋은 날씨와 좋은 수확을 얻기 위한 것이었다. 신부의 인도 하에 소교구민들은 작은 종, 기旗, 소교구 십자가를 들고, 소교구의 경계를 표시하는 주요 지점들을 방문하면서 성인들에게 탄원기도를 올리며, 도중에 휴식을 취했다. 정확한 지도나 지형도가 없는 시골에서는 순회 자체가 공동체의 구역을 정하는 데 일조했다. 순회 중에, 걷기는 공동체의 소교구의 경계뿐만 아니라 물리적, 사회적 경계를 확인하고, 누가 공동체의 구성원이고 아닌지를 분명히 했다. 그리하여 그것은 어떤 교회에 가야 하고, 어디에서 결혼하고 묻히며, 어디에서 아이들의 세례를 받는지, 어떤 신부에게 십일조를 내며, 어떤 교회로부터 긍휼을 받는지를 확실히 해주었다. 많은 잉글랜드의 소교구들은 종교개혁 이후 오랫동안, 가톨릭적 요소를 제거하고 순회를 계속 실시했다(전처럼 매년 한 것은 아니지만). 그 의식은 공동체의 정체성을 기념했을 뿐만 아니라 공동체를 내적으로 결합하는 신앙과 자애의 유대를 확인했다. 1630년대에 조지 휴버트는 이러한 측면을 강조하면서 순회가 "4가지 분명한 이점"을 가진다고 보았다. "첫째, 농작물 수확을 위한 신의 축복; 둘째, 경계 설정의 정의로움; 셋째, 이웃이 함께 걸으며, 분쟁이 있다면 분쟁을 해결하는 데서 오는 형제애; 넷째, 당시에는 마땅히 그래야 했듯이, 너그러운 분배와 부조를 통해 빈민을 구제하는 자비로움."[80] 재해가 닥치면, 가톨릭공동체는 초자연적인 수호성인에게 보호와 도움을 요청하기 위해 수호성인의 유물이나 상像을 들고 또다시 행진했다. 학교 교사인 피에르 바르테스는 1738년 8월에 남부 프랑스 도시인 툴루즈에서 벌어진 행렬에 대해 기술했다:

18일 아침, 두 달이 넘도록 비가 오지 않아 몹시 건조하고 더웠다. 카피톨〔시의회의 여덟 의원〕은 도라드 지구의 성모 마리아에게 맹세를 하고, 시청에서 장중한 미사를 드린 다음, 도라드 교회에서도 미사를 드렸다. 도라드 교회에서 성모 마리아에게 맹세를 하고 도시 전 주민들의 기도를 바친 후, 제대 위에서 像을 꺼냈다…… 교회는 모든 신분의 사람들로 가득 찼고, 그들은 신께서 어머니의 개입으로 곡물을 보존하기에 좋은 날씨가 되게 해주시기를 청했다.

일요일, 같은 달 24일, 도시의 모든 종교공동체는 달바드의 교회에…… 모여, 저녁 기도를 드린 다음, 대단히 아름다운 옷을 입고 장중한 가마를 탄 성모 마리아 상과 함께 행렬을 떠났다. 성모몽소승천축일형제회의 관리자들은…… 소교구의 어린아이들이 운반하는 像 주위에서 촛불을 들고 있었다…… 그때 카피툴, 보좌관들, 전수 부르주아들이 왔는데, 모두 촛불을 들고 있었다. 행렬에는 모든 신분의 사람들이 많이 참여했다. 행렬은 생테티엔 교회에서 잠시 선 다음 크루아 바라뇽 거리를 지나 도라드에 돌아왔다. 이곳에서 상은 원래 있던 곳에 경건하게 안치되었다. 성모 마리아는 도시의 맹세를 양팔에 안았다. 금요일, 아침 6시와 7시 사이에, 많은 비가 내렸는데 바람은 불지 않았다.[81]

이 행렬의 몇 가지 특징적인 모습은 주목할 만하다. 행렬은 도시의 주요 행정관인 카피툴에 의해 시작되었다. 그들의 명령으로 교회뿐만 아니라 시청의 예배당에서도 미사를 드렸다. "도시의 모든 주민들"이 기도에 참여함으로써 적어도 상징적으로는 모든 주민이 참여한 것이며, 마찬가지로, 다양한 신분의 사람들이 교회에 참석함으로써 도시의 모든 주민들이 참여한 것과 다름없었다; "모든 부르주아들", 다시 말하면, 선별된 집단인 시민들의 공동체가 행렬에 참여했다. 자치체로 조직된, 카피툴, 하급관리들, 성직자들도 행렬에 참여했다. 그러한 의식들은 정치 혹은 정주 양식 혹은 공동의 이해관계로 규정된 공동체의 통일성을 반영하는 것만이 아니라, 그 자체로 통합력을 가지고 있었다. 전 공동체가 공동체의 복지를 확보하기 위해 공동으로 행동했고, 정신적인 수호성인에 의지하고 있음을 인정함으로써 말이다.

그러한 연대의식이 사회적 위계를 없앤 것은 아니다. 오히려 정반대였다. 종교적 의식은 사회적 구분을 더욱 분명히 드러냈고, 심지어는 그것을 형성하는 데 앞장섰다. 의식이 반드시 조용하게 진행된 것은 아니었다. 의식을 통해서 사람들은 지위와 권력을 놓고 다투었다. 툴루즈에서 전형적이었던 것은 행렬에서 특별히 영예로운 자리를 차지하기 위해 벌어진 분쟁이었다. 예컨대, 형제회의 관리자들이 성모 마리아의 상을 운반할 권리를 놓고 다투었다. 마찬가지로, 장례식 행렬의 장중함은 고인의 사회적 지위를 반영하기만 한 것이 아니었다. 그것은 그의 사회적 지위를 높였을 뿐만 아니라 죽음 이후에도 그것을 영속화시켰다. 17세기에 교회 안의 가족석이 일반화된 후 가족석의 위치도 마찬가지 기능을 했다. 이러한 것들은 모두 권위의 과시였다. 그것이 말하고자 한 것은, 공동체는 통일성에서와 마찬가지로 내적인 연동, 위계, 긴장 등에 있어서도 시민적이고 성스러운 몸이라는 것이었다.

그렇지만, 그리스도교 의식의 언어는 무엇보다도 분열이 아니라 통합의 언어였다. 그리고 그것의 가장 중요한 그리스도교적 상징물은 성체였다. 성체는 (신학적인 입장에 따라) 그리스도의 몸이거나 몸을 상징했다: "우리가 그 빵을 떼는 것은 그리스도의 몸을 나누어 먹는 것이 아니겠습니까? 빵은 하나이고 우리는 그 한 덩어리의 빵을 나누어 먹는 사람들이니 비록 여럿이지만 모두 한 몸인 것입니다"(《I 고린토》10: 16-17). 많은 의식들은 그리스도교 공동체를 기념하고 확인하기 위해 성체의 상징을 동원했는데, 그 가운데 두 의식이 두드러졌다: 성체행렬과 성체성사. 첫 번째 것은 가톨릭에만 고유한 것으로 그들은 일 년에 여러 번 그러한 행렬을 실시했다. 그 가운데 가장 중요한 것은 6월에 열리는 성체축일 행사였다. 반면에, 성체성사는 모든 종파들에게 공통이었다. 비록 형식은 상이했지만 말이다.

모든 주요 종파들에게 부활절은 가장 많은 신자들이 성체를 모시는 시기였다. 그것은 중세적인 패턴의 연속이었다. 1215년 제4차 라테라노 공의회는 모든 그리스도교인들이 부활절에 고해하고 영성체하는 것을 의무화했다. 그렇지만 모든 사람이 그 요구를 따른 것은 아니었다. 그것의 실제적인 이행은 가톨릭 종교개혁과 함께 시작되었다. 예수회가 권장한 빈번한 영성체가 아니라 이것이 근대 초 가톨릭의 다수가 행하던 것이었다. 그것은 성체성사를 개인적인 것이 아니라 집단적인 의식으로 만들었다. 왜냐하면 트렌토 공의회는 부활절이 되면 모든 사람은 지도신부나 탁발수도자나 그 밖의 다른 신부가 아니라 반드시 소교구 본당신부에게서 성체성사를 받도록 했기 때문이다. 부활 일요일 혹은 몇일 상관으로, 소교구의 전 주민은 성체성사를 받았다. 신자들은 부활 주일 고해를 하기 위해 늘어섬으로써 고해는 형식적인 공동체 행사의 성격을 띠었다. 프로테스탄트들은 가톨릭적인 고해 대신 회중이 함께 하는 공동고해를 했다. 그들은 모든 사람이 부활절과 그 밖의 다른 정해진 날에 공동으로 성찬식을 거행할 것을 요구했다.

사실, 성찬communion은 교회를 지칭하는 다른 말이었고 지금도 그러하다. 칼뱅파 신학자인 랑베르 다노는 "교회는 성인들의 통공communion이라고도 불린다. 왜냐하면 신자들은 신과 소통할 뿐만 아니라 자기들끼리도 소통하기 때문이다."[82] 일반적인 그리스도교인들이 얼마나 철저하게 그 성사를 사회적 통일성의 의식儀式으로 생각했는지는 동료 소교구민과 분쟁 상태에 있는 사람에게는 성체성사를 거부했다는 사실로 증명된다. 적과 함께 성찬을 나누기보다는 차라리 그 의식에 참여하지 않았다—필요하다면 여러 해 동안이라도.

그렇지만 그러한 파열은 그리스도의 몸의 완전성을 위협했기 때문에 성직자들은 중재자로서 그리고 평화의 조정자로서 개입했다. 불화를 해결하고 화해를 이루어내는 것은 성직자의 가장 오래되고 중요한 의무 가운데 하나였다. 그들은 전체 교구민들이 가능한 모두 성사에 참여할 수 있도록 하기 위해서, 부활 주일에, 특히 사순절 기간 동안에 특히 분주했다.

칼뱅파의 당회가 관리하는 훈육의 대부분도 화해를 이루어내어 그리스도의 몸에 통일성을 회복한다는 사목 기능을 가지고 있었다. 아마도 스코틀랜드를 제외하면, 그것은 흔히 생각되는 것만큼 그렇게 징벌적이지 않았다. 네덜란드공화국의 초기에 나온 그림들이 그것을 증명하는 바, 데벤터에서는 당회가 기록한 훈육 건수 가운데 29퍼센트가 구성원 사이의 싸움이었고, 암스테르담에서는 22퍼센트, 슬리우스에서는 30퍼센트가 그러했다. 넓은 의미에서, 간음자, 술주정뱅이, 기타 일반적인 죄인들에 대한 훈육도 목표는 화해였다. 그러한 경우에, 화해는 당사자들 사이가 아니라 죄인과 회중 사이에 이루어졌는데, 왜냐하면 죄인의 행동으로 구성원들이 피해를 입었기 때문이다. 소수에게만 알려진 "사적인" 죄는 사적으로 참회할 수 있지만, 칼뱅이 정한 가이드라인에 따라, "공적인" 죄는 공적으로 참회해야 했다. 죄인은 참회를 마치고서야 성체성사를 받을 수 있었다.

죄를 지은 사람들이 성체성사를 받지 못하는 또다른 이유가 있었다. 그들의 죄는 그리스도의 몸 안에 퍼져나갈 위험이 있는 일종의 질병—괴저壞疽, 암, 역병—으로 여겨졌다. 다른 구성원들이 감염되는 것을 막기 위해서는 병든 부위를 몸에서 잘라내는 수술이 필요했다. 그것은 죄인들을 공동체로부터 추방하거나 적어도 일시적으로 성체성사에서 배제하는 것이었다. 그렇게 하지 않으면, 몸 전체가 감염될 것이었다. 왜냐하면 회중은 거의 완전히 하나의 몸으로 용해된 초월적인 순간에 전염되기 쉽기 때문이다. 이러한 생각은 신학자들은 부정했지만 네덜란드의 칼뱅주의자들 사이에 퍼진 미신을 설명해준다. 그것은 죄가 있다고 알려진 사람이 신의 성찬에 참여하는 것은 제식을 망치고 성체성사를 무효로 만든다는 것이었다.

이렇듯 그것은 다른 사람들에게 나쁜 선례를 남긴 죄인들만의 문제가 아니었다. 더 많은 사람들이 관계되어 있었다. 칼뱅주의자들은 사도 바울의 말을 자주 그리고 열정적으로 인용했다: "다른 사람의 죄를 나누지 마십시오"(《I 디모테오》 5: 22). 그들이 보기에, 그리고 그들의 종파적 경쟁자들이 보기에도, 죄인들을 동료로 받아들이는 것은 그들의 죄를 함께 나누는 것이었다. 그들의 생각을 오늘날의 용어로 옮기면, 한 공동체 내에서 참회하지 않는 죄인을 관용하고 징벌하지 않는 것은 그의 죄를 용서하는 것이고, 용서하는 것은 공모하는 것이었다. 에드윈 샌디스는 말하기를, "다른 사람이 우리가 용인하는 가운데 범한 죄는 우리의 죄다." "우리가 그것이 행해지도록 용인한 것은 우리가 한 것이다."[83] 신의 진노는 죄를 관용한 공동체에 떨어질 것이고, 공동체의 구성원들은 죄인과 다름없이 무차별적으로 징벌을 받을 것이다. 구약에서 아간이 돌에 맞아 죽었고(《여호수아》 7), 요나가 바다에 던져졌듯이(《요나》 1: 15), 신의 정당한 분노를 피하기 위해서는 죄인들을 징벌하거나 추방해야 한다. 그렇지 않으면 마을과 도시 전체가 화재, 역병, 전쟁이 휩쓸고 지나갔을 때처럼 고통을 당할 것이다. 근대 초의 재앙들에 대해서 피해 당사자들은 같은 방식으로 생각했다. 우리가 고통을 겪고 있는 것은 신의 분노를 일으킬 만한 일을 했기 때문이다. 우리가 죄를 지었음에 틀림없다. 그리하여 도덕적 십자군운동이나 신앙부흥운동이 일어났다. 1613년에 도르체스터 시에 화재가 났을 때 "일종의 정신적인 집단개종…… 도시의 전면적인 개조가 필요하다는 인식"이 생겨났다.[84] 그 도시는 잉들랜드에서 가장 퓨리턴적인 도시가 되었다. 마찬가지로, 1580년대와 1650년대 사이에, 신성로마제국의 도시들은 경제적인 침체, 역병, 30년전쟁의 공포 등으로 고통을 겪었다. 그들은 악과 불경에 반대하는 수많은 조례를 발표함으로써 대응했다. 어깨너머로 주의 깊게 바라보면서, 네덜란드의 칼뱅주의자들도 똑같은 위협을 느꼈다. 아르놀두스 부켈리우스는 말했다: "신선한 사례들이다. 우리의 〔독일〕 이웃들은 우리의 거울이다. 그들의 고통과 파괴 속에서 우리가 우리의 삶을 개선하지 않으면 겪게 될 미래의 고통을 엿볼 수 있다."[85] 재앙이 집단적이면 구제책 역시 집단적이었다. 공동체가 신성함을 찾기 위해 함께 일해야 하듯이, 신은 개별 구성원들의 행동에 대해 공동체 전체에게 책임을 물었다. 이 같은 믿음이 지속되는 한, 죄인을 징벌하는 것은 공동체의 자체 방어를 위한 의무적인 행동이었다.

"내 이웃이 20명의 신이 있다고 말하거나 신이 없다고 말하는 것은 나에게 아무런 해를 끼치지 않는다. 그것은 내 주머니를 훔치는 것도 내 다리를 부러뜨린 것도 아니다"라고 1781년에 토머스 제퍼슨이 말했다.[86] 오늘날 대부분의 사람들은 논점이 분명하다고 생각할 것이다.

제퍼슨이 그렇게 말할 필요가 있었다는 사실은 근대의 관점과 근대 초의 관점이 근본적으로 달랐음을 지적해준다. 18세기의 어느 시점까지, 대부분의 유럽인들은 이웃이 이단이면 그가 자기들의 주머니를 훔치고, 자기들의 영혼을 위협한다고 생각했다. 왜냐하면 이단은 죄악—특히 가증스러운 죄악—이었기 때문이고, 그 자체로 공동체 전체의 행복을 위협했기 때문이다. 그것을 억제하지 않으면 그리스도의 몸 전체로 퍼져나갈 것이었다. 샤프하우젠의 개혁파 목사들은 주네브의 행정관들에게 세르베투스를 영구히 침묵시키라고 촉구했다. "그의 신성모독이 암처럼 그리스도의 몸을 파괴하지 않도록" 말이다. 다른 사람들도 동일한 언어를 사용했다. 이단은 "암처럼 은밀히 퍼지기 때문에 제때에 제거해야 한다"라고 안트베르펜의 주교 라에비누스 토렌티우스가 충고했다.[87] 이렇게 볼 때, 그리스도교 이단들은 그리스도교 공동체의 바깥에 있는 유대인들이나 무슬림들보다 훨씬 더 큰 위협을 가한다고 인식되었다. 이단은 또한 신의 분노를 일으켰고, 그것을 관용하는 사람들의 번영, 건강, 성공을 위험에 빠뜨렸다. 네덜란드 반란에서 싸우던 프로테스탄트 병사들은 델프트에 있는 가톨릭 사제들을 공격했을 때 다음과 같이 그것을 정당화시켰다. 그들의 리더인 오라녜공 빌렘은 "앞에서 말한 성직자들이 도시에서 우상숭배를 계속하는 한 승리할 수 없을 것이다."[88] 일부 유럽인들은 제퍼슨의 시대에도 여전히 그렇게 믿었다. 1760년대의 어느 봄날, 카우프뵈렌의 가톨릭 농민들은 프로테스탄트 이웃이 나쁜 날씨에 책임이 있다는 이유로 그들을 공격했다. 그들이 〔인공강우를 위해〕 구름에 약품을 살포했다고 비난한 것이 아니었다.

에라스뮈스는 도시를 "커다란 수도원"이라고 묘사한 적이 있다. 그것은 프로테스탄트들이 받아들일 것으로 기대할 만한 비유는 아니었다. 그러나 종교개혁 이후에 가톨릭과 프로테스탄트 공히 도시—도시의 인문주의자들이 무시한 농촌 마을도—를 종교공동체로 보았다. 그래서 그들은 구원의 수단을 확보하고 신을 기쁘게 할 신성함을 얻기 위해서 집단적으로 노력했다. 그것은 공동체의 복지를 확보하기 위해 취한 행동 가운데 하나였다. 공동체가 타이트하면 타이트 할수록 개인들의 생활을 좌지우지했고 구속했다. 큰 마을과 작은 도시가 가장 응집력이 강했다. 그곳에는 시민적 공동체와 종교적 공동체가 정연하게 배치되어 있었다. 바로 그러한 공동체들이 유럽에서 가장 불관용적인 공동체였다는 사실은 전혀 놀라운 일이 아니다.

그러나, 종교적 통일성은 정주 양식이나 정치적 경계의 산물만이 아니었다. 종교의 공유는 그 자체만으로도 통합력을 가지고 있었다. 라비올 농민들의 불만사항을 조사한 교회 관리자는 세벤 지방에서는 "종교 행사가 거의 유일한 모임 기회였고…… 공적인 일을 하는 데 필요한 공동체 정신을 심어주었다"고 말했다.[90] 그는 함께 예배보지 않는 사람들에게서는 그러한 정신을 기대하지 않았다. 폴란드 종교개혁의 지도자인 발렌티 쿠츠보르스키와 피터 스카르가 역시 "사람들이 공동의 신앙으로 묶여 있지 않으면 그 밖의 어떤 끈도 그들을 묶을 수 없다"고 주장했다.[91] 그들의 관찰은 다름 아니라 그 시대의 전통적인 지식을 반영하는 것이었다: 종교는 사람들을 묶는 사회적 고리였다. 종교적이고 시민적인 삶이 긴밀히 결합되어 있는 한, 신앙에 의해 나뉜 평화롭고 질서정연한 공동체라는 것은 상상하기 어려웠다.

도나우뵈르트

1607년, 남부 독일의 도나우 강변에 위치한 제국도시 도나우뵈르트에 위기가 닥쳤다. 30년전쟁에 대한 교과서는 그것을 "전조적 위기"라고 부르는데, 사실 그것은 11년 후에 일어날 갈등을 예고하고 촉발시켰다고 할 수 있는 사건이었다. 공식적으로 프로테스탄트 도시인 도나우뵈르트의 루터파는 제국법의 보호를 받고 있는 소수파인 가톨릭을 공격했다. 그들의 행동 때문에 황제 루돌프 2세는 도시에 금령禁令을 공포했다. 금령의 집행자인 바이에른의 막시밀리안은 군대를 이끌고 도나우뵈르트를 점령했다. 이 기회에 그는 무력을 사용하여 그 도시를 다시 가톨릭으로 개종시켰으며, 루터파로 하여금 개종하거나 떠나도록 강제했다. 전 제국의 프로테스탄트들은 군사적인 반反종교개혁이라는 최악의 악몽이 이루어지는 것을 보았다. 이에 대응하여 그들은 프로테스탄트 동맹을 결성했고, 독일의 가톨릭 역시 하나의 동맹을 결성했다. 제국을 양극화시킨 도나우뵈르트 위기는 최종 결판을 보기 위한 무대를 설치한 셈이었다. 위기의 지역적인 세부 사실들은 정치와 전쟁의 광범위한 맥락에 매몰되어 많이 잊혀졌지만, 근대 초 유럽의 민중적 종교 폭력의 성격에 대해 많은 것을 보여준다.

그 사건은 1603년에 도나우뵈르트의 성십자가수도원 수도자들이 매년 성마르코 축일에 벌이던 순례행렬을 변경하기로 결정하면서 시작되었다. 그날이 되면, 그들과 지역의 가톨릭교도들은 수도원에서 아욱세스하임 마을까지 가서, 성물함에 기도하고 제물을 바친 다음 집으로 돌아갔다. 전에는, 도시를 벗어날 때까지는 언제나 배후도로를 이용했고 화려함과 소란을 피했다. 행사는 언제나 평화적으로 진행되었다. 그러나 1603년에 수도자들은 수도원의 깃발을 들기로 결정했다. 도시의 프로테스탄트 행정관들이 그렇게 하지 못하게 막자, 그들은 신성로마제국의 최고법원에 제소했다. 1605년 10월, 법원은 그들에게 유리한 판결을 내렸고, 황제 루돌프 2세는 가톨릭이 원하는 대로 행렬을 벌이는 것을 행정관들이 막지 말라고 명령했다. 이듬해 4월, 수도자들은 깃발을 휘날리며 행진하겠다는 뜻을 또다시 표명했다. 손발이 묶인 행정관들은 방해하지 않겠다고 약속했다. 그러면서 민중의 움직임이 심상치 않다고 경고했다.

1606년 성마르코의 날, 도나우뵈르트의 가톨릭교도들은 깃발을 펄럭이며, 십자가를 높이 들고, 큰 소리로 탄원기도를 올리며, 도시의 중심 가로를 행진했다. 처음에, 도시의 루터파들은 행렬을 조롱할 뿐이었다. "우리는 이들 막대기 운반 성사 깡패들을 몽둥이로 맞이할 것이며, 몽둥이세례를 줄 것이다"라고 위협하기도 했다.[92] 그러나 가톨릭교도들은 도시를 무사히 지나갔으며, 일단 성벽 밖으로 나오자 성취의 기쁨을 누렸다. 그러나 너무 성급했다. 왜냐하면, 그들이 행진을 계속하는 동안 도시의 루터파들은 결집했고, 행렬이 도시의 문으로 다시 들어올 때, 공격을 가했기 때문이다. 그들은 가톨릭의 깃발을 찢어버렸고, 십자가를 박살냈으며, 돌과 쓰레기를 던졌다. 그들이 예정했던 길을 가지 못하게 막음으로써, 수도원에 안전하게 도착하기 위해서는 도시에서 가장 더러운 길을 지나가지 않을 수 없었다.

다음 해, 루돌프는 행렬을 또다시 방해한다면 도시의 특권을 박탈하겠다고 경고했다. 그와 막시밀리안은 일종의 억지력으로써 사절을 파견하여, 도나우뵈르트의 가톨릭과 함께 행진하도록 했다. 시의회는 양측에 자제를 요구했다. 그러나 소용이 없었다. 이번에는 행렬이 수도원 밖으로 나오지도 못했다. 왜냐하면 곤봉과 화승총으로 무장한 길드의 부대가 수도원을 에워쌌기 때문이다. 민중의 감정은 너무나 격앙되어, 어떤 두 사람은 포위에 참여하기를 거부했다는 이유만으로 구타를 당했다. 1606년처럼, 루터파 폭도들은 상징물과 통행로에 대해 폭력성을 집중시켰다. 그들이 요구한 것은 행렬을 취소하라는 것이 아니라 전에 하던 형태로 돌아가라는 것이었다. 그들을 자극한 것은 도시에 가톨릭이 존재한다는 것도 아니었고, 수도원에서 가톨릭 예배가 실시된다는 것도 아니었으며, 행렬 그 자체는 더더욱 아니었다. 그것은 행렬의 더욱 화려하고 공적인 성격이었다.

언뜻 보면 이것은 놀랍다. 도나우뵈르트의 루터파가 다른 신앙의 사람들을 공격하는 데 무슨 특별한 도발이 필요했나? 유럽의 어디에나 있는 그리스도교인들은? 따지고 보면, 그들의 교회는 이단은 다른 종파의 그리스도교인이 아니라 사탄의 앞잡이이자, 그리스도교 세계와 인간의 적이라고 가르쳤다. 설교와 글은 그들과의 투쟁을 우주적인 전쟁으로 묘사했다. 이단은 억제되지 않으면 전염될 질병이요, 그것을 관용하는 사람들에게 신의 보복을 불러올 악으로 인식되었다. 프랑스 종교전쟁 시기에 한 가톨릭 설교자는, "만일 우리가 그들을 조금이라도 용서한다면, 신은 우리 모두를 멸하실 것이다"라고 말했다.[93] 그리스도교 신앙의 지배적인 방식이 종파주의이고, 모든 공동체가 그리스도의 몸으로 규정된다면, 종교적인 폭력이 존재하는 것은 놀라운 일이 아니다. 실로, 프랑스가 1560년대에 겪은 잔인성—이것은 성바르텔르미 축일의 학살 사건에서 정점에 도달했다—은 계속 그리고 다른 나라에서도 되풀이 될 것으로 예측하는 것이 어렵지 않다.

그러나, 실제로는 그렇지 않았다. 근대 초의 다른 종교전쟁들은 이웃이 이웃에 대해, 시민이 동료 시민에 대해 그러한 규모로 폭력을 자행하지는 않았다. 프랑스에서도 그러한 폭력은 1572년 이후에는 이전만큼 일어나지 않았다. 여기에는 몇 가지 이유가 있다. 첫째, 근대초 유럽인들은 종교 폭동에서 분출한 폭력을 금지한 법의 지배를 받았다. 살인, 폭행, 재산 파괴 같은 행위는 전시를 제외하고는 불법이었고, 심지어 전시라 해도 그것은 시민이 아니라 군인, 민병, 기타 특별한 집단의 일이라고 여겨졌다. 이단과의 투쟁에서, 칼을 휘두르는 것은 지배자들과 그들의 정식 대리인들의 일이지 일반인들의 일이 아니었다. 따라서, 많은 경우에, 민중의 폭력은 특별한 성격을 띠고 있었다. 그것은 보통의 그리스도교인들 생각에 당국이 일을 제대로 하지 못하거나 당국이 그것을 하는 데 그들의 도움이 필요할 때 의지하는 수단이었다. 다른 경우에, 민중은 당국이 부추길 때에만, 혹은 성바르텔르미 축일의 학살 사건에서처럼 비록 실수였지만 그들이 그렇게 생각했을 때에만 행동했다. 그때 그들은 법을 집행하는 것이지 법을 어긴다고 생각하지 않았다. 그들은 이렇게 합법적이라고 느낌으로써 많은 금지사항들을 뛰어넘을 수 있었다.[94]

유럽인들은 폭력의 사용을 금하는 여러 가지 의무에 대해 알고 있었다: 법을 지킬 것, 직업의 한계를 받아들일 것, 상호간에 자비와 우애를 실천할 것. 관습에 의해 신성해지고 공동체의 법규로 규정된 자비와 우애는 거친 세상을 살아가는 데 결정적인 도움을 주었다. 그것들은 마을 주민들, 도시민들, 심지어는 대도시 거주자들을 연대와 상호의존의 관계 속에 묶어놓았다. 그것을 깨는 것은 고통스러울 뿐만 아니라 위험했다. 평화와 번영은 신의 분노를 자극하는 행동에 의해서도 위협받을 수 있지만, 실제로는 시민들의 싸움에 의해서 파괴되었다. 이것은 지역적인 차원에서만 아니라 국가적인 혹은 영방적인 차원에서도 사실이었다. 여기에서도 신앙에 의해 분열된 사람들은 공동의 이해관계, 가치, 충성심 등에 의해 결합되었다. 이러한 유대를 인정하면서, 폴란드의 예수회원인 피터 스카르가는 프로테스탄트들에 대해서 "이단은 나쁘지만, 그들은 선량한 이웃이고 형제이다. 그들과 우리는 공통의 조국 안에서 사랑의 끈으로 묶여 있다"고 말했다.[95] 그러한 연대감을 느끼는 사람들을 비인간화시키기는 어려웠다. 특히 근대 초 유럽에 일반적이었던 작고 촘촘한 공동체에서 사람들이 어울려 살 때는 더욱 그러했다.

마지막으로, "이웃을 너 자신처럼 사랑하라"는 그리스도교의 명령으로 신성화된 자비와 우애는 정신적인 차원을 가지고 있었다. 그것을 실천하기를 거부하는 것은, 심지어는 이단들에게 그것을 거부하는 것도, 종교적인 의무들의 충돌을 내포하고 있었다. 시민들의 싸움은 해로운 정도가 아니었다. 그것은 악이었다. 실로, 그것은 한 공동체에 닥칠 수 있는 가장 커다란 악 가운데 하나로 인식되었고, 그것이 가져오는 고통은 신의 분노의 표현으로 여겨졌다. 관용이 그러한 싸움에 대한 유일한 대안일 때, 둘 중 어떤 것이 덜 심각한 악인가? 유럽의 종교전쟁이 발발하자, 이 어려운 문제가 많은 사람들의 마음을 움직이기 시작했다.

종교 폭동이 발생하기 위해서 필요한 것은 보통의 유럽인들이 여러 가지 금지사항들을 넘어서는 것이었다. 사실, 근대 초 종교 폭동을 살펴보면, 종파적 적대감은 사람들이 이러한 문턱을 넘어서게 하는 데 충분하지 않았다. 폭동이 일어나기 위해서는 근원적인 원인들 외에도 특별한 스파크가 필요했다. 특별한 상황과 사건들은 폭동이 일어나는 발화점이었다. 근원적인 적대감을 폭력적인 행동으로 전환시키는 자극이었다.

종교 폭동에 대한 연구를 선도했던 나탈리 데이비스는 그것에 대한 유용한 정의를 제공한다. 그녀에게 종교 폭동은 "'공적으로 그리고 정식으로는', 정치적이고 종교적인 권위의 대리인으로 행동하지 않는 사람들이 종교적인 타깃에 가한 언어적 혹은 무력적 폭력 행위"였다. 그들은 사람뿐만 아니라 물건도 타깃으로 삼을 수 있었다. 그래서 학살과 구타뿐만 아니라 성상 파괴도 이에 포함된다. 가톨릭이 경배했던 물건들―성인의 상像, 성물聖物, 성체―은 최우선적인 공격 대상이었다. 왜냐하면, 프로테스탄트의 가장 중요한 목적 가운데 하나는 가톨릭이 "우상숭배"를 범하지 않도록 하는 것이었기 때문이다. 프로테스탄트들이 가장 두려워한 것은 이러한 죄악이 신의 분노를 일으킬 것이라는 점이었다. 성상 파괴는 교육적인 측면도 있었다. 예를 들면, 성인의 상을 부수는 것은 그것이 아무런 힘도 가지고 있지 않다는 것, 가톨릭교도들이 경배해왔던 것은 단순한 나무 조각에 불과하다는 것을 증명해주었다. 가톨릭은 가톨릭대로 "이단"의 몸을 전염성 있는 정신적인 질병의 운반체로서 특별히 두려워했다. 프로테스탄트들도 가톨릭을 죽였고, 가톨릭도 프로테스탄트들의 물건 특히 그들의 교회를 파괴했으나, 전반적으로는 차이가 있다. 프로테스탄트들은 "종교적인 재산을 파괴하는 데 챔피언"이었던 반면 "가톨릭은 학살 챔피언"이었다.[97]

언어도 폭력적인 힘을 가지고 있었다. 언어는 성상聖像에서 신성한 후광을 없앨 수 있었고, 살인만큼이나 사람들을 공포에 떨게 할 수 있었다. 언어가 물리적 폭력의 언어일 때 그리고 희생자들이 방어력을 상실하여 법의 보호에 호소할 수 없을 때 특히 그러했다. 그러한 것이 종교적인 분파들의 일반적인 운명이었다. 예를 들어, 잉글랜드의 도시인 프레스톤에 살던 가톨릭교도들이 1715년에 겪은 트라우마에 대해 생각해보라. 그 해에 있었던 재코바이트 반란 이후* 영국 군인들은 이들이 폭동에서 했으리라고 추정되는 행위에 대해 복수를 가했다. 지역 신부인 크리스토퍼 투텔은 그 참혹한 광경을 생생히 묘사했다—아마도 효과를 높이기 위해서 과장을 하기는 했겠지만 그럼에도 거짓 없는 공포를: "그때 군인들의 무례함과 난폭함보다 더 무섭고 고

---

* Jacobite. 1688년 명예혁명 이후 왕위에서 쫓겨난 스튜어트 왕조의 제임스 2세(라틴어로는 Jacobus)와 그의 후손들의 지지자들을 말한다. 이들은 스튜어트 왕조를 잉글랜드와 스코틀랜드의 왕위에 복귀시키기 위해 봉기를 일으켰다.

통스러운 것은 없었다; 어떤 이웃 사람들은 무서워서 까무러칠 정도였다. 어떤 사람들은 인신적으로 폭행을 당했고, 어떤 사람들은 배고픔에 정신이 이상해져 죽을 지경이었다. 그들의 야만적인 모습은 정말 야수 같았고 강제적인 요구를 할 때는 역겨운 맹세, 지옥 같은 욕설을 동반했다. 학살을 하지 않을 때에는 남자, 여자, 어린이의 가슴에 총과 칼을 겨누었다."[98] 이 경우에, 파괴와 약탈은 위협을 동반했다. 또한 다른 경우에서처럼, 언어적 폭력은 쉽게 물리적 폭력으로 변했다. 프로테스탄트 군중이 교황의 초상肖像을 불태울 때와 같은 상징적인 공격의 경우에도 마찬가지였다. 그때의 군중 행동은 개인들이 욕을 하거나 사소하게 괴롭힐 때의 행동과는 크게 달랐다. 이러한 행동은 진짜 불관용적인 행동으로서 긴장과 적대감의 분위기를 만들어냈으나, 폭동으로 번지지 않은 채 몇 주, 몇 년을 계속할 수 있었다.

　나탈리 데이비스는 군인이 아니라 민간인들이 자행한 폭력에만 관심을 한정했고, 우리도 그럴 것이지만, 그 차이가 절대적인 것은 아니다. 학생들처럼, 군인들과 선원들도 폭동의 주요 참가자였다. 그들 가운데 상당수는 해외에서 종교적인 적과 싸웠기에 국내에서 그들과 싸우는 것을 자연스럽게 생각했다. 그들은 그 지역에 오랜 연고를 가지고 있지 않기 때문에, 주민들의 일부를 비인간화시키는 일을 토박이들보다 쉽게 생각했다. 그들은 무력 사용 훈련을 받았고 또 익숙해져 있어서 자신들이 바로 법이었다. 시당국도 그들을 통제하지 못했다. 때때로 군인들은 시민들의 더러운 일을 대신했다. 다시 말하면, 시민들은 자기들의 목적을 달성하기 위해 군인들을 이용했다. 그들은 자기들이 감히 시도하지 못하는 일을 하도록 그들을 부추겼다. 그러한 사례가 앞에서 언급한 프레스톤의 사례였다: "우리의 휘그파 이웃들은…… 그 사납고 탐욕스러운 군인들을 부추겨 도시에 사는 가톨릭 교도들의 집, 특히 그들의 눈엣가시였던 우리 집〔페르니할의 가톨릭 성당〕을 약탈하도록 했다. 그들이 몇 차례 사납게 이곳으로 몰려온 것은 우리의 거주지에 대한 파괴를 예고하는 것이었다."

그런데 앞의 정의에 맞는 근대 초 유럽에서의 종교 폭력의 사례들을 살펴보면, 분명한 사실이 드러난다: 많은 사건들은 행렬, 축일기념식, 장례식이라는 세 가지 유형의 사건에 의해 촉발되었다. 그러한 사건들에 대한 기록이 온전히 남아 있지 않기 때문에 그것들을 정확히 수량화하는 것은 불가능하다. 또한 이것들만이 유일한 촉발제는 아니었다. 종교적인 비동조자들이 반역의 의심을 받은 전쟁과 정치적 위기 때에는 그와 다른 동력이 가동했다. 그러나 이러한 맥락을 제외하면, 행렬, 축일기념식, 장례식은 지금까지 알려진 사건들의 상당 부분을 설명해준다. 이러한 세 유형의 사건들에게 폭발적인 퍼텐셜을 준 것은 무엇인가? 도나우뵈르트의 사건이 말해주듯이, 그것은 그것들의 공개적인 성격이었다. 모든 이단이 똑같이 도발적인 것은 아니었다. 믿음은 행동만큼 사람들을 자극하지 않았다. 행동이 소란스럽고 눈에 띌수록—달리 말하면, 행동이 공개적일수록—그것이 일으키는 모욕과 스캔들도 커졌다. 모든 종교적인 행동 가운데 가장 공개적인 것이 이 세 가지 행동이었다.

이단이여, 너의 신에게 인사하라!

칼뱅주의자들은 우상파괴자로서의 명성이 높다. 그러나 그들만 가톨릭 행렬에 대해 폭력적으로 대응한 것은 아니었다. 폴란드에서는 소치니파가 그러했고, 독일과 오스트리아에서는 루터파가 그러했다. 1601년 오스트리아의 도시인 슈파이어에서는 몇 년 후에 도나우뵈르트에서 일어날 사건과 매우 유사한 폭동이 일어났다. 시간적인 근접성은 전혀 우연이 아니었다. 이곳에서도 17세기 초 프로테스탄트가 지배하는 도시에 가톨릭을 부활시키려는 시도가 있었다. 또한 이곳에서도 가톨릭은 성마르코 축일의 행렬을 자기 천명의 기회로 생각했다. 루터파 역시 폭력적으로 대응했고, 도나우뵈르트에서와 똑같이 그들의 공격은 행렬이 도시의 문에 도달했을 때 일어났다. 직인들과 "주인 없는" 군인들은 행렬을 이끌던 신부에게 욕설을 퍼부으면서 돌을 던졌다. 신부는 머리에 돌을 맞았다. 그들은 수녀들을 강으로 끌고 갔고, 가톨릭의 깃발을 찢었으며, 십자가를 밟아 뭉갰고, 제식서를 찢어버렸다.

프로테스탄트들이 가톨릭 행렬을 힘이 아니라 도발적인 몸짓으로 적대했을 때에도, 결과는 똑같이 폭력적이었다. 그러한 몸짓은 1724년에 폴란드 역사에서 가장 악명 높은 종교 폭동을 일으켰다. 폴란드는 18세기 초에는 대체로 가톨릭 국가가 되었지만, 폴란드령 프로이센의 단치히, 엘빙, 토른 같은 발트 해의 대도시는 종교개혁 이후 변함없이 루터파가 대다수였다. 1724년 7월 16일, 토른의 한 루터파 신자가 가톨릭 행렬을 방해했다. 그는 욕설을 퍼부었으며, 성모 마리아 상을 든 행렬이 앞으로 지나갈 때 모자 벗기를 거부했다. 루터파의 무례함에 예수회 학생들이 분노했다. 한 사람은 그의 모자를 움켜쥐었고, 다른 사람들은 거리에 있는 모든 사람들에게 무릎을 꿇으라고 명했다. 도시의 루터파 시장은 싸움에 가담한 학생을 체포했다. 이에 대한 보복으로, 가톨릭은 다음 날 여러 명의 루터파를 인질로 잡았다. 큰 혼란이 일어났다. 예수회 학생들은 칼과 총으로 대학을 지키려 했으나 헛일이었다. 루터파는 대학을 약탈했고, 시장 광장에서 약탈물을 불태워버렸다. 가톨릭 보고서에 의하면, 그들은 성모 마리아 상도 불태웠다. "자, 여인이여, 너 자신을 지켜라"라고 조롱하면서 말이다.[100] 토른의 가톨릭은 소수였지만, 폴란드의 다른 지역에 있는 가톨릭의 열렬한 지지를 받았다. 바르샤바의 국왕재판소는 토른의 시민들이 폭동죄를 범했다고 판단했고, 시장, 부시장, 15명의 시민을 처형했다. 전 유럽의 프로테스탄트 선전물들은 이 사건을 주목했고, 그것을 "토른의 유혈극"이라고 불렀다. 그것은 폴란드에게 불관용이라는 과장된 평판을 안겨주었다.

프로테스탄트들은 자기들이 작고 허약한 종교집단일 때에는 토른에서보다 온건하게 가톨릭 행렬에 대응했다. 그러나 온건한 몸짓이라도 가톨릭의 폭력을 유발할 수 있었다. 프랑스에서, 성체행렬이 지나갈 때 칼뱅파가 모자를 벗고 무릎 꿇기를 거부하는 것(그림 3.1)은 특별히 자극적인 행동이었다. 가톨릭은 성체에 그리스도가 육체적으로 실재한다고 믿기 때문에, 그러한 거부는 신의 존엄에 대한 용납할 수 없는 모욕으로 여겼다. 위그노들도 가톨릭 교리의 핵심을 거부하는 데는 약하지 않았다. 프랑스인 테오필 드 비오는 남서부의 도시인 아쟁에서 벌어진 전형적인 사건에 대해 전해준다. 1618년 어느 날 그와 그의 칼뱅파 친구 클리토퐁은 위독한 교구민에게 병자성사를 주기 위해 집으로 가고 있던 신부를 만났다. 수행원은 작은 종을 치며 행차를 알리고, 정식 복장을 갖춘 신부는 노자성체를 경건하게 들고 엄숙하게 길을 건너고 있었다. 길 위에서 가톨릭 신자들은 무릎을 꿇고 머리

그림3.1

시몬 드 크라머Simon de Kramer는 가톨릭 사제가 성체를 들고 지나갈 때 무릎꿇기를 거부하고
있다(베르겐 오프 좀, 1553). 틸만 반 브라크트의 《유혈낭자한 드라마 혹은 순교자의 거울》(제2판,
암스테르담, 1685), 제2권, 149쪽에 수록된 판화. 브리티쉬 도서관 소장.

를 굽혀 작은 행렬이 지나가기를 조용히 기다렸다. 비오는 회의주의 자였지만 단순히 순수한 마음에서 뒤로 물러나 모자를 벗고 머리를 약간 굽혔다. 그렇지만 그의 친구는 그냥 그대로 서 있었다. 그가 꼼짝도 하지 않는 데 대해 화난 어떤 사람이 그의 모자를 땅에 던지고 "칼뱅파를 잡아라!"라고 외쳤다.[101] 모든 사람이 그 둘을 향해 달려들었다. 비오에 의하면, 행정관의 개입이 없었더라면 클리토퐁은 돌에 맞아 죽었을 것이다.

그 당시, 움직이지 않는 것은 중립을 지키는 것이 아니었다. 그것은 제식이나 몸짓만큼 분명한 상징적 의미를 가지고 있었다. 그것은 위그노를 난처하게 만들었다. 성체를 존중하지 않는 것은 가톨릭의 폭력을 야기할 수 있고, 모자를 벗거나 무릎을 꿇는 것은 양심을 어기는 것으로 교회의 견책을 받았다. 1645년 열린 위그노 국가 시노드는 모자를 벗는 사람들은, 이미 일부 당회에서 하고 있듯이, 처벌을 받을 것이라고 규정했다. 일부 지역에서는 위그노가 모자를 벗기만 하면 무릎을 꿇지 않아도 가톨릭은 크게 화를 내지 않는 일종의 타협이 이루어졌는데, 이 결정은 그러한 타협을 무효화하는 것이었다. 위그노들은 성체가 아니라 "그것을 운반하는 신부나 그것을 따르는 일행"에게 존경심을 표했다면서 행동을 정당화했다(아우크스부르크의 루터파역시 똑같이 행동하면서 가톨릭 이웃을 진정시켰다).[102] 그렇지만, 프랑스의 시노드는 그 대신 프로테스탄트들이 즉시 건물 안으로 들어가거나 옆길로 빠질 것을 요구했다. 이렇게 다른 형태의 중립적인 행동을 제시함으로써 시노드는 문제를 피하려고 했다. 그러나 그 시도는 성공하지 못했다. 적어도 완전히 성공하지는 못했다. 왜냐하면 위그노들은 불만을 터뜨렸고, 가톨릭사제들이 그들을 추적했기 때문이다.

1646년에 보르도 고등법원에 한 사건이 올라왔다. 그것은 위그노들의 딜레마를 드러내주고 프랑스의 사제들이 벌인 쫓고 쫓기는 놀이를 보여준다. 피고는 투아네트라는 이름의 프로테스탄트 하녀였다. 그녀는 성사에 대해 제대로 존경심을 표하기를 거부했다는 이유로 기소되었다. 그러나 그녀의 위그노 동료들은 국왕에게 보내는 호소문에서 다음과 같이 설명했다. "하인이 물러서기를 거부한 것이 아닙니다. 사제는 의도적이고 악의적으로 그녀의 주인집까지 그녀를 추적했습니다." 그들은 늘 이런 식이라고 비난했다. 성체를 들고 있는 사제들은 종종 그들을 괴롭히기 위해 "그들이 원래 다니던 길에서 일부러 벗어납니다." 몇몇 사제들은 먹잇감을 더 잘 놀래키기 위해서 성체를 운반할 때 종을 치지 않았다. 그리고 추적을 시작할 때면—이제 급하고 요란하게 종을 친다—"위그노여, 너의 구세주를 경배하라, 이단이여, 너의 신에게 인사하라"고 외쳤다. 가톨릭교도들은 집과 가게의 문을 닫음으로써 또는 안으로 피신한 사람들을 몰아냄으로써 프로테스탄트들의 도피를 더욱 어렵게 만들었다. 이러한 술수가 새로운 것은 아니었다. 1597년에도 위그노들은 국왕에게 퓌랑 시의 소교구 사제에 대해 불만을 토로했다. 그는 거리에서 성체를 운반할 때, "그를 피해 도망치는 사람들을 쫓아갔으며, 그들을 주먹이나 십자가로 심하게 때렸다"는 것이다. 1673년에도 그들은 종을 치지 않고 "가장 짧고 가장 편리한 길이 아니라 개혁파들의 집이나 가게 근방을 지나가거나 바자회나 시장 같은 공개 장소에서 급습하는" 사제들에 대해 불만을 터뜨렸다.[103]

다른 종류의 행렬 역시 공격적이었다. 1620년대에, 프랑스의 도시 니오르에서, 가톨릭은 행렬을 할 때에는 꼭 칼뱅파들이 예배보는 시간에 그 교회 쪽으로 방향을 잡았다. 행렬은 교회 문을 두드리면서 예배를 방해하곤 했다. 마찬가지로, 1614년 겨울, 독일의 도시 비버라흐의 가톨릭교도들은 루터파가 예배보는 시간에 "종소리를 크게 울리면서" 성체행렬을 했다. 한 루터파 목격자에 의하면, 행렬은 마키아벨리적 음모와 다름없었다. 가톨릭은 고의로 루터파 신자들을 부추겨 폭동을 일으키게 했다. 이것은 당국이 도시를 무력으로 재가톨릭화하는 구실이 될 것이었다. 그는 그들의 목표는 "도나우뵈르트에서와 같은 상황을 만들어내는 것"이라고 비난했다.[104]

가장 잔인한 계절

그러나 가장 정기적으로 행렬이 벌어진 시기는 가톨릭 축일이었다. 그날, 프로테스탄트들의 도발적인 몸짓은 축일기념식의 일부인 행렬에서 비롯되었다. 프로테스탄트들은 그리스도만이 신과 인간 사이를 중재한다고 믿었기 때문에, 성인과 성모 마리아 경배에 바쳐진 전통적인 달력에서 많은 날들을 자연스럽게 배제했다. 마찬가지로, 프로테스탄트들은 금욕을 실천함으로써 구원의 자격을 높일 수 있다는 생각을 받아들이지 않았다. 따라서 그들은 사순절 시기에 금식하는 것, 금요일에 고기를 먹지 않은 것, 다른 정해진 날들에 금욕하는 것 등을 배격했다. 1522년, 취리히에서 츠빙글리 추종자들이 사순절에 고기를 먹음으로써 가톨릭과 결정적으로 결별했다. 그 후 수십 년 동안, 그 행위는 신앙고백이었으며, 공개적인 시위였다. 그리하여, 가톨릭에서 축일은 중세에 없던 의미를 지니게 되었다. 그것을 기념하는 것은 프로테스탄트의 가르침을 배격한다는 선언이 된 것이다. 제식 위에 감정이 깃들었듯이, 축일에도 그러했다. 둘 모두 논란이 되고 있는 교리에 제식화된 형태를 부여했다.

축일 준수를 둘러싼 갈등은 같은 지역에 살고 함께 일하는 가톨릭과 프로테스탄트들 사이에서 일어났다. 네덜란드공화국에서, 하녀들은 프로테스탄트 주인들이 가톨릭 축일에 쉬거나 금식일을 지키지 못하게 하기 때문에 불만이 많았다. 마찬가지로, 얀 후게츠라는 프로테스탄트 석공은 가톨릭교도 주인이 성인들의 날에 일을 못하게 해 수입을 앗아가고 있다고 할렘의 행정관들에게 하소연했다. 헝가리의 아담 바티아니 백작의 법정에서 프로테스탄트 하인들과 군인들은 가톨릭을 자극하기 위해 금식일에 술에다 고기 조각을 넣었다.

그렇지만, 대규모 폭력적인 갈등을 일으킨 것은 축일의 사적이 아니라 공적인 기념이었다. 춤, 놀이, 바자회, 잔치 등은 행렬처럼 외부의 공개적인 공간에서 벌어진 기념식의 고정 메뉴였다. 이것은 모든 사람들이 참여할 것으로 여겨진 공동체의 축제였다. 프로테스탄트들도 그것의 매력에 이끌렸다. 프랑스 도시인 아쟁과 디의 당회는 그러한 놀이에 참여한 칼뱅파들을 나무랐다. 가게를 열고 열심히 일하는 ─때로는 특히 과시적으로─사람들은 불참 이상을 행하는 것이었다. 그들은 공개적으로 축일을 배격하고, 공공장소를 통제하기 위해 반대소송을 제기했다. 금식일에 가축을 잡고 실외에서 고기를 먹는 것은 한층 더 강력한 상징적 천명이었다. 1566년 사순절에 아우크스부르크의 프로테스탄트들은 도시의 대성당 앞에 앉아 신부가 지나갈 때마다 고기를 씹었다. 볼로냐에서 법을 공부하고 있던 젊은 독일인 루터파 루드비히 폰 작센의 대담함에는 놀라움을 금할 수 없다. 그는 성금요일 행렬이 지나가는 길가에 정육점이 그려진 깃발을 걸었다. 이것은 황소에다가 붉은색 깃발을 흔드는 것과 마찬가지였다. 그 젊은이는 군중들에 잡혀 도륙당하지 않고 이단재판소의 감옥에 갇혔는데(그는 최종적으로 개종했다), 운이 좋은 편이었다.

프로테스탄트들이 가톨릭교도들에게 도발하지는 않더라도, 축일에 그들이 보인 행동은 폭력 대응을 야기할 수 있었다. 1658년 여름, 가톨릭과 프로테스탄트들은 스위스의 라인탈에 있는 알슈테텐에서 두 차례 충돌했다. 이곳의 프로테스탄트들은 가톨릭 축일에 일하는 것이 법으로 금지되어 있었다. 그래서 그들은 세례자 요한의 날, 성베드로와 성바울의 날 오전에 집에서 쉬고 있었다. 오후에 그들은 건초를 수집하러 들판에 나갔다. 비가 오래 와서 그것이 상하지 않을까 우려했기 때문이다. 그들은 법을 지키지 않아도 될 정도로 상황이 긴급하다고 생각했다. 그러나 성난 가톨릭교도들은 도시 입구에 모여 들판에서 돌아오는 개혁파들을 공격했다. 그들은 건초를 내팽겨치고, 마차를 뒤집고, 사람들을 폭행했다.

축일은 다양한 종교의 주민들이 섞여 사는 곳에서는 항상 문제를 일으켰다. 특히 프로테스탄트와 가톨릭이 자기들의 신앙을 완전히 공개적으로 표현할 수 있는 자유를 요구한 프랑스에서 가장 심했다. 프랑스 종교전쟁 기간 동안, "폭력은 그리스도교 달력에서 중요한 축일이 있는 기간에 고조되어", 그러한 축일이 집중되어 있는 사순절과 성체축일 사이의 시기를 연중 가장 유혈적인 시기로 만들었다.[105] 1563년과 1571년 사이에 루앙에서 일어난 일곱 건의 대규모 종교 폭동 가운데 다섯 건이 3월이나 4월에 일어났다. 이때가 유럽의 유대인들에게 피비린내나는 시기였던 것은 우연이 아니다. 중세부터 근대까지,

그리스도교인들은 연중 어느 때보다도 성주간聖週間—부활절 주간—에 가장 많이 유대인들을 공격했다. 유대인들은 그리스도의 죽음에 대한 책임이 있다는 비난을 받았기 때문에 폭력을 유발하기 위해서 따로 무엇인가를 할 필요가 없었다. 그 사건의 연례적인 리허설만으로도 충분했다. 마찬가지로, 프로테스탄트들이 도발적인 행동을 하지 않을 때에도 프로테스탄트-가톨릭 폭력은 다른 날보다 축일에 일어날 가능성이 높았다. 예컨대, 폴란드에서, 가톨릭 군중은 1574년에 이어 1591년에도 그리스도승천일에 크라카우의 프로테스탄트 교회인 부르그에 불을 놓았다. 1606년에는 성목요일에 포젠의 프로테스탄트 교회에 불을 놓았다. 그 전해의 만성절에, 빌니우스의 루터파 목사와 부목사는 폭도들한테 폭행을 당했고, 부목사는 그 상처 때문에 목숨을 잃었다. 1598년 그리스도승천일에 가톨릭 학생들이 반삼위일체파 지도자인 파우스토 소치니의 집으로 몰려가, 그의 책과 원고를 불태우고, 그를 맨발인 채로 시장 광장으로 끌고 나와, 철회하지 않으면 죽이겠다고 위협했다(소치니는 한 교수의 개입으로 위기를 모면했다).

섹트들의 폭력을 부추긴 시기 가운데 가장 폭력적인 때는 성체축일이었다. 성체축일은 "프로테스탄트들이 가장 혐오스러운 날로 여겼기 때문에, 일 년 중 종교적인 선호를 공개적으로 표현하는 결정적인 날"이었다.[106] 또한 성체축일의 행렬은 가장 성대한 가톨릭 행렬 가운데 하나였다. 행렬에 참가한 민병대는 총을 쏘거나 대포를 쏘는 등 군사적인 면을 지니기도 했다. 또한 아우크스부르크의 한 루터파의 기록에 의하면, 그들은 "전시에 했듯이" 북과 트럼펫 소리에 맞추어 행진했다.[107] 프로테스탄트들이 보기에 행렬은 위협적인 칼날을 세웠다. 또다른 주목할 만한 모습은 행렬이 지나가는 길가의 집들을 장식하는 것이었다. 프랑스에서는 집의 전면에는 장식융단을 걸어놓고 창문에는 초를 세워놓는 관습이 있었다. 낭트칙령은 위그노들에게 그렇게 할 것을 요구하지는 않았지만, 가톨릭교도들이 자기들의 돈으로 위그노의 집에 장식융단을 거는 것은 허용하라고 요구했다. 위그노들은 이러한 요구를 증오했으며, 그렇게 하지 않아도 되는 지역에 있을 때는 그것을 조롱했다. 가톨릭은, 그럴 힘이 있을 때에는, 위그노들이 장식융단을 걸고 촛불을 켜도록 강요했다. 이 문제는 프랑스에서 수십 건, 아마도 수백 건의 충돌을 일으켰다. 제대로 장식되지 않은 집들은 공격을 받고 약탈당했다. 그 칙령이 폐기된 후에도, 위그노들은 집을 장식하는 것을 잊곤 해서, 무자비한 징벌 위험에 빠지기도 했다.

1650년과 1800년 사이에, 아우크스부르크에서는 단 하나의 종교 폭동이 인명을 앗아갔다. 그것은 1718년의 성체축일에 일어났다. 축일 전야에, 한 루터파 술집주인과 예수회 학생들 사이의 싸움이 걷잡을 수 없을 정도로 커졌다. 질서 회복을 위해 출동한 시경비대가 발포해서 학생 한 명이 죽고 한 명이 부상당했다. 이 사건은 그 지역 가톨릭을 분노케 했다. 성체축일이 끝난 후, 프로테스탄트들이 행렬이 운반하던 성체에 돌을 던졌다는 소문이 돌기 시작했다. 그 소문에 의하면, 그때 기적이 일어났다. 성체가 피를 흘리기 시작했다는 것이다. 이러한 유형의 기적은 수백 년 전에도 일어난 적이 있었다. 중세에, 그리스도교인들은 유대인들이 성체를 고문함으로써 성체에서 피가 나오게 한다고 비난했다. 이러한 식으로, 중세의 그리스도교인들은 유대인들을 그들이 거부했던 신앙의 무의식적인 증인으로 만들었다. 왜냐하면 출혈은 성체에 그리스도가 실재한다는 것을 증명했기 때문이다.[108] 종교개혁 이후, 피를 흘리는 성체에 대한 설명은 특별히 가톨릭의 가르침이 옳다는 것을 재확인해주는 의미를 지녔다. 알게 모르게 그것은 프로테스탄트들과 유대인들을 비슷하게 만들어주었다. 그리하여 피흘리는 성체에 대한 소문은 가톨릭의 희생을 상징적인 승리로 전환시켰다. 며칠 동안 아우크스부르크에서는 소동이 계속되었다. 가톨릭 직인들과 젊은이들은 루터파의 집으로 쳐들어가 약탈했다. 급기야 그들은 시청 자체를 위협했다. 그래서 시의회가 시청 앞에 대포 2문을 배치하기에 이르렀다. 시경비대가 가톨릭 군중들에게 발포하여 직공 한 명이 죽고서야 평화가 돌아왔다.

충돌하는 달력들

가톨릭과 마찬가지로, 프로테스탄트들도 축일을 기념했는데, 이것 역시 종교 갈등의 발화점이 되었다. 대륙에서, 이 갈등은 주로 그레고리우스 달력 개혁의 산물이었다. 프로테스탄트들은 그것이 교황과 관련 있기 때문에 받아들이기를 거부했다. 당대 최고의 천문학 지식에 근 ·
거하여 교황 그레고리우스 13세가 1582년에 공포한 개혁은 반프로테스탄트적인 어젠다를 포함하지 않았다. 루터파 대학인 튀빙겐 대학의 주도적인 신학자들은 1589년에 그렇게 선언하면서, 축일의 날짜는 성서에 의해 정해지지 않았다는 것, 그리고 교황은 새로운 달력이 수용된다 해도 일각에서 우려하듯이 "교회에 발을 들여놓지" 않을 거라고 말했다.[109] 그러나 많은 프로테스탄트들은 여전히 의심했다. 그들은 1572년에 성바르텔르미 축일의 학살 사건을 기념하여 테데움 성가를 부르고, 기념메달을 주조하고, 시스틴 성당 옆방에 그 사건의 프레스코화를 그리게 한 그 특이한 교황에 대해 특별한 증오심을 품고 있었다. 종파주의가 중립적인 학문과 공동의 이익에 대해 승리를 거둠에 따라 그레고리우스 달력은 비난을 면치 못했다. 가톨릭 국가들은 거의 즉시 그 달력을 채택했지만, 대부분의 프로테스탄트 지역은 1700~1701년에야 그것을 받아들였다. 영국과 그 식민지, 그리고 스웨덴은 1750년대에야 받아들였다. 그때까지, 프로테스탄트들은 새로운 달력보다 10일(1700년 이후에는 11일)이 늦은 구식의 율리우스 달력에 따라 축일, 재판일, 시장 개장일, 선거, 어음 만기일, 기타 연례적인 행사 날짜를 정했다.

국가 전체가 동일한 달력을 사용하면 불일치는 아무 문제가 되지 않았다. 그러나 스위스와 제국의 일부에서는 혼란과 충돌이 일어났다. 아우크스부르크 시의회는 단순히 경제적인 혼란을 피하기 위해 1583년에 새로운 달력을 채택했다. 시의회는 비록 가톨릭의 지배를 받고 있었지만, 도시의 시장市場이 배후지 및 주요 교역 상대들과 다른 스케줄에 따라 움직이지 않을까 하는 점을 가장 염려했다. 시의회는 사안이 전적으로 세속적인 것임을 누차 강조했다. 그러나 도시의 다수를 차지한 루터파들은 달랐다. 옛날 달력의 축일에, 루터파 장인들은 가톨릭 동료들이 일하고 있는 동안 도발적으로 시가행진을 했다. 신 달력의 축일에 가톨릭은 쉰 반면 그들은 소란스럽게 일을 했다. 파국은 1584년 성령강림일에 일어났다. 그날 루터파는 시의회의 엄정한 명령에도 불구하고 옛 달력에 따라 기념행사를 거행했다. 시의회는 저항의 배후를 근절하기 위해 도시 루터파 교회의 선임목사를 체포한 후 추방했다. 이것이 전면적인 폭동을 유발했다. 계속된 소란과 협상에서, 달력문제는 즉시 제도적인 문제로 넘어갔다. 그러나, 프로테스탄트 시민들이 가톨릭 행정관들의 권력에 맞서 안전장치를 요구함으로써 그 갈등은 종교적 성격을 상실하지는 않았다. 30년전쟁 전에 일어났던 그 어떤 사건 이상으로, 이 악명 높은 "달력 싸움"은 아우크스부르크의 프로테스탄트 시민들과 가톨릭 시민들을 종파주의 적이고 상호적대적인 집단으로 전환시켰다.

달력문제는, 적어도 아우크스부르크에서는, 비교적 빠르게 해결되었다. 딘켈스뷜과 비버라흐에서는 17세기까지 갈등이 계속되었다. 이곳의 루터파 시민들은 자기들이 보기에 바로 그날이라고 생각되는 날에 축일을 기념하기 위해 프로테스탄트 지역으로 여행을 떠나곤 했다. 슈파이어와 뷔르츠부르크 주교구에서는, 불일치하는 달력 때문에 프로테스탄트와 가톨릭이 18세기에도 싸움을 벌였다. 스위스에서는, 프로테스탄트 칸톤들이 1700년에 새로운 달력을 공식 채택하면서 싸움이 시작되었다. 그때까지, 종교적 혼합 지역인 라인탈의 프로테스탄트들은 경제적이고 종교적인 문제는 새로운 달력을 따랐으나 예배는 옛 달력을 따랐다. 스위스연방의 최고위 당국이 프로테스탄트와 가톨릭 합동으로 옛 달력을 완전히 포기하도록 압력을 가했을 때, 일부는 무장저항으로 대응했다. 또다른 혼합 지역인 글라루스의 프로테스탄트들은 1798년까지 옛 달력을 고수했다.

축일 폭력은 가톨릭과 프로테스탄트 사이의 충돌로만 한정되지 않았다. 예컨대, 베를린에서는, 1615년의 성주간에, 브란덴부르크 선제후가 압도적으로 루터파가 다수인 지역에 칼뱅주의를 강요하려고 결정하자 폭동이 일어났다. 가장 직접적으로 베를린 시민들의 분노를 산 것은 칼뱅파 식으로 부활절을 기념하기 위해 도시의 대성당에서 비명碑銘, 십자가, 그림, 제단 등을 없애라고 선제후가 명령을 내린 것이었다. 부활절 직전 일요일, 이 같은 "심화종교개혁"에 반대하는 한 설교자의 성난 설교를 들은 후, 100여 명의 시민들은 "개혁파 목사들과 칼뱅파 신도들의 목을 비틀 것"을 맹세하는 선서를 했다.[110] 다음 날, 더 많은 군중들이 "개혁파 목사들"의 집으로 몰려가, 약탈하고, 파괴했다. 임시시장인 요한 게오르그는 군대의 지원까지 받았지만 그들을 저지하는 데 무력감을 느꼈다. 그 같은 행동 때문에 그는 노골적으로 욕을 먹었으며, 넓적다리에 부상을 입었다.

"심화종교개혁"을 향한 비슷한 움직임이 1647년 잉글랜드의 서포크와 켄트에서 폭동을 야기했다. 여기에서 갈등은 한쪽은 퓨리턴, 다른 쪽은 옛 가톨릭 전통에 더 가까운 프로테스탄트 사이에 일어났다. 그들의 충돌을 촉발시킨 이슈는 크리스마스였다. 이 축일은 잉글랜드에서 특히 인기가 있었다. 몇몇 퓨리턴은 요란한 축제와 이교적 상징물—호랑가시나무, 담쟁이덩굴, 로즈메리, 월계수—에 분노했다.[111] 1647년, 의회를 장악하고 있던 퓨리턴들은 그 같은 방식으로 기념하는 것을 불법화했다. 캔터베리에서, 그들과 생각을 공유하던 도시민들이 그날 가게를 열었다. 그러자 인근 마을의 보수적인 농민들이 도시로 몰려와 유리창을 깨고, 주인을 폭행했다. 베리 세인트 에드먼즈에서는 일단의 도제들이 비슷한 공격을 주도했다.

실제로, 잉글랜드에서, 대부분의 종교 폭력은 축일이 아니라 정치적인 위기 특히 가톨릭 국가와의 전쟁—진행 중인, 임박한, 혹은 그저 두려운—과 함께 일어났다. 그렇지만, 이 경우에도, 종교적인 긴장은 축일에 고조되었다. 종교개혁 이후의 잉글랜드는 근대 초 유럽에서 독특한 달력을 사용했다. 그것은 새롭게 발명된 축일들로 채워졌다(그림 3.2). 그것은 국왕의 생일, 즉위일, 그리고 특히 "섭리적 해

그림3.2

이러한 잉글랜드 알마낙은 종교개혁 이후 국가의 역사에 나타난 중요한 사건들을 기념하는 축일들의 달력을 담고 있다. 많은 축일들은 프로테스탄티즘의 가톨릭에 대한 불확실한 승리 같은 것도 기념했다. 윌리엄 윈스탄리의 《1698년 프로테스탄트 알마낙》(런던, 1698)의 표지. 캘리포니아 산마리노의 헌팅턴 도서관의 승인을 받아 복사했다.

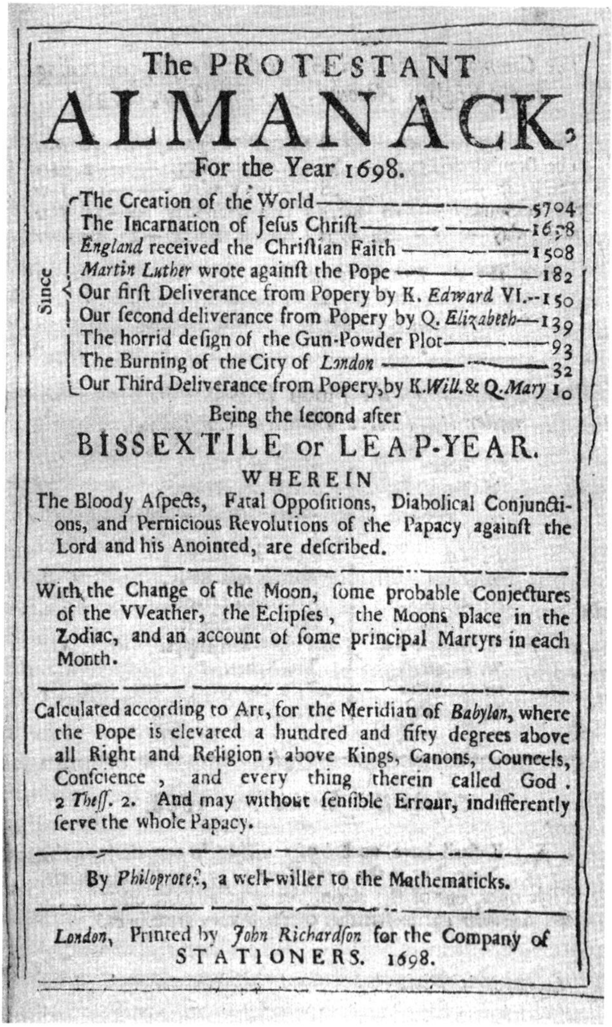

The PROTESTANT
ALMANACK,
For the Year 1698.

Since
- The Creation of the World — 5704
- The Incarnation of Jesus Christ — 1678
- *England* received the Christian Faith — 1508
- *Martin Luther* wrote against the Pope — 182
- Our first Deliverance from Popery by K. *Edward* VI.— 150
- Our second deliverance from Popery by Q. *Elizabeth*— 139
- The horrid design of the Gun-Powder Plot— 93
- The Burning of the City of *London* — 32
- Our Third Deliverance from Popery, by K.*Will.* & Q.*Mary* 10

Being the second after
BISSEXTILE or LEAP-YEAR.
WHEREIN
The Bloody Aspects, Fatal Oppositions, Diabolical Conjunctions, and Pernicious Revolutions of the Papacy against the Lord and his Anointed, are described.

With the Change of the Moon, some probable Conjectures of the VVeather, the Eclipses, the Moons place in the Zodiac, and an account of some principal Martyrs in each Month.

Calculated according to Art, for the Meridian of *Babylon*, where the Pope is elevated a hundred and fifty degrees above all Right and Religion ; above Kings, Canons, Councels, Conscience , and every thing therein called God . 2 *Theff*. 2. And may without sensible Errour, indifferently serve the whole Papacy.

By *Philoprotes*, a well-willer to the Mathematicks.

London, Printed by *John Richardson* for the Company of
STATIONERS. 1698.

방"—신이 개입해서 가톨릭의 전제로부터 프로테스탄트 국가를 구했다고 하는 위험한 순간—을 기념했다. 가장 두드러진 날은 11월 5일과 11월 17일이었다. 11월 5일은 1605년의 화약음모 사건*을 알아낸 것을 기념했다. 가톨릭교도인 기 폭스는 웨스트민스터 궁전의 지하실에서 건물을 무너뜨리고 그 안에 있는 모든 사람들을 죽이기에 충분한 양의 화약과 횃불을 들고 있다가 현행범으로 체포되었다. 1688년 오라녜공 빌렘은 바로 그날 토베이에 상륙했으며 가톨릭인 제임스 2세를 왕좌에서 몰아내는 명예혁명을 시작했다. 그 후 그 축일은 그 두 사건을 기념했다. 11월 17일은 엘리자베스가 가톨릭 이복 언니인 "블러디 메리"의 뒤를 이어 왕위에 오른 날이었다. 이 두 날에, 잉글랜드 전역의 소교구들은 특별 감사예배를 드렸다. 이때의 전형적인 설교는 "교황파"를 프로테스탄트 국가를 굴복시키고 파괴하려고 애쓰는 악마적인 세력으로 묘사하면서 공격하는 것이었다. 그들은 화톳불을 피우고, 종을 울리고, 행진하고, 꽃수레를 끌고, 총을 쏘고, 빈민들에게 돈을 나누어 주고, 잔치를 열고, 술을 마시면서 축일을 기념했다. 이렇게 신앙과 축제가 혼합된 기념식을 통해, 잉글랜드인들은 "잉글랜드 프로테스탄트 체제의 등장과 안전"을 기념하고, 신의 특별한 은총을 받은 선택된 국민이라는 지위를 재확인했다.[112]

통일성을 증진시키기 위해 의도된 이러한 축일들은, 그럼에도 불구하고, 잉글랜드의 프로테스탄티즘이 17세기에 분열됨으로써 당파적 의미를 띠게 되었다. 그 과정은 퓨리턴들이 아르미니우스파와 대결하

---

* 화약음모 사건이란 1605년에 일단의 가톨릭교도들이 잉글랜드 국왕 제임스 1세를 암살하려다 실패한 사건을 말한다.

던 1630년대에 시작되었다.* 프로테스탄트들 가운데 한 집단이 다른 집단을 잉글랜드 교회를 내부에서부터 전복시키려는 비밀 가톨릭이라고 비난하면서, 교황파를 비방하는 것은 구별적 행동이 되었다. 게다가, 국왕도 이 같은 퓨리턴들의 비난 대상에 포함되었다. 퓨리턴 설교자들은 11월 5일을 국왕의 친가톨릭적 정책에 도전하고 더욱 진전된 종교개혁을 요구하는 기회로 삼았다. 당연히 찰스 1세와 그의 정부는 축일 기념을 방해했다. 1660년대에 그의 아들 찰스 2세의 정부는 퓨리턴들을 적대시하는 두 개의 축일을 도입했다. 그것은 순교자 국왕 찰스의 축일(1월 30일)과 국왕 참나무 데이(5월 29일)였다. 첫 번째 것은 1649년에 찰스 1세가 "잔인하고 피에 굶주린 사람들"에 의해 처형당한 것을 기념하는 엄숙한 금식일이었다.[113] 두 번째 것은 찰스 2세의 생일이자 그가 공식적으로 왕위에 오른 날이었다. 그것의 이름은 그가 워세스터 전투에서 퓨리턴 군인들에게 죽을 뻔하다가 참나무 숲에 숨어서 살아난 이야기를 상기시켰다. 두 축일은 잉글랜드 혁명과 그것을 가능케 한 퓨리턴들의 상승을 거부하는 것이었다. 둘은 1660년에 스튜어트 왕조가 복귀한 것, 그리고 잉글랜드 성공회의 재건을 은근히 기념하는 것이었다.

1678~1681년의 '배제 위기' 동안 가톨릭인 제임스가 그의 형인 찰스를 계승하는 것을 막으려 했던 사람들은 11월 17일 축일을 자기들의 목적에 맞게 변환시켰다. 이들 정치인들은 휘그라고 알려졌고, 그들의 반대파는 토리라고 알려졌는데, 정파의 호칭은 20세기까지 계속

---

* 아르미니우스파란 칼뱅의 엄격한 예정설에 반대한 네덜란드 신학자 야코부스 아르미니우스 (1560~1609)를 따르던 사람들을 가리킨다.

되었다. 근대 초에 이들은 강력한 종교적인 음조를 지니고 있었다. 휘그는 일반적으로 저파 성공회와 프로테스탄트 비국교도들의 지지를 받았고, 토리는 고파 성공회와 가톨릭의 지지를 받았다. 1670년대 초에는 11월 축일에 런던에서 교황의 초상肖像을 불태우는 것이 대중의 관습이 되었다. 위기의 시기에, 휘그들은 꽃수레, 초상肖像, 의상을 차려입은 수십 명의 사람들을 동원하여 11월 17일의 화려하고 값비싼 행렬을 후원함으로써 그 관습을 선전 목적으로 이용했다. 종교개혁 시기에 시작된 프로테스탄트 소극笑劇의 전통에서 따온 이 길거리 연극은 가톨릭 행렬을 모방한 것으로, 신부, 탁발수도자, 수도자, 주교, "피묻은 단검을 쥔 6명의 예수회원"(1679) 등이 등장했다. 중심은 언제나 교황의 초상이 있는 꽃수레였다. 교황 옆에는 "자주 그를 쓰다듬고, 껴안고, 속삭이며, 가끔은 그에게 큰 소리로 지시하는 악마"가 있다.[114] 꽃수레가 휘그파의 템플바 광장에 있는 녹색리본클럽에 도착하면, 교황은 커다란 화톳불 속에 던져졌다. 이 모든 화려한 구경거리의 "대사와 안무는 꼼꼼하게 준비되었다."[115] 그것은 당시의 사건들과 관련된 것들을 동원함으로써 휘그파의 정적을 위협하려는 의도를 가지고 있었다. 수천 명의 런던 시민들이 열심히 참가하거나 관람했고, 후하게 제공되는 공짜 술을 즐겼다. 행렬 가운데에 어떤 것도 폭동으로 비화되지 않았지만—거리 연극 자체가 너무 매력적이었던 것 같다—몇몇 교황파로 의심받은 사람들이 폭행을 당하거나 집 유리창이 박살났다.

그러나 1681년이 되면 정치적인 바람이 방향을 바꾸었다. 11월 5일, 웨스트민스터 학교의 친토리파 학생들은 자기들만의 축일 행렬을 벌이면서 "잭 프레스비터"라는 인물, 즉 장로파(프레스비테어리언)의 초상을 불태웠다. 토리파 군중은 교황의 초상을 구해냄으로써 휘그파의 교황 화형을 저지했다. 1년 후에는 폭력이 더욱 심해졌다. 1682년 11월 5일, 토리파는 휘그파의 화톳불을 끄려고 시도하여, 한 설명에 의하면 "젊은 도제들"을, 다른 설명에 의하면 "푸주한들과 다른 천한 사람들"을 화나게 했다. 후자의 사람들은 잔뜩 성이 나서 가톨릭 주동자로 추정되는 사람의 집을 "넘어뜨리고", 다른 가톨릭 추정자의 가구家具에 화톳불을 붙였으며, 그 밖의 많은 수상한 사람들의 집 유리창을 박살냈다.[116] 민병대가 멈추라는 명령을 내리자, 난투전이 벌어졌다. 다른 도시들에서도 축일은 불안했지만 런던에서만큼은 아니었다. 같은 해 노르위치, 타운톤 등의 도시에서는 행렬 중에 장로파를 화형시키는 의식이 벌어졌고, 토리파는 프로테스탄트 비국교도들의 예배당을 공격했다.

18세기 초, 휘그파와 토리파는 축일 기념을 놓고 충돌했다. 1714년 조지 1세의 계승 직후 몇 년 동안, 반휘그적 감정은 "연례적인 기념식을 폭동의 달력"으로 바꾸어버렸다.[117] 하노버 가家의 계승에 반대한 토리파는 왕위계승 주장자인 제임스 스튜어트의 생일이자 또다른 영웅인 오르몬드 공작의 생일인 6월 10일을 기념했다. 그들은 휘그파가 새로운 국왕의 생일과 즉위일을 기념하는 것을 방해했다. 이제 이중적으로 중요해진 11월 5일은 그것의 반가톨릭적이고 반토리적인 음조를 유지했다. 정파와 종파는 밀접하게 결합했다. 1715년 국왕 생일날, 토리파 군중들은 하이게이트, 맨체스터, 옥스퍼드에 있는 프로테스탄트 비국교파의 예배당을 파괴하고 약탈했다. 그들은 그 후 몇 주 동안 랭커샤이어, 웨스트 미들랜드 등지에 있는 40여 개의 또다른 예배당도 파괴했다.

아일랜드에서도 축일을 기념했는데, 일부는 아일랜드만의 것이고, 일부는 잉글랜드와 공유하는 것이었다. 여기에서도, 축일은 통합하거나 분열시키는 힘을 가지고 있었다. 토끼풀을 몸에 걸친 몇몇 프로테스탄트들은 가톨릭교도들과 함께 일종의 국가 생일인 성패트릭의 날을 기념했다.* 그러나 10월 23일은 순전히 프로테스탄트들만의 행사였다. 그날 그들은 1641년의 가톨릭 봉기와 뒤이은 학살을 기념했다. 설교자들은 그날 자행되었을 것으로 추측되는 잔인한 만행을 무시무시할 정도로 자세히 열거함으로써 반가톨릭 감정을 부추겼다. 그들은 그 사건을 아일랜드 프로테스탄트들의 죄악에 대한 신의 징벌이라고 선언했고, 그들이 참회하고 개혁하지 않으면 또다시 똑같은 운명을 맞이할 거라고 경고했다. 동시에, 설교자들은 그 봉기가 최종적으로 실패했고 11월 5일 섭리적으로 구조된 데에 대해 신에게 감사했다. 두 축일은 1670년대와 1680년대에 반가톨릭적 폭력의 기회였으나, 때로는 가톨릭의 보복을 받았다. 1688년 11월 5일, 오라녜공 빌렘의 상륙으로 그 축일은 잉글랜드 프로테스탄트들보다 아일랜드 프로테스탄트들에게 더욱 소중한 축일이 되었다. 그 후의 기념식들은 이 사건을 11월 4일 빌렘의 생일과 혼합시켰다. 18세기 초, 그것은 반가톨릭적인 장황한 연설뿐만 아니라 반토리적인 도발의 기회가 되었다. 오늘날, 프로테스탄트 "오라녜주의자들"이 보인Boyne 전투에서 빌렘이 제임스 2세에게 거둔 승리를 기념하기 위해 행진을 벌이는 것은 종파적 폭력의 연례적인 발작을 불러일으킨다.

18세기에, 아일랜드 가톨릭교도들은 왕위계승 주장자인 제임스 스

---

* 토끼풀은 아일랜드의 국장國徽이다.

튜어트의 생일인 6월 10일을 기념했다. 그들은 더블린의 성스테판 그린 공원에서 요란한 기념식을 열었는데, 그것은 오랫동안 프로테스탄트와 가톨릭 패거리 사이의 거리전투로 변질되었다. 프로테스탄트 "자유 소년들"과 가톨릭 "오르몬드 소년들"은 죽은 개와 고양이를 적에게 던지는 경향이 있었다.[118] 1748년 여름, 싸움이 한창일 때, 두 집단은 일요일마다 상대방에게 달려들었다.

하찮은 몸

칼뱅파 목사로 동료 위그노들이 겪은 박해를 기록한 엘리 브누아는 장례식을 "수많은 고통과 불의의 치명적인 샘"이라고 불렀다.[119] 그의 말은 17세기 프랑스에게만 적용되는 것이 아니었다. 다른 지역에서도, 장례식은 종교적으로 혼합된 사회에서는 폭력적인 대응을 일으킬 힘이 있었다. 정확히 말하면, 폭력적인 혼란의 대상이 된 것은 망자의 집안에서 행해지는 밤샘이나 장례식사도 아니었고, 교회 안에서 행해지는 장례의식도 아니었다. 그것은 장례식의 가장 공적인 부분, 즉 조객弔客들이 망자의 집에서 장지까지 가는 행렬과 매장이었다.

장례행렬 역시 다른 종류의 행렬과 마찬가지로 불화를 일으킬 만한 요소가 있었다. 적어도 18세기까지는, 장례행렬은 광범위한 사람들이 참여하는 공동체의 행사였다. 길드나 그 밖의 다른 자치체들은 구성원을 매장할 때 동료 구성원들이 참여할 것을 요청했다. 이웃의 역할은 의무적이었다. 조객의 수가 많을수록, 망자에 대한 조의弔意도 컸다. 또한 그 의식은 상징적으로—그것에 수반된 종치기를 통해—전

공동체의 감정을 표현했다. 또한 장례행렬은 하나의 스펙터클이었다. 행렬은 광장을 지나가며 관중들을 초대함으로써 비참여자들과의 만남을 극대화했다. 그리고 마지막으로, 행렬은 집단연대連帶를 효과적으로 천명하는 것이었다. 조객들은 검은색 옷을 입고 슬픔으로 통합된 집단을 이루어 행진했고, 공개적으로 망자에 대한 조의를 표했다.

그러나, 앞에서 논의한 가톨릭 행렬과는 달리, 장례행렬이 언제나 뚜렷한 종파주의 성격을 지닌 것은 아니었다. 장례식은 무엇보다도 "조의의 제식"이었고, 그 세부 절차는 망자와 그의 가족의 사회적 지위가 전달되도록 고안되었다. 그것이 주로 드러내고자 했던 것은 신앙의 차이가 아니라 "존경할 만한 사람과 죄인, 부자와 빈자, 도시민과 외부인"의 차이였다.[120] 물론, 종파마다 선호한 장례의식이 달랐다. 그러나 어떤 종파에서도 장례식은 결혼식이나 세례식과 달리 성사가 아니었다. 따라서, 교회의 공식 입장에서 보면, 교회 구성원이 비구성원의 장례식에 참석하는 것은 심각한 위반이 아니었다. 심지어, 칼뱅파와 메노파나 퀘이커교도와 같은 급진 프로테스탄트들은 장례식을 크게 탈신성화시켰다. 장례행렬은 "노래나 독서 없이, 이전에 사용되던 의식 없이" 진행되어야 한다고 스코틀랜드의 종규서宗規書(1560)는 가르쳤다.[121] 이들 집단의 행렬은 종교적인 상징이 배제되어서 마치 기도도 없고 십자가나 십계명이 벽에 걸려 있지도 않은 오늘날의 학교처럼 중립적이었다. 칼뱅주의가 공식 종교였던 네덜란드공화국에서 장례행렬은 불필요한 것을 모두 제거한 칼뱅주의 의식이었다. 가톨릭과 그 밖의 다른 종파들도 나름대로의 행렬을 가지고 있었는데, 차이는 크지 않았다. 사람들은 신앙의 차이에 관계없이 다른 사람의 장례식에 참석할 수 있었다. 1603년, 위트레흐트의 목사인 요하네스 게로불루스는 "종교의 차이가 있어도 아무도 막지 않고, 아무도 불편하게 하지 않아, 질서가 잘 유지되는 것을 보는 것은 놀라움이요 기쁨이었다"고 적었다.[122]

장례행렬이 뚜렷한 종파적 성격을 띠고 있는 경우에도, 그것의 사회적 측면이 종교적 측면보다 더 중요했다. 예컨대, 마스트리흐트에서, 가톨릭 장례행렬은 성수를 뿌리는 사제들이 주도했고 수도자들이 참여했다. 행렬은 성인들을 부르며 십자가, 깃발, 초 등을 운반했다. 그럼에도 지역의 칼뱅파가 참여했고, 이 때문에 이들은 당회의 처벌을 받았다. 마찬가지로, 독일 도시 울름에서 가톨릭 귀족이 죽었을 때 루터파 시장과 시의회가 장례행렬에 참여했다. 한 가톨릭 백작의 아들이 죽었을 때, 그들은 조의를 표했고, 행렬을 위한 마차, 말, 호위대를 제공했다. 울름에서 루터파 여자들은 장례미사에 참석하는 것을 피하지 않았다. 1670년에 그 지역의 아우구스티누스 수도원의 사무장이 죽었을 때, 그들은 초를 들고 장례식이 진행되는 교회 안으로 들어갔다. 장례식은 이렇게 상이한 신앙을 가진 사람들을 분열시키기도 했지만 통합시키기도 했다. 죽음이 문을 두드릴 때는, 계급, 이웃, 그 밖의 다른 연대의식들이 종파주의적 분열의 골을 메웠다.

그렇지만, 모든 사람이 신앙과 조의弔意를 구분한 것은 아니었다. 이단적인 사람에게 경의를 표하는 장례행렬은 보기에 따라서는 극히 불쾌한 일이었다. 신성한 땅에 매장할 때 특히 그러했다. 그것은 그들의 지위를 지역공동체의 선량한 구성원으로 영원히 봉인하는 것이었다. 범죄자, 파문된 자, 자살한 자들은 교회의 영역 바깥에서 영원한 휴식의 장소를 찾을 수 있었다. 그들의 무덤도 그렇게 불릴 수 있다면 말이다. 왜냐하면, 시신이 제대로, 즉 "그리스도교 식으로" 매장되지 않는다면, 육체도 영혼도 평화롭게 휴식을 취할 수 없다고 여겼기 때문이다. 다른 신앙을 가진 사람들을 그런 식으로 다루는 것은 그들을 타락시키고 영원히 쫓아내는 것이었다. 디종에서 일어난 한 사건은 프랑스에서 한 세기가 넘도록 계속될 갈등을 예고하는 것이었다. 1560년, "지체 높고 선량한 가톨릭 여신도들"이 전날 성피에르 교회의 경내에 묻힌 한 프로테스탄트 석공의 시신을 파냈다. 그들은 "이 루터파, 이 위그노, 이 개는 선량한 그리스도교인과 함께 묻힐 자격이 없다"고 외치며 시신의 목에 로프를 감고 무덤에서 끌어냈다.[123] 여자들의 행동—그들이 만든 올가미—은 그를 죄인과 동일시하는 것이었고, 그들의 말은 그를 동물과 동일시하는 것이었다. 북서 독일에서, 교회 영역 밖에 매장하는 것은 "당나귀의 매장"이라고 불렸다. 이야기들은 그것의 비참한 모습을 강조했다: 동물들은 시신을 훼손했고, 날씨나 교통은 시신을 땅 위로 노출시켰다. 1611년, 랭커셔이어에서, "소교구에서 한 여자가 죽었다. 그녀는 가톨릭이었기 때문에 교회 안에 묻히지 않고 공유지에 묻혔다. 그곳은 큰길에서 가까워 말들이 다니다 보니 시신이 땅 위로 솟아올랐다."[124]

위그노들은 가톨릭 주민들과 함께 소교구 교회와 경내에 묻히기를 원했다. 브란덴부르크와 작센의 칼뱅파 역시 루터파와 나란히 묻히기를 원했다. 잉글랜드의 가톨릭교도들은 성공회 소교구의 신성한 지역에 매장되기를 원했다. 이들 지역에서, 다수파가 종교적 비동조자들의 시신을 배제하려고 할 때 충돌이 일어났다. 정확한 통계는 없지만, 프랑스에서는 수백 구의 시신을 파냈다. 비국교도들에게는 언제나 똑같은 문제였다: 존경 대 불경, 포용 대 배제, 수용 대 낙인. 죽음에서와 마찬가지로 삶에서도 그러했다: "우리가 죽은 다음에 묘지에서 서로 분리된다면, 산자들 가운데에서도 동료를 찾지 못할 것이다"라고 스위스의 프로테스탄트들은 불안해했다.[125] 브누아는 그것을 더 강하게 표현했다: "개혁파들은 무덤 속에서도 동포들을 증오하도록 배우고, 그들에게 공동 매장의 영예를 주지 않고, 그들을 보기만 하면 경멸하고 만나기만 하면 위협하고, 그들의 시신은 자기들의 묘지를 모독하고 훼손한다고 여기는 사람들과 조용한 삶과 행복한 사회를 함께할 수 있을 것 같지 않다."[126]

브누아가 넌지시 말했듯이, 신앙의 다수자들에게는 순수 대 오염이라는 또다른 문제가 내재되어 있었다. 이단들의 시신은 신성한 매장지를 모독하고 오염시킨다고 여겨졌다. 가톨릭의 가르침은 분명했다. 교회와 교회 경내가 일단 이런 식으로 탈신성화되면 다시 정화되고 신성화되어야 한다는 것이었다. 가톨릭 다수자들은 이러한 공포를 막기 위해서 폭력을 사용하는 경향이 있었다. 그러나 가톨릭이 이러한 폭력을 독점한 것은 아니었다. 1580년대와 1590년대, 북부 독일의 루터파 군중은 저명한 비밀 칼뱅파들의 장례행렬을 공격했다. 이 공격은 가톨릭교도들이 다른 지역에서 벌인 공격과 상당히 유사한 감정을 드러냈다. 예를 들어, 드레스덴에서 벌어진 작센 선제후의 궁정 설교자 크리스티안 쉬츠의 장례식을 보라. 거기에서 수백 명의 군중은 그의 시신을 교수대에 매달아놓아, 처형당한 사람들의 시신처럼 까마귀들이 쪼아먹을 수 있도록 할 것과, 그의 유해를 공동묘지가 아니라 그냥 그곳에 매장할 것을 요구했다. 두 젊은이가 가장 유명한 조객인 라폴트 부인을 공격했는데, 그중 한 명은 그녀의 입을 "더러운 비"로 쓸어냈다. 그러한 상징적인 행동을 통해, 군중은 망자와 그의 조객들을 모욕하고, 공동체에서 몰아내며, 그들이 모독으로 위협받는다고 느낄

만큼 그들을 모독했다. 한 루터파 팸플릿 작가는 드레스덴 사건을 기술하면서, 칼뱅파를 "일소할 것"을 촉구했다. "그들을 오물과 함께 던져버려야 한다"는 것이었다.[127] 프랑스에서 가톨릭 군중이 위그노의 시신을 쓰레기 더미나 오물 더미에 던지는 것과 참으로 유사했다.

　행렬, 축일, 장례식이 그렇게 많은 민중의 종교 폭력을 야기한 원인으로 적어도 세 가지를 들 수 있을 것 같다. 첫째, 이러한 공개적인 의식들은 집단의 정체성과 집단의 믿음을 천명한다는 뚜렷한 목적으로 군중을 결집시켰다. 의식 자체가 그러한 언어였고, 그리하여 의식이 더 화려하고, 더 시끄럽고, 더 공개적일수록, 그것의 언어는 더욱 강력했다. 그 같은 연출의 하나의 목적은, 특히 종교적으로 분열된 유럽에서는, 참가자들의 결의를 다지고, 수적인 강력함을 과시하는 것이었다. 그러한 사건이 그 자체로 폭력을 면허해준 것은 아니지만, 집단을 대범하게 만들어 개인으로서는 너무 위험하다고 느낄 수 있는 것을 할 수 있는 힘을 느끼게 해주었다. 많은 행렬들은 제복을 입거나, 총을 쏘거나, 트럼펫을 불거나, 북을 치거나, 혹은 줄지어 행진하는 등의 준군사적인 성격을 지니고 있었다. 그리하여 사람들—참가자뿐만 아니라 구경꾼들—이 종교적인 집단을 적대적인 군대로 볼 수 있게 해주었다. 아마도 이런 식으로, 행렬은 다른 신앙을 가진 사람들을 사탄의 앞잡이로 변질시키는 비인간화에 일조했다.

　둘째, 비참여자들은 그러한 공개의식을 피하거나 무시하기 힘들었다. 그러한 의식은 사회적 소통—거리, 광장, 공유지, 교회 경내—을 위한 무대로 지정된 공간에서 일어남으로써 증인들을 끌어들였고, 반발을 유도했다. 실로, 그것들은 증인들 역시 공개적인 방식으로 대응하도록 강요함으로써 회피나 중립을 거의 불가능하게 만들었다. 테오 필 드 비오의 이야기가 시사하듯이, 아무것도 하지 않는 것은 거부나 도전의 표현이었다. 그리고 상황이 그의 친구로 하여금 불신을 공개 적으로 선언하도록 했듯이, 상황은 군중들로 하여금 칼뱅파를 공격하 는 것과 자기들의 신에 대한 요란한 불경을 용서하는 것 사이에서 선 택하도록 했다.

마지막으로, 당대인들은 모든 종류의 공개적인 의식에 상징적인 힘 을 부여했다. 즉, 그들은 그러한 의식을 개별 참가자들만 아니라 공개 의식이 벌어지는 공간인 공동체 전체의 의지를 표현하는 것으로 보았 다. 공동체의 전 구성원은 "적어도 시민으로서 그리고 수동적으로 집 단의식에 참가"한다고 여겨졌다.[128] 그래서, 한 종교집단이 공개 장소 에서 믿음을 표현하는 것은 그 장소만이 아니라 공동체 전체에 대한 소유를 주장하는 것이었고, 모든 사람을 대신해서 말하고 행동하는 권위를 자기 것으로 삼는 것이었으며, 다른 신앙을 가진 사람들을 자 기들이 거부하거나 혐오한 의식의 공범자로 만드는 것이었다. 마찬가 지로, 그러한 의식을 방해하거나 참가하기를 노골적으로 거부하는 것 은 전반적인 진행과 그것이 주는 정신적인 효과를 깎아먹는 것으로 여겨졌다. 마치 모든 사람이 그들의 신성모독에 대한 공범이라는 듯 이 말이다. 그러한 것이 공동체주의의 힘이었다. 한 명의 이단을 공동 묘지에 매장하는 것은 그곳에 매장되어 있는 모든 시신을 더럽힌다는 믿음은 동일한 가정 위에 세워졌다.

이러한 이유로, 행렬, 축일기념식, 장례식은 수많은 종교 폭력을 야 기했다. 그것들만 그러한 계기였던 것은 아니다. 일상적인 일요일 예 배, 술집에서의 언쟁, 심지어는 단순한 소문의 유통 때문에 일어난 폭동도 많았다. 그러나, 공개적인 종교 행동의 폭발력에 필적할 만한 것은 없었다. 1659년, 카푸친 탁발수도회 수도자인 앙투안 르 키외가 프랑스 도시 메랭돌의 중심 광장에 십자가를 세운 것은 폭동을 야기하는 것이었다. 르 키외가 예상했듯이, 거의 모두가 위그노였던 도시 주민들은 그의 행동을 가톨릭에게 경배 대상을 제공해주는 단순 행동으로 해석하지 않았다. 위그노파 주민들은 그의 행동을 깃발을 꽂고 그 지역을 자기 나라의 고유 재산이라고 주장하는 것과 같은 도발로 간주했다. 그들이 보기에 르 키외의 행동은 "그들을 욕보이고 혼란케 하는" 직접적인 도전이었다.[129] 그 선교사가 바랐던 대로, 군중은 가장假裝 가톨릭 행렬에서 십자가를 박살내고, 조각들을 불태웠다. 르 키외가 책임자들을 처벌하도록 당국을 설득하는 데 아무런 어려움이 없었다. 그는 "도나우뵈르트적인 상황"을 만들어냈던 것이다.

아마도 우리는 도발적인 행동이 폭력 사건을 유발했다는 것에 놀라지 않을 것이다. 그러나 그 패턴이 참으로 특별했다. 그것은 근대 초 유럽의 종교 폭동과 학살이 불관용적인 문화의 책임으로만 볼 수는 없음을 시사해준다. 민중의 종교 폭동은 근대 초 사회에서는 "자연적"이지 않았다. 그것이 발화하는 데에는 이데올로기적인 연료뿐만 아니라 특별한 충격이 필요했다. 달리 말하면, 그것은 불가피했거나 보편적이지 않았다.

위에서 언급한 각각의 발화점들은 적어도 부분적으로는 위험성이 제거될 가능성이 있었다. 예컨대, 네덜란드의 가톨릭교도들은 연합주 바깥에 있는 케벨라에르, 우던, 한델 등지로 정기적인 순례를 떠났으나 그곳을 지배하던 칼뱅파들의 폭력 대응을 야기하지 않았다. 그들은 도나우뵈르트의 가톨릭이 거부했던 것을 했을 뿐이었다. 즉 그들은 자기들의 깃발과 십자가를 숨기고, 네덜란드 영토 바깥으로 나갈 때까지는 노래를 부르지 않았다. 1759년에 맺은 협정은 뷔르츠부르크 주교구에서 축일문제를 해결하는 데 어느 정도 성공을 거두었다. 그것의 내용은 가톨릭 축일에 루터파는 일상적인 노동을 할 수는 있지만 아침미사가 끝날 때까지는 "도리깨질, 아마亞麻 자르기, 두드리기, 나무 쪼개기, 마차 타기, 수레 타기, 쟁기 끌기뿐만 아니라 대장장이일, 수레일, 끌기, 석공일 등의 소란한 노동에서 발생하는 소음은 오후 12시 이후로 미루어야 한다"는 것이었다. 가톨릭도 마찬가지로 프로테스탄트들의 금식일과 기도시간에 자제하라는 요구를 받았다.[130] 그렇지만, 궁극적으로, 이 같은 부분적인 접근의 가능성은 제한적이었다. 공개적인 장소에서 벌어지는 신성한 행동은 다른 종교를 가진 사람들에게는 모욕이었던 것이다. 이러한 근본적인 문제는 체계적인 해결을 요구했다.

이 나라의 죄악들

1661년 5월, 잉글랜드의 시골에는 폭우가 내리고 있었다. 하천이 범
람하여 들판은 호수가 되었고, 봄에 파종한 밀과 보리는 쓸려 내려갔
거나 썩어버렸다. 나라의 모든 곡물 수확이 실패할 위험에 빠졌고, 다
가오는 해의 "기근과 역병"을 예고했다. 6월 첫주에 비가 잠잠해지자
(그러나 일시적으로만), 찰스 2세 정부는 즉시 왕령을 공포하여 다음과
같이 명했다. "왕국 전역에서 전반적이고 공개적인 금식을 계속해야
한다. 이 나라의 죄악이 받아 마땅한 그러한 심판을 피할 수 있도록,
이제 막 시작된 고마운 날씨가 계속되도록, 그리고 이것과 이전에 베
풀어주신 많은 은총에 대한 진정한 감사를 그분께 드리도록, 그리고
이 왕국의 많은 사람들에게 그분의 은총을 간구하도록, 왕실과 인민

이 심지어는 전 왕국이 마치 한 사람처럼, 전지전능하신 신에게 기도드리고 간청해야 한다."[131] 이 포고문에 의하면, 비는 잉글랜드의 죄악에 대한 신의 징벌이었다. 토마스 그렌필드는 하원에서의 설교에서 신의 분노를 일으켰다고 생각되는 죄를 열거했다: 안식일 위반, 욕설, 간음, 무절제, 사치, 그리고 "정의와 자애의 결핍."[132] 의원들은 그의 설교에 동의했다. 의회는 즉각 그 설교의 인쇄를 명령했다. 이러한 죄악은 개인이 아니라 집단의 죄악이었다. 전 왕국은 국가적인 재앙을 피하기 위해서 마치 "한 사람"인 것처럼 참회하고 개선해야 했다. 그러한 것이 정부가 금식일을 선포할 때의 생각이었으며, 그것은 수많은 기도와 설교에서 메아리쳤다. 1703년, 또다시 큰비가 내렸을 때, 링컨의 부감독인 리차드 윌리스는 그 점을 분명히 했다. 그의 설명에 의하면, "국가적 죄악은 국가적 심판을 요한다"; "우리가 우리나라를 위해 할 수 있는 최선의 봉사는 전반적인 개혁을 통해 신의 분노를 달래도록 노력하는 것이다."[133]

도시와 마을의 행복이 신의 은총에 달려 있듯이, 국가의 운명도 그러하다고 유럽인들은 믿었다. 그리스도교의 가르침에 의하면, 잉글랜드 같은 왕국은 인간이 지배하거나 지키기 위해서 만든 편의적인 장치가 아니었다. 그것은 신이 명한 이 세상의 질서의 일부였다. 인간의 모든 일이 신의 섭리에 의해 정해지듯이, 국가의 구성과 운명도 그러했다. 신으로부터 직무를 "수임받은", 그리고 신의 "대리인"으로 행동하는 국가의 지배자들은 평화를 지키고 신의 정의를 베풀었다. 그들이 악하다면, 그들은 신의 보복을 받았다. 국가의 머리인 그들과 국가의 신체인 그들의 신하들은 하나의 "정치체"를 구성했다. 머리와 신체는 신비적으로 통합되어 하나의 그리스도교 공동체를 구성했다. 그것이 번성하거나 고난을 겪는 것은 그것이 신의 축복을 받느냐 분노를 받느냐에 달려 있다. 그처럼 되풀이되는 신의 정의와의 만남에서, 왕국의 운명은 지배자와 백성들의 신앙심과 덕성에 달려 있다. 요컨대, 도시나 마을처럼, 그리스도교 국가도 그리스도의 몸이었다.

더 넓은 차원에서, 그리스도교 세계도 그러했다. 당시 유럽인들은 신의 손이 그리스도교 세계를 징벌하는 것을 보았다. 세르베투스가 주네브에서 재판을 받고 있을 때, 반삼위일체주의자들이 합당한 징벌을 받지 않는다면 신은 투르크인들이 대륙을 짓밟도록 할 거라는 소문이 민간에 퍼졌다(그들도, 세르베투스와 마찬가지로, 그리스도교의 삼위일체를 거부했기 때문에, 합당한 벌을 받을 것이었다). 1663년, 오스만제국 군대가 중부 유럽으로 공격을 개시했을 때, 대륙 전체에 기도의 물결이 일었다. 네덜란드의 한 경건파 설교자는 해이하고 무관심한 그리스도교인들이 자기들의 가르침을 실천하지 않는다면 투르크인들이 모든 것을 정복해버릴 거라고 신자들에게 경고했다. 20년 후, 투르크인들이 다시 공격했고, 이번에는 빈의 성벽에까지 도달했다. 이 위급한 시기에, 교황 인노켄티우스 11세는 제국의 수도를 구하기 위한 국제적인 연대를 제창했다. 독일의 가톨릭 제후들은 물론이고 프로테스탄트 제후들도 폴란드인들과 오스트리아인들과 함께 싸우기 위해 군대를 파견했다. 그리스도교 연합군이 투르크인들의 공략을 분쇄한 후, 인노켄티우스는 "신성동맹"을 조직했으며, 그것의 힘은 투르크인들을 영원히 발칸반도로 밀어냈다. 이 십자군은 교황과 황제가 주도하는 통합된 그리스도교 세계라는 중세적 개념을 위한 마지막 환성歡聲이었다.

그 무렵, 그 개념은 두 가지 이유로 거의 완전히 시대착오적인 개념이 되었다. 하나는 우리가 앞에서 검토한 것으로, 그리스도교 세계가 경쟁적인 종파들로 분열된 것이고, 다른 하나는, 근대의 국민국가를 닮은 정치체의 등장이었다. 물론 하나의 권력관계 혹은 집단심성으로서 지방주의는 사라지지 않았다. 그렇지만, 점차 유럽의 지배자들은 봉건적 중세의 개인적인 종주권보다는(혹은 종주권에 덧붙여) 주권이라고 하는 비개인적인 권위를 천명했다. 그들은 법을 제정하고, 규정을 반포하고, 세금을 징수하고, 제도를 정비하고, 관리를 동원하는 등 한층 더 촘촘한 사회통제망을 구축했다. 물론 지배자들이 장악한 통제력을 과장할 수는 없다. 근대 초의 정부는 오늘날의 정부가 당연시하는 법 집행 도구를 갖추지 못했기 때문이다. 그럼에도 불구하고, 17세기 말에 이르면, 몇몇 군주들은 그 당시에 "절대적인" 권위라고 불리던 것을 손에 넣었다: 그들은 대의기구의 승인 없이 혹은 자기들의 고무도장에 대한 확실한 지식을 가지고, 전쟁을 수행하고, 법을 공포하고, 세금을 부과할 수 있었다. "절대주의"는 한 개인에게 모든 주권적 권력을 부여했다. 심지어 네덜란드나 스위스같이 여전히 조각난 정치체에서도 "권력과 권위의 좀더 포괄적이고, 체계적이고, 지적인 접합"이 진행되었다.[134] 그 같은 발전은 정치체의 형태가 다양한 만큼 다양한 형태를 띠었지만, 전 유럽적으로 그것은 분명했다: 국가는 하나의 제도로서 더욱 강해졌고, 하나의 정치공동체로서 더욱 끈끈한 응집력을 지니게 되었다.

종파주의와 국가 형성이라는 두 발전방향의 융합은 폭발적이었다. 현대의 유머작가인 핀리 피터 던이 창조한 가공인물인 아일랜드인 둘리는 이렇게 말한 적이 있다: "종교는 이상한 것이다. 그냥 내버려두면 만사 오케이다. 그러나 거기에 약간의 정치를 뿌려보라. 그러면 다

이너마이트는 그것에 비하면 밀가루에 불과하다. 종교는 사람에게 더 나은 삶을 마련해준다. 그러나 정치와 결합하면 사람을 종교 안으로 밀어넣는다."[135] 아일랜드인의 입에서 나온 이 말은 사실인 것처럼 들린다. 왜냐하면 오늘날 아일랜드에서, 종교적인 대의와 정치적인 대의—프로테스탄티즘과 브리튼과의 연합, 가톨릭주의와 아일랜드 민족주의—는 분리할 수 없기 때문이다. 16세기에도, 전 유럽적으로 종교와 정치는 결합되어 있었다. 종파주의 이데올로기는 종교적인 적들에 대한 증오심을 선동했으며, 종교적인 적은 정치적인 적이 되었다. 그 역도 마찬가지였다. 왜냐하면 사회적이거나 정치적인 이유 때문에 서로 싸우는 사람들은 종교적으로도 싸우는 경향이 있었기 때문이다. 이렇게, 유럽의 종교적 분열은 새로운 갈등을 만들어냈을 뿐만 아니라 이미 있던 갈등의 불에 이데올로기적인 기름을 부었다. 권력, 부, 땅을 차지하기 위한 경쟁은 신의 세력과 사탄의 세력 사이의 우주적인 투쟁이 되었다. 역으로, 동일 종파의 유대 역시 강력하게 사람들을 결합시켰다. 그것은 사회적·정치적 라인을 벗어나 외국인이나 심지어는 과거의 적도 친구로 만들 수 있었다. 지역적인 차원에서부터 국제적인 차원에 이르기까지의 모든 차원에서, 같은 종교를 믿는 사람들은 공동의 대의를 만들려는 충동을 느꼈다.

유럽의 지배자들에게 종파주의의 등장은 위험과 약속을 함께 제시했다. 종교의 차이는 그들로부터 신민들을 떼어내고, 그들의 권위를 약화시킬 수 있었다. 프랑스 종교전쟁이 보여주듯이, 당대인들은 종교의 차이가 시민과 시민을 대립시키고, 국가를 내전으로 조각내는 것에 경악했다. 다른 한편으로, 같은 종교를 가진다는 것은 신민들을 지배자에게 결합시키고, 신민들을 더욱 강하게 결합시킴으로써 지배자의 권위를 높일 수 있었다. 이렇게 완전히 대조적인 가능성을 감안하면, 지배자가 자기 영토에 종교적인 단일성을 강요하려고 한 것은 전혀 놀라운 일이 아니었다. 그들의 신앙은 많은 사람들에게 그들과 똑같은 신앙을 갖도록 강요했다. 13세기 이후, 가톨릭교회는 지배자들에게 "그들의 관할 구역에서 교회가 단죄한 이단을 제거하기 위해 성실하게 최선을 다할 것"을 맹세하라고 요구했다.[136] 서구 그리스도교 세계의 분열은 그들에게 그렇게 요구할 강력한 새로운 이유를 제공했다.

그 결과, 유럽의 지배자들은 자기가 선택한 종교를 국가의 공식 종교로 만들려고 했고, 모두는 아니지만 대부분은 성공했다. 어느 쪽이든, 종교적인 충성은 정치적인 정체성을 결정하는 중요 요소가 되었다. 그것이 처음에 광범위한 지지를 받았건 그렇지 않았건, 충성은 제도화되었고, 민중 속으로 뿌리내렸다. 근본적이고 돌이킬 수 없는 방식으로, 잉글랜드는 프로테스탄트 국가가 되었고, 폴란드는 가톨릭 국가, 스웨덴은 루터파 국가, 네덜란드공화국은 칼뱅파 국가가 되었다. 종교적 정체성과 정치적 정체성, 신앙과 애국심의 결합은 (종파주의와 공동체의 신성함 추구에 뒤이은) 근대 초 유럽에 나타난 종교적 불관용의 세 번째 중요 원인이었다. 그것은 유럽의 종교전쟁 중에 만들어져, 지배자와 일반인들이 정통을 충성과, 종교적 반대를 폭동과 동일시하도록 이끌었다. 그것은 국내 정치는 물론이고 국제관계에서도 공식적인 박해뿐만 아니라 종교적인 폭동을 일으키는 힘을 제공했다.

그의 지역에?

복음주의 운동이 독일과 스위스로 퍼져나가기 시작하던 무렵부터, 제후들은 그것을 지지할 것인가 말 것인가 하는 중대 선택의 기로에 직면했다. 그들은 그것은 자기 자신뿐만 아니라 자기의 권위에 종속되어 있는 모든 사람들을 위해서도 해야 할 선택이라고 생각했다. "왜냐하면 그것은 신의 명예와 우리의 시민과 공동체의 구원에 대해서 궁극적인 책임이 있기 때문이다"라고 뉘른베르크 시의회는 선언했다. "그들에게 위임된 직무상의 의무 때문에 그리고 그것을 소홀히 하면 영혼을 상실하기 때문에", 의원들은 "세속적인 문제에서뿐만 아니라…… 정신적인 문제에서도…… 그들의 휘하에 있는 신민들에게 인간의 영혼과 양심에 생명을 주는 신성한 복음과 신의 말씀을 제공할" 의무가 있었다.[137] 그 의무는 새로운 것은 아니었다. "그리스도교 행정관"으로서, 그들은 이스니의 동료들이 선언했듯이("우리는 그 어떤 것보다도 신의 왕국과 신의 덕성을 추구하며, 신이 하시는 일을 늘리고 높일 것이다") 그것을 의무라고 생각했다.[138] 따라서, 이전 세기에, 그들은 도덕규범을 공포하고, 자선 활동을 조직하고, 학교를 개혁하고, 설교자들을 위한 기금을 마련하고, 성직자들의 부패를 비판—성직자들의 광범위한 자율성을 고려할 때, 그들이 할 수 있는 한도 내에서—하는 등 철저히 공동체의 행복을 추구했다. 이제, 종교개혁과 더불어, 그들은 그들의 도시에서 그리스도교를 어떻게 믿고 실천할 것인지를 결정했다. 이후, 그들은 뉘른베르크의 목사들을 임명하거나 해임하고, 교회 재정을 관리하고, 교회법을 대체할 조례를 제정하고, 종교생활을 감독할 것이었다. 그들에게 종교개혁은 과거의 책임을 이행할 결정적으로 새로운 힘을 주었다. 그것은 분명히 만족스러운 변화였다.

그 후, 유럽의 지배자들은 모두 뉘른베르크의 행정관들처럼 했다: 교황과 황제가 그들을 저지하지 못함에 따라, 그들은 여러 신앙 가운데 선택했으며, 자기들의 선택을 신민들에게 강요했다. 그 과정에서, 그들은 종교적 선택을 주권의 한 속성으로 만들었다. 팔츠의 오텐리히 백작 같은 지배자들은 그것을 실로 "최고의 속성"이라고 불렀다.[139] 제국에서, 이 새로운 권력은 1555년에 체결된 아우크스부르크 평화에 의해 법적으로 인정되었다. 유명한 표어인 "그의 지역에 그의 종교cuius regio, eius religio"는 수십 년 후에 한 루터파 법학자가 그 조약의 핵심 내용을 요약하기 위해 만든 말이었다. "그의 지역에"가 의미하는 것은 "영토의 소유자는 외부의 간섭을 받지 않고 자기의 신앙(가톨릭이나 루터파)을 신민들에게 강요할 수 있다"는 것이었다. 지배자의 선택을 따르지 않는 신민은 이민 갈 권리를 가졌다. 황제 카를 5세의 패배—그는 제위를 양위하고 수도원으로 은퇴했다—를 확인한 아우크스부르크 평화는 독일 제후들에게 개혁권과, 자기의 영토 안에서 일어나는 종교문제에 대한 결정적인 권위를 부여했다.

뷔르템베르크

법적으로 자리 잡았건 혹은 단순히 사실적으로 자리 잡았건, "그의 지역에"는 유럽의 군주들이 권력을 확대할 절호의 기회가 되었다. 독일의 뷔르템베르크공국은 지배자가 국가 건설을 위해 이 기회를 어떻게 이용할 수 있었는지를 잘 보여준다. 그것은 어떤 의미에서는 극단적인 예다. 왜냐하면 뷔르템베르크는 루터파 지역이었고, 모든 종파들 가운데 루터파는 교회와 국가의 가장 밀접한 통합을 증진시켰기 때문이다. 사실, 그것은 교회를 정부의 한 부서로 전환시킴으로써 교회를 국가의 구조 속으로 통합시키는 경향이 있었다. 뷔르템베르크는 이러한 면에서 선구자였다. 뷔르템베르크는 1550년대 크리스토프 공작 치세에 "교회체제", 즉 교회 통치구조를 발전시켰고, 그 후 독일의 다른 루터파 영방들은 이것을 모방했다. 이 구조의 맨 위에는 당회와 시노드라는 두 기구가 있다. 서부 유럽의 칼뱅파 당회와 달리, 뷔르템베르크의 당회는 수도인 슈투트가르트에 기반을 둔 중앙집중적인 단일 기구였다. 그것은 공작이 임명한 법학자들과 신학자들로 구성되었다. 법학자들은 교회 재정을 관리했고, 신학자들은 하급교회 관리들을 임명하고 소교구에 목사들을 배치했다. 그것은 최고의 교리적 권위를 가지고 있었다. 일 년에 두 번(처음에는 4번) 당회의 구성원들은 공작이 임명한 4명의 "총감독"과 함께 시노드를 구성했다. 시노드는 징계 문제를 담당했다. 총감독은 번갈아 소교구 사목 방문을 수행하는 23명의 특별감독들을 감독했다. 영성체를 거부한 사람이나 소교구 예배에 참석하기를 거부한 사람은 법을 위반한 것이었다. 이단의 죄가 있음이 판명난 사람들은 추방되거나 구속될 수 있었으며, 재산이 몰수될 수 있었다. 목사들은 의심스러운 사례들, "악명 높은" 참회 거부 죄인들의 사례를 상급자들에게 보고해야 했다. 심각한 사안은 특별감독에 의해 총감독에게로, 필요하다면 시노드로 넘어갔다.

공작의 칙령으로 확립된 이러한 구조는 관료제의 모델이었다. 그것은 뷔르템베르크의 모든 사람들에게 적용되는 포괄적인 것이었다. 또한 그것은 엄격히 위계적이어서, 소교구들의 거의 모든 자율권을 빼앗았고, 명령 계통을 오고가는 수많은(당대의 기준으로는) 문서작업을 요구했다. 공작은 최고의 교회 관리를 자기 손으로 임명함으로써 교회를 확고하게 통제할 수 있었다. 또한 그의 관리들이 뷔르템베르크 영방의회의 두 신분 가운데 하나를 구성함으로써 영방의회는 한결 고분고분한 기구가 되었다. 그 구조의 가장 큰 단점은, 적어도 야코브 안드레아와 그의 손자인 요한 발렌틴 안드레아 같은 신학자들이 보기에는, 매우 엄격한 도덕성을 요구할 수 없다는 것이었다. 신도들이 죄를 지면 목사는 관련 당사자를 사적으로 훈계하고 감독에게 보고하는 정도 말고는 별로 할 수 있는 것이 없었다. 실제로, 시노드는 너무 멀리 떨어져 있고 너무 바빠서 많은 사건을 처리할 수 없었다. 그래서 많은 사건들은 지역 행정관들의 재량에 맡겨졌다. 이것이 관리들에게는 좋았다. 관리들은 도덕적인 엄격함보다는 자기들의 막강한 헤게모니를 선호했다. 30년전쟁과 함께 태도가 변했다. 왜냐하면 전쟁의 공포와 파괴는 독일의 죄에 대한 징벌이라고 해석되는 경향이 강했기 때문이다. 평화와 번영을 회복하기 위해 신을 진정시킬 필요성은 엘리트의 여론을 움직였다. 1640년대에 당국은 지역 도덕법정을 설치하자는 요한 발렌틴 안드레아의 제안을 최종적으로 받아들였다.

안드레아의 제안은 《그리스도교 국가》라는 제목의 유토피아 소설에서 기술한 이상적인 그리스도교 공동체의 꿈에서 나온 것이다. 이 작은 도시는 좌우대칭의 성벽과 건물들로 둘러싸였는데, 이것은 조화와 질서를 상징한다. 도시 한복판에는 신전, 즉 종교가 있다. 이 신성한 국가의 시민들은 물론 열정적인 루터파다. 안드레아에 의하면, 그들을 다스리는 재판관은 "하나의 공동체를 위한 최선의 배치는 하늘에 가장 가까워야 한다"고 생각한다. 그리고 "그 재판관은 지극히 경건하기 때문에 공동체의 구원은 신의 선하신 섭리에 달려 있으며, 신의 분노는 그것의 파괴를 의미한다고 믿는다. 그래서 그는 신이 사람들의 죄악 때문에 화 내지 않도록, 그리고 신앙의 분명한 표식을 보고 진정하도록 전력을 다한다…… 사탄으로부터 나오는 것은 그것이 아무리 작아도 허용되지 않는다. 그들은 악이 자라지 않을까 걱정하지 않는다. 왜냐하면 그들은 최대한 빨리 그것을 근절하기 때문이다."[140]

그리스도교 국가는 신정神政국가였다. 다시 말해서, 교회와 국가가 지상에 신의 왕국을 세우기 위해 최선을 다해 협력하는 사회였다. 여기에서, 종교적인 가르침과 가치는 세속적인 것보다 우선하며, 삶의 모든 영역을 위한 청사진이었다. 내면적인 신앙심에 따라 움직이는 시민들은 공동체의 엄격한 도덕률을 자유롭게 준수했다. 신앙과 강제는 신의 의지에 완전히 부합하기 위해 결합했다. 이 같은 신정주의적 이상은 안드레아나 루터주의만의 고유한 것이 아니라 종파주의의 또다른 얼굴이었다. 사실, 안드레아는 1611년에 방문한 칼뱅파의 주네브에서 부분적으로 영감을 받았다. 자서전에서, 그는 거기에서 본 도덕적 엄격함에 대해 장황하게 이야기했다.

이러한 이상에 따라 사는 도시는 거의 없었으며, 영방국가는 더욱 말할 것도 없었다. 도덕법정은 안드레아가 희망했던 것만큼 완전히 뷔르템베르크를 변모시키지는 못했다. 그렇지만, 도덕법정은 악담, 욕설, 간음, 간통, 카드놀이, 춤, 그 밖의 오랜 위법행위들을 엄하게 단속했다. 이들 지역 법정들은 교육, 자선, 공동위생 등에도 재판권을 가지고 있기 때문에 농민들과 도시민들에게 새로운 사회적 훈육을 가했다. 교회와 세속 관리가 공동으로 운영하는 이러한 기관들은 종교적 이상에 제도적 형태를 부여했을 뿐만 아니라 뷔르템베르크 시민들을 더 복종적이고 절도 있는 시민으로 변모시켰다. 그들의 행동을 "문명화"한 것이다.

뷔르템베르크에서, 종교적인 개혁, 국가 건설, 사회적 훈육은 상호 의존적이었으며, 서로를 강화시켜주는 과정이었다. 그것은 밀접히 결합되어 있어서, 종교적이고 정치적이며 사회적인 단일 포괄적 과정의 세 측면이라고까지 말할 수 있을 정도였다. "종파주의화"라고 불릴 수 있는 이러한 과정은 16세기 말과 17세기에 유럽의 많은 지역에서 진행 중이었다.[141] 그렇지만, 뷔르템베르크가 종파주의화의 고전적인 과정을 겪은 것은 단순히 공작이 원했기 때문이 아니었다. 종교개혁 초기에 루터주의는 공국에서 대중적인 지지를 얻었기 때문에 공작 크리스토프는 자기의 개혁에 대한 광범위한 지지를 확보했던 것이다. 신분회의 주도로 1559년의 교회체제는 일반법 속으로 통합되었고, 불변적이라고 선언되었다. 그리고 지방의 관리들이 저항을 멈추었을 때 비로소 도덕법정이 설치되었다. 유럽의 다른 지역에서와 마찬가지로 뷔르템베르크에서도, 국가 건설의 결정적인 부분은 지방의 실력자들과 전략적인 제휴를 맺는 것이었다. 지배자들은 신민들의 종교적 성향을 무시할 수 없을 뿐만 아니라 지방주의라는 중세의 유산을 일거에 청산할 수도 없었다. 그렇게 하려는 사람들은 재앙을 자초했다. 왜냐하면 종교적인 개혁과 국가 건설이 융합할 수 있었듯이, 종교적인 반대파와 정치적인 반대파도 그렇게 할 수 있었기 때문이다. 유럽의 대규모 종교전쟁 가운데 세 개의 종교전쟁인 네덜란드의 반反스페인 반란, 30년전쟁, 잉글랜드 내전에서 바로 그러한 일이 일어났다. 이 세 사건에서 모두, 지배자들은 절대주의 정부를 향한 급작스러운 움직임과 신민들 사이에 널리 퍼진 믿음과 실천에 대한 갑작스러운 타격을 동시에 진행했고, 그것은 대중의 반란을 야기했다.

네덜란드

펠리페 2세의 종파주의는 네덜란드의 반란을 촉발시켰다. 1555년 펠리페는 아버지 카를 5세로부터 합스부르크 네덜란드의 17개 주州를 상속받았다. 카를은 그곳에서 프로테스탄티즘을 억압하기 위해 최선을 다했으나, 책, 사상, 종교 난민들이 밀려들어오는 것을 차단하지 못했다. 독실한 가톨릭신자인 펠리페는 이단들의 지배자가 되지 않을 것임을 맹세했다. 또한 그는 네덜란드에서 가톨릭교회의 행정구조를 개편할 필요성—이 문제에 있어서는 논란의 여지가 없었다—을 느꼈다. 4명의 주교가 3백만 명에 이르는 신자들을 관장하는 것은 신자들의 신앙생활을 돌보고 감독하는 데 있어서 비참할 정도로 부적절했다. 그리하여 펠리페는 브뤼셀의 자문관들로 하여금 "새로운 주교구안案"으로 알려진 기획안을 수립하게 했다. 그것은 1559년에 교황의 인가를 받아, 주교의 수를 18명으로 늘이고 그들의 권한을 강화했으며, 주교구마다 2명의 이단재판관을 배치했다. 그 기획안이 주교구의 경계를 합스부르크 영방들의 경계와 겹치게 함으로써 교회와 정부를 상호협력시킨 것은 우연의 일치가 아니었다. 또한 펠리페는 모든 주교와 대주교를 임명할 권리를 교황으로부터 얻어냈다. 이들 고위 성직자들은 가장 강력한 주州인 브라방 신분회의 독립적인 성직자들을 대체했다. 나아가 펠리페는 7명의 이단재판관을 주교로 임명했다. 그들은 펠리페가 교회와 국가를 위해 열망한 열정적이고 유능한 행정가들이었다. 그들은 가톨릭을 지키기 위해서, 이송금지법jus de non evocando 같은 지역의 소중한 특권, 즉 시민들이 형사적인 범죄의 경우에 관할 지역 재판소에서 재판 받을 권리를 망설이지 않고 침해했다. 새로운 주교구 안은 네덜란드인들이 요구했던 다른 특권들도 침해했다. 그것은 가톨릭 개혁이 프로테스탄트 개혁과 마찬가지로 정치적 목적과 종교적 목적을 위해 어떻게 활용되었는지 잘 보여준다.

1560년대에 이 계획에 반대하여 귀족과 시민들의 폭넓은 연합이 이루어졌다. 결정적인 것은, 주도적인 프로테스탄트 집단인 칼뱅파뿐만 아니라 가톨릭교도들도 이 연합에 참여했다는 점이다. 그들은 프로테스탄트 동국인들과 이해관계는 물론이고 가치와 관점도 공유했다. 펠리페의 불관용적이고 종파주의적인 신앙은 그들이 겪었던 가톨릭주의와 닮은 것이 거의 없었다. 사실, 당시의 네덜란드인들을 가톨릭 또는 프로테스탄트로 분류하기는 어려웠다. 왜냐하면 그들의 신앙은 다양한 것들을 혼합했기 때문이다. 1566년, 이 연합은 섭정 마르가레트 파르마에게 압력을 가해 반이단법을 정지시켰다. 프로테스탄트들은 그 기회를 이용하여 공개적인 설교 모임을 열었으며, 8월에는 수백 개의 교회에서 제단과 성상을 파괴하는 등 성상파괴운동을 벌였다. 펠리페의 대응 역시 똑같이 극단적이었다. 그는 질서를 회복하기 위해 알바 공작이 지휘하는 유럽 최대의 정예군대를 파견했다. 공작은 보복이라는 방식으로 명령을 수행했다. 그는 트렌토 공의회의 교령과 새로운 주교구 기획안을 집행했고, 프로테스탄트들을 처형했으며, 특권을 폐기했고, 주州신분회의 동의없이 무거운 세금을 부과했다. 이와 더불어 벌어진 스페인 군인들의 약탈행위는 그 어느 때보다 많은 네덜란드인들을 돌아서게 만들었다. 그리하여 해외로 망명 간

반도叛徒들―이들은 "바다거지들"이라고 알려졌다―이 1572년에 홀란드와 젤란드를 침입했을 때 저항한 도시민들은 거의 없었다. 많은 사람들이 쌍수를 들고 환영했다.

대부분의 네덜란드인에게, 반란은 정치적이고 종교적인 자유, 즉 "전제"로부터의 자유와 그들이 "스페인의 이단재판"이라고 부른 것으로부터의 자유를 위한 투쟁이었다. 네덜란드인들은 종교에 관계없이 이 대의를 중심으로 결집할 수 있었다. 그렇지만, 칼뱅파에게, 반란은 그것보다 더 원대하고 더 필사적인 것이었다. 그것은 악에 대한 선의 투쟁, 적그리스도에 대한 그리스도의 투쟁이었다. 펠리페에 저항하여 싸우는 것은 그들의 생존만이 아니라 그들의 구원이 달려 있는 신앙행위였다. 어떠한 타협이나 패배도 허용할 수 없었다. 한편, 반란을 지지한 가톨릭교도들은 프로테스탄트들과 손잡고 자기들의 신앙의 수호자와 싸우는 형국이었다. 종파주의적인 관점에서 볼 때 이러한 자세는 넌센스였다. 펠리페는 그들의 가톨릭주의에 대한 자세가 참되지 않다고 결론 내렸다. 칼뱅파 역시 그들의 반란에 대한 자세에 대해서 똑같은 결론을 내렸다. 사실, 홀란드나 젤란드의 가톨릭교도들 가운데 펠리페의 승리를 좋아한 사람은 별로 없었고, 이들 "불만자不滿者들" 가운데 대부분은 최종적으로는 펠리페를 떠났다. 그러나 그 무엇도 가톨릭주의와 펠리페 체제의 결합을 깰 수 없었다. 칼뱅파는 가톨릭교도들이 종교적 충성심 때문에 조국을 배신할 거라고 주장했다. 네덜란드인들이 처한 위험하고 절망적인 상황에서, 이러한 거짓고발은 폭넓은 지지를 받았다. 전복에 대한 공포―포위하고 있는 스페인 군에게 성문을 열어줄 준비가 되어 있는 가톨릭 반역자들 같은 제5열에 대한 공포―가 도시를 사로잡았다. 나아가 칼뱅파는 가톨릭주의를 근절한다는 신성한 의무를 이행하지 않는다면 신은 군사적인 성공을 허용하지 않을 거라고 주장했다. 한 군인집단은 델프트 광란을 정당화하면서 자기들의 지도자인 오라녜공 빌렘은 "신부들이 도시에서 우상숭배를 계속하는 한 승리를 거둘 수 없을 것"이라고 말했다.[142] 마지못해, 1573년에 홀란드와 젤란드의 신분회는 가톨릭 예배를 불법으로 지정했다.

다른 주들도 1576년에 반란에 가담한 후 비슷한 일을 겪었다. 모두 처음에는 로마 가톨릭교회의 독점을 유지할 생각이었다. 그러나 가톨릭주의와 펠리페에 대한 충성의 결합은 불가항력적인 압력을 발생시켰다. 그 압력은 교황 그레고리우스 13세가 1578년에 반란을 지지하는 가톨릭신자들을 파문할 거라고 위협하자 더욱 증폭되었다. 결정적인 사건은 1580년 3월 북동부 주州들의 총독인* 레넨베르크 백작—그는 가톨릭이었다—이 반란을 포기하고, 동료 가톨릭교도들로 하여금 반란의 지도자들에 맞서 싸울 것을 요청하면서 일어났다. "레넨베르크의 배신"은 프로테스탄트들이 가장 두려워한 네덜란드 가톨릭교도들의 불충을 확인해주는 것으로 여겨졌다. 프리슬란트에서 홀란드까지의 수많은 도시에서 성상 파괴 폭동이 연달아 일어났고, 프로테스탄트들은 가톨릭 예배의 즉각적인 중지를 요구했다. 1581년 말, 반란 주州 전역에서 가톨릭 예배는 불법이 되었다.

최종적으로, 마스 강과 발 강의 북쪽에 있는 일곱 주는 스페인에 대

---

* 총독Stadholder은 원래 영주로부터 전권을 받은 대관을 지칭한다. 네덜란드의 주들이 1581년 스페인으로부터 독립을 선언하여 스페인 군주와 단절한 후에는 더 이상 대관(총독)이 아니지만, 이 용어는 네덜란드의 최고행정관(국가수반)을 지칭하는 용어로 계속 사용되었다.

한 충성을 버리고, 네덜란드공화국으로도 알려진 네덜란드연합주를 결성했다. 애국심과의 결합 덕분에 칼뱅주의는 신생독립국의 공식 종교가 되었다. 그리고 정부에서 일하는 사람들은, 적어도 공식적인 자격으로는, 그것을 지지할 것을 요구받았다. 그런데 반란 초기에는 스페인의 품으로 돌아간 남부의 주들이 북부의 주들보다 칼뱅파가 많았다는 점에서 그것은 기묘한 국면 전환이었다. 심지어는 1580년대에도 홀란드인 10명 가운데 1명 정도만 개혁교회 소속이었다. 네덜란드 사회가 완전히 칼뱅주의화 되지 않았다는 것은 놀라운 일이 아니다. 반대로, 17세기 유럽의 어느 나라에도 그렇게 다양한 교회와 섹트가 없었다. 그리하여 관용의 옹호자들은 공화국을 유럽의 다른 지역들의 모델로 받아들였다. 그러나, 정치적인 이유로, 개혁교회는 언제나 특권적 지위를 누렸고, 가톨릭은 언제나 불충의 색으로 물들었다. 공화국에서 비칼뱅파 예배에 대한 관용은, 그것이 아무리 폭넓은 것이었다고 해도, 사실상의 관용이었지 법적인 관용은 아니었다.

뷔르템베르크는 성공한 종파주의화의 모델을 제시한 반면, 네덜란드의 반란은 실패한 모델을 제시한다. 그것은 비종파주의적인 대의—자유의 수호, 지역의 자율, 그리고 현상유지—가 최종적으로는 특정 종파와의 결합으로 끝날 수 있음을 잘 보여준다. 모든 신앙의 사람들이 가담한 폭동으로 시작된 반란은 공식적으로는 칼뱅파 공화국에 대한 가톨릭 스페인의 전쟁으로 종결되었다. 단일한 계획 속에 융합된 펠리페의 종파주의적 열망과 절대주의적 열망은, 이에 대한 대응으로, 정치적이고 종교적인 반대의 융합을 일깨웠다. 마찬가지로, 보헤미아에서 칼뱅파는 페르디난트 2세에 맞선 1618년 반란을 주도했으며 그것은 30년전쟁을 촉발시켰다. 그리고 잉글랜드에서 퓨리턴들은 1640

년대에 찰스 1세에 대한 반란을 주도했다. 네덜란드에서와 마찬가지로, 이 두 경우에서도 국왕이 종교적 정통과 복종을, 종교적 반대와 반란을 동일시한 것은 자기실현적 예언이었다.[*] 그것은 같은 종교를 가진 사람들에게 피해를 주고, 종교적인 적들을 정당화시키며, 정치를 종파주의적인 노선에 따라 양극화시키는 뜻하지 않은 결과를 낳았다.

폴란드

종교적 개혁과 반대파의 억압이 성공하기 위해서 반드시 강력한 군주의 지지를 받아야 하는 것은 아니었다. 어떤 경우에는 그것이 절대주의적 통치 계획과 결합하지 않을 때 더 성공할 기회가 많았다. 왜냐하면 그래야만 그토록 광범위한 반대를 불러일으키지 않을 것이기 때문이었다. 폴란드는 이러한 대안적인 역학을 잘 보여준다. 폴란드는 약간의 이단을 처형했을 뿐이라는 점에서 "화형대 없는 국가"였다. 그럼에도 불구하고, 폴란드는 오늘날까지 철저하고 영구적인 가톨릭 국가이다. 폴란드의 반종교개혁은 절대주의가 아니라 "자유의 길"을 걸었으며, 그 결과 대중성과 지속력을 얻었다.[143]

폴란드-리투아니아 국가commonwealth는 한창 때에는 발트 해에서 흑해, 보헤미아에서 러시아에 걸친 거대국가였다. 1569년에 폴란드

---

[*] 자기실현적 예언self-fulfilling prophecy. 사회학자인 로버트 머튼이 만든 개념이다. 예를 들어, 어떤 사람이 자기의 결혼이 실패할 거라고 믿으면 그러한 실패에 대한 두려움이 실제로 결혼을 실패하게 만든다는 것이다.

와 리투아니아대공국의 통합으로 형성된 국가의 구성은 독특했다. 전체 인구의 10퍼센트를 차지하는 귀족들은 유럽의 어느 지역보다 수적으로 많고 강력했는데, 바로 이들만이 정치적 "국민"이었다. 귀족들만 의회Sejm에서 대표권을 가졌으며, 국왕을 선출했다. 국가는 종교적으로도 독특했다. 폴란드는 영토가 서방 그리스도교 세계와 동방정교 세계의 경계에 퍼져 있는 관계로 종교개혁 이전에 이미 종교적으로 혼합되어 있었다. 1550년대부터 폴란드의 귀족들은 칼뱅주의로 대거 개종했다. 몇 십 년 지나지 않아, 상당수의 소수파는 다시 칼뱅파에서 소치니파로 개종했다. 1569년까지 가톨릭은 겨우 15명의 주교 덕분에 의회의 상원에서 다수를 유지할 수 있었다. 많은 가톨릭 귀족들은, 부분적으로는 가톨릭 성직자들에 대한 적대감에서, 부분적으로는 자기들의 신분의 자유와 권력을 확대하기 위해, 프로테스탄트 사촌들의 종교적 관용 요구를 지지했다. 라엘리오 소치니는 칼뱅에게 보낸 편지에서, "종교적인 자유는 정치적인 자유와 연결되어 있는데, 그들은 어떤 수단을 통해서도 이것을 얻으려 한다"고 말했다.[144] 가장 강력하게 주장한 사람들은 의회의 하원을 구성한 중소귀족, 즉 젠트리szlachta였다. 그들은 1570년대에 일련의 승리를 거두었다. 그들은 국왕이 의회의 동의없이 새로운 세금을 부과하거나 군대를 소집하는 것을 거부했다. 그들은 자기들만의 고유한 최고재판소를 설치하여, 국왕에게 사실상 아무런 사법적 권력을 주지 않았다. 그들은 스스로의 힘으로 종교적 자유를 확보했다. 1573년에 체결된 "바르샤바 연합"에서, 폴란드 귀족은 다음과 같이 약속했다: "우리 자신들을 위해 그리고 우리의 영구적인 후계자들을 위해, 우리의 맹세, 신앙, 명예, 양심을 걸고, 종교가 다르더라도 상호간에 평화를 유지할 것이며, 신앙이 다르거나 교회를 바꾸었다는 이유로 피를 흘리지 않을 것이며, 재산 몰수, 공민권 상실, 투옥, 추방 등의 징벌을 가하지 않을 것이며, 그러한 행동을 하는 행정관이나 관리를 결코 돕지 않을 것이다."[145] 이 연합은 "앙리 조항"으로 통합되어, 미래의 국왕이 선출 조건으로 준수할 것을 서약해야 하는 주요 항목이 되었다.* 그것은 귀족들에게 종교 선택의 자유를 주었으며, 나아가 독일 군주들의 "그의 지역에" 와 유사한 "그의 지배 아래" 원칙을 세우는 데 일조했다. 귀족들은 자기들의 땅에 사는 농민들에게 자기들의 신앙을 강요할 수 있었다(실제로 얼마나 많은 귀족들이 그렇게 했는지는 분명하지 않지만).

국왕 지기스문트 3세(재위 1587~1632)는 자기의 권력을 제한하는 데 대해 분개했다. 그는 궁정 설교자인 예수회원 피터 스카르가에 고무되어 절대군주가 되기를 열망했지만 단독으로는 젠트리에 저항할 힘이 부족했다. 그래서 그는 국왕, 가톨릭 고위성직자, 대귀족의 연합을 결성했다. 그는 고위귀족들에게 가톨릭으로 돌아오거나 계속 충실할 것을 조건으로 거대한 토지를 제공했다. 1600년대, 울트라 가톨릭 국왕과 종교적으로 혼합적인 젠트리 사이에 위기가 고조되었다. 1606~1609년의 제브르지도브스키 반란에서, 젠트리들은 외국의 예수회원들을 축출할 것, 종교의 자유를 평민에게도 확대할 것, 국왕의 권력을 더욱더 제한할 것 등을 요구했다. 젠트리는 군사적으로 진압되었다. 그러나 반란을 통해 정치적으로 솟아오른 것은 더 강력한 국왕이 아니라 귀족 특권의 확인이었다. 달라진 것은, 실제로 그러한 특권이 주로

---

* Henrician Articles. 1573년에 폴란드 국왕으로 선출된 프랑스의 앙리 드 발루아Henri de Valois와 폴란드 귀족 사이에 체결된 조약이다.

대귀족들에게 부여되었고, 대귀족들이 정치적·경제적으로 젠트리를 지배할 방법을 찾았다는 것이었다. 대귀족들이 분명히 그리고 완전히 권력을 장악했기 때문에 가톨릭교회는 전략적으로 얼굴을 바꾸었다. 가톨릭은 절대주의와 손을 잡는 대신 귀족 특권의 옹호자가 된 것이다. 폴란드 예수회는 대귀족의 비위를 거스르는 것이 설교문에 포함되지 않도록 설교문을 검열하기 시작했으며, 강력한 왕권에 대한 찬양을 없애기 위해 이미 출판된 스카르가의 설교문을 삭제하는 등 과거를 다시 쓰기까지 했다.

폴란드의 최종 운명은 종교적인 개혁을 추진하는 야심적인 지배자와 특권과 비국교도를 옹호하는 반대파 사이에 달려 있었다. 그러나 폴란드의 독특한 정치체는 폴란드에 독특한 결말을 가져다주었다. 반종교개혁은 "전제정"과의 연대(왕권이 약했기 때문에 처음부터 설득력이 없었지만)를 잃고, 귀족들의 지지를 받으며 진행된 것이다. 실로, 폴란드 귀족은 자기들의 열렬한 가톨릭 신앙에 대해 자부심을 가졌으며, 그것을 귀족의 특성이라고 생각했다. 가톨릭은 교육, 선교, 그 밖의 다른 평화적인 수단을 통해 프로테스탄티즘에 빼앗겼던 기반을 빠르게 회복해나갔다. 정부는 도시의 민중이 프로테스탄트들에게 폭력을 행사하는 것을 묵과했다. 그러나 특히 라디슬라스 4세 치세(1632~1648)에 폴란드는 종교적 조화와 화해를 증진시켰다.

"홍수", 즉 폴란드가 1648년과 1658년 사이에 겪었던 일련의 침입의 시대까지 그러했다. 이 재앙은 종교 상황을 영원히 바꾸어, 가톨릭을 폴란드의 국교로 만들었다. 그것은 우크라이나의 코사크들이 반란을 일으키면서 시작되었다. 이 동방정교 집단에게 있어서, 폴란드 국왕에 맞서 자기들의 종교와 특권을 지키기 위한 투쟁은, 프로테스탄트들의 경우와 마찬가지로, 영원히 끝나지 않았다. 1596년 브레스트 동맹에 의해, 그들의 주교들은 교황의 우위를 받아들였다. 그러나 많은 동방정교의 세속인들과 마찬가지로, 코사크들은 이 새로운 동방 귀일 가톨릭교회에 가담하지 않았다.[*] 그들이 동방정교를 수호한 것은 또다른 불만, 즉 그들에게 귀족의 지위를 주지 않은 것과도 관련이 있었다. 그들의 봉기는 가톨릭은 물론이고 프로테스탄트와 유대인의 학살을 동반한 잔인한 봉기였다. 코사크의 동맹인 러시아는 1654년에 폴란드를 침입하여 동부 우크라이나를 얻었고, 그리스정교를 대표해서 폴란드 문제에 개입할 권리를 획득했다.

이 혼란의 와중에 스웨덴이 침입했다. 폴란드의 무질서—그리고 새로운 국왕 존 카시미르는 인기가 없었다—가 극심하여, 가톨릭교도를 포함한 대다수의 귀족들은 아무런 저항도 하지 못했다. 자기들의 대의가 신성하다고 주장한 코사크의 봉기와 달리, 스웨덴과 폴란드 사이의 분쟁은 종교적인 전쟁으로 시작하지 않았다. 그러나 네덜란드의 반란처럼, 그것은 종교적인 전쟁이 되었다. 즉시, 폴란드인들은 스웨덴의 점령과 그 후 계속된 브란덴부르크와 트란실바니아의 공격에 대해 분개하기 시작했다(이미 폴란드의 이웃국가들은 한 세기 후에 진행될 폴란드 분할 계획을 구상하고 있었다). 그들은 이들 프로테스탄트 침입자들에 대한 전쟁을 국가는 물론이고 가톨릭주의를 수호하기 위한 이단과의 전쟁으로 재정의했다. 한편, 스웨덴은 폴란드 루터파들(대부분 폴란드령 프로이센에 살고 있던)을 자연적인 동맹으로 생각하여

---

[*] 동방귀일가톨릭교회Uniate church. 그리스정교회 가운데 로마가톨릭에 속하는 교회. 이들은 가톨릭 교황의 수위권은 인정하나 고유의 제식과 전통을 견지했다.

보호했으며 가톨릭을 괴롭혔다.[156] 이렇게 그들은 그 전쟁을 종교적인 용어로 재규정하는 데 일조했다. 스웨덴 군대가 체스토호바 수도원—"검은 마돈나" 성화를 보관하고 있는, 나라에서 가장 인기 있는 순례지—을 약탈하는 것을 폴란드 수비대가 막았을 때, 가톨릭은 그것을 기적이라며 환호했다.[157] 존 카시미르는 신민들을 결집시켜 기회를 잡았다. 르보프 성당에서 열린 의식儀式에서, 그는 성모 마리아를 자기 영토의 여왕으로 선포했다. 또한 "홍수"는 소치니파를 관용한 데에 대한 신의 징벌이라는 예수회의 주장을 받아들였다. 당시 소치니파는 유럽의 어느 지역보다 폴란드에 많았다. 그들의 신성모독적인 삼위일체 거부는 왕국의 오점이라고 불렸다. 1656년 6월, 존 카시미르는 그들을 폴란드에서 축출할 것이라고 엄숙하게 맹세했다. 2년 후 그는 그들에게 개종하거나 떠날 것을 요구하는 식으로 맹세를 이행했다. 폴란드에서 가장 약한 프로테스탄트 집단이었던 소치니파는 홍수의 속죄양이 된 것이다.

그 후, 모든 프로테스탄트들은 외국 세력과 맺은 동맹 때문에 오명을 썼다. 1668년 가톨릭으로부터 개종하는 것은 추방가능한 범죄가 되었다. 1718년, 최후의 비가톨릭 귀족이 의회에서 추방되었다. 유럽의 다른 지역에서와 마찬가지로, 이단과 폭동의 결합은 자기실현적 예언이 되었다. 적대적인 차별을 받은 프로테스탄트들은 스웨덴과 브란덴부르크–프로이센에게서 후원과 보호를 구했다. 그리고 그들의 이웃국가들은, 러시아가 그랬듯이, 같은 종교를 가진 사람들을 구한다는 명분으로 폴란드 사태에 반복적으로 개입했다. 18세기에 이르러, 대부분의 폴란드인들에게, 가톨릭은 애국심과 충성심과 양립할 수 있는 유일한 종교가 되었다.

제5열

이러한 사례 연구는 종파주의와 국가 건설의 다양한 교차로를 포착하기 시작할 뿐이다. 종파주의와 국가 건설이 공유한 것은 더 넓은 진실을 가리킨다. 즉 유럽인들은 지역적인 차원에서와 마찬가지로 국가적이거나 영방적인 차원에서도 시민공동체와 종교공동체 사이에 등식을 그었다는 것이다. 유럽인들은 같은 종교를 가지는 것은 국가와 국가를 결합시키는 결정적인 접합제라고, 종교적 분열은 사회적·정치적 통일을 해친다고 생각했다. 프랑스인들은 이러한 공통의 지혜를 하나의 표제로 만들었다: "하나의 신앙, 하나의 법, 한 명의 왕." 1655년에 군주를 위한 교본을 쓴 테오도르 슈프랭글러는 이 표제를 정치체 개념과 관련시켜 설명했다: "하나의 몸은 하나의 영혼을 가지는 것이 맞듯이, 하나의 국가는 하나의 종교를 가지는 것이 맞다."[146]

비국교도들은 두 가지 방법으로 국가를 위협한다고 여겨졌다. 첫째, 그들의 행동과 그들의 존재 자체가 신을 분노하게 만들어, 그들을 관용하는 사람들에게 신의 진노를 불러일으킨다는 것이다. 칼뱅파인 네덜란드인 아르놀두스 부켈리우스는 가톨릭의 "모독적인 우상숭배"와 "그리스도의 십자가 희생이 유일한 희생임을 부정하는 것"이 "우리 땅에 대한 신의 분노를 가중시키지 않을까" 두려워했다.[147] 황제 루돌프 2세는 1606년에 보헤미아를 강타한 역병이 프로테스탄트들을 관용한 데에 대한 신의 분노라고 믿으며 자책했다. 잉글랜드 의회는 1656년에 소치니파와 퀘이커파를 반대하는 입법을 함으로써 신의 분노를 피할 수 있기를 희망했다. 의원들은 의회가 "신의 명예를 지키는 것"이 "국가를 심판으로부터 피하게 하는" 유일한 길이라고 주장했다.[148] 그란/에스테르곰의 대주교인 피터 파즈마니는 투르크인들이 헝가리를 점령한 것은 그 지역에 루터파가 퍼진 데 대한 신의 징벌이라고 말했다. 헝가리의 프로테스탄트들은 가톨릭의 우상숭배 때문이라며 정반대로 이야기했다. 지진이 헝가리의 도시 코모른을 강타한 1763년에도, 인근에 있는 빈의 루터파 설교자는 신은 프로테스탄트들 때문에 헝가리를 징벌했다는 가톨릭의 주장을 반박할 필요성을 느꼈다.

또한 비국교도들은 현실적이지는 않더라도 잠재적인 반역자라고 인식되었다. 사람들은 그들의 적의敵意가 국가의 공식 교회에서 국가 그 자체로, 그리고 교회를 포함하고 있는 기존 질서 전반으로 확대된다고 생각했다. 비국교도들은 고분고분한 신민이나 선량한 시민처럼 행동할 때에도 종종 충성심을 의심받았다. 사람들은 그것이 음모를 꾸미고 있는 동안 시간을 벌려는 구실이요 전략이라고 의심했다. 몇몇 비국교도들은 실제로 음모를 꾸몄다. 유럽의 많은 지역에서, 그들은 공인된 기반 위에서는 위장하고 있으면서 문을 걸어 잠그고는 비밀스러운 종교의식을 거행하여 그러한 의혹을 부채질했다. 비국교도들의 충성심이 진실된 것이었다 해도, 사람들은 그들의 신앙에 우호적인 새로운 체제가 들어설 기미가 보이기만 하면 그것이 흔들리지 않을까 우려했다. 정치적인 위기가 발생하면, 그들은 공식 종교를 뒤집어엎으려 하지 않을까? 외국 군대가 침입하면 그들은 침입자 편에 서지 않을까? 기존 질서가 커다란 위협을 받을 때 비국교도들은 만성적인 위협에서 급성 위협으로 변할 것이었다.

최종적으로, 비국교도들을 그렇게 무서운 존재로 만든 것은 그들이 공동체 내의 아웃사이더였기 때문이었다. 그들은 암암리에 활동하고 있다가 국가가 큰 위험에 빠지면 아무런 경고 없이 공격을 가할 수 있었다. 최악의 것은, 외부의 적과 공모할 수 있다는 것이었다. 그들은 외국군에게 문을 열어줄 잠재적인 제5열, 트로이 목마였다. 이러한 종류의 적은 언제나 심한 공포를 불러일으켰다. 그것은 우리의 마지막 사례 연구인 잉글랜드에서 특히 그러했다. 이곳에서 민중의 종교 폭동은 대부분, 직접적으로건 간접적으로건, 제5열에 대한 공포와 관련 있었다.

잉글랜드

1603년 엘리자베스 1세가 죽었을 때 잉글랜드는 프로테스탄트 국가였다. 헨리 8세의 로마와의 단교, 에드워드 6세의 개혁파 신앙, 메리 튜더의 가톨릭 회복 이후, 여왕이 치세 초에 추진한 종교적 타협은 긍정적인 정체성을 띠었고, 수백만 명의 충성심을 획득했다. 그렇지만, 그것의 성격은 여전히 논란의 대상이었다. 퓨리턴들은 그것을 근본적인 개혁을 위한 출발점 정도로 간주했다. 그러나, 수십 년간 진행된 설교와 스페인과의 전쟁은 잉글랜드의 남자와 여자들을 "교황파"에 대한 불굴의 적으로 만드는 데 결정적인 영향을 끼쳤다. 로마에 대한 충성심 때문에 국가교회에 순응하기를 거부한 잉글랜드인의 수는, 17세기에, 6만 명 정도였으니, 전체 인구의 1퍼센트를 넘지 않았다. 그러나, "교황파"는 이들 소수의 국교거부자들보다 훨씬 두려운 추상적인 존재였다. 잉글랜드의 프로테스탄트들은 종종 이 둘을 떼어서 생각했다(1780년, 런던에서 폭도들은 "가톨릭교도들이 있는 그 집으로 달려가자는 요청을 들었다. 그들은 대답했다. '우리에게 가톨릭교도란 무엇인가?

우리는 오직 교황파popery에 반대할 뿐이다!' ").[149] "교황파"는 잉글랜드를 하나의 국가로 규정하게 해준 가상의 적이었다. 그들은 비인간적이고 잔인한 박해를 일삼는 "피에 굶주린" 사람들이었다. 그들은 신자들을 무지하고 저급하게 만드는 "미신적인" 사람들이었다. 그들은 사람들을 교황과 신부들의 정신적 독재에 예속시키는 "전제적인" 사람들이었다. 후일 그것은 루이 14세와 같은 절대주의 국왕의 정치적 독재와 연결될 것이었다. 이러한 특징 때문에 교황파는 자유를 사랑하는 잉글랜드인들의 기질과 전통에 맞지 않는, 외국인들을 위한 기이한 신앙이었다. 조직적이고, 무자비하고, 후안무치한 교황파의 세력은 번영하고 자유로운 프로테스탄트 국가를 파괴하기 위해 힘을 모은다고 여겨졌다.

그렇지만, 신은, 적어도 일시적으로는, 잉글랜드 편이었다. 잉글랜드의 설교자들은 잉글랜드를 특별한 성약에 의해 신과 맺어진 새로운 이스라엘이라고 선언했다. 그들은 모든 위협과 모든 불행을 신이 자신이 선택한 사람들이 신앙심을 유지할 것인지를 보기 위해 시험하는 것으로 해석했다. 그들이 신앙심을 유지하는 한, 신은 그들이 번영하도록 돌봐주실 것이다. 스페인 인들은 엘리자베스를 암살하고 그녀의 가톨릭 사촌인 메리를 왕위에 앉히려는 음모를 지원했으나, 둘 다 신의 섭리에 의해 실패했다. 그러자 1588년에 스페인 왕은 2만 5천 명을 실은 130여 척의 선박으로 구성된 무적함대를 파견했으나, 잉글랜드의 군대가 아니라 "프로테스탄트 바람"에 의해 패퇴했다. 그것의 파괴는 "신의 오른손의 무시무시한 힘이 일으킨 위대한 기적"이었다. 신이 당신의 사람들에게 내려주신 "기적적인 구조救助" 가운데 가장 위대한 것은 화약음모의 발견이었다. 그것은 프로테스탄트 잉글랜드는 지배의 운명을 타고난 선택된 국가임을 확인해주었다. 랜슬롯 앤드류스 주교는 "그것은 우리의 유월절이고, 퓨림절이다"라고 그것의 연례기념일에 선언했다.[150]

그러나 잉글랜드의 프로테스탄트들은 전적으로 안전하다고는 생각하지 않았다. 17세기 내내 그리고 18세기에 들어서도, 교황파에 대한 공포는 잉글랜드 정치의 구동력이었다. 악몽 같은 시나리오는 국내 가톨릭의 반란과 잉글랜드의 뿌리깊은 적인 스페인이나 프랑스의 침입이 동시에 일어나는 것이었다. 또다른 시나리오는 아일랜드의 가톨릭교도들이 봉기하여—그들이 1641년에 그러했듯이—서쪽에서 침입해 들어와 "이 포위공격 받는 섬"을 에워싸는 것이었다.[151] 안으로부터의 위협이 오로지 국교거부자들로부터만 오는 것은 아니었다. 그것은 엘리자베스의 종교 해결이 준 특별한 부대효과 가운데 하나였다: 그것의 모호함과 불일치함은 퓨리턴에서 가톨릭에 이르는 믿음과 감성이 상이한 사람들이 소교구에서 열리는 종교 행사에 지나친 양심의 가책 없이 참여할 수 있을 정도였다. 이러한 포용력은 잉글랜드 국교회를 진정한 국가종교로 만드는 데 일조했다. 그러나 바로 그러한 요인은 교회 구성원들이 동료들을 의심하는 근거가 되었다. 특히 퓨리턴들은 잉글랜드에는 분명한 교황파 한 명 당 오로지 법으로부터 가족과 재산을 지키기 위해 순응하는 숨은 교황파가 5명 있다고 주장했다. 이들 교회 안에 있는 비밀 가톨릭교도들과 배교자들은 근원적인 제5열이었다. 이들은 잉글랜드의 소수 국교거부자들과 달리 교황파의 위협을 가중시켰다. 17세기 대부분의 기간 동안 그들 가운데 잉글랜드 국왕들이 포함되어 있었기 때문에 특히 그러했다.

군주가 힘으로 국교를 전복시킬 수 있다는 것은 잉들랜드인들에게는 추상적인 이야기가 아니었다. 왜냐하면 그들은 16세기에 그것을 경험했기 때문이다. 튜더 왕조의 격변 때문에 잉글랜드인들은 새로운 변화에 대해 취약했다. 프로테스탄트들은 무엇보다도 메리 튜더의 치세를 국가적 트라우마로 기억했다. 모든 소교구 교회들은 그것의 희생자들을 추모하는 존 폭스의《순교자들의 책》을 보유할 것을 요구받았다. 그것을 읽고, 엘리자베스의 대관식을 매년 기념하는 것은 가톨릭 군주가 자행할 수 있는 공포에 대한 기억을 생생하게 되살려주었다. 그리하여, 1620년대 초 제임스 1세(그는 칼뱅파였지만 프로테스탄트와 가톨릭을 통합하는 평화주의자의 역할을 하고 싶어 했다)가 반국교거부법의 집행에 미온적이었던 것은 충격적이었다. 더욱 충격적이었던 것은 그의 아들인 찰스가 스페인 공주에게 구혼하러 스페인에 간 것이었다. 스튜어트 왕조와 가톨릭의 연애는 이렇게 시작되었다. 찰스 1세는 스페인의 공주는 아니지만 가톨릭 왕녀와 결혼했다.* 그는 궁정에서 가톨릭과 가깝게 지냈으며, 대주교 윌리엄 로드의 반퓨리턴 공세를 지지했다. 이러한 정책 때문에, 그리고 "절대적인" 권력을 추구했기 때문에, 찰스는 1649년에 목숨을 잃었다. 그의 아들 찰스 2세 역시 가톨릭교도와 결혼했으며, 임종 시에는 실제로 가톨릭으로 개종했다. 스튜어트 왕조와 가톨릭의 연애는 외교정책에서도 나타났다. 제임스 1세는 스페인과 평화를 맺었고, 찰스 2세는 프랑스의 루이 14세와 연합했다. 왕조의 구애는 공공연한 가톨릭 왕이었던 제임스 2세의 즉위로 완성되었다. 제임스 2세가 가톨릭을 잉글랜드의 공식 종교로

---

* 프랑스 국왕 앙리 4세의 막내딸인 Henriette Marie de France와 결혼하여 찰스 2세와 제임스 2세를 낳았다.

회복시키려 했는지 아니면 그저 가톨릭에게 관용을 베풀려고 했는지는 오늘날까지도 논란이 되고 있다. 어쨌든 그의 책략은 그를 폐위시킨 1688~1689년 명예혁명의 도화선이 되었다. 1689년, 가톨릭은 왕좌에서 배제되었고, 1701년의 왕위계승법은 하노버의 왕녀와 그녀의 후손들에게 계승권을 부여했다.* 그리하여 1714년, 의회는 더 나은 계승권을 가진 50여 명의 후보를 무시하고 루터파 독일인을 국왕 조지 1세로 선언했다. 그러나 1766년까지는 망명간 스튜어트 가문의 "권리주장자"가 끊이지 않았다. 그는 가톨릭뿐만 아니라 지배적인 휘그파를 싫어하는 모든 사람들의 충성심 내지는 향수를 끌어당겼다.

퓨리턴의 선전에 의하면, 로드의 지지자들은 모두 교황파였다. 의회의 선전에 의하면, 모든 왕당파가 그러했다. 휘그의 선전에 의하면, 모든 토리파가 그러했다. 냉철한 사람들은 현실을 더 복잡한 것으로 보았다. 때로는 아이러니하게도 무력 충돌이 그 어떤 것보다 그것을 분명히 밝혀주었다. 예컨대, 대부분의 왕당파는 혁명기에 잉글랜드의 프로테스탄트 교회에 충실했다는 증거가 많으며, 찰스 1세는 "완전한 성공회 신자"로서 죽음을 맞이했다.[152] 대부분의 국교거부자들은 위기 내내 국가에 대한 충성심을 버리지 않았다. 그러나 근대 초 잉글랜드에서 가톨릭에 대한 공포는 "민중의 정치 언어의 기초"였다. "국가정치의 심각한 사건들은 〔일반적으로〕 민중적 차원에서는 교황파/반교황파의 이원론적 개념으로 이해되었다."[153] 잉글랜드인들이 국왕을 가톨릭이라고 의심하고, 나아가, 왕위를 주장하는 가톨릭 스튜어트가 살아 있는 한, 그러한 공포는 현실이었고, 이분법은 설득력이 있었다.

* 하노버의 왕녀는 제임스 1세의 손녀다.

그림4.1

윌리엄 호가트의 《경신, 미신, 광신》. 판화, 1762. 옥스퍼드의 애쉬몰린 박물관 소장.

근대 초 잉글랜드에서 종교 폭력의 상당 부분은 가톨릭 복고의 위협—그것이 실제의 것이었든 상상의 것이었든—에 의해 촉발되었다. 그것의 시점은 특별한 위기와 일치했다: 1640~1642년 왕과 의회의 대결, 1678~1681년 배제 위기, 1688~1689년의 명예혁명, 1715년과 1745년의 재코바이트 반란. 각각의 사건마다 국내의 혼란은 외국의 침입 위협을 동반했으며, "발작적인 공포"의 물결이 전국을 휩쓸었다. "아일랜드와 로마 가톨릭교도들이…… 모든 것을 불태우고, 죽이고, 파괴한다"는 거친 소문이 무성했다.[154] 프로테스탄트 군중들은 국교거부자들을 공격하고, 집을 뒤져 무기를 찾아내고, 가게를 약탈하고, 비밀 예배당을 파괴했다. 국교거부자들은 왕과 군대로부터의 실제적인 위협에 대한 속죄양이었다.

그러나 그들만이 희생자는 아니었다. 몇몇 프로테스탄트들이 그 문제를 인식했듯이, 잉글랜드 교회의 통일성과 힘을 갉아먹는 사람들은 모두 교황이라는 적그리스도에 대한 국가적인 투쟁을 약화시키는 사람들이었다. 프로테스탄트 진영에 존재하는 차이와 모순을 첨예하게 드러내는 사람들은 모두 논전에서 적에게 승리를 넘겨주는 사람들이었다. 그러니, 역설적으로, 보수적인 잉글랜드의 프로테스탄트들뿐만 아니라 가장 과격한 사람들도, 예컨대 17세기의 퀘이커파와 침례파, 18세기의 감리파 같은 사람들도 교황파라는 비난을 받았다. 퀘이커들이 수장법에 대한 맹세를 거부하고 충성을 거부하는 것 같은 외면적인 유사성은 분파—교황파 등식의 그럴듯한 구실이 되었다. 이들 집단들은 최선의 경우에는 자기도 모르게 교황파에게 속은 바보들이라고 멸시당했거나, 최악의 경우에는 "변장한 예수회원"이라고 고발당했다. 호가트의 판화 〈경신성, 미신, 광신〉(그림 4.1)에, 한 감리파 설교자의 가발이 벗겨지면서 수도자의 삭발이 드러난다. 감리교는 1740년대에 영국의 많은 지역으로 퍼져나가기 시작했는데, 불행하게도 그 시기는 1745년의 재코바이트 반란이 일어난 시기였고, 오스트리아 계승전쟁이 한창이던 때였다. 스파이와 반역자들에 대한 공포는 반감리파 폭동을 일으켰다. 당시 사람들이 초기 감리파에 대한 소문, 예컨대 그들의 갱생 모임은 교황파 음모를 위한 위장이라거나 웨슬리 형제는 군대를 일으키기 위해 스페인의 돈을 받았다는 등의 소문을 믿었다는 것은 오늘날 보기에는 불가사의하다. 고발이 터무니없었다는 사실 자체가 교황파에 대한 두려움이 일부 민중 사이에 얼마나 강하게 퍼져 있었는지를 알려준다.

그러한 폭동이 가져다준 고통과 공포를 감안하면, 적어도 두 경우에 진짜 재코바이트들이 주모자에 포함되었다는 것은 쓰라린 아이러니다. 성공회는 감리파의 양쪽 뺨을 가격했다. 휘그파와 저파 성공회는 그들이 교황파라고 비난했다. 토리파와 고파 성공회는 그들이 과격한 퓨리턴—"공화주의자", 다시 말하면 모든 정치적·사회적 위계의 적인 수평파—이라고 비난했다. 감리파는 전에 퀘이커파, 침례파, 기타 프로테스탄트 비국교도들이 그러했듯이 양쪽에서 격렬한 공격을 받았다. 내전 이후, 모든 형태의 종교적 "열정"은, 보수적인 성공회의 눈에는, 국가종교에 대한 위협이었다. 국가적 트라우마에 대한 공포 때문에 프로테스탄트 비국교도들에 대한 공포는 교황파에 대한 공포만큼이나 지속적이었다. 훗날의 비국교도들은, 마치 그들이 1640년대와 1650년대의 사람들이기나 하듯이, 국왕 살해자, 내전에 책임이 있는 국왕 살해자, 혁명가로 불렸으며, 성공회를 모독했다는 비난을 받았다. 1715년에 토리파는 찰스 1세를 처형한 "잔부의회를 무너

뜨리자"라고 외치며 비국교파의 예배당을 약탈했다.[*] 그리고 그들은
1740년대에는 감리파를 공격했다. 국교거부자들이 더 광범위한 교황
파의 위협에 대한 속죄양이었듯이, 이들 프로테스탄트 집단들은 더욱
강력한 휘그파 연합세력을 공격하기 위한 편리한 대용물이었다. "목
사들과 비밀위원회, 그들의 친구들이 나라의 치안과 무역을 불안하게
만든다면, 비국교도들은 평온한 관용을 얻지 못할 것이다"라고 스태
포드샤이어의 한 토리파가 말했다.[155] 비국교도들도 공공연하게 성공
회를 거부했지만, 토리파가 영국 교회에 더 큰 위협이라고 두려워한
것은 휘그파와 성공회 내의 저파들이었다. 그들도 무시무시한 제5열
을 구성했다.

국민국가nation-state는 주권적 권위를 행사하는 통치기구만도 아니
고, 하나의 정부가 권력을 행사하는 지리적 공간 혹은 사람들만도 아
니다. 그것은 또한 구성원들 상호간에 충성심과 친연성을 느끼는 "상
상의 공동체"이다.[156] 그들의 감정은 조상, 이해관계, 가치, 언어, 문
화, 역사 등—아마도 공동의 운명도—을 공유하고 있다는 생각에 기
반한다. 근대 초에 국민국가와 비슷한 정치체들이 발전한 유럽에서,
종교는 그 같은 공동체 감정을 만들어내는 데 필수불가결했다. 그리
스도교의 다양한 종파들은 정부들에게 공식적인 이데올로기를 제공
했을 뿐만 아니라 지리적으로 넓게 퍼져 있는 공동체에게 공동의 상
징과 가치를 제공해주었다. 그들은 공동체들이 공유한 경험을 우주

---

[*] 잔부의회Rump Parliament는 1648년에 프라이드 대령이 장기의회에서 국왕 찰스 1세의 처형에
반대하는 의원들을 제거한 후 구성된 의회다.

적 틀 안에 놓았으며, 그것에다가 심원한 의미를 주입했다. 그들은 국가에 정신적 정체성을 부여했다. 국가교회와 영방교회들은 그러한 정체성을 제도적으로 구체화했다. 전 지역에 걸쳐 예배와 믿음을 조정함으로써, 국가의 신민들을 단일 "그리스도의 몸"의 구성원으로 통합했다.

같은 종교를 믿는 사람들이 정치적인 경계선을 넘어 연합체를 형성하기도 했지만, 종파주의는 국가들을 결합시킨 것보다는 더욱 강력하게 국가들을 분열시켰다. 정체성 형성의 결정적인 국면과 일치하는 유럽의 종교전쟁은 이 점에서 기여한 바가 컸다. 정치적인 적은 종교적인 적이 되었으며, 그 역도 마찬가지였다. 특정한 적에 반대하는 것이 국가를 규정했다. 네덜란드인들에게 가톨릭 스페인은 사악한 "타자他者"였다. 잉글랜드에게 그것은 스페인이었고, 그 다음에는 프랑스였으며, 더 일반적으로는, 프로테스탄트 섬과 가톨릭대륙으로 구분되었다. 폴란드는 처음에는 불신자인 투르크인들에 맞서 유럽을 지키는 그리스도교 세계의 "전초기지" 혹은 "요새"를 자임했다. 그러나 폴란드의 관용의 전통은 그리스정교 러시아, 루터파 스웨덴, 칼뱅파 트란실바니아, 그리고 브란덴부르크 같은 이웃나라들과의 전쟁을 통해 훼손되었다. 점차 폴란드는 가톨릭의 적에 의해 사방에서 공격 받는 성채가 되었다.

지배자의 선택은 뷔르템베르크에서처럼 대체로 국가의 종교적 정체성을 결정했다. 실제로, 몇몇 지배자들은 자기 종교를 국가적 정체성의 중심으로 만들 수 있었다. 오스트리아의 합스부르크 가문은 이 같은 책략의 공인된 달인이었다. 그들과 그들의 선전가들은 신앙의 힘 덕분에 왕조는 그 어떤 세속적인 힘도 흔들 수 없는 우월성을 지니게 되었다고 말했다. 그들에 의하면, 그 힘은 주로 성체성사에서 나오는 것이었다. 합스부르크 가문은 바로크 가톨릭주의의 기준으로 보아도 특별한 신앙심을 가지고 그것을 경배했다. 그들은 죽음을 앞둔 사람에게 성체를 운반하는 신부를 만나면 그들의 조상인 루돌프 1세처럼 행동했다. 그들은 말이나 마차에서 내려, 무릎을 꿇은 채로 신부에게 탈것을 제공한 다음, 그것을 끌면서 목적지로 향했다. 신화에 의하면, 루돌프는 그러한 행동 덕분에 신의 은총을 받았고, 덕분에 가문은 황제의 관을 쓰게 되었다. 또한 합스부르크 가문은 십자고상, 성모 마리아, 오스트리아의 토착적인 성인들에게 각별한 신앙심을 표현했다. 이 네 가지 신앙이 합쳐져, 17세기와 18세기에 "오스트리아식 경건"을 형성했다. 그것은 합스부르크의 통치를 정당화시켰고, 합스부르크 가문의 오스트리아 영토를 상징적으로 통합시켰는데, 그것은 중앙집권적 정부와 대귀족세력이 결여되어 있는 것을 어느 정도 보상해주었다.

16세기에도, 지배자가 자기의 종교적 선택을 강요하는 데 항상 성공한 것은 아니었다. 펠리페 2세는 그것을 시도하다가 네덜란드를 상실했다. 폴란드의 지기스문트 3세는 펠리페가 했던 것을 시도할 수단조차 없었다. 그러나 결과는 그와 가톨릭에게 좋았다. 왜냐하면, 대귀족들의 지원 덕분에, 왕이 자기 영토에서 강요할 수 없었던 신앙이 어쨌든 상승곡선을 그었기 때문이다. 그 후 종교전쟁은 그것을 국가종교로 만들었다. 잉글랜드의 튜더 군주들은 자기들이 선택한 종교를 신민들에게 강요했다. 그러나 그들을 계승한 스튜어트 왕조는 그럴 수 없었다. 엘리자베스의 종교적 해결책을 지나치게 급진적으로 바꾸려 했던 사람들은 많은 대가를 치렀다. 찰스 1세는 목숨을 잃었고 제임스 2세는 왕좌를 잃었다. 1640년대에 이르러, 잉글랜드의 종교적 정체성은 국왕의 손을 벗어났다. 이 점에서 잉글랜드는 유럽의 전반적인 상황을 따라갔다. 왜냐하면 17세기 초 대대수 국가의 종교적 정체성은 더 이상 전복될 수 없을 정도로 깊이 뿌리내렸기 때문이다.

근대 초 유럽에서 교회와 국가는 항상 결합되어 있었다. 모든 국가는 공식적인 신조와 교회를 가지고 있었고, 그것에 동조한 사람들만 완전한 시민권의 특권을 향유했다. 앞으로 보겠지만, 단 하나의 공식적인 교회가 아니라 두 개 혹은 다수의 국가교회를 가진 국가에서도 마찬가지였다. 심지어는 상이한 신앙을 가진 사람들이 폭넓은 권리를 누리고 있던 네덜란드공화국에도, 개혁파 신앙을 가지고 있지 않은 사람을 공직에서 배제하는 법이 있었다. 이것은 종교적인 반대자들이 감내한 최소한의 제한이었다. 반대파들을 공직에 받아들이는 것은 그들이 반대한 국교에 대한 통제권을 주는 것이었기 때문이다. 그 시대에 널리 인용된 비유 가운데 하나를 들어 말하면, 그것은 닭장에 여우를 받아들이는 것과 마찬가지였다. 어쨌든 근대 초 유럽에는 법 앞의 평등은 없었다. 사회는 다양한 특권을 가진 자치체들로 구성되어 있었다. 그리고 상이한 종교집단들을 이런 식으로 구분하는 것은 그것을 타他집단으로 다루는 것과 다르지 않았다.

극단적으로, 유럽의 가장 억압적인 체제들은 종교적인 반대파를 사실상의 반역자로 취급했다. 일찍이 1526년, 루터 자신이 그러한 취급을 정당화했다. 자기의 제후이자 후원자인 작센 선제후를 위해 글을 쓰면서, 그는 "누가 무엇을 견지하고 믿을 것인가를 지시하는 것이 우리의 의도는 아니지만, 해로운 반란이나 불행을 방지하기 위해서 우리는 공국에서 분열적인 섹트를 관용하지 않을 것이다"라고 선언했다.[157] 이러한 논리는 불관용자가 자신의 불관용을 인정하지 않고도 거의 모든 박해행위를 정당화시킬 수 있다. 이 문제에 있어서, 260명이 넘는 가톨릭이 이단이 아니라 반역죄로 처형당한 잉글랜드보다 루터를 더 충실히 따른 나라는 없다. 대부분의 경우에, 그들의 유일한 반역행동은 자기들의 신앙을 실천에 옮긴 것뿐이었다. 그러나 잉글랜드 정부가 무차별적인 것은 아니었다. 처형은 북부의 반란 직후인 1570년에 거행되었다. 그 해에 북부의 반란자들은 가톨릭의 복귀를 요구했으며, 그 해에 교황 피우스 5세는 여왕의 폐위를 선언하고 신민들을 여왕에 대한 충성에서 면제하는 교서 〈높은 데서 다스리시는〉을 공포했기 때문이다. 나아가, 엘리자베스 치세에 목숨을 잃은 187명 대부분은 선교신부들로서, 정부는 이들을 단순한 교황파가 아니라 교황의 전문적인 대리인으로 보았다. 1618년 이후 처형된 51명 가운데 4명을 제외한 나머지 모두는 1641~1646년과 1678~1680년 위기의 시기에 처형당했다. 그 당시 반역죄는 융통성 많은 도구였다. 웬만한 체제들은 모두 위협에 대비해서 그것을 예비해두었다. 그렇게 하는 데 있어서, 그들은 범죄와 처벌에 대해 전형적으로 근대 초적인 접근방법을 취했다. 그 방법은 가벼운 범죄에도 드라콘적인 형벌을 규정한 다음, 정치적인 필요에 따라 그것을 적절히 적용하는 것이었다.

그러나, 정부만 종교적 정통성과 정치적 충성심을 동일시한 것은 아니었다. 앞에서 우리는 근대 초 유럽에서 일어난 민중의 종교 폭력 가운데 상당수가 지역적 차원에서 시민공동체와 종교공동체를 동일시한 데서 야기되었음을 살펴보았다. 다른 폭력은 국가적 혹은 영방적 차원에서 작동하는 동일한 등식의 산물이었다. 그것은 평범한 그리스도교인들이 일으킨 것으로, 반란—정치체제의 전복, 그리고 그와 함께 국가종교의 전복—에 대한 두려움 때문에 발화되었다. 궁극적으로, 순응적인 그리스도교인들은 반대파들의 신앙이 공식적인 신앙이 될지도 모르며, 자기들의 신앙은 박해받는 사람들의 신앙이 될지도 모른다고 두려워했다. 그러므로 그들은 현재의 국교를 대체할 가능성이 있는 반대파들의 교회를 가장 두려워했다. 그 가능성은 사실적인 근거를 어느 정도는 가지고 있었다: 그 교회에 대한 지배자의 지지, 이전 체제의 지지, 혹은 외국 적의 지지. 그렇지만, 정교한 신화들은 빈약한 토대 위에 세워졌다. 나아가, 국교를 전복시키는 것이 가장 가능했던 때는 정치적 위기와 전쟁 중이었다. 그러한 시기에, 지배적인 종교집단은 약하고 "포위당했다"고 느꼈으며, 반대파들에게 방어적인 공격을 가했다.

아이러니는 이단과 폭동이 자기실현적인 예언이었다는 점이다. 반대파를 박해함으로써, 국가는 반대파를 고립시킬 위험을 무릅쓰게 되며, 때로는 그들을 외국 적의 품 안으로 밀어넣었다. 1550년대, 카스텔리옹은 이미 그 문제에 대한 해결책을 알고 있었다. 한 세기 이상 지난 후, 존 로크는 동일한 처방을 제시했다:

행정관들은 자기 교회가 아니라 다른 교회들을 두려워한다. 그들은 어떤 교회에게는 친절하고 호의적이지만 어떤 교회에게는 신랄하고 잔인하다······ 그들은 이 교회는 아끼고 보호하는 반면 저 교회는 징계하고 억압한다. 그들이 테이블을 돌리도록 해보라. 또는 반대파들도 다른 신민들과 똑같은 시민적인 특권을 누리도록 해보라. 그러면 그들은 종교집단들이 더 이상 위험하지 않음을 금방 알게 될 것이다. 왜냐하면 사람들이 폭동음모를 꾸미는 것은, 종교가 그렇게 하도록 영향을 주어서가 아니라 그들이 겪는 고통과 억압이 그러한 해결책을 모색하도록 하기 때문이다······ 이웃함은 어떤 사람들을 결합시키고, 종교는 어떤 사람들을 결합시킨다. 그러나 사람들을 폭동으로 몰아넣는 단 하나가 있으니, 그것은 억압이다.[158]

[제2부]

조
정

ARRANGEMENTS

ARRANGEMENTS

V

금화

유럽의 종교개혁 시대에 살았던 사람들에게, 그리스도교인들이 신앙에 의해 영구히 분열될 것이라는 생각은 상상조차 할 수 없었다. 무엇보다도, 그들이 보기에, 서방 그리스도교 세계의 통일성은 천년이 넘는 기간 동안 기본적인 원칙이었고 지속적인 사실이었다. 그것이 조각나는 것은 파국이었다. 존 던은 고대의 그 편안한 우주론이 붕괴된 것을 슬퍼하면서 "모든 것이 조각났고, 모든 통일성이 사라졌다"고 썼다.[159] 유럽인들에게 종교적 분열보다 더 많은 충격을 준 것은 없었다. 아메리카대륙의 발견이나 목성의 위성을 발견한 것조차도 그렇지 않았다. 유럽인들이 그것을 완전히 받아들이는 데는 엄청난 변화가 필요했다. 그래서 차라리 많은 사람들은 그러한 분열이 일시적일 뿐이라는 희망에 고집스럽게 매달렸다.

가톨릭교회의 역사에서 교회가 이단을 성공적으로 진압하고, 대분열을 해결하고, 개혁운동을 받아들인 것은 한두 번이 아니었다. 그리하여 가톨릭교회의 지지자들은 교회가 직면한 새로운 도전이 왜 특별히 어려운 것인가 하고 자문했다. 많은 가톨릭신자들은 프로테스탄티즘의 신학적 깊이를 알지 못한 채 그것을 가톨릭교회의 가장 완고한 수호자들도 인정하고 있는 가톨릭교회의 "악습"에 대한 단순한 반발 정도로 생각했다. 그러한 악습이 남아 있는 한, 프랑스의 법률가이자 시인인 에티엔 드 라보에시 같은 가톨릭신자는 "우리의 교회가 정리되고 개혁되면, 그것은 완전히 새로워질 것이고, 그러면 〔프로테스탄트들에게〕 아무런 양심의 가책을 느끼지 않고도 교회로 되돌아올 수 있는 완벽한 기회를 줄 것"이라고 희망할 수 있었다.[160] 프랑수아 드 살은 이러한 전략을 "도수관 자르기"라고 불렀다. 물, 즉 교회의 오점들을 제거하면 프로테스탄트들은 가톨릭을 거부할 이유를 상실할 거라는 거였다.[161] 이러한 방법을 통해서, 사부아 지방의 그 신성한 선교사는 주네브를 탈환하려 했으나 뜻을 이루지 못했다.

주류 프로테스탄트 역시 로마가톨릭 옆에 하나의 대안교회를 세우려 한 것이 아니었다. 가톨릭과 마찬가지로, 그들도 그리스도교를 모든 그리스도교인들을 결합시키는 단일 종교라고 생각했다. 그들의 목표는 이 종교 가운데 불필요한 부가물들을 제거하여, 그것을—어디에서든지—원래의 형태로 회복시키는 것이었다. 전환은 쉽게 오거나 빠른 시일 내에 오지 않을 것이었다. 어떤 개혁가도 루터만큼 악마의 힘에 대해 낙관적이지 않았다. 루터의 생각에, 악마는 패배가 가까워지기 때문에 더욱 거칠게 날뛸 뿐이었다. 그러나 복음은 신의 말씀이고, 그것의 전파는 신의 일이었다. 선이 악을 물리칠 것이 확실하듯이, 참된 신앙이 승리할 것이라고 프로테스탄트들은 믿었다. 예수 자신이 그렇게 말하지 않았던가: "이 하늘나라의 복음이 온 세상에 전파되어 모든 백성에게 밝히 알려질 것이다. 그리고 나서야 끝이 올 것이다"(《마태오복음》24: 14). 이러한 종말론의 논점에 대해서 프로테스탄트와 가톨릭 모두 동의했다. 둘 모두에게 있어서, 최종적으로는 통일을 회복할 것인바 그것은 신의 섭리가 보증하는 신앙 조항이었다. 방황하는 자들은 그리스도의 목소리를 들을 것이고, "한 떼, 한 목자"만이 있을 것이었다(《요한복음》10: 16).

따라서 유일한 문제는 신이 어떻게, 얼마나 일찍, 도처에 진정한 그리스도교를 세울 것인가 하는 거였다. 설교, 가르침, 도덕적 훈육, 건전한 교회제도의 수립 등은 모든 분파들이 가장 먼저 의지하는 것이었다. 이러한 수단에 의해서, 개혁가들은 신의 도구가 되어 무지한 자들을 교육하고 잘못된 길을 헤매는 자들을 바로잡으려 했다. 그러나 그들이 평화적인 설득의 한계를 알게 된 것은 불가피했다. 그것은 언제 실패했나? 브뤼셀의 가톨릭 당국은 1523년에 종교개혁의 최초의 순교자들을 처형했다. 불과 몇 년 지나지 않아, 프로테스탄트도 정부가 종교적인 목적을 위해 강제력을 사용하는 것을 받아들였다. 그러나 행정관의 일반적인 "칼", 즉 법은 여기까지만 미칠 뿐이었다. 오래지 않아, 가톨릭과 프로테스탄트들은 적 가운데 일부—신의 적—는 너무 강력해서 군사력이 아니고서는 정복되지 않는다는 것을 알았다. 스위스는 1529년에서 1531년까지 진행된 유럽 최초의 종교전쟁의 무대였다. 그 다음 무대는 신성로마제국이었는데, 이곳에서는 1546년에 슈말칼덴 전쟁이 일어났고, 제후들의 전쟁이 뒤를 이었으며, 1555년에 아우크스부르크 평화로 종결되었다. 이 전쟁은 비극적이기는 했지만, 프랑스 종교전쟁, 네덜란드 반란, 잉글랜드 내전, 폴란드의 "홍

수", 그리고 가장 파괴적이었던 30년전쟁에 비하면 단순 접전에 불과했다. 전쟁을 시작했던 군인들은 신이 완전한 승리를 베풀어주실 것으로 한결같이 믿었고, 한결같이 실망했다.

그러나 처음부터 통일로 가는 다른 길을 충고한 사람들이 있었다. "현명한 사람은 무기를 사용하지 않는다"라고 독일 시인 제오르그 비첼은 썼다. 그는 1524년에 루터를 지지한다고 선언했으나, 9년 뒤에는 가톨릭의 품으로 돌아갔다. 비첼은 제후들의 자문관으로서 브란덴부르크, 율리히 클레베, 그리고 다른 독일 영방들이 종교개혁의 진로를 결정하는 데 도움을 주었다. 인생의 후년기에 그는 황제 페르디난트 1세의 신임을 얻었다. 일찍이 1533년에, 비첼은 종교전쟁이라는 "치료약"은 "분열이라는 질병보다 악할 것"이라고 예언했다. 그는 그러한 전쟁은 그리스도교의 배신이라고 선언했다. "모든 것을 연기와 재로 환원시키기를 원하는 자들, 집안을 불경한 자들의 피로 물들이려는 자들, 그리스도의 손을 어버이 살해로 더럽히려는 자들—이들은 그들을 움직인다고 하는 정신의 증인이 될 수 없다(《루가복음》 9: 55)."[162]

비첼은 화해와 타협을 통해 제국의 종교적 분열을 극복하는 데 많은 시간을 바쳤다. 그는 130여 편의 글에서 종교개혁의 "중간 길", 즉 가톨릭과 루터파의 중간을 관통하는 길을 그렸다. 비첼은 "천년도 더 지난 옛날에, 교부들이 제시한 길"이 "왕도"이고 "오래 다져진 건전한 길"이라고 주장했다. 자신이 존경한 에라스뮈스의 전통을 따르는 그리스도교 인문주의자로서, 비첼은 모든 분파들이 포용하기를 바랐던 순수한 종교의 모델을 초기 그리스도교에서 찾았다. 그것은 미신과 스콜라적인 궤변, 후대에 덧붙여진 의식과 난해한 교리 등이 제거된 종교였다. 그는 "만일 오늘날의 신학자들이 새로운 것들을 꾸며내기보다 옛날의 신학으로 만족한다면, 교회는 그렇게 많은 이단 때문에 괴로움을 겪지 않을 것"이라며 분개했다.[163] 비첼은 2세기의 제식에 기초한 제식을 제안했다. 그것은 프로테스탄트적 요소들을 많이 포함했다: 주례 복음 설교, 평신도들의 양형영성체(빵뿐만 아니라 포도주), 세속어 기도, 사적인 미사 금지. 비첼은 가톨릭으로 돌아간 후에는 가톨릭의 충실한 아들이 되었다. 그는 자기 시대의 가톨릭교회는, 악습과 타락에도 불구하고, 순교자 유스틴 시대의 교회와 똑같다고 믿었다.

비첼의 견해에 의하면, 진정한 그리스도교는 어느 한 종교적인 파당―그는 당시의 종파를 이렇게 불렀다―의 도그마로 축소될 수 없다. 오히려, 보편적인 종교는 파당의 이름표를 허용하지 않는다. "형제들이여, 이러한 말들을 더 이상 듣지 않게 해주십시오. '나는 바울로파다, 나는 아폴로파다, 나는 베드로파다'(《I 고린토》 1: 12), 혹은 요즘 식으로 말하면, '나는 교황파다, 나는 루터파다, 나는 츠빙글리파다; 나는 링크(재세례파인 멜키오르)파다, 나는 칼뱅파다.' 그리스도가 갈라졌습니까? 교황이 우리를 위해 십자가에 못박혔습니까? 우리가 루터, 츠빙글리, 링크, 칼뱅의 이름으로 세례를 받았습니까?"[164] 비첼은 이렇게 호소하면서 그리스도교 세계의 분열에 대해 근본적인 반대를 표명했다. 그는 경쟁하는 종파들의 차이를 흑백의 대조가 아니라 회색의 뉘앙스로 바라보았다. 물론 모든 종파가 똑같은 것은 아니었지만, 어떤 것도 사탄의 반反종교는 아니었다. 모든 종파들은 동일한 구원자에 대한 공통의 믿음을 가지고 있는 그리스도교의 진실된 표현들이며, 그것을 믿는 사람들은 모두 그리스도교인이었다. 건설적인 대화에 참여한다면, "지배하려는 야심과 욕심"을 포기한다면, 그들은 단일한 가톨릭—이 단어의 본래 진정한 의미인 '보편적'이라는 뜻의—교회의 구성원으로 다시 합칠 수 있을 거라고 그는 확신했다.

비첼은 혼자가 아니었다. 그의 시대에, 대부분의 유럽인들은 그리스도교 세계를 괴롭히고 있는 논쟁은 대화를 통해서 해결될 수 있다고 생각했다. 그러한 해결책은 종교전쟁의 암운이 감돌던 지역과 중부 유럽에서 특히 시급했다. 투르크인들이 공격해온 중부 유럽에서, 그리스도교인들은 공동의 파멸을 피하려면 통일전선을 구축할 필요가 있었다. 교회인들은 그들의 정치적 후견인들에 밀려 신학적인 토론, 즉 "콜로키움"을 반복했다. 그 콜로키움 가운데 하나는 주목할 만한 성공을 거두었다. 1541년 레겐스부르크에서, 프로테스탄트 측의 필립 멜란히톤과 마르틴 부처, 가톨릭 측의 콘타리니 추기경과 요한 그로퍼는 의인義認 교리를 위한 하나의 신조에 동의했다. 그들은 에라스뮈스의 제안을 받아들여, 구원을 얻기 위해서는 믿음과 선업이 모두 필요하다고 인정했다. 근대의 전문가들이 언제나 생각해온 가톨릭과 프로테스탄트 신학 사이의 그 가장 본질적인 차이—선업 대 오직 믿음에 의한 구원—는, 이 경우에, 극복하기 어려운 것이 아니었다. 성직자의 결혼, 양형영성체, 제식에서의 세속어 사용 등도 그러했다. 그때에는, 로렌 추기경 샤를 드 기즈와 황제 페르디난트 1세 같은, 양보할 준비가 되어 있는 뛰어난 가톨릭신자들과 그들이 그렇게 하는 데 대한 중세의 선례가 있었다. 오히려 가장 어려운 문제는 교황의 권위와 성체성사의 교리였다. 모든 타협의 배는 이 두 암초에 부딪혀 좌초했다. 1561년의 푸아시 콜로키움은 테오도르 베즈가 성체성사에 대해 뱉은 성급한 몇 마디 때문에 의미 있는 대화가 시작되기도 전에 끝났다.

콜로키움들이 열릴 수 있고, 국가적 차원의 회의가 제안될 수 있지만, 종교적인 논쟁을 해결할 수 있는 최종적인 권위는 교회 전체가 참여하는 보편 공의회였다. "자유롭고, 보편적인" 공의회만이 모든 그리스도교인들에게 구속력 있는 결론을 내릴 수 있다는 주장이 제기되었다. 그러나 오랜 지체 끝에 1545년에야 소집된 공의회는 많은 사람들이 보기에 그러한 요건을 충족시키지 못했다. 트렌토에 파견된 프로테스탄트 대표들은 토론의 파트너가 아니라 고발된 이단 취급을 당했다. 독일의 가톨릭제후들마저 공의회가 전혀 자유롭지 않았다고 말했다. 사실, 교황 측근들이 의도한 트렌토 공의회는 북유럽인들 특히 독일인들과 프랑스인들이 요구해온 개방적이고 보편적인 공의회가 아니었다. 참석자들 가운데는 이탈리아의 공위성직자와 스페인 신학자들이 압도적으로 많았다. 그러니 1563년에 대표들이 프로테스탄트 이단들에게 "파문"을 외치며 마지막 회기를 마친 것은 놀라운 일이 아니었다. 돌이켜보면, 트렌토가 서양 그리스도교 세계의 항구적인 분열에 도장을 찍었다는 것은 이론의 여지가 없다.

그렇지만, 당시에는 그렇게 분명하지 않았다. 그 후 몇 십 년 동안, 평화를 갈구하던 사람들은 계속해서 비첼의 호소에 메아리를 보냈다. 그들은 유럽의 종교 무대가 더욱 거칠어지고 양극화 되어도 교회의 재결합을 요구했으며, 만일 작금의 신학 논쟁이 즉시 해결될 수 없다면 다른 방식으로라도 그리스도교인들이 합칠 것을 요구했다. 그들은 논쟁점들이 실제로 얼마나 중요한가 하고 물었다. 평화주의자들은 종파주의적인 적들이 실제로는 얼마나 많은 것을 공유하고 있는지 강조했다: 단지 공통의 인류애만이 아니라 공통의 그리스도교 신앙. 아마도 이러한 생각을 가장 명백히 표현한 사람은 1579년에 네덜란드에서 나온 팸플릿의 익명의 작가일 것이다: "우리는 이 사람들(프로테스탄트들)이 귀신이라고 들어왔다. 우리는 개를 쫓듯이 그들을 쫓아냈다. 그러나 곰곰히 생각해보면, 그들도 우리와 똑같은 성격과 조건을 가진 인간이다…… 우리와 똑같은 신을 숭배하고, 똑같은 그리스도 안에서 구원을 찾고, 똑같은 성경을 믿고, 똑같은 유언장에 의해서 똑같은 유산의 몫을 주장하는, 한 아버지의 자식들이다."[165] 프랑스의 한 익명의 가톨릭신자는 더욱 솔직했다. 그는 1589년에 "가톨릭…… 그리고 위그노는 교리상으로 별로 차이가 없다. 그들은 똑같은 신앙과 똑같은 종교를 가지고 있다"고 주장했다. 그는 두 집단을 분열시키는 교리에 대해서는 별다른 의미를 부여하지 않았다. 그것들은 비신학자들의 이해력을 넘어서는 너무 복잡한 것이어서, 일반 사람들은 아무것도 이해하지 못한다고 그는 말했다. 만일 그것들에 대한 분명한 동의가 필요하다면, "가톨릭신자들도 로마교회에 속하지 않으며", 그래서 천벌을 피할 수 없다고 결론내려야 할 것이었다.[166]

　신학은 그러한 견해를 표현할 기술적인 용어를 만들어, 그리스도교의 본질적인 것과 비본질적인 것을 구분했다. 그리스도교의 모든 종파들은 이러한 구분을 했다. 그러나 종파주의 시대의 주도적인 신학자들과 지배적인 성직자들은 모든 논쟁점들이 본질적인 것이라고 주장한 반면, 평화주의자들은 그 반대를 주장했다. 재통합의 관건은 본질적인 것들을 좁게 규정하고, 종파들이 동의하는 것으로만 제한하고, 나머지 것들은 모두 비본질적인 것으로 분류하는 데 있었다. 에라스뮈스는 일찍이 1523년에 이러한 접근 방법을 주장했으며, 카스텔리옹은 화폐의 비유를 사용한 1554년의 유명한 책《이단에 대하여》에서 간단하면서도 암시적으로 그렇게 했다. 그의 설명에 의하면, 지역마다 화폐가 다르기 때문에 다른 지역의 화폐가 "모양과 관계없이 어느 지역에서나 통용되는 금화가 아니라면" 그것을 거부한다. 경쟁적인 교회들은 그리스도의 가르침에 "상이한 모양과 이미지"를 부여하지만, 그럼에도 모든 교회는 십계명과 삼위일체는 받아들인다. 카스텔리옹에 의하면, 바로 이러한 믿음이 "이미지와 관계없이 모든 지역에서 받아들이는 금화"이다.[167] 그것을 가지고 있는 사람은 아무도 처벌받아서는 안 된다. 그 다음 세기에, 모든 종파의 뛰어난 학자들—가톨릭인 게오르그 카산더, 루터파인 게오르그 칼릭투스, 청원파인 후고 그로티우스, 칼뱅파인 데이비드 파래우스와 존 듀리, 소치니파인 다니엘 츠비커, 그리고 성공회의 윌리엄 칠링워스 등—은 이러한 접근을 받아들였다. 그들은 학술적인 저술에서 그리스도교인들을 재통합시킬 수 있을 것으로 희망한 '본질적인 것'들의 정의를 내렸다.

이러한 목표는 16세기에는 일치concord 혹은 평화peace로 알려졌고, 17세기에는 포용comprehension, 허용latitude, 교회의 관용ecclesiastic toleration이라고 불렸다. 그것은 관대함indulgence, 시민적 관용civil toleration, 혹은 그저 단순히 관용toleration이라고 불리는 근대적 의미의 관용과 혼동되지 말아야 한다. 1689년, 로크는 당시 잉글랜드에서 입안 중인 법에 대해 네덜란드의 친구인 필립 반 림보르흐에게 알려주는 글에서 다음과 같이 썼다: "의회에서는 '포용'과 '관대함'이라는 두 가지 형태로 관용에 대해 논의하고 있다. 첫 번째 것은 교회의 경계를 넓혀, 몇 가지 의식을 폐지함으로써 많은 사람들이 동조할 수 있도록 하는 것이다. 두 번째 것은 제안된 조건에서도 잉글랜드 교회와 통합하기를 원하지 않거나 통합할 수 없는 사람들을 관용toleration하는 것이다."[168] '포용'은 다양한 믿음을 가진 사람들을 단 하나의 교회 안에 받아들이는 것이다. '관대함'은 다수의 교회가 존재함을 받아들이는 것이다. 포용과 관대함은 흔히 양자택일적인 것으로 인식되었다. 요컨대, 공인된 교회의 품 안으로 종교적 반대자들을 데려올 수 있다면 그들에게 관대함을 베풀 필요가 없다는 것이다. 그렇지만, 로크의 말이 시사하듯이, "포용" 역시 관용의 한 형태로 인정받을 가치가 있다. 실로, 그것은 모든 형태 가운데 가장 야심적이고 자비로운 것이었다. 그것은 자기의 믿음과 다른 믿음을 정당한 믿음으로 받아들일 것과, 그러한 믿음을 견지하는 사람들과 영적으로 소통할 것을 요구했다.

포용의 실천

16세기 중엽에도 여전히, 포용은 유럽의 새로운 분열이라는 문제를 해결할 수 있는 방법으로 여겨졌다. 그것은 종파주의적인 신앙 방식이 적어도 유럽의 몇몇 지역에서는 충분히 강하지 않았거나 지나치게 넓게 퍼지지 않았기 때문이었다. 그렇다고 해서 가톨릭주의, 루터주의, 개혁파 프로테스탄티즘, 재세례주의 등이 그리스도교의 분명한 형태로 존재하지 않았다는 것은 아니다. 그러나 몇몇 사항은 아직 분명히 규정되지 않았고, 몇몇 사항은 분명히 규정되기는 했으나 아직 "진정한" 그리스도교의 본질적인 측면으로 선언되지 않았다. 더 중요한 것은, 경쟁적인 종파들의 교육적이고 훈육적인 기획이 시작단계에 있었다는 점이다. 수백만 명의 유럽인들은 아직 경직되지 않아서, 상이한 믿음과 실천의 장점에 대해 생각할 수 있었고, 그것들의 정신적 의미는 물론이고 정치적, 사회적, 문화적 의미들이 경험적으로 밝혀짐에 따라 자기 견해를 바꿀 준비가 되어 있었다. 어떤 종파가 많은 나라의 공식적인 종파로 등장할지는 여전히 불확실했으며, 특히 잉글랜드와 팔츠공국 같은 나라의 신민들은 지배자가 새로 바뀔 때마다 종파를 바꿀 것으로 기대되었다. 이들 신민들의 대부분은 적응할 수 있었다. 16세기에는 종교적인 망명자나 순교자 1명에 대해 적어도 10명의 그리스도교인은 순응할 준비가 되어 있었다. 어떤 사람들은 무엇이 "진정한 신앙"인지 확신하지 못했으며, 어떤 사람들은 신앙의 전문가라고 인정받는 사람들의 가르침을 진실로 받아들였다. 어떤 사람들은 다른 문제에서와 마찬가지로 종교문제에서도 지배자에게 복종하는 것이 의무라고 믿었으며, 어떤 사람들은 그냥 압력에 굴복했다. 종교적인 정통이 무엇인지 불확실하고 종교적인 헌신이 유동적인 한, 상이한 믿음을 가진 사람들을 같은 교회에서 함께 예배보게 만든다는 것은 공상적인 목표가 아니었다.

이러한 분위기가 지배적이었던 곳 가운데 하나가 북부 네덜란드였다. 이곳에서는 1570년대와 1580년대까지도 헌신적인 칼뱅파와 군대적인 가톨릭신자는 소수에 불과했다. 그 당시에, 라이덴, 구다, 위트레흐트, 그리고 그 밖의 다른 네덜란드 도시들의 성직자들은 지역공동체 사람들을 가급적 많이 받아들이는 식으로 교회 개혁을 추진했다. 가장 성공적인 사람은 휘베르트 다외프하외스였다.

다외프하외스는 1576년에 도시가 스페인 반란에 가담했을 때 위트레흐트의 소교구 교회 가운데 하나인 야곱교회Jacobskerk의 목사였다. 그 후 2년간 그는 고백성사와 미사 집전을 중단했다. 그는 성상과 그 밖의 "미신들"에 대한 경배를 거부하면서, 제단을 비롯한 가톨릭 예배에 필요한 물품들을 치워버렸다. 백의白衣를 벗었고, 세례성사와 성체성사를 제외한 나머지 성사들은 집전을 그만두었다. 성체성사 때에는 신자들에게 빵과 포도주를 모두 주었다. 그는 세속어로 의식을 진행했는데, 의식의 중심은 복음서에 기초한 설교였다. 본질적으로, 새로운 야곱교회는 프로테스탄트 교회였고, 다외프하외스는 가톨릭신자들을 별도의 집단—그가 점잖은 수단을 통해 끌어들이기를 바라는 집단—이라고 말했다. 그렇지만, 다른 측면에서 볼 때, 교회는 종파주의적이지 않았다. 다외프하외스는 특정 종파에 동의하지 않았으며, 교리문답을 가르치지 않았다. 그는 부모가 자식을 특별한 방식으로 키울 것을 약속하라고 요구하지 않았다. 그는 당회를 세우는 것을 거부했기 때문에 교회에는 어떠한 훈육기관도 없었다. 그는 통일성에 가치를 부여하지 않았고, 네덜란드 칼뱅파가 세운 장로회와 시노드의 권위를 거부했다. 가장 결정적인 것은, 교회에 오는 사람들에게는 그들이 누구인지 심사하거나 공개적인 신앙고백을 요구하지 않고 성체성사를 주었다는 점이다. 야곱교회는 아무도 성찬에서 배제하지 않았다. 이것은 위트레흐트의 칼뱅파를 격노케 했다. 이들은 야곱교회를 "방종한, 리베르틴(자유사상가) 교회"라고 비난했다. 그렇지만, 다외프하외스가 보기에, 칼뱅파 목사들과 장로들이 시행하는 규율잡기는 가톨릭 신부들이 이미 시행해온 성직자 독재와 똑같은 냄새가 나는 것이었다. 그것은 프로테스탄트 종교개혁이 그리스도교인의 자유를 요구하면서 제거하고자 했던 "교황의 멍에"의 "잔재"였다.[169]

다외프하외스의 교회는 어떤 국교회보다 포용적이었다. 거의 10년 동안, 그 교회는 모든 그리스도교인들을 그들의 믿음에 관계없이 성체성사에 받아들였다. 교회를 이처럼 포용적으로 만든 것은 배후에 있는 영성주의적 신앙이었다. 중세 신비주의의 영향을 받은 다외프하외스는 그리스도교인들이 구원에 도달하기 위해서는 내적인 영적 재생을 경험해야 한다고 믿었다. 신과의 내밀한 영적 소통을 이루어 영혼이 신의 성령으로 가득차고 성령으로 대체되어야 한다는 것이다. 그리스도교인들이 어떤 도그마를 가지고 있고, 어떤 의식을 실행하고, 심지어는 어떤 교회에 속하는가 하는 것은 이러한 과정과 아무 관계가 없다. 영성주의적 믿음은 네덜란드에 널리 퍼져 있었다. 에라스뮈스의 믿음도 마찬가지로 널리 퍼져 있었는데, 그것은 경건한 그리스도교인은 그리스도가 모범을 보여준 겸손, 연민, 자기부정, 형제애 같은 덕목을 실천하는 사람이라는 것이었다. 다외프하외스는 에라스뮈스의 믿음을 공유하고 있었다. 그러한 믿음은 어떤 교회의 신자들에 의해서건 공유―혹은 거부―될 수 있는 것이었다. 실로, "리베르틴들"은 칼뱅파가 본질적인 것이라고 여긴 정통의 표시들을 모두 비본질적인 것으로 치부함으로써 종파주의 자체를 배격했다. 인문주의처럼, 영성주의는 그리스도교인들이 다른 교회에 속한 사람들을 관용하도록 고무했을 뿐만 아니라 상이한 교리를 가진 사람들이 함께 교회에 참석하도록 일깨워주었다.

처음부터 야곱교회는 위트레흐트 행정관들의 지지를 받았다. 그 교회가 그들에게 어필한 것은 교회의 가르침 때문만이 아니라 그들이 안고 있는 커다란 문제에 대해서도 해답을 제시해주기 때문이었다. 그들의 딜레마는 날로 심각해지는 종파주의적 분열 앞에서 어떻게 위트레흐트 시민들을 통합시키고 평화를 유지하느냐였다. 만일 야곱교회의 모델을 도시 전체에 적용한다면, 위트레흐트 시민 모두 혹은 다수를 동일한 교회 안에 둘 수 있을 것이며, 시민공동체와 종교공동체의 일치라는 옛날의 형태를 종교개혁 이후 시기에도 유지할 수 있을 것이었다. 바로 그것이 행정관들의 열렬한 바람이었으며, 한동안 그들은 그것을 거의 모두 달성할 수 있었다. 이렇게 조정함으로써 그들은 실제적인 이익을 얻을 수 있었는데, 특히 두드러진 것은 이러한 도시적이고 공동체적인 교회에 대한 통제력이었다. 그러나 위트레흐트의 칼뱅파는, 그보다 더욱 군대적인 가톨릭교도들과 마찬가지로, 그같은 조정을 묵인할 수 없었다. 칼뱅파는 야곱교회를 정당한 개혁파 교회로 인정하기를 거부하면서, 별도로 신자들을 조직했다. 그리하여 처음부터 위트레흐트에는 두 개의 경쟁적인 개혁파 교회가 들어섰다. 1590년에 야곱교회 모델이 지역의 전체 소교구에 적용되었을 때, 위트레흐트의 칼뱅파는 그 도시에서 예배보기를 거부했다. 이들이 반란에서 수행한 결정적인 역할을 고려할 때, 그들과 동종교인들이 공화국의 다른 지역에서 보여준 열정과 발전을 고려할 때, 그리고 도시의 미래 목사들이 네덜란드의 대학에서 받은 칼뱅파 교육을 고려할 때, 이러한 비정상적인 지역 상황은 오래 지속될 수 없었다. 위트레흐트의 행정관들도 그러한 사실을 인정했다. 결국 1609년에 위트레흐트 도시 교회는 칼뱅파 정통규범을 채택했다. 이 규범은 청원파 논쟁 이후 더욱 정밀해지고 엄격해졌으며, 위트레흐트 시민을 경쟁적인 종파로 영원히 분열시켰다.*

다외프하외스와 네덜란드의 다른 도시들에 있는 그의 동반자들은

---

* 청원파Remonstrants는 칼뱅의 엄격한 예정설에 반대한 야코부스 아르미니우스를 지지한 네덜란드의 프로테스탄트들이다. 이들은 1610년에 홀란드와 프리슬란드 의회에 칼뱅주의를 비판하는 5개항의 청원서를 제출했다.

네덜란드 프로테스탄트 교회를 다양한 종교적 견해를 가진 사람들에게 열려 있는 포용적인 교회로 만든다는 목표를 의식적으로 추구했다. 잉글랜드의 엘리자베스 1세와 그녀의 핵심 장관이었던 로버트 세실이 메리 튜더의 가톨릭 체제가 끝나고 잉글랜드 프로테스탄트 교회가 다시 확립된 1559년에 의식적으로 그렇게 행동했는지는 확실하지 않다. 그들이 모든 잉글랜드인을 포용하는 교회를 만들려고 했던 것은 의심의 여지가 없다. 그러한 희망은 유럽의 다른 지배자들도 가지고 있던 것으로, 그들은 자기 영토 내에서 종교적 통일을 이루기 위해 노력했고, 그것을 정치적 통일의 토대로 여겼다. 1559년 종교적 해결의 모호성과 부정합성 역시 전적으로 잉글랜드만의 특징도 아니었다. 엘리자베스가 확립한 잉글랜드 교회는 본질적으로는 교황이 빠진 가톨릭 구조에다가 본질적으로 칼뱅파 신학을 접목시킨 것이었다. 그것의 기도서는 프로테스탄트적이지만, 무릎 꿇고 영성체 하기, 성직자가 백의白衣 입기, 여자들이 산후에 성당 가기 등과 같은 전前종교개혁적 실천을 버리지 않았다. 당시, 독일과 스칸디나비아의 루터파 교회 역시 같은 의식을 견지하고 있었으며, 잉글랜드 교회와 마찬가지로 "심화된 개혁" 운동이 시작되었을 때 큰 혼란을 겪었다. 결정적인 차이는, 엘리자베스와 그녀의 계승자인 제임스 1세가 그녀의 원래 해결책에 변화를 가하려는 일체의 움직임에 제동을 걸었다는 것이다. 그리하여, 루터파 교회는 내적인 다름을 점점 덜 관용하게 되었고 "비밀 칼뱅파"를 배격하는 정통교리를 더욱 정밀하게 정의했지만(혹은, 소수의 경우에는, 루터주의를 완전 버리고 개혁파 신앙을 받아들였지만), 잉글랜드 교회는 1620년대까지도 퓨리턴에서 자칭 가톨릭에 이르는 광범위한 스펙트럼의 그리스도교인들을 받아들였다. 엘리자베스는 신민들이 소교구 교회에서 영성체를 하도록 하라는 요구를 거부하고, 성직자들이 잉글랜드 교회의 신앙고백으로 사용되던 39개조에 동의해야 하는 의무를 면해주는 법을 통과시킨 1571년에 그러한 포용주의를 분명히 했다.* 엘리자베스는 "인간의 영혼에 창을 내기"를 거부하면서, "오직 예수 그리스도 한 분만 계실 뿐이며, 나머지 모든 것은 허접한 것들에 대한 논쟁이다"라고 선언했다.[170]

폴란드와 프랑스에도 잉글랜드의 국교회와 비슷한 것을 만들자는 제안이 흘러나왔다. 17세기에 교황들은 프랑스의 "프랑스 교회주의자들"이 로마로부터 완전한 독립을 선언하지 않을까, 국가교회를 세우지 않을까, 그리고 타협을 통해 가톨릭과 위그노를 포용하지 않을까 하는 두려움에 사로잡혔다. 그러나, 프랑스의 가톨릭이 로마의 권위에 대해 불만을 느끼기는 했지만, 프랑스 내의 종파주의적인 분열이 너무 심각하여 1560년대에도 그러한 시나리오는 실현될 수 없었다. 잉글랜드는 1630년대에 가서야 양극화되며, 그것도 프로테스탄트가 가톨릭에 대항한 것이 아니라 퓨리턴들이 로드 대주교의 아르미니우스파에 대항한 것이었다. 당시 로드 대주교는 찰스 1세의 지원을 받아 잉글랜드 교회에서 칼뱅파 요소들을 청산하고 "신성함의 아름다움"을 회복하기 위해 적극적인 공세를 폈다.[171] 퓨리턴들은 그의 공격을 가톨릭의 회복을 예고하는 것으로 여겼다. 이러한 갈등은 1642~1651년의 내전으로 폭발하여, 잉글랜드 프로테스탄티즘을 경쟁적인 집단들로 조각냈다.

1660년, 잉글랜드 교회가 군주정과 함께 회복되었을 때, 퀘이커파

---

* 39개조는 1563년에 확립된 영국 성공회의 교리다.

나 침례파가 잉글랜드 교회 안으로 돌아오는 것은 불가능했다. 독립파(회중파)는 그럴 가능성이 있었고 장로파는 더욱 그러했다. 그들 가운데 상당수는 교회로부터 분리된 적이 없었으며, 교회를 내부로부터 개혁한다는 전략을 고수했기 때문이다. 그러나 양쪽 모두 시간이 지나면서 강경해졌다. 왕정복고 후 3년이 지나지 않아, 대단히 억압적인 분위기 아래에서, 1,700여 명의 독립파와 장로파 목사들이 잉글랜드 교회에서 쫓겨났다. 그것은 부분적으로는 장로파가 지배권을 쥐고 있던 1640년대에 성공회 목사들을 축출한 데에 대한 보복이었다. 추방된 목사들은 약 30만 명의 신도들과 함께 떠났다. 에드워드 스틸링플리트와 존 틸라슨 같은 광교파들은 이들이 국교회로 돌아올 수 있도록 노력했으나, 성공회 동료들의 완고함 때문에 뜻을 이루지 못했다.[*] 1667년, 1680년, 1689년에 의회에 제출된 "포용법안"은 모두 실패했다. 1689년의 그 유명한 관용법(여기에는 '관용'이라는 말은 나오지 않는다. 그 정도로 그 단어는 곤혹스러운 단어였다)이 대부분의 비국교도에게 적용하려고 의도된 것이 아니라는 점은 영국사의 아이러니 가운데 하나다. 원래, 로크가 설명했듯이, 그 법은 장로파를 교회로 돌아오게 할 수 있을 것으로 생각되었던 포용법안을 보완하는 것이었다. 그렇게 되면 프로테스탄트 비국교도들 가운데 잔당들만 신경쓰면 될 것이었다. 사실, 어떤 앵글리칸들은 포용법안을 그리스도교적 자애의 행동이요 교회의 올바른 전체성을 회복시키는 길이라고 본 반면, 어떤 앵글리칸들은 그것을 장로파를 다른 비국교도들과의 연합으로부

---

[*] 광교파Latitudinarians는 성공회의 공식적인 제식을 따르면서도 교리, 제식, 교회조직 같은 문제는 중요한 문제가 아니라고 생각한 17세기 영국의 신학자들을 가리키는 경멸적인 용어다.

터 떼어놓을 수 있는 쐐기라고 보았다. 그것은 "비국교도들"의 힘을 약화시키고, 잉글랜드 교회의 헤게모니를 강화시킬 것으로 기대되었다. 그 결과, 관용법이 통과된 후, 대부분의 장로파는 자기들의 인가받은 교회에서 예배보는 것이 가능해지자 포용에 대한 관심을 잃어버렸고, 보수적인 앵글리칸들은 국교회 안에서 그들과 함께 지내야 한다는 부담에서 벗어났다. 잉글랜드 교회는 고파와 저파가 대립하는 등 여전히 다양했으나, 포용comprehension이라는 폭넓은 기획에는 실패했다. 그 자리를 대신한 것은 다양한 교회들이 공존하는 것, 즉 관용toleration이었다.

전 유럽적으로 '포용'의 운명은 그러했다. 종파주의적 분열이 심해질수록 그것은 더욱 어려워졌다. 그럼에도 불구하고, 근대 초의 야심적인 조정자들은 경쟁적인 종파들의 재통합을 위한 계획을 이따금 제안했다. 예컨대, 17세기 초에 철학자 라이프니츠는 두 가지 노력을 했다. 하나는 독일의 칼뱅파와 루터파를 통합하는 것이고, 다른 하나는 유럽의 프로테스탄트와 가톨릭을 통합하는 것이었다. 라이프니츠는 잉글랜드 교회를 모델로 삼아, 베를린의 궁정 설교자인 다니엘 야블론스키와 함께 포용적인 독일 프로테스탄트 교회의 제식과 질서를 세우는 작업을 했다. 이러한 보편적인 노력은 라이프니츠의 지배자로서 1714년에 영국 왕이 된 하노버 공작과, 1701년에 프로이센 왕이 된 브란덴부르크 선제후의 강력한 지원을 받았다. 선제후는 1610년대 이래의 선임자들처럼 프로테스탄트의 통합을 증진시키는 데 많은 관심을 가졌으며, 칼뱅파로서 공식적으로는 루터파인 영토를 지배했다. 이러한 후원에도 불구하고, 최종 제안은 양측의 강경파로부터 곧바로 버림받았다. 라이프니츠의 두 번째 노력은 프랑스의 탁월한 성직자인 보쉬에 주교와 대화하는 정도였다. 라이프니츠는 가톨릭교회는 트렌토 교령을 유보하고 새로운 보편 공의회를 소집해야 한다고 보쉬에를 설득했다. 트렌토는 제대로 대표되지 못했기 때문에 그리스도교 세계를 위해 입법할 권위를 가지고 있지 않았다는 것이 그 이유였다. "진정한 평화를 위한 희망"은 핵심적인 프로테스탄트 교리를 단죄한 교령들을 철회하는 데 있다는 것이었다.[172] 교회가 그렇게 할 것이라고 생각한 가톨릭신자는 거의 없었다.

그렇지만, 야심적인 기획은 실패할 운명이었다 해도, 지역적인 차원에서 조정이 일어나지 않은 것은 아니었다. 하나의 예는 브레멘과 뮌스터 사이에 있는 작은 독일 도시 골덴슈테트에서 볼 수 있다. 이곳의 가톨릭과 루터파는 소교구 교회에서 함께 예배를 보았다. 16세기부터 19세기까지 매주 거행된 골덴슈테트 제식은 지역 권력투쟁의 특이한 결과였다. 그것은 상이한 신앙들의 요소들을 결합한 혼합—혹은 교회 당국의 눈에는 악마적인 잡종—이었다. 일요일마다, 가톨릭은 미사의 성부聲部를 노래하고, 루터파는 찬송가로 답하는데, 예배 내내 이렇게 교대로 진행되었다. 사제가 미사 전문典文을 음송하는 동안, 루터파는 자리에 앉아서 영성체 후後 찬송가를 불렀다. 사제는 가톨릭과 루터파에게 성수를 뿌려주고 나서 설교단에 올라가 설교를 했는데, 루터파를 자극할 만한 도그마는 피했다. 그렇지만 이러한 조정은 엄밀히 말해 포용이 아니었다. 왜냐하면 가톨릭과 루터파는 함께 예배를 드리기는 했지만 여전히 별도의 집단이었기 때문이다. 그들은 영성체를 함께하지 않았으며, 예배가 끝난 뒤에는 두 개의 모금함이 돌았다. 하나는 가톨릭 빈민을 돕기 위한 것이고, 다른 하나는 루터파 빈민을 돕기 위한 것이었다.

더 큰 차원에서, 상이한 교회들의 연합과 동의가 가능했다. 예를 들면, 폴란드에서, 루터파, 칼뱅파, 보헤미아형제회는 1570년에 센도미르 합의에 도달했다. 그것이 기획한 것은 교회 통합이 아니라 "형제적 결합"이었다. 이것은 각 종파의 교리, 의식, 제도 등은 손대지 않고, 세 종파의 신자들이 아무 교회에서나 성사를 받도록 허용했다. 또한, 세 교회의 도그마는 동일한 믿음을 표현한다고 선언하면서, 세 종파는 교황파와 반삼위일체파에 대한 투쟁에서 서로 돕고 지원할 것임을 약속했다(공동의 적을 갖는 것보다 더 접근을 권하는 것은 없다). 그로티우스, 파래우스, 그 밖의 다른 교회평화주의자들은 이 '합의'를 다른 지역의 프로테스탄트들이 본받아야 할 모델로 제시했다. 종파주의는 동유럽에서 더디게 발전했고, 그리하여 서유럽에서보다 그러한 동의에 도달하는 것이 (당분간) 쉬웠다. 그러나 폴란드에서조차도, 1645년 국왕 라디슬라스 4세가 모든 주요 종파의 신학자들을 토른의 대규모 회의 "형제적 대화Colloquim Charitativum"에 소집했을 때 루터파와 칼뱅파는 참석하지 않았다. 30년전쟁이 막판으로 치달을 무렵에 소집된 그 콜로키움은 유럽의 종교 분쟁이 해결되거나 완화될 거라는 희망을 일깨웠다. 그렇지만, 동료 루터파로부터 두 개의 신앙을 섞는다는 비난을 받아 루터파 대표단에서 배제되어 개혁파 대표단의 일원으로 참석한 칼릭투스의 말에 의하면, 그 콜로키움은, 프로테스탄트들 사이에서, 형제적이라기보다 적대적이었다.[173] 토른에서, 루터파 강경파는 이미 죽은 문서와 다름없는 '합의'를 공식 거부했다.

공식적인 통합과 동의는 성직자들의 승인을 받지 않으면 안 되었지만, 세속의 지배자들도 일반적으로 그에 대한 발언권을 가지고 있었다. 실로 그들은 그러한 동의의 배후에 있는 구동력이었다. 그렇지만 평범한 세속인들은 그것을 좀더 느슨한 형태의 결합으로 가공했다. 예컨대, 17세기 네덜란드공화국에, 학교파Collegiants라는 이름의 평화주의 집단이 등장했다.[*] 다외프하외스의 정신적 상속자인 이들의 믿음은 16세기 "자유사상가들"의 믿음과 비슷했다. 그들은 도그마와 의식은 중요하게 여기지 않았다. 그들은 훈육을 거부했으며, 성령과의 개인적인 소통을 통해 구원을 얻고자 했다. 1670년대와 1680년대에, 그들 가운데 일부 특히 다니엘 츠비커와 얀 브레덴부르크는 하나의 포용적인 교회에 그리스도교 세계의 모든 사람들을 재통합하려는 기획을 제시했다. 다른 사람들은 그리스도교인들이 운명적으로 분열될 수밖에 없으며, 적대적인 종파들의 존재는 천년왕국이 도래할 때까지 이 세상의 죄많고 타락한 성격의 징후라고 생각했다. 이에 대비하기 위해, 학교파는 평화주의적인 학교를 구성했다. 이것은 다양한 교회 —특히 청원파, 소치니파, 바터랜드 메노파—의 구성원들이, 아무 교회에도 속하지 않는 사람들과 함께 토론하고, 기도하고, 성경을 연구하는 모임이었다. 학교파는 개인의 영적인 평등과 자유를 주장했기 때문에 일반적인 형태의 성직자 리더십이 없었다. "자유로운 예언" —종교문제의 공개적이고, 무제한적이고, 무검열적인 토론—이 모임의 핵심이었다. 그리스도를 구원자로 인정하는 사람들은 누구나 이 모임에 참여할 수 있었다. 이 운동은 비엘리트라는 의미에서의 민중적인 운동은 아니었다. 구성원들의 상당수는 부유하고 지적 수준이

---

[*] 1619년 홀란드에서 아르미니우스파와 재세례파 일부가 결성한 절충적 분파다. 이들은 매월 첫 번째 일요일 집회colleges에서 각자 자유롭게 성서를 설명하고 기도할 수 있었기 때문에 이러한 이름으로 불렸다.

높은 사람들이었다. 그러나 교회의 형식주의를 피하고, 기존교회를 대체하기보다는 보완하려 함으로써, 학교파는 그리스도교의 통합을 위한 주도권을 성직자와 지배자로부터 빼앗았다.

영국의 비국교도들은 "선별적 준봉遵奉"이라고 알려진 운동을 통해서 이들과 똑같이 했다. 이것은 소교구 교회의 몇몇 의식에만 참여하는 것이었다. 엘리자베스 치세 초기, 스스로를 로마 가톨릭교도라고 생각한 대부분의 그리스도교인들은 설교에는 참석하지만 영성체는 하지 않는 '선별적 준봉'을 했다. 예수회 선교사들은 이러한 가톨릭교도들을 "교회 교황파"라고 낙인찍었으며, 그들의 행동을, 적어도 공개적으로는, 거칠게 비난했다.[174] 그러나 사적으로는, 고해신부요 영성조언자로서, 가톨릭교도들을 그렇게 행동하게끔 밀어붙인 필요성을 이해했다: 지배자에게 복종해야 한다는 것; 지배자는 공적인 예배를 비롯한 공적인 영역을 정리할 권리가 있다는 생각; 공적인 영역에서는 통합이 유지되어야 한다는 생각; 가톨릭, 특히 가톨릭 젠트리와 귀족들은 집안의 재산을 유지하기 위해 국교거부자반대법을 피할 필요가 있다는 것. 마지막 필요성은 사적인 이익의 문제만이 아니었다. 그러한 가문은 선교신부들을 후원하고, 그들의 사회적 하급자들 사이에 가톨릭주의를 보급하기 위해 권력과 재산을 이용했던 것이다. 이따금씩 순응함으로써, 집안의 가장들은 다른 사람들, 특히 부인들이 국교거부자로서 살고 가톨릭적인 삶을 유지하는 데 주도적인 역할을 하도록 했다. 여하튼간에, 국교거부자와 이따금씩의 국교도들을 지나치게 분명히 구분하는 것은 잘못이다. 많은 사람들은 자기들이 받는 압력의 양에 따라 둘 사이에서 움직였다. 물론 편협한 프로테스탄트의 관점에서 보면, 이따금씩의 국교도들은 궁극적인 제5열, 할 수만 있다면 잉글랜드 교회를 무너뜨릴 위선적인 배신자였다.

내전이 발발하면서, 잉글랜드 가톨릭교도들 사이에서 선별적 준봉은 쇠퇴했다. 왕정복고 이후, 그것은 다시 일반화되었는데, 이번에는 프로테스탄트 비국교도들 사이에서 그러했다. 일부 독립파와 많은 장로파는, 심지어 그들의 목사들이 잉글랜드 교회에서 추방당한 후에도, 계속해서 성공회 예배에 참석했다. 그들이 별도로 가진 예배를 대신해서가 아니라 그 예배에 더해서 말이다. 아마도 극단적인 사례이겠지만, 메이드스톤 시에서, 지역 앵글리칸 교회 부목사는 지역 비국교도 316명 가운데 10명을 제외하고는 모두가 "하루의 반은 교회 예배에 참석하고, 나머지 반은 비밀집회에 참석한다"고 증언했다.[175] 일부 앵글리칸 소교구에서는 프로테스탄트 비국교도들이 교회위원과 민생위원으로 봉사했다. 선별적 준봉은 비국교도들이 그들을 공직에서 배제한 자치체법과 심사법을 피할 수 있는 방법이었다. 헨리 새쳐베렐 같은 토리파는 '선별적 준봉'을 "역겨운 위선"이라고 비난했지만(일부 비국교도들 역시 그것을 못마땅하게 생각했다: 장로파인 다니엘 디포우는 그것을 "전능한 신을 가지고 눈가리고 아웅하기"라고 불렀다), 그것은 비국교도들이 프로테스탄트 연대감과 국민적 통일성에 대한 충성심을 표현할 수 있는 길이기도 했다.[176] 그러한 충성심은 박해에도 살아남아 18세기까지 계속되었다. 실천 역시 그러했다. 그들은 왜 이따금씩 순응했는가? 따지고 보면, 잉글랜드의 왕 가운데 두 명, 칼뱅파인 윌리엄 3세와 루터파인 조지 1세도 그러했다. 그러한 실천을 금하는 1711년의 토리법은 불과 8년 후에 휘그파에 의해 폐기되었다.

돌이켜 보면, 그리스도교 세계의 통일성은 한번 넘어지면 일어나지 못하는 땅딸보처럼 보인다. 한번 박살난 후 그것은 결코 원래대로 붙지 못했다. 트렌토 이후 프로테스탄트와 가톨릭의 근본적인 차이가 돌처럼 굳어진 것은 분명하다. 그러나 사실 전환점은 더 이른 시기에 있었으니, 레겐스부르크 콜로키움 이후 1~2년이 그 전환점이었다. 그때 교황청은 에라스뮈스의 인문주의를 거부하고, 프로테스탄티즘의 냄새가 조금이라도 나는 것은 모조리 단죄하기 시작했다. 여하튼, 프로테스탄티즘은 어찌 할 수 없을 정도로 쪼개져나갔다. 루터는 자기의 추종자들이 자기가 행동한 것처럼이 아니라 자기가 말한 것처럼 하기를 가르쳤을지 모른다. 그러나 그의 '권위에 대한 도전'은 그야말로 역사적인 선례가 되었다. 그가 선언한 "그리스도교인의 자유"는 "양심의 자유"가 오늘날 우리에게 의미하는 것을 의미하지 않았다. 그것은 개인들이 전제적인 성직자들의 권위를 거부하는 것을 정당하다고 인정했다. 루터와 그 밖의 다른 프로테스탄트 개혁가들에게는 터무니없는 일이었지만, 이들은 어떤 사람들이 자기들을 전제자로 여기고 있다는 것을 모르지 않았다.

'포용'의 거듭된 실패로 인해 유럽인들은, 매우 내키지 않은 일이었지만, 고통스러운 딜레마에 직면하지 않을 수 없었다. 만일 서로서로의 믿음을 정당한 것으로 받아들일 수 없고 공존할 수 없다면, 만일 도시와 마을, 영방들과 국가들이 신앙에 의해 돌이킬 수 없을 정도로 분열된다면, 그럼에도 함께 살 수 있는 것일까? 유일한 방법은 사람들이 상이한 교회에 속할 수 있도록, 별도로 예배볼 수 있도록 약간의 조정을 하는 것, 한마디로, 관용이었다. 그러한 조정이 재통합에 대한 희망을 버릴 것을 요구할 필요는 없었다. 예컨대, 앙리 4세가 1598년에 프랑스 종교전쟁을 끝내는 낭트칙령을 공포했을 때, 그는 모든 신민들 사이에 "하나의 동일한 형태의 종교"를 세우는 것이 "아직은 신을 기쁘게 하지 않은 것"을 유감스러워 했다.[177] 전임자들과 마찬가지로, 앙리에게도 그것은 하나의 전략이었다: 전쟁이 이룩하지 못한 것을, 일시적인 관용의 부여가 도와줄 것이다. 그의 지지자인 피에르 드 블루아가 회의적인 고등법원에 설명했듯이, 국왕은 프로테스탄트 예배를 "그 필요가 없어질 때까지, 그것을 믿는 사람들이 성령에 의해 그들의 오류와 이단성을 잘 알고 양심으로 확신할 때까지만" 허용할 생각이었다.[178] 앙리의 진실성(많은 역사가들이 의심하는)을 따지는 것은 논점을 벗어난다. 장차 종교적 통일성을 회복할 것이라는 것은 근대 초 정부가 공개적으로 떳떳하게 밝힌 관용의 몇 안 되는 정당한 이유 가운데 하나였기 때문이다. 심지어 그것은 30년전쟁을 끝냈고, 대부분의 해석에 의하면, 신성로마제국을 영원히 종교적으로 분열시킨 1648년의 베스트팔렌 평화조약에서도 나타난다. 사실, 그 조약의 몇몇 조항들은 "신의 은총을 통해서 종교에 대해 합의에 도달할 때까지" 그것의 존속 기간이 일시적임을 선언했다.[179] 협상에 참여했던 제후들은 그러한 합의에 도달할 전망이 얼마나 희박한지를 잘 알고 있었다. 헤세-라인펠스 백작 에른스트는 "신이 기적을 일으키지 않는 한", 독일의 프로테스탄트와 가톨릭은 재통합하지 않을 것이라고 말했다.[180] 그렇다고 해도 제후들이 재통합에 대한 열망을 하나의 희망으로서 표현할 필요가 없었던 것은 아니었다. 그들은, 심리적 술책에 의해서, 그것의 실현을 막연히 먼 미래로 미루었지만 말이다.

관용—상이한 신앙을 가진 사람들이 하나의 공동체 안에서 평화롭게 살도록 허용하는 것—은 곤혹스러운 것이었다. 종파주의적 관점에서 보면, 그것은, 몇몇 사람들이 생각하듯이, 그것의 잔인한 대안보다는 가벼운 죄지만 그래도 죄는 죄였다. 그것은 통일성의 회복을 위한 장기적인 전략의 일부인 일시적인 양보로서 수용될 수 있었다. 그러나 그것이 진정한 신앙의 승리에 대한 희망을 포기하는 한, 그것은 모든 그리스도교 교회의 종말론적 가르침과 직접적으로 충돌했다. 그리스도교 자체가 변할 때까지, 관용은 근본적인 불법성 때문에 고통을 당할 것이었다. 관용이 어떤 형태를 띨 것인가는 그것을 실천하는 사람들의 곤혹스러움과 거부에 의해 결정될 것이었다.

ARRANGEMENTS

VI

경계를 넘어

헤르날스

오늘날은 상상하기 어려운 일이지만, 한때 오스트리아에는 프로테스
탄트들이 가득했다. 종교개혁 초기부터, 복음주의 운동은 고高오스트
리아, 저低오스트리아, 내內오스트리아에서 열광적인 지지를 얻었다.
일찍이 1525년에 이 세 지역의 대표들은 군주인 합스부르크 대공 페
르디난트에게 신의 말씀을 "자유롭고, 순수하고, 분명하게" 설교할
것을 요구하는 청원서를 제출했다.[181] 페르디난트는 당시 헝가리를
압박하고 있었고 곧 빈 자체를 공략할 것으로 예상된 오스만투르크와
의 전쟁을 위해 세금이 절실했기 때문에 신민들, 특히 강력한 영주들
과 기사들의 반감을 살 여유가 없었다. 그래서 그는 자신의 성향에도
불구하고 새로운 신앙의 확산을 저지하려는 별다른 행동을 취하지 않

았다. 이런 식으로, 투르크의 위협은 프로테스탄트들이 오스트리아에서 그리고 헝가리에서 뿌리내리고 성장하는 데 결정적인 기회를 제공했다. 페르디난트의 후계자인 황제 막시밀리안 2세는 그의 정책을 한 단계 더 전진시켰다. 그는 막대한 군사적 지원을 받는 대가로 저低오스트리아의 귀족들에게 종교의 자유를 허용했으며, 그와 그의 동생은 오스트리아의 다른 귀족들에게도 똑같은 약속을 했다. 바야흐로 복음이 압승을 거두는 것 같았다. 1570년대에 이르러, 오스트리아의 귀족 가운데 90퍼센트가 프로테스탄트였다. 빈의 시민들 가운데 절반 정도, 공식적으로 프로테스탄티즘을 선언한 프리슈타트와 슈파이어 같은 도시 주민의 4분의 3이 그러했다. 빈, 린츠, 그라츠 같은 세 중심 도시에서는 통치의 중심인 시의회에서 한동안 루터파 예배가 거행되었다.

이 모든 것이 어떻게 변했는가—어떻게 오스트리아는 가톨릭의 요새가 되었는가—는, 변화가 빠르지도 쉽지도 않았기에 매력적이고 긴 이야기다. 여기에서 우리가 관심을 가지고 있는 것은 프로테스탄트들 특히 빈의 프로테스탄트들이 이러한 변화에 어떻게 저항했는가, 지배자들이 억압하려고 했음에도 어떻게 오랫동안 자기들의 신앙을 유지했는가, 이다. 이 이야기는 1578년 막시밀리안의 아들인 황제 루돌프 2세가 자기의 오스트리아 소유지를 방문했을 때부터 시작된다. 프라하에서 살기를 더 좋아했던 감성적인 인간 루돌프는, 다소 이례적으로, 비학秘學에 대한 흥미와 가톨릭 개혁에 대한 열정을 결합시켰다. 빈의 상황이 용납할 수 없는 상태가 되자, 그는 재빨리 시의회와 도시 전역에서 프로테스탄트 예배를 중지시켰다. 그렇지만, 루돌프는 인근 농촌에서는 합법적으로 예배를 중지시킬 수 없음을 알았다. 자

그림6.1

빈Wien 교외에 있는 슐로스 헤르날스로의 아우슬라우프. 예배자들이 성에서 열리는 예식에 참가하기 위해 도시 밖으로 나가고 있다. 노老 마태우스 메리안Mathaeus Merian이 1620년경에 그린 판화. 의회도서관 소장.

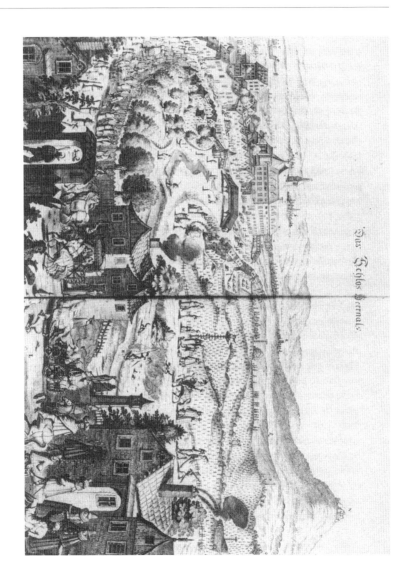

기 아버지의 허가에 따라, 영주와 기사들은 가족과 하인들과 함께 "성, 집, 영지"에서는 아우크스부르크 신앙고백에 따라 예배볼 권리를 가졌기 때문이다. 또한 그들은 자기들이 "속한" 농촌 교회에서도 루터파 예배를 볼 수 있었다.[182] 그러나 빈의 시민들은 그러한 권리를 가지고 있지 못했다. 제후령이었던 빈은 황제에게 속했고, 황제는 자기 의지대로 그 도시에 가톨릭을 강요할 수 있었기 때문이다. 이러한 차이 때문에, 도시의 구역을 주변 영지와 구분했던 경계는 종교적인 경계가 되었다. 빈의 프로테스탄트들은 자기들의 신앙에 따라 예배보기 위해서 그것을 넘어야 했다.

그래서, 매주 일요일과 축일의 아침이 되면, 빈의 외곽 도로에서는 특별한 광경이 펼쳐졌다(그림 6.1). 수천 명의 프로테스탄트들이 말이나 마차를 타고서, 또는 걸어서 프로테스탄트 예배가 실시되는 영지로 향했던 것이다. 도시에서 농촌으로의 이 행정은 아우슬라우프 Auslauf, 즉 글자그대로 "걸어 나가기"라고 불렸다. 동시대인들에 따르면, 이 행렬은 만 명에 달했는데, 빈의 시민 외에도 인근 가톨릭 영지에 사는 농민들이 합류했기 때문이다. 일행은 찬송가를 부르며 성마르가레트, 성울리히, 성마르크스, 펜칭, 로다운, 하데르스도르프, 뵈첸도르프, 인처르스도르프 등지로 길을 떠났다. 그러나 무엇보다도 인근의 헤르날스로 갔는데, 이곳은 빈의 성벽에서 불과 3킬로미터밖에 떨어지지 않았으며 거대한 성이 있는 영지였다. 1577년 일단의 귀족들은 빈의 프로테스탄트들을 위한 예배 장소로 사용하기 위해 헤르날스를 사들였다. 10년 후, 영지의 소유권은 프로테스탄트 귀족의 지도자인 헬름하르트 요르거 9세에게 넘어갔다. 이곳에 "크고, 멋있고, 잘 갖추어졌고, 널리 알려진" 교회가 세워졌고, 신자들은 "기쁘게 방문했고, 소중히 여겼다."[183] 예배는, 상황에 따라, 성바르돌로메오 소교구 교회에서 거행되거나, 헤르날스 성의 중심 홀에서 거행되었다. 그렇지만 그 성은 많은 예배자들을 수용할 수 없어서, 일부는 성의 마당에서 예배를 봐야 했다. 목사는 "창 밖 마당까지 들리도록" 목소리를 높여야 했다.[184] 결국 성 안에 제대로 된 예배당이 세워졌다. 헤르날스에는 저명한 목사들이 많았고 각각의 목사는 부목사 두 사람의 도움을 받았다. 예배볼 때는 성가대가 오르간 반주에 맞추어 성가를 불렀다. 거기에는 목사관, 공동묘지, 학교가 있었다. 빈의 주교인 멜키오르 클레슬이 요르거가 헤르날스를 "완전한 교회국가와 사법 관할구역"으로 바꾸어놓았다고 불만을 터뜨린 것은 충분히 이해할 만하다.[185]

물론, 주교와 황제는 프로테스탄트 예배를 방해하기 위해 최선을 다했다. 정부는 '걸어 나가기'를 금지시켰고, 누가 농촌 예배에 참석하는지 살피기 위해서 스파이를 파견했으며, 마차꾼들에게 사람을 실어 나르면 시민권을 박탈하겠다고 위협했다. 이러한 조치는 효과가 있어서, 1590년대와 1600년대 초가 되면 헤르날스에서의 예배가 중단되었다. 그러나 정부 당국이 한 장소를 폐쇄하면 다른 장소로 옮기면 그만이었다. 프로테스탄트들은 정부의 단속을 두더지 게임으로 만든 것이다. 헤르날스는 1609년에 정부가 프로테스탄트 귀족들의 특권을 인정하지 않으면 안 되었을 때 두 번째 황금기를 맞이했다. 1620년대에 가서는 프로테스탄트 봉기와 30년전쟁의 결과로 상황이 급변했다. 정부는 프로테스탄티즘을 억압하기 위해 공세를 폈고, 1625년에 빈의 행정관들은 프로테스탄트들은 개종하거나 도시를 떠나라고 명령했다. 헬름하르트 요르거는 반란죄로 유죄선고를 받았고, 제국정부는 헤르날스의 영지를 몰수하여 성당참사회에 주었다. 황제와 교회는 최종적으로 오스트리아 프로테스탄티즘의 수도를 정복했다. 14년 후, 그들은 정복 종교가 신성한 장소에서 종종 행하던 것을 했다: 그들은 예루살렘에 있는 성묘의 복제품을 그곳에 세움으로써 도시를 변화시켰다. 이 제단은 오스트리아가 가톨릭 신앙에 헌신함을 상징했으며, 열정적인 예배의 중심이 되었다. 과거에 프로테스탄트들이 그랬듯이, 빈에서 그곳으로 가는 가톨릭 순례자들이 헤르날스의 성묘를 방문하는 것은 그들의 동국인들이 범한 집단배교에 대한 속죄행위였다. 그것은 이전의 나쁜 기억을 씻어내려는 "카타르시스 의식"이었다.[186]

그러나, 오스트리아의 프로테스탄티즘을 상징적이 아니라 실제적으로 근절하는 것은 훨씬 더 어려웠다. 합스부르크 관리들은 내內오스트리아 지방과 고高오스트리아 지방에 가장 가혹한 조치를 취했다. 이곳에서는 "개혁위원회"가 지역을 순회하면서 주민들에게 고해를 요구하고, 영성체를 하도록 하고, 가톨릭 정통신앙을 유지하도록 했으며, 거부하면 추방했다. 반항하는 지역에는 군대가 주둔했다(후일 루이 14세는 위그노들에게 이러한 방법을 사용하여 파멸적인 효과를 얻어낸다). 반대로, 저低오스트리아에서, 반종교개혁은 서서히 그리고 비교적 평화적으로 진행되었다. 이것은 저低오스트리아의 프로테스탄트 귀족들이 현명하게도 서면으로 종교의 자유를 확보했으며, 대부분은 합스부르크 가문에 충성을 다했기 때문이다. 그들은 영지를 유지했고 그곳에서 계속 살았다. 그렇지만 그들은 자기 가족만을 위한 프로테스탄트 예배의식도 거행할 수 없었다. 예배를 보기 위해, 그들은 헝가리나 독일로 여행을 떠나야 했다. 그들이 매주 혹은 매달 그렇게 떠나는 것은 쉬운 일이 아니었다. 어떤 사람들은 세례, 결혼, 매년 부활절 영성체를 위해서 특히 프레스부르크나 외덴부르크로 여행을 떠났다. 헝가리 국경을 넘은 것인데, 이것은 또다른 형태의 "걸어 나가기"였다.

대략, 수십만 명의 오스트리아 프로테스탄트들이 영구적으로 망명을 떠났다(그들의 후손들이 그렇게 주장했다). 여하튼 대규모의 이민이 있었다. 1680년대까지 남아 있던 대규모 프로테스탄트 집단은 슈티리아, 카린타, 잘츠부르크 등지의 농부와 광부였다. 이들은 목사들도 없었고, 체계적인 예배의식도 없었으며, 필요하면 가톨릭으로 위장했다. 그러나 관리들이 결국에는 알아냈듯이, 이들은 프로테스탄티즘에 대한 지독한 충성심을 비밀스럽게 간직하고 있었다. 이들 산山 사람들 가운데 어떤 사람들—특히 젊은 남자 농장 일꾼들—은 부득이한 계절노동자들로서, 매년 여름이면 일거리가 있는 남부 독일의 평지로 내려갔다. 그곳에서, 대체로 레겐스부르크와 뉘렘베르크 근처에서, 그들은 자기들의 종교를 자유롭게 실천했으며, 아른트의《진정한 그리스도교》나 루터의 교리문답서를 샀다. 그들은 이러한 책자를 산 위에 있는 집으로 몰래 가져와, 가족들이 프로테스탄트 정체성을 키울 수 있는 자료로 사용했으며, 신앙에 대한 지식을 간직했다. 경계를 넘고 또 넘는 그들은 노동자일뿐만 아니라 이동예배자였다.

근대 초 유럽에는 그러한 경계선이 종횡으로 그어져 있었으며, 프로테스탄트 종교개혁과 가톨릭 종교개혁은 정치적 경계선을 종교적 경계선으로 바꾸어놓았다. 그러나, 헤르날스와 오스트리아 프로테스탄트들의 이야기가 보여주듯이, 그러한 경계선이 공동체들—도시, 마을, 귀족의 영지, 군주의 영방—을 격리 밀봉한 것은 아니었다. 반대로, 거기에는 구멍이 많이 뚫려 있었다. 역사에 나타난 그 밖의 다른 많은 경계선들과 마찬가지로, 근대 초의 경계들 역시 대결의 장소인 만큼이나 "교환의 영역"이었다.[187] 사람, 책, 사상이 그것을 통과했다. 이러한 사실은 종교적 관용의 역사에서 깊고 역설적인 의미를 가지고 있다.

한편으로, 프로테스탄티즘이 헤르날스와 인근 영지들에서 실천되는 한, 빈에서 완전히 억압될 수는 없었다. 후일, 프로테스탄트 귀족들은 저低오스트리아에서 계속 살 수 있었으며, 프로테스탄트 산골 농민들은 계절적으로 여행할 수 있는 공식적인 프로테스탄트 지역이 있었기 때문에 신앙을 쇄신할 수 있었다. 상이한 종교를 가진 재판 관할구역이나 지역이 인접해 있다는 사실은 종교적 반대파의 근절을 불가능하게 했다. 그것은 물론 불만족스러운 것이었으나, 당국에게만 그런 것은 아니었다. 일반적인 국교도들은 자기들 가운데 반대파가 있다는 사실에 분노했으며, 신이 분노한다면 일어날 결과에 대해 두려워했다. 그러나 이 같은 상태에는 무엇인가 편리한 점이 있지는 않았을까? 반세기 동안, 오스트리아의 관리들은 프로테스탄트들을 빈에서 축출할 수는 없었지만, 그들이 빈 안에서 예배보는 것만큼은 막을 수 있었다. 만일 헤르날스와 그 밖의 예배 장소들이 도시 외곽에 없었더라면 프로테스탄트들은 도시 안에서 적당한 예배 장소를 찾기 위해 소란을 떨었을 것이다. 헤르날스의 존재는 정부 당국이 빈에서 프로테스탄트의 믿음은 아닐지라도 예배만큼은 쉽게 억압할 수 있게 해주었다. 그것은 가톨릭이 보기에 공격적이었던 프로테스탄트 의식을 도시 성벽 밖의 공간으로 옮겨버렸다. 마찬가지로, 걸어 나가기와 계절적 이주는 오스트리아의 여러 지역에서 프로테스탄트 신앙의 생존을 가능하게 해주었으며, 어느 정도는, 그것의 경계 안에서의 프로테스탄트 예배의 필요성을 없애주었다. 프로테스탄트 유랑자들이 도피할 수 있는 피난처가 없었더라면 무슨 일이 일어났을 것인가? 그들이 그대로 머물러 있었다면, 당국은 오스트리아를 가톨릭으로 되찾아오는 데 더 큰 어려움을 겪지 않았을까? 프로테스탄트 혹은 가톨릭 혹은 양측 모두 폭력에 더 의지하지 않았을까? 물론 아무도 이러한 문제에 대한 답을 알지 못한다. 그러나 가설적인 딜레마는 중요한 사실을 강조한다: 상이한 공식 종교를 가진 공동체들도 종종 공생관계에서 상호 결합했다. 그들이, 매우 드문 경우이기는 했지만 종교적인 통합을 성취한 것은, 서로서로의 존재에도 불구하고 그렇게 한 것만큼이나 서로서로의 존재 때문에 그렇게 했다.

도처에 있는 경계선

대부분의 역사 지도에는 종교개혁 이후 유럽의 종교 상황이 나타난다. 그것은 온갖 종류의 선과 점으로 복잡하게 되어 있어 교과서에서 가장 도움이 안 되는 부분 가운데 하나다. 그러나 색상 표시는 적어도 몇 가지 사항은 분명히 알려준다: 스페인과 포르투갈은 16세기의 혼란에도 불구하고 확고한 가톨릭 국가로 자리잡았다. 이탈리아—남부의 스페인 왕국들, 교황령, 북부의 도시국가들—도 그러했다. 스칸디나비아의 주민들은 최종적으로는 루터파 신앙으로 거의 단일화되었다. 이들 지역들이 유럽의 주변부, 대륙의 중심부에서 돌출되어 나온 반도에 위치한 것이 우연의 일치인가? 분명히 그 지역의 동질성은 프랑스에서 폴란드에 이르기까지 그림이 너무 복잡하여 어떤 종교가 지배적인지 쉽게 알 수 없는 중심부 지역과 대조를 이룬다.

문제는, 부분적으로, 지도 제작자가 지도에 나타내기 어려운 상황을 그리려고 시도하는 데 있다. 북서 독일의 베스트팔렌 지역 같은 곳에는 무슨 색깔을 입힐 것인가? 이 지역은 1580년대까지도 성인들의 축일을 기념했고 성지순례를 떠났으나, 양형영성체를 했고 독일어 미사를 선호한 지역이었는데 말이다. 1558년의 잉글랜드에는 무슨 색을 입힐 것인가? 이곳에서 대부분의 성인들은 헨리, 에드워드, 메리의 상이한 교회제도에도 불구하고 소교구 교회에 충실히 참여했으며, 엘리자베스의 통치가 무엇을 크게 바꾸어놓을 것으로 생각하지 않았다. 그러한 사람들의 신앙을 종파적인 범주에 따라 분명히 구분할 수는 없다. 경쟁적인 신앙들을 분명히 구분하는 것, 각각의 신앙 내부에서 통일성을 찾는 것, 그리고 무엇보다도, 보통의 속인들이 교회의 가르침을 내면화하는 것 등은 복잡하고도 오랜 시간을 요하는 과정이었다. 유럽 대부분의 지역에서 그러한 것들은 요원했다.

역사 지도가 별로 도움이 안 되는 좀더 현실적인 이유가 있다. 그것은 중부 유럽의 국가들을 구분했던 그 복잡하고 불규칙한 경계선을 정확히 나타낼 수 없다는 것이다. 또한 그것은 공국마다, 귀족령마다, 심지어는 소교구마다 달랐던 종교적 성향들을 포착하기 어렵다는 것이다.

"그의 지역에 그의 종교"라는 원칙은 왕국에만 적용된 것이 아니었다. 사실, 그 표현이 아니라 그 원칙은 정치체들의 극히 느슨한 연방이었던 스위스의 발명품이었다. 스위스연방은 하나의 동맹으로 결합되어 있었지만, 13개의 칸톤 모두 주권을 가지고 있었다. 1529년과 1531년 사이, 스위스는 취리히가 이끄는 프로테스탄트 칸톤과 우리,

슈비츠, 운터발덴, 루체른, 추크 같은 5개의 가톨릭 칸톤이 싸우던 유럽의 첫 번째 종교전쟁의 무대였다. 처음에는 취리히가 주도권을 잡았다. 그러나 취리히는 1531년 빌메르겐에서 벌어진 단 한 번의 파국적인 전투에서 성인남자의 4분의 1을 잃었다. 교회의 지도자였던 츠빙글리도 이때 사망했다. 이때, 양측은 유럽 최초의 지속적인 "종교적 평화" 조약에 조인했는데, 제2차 카펠 평화가 바로 그것이다. 취리히는 가톨릭 칸톤이 "자기들의 도시에서, 영토에서, 구역에서, 영주권 아래서, 지금과 이후로도, 아무런 논쟁이나 논박없이, 자기들의 참되고 분명한 그리스도교 신앙 안에 머무는 것"을 약속했고, 가톨릭 칸톤들도 마찬가지 약속을 했다.[188] 이리하여 각각의 칸톤은 자기들의 경계 안에서는 자기들의 뜻대로 종교문제를 처리할 수 있었으며, 어떠한 칸톤도 다른 칸톤의 종교문제에 개입할 수 없었다.

유럽의 두 번째 종교 분쟁인 신성로마제국 내의 슈말칼덴 전쟁 역시 마찬가지로 교착상태에 빠졌고, "그의 지역"의 원칙을 적용한 또 다른 "종교적 평화"에 의해 종결되었다. 초기에, 승기를 잡은 황제 카를 5세는 1548년에 '잠정협정'으로 알려진 해결책을 강요했다.* 그러나 프로테스탄트들은 그것을 받아들이지 않았다. 1552년 전투가 재

---

* 아우크스부르크 잠정협정(신성로마제국황제가 보편 공의회의 결정이 있을 때까지 신성로마제국에서의 종교의 준수에 대해 내린 선언)은 신성로마제국 황제 카를 5세가 1546 /7년 슈말칼덴 전쟁에서 슈말칼덴 동맹군을 무찌르고, 1548년 아우크스부르크 제국의회에서 공포한 칙령을 가리킨다. 잠정협정은 프로테스탄트들이 일곱 성사를 포함한 전통적인 가톨릭 믿음과 실천을 다시 받아들일 것을 명령했지만, 프로테스탄트 성직자들에게는 결혼할 권리, 평신도들이 양형영성체를 할 권리를 부여했다. 잠정협정은 프로테스탄티즘을 정치적으로 종교적으로 인정하는 데 중요한 진전을 이룬 것으로 평가받는다. 잠정협정은 1548년에 제국법이 되었고, 교황은 잠정협정을 준수하라고 주교들에게 권고했다.

개되어 세력 균형이 이루어졌고, 1555년에 유명한 아우크스부르크 평화가 체결되었다. 이것은 "그의 지역"을 스위스보다 훨씬 복잡한 정치체에 적용한 것이었다. 이곳에는 극히 다양한 종류의 영방국가들이 300개가 넘었는데, 후일 자연법 이론가인 사무엘 푸펜도르프는 이 제국을 "괴물과도 같은 이상한 몸체"라고 묘사했다.[189] 제국의 머리에는 한 명의 황제가 있었지만, 제국은 스위스연방과 마찬가지로 매우 느슨한 구조였다. 따라서 "그의 지역" 원칙은 이곳에 자연스럽게 들어맞았다. 아우크스부르크 평화는 한 영방국가나 황제가 다른 영방국가의 종교문제에 개입하는 것을 금했고, 영방국가의 지배자들이 신민들에게 종교적 통일성을 강요할 수 있는 권한을 부여했다.

그때, 중부 유럽에서, 정치적 세분화는 종교 분쟁에 대해 사전에 준비된(불완전하기는 했지만) 해결책을 제공했다. 신앙의 차이는 영방국가 안에서는 금지되었고, 영방국가들 사이에서는 인정되었으며, 기존의 정치적인 선을 따라 만들어졌다. 그렇지만 그 결과는 극단적이었다. 왜냐하면, "그의 지역"은 크기와 모양에 관계없이 모든 단위 주권국가에 적용되었기 때문이다. 가장 작은 칸톤인 추크는 길이가 10마일, 폭이 13마일(호수들을 포함하여)밖에 되지 않았으며, 프로테스탄트 칸톤인 취리히와 경계선의 3분의 1 이상을 공유하고 있었다. 제국 내에서, 특히 슈바벤의 남서부와 프랑켄의 중부 지방에는 이보다 더 작은 영방국가들이 있었다. 이 지역들은 너무 잘게 나뉘어 있어서 지도 제작자들은 제국의 정치 지도를 그릴 때 이 지역을 공백으로 남겨놓는 것이 보통이었다. 팔츠 선제후국과 같은 큰 영방국가들도 그 모습이 일정하지 않았다. 근대 국가와 달리, 팔츠는 기본적으로 하나의 큰 땅덩어리가 아니라 팔츠 선제후가 특별한 권리를 행사하는 조각난 땅

덩어리들로 구성되었다. 이곳에서 팔츠 선제후는 입법권, 화폐 주조권, 중범죄 재판권 같은 주권과 관련된 권리는 행사했지만 모든 권리를 다 행사한 것은 아니었다. 팔츠 제후국의 영토 가운데에는 본토에서 떨어져 나와 다른 영방국가들에 둘러싸인 것도 있었다. 또 팔츠 제후국 안에는 다른 지배자에게 속한 영토도 있었는데, 이러한 영토에 대해서 팔츠는 아무런 관할권을 가지고 있지 못했다. 최소한 주권적 관할권도 가지고 있지 못했다. 이 모든 것의 결과로, 1583년 이후 팔츠의 루터파들—이들의 신앙은 1583년 이후에는 불법이 되었다(1556년에는 한 선제후에 의해 포용되었다가, 1563년에는 다음 선제후에 의해 단죄되었다가, 1576년에는 그다음 선제후에 의해 다시 허용되었다)—은 공식적인 루터파 영방국가로부터 15킬로미터 이상 떨어지지 않았다.

아마도 제국 내에서 가장 통합적인 영토를 가진 주요 영방국가는 바이에른이었다. 바이에른은 16세기 말에 군사적이고 고도의 종파적인 가톨릭국가로 부상했다. 그러나 바이에른조차도 자국 내에 두 개의 루터파 독립영토가 있었는데, 오르텐부르크 주와 레겐스부르크 제국도시가 바로 그것이었다. 후자는 독일 남동부 지방 루터파의 요새가 되었다. 오스트리아에서 활동하던 130여 명의 루터파 목사는 이 도시의 당회에서 파견했으며, 후일 많은 오스트리아의 망명자들이 이곳에 정착했다. 프로테스탄트 제국도시들은 가톨릭 제후들에게는 눈엣가시였다. 그러나 이 도시들은 또 도시들대로, 제국적인 지위를 누렸거나 1555년의 아우크스부르크 평화가 보호할 때까지 어떻게든 생존했던 가톨릭 기관들이 관리하는 독립영토들을 도시 안에 두지 않을 수 없었다. 수도원, 대학 교회, 튜튼기사단 같은 교단의 부속기관들이 바로 그것이었다. 이 기관들의 건물과 땅은 도시의 중심에 위치하는 경우가 많았으며, 행정 당국으로부터 "면제권"을 부여받았다. 레겐스부르크는 극단적인 사례였다. 이 도시의 루터파 행정관들의 관할구역은 도시의 지리적 면적의 절반 정도에 불과했으며, 도시 주민의 3분의 1 이상은 거기에서 벗어나 있었다. 16세기 중엽에 도시 인구의 약 4분의 1이 가톨릭으로 남아 있었던 것은 놀라운 일이 아니다. 18세기에 가톨릭은 다수가 되었다.

적어도 제국에서는, 서부 유럽에서처럼, 주권 군주만이 자기의 신앙을 강요할 권리를 가졌다. 그것이 제국국사國事재판소가 아우크스부르크 평화에 대해 내린 제한적 해석이었다. 일련의 사건들에서, 국사법정은 교회에 대한 후원권―지역의 목사를 선임할 권리―은 그곳의 종교를 선택할 권리를 포함하지 않는다고 규정했다. 이와는 대조적으로, 동부 유럽의 귀족들은 종종 그렇게 했다. 그 결과 땅은 공식적인 종교를 가진 귀족 영지들의 누더기가 되었다.

후원권은 사고팔거나 양도할 수 있었다. 교회가 후원권을 가지고 있는 경우도 있었지만 대부분은 시골에서 소교구에 대한 영주권을 가진 귀족가문이 그것을 가지고 있었다. 그 권리는 그 가문이 일반적으로 수세기 전에 소교구를 세우는 데 수행한 역할에서 유래했다. 후원권은 성직자를 서임할 권리를 포함하지는 않았지만―주교나 다른 교회기구가 그것을 해야 했다―, 종교개혁 이후에도 유럽의 많은 지역에서 여전히 유효했으며, 영주에게 지역의 종교생활에 대한 강력한 발언권을 부여했다. 예컨대, 잉글랜드의 젠트리들은 자기들의 소교구에 가톨릭 성직자를 앉힐 수 없었지만, 퓨리턴 젠트리들은 자격 있는 프로테스탄트 성직자 가운데에서 퓨리턴 목사를 뽑을 수 있었다. 프랑스에서, 얀센주의(인간의 죄를 강조하고, 인간의 노력으로는 구원을 얻는 데 충분하지 않다는 것을 강조하는)는 17세기에 가톨릭교회 내의 강력한 움직임으로 부상했는데, 얀센주의 귀족들은 얀센주의 신부들을 선임했다. 종교 기관 내에 있는 책략과 선택의 공간이 무엇이든지 간에, 귀족들은 그것을 최대한 활용했다. 이와 대조적으로, 동부 유럽에서, 후원권은 "그의 지역"과 비슷하면서도 더욱 분명한 원칙인 "그의 후원권"(혹은 '그의 지배권')의 토대가 되었다. 이곳의 귀족들은 자기들이 관할하는 소교구의 종교를 결정할 법적인 권리를 가지고 있다고 주장했다.

앞에서 살펴보았듯이, 오스트리아 귀족들은 한동안 자기들의 신앙을, 그것이 가톨릭이건 루터파건, 일부 소교구 교회에 강요할 수 있었다. 1573년의 바르샤바 연합 아래에서, 폴란드–리투아니아의 귀족들(칼뱅파 귀족과 소치니파 귀족을 포함하여)은 똑같은 권리를 가지고 있었다. 글자그대로 읽으면, 연방은 귀족 상호간의 종교적 실천을 방해하지 말자는, 혹은 다른 사람들(즉 왕실)도 똑같이 하게 하자는 협약에 불과했다. 그렇지만, 그 당시, 그것은 귀족들이 영지에서 종교문제를 마음대로 처리할 수 있음을 의미하는 것으로 이해되었다. 문제는 귀족들이 그 권리를 어떻게 행사했는가, 그리고 특히 농노들에게 자기들의 종교를 강요했는가, 이다. 주지하다시피 대부분의 폴란드 농민들은 16세기 이래 농노였으며, 폴란드 귀족들은 그들을 가혹하게 다룬 것으로 악명 높다. "검은 사람"이라는 별명을 가진 리투아니아대공국의 재상 니콜라스 라지빌이 1550년대에 칼뱅파로 개종했을 때, 그는 광대한 영지에 있는 소교구들에 칼뱅파 목사를 앉혔다. 그의 아들인 고아 라지빌은 가톨릭으로 돌아갔을 때, 모든 목사를 신부로 교체했다. 동부 유럽의 다른 지역에서와 마찬가지로 폴란드에서도 귀족들이 도시를 소유하는 것이 이례적이지 않았다. 몇몇 귀족들은 시골 민들에게 하듯이 도시민들에게도 자기의 신앙을 강요했다. 1550년대 와 1580년대 사이에, 이것은 잉글랜드와 팔츠에서 "그의 지역"이 촉발시킨 것과 같은 급격한 변화를 핀초브에서 일으켰다. 핀초브의 소유권이 바뀜에 따라, 처음에는 가톨릭이었던 도시는 칼뱅파가 되었다가, 소치니파가 되었다가, 다시 칼뱅파가 되었다가, 최종적으로는 크라쿠프의 주교에게 팔려가 가톨릭이 되었다. 1626년에 가톨릭 영주인 크리스토퍼 코리친스키는 빌라모비체를 매입한 후 프로테스탄트 주민들에게 개종하거나 떠나라고 명령했다. 불행하게도 우리는 그러한 강제가 얼마나 일반적이었는지 알지 못한다. 그렇지만 우리는 절대다수의 폴란드(그리고 리투아니아) 농민들은 가톨릭이나 그리스정교로 남았음을 알고 있다. 이것은 프로테스탄트 귀족들이 강요하기를 자제했거나 그러한 시도가 성공하지 못했음을 시사해준다.

"그의 후원권"의 원칙은 헝가리에서도, 좀더 정확히 말하면, 오스만 투르크인들이 중부 다뉴브 강 유역을 정복하고 트란실바니아를 복속시킨 이후 헝가리의 지배 아래 남아 있던 초승달 모양의 북서부 지역, 소위 헝가리왕국으로 알려진 지역에서도 통용되었다. 그렇지만, 이곳에서 그 원칙은 격렬한 논란의 대상이 되었다. 폴란드인들과 달리, 16세기의 대다수 헝가리인들은 칼뱅파, 루터파, 소치니파 같은 프로테스탄티즘을 받아들였다. 그 결과, 대부분의 헝가리인들은 후원권을 가톨릭 귀족이 자기들에게 가톨릭을 다시 강요하려는 수단이라고 이해했다. 헝가리의 프로테스탄트 영주들이 가톨릭교도들에게 자기들의 신앙을 강요하기 위해 후원권을 사용하지 않은 것은 아니었다. 예컨대, 1620년에 수하 마을에서는 그러한 일이 일어났다. 그러나 동부 유럽 다른 지역의 귀족들과 마찬가지로 대부분의 헝가리 귀족들은 16세기에 프로테스탄티즘으로 개종한 후 17세기 중엽에 다시 가톨릭으로 돌아갔다. 이들은 대단히 강력한 가문으로서, 일부는 군대를 가지고 넓은 영토를 다스렸다. 1610년대에 이미, 에스테라지나 베셀레니 같은 귀족가문은 프로테스탄트 목사들을 몰아내고, 교회를 장악하기 시작했다. 이에 맞서, 프로테스탄트들은 시골민들이나 도시민들이 소교구 교회의 예배 방식을 스스로 결정할 권리를 가지고 있다고 주장했다. 그렇지만, 그들의 입장은 투르크의 위협이 헝가리에서 줄어들고, 예전에 그들의 대후원자요 보호자였던 트란실바니아가 붕괴하자 결정적으로 위축되었다. 1670년대에 이르러, 반종교개혁의 물결이 밀려오자, 수백 개의 소교구에서 프로테스탄트 성직자들이 축출되었다. 최종적으로, 1681년, 합스부르크 정부는 헝가리 의회에 냉소적이고 기만적인 법을 강요했다. 후원권은 대부분의 귀족이 가톨릭인 지역에서는 그대로 유지되었다(프로테스탄트들은 한 주에 두 개의 교회만 세우는 것이 허용되었는데, 이것은 프랑스의 낭트칙령을 본뜬 것이었다). 가톨릭 영지에 있는 프로테스탄트 농노들의 수보다 프로테스탄트 영지에 있는 가톨릭 농노들의 수가 더 많은 지역에서는 소교구 회중들에게 선택의 자유가 부여되었다.

세 번째 원칙은 "그의 지역"과 "그의 후원권"에 대한 대안이었다: 공동체의 선택. 일찍이 1520년에 루터가 지역공동체는 목사를 선택할 권리를 가진다고 선언했다. 그가 보기에 이 권리는 원칙이라기보다 전략의 문제였다. 그가 정말로 의미했던 것은 제후와 영주가 가톨릭인 공동체들은, 그럼에도 불구하고, 복음을 받아들이고 복음의 가르침을 이행해야 한다는 것이었다. 흔히 지적되듯이, 후일 루터는 "평민들"이 아니라 지배자들을 개혁의 적절한 지도자라고 보았다. 그렇지만, 츠빙글리의 가르침과 마찬가지로, 루터의 초기 격문들은 종교개혁 이전 세기에 크게 성장했던 공동체의 정서와 공조했다. 사목의 질을 높이고, 남용을 없애기 위해, 독일의 많은 도시들은 지역 성직자를 임명하는 데 영향력을 행사하려 했다. 스위스, 헝가리, 트란실바니아에서, 많은 도시들과 심지어는 시골까지도 이러한 임명권을 획득했다. 종교개혁이 시작되면서, 이러한 권리들은, 후원권과 마찬가지로, 종교들 사이에서 선택하는 한층 더 큰 권력으로 부상했다.

그 권력이 어떻게 행사되었는지는 정치체에 따라 달랐다. 스위스에서는 법과 관습에 의해 대다수의 사안은 다수결 투표로 결정되었다. 대부분의 경우에 칸톤이 공동체의 주요 단위로 규정되었고, 범凡칸톤적인 투표가 실시되었다. 그러나, 1525년, 아펜젤에서, 시민 총회는 단위 지역에 결정권을 넘기기로 결정했다: "모든 소교구 주민들은 어떤 신앙을 받아들이기를 원하는지 투표할 것이며, 어떤 신앙이든지 다수를 획득하면 소수는 그것을 인정해야 한다."[190] 마찬가지로 스위스의 그라우뷘덴에서, 소교구는 신앙(개혁파 혹은 가톨릭)을 선택할 수 있었다. 펠러스 주민들은 남녀노소 가리지 않고 모든 사람을 다 카운트했다: 이 마을은 가톨릭 집안에 한 아이가 태어나 기존의 균형을 깨면서 가톨릭을 받아들였다. 트란실바니아의 소교구들은, 1564년 법에 따라, 투표로 신앙을 선택했으며, 다수표를 얻은 측이 오래된 소교구 교회를 사용했다.

유럽의 대부분 지역에서, 도시와 마을은 상급 권위의 지시를 따르지 않고는 자체의 종교적인 운명을 결정할 수 없었다. 그러나 종교 지도를 만드는 데 관련된 도시와 마을은 너무 많고 복잡하여 도면화하기가 쉽지 않다. 유럽의 종교적인 경계선은 주요국가들 사이에 그어지는 것이 아니라, 작은 공국, 인클레이브, 엑스클레이브, 칸톤, 귀족영지, 도시, 교회의 공권 면제 지역, 그리고 심지어 일부 지방에서는 소교구 주위에 그어졌다.* 이러한 경계선들은 유럽 사회를 새롭고 근본적인 방식으로 나누었다. 동시에 그것들은 종교적인 접촉과 교환이 불가피한 광대한 내부접경지를 만들었다.

바빌론이냐 망명이냐

1532년, 잘츠부르크 대주교구의 가슈타인 마을 출신 금광 광부 마르틴 로딩거는 마르틴 루터에게 편지를 보내 질문을 던졌다. 그 내용은 포스트종교개혁 시대에 대두된 양심의 문제에 대한 것이었다. 로딩거는 복음적인 삶을 살고 있었는데, 그가 사는 지역의 가톨릭 지배자는 필요하다면 강제력을 동원해서라도 프로테스탄티즘을 몰아내기로 결정했다. 로딩거는 양형영성체를 원했고, 루터에게 썼듯이, 가톨릭의 성사는 잘못이라고 확신하고 있었다. 그러나 그가 살고 있는 지역에서는 그것만이 가능했다. 어떻게 할 것인가? 이에 대한 답변에서 루터는 로딩거가 물리적인 의미에서는 성사를 완전히 거부하고 오직 "정신적으로만" 받아들이면 되지 않겠냐는 식으로 말했다. 그러나 루터가 선호한 해결책은 떠나는 것이었다: "당신은 그곳을 떠나, 다른

---

* 인클레이브enclave는 자기 나라 안에 있는 타국 영토를 가리키고, 엑스클레이브exclave는 다른 나라에 둘러싸인 자국 영토를 가리킨다.

장소를 찾아야 합니다. 그리스도께서도 말씀하셨습니다: 그들이 한 도시에서 너를 박해하면 다른 도시로 피하라. 왜냐하면 그곳에는 다른 방법이 없기 때문이다."[191] 그 후 수세기 동안, 수십만 명의 종교적인 반대파들이 그의 충고를 따라 "바빌론을 떠났다."[192]

박해에 직면한 반대파들이 할 수 있는 것은 여러 가지였다. 그들은 설득과 선교에 의해 자기 지역의 공식 종교를 변화시키려고 노력할 수 있었다. 그러나 그 전략이 실제적인 성공 가능성이 없다면 어떻게 할 것인가? 그러면 순교하고 장렬히 사망하는 것이 종교적인 의무인가? 대부분의 포스트종교개혁 문헌의 "수사학적 답변"은 이에 대해 긍정적이었다.[193] 그러나, 사적인 차원에서, 극단적인 희생을 하지 않는 사람들을 비난할 정도로 비타협적이고 비정한 교회지도자는 거의 없었다. 반대파들은 무력적으로 반발하거나 지배 종교를 변화시키려고 노력할 수 있었다. 그러나 이것은 지배자의 권력이 신이 부여한 정당한 권위라는 모든 가르침(흔히 해석되는 바의 네 번째 계명), 모든 관습, 모든 법, 모든 사상을 정면으로 거부하는 것이었다. 이것을 거스르기 위해서는, 심지어 유럽의 종교전쟁의 와중에서도, 이단이라고 비난하는 것 이상의 정당화가 필요했다. 칼뱅을 위시한 개혁교회의 지도자들은 추종자들에게 불법적인 예배의식을 비밀리에 수행하라고 촉구했다. 그러나 이것 역시 루터가 이미 비난했듯이 불복종이기는 마찬가지였으며, 그것의 위험성은 개인에게만 떨어지는 것이 아니었다. 왜냐하면 이단이나 반역의 경우에는 가족 전체가 불명예를 당하고 재산을 박탈당할 수 있었기 때문이다. 루터가 대안으로 제시한 것은 종교예식 특히 성체성사에 참여하지 않는 것이었다. 그러나 억압적인 체제는 신민들이 예식에 참여하고 성체성사를 할 것을 요구했으며, 새로운 관료제적 장치를 만들어 그것을 강요했다. 로딩거의 잘츠부르크에서, 많은 프로테스탄트들은 16세기에는 거기에 불참해도 별 문제가 없었으나 17세기에는 그렇지 않았다. 그들은 대신 더욱 절망적인 방법에 의지했으니, 위장이 바로 그것이었다.

중세에 발도파 이단과 롤라드파 이단은 속으로는 자기들의 신앙을 유지하면서도 겉으로는 가톨릭교회를 따름으로써 박해를 이겨냈다. 가톨릭으로 강제 개종 당한 스페인의 유대인들 일부도 그렇게 했다. 종교개혁 이후 위장이 퍼져나갔는데 특히 가톨릭 지역에 살고 있던 프로테스탄트들 사이에서 그러했다. 이들 가운데 일부는 '오직 믿음에 의한 구원'이라는 개념을 이러한 행동을 정당화시켜주는 것으로 해석했다. 또 일부는, 신비주의 신앙의 영향을 받아, 제식과 교회제도가 구원에 영향을 미친다는 것을 부정했다. 이러한 토대 위에서, "사랑의 가족"이라고 불린 집단은 위장을 진심으로 받아들였다. 칼뱅은 이것을 격렬히 비난하면서, 밤이 아니면 예수를 방문하기를 두려워했던 성서의 인물을 빗대어, 니코메디즘이라고 불렀다. 그 표현은 경멸적인 의미로 오래 사용되었다. 잘츠부르크와 고高오스트리아에서, 니코메디즘은 집에서는 프로테스탄트로서 읽고 기도하면서도 필요하다면 가톨릭 신앙 속에서 "살고 죽는다"라고 맹세할 준비가 되어 있는 반대파들에게 여러 세대 동안 삶의 방식이 되었다. 루터의 충고와는 반대로, 어떤 사람들은 가톨릭 신부가 성체에 접근할 수 있는 유일한 수단일 경우에는 그에게서 물리적인 성체를 기꺼이 받아들였다. 그렇기는 해도, 묵주기도를 한다든가 어깨옷을 걸치는 것 등은 하려 하지 않았다. 1680년대에 당국이 이러한 것들을 추가로 요구했을 때 그들 가운데 일부는 그것을 거부했다. 거부한 사람들은 추방되었고, 그들의 자식은 그들로부터 탈취되어 가톨릭 식으로 양육되었다.

바빌론과 망명 사이에서, 선택은 고통스러웠다. 노약자들, 병자, 불구자들은 길을 떠나는 것이 불가능했다. 어린아이들은 그 혹독함을 견뎌내기 어려웠다. 부모들은 자녀들에게 이렇게 위험한 시험을 할 것인가? 사려 깊은 자녀들은 연로한 부모를 남겨둘 수 있을 것인가? 가난한 사람들은 먼길을 떠나는 데 필요한 현금을 어떻게 구한다는 말인가? 이주민들은 그들을 받아들일 마을을 어디에서 찾으며, 그곳에서 어떻게 살아간다는 말인가? 상인들은 새로운 도시에 정착하여 일을 계속하는 것이 어렵지 않았다. 장인들은 힘든 시간을 보냈지만 그래도 기술, 연장, 약간의 지참금을 가지고 있었다. 그러나 자기들의 땅을 떠난 농민들에게는 무엇이 남아 있는가? 극심한 압박이 아니라면 그들은 떠나지 않았다.

수많은 어려움에도 불구하고, 종교적인 이유로 이주하는 것은 근대 초 유럽의 집단현상이었다. 박해는 강력한 인구학적 힘으로 작용하여, 반대파들이 다른 지역에서 일시적이건 영구적이건 피난처를 찾도록 몰아냈다. 일부 반대파들은 어느 정도는 자의적으로 고향을 떠났으며, 자기들의 신앙이 허용된 지역으로 이주하여 사전에 어려움을 해결했다. 또 어떤 사람들은 임박한 위험을 피해 도주했고, 어떤 사람들은 추방당했다. 오늘날 우리는 이주민, 난민, 추방자들을 구분하지만, 동시대인들—그들의 이주를 허용한 사람들—은 그냥 "외부인"이라고 불렀다. 잘 알려져 있다시피, 이러한 현상은 그리스도교인들에게만 국한되지 않았다. 1492년에 수십만 명의 유대인들이 세례를 받아들이는 대신 스페인을 떠났다. 단일 최대 이주민 집단은 모리스코, 즉 이슬람 조상과 믿음을 가진 명목상의 그리스도교인들이었다.

1609년과 1614년 사이에 스페인은 30만 명의 모리스코를 대부분 북아프리카로 몰아냈다. 비슷한 수의 위그노들이 낭트칙령이 폐지된 1685년 이후 프랑스에서 도망쳤는데, 이 경우에는 수십 년에 걸쳐서 그렇게 했다: 1680년대와 1690년대에 20만 명, 18세기에 10만 명. 합스부르크 지역에서는 비그리스도교 이주민들뿐만 아니라 그리스도교 이주민들도 많이 만들어졌다. 스페인 군대가 1580년대에 네덜란드의 남부 지방을 재정복했을 때 15만 명이 넘는 사람들이 이주를 해 안트베르펜을 비롯한 도시들의 인구가 격감했다. 대부분은 최종적으로 네덜란드공화국에 정착했다. 비슷한 수의 프로테스탄트들이 30년전쟁의 파멸적인 패배 이후 보헤미아를 떠나 대부분 작센 지방이나 폴란드로 간 것으로 알려졌다. 반종교개혁이 가열되면서 10만 명이 넘는 사람들이 오스트리아를 떠나 헝가리나 남부 독일로 갔다. 1731~1732년, 잘츠부르크 대주교의 정부가 지역에 잔존한 숨은 프로테스탄트들을 탄압하자 2만 명의 프로테스탄트들이 쫓겨났다. 이리하여 로딩거의 가슈타인을 포함한 7개 지구가 텅 비었다. 프로테스탄트 지역은 가톨릭 지역만큼 많은 이주민을 만들어내지 못했지만, 잉글랜드는 예외였다. 잉글랜드는 아메리카 식민지를 이용하여 많은 사람들을 몰아냈다. 약 2만 1,000명의 잉글랜드 퓨리턴들이 1620년대에서 1640년대에 걸쳐 그곳으로 도피했다. 대규모의 이주만을 열거한 이 리스트만 보아도 일부 지배자들은 자기 땅에서 반대파를 제거하기 위해 대규모 소란을 일으켰으며 잔인한 고통을 가했음을 알 수 있다. 이러한 점에서, 우리의 전통적인 지식은 잘못되었다: 종교적 소수파의 대규모 존재만으로 관용이 실제로 필요하지는 않았던 것이다.

지배자들—제후들뿐만 아니라 도시 행정관들도—은 이주의 경제적인 손실을 모르지 않았다. 그들은 땅을 경작하고 상품을 생산하는 사람의 수를 국가와 사회의 부를 증진시키는 재산이라고 보았다. 존 톨랜드는 그들을 "국가의 진정한 부와 힘"이라고 불렀다.[194] 이러한 등식은 17세기 중반에 널리 퍼진 중상주의 이론의 한 도그마가 되었다. 즉, 당시 네덜란드공화국의 이례적인 번영을 모든 신앙을 가진 이주민들에 대한 관용 덕으로 돌리는 것이 일반적이었다. 마찬가지로, 스페인이 유럽의 강대국 지위에서 추락한 것은 부분적으로는 유대인과 모리스코의 추방에 따른 경제적인 손실 때문이라고 여겨졌다. 경제적인 손실을 피하려는 생각에서, 포르투갈 국왕 마누엘은 스페인 친척들을 모방하여 유대인들을 추방하지 않고 대신 그들을 강제 개종시키는 더욱 잔인한 정책을 취했다. 1502년 페르디난도와 이자벨라는 동일한 생각에서, 스페인의 무데하르들이 스페인을 떠날 수 없을 정도로 가혹한 조건을 걸어 결국 그들이 세례를 받아들이지 않을 수 없도록 했다.* 한참 뒤인 1669년 루이 14세 역시 마찬가지 생각에서 위그노가 프랑스를 떠나는 것을 금했다. 18세기에, 합스부르크 황제들은 프로테스탄트들을 오스트리아에서도 인구가 적은 트란실바니아로 추방함으로써 프로테스탄트의 생산력을 상실하는 것을 피했다.

그러므로, 독일 제후들이 1555년에 아우크스부르크에서 했고 1648년 베스트팔렌 평화에서 반대파들에게 다른 지역으로의 이주권을 부여함으로써 인정한 양보는 결코 작은 것이 아니었다. 유럽의 여타 지역에서는 종교적 반대파들이 그러한 권리를 누리지 못했다. 그리고

---

* Mudéjar. 그리스도교 재정복 이후에도 모리스코와 달리 그리스도교로 개종하지 않고 이베리아에 남아 있던 무슬림들.

그것은 근대 세계의 많은 지역에서 정치적 반대파들이 향유하던 것 이상이었다.[195] 몇몇 근대체제에서와 마찬가지로, 근대 초 지배자들이 크게 두려워한 것 가운데 하나는, 이주민들이 그들의 적과 뜻을 같이 하여 외국 군대와 함께 귀향하지 않을까 하는 것이었다. 그러한 두려움은 많은 경우에 사실로 드러났다. 또한 많은 근대체제에서와 마찬가지로, 근대 초 지배자들은, 적어도 17세기에는, 반대파를 "진리"로 개종시키는 것을 자기들의 의무라고 진지하게 받아들였다. 그들은 그러한 의무를 신이 신민들의 복지를 위해서 부여한 책임의 일부라고 여겼다. 그렇지 않으면 이들은 지옥에 떨어질 것이었다. 중요한 것은 이주권은 지배자들이 이주민들의 재산을 몰수하는 것을 금했다는 것이다. 이주민들은 재산을 판매할 수 있었고 그에 따른 이익을 챙길 수 있었다. 그렇지만 그러한 특권은 그들이 계약을 체결할 충분한 기간을 부여받지 못한다면 별로 소용이 없었다. 그 기간은 1555년에는 불분명했지만 1648년에는 현재의 반대파에게는 5년, 미래의 반대파에게는 3년으로 규정되었다. 기간이 길면 길수록 반대파가 자기의 재산을 공정한 시장 가격으로 판매할 수 있는 가능성이 높았다. 즉시 떠나야 했던 사람들은 이웃사람들과 투기꾼들의 자비에 호소할 수밖에 없었고, 이들은 그들의 껍질을 벗기는 것을 망설이지 않았기 때문이다. 1731년 대주교 레오폴트 안톤 본 피르미안은 잘츠부르크의 루터파 주민들에게 여섯 달도 주지 않았기 때문에, 그들은 남겨둔 재산 가치의 대부분, 즉 250만 탈러 가운데 220만 탈러를 상실했다. 다행히 브란덴부르크–프로이센의 프리드리히 빌헬름이 잘츠부르크의 루터파들에게 동부 프로이센의 빈 땅을 정착지로 제공함으로써 그들을 모진 운명으로부터 구해주었다. 그의 눈에 보이는 관대함은 위그노들을 받아들인 그의 할아버지의 관대함과 마찬가지로 프로이센의 경제발전에 기여했다(그것은 또한 독일과 국제정치에서 그 선제후의 지위를 높여주었고, 제국 내에서 프로테스탄티즘의 탁월한 보호자라는 지위를 확인시켜주었다). 제후들은 그러한 이익을 얻기 위해 심지어는 메노파와 유대인들도 관용할 준비가 되어 있었다.

지배자들은 경제적인 이유 때문에 이주민들이 들어오는 것은 환영했고 나가는 것은 막았다. 이것은 근대 초 유럽에서 일어난 공식적인 관용의 가장 자유주의적인 행동과 가장 잔인한 박해에 부분적으로 책임이 있다. 잔인한 박해와 비교할 때, 이주가 전적으로 나쁜 것만은 아니었다. 그것이 손실을 의미하는 것은 분명했다. 고향을 떠나 아무런 연고도 아무런 권리도 없는 외국으로 간다는 것은 일종의 사회적 죽음, "백색 순교"라 할 만했다. 그렇기는 해도 남아 있는 것보다는 나았다: "떠나는 것을 놓고 불평하지 말라. 왜냐하면 너는 단숨에 죽음을 잊어버릴 수 있기 때문이다. 반면에 우리는 이 사악한 인간들 속에 남아 매일매일 죽음을 받아들어야 한다"고 아란다의 후안 데 레온이 1492년에 썼다.[196] 이주는 아무리 힘든 것이었어도 근대 초 유럽에서 종교적인 반대파 문제를 해결하는 주요한 해법 가운데 하나였다. 그것은 하나의 안전밸브로서 반대파들뿐만 아니라 지배자들에게도 한층 더 가혹한 박해의 대안이 되었다.

아우슬라우프

그렇지만, 이주는 관련자 모두에게 갑작스럽고 값비싼 수단이었다.

반대파들의 존재를 받아들이지 못하는 사람들은 그것을 강요했다. 그러나 그들의 존재만으로는 대중의 종교 폭력을 촉발시키는 경우가 드물었으며, 공적인 박해를 일으키지도 않았다. 탐욕이나 욕망처럼, 이단은 정신적인 죄였다. 그것은, 말이나 행동으로 표현되지 않는다면, 별다른 반발을 일으키지 않았다. 관용의 옹호자로서 인간의 마음을 읽을 수 있는 유일한 분인 신의 반발은 제외하고 말이다. 문제는 종교적 반대파들이 자기들의 믿음을 어떻게 표현했는가, 그리고 반발을 야기하기 위해서는 어떤 한계를 넘어서야 했는가, 이다. 반대 신앙의 공격적인 전파와 위장 사이에는 행동의 광범위한 스펙트럼이 놓여 있었다. 그 행동이 두드러지면 두드러질수록, 지배자들이 거기에서 발견하는 권위에 대한 도전은 컸으며, 국교를 따르는 그리스도교인들의 반발도 커졌다. 지배자들이 일반적으로 전복적이라고 보고, 그 밖의 다른 사람들이 모독적이라고 본 것은 믿음이 아니라 행동이었다. 따라서 비국교도들을 죽이거나, 마주치는 것을 피하기 위해서 추방할 필요도 없었다. 그들의 행동만 제한하면 될 일이었다. 요컨대, 사람이 아니라 도발적인 행동만 제거하면 되었다.

게다가, 사람은 물론이거니와 그 행동도 지구상에서 완전히 일소할 필요가 없었다. 그리스도교 종파들이 추종자들에게 자기들의 신앙이 전 세계적으로 승리할 것을 희망하거나 기대하도록 가르친 것은 분명하다. 모든 그리스도교인들은 그러한 목표를 향해 나아갈 개념상의 의무가 있었으며, 특정한 시기—서부 유럽에서는 1570년대와 1580년대, 제국에서는 1620년대와 1630년대—에, 지배자와 신민들은 자기들의 종말론적 희망과 두려움을 과격한 행동으로 표출했다. 그러나 일반적으로, 그리스도교인들이 우선적인 책임감을 느끼고 있던 것은 그리스도교 세계 전체가 아니라 자기들의 공동체였다. 그들은 이단들이 자기들의 도시, 마을, 영지, 혹은 영토 등의 경계선 너머에서, 경계선의 저쪽에서, 행하는 것에 자기들도 관련되어 있다고는 생각하지 않았다. 그들이 죄의식에서 벗어난 것은 아니겠지만 말이다. 그 경계선이 어떻게 설정되든지 간에 그것은 정신적인 공동체(그리스도교 공동체)의 공간적 한계를 나타냈다. 그 몸으로부터 도발적인 행동을 도려내기 위해서는 경계선 안에서 그것을 없애면 되었다. 바로 이것이 아우슬라우프(걸어 나가기)가 성취한 것이다. 그것은 공동의 공간으로부터 비국교도들의 예배의식을 몰아냈다. 공동체는 신앙을 혼합된 상태로 두면서도, 예배에 관해서 만큼은 공동체를 단일 종교의 배타적인 인클레이브로 유지했다.

이주와 달리, 아우슬라우프는 상이한 신앙을 가진 사람들이 같은 도시와 마을에서 함께 사는 것을 허용했다. 그것은 우리가 정의하는 관용의 진정한 형태가 되었다. 그것은 일찍이 1528년에 문서로 나타나는데, 당시 개혁파 목사들은 스위스 라인탈의 경계선 바로 저편에서 설교하고 있었다. 1530년대에 스트라스부르, 울름, 비버라흐 등지의 가톨릭신자들은 인근 마을에 가서 예배볼 수 있었다. 상이한 시기에 그리고 다양한 형태로, 비국교도들은 스위스, 독일, 오스트리아, 폴란드, 트란실바니아, 헝가리, 네덜란드 북부와 남부, 프랑스, 아일랜드 등지에서 아우슬라우프를 했다. 이 지역의 주민들이 서로 모방하거나 배운 것은 아니었다. 똑같은 어려움에 봉착하여 똑같은 해결책을 발견한 것이다.

관용의 다른 형태들과 마찬가지로, 아우슬라우프는 비국교도, 당국, 공식 교회 구성원 사이의 합의를 필요로 했다. 경우에 따라 그 합의는 계약서로 작성되거나 구두약속의 교환으로 비준되었다. 예를 들면, 1647년, 뷔르츠부르크 주교인 요한 필립 폰 쇤보른(베스트팔렌 평화의 설계자 가운데 한 명)은 키칭겐의 루터파들이 인접한 안스바흐에 가서 예배볼 수 있도록 허가증을 발급했다. 그렇게 하면서 그는 도시의 가톨릭 시민들에게 다음과 같이 권고했다: "그들이 떠나고 돌아올 때 성문에서 저지하는 것은 현명하지 않다. 예배에 참석하는 사람들이 온순하고 순종적인 한 그들이 예배보는 데 아무런 지장을 받지 않고 오고갈 수 있도록 해주는 편이 좋다."[197] 합의가 명시적이지 않을 때에도, 그것의 조건들은 양측의 행동으로부터 유추할 수 있다. 비국교도들은 자기들의 도시나 마을에서 예배드리지 않고, 예배드리기 위해 길을 떠나는 수고와 비용을 감수하는 데 동의했다. 당국은 그들이 그렇게 한다고 혹은 그들이 다르게 믿는다는 이유로 박해하지 않기로 동의했다. 국교를 따르는 그리스도교인들 역시 자기 도시나 마을에서 자기 교회의 독점적인 예배권이 도전받지 않는다면 공격하지 않기로 혹은 폭력적으로 위협하지 않기로 동의했다. 또한 아우슬라우프는 이웃 공동체의 협조를 필요로 했다. 비국교도들이 들어와 예배보는 것을 허용해야 했기 때문이다. 그것은 여러 당사자들의 협조를 필요로 하는 미묘한 일이었다. 그것이 언제나 모든 사람들의 동의를 얻은 것이 아님은 어렵지 않게 추측할 수 있다.

아우슬라우프의 실제는 상당히 다양했다. 1566년 여름에 네덜란드를 휩쓸었던 소위 말하는 울타리 설교(그림 6.2)처럼 특별한 경우가 있었다. 이것은 네덜란드의 반反스페인 반란의 첫 번째 국면에 속한다. 브뤼셀의 합스부르크 정부가 붕괴하자, 프로테스탄트 설교자들—이들 가운데 많은 사람은 교육 받지 못한 속인들이었다—은 공개적으

그림6.2

1566년 안트베르펜 외곽에서 진행된 프로테스탄트 울타리 설교. 프란스 호헨베르크가 1566년경에 그린 판화의 세부細部. 플란틴—모레투스 박물관 소장.

로 복음을 선포할 기회를 잡았다. 그들은 도시의 성벽 밖, 숲, 들판 주위에서 설교했고, 수백 명 혹은 수천 명의 도시민들이 설교를 듣기 위해 성 밖으로 몰려나갔다. 아무도 첫 번째 설교자들에게 도시를 피하라고 말하지 않았고, 지역 행정관들도 설교를 허가하지 않았다. 그러나 암묵적인 동의에 의해서, 행정관들은 그들이 도시 밖에서 집회를 갖는 한 그 불법 집회를 방해하지 않았다. 설교가 지역에서 지역으로 퍼져나가고, 집회 규모가 점점 커지고 잘 조직되어감에 따라, 그 동의는 2개월이 넘도록 유지되었다. 최종적으로, 칼뱅파는 울타리 설교에 불만을 느꼈다. 그리하여 8월에 그들은 도시의 교회를 공격하여, 성상, 제단을 비롯한 가톨릭 물품들을 제거했고, 교회를 자기들만 사용하기 위해 점유했다. 그렇지만, 어려운 시기에, 아우슬라우프는 그들의 운동에 공간을 제공해주었고, 그것이 지속되는 한 폭력은 일어나지 않았다.

　물론, 야외예배는 궁여지책이었다. 그것은 위급한 경우에 일시적인 방편으로, 혹은 강력한 박해에 직면하여 비국교도들이 예배볼 수 있는 유일한 방법으로 은밀한 장소에 비밀리에 모일 수밖에 없을 때 행해졌다. 그것은 많은 위그노들이 18세기에 남부 프랑스에서 했던 것이고 일부 아일랜드 가톨릭교도들이 17세기와 18세기에 했던 것이다. 크롬웰이 통치하던 1650년대에 아일랜드에서는 "큰 바위"를 원시적이지만 하나의 제단으로 사용하는 관습이 퍼져나갔다. 1650년대 이래 합스부르크 지배자들이 프로테스탄트들의 예배를 더욱 어렵게 했던 슐레지엔에서도, 루터파 "숲속 설교자들"은 인근 작센 지방에서 몰래 들어와 숲속과 고지대의 계곡에서 달빛을 받으며 설교를 했다. 그러나 더욱 흔한 아우슬라우프는 정식 교회 아니면 적어도 제대로

된 안전한 건물에서 예배볼 수 있는 인근 도시나 마을로 들어가는 것이었다. 16세기의 그라우뷘덴에서, 마을 투표에서 진 그리스도교인들은 인근 마을에 가서 예배에 참석했다. 트란실바니아에서도, 소수파들은 그렇게 할 수 있는 권리를 가졌다. 그렇게 일요일마다 이동하는 것은 소교구마다 공식적인 종교가 다른 곳에서는 분명히 실용적이었다. 그것은 또한 수많은 소젠트리들이 작은 영지에서 군림하던 크라쿠프 인근 소小폴란드 지방에도 적합했다. 아우슬라우프는 주권 영토들이 복잡하게 얽혀 있는 슈바벤과 프랑켄 지방에도 잘 적용되었다. 16세기 말, 아우슬라우프는 신성로마제국의 이 같은 지역들에 널리 퍼진 관습이었다. 예를 들면, 슈파이어 주교구의 칼뱅파는 일요일이면 칼뱅파가 공식 종교인 인근 팔츠 지방의 마을로 이동했고, 팔츠 지방의 가톨릭교도들은 반대 방향으로 이동했다. 가톨릭 제국도시인 바일 데어 슈타트의 루터파들에게는 모든 길이 정통종교로 통했다. 그들의 작은 도시는 루터파인 뷔르템베르크공국 안에 있는 인클레이브였던 것이다. 도시민들은 정기적인 방문객이 되었다. 베스트팔렌 평화를 놓고 협상을 벌인 제후들과 외교관들이 1648년에 한 독일 영방의 비국교도들에게 그들을 받아들이는 이웃나라에 가서 예배볼 수 있는 합법적인 권리를 부여한 것은 오랜 관행을 공식화한 것이었다. 이렇게 합법화되고 확대된 아우슬라우프는 구체제가 끝날 때까지 제국에서는 일반적이었다.

아우슬라우프는 유럽의 일부 지역에서는 대규모로 시행되었기 때문에 그것을 행하는 사람들을 받아들이기 위해 특별 교회를 세워야 했다. 예를 들면, 슐레지엔의 루터파들은 부정기적인 숲속 설교로 만족할 수 없었다. 1650년대 이후 수천 명이 정기적으로 국경을 넘어 작센으로 가서 예배에 참석했고, 그들을 위한 교회들이 국경선을 따라 세워졌다. 1707년, 스웨덴의 개입 덕분에, 알트란슈테트 조약은 슐레지엔의 루터파들에게 합스부르크 지배자들이 막으려 했던 아우슬라우프를 보장했다. 링겐 주도 비슷한 모습을 보여주었다. 가톨릭은 이 독일 영토에서 다수를 형성하고 있었다. 그러나 1674년부터 그들의 지배자인 오라녜공 빌렘(동시에 그는 네덜란드공화국의 총독이었으며 후일 잉글랜드의 왕이 된다)은 그들의 신앙을 억압하려는 강력한 조치를 취해, 개혁파 교회에 참석하기를 요구했으며, 어떤 경우에는 재산 상속을 금하기까지 했다. 그러자, 링겐의 가톨릭교도들은 뮌스터와 오스나브뤼크 같은 인접 주교구로 길을 떠나기 시작했고, 그들을 맞이하기 위해 경계선을 따라 교회가 세워졌다. 아우슬라우프의 필요성은 정주 형태마저 변화시킬 정도였다. 1688년 뷔르템베르크 공작이 위그노와 발도파가 자기의 루터파 영토로 도피해오는 것을 허가했을 때, 그는 영토 밖에서만 예배볼 수 있다고 규정했다. 상호 합의에 의해, 난민들은 공국의 경계선 가까운 곳에 터를 잡았다.

이 모든 것들은 중요한 문제를 제기한다: 아우슬라우프는 어디에서 비국교 예식을 없앴는가? 국교도들에게는 어떤 지역이 순수한 상태로 유지되어야 했는가? 공식적인 종교는 오로지 법적 관할구역들 사이에서만 다를 수 있기 때문에, 비국교도들이 법적 관할구역 사이를 오고간 것은 그리 놀라운 일이 아니다. 그것은 그들이 자기들의 신앙이 허용된 교회를 찾기 위해서 해야 했던 일이었다. 따라서 대부분의 아우슬라우프는 다른 영토, 다른 영지, 다른 소교구로의 여행이었다. 그러한 여행에는 또한 실제적인 이익이 있었다. 그들은 가까운 지역에 마련되어 있는 교회의 하부구조를 이용했기 때문에 예배 장소, 목사, 예배에 필요한 부속시설 등을 갖추어야 할 필요가 없었다. 이러한 것들은 대단히 비쌌으며, 비국교도들의 규모가 작을수록 비용은 더욱 부담스러웠다. 정부 당국은 또 정부 당국대로, 자기 관할구역에서 그러한 위반행위들을 없애는 것으로 의무를 다한다고 생각했다.

일반 그리스도교인들은 정부 당국만큼 법적 관할구역을 중요하게 생각하지는 않았다. 불관용적인 군중이 경계선을 넘어 들어가 그들의 예배 장소를 공격하는 경우도 있었다. 예컨대, 1716년, 쾰른의 가톨릭 학생 6, 70명은 쾰른의 칼뱅파들이 예배보던 율리히공국으로 가서, 건축 중이던 교회와 목사관을 파괴했다. 종교적 다수파들이 지역 당국에게 비국교도들이 예배볼 장소를 지정하라고 청원하는 경우도 있었다. 예를 들면, 프랑스의 샬롱 쉬르 마른의 가톨릭교도들은 행정관들에게 프로테스탄트들의 예배 장소를 성문 밖 지역으로 제한하라고 요청했다. 정부 당국은 관할구역에 대해서보다는 예배 장소의 상징적 의미와 거기에서 일어날 사회적 행동에 대해서 관심을 기울였다. 네덜란드의 경우에 그러했는데, 1566년 몇몇 행정관들은 관할구역 혹은 "자유" 안에서의 울타리 설교를 허용했다. 그렇지만 그러한 설교는 언제나 성벽 밖에서 행해졌다.

도시민들에게는 도시를 에워싸고 있는 성벽이 중요한 의미를 가지고 있었다. 성벽은, 교회 종탑 같은 아이콘이요, 교회 종같이 포괄적인 것으로서, 안전과 자부심의 원천이었다. 그것은 공동체의 경계를 상징적으로 규정했다. 성벽 안에서 일어나는 것은 공동체의 전 구성원과 관련되었다. 적어도 간접적으로는 그러하거나 그렇게 여겨졌다. 성벽 밖에서 일어나는 것은, 그곳이 성벽에 인접한 곳이라 해도, 그렇지 않았다. 도덕적으로 의심스러운 행동이 공동체를 어둡게 채색하지 않았듯이, 성벽 밖에서 행해지는 비국교도들의 이탈적인 제식은 공동체의 순수성을 그렇게 위협하거나 국교를 직접적으로 도발하지는 않았다. 프랑스에서는 그 양태가 뚜렷했다. 가톨릭과 위그노 사이에 "갈등의 무대"가 되었던 곳은 성벽 안의 공간이었다. 가톨릭의 요구 가운데 가장 긴급했던 것은 그 공간에서 프로테스탄트들의 예배를 없애는 것이었다.[198] 프랑스 왕실의 칙령은 이러한 가톨릭의 감성에 민감했고, 이를 통해서 종교전쟁을 예방하거나 종식시키려 했다. 낭트칙령에서, 위그노는 광역 행정구역당 두 도시 외곽에서 예배볼 수 있도록 "양보에 의해" 허가받았다. 전 유럽의 정치 당국들이 잘 알고 있었듯이, 상징적인 이유에서 만큼이나 실제적인 이유에서, 비국교도들의 예배는 국교도들을 만날 가능성이 있는 사회적 교류 장소에서 멀리 떨어진 도시 성벽 밖에서 행해질 때 충돌을 야기할 가능성이 적었다. 그 장소가 중심에서 멀수록 비국교도들에게는 더 불편했고, 참석자도 줄어들었다. 종교행렬, 축일, 장례식이 폭력을 촉발하는 이유와 같은 이유에서, 비국교도들의 제식을 공동체 공간에서 멀리 떨어진 곳으로 내보낼수록 위험성은 줄어들었다.

그렇지만, 비국교도와 국교도 사이의 암묵적인 합의는 매우 모호했다: 비국교도들은 국교도들의 성지에서 벗어나기 위해 정확히 얼마나 멀리 나가야 했는가? 이것이 협상의 쟁점이었는데, 협상은 말이 아니라 행동으로 진행되기도 했다. 비국교도들은 언제나 집 가까이에서 예배보기를 원했다. 그러나 그들의 동료 시민들은 그들의 제식을 가급적 멀리 내보내기를 원했다. 실제로, 비국교도들은 예배 장소를 골라잡거나 정부 당국에 의해 할당받았는데, 이에 대해 그들의 동료 시민들은 항의하기도 했고 하지 않기도 했다. 파리의 경우가 하나의 예다. 도시의 호전적인 가톨릭교도들을 달래기 위해, 그리고 도시가 프랑스의 수도라는 상징적인 중요성을 인정하여, 낭트칙령은 위그노는 도시에서 5리외—15마일—이상 떨어지지 않은 곳에서는 예배볼 수 없다고 규정했다. 앙리 4세는 아블롱 마을에 교회를 지을 수 있는 땅을 할당했다. 위그노들은 하루에 그곳에 갔다 오는 것이 불가능했고, 그래서 아블롱은 실용적이지 못하다고 앙리에게 호소했다. 그리하여 1606년에 왕은 수도에서 불과 2리외 떨어진 샤랑통에 교회를 지을 수 있도록 허가했다. 이전에는 아무런 폭력 사태가 일어나지 않았지만, 앙리의 결정은 폭동을 일으켰다. 바로 다음 일요일, 위그노들이 생앙토니 문을 통해 돌아올 때 가톨릭 군중이 그들을 공격했던 것이다. 위그노들이 도시의 내부 성소를 지나갈 때 폭력이 발생한 것은 우연이 아니었다. 그렇지만 가톨릭은 샤랑통도 도시 성소를 침범했다고 보았다.

먼 장소는 일요일 예배를 불가능하게 만들었다. 그러나 비국교도들은 그보다 더 많은 부정기적 제식을 위해 먼 길을 떠나기도 했다. 예를 들면, 네덜란드공화국의 가톨릭교도들은 종교행렬에 참여하기 위해 먼 길을 떠났다. 고향에서는 그러한 공개적인 제식을 거행하는 것이 금지되었기 때문에 그들은 국경선을 넘어 남부 네덜란드로 가거나 라벤슈타인 영방 같은 공화국 내의 가톨릭 인클레이브로 들어갔다. 이러한 인클레이브에는 1629년에 네덜란드 군대가 북부 브라방 지방을 점령했을 때 수도원이 모두 이주해 들어왔기 때문에 가톨릭 성직자들로 넘쳐났다. 이들 난민 성직자들은 귀중한 성상과 성물들을 가지고 나와서 새로운 성당을 세웠으며, 혹은 우덴과 한델에서처럼, 기존의 성당을 인수했다(그들은 또한 라틴학교를 세웠는데 네덜란드의 가톨릭교도들은 이곳으로 자식들을 보내 공부시켰다—이것은 아우슬라우프의 또다른 형태로 간주될 수 있는 이동이었다). 17세기 말 이후 18세기 내내 네덜란드의 가톨릭교도들이 가장 선호했던 인기 순례지는 케벨라에 르였다. 가톨릭 평신도들은 케벨라에르의 성모 마리아를 위해 형제회를 세웠고, 중요한 성모 마리아 축일에는 그곳의 성당으로 몰려갔다. 거룻배를 타거나 걸어서 여행할 때, 그들은 네덜란드의 영토 안에서는 최대한 신중하고 조용히 움직였다. 그러나 일단 경계선을 넘어 남부 네덜란드로 들어가기만 하면, 깃발을 꺼내 들고, 종교행렬을 거행하듯이 마음껏 성가를 부르고 요란하게 기도하면서 나머지 길을 계속했다. 그러한 연례적인 행렬을 통해서 네덜란드의 가톨릭교도들은 고향에서 겪었던 억압에서 벗어날 수 있었다.

그 경우, 아우슬라우프는 다양한 형태를 띨 수 있었다. 그것은 특별하거나 제도화될 수 있었고, 빈번하거나 부정기적일 수 있었고, 가깝거나 먼 여정일 수 있었고, 비국교도들의 다양한 종교적·사회적 필요에 부응할 수 있었다. 종교적인 불만을 조정하는 장치로서, 그것은 집단의 신앙과는 무관하게 기능했다. 가톨릭, 칼뱅파, 루터파 모두 비국교도일 때 그것을 행했으며, 공식 종교일 때 그것을 관용했다. 다른 집단들도 그러한 방식에 익숙해졌다. 단치히의 발트 해 항구에서 살고 있던 (1643년에 추방될 때까지) 소치니파는 부스코브와 스트라스진 마을로 정기적인 아우슬라우프를 떠났다. 함부르크에 살던 메노파는 서쪽으로 몇 마일 떨어진 엘베 강 하구의 알토나로 떠났다. 샤움부르크 백작이 세웠고, 1640년부터는 덴마크 왕실에 속했던 알토나는 비루터파 상인들에게 좀더 관용적인 장소를 제공함으로써 함부르크로부터 상업을 끌어들이려 했던 것이다. 역설적으로, 알토나는 함부르크의 성장을 도와 함부르크가 1700년에는 북부 독일의 중요한 상업

중심지가 되게 했지만, 정작 알토나는 정통 루터파의 아성으로 남았
다. 상업적 메트로폴리스가 관용으로 기운다고 보는 것이 일반적이
지만, 함부르크는 그렇지 않았다. 그러나 알토나 덕분에 그리스도교
비국교도들은 도시에 살며 사업을 하면서도 기품 있고 편안하게 예
배볼 수 있었다. 혹은 그들은 자기들의 예배 장소에 가까운 알토나에
살면서 함부르크에서 사업을 할 수 있었다. 많은 비국교도들과 유대
인들은 이렇게 해서 이전의 작은 낚시 마을을 진정한 도시 외곽으로
변모시킬 수 있었다. 근대의 도시 외곽 주민들의 출퇴근과 비슷한 이
러한 패턴은 아우슬라우프의 반대 형태였다. 그렇지만 거기에 깔려
있는 논리는 동일했다. 비슷한 방식으로, 루터파 도시인 뉘렘베르크
는 두 개의 위성마을을 발전시켰다: 유대인들이 살던 퓌르트와 위그
노가 살던 에를랑겐. 루터파 도시인 프랑크푸르트 역시 하나우와 비
슷한 공생관계를 유지했으며, 18세기에 가톨릭 도시인 쾰른 역시 베
르크 주의 뮐하임과 그렇게 했다. 이러한 위성도시들 덕분에, 대도시
들은 다른 종교를 가진 사람들로부터 이익을 취하면서도 내부적으로
는 종교적 통일성을 유지하는 식으로 꿩도 먹고 알도 먹을 수 있었다.

　이러한 온갖 형태의 아우슬라우프가 비국교도 문제에 대한 효과적
인 해결책이 된 것은 그것이 경계선을 존중했기 때문이다. 비록 가끔
은 그것을 위반했지만 말이다. 비국교도들은 예배 장소에 갔다가 돌
아올 때 한쪽은 자기들의 종교가 금지되고 다른 쪽은 허용되는 두 공
간의 차이점을 인정했다. 이동을 하는 동안, 그들은 국교도들의 바람,
즉 그들의 예배 형태만이 공동체의 경계 안에서 허용되는 유일한 예
배라는 그 절대적인 소망을 받아들였다. 이러한 경계선을 존중하는

한, 국교도들은 비국교도들과 공존할 수 있었으며, 이탈적인 신앙을 실천하는 것도 허용했다. 그들은 비국교도들이 아무런 소란 없이 평화롭게 가서 누구나 다 알고 있는 그 목적을 마치고 돌아오는 것을 허용함으로써 관용을 실천한 것이다. 관리들이 관할구역 내에서는 비국교도들의 예배를 억압하면서도 아우슬라우프를 허용한 것 역시 그러했다. 사실, 그들은 근대 국가의 경계선과는 닮은 점이 거의 없는 그 경계선을 효과적으로 통제하지는 못했다. 초소나 세관 감시원이 충분하지 않았던 것이다. 근대 국가들도 경계선을 효과적으로 통제하지 못했는데, 근대 초 국가들은 오죽했겠는가. 그렇지만 도시는 성벽으로 둘러싸여 있었다. 행정관들은 일요일과 축일마다 성문을 통해 오고가는 사람들의 이름을 적도록 경비에게 지시할 수 있었다. 1530년대와 1540년대에 울름의 행정관들처럼 말이다. 성문을 폐쇄할 수도 있었다. 베르겐 오프 좀의 칼뱅파 당회가 절망적으로 지적했듯이, 행정관이 그렇게 하지 않은 것은 양심적인 결정이었다. 그라우뷘덴의 마을 관리들은 비국교도들이 아우슬라우프를 행한다면 시민권을 박탈할 권리를 가지고 있었지만 그렇게 하는 사람은 거의 없었다. 관리들과 국교도들은 묵인함으로써 공동체의 공간적 한계를 확인하는 데 비국교도들과 공모한 것이다.

이주와 마찬가지로, 아우슬라프도 역설적이었다: 그것은 다른 형태의 예배의식을 가진 공동체의 존재 덕분에 공동체가 동일한 예배의식을 행할 수 있게 해주었다. 아우슬라우프를 하기로 공모한 당사자들은 상이한 예배 형태를 가진 다른 공동체의 존재를, 적어도 묵시적으로는, 받아들였다. 달리 말하면, 그들은 종교적 다양성이 "그의 지역"의 원칙이나 그것의 변형 형태의 원칙에 부합하도록 조직된 한에 있어서 종교적 다양성을 받아들였다. 이점은 매우 중요하다: 공동체들 사이의 종교적 다양성을 받아들이는 것은 공동체 내부의 단일성이 가능하도록 도와주었다. 예를 들면, 도시들은 비국교도들을 제거하지 않고 단지 성벽 밖의 공간으로 옮겨놓았을 뿐이었다. 지역적인 단일성은 더 광범위한 다원주의에 의지함으로써 달성되었다. 이렇게 볼 때, "그의 지역"은 때때로 묘사되듯이 불관용의 전형이 아니라 제한적 관용의 토대였다.

아우슬라우프는 비국교도들의 예배 장소를 조정함으로써 그들의 문제를 다루었다. 그것은 하나의 합의를 담고 있다: 비국교도들은 공식 교회의 지역적 독점권에 도전하지 않는 한 자기들이 원하는 대로 믿을 수 있었다. 그러나 그 합의는 그 독점권의 범위가 어디까지인가 그리고 비국교도들은 어디까지 이동할 수 있는가 하는 문제에 대해서는 모호했다. 이러한 모호성, 그리고 비국교도들과 국교도들 사이에 이익을 얻기 위해 벌이는 책략 등으로 폭력이 발생했다: 국교도들은 자기들이 받아들일 수 없는 장소에 모인 비국교도들을 공격하거나 그들의 교회를 파괴함으로써 판결을 내렸다. 그 합의는 또다른 모호성을 가지고 있었다. 아우슬라우프는 비국교도들의 예배의식을 공동체의 공간에서 몰아내 종교적 단일성을 창출하는 것이었고, 그것을 통해서 시민공동체와 종교공동체의 전통적인 등식을 유지하는 것이었다. 그러나 그것은 보기만큼 그렇게 완벽하지 않았다. 왜냐하면 아우슬라우프는 눈에 안 보이는 것이 아니었기 때문이다. 비국교도들이 예배를 보기 위해 대규모로 길을 떠날 때, 그들의 행렬은 장중했다. 빈에서의 모습을 상상해보자: 수천 명의 프로테스탄트들이 큰 도로를 가득 채웠고, 종교행렬 하듯이 도시의 문을 통과했다. 길을 떠나면서 그들은 루터의 찬송가를 노래불렀다: "주여! 당신의 말씀으로 우리를 지켜주소서 / 그리고 잔악한 교황과 투르크인들을 제거하소서."[199] 그들의 아우슬라우프는 어느 공공제식 못지않은 강한 선언이었다. 그것은 하나의 시위였고, 가톨릭에 대한 집단저항이었다. 일반적으로 아우슬라우프는 그렇게 공격적이지 않았지만 모호하기는 했다. 왜냐하면 비국교도들이 공식 교회의 지역적 독점권을 존중한다고 해도 그들의 이동은 그 교회를 거부하는 표현이었기 때문이다.

이 모든 제한과 모순에도 불구하고, 아우슬라우프는 근대 초 유럽에서 관용의 실천을 위한 가장 일반적인 조정 가운데 하나였다. 그것은 종교생활 가운데 잘 눈에 띄지 않는 측면 덕분에 성공했다: 대체로, 사람들은 비국교도들의 종교행사가 공동체의 공간 밖에서 이루어진다면 관용할 만하다고 생각했다. 이러한 사실은 또다른 형태의 조정을 가능하게 했다.

ARRANGEMENTS

VII

사생활의 허구

다락방에 있는 우리 주主

암스테르담의 아우데제이드스 보르뷔르흐발과 헤인체 후크스테그의 모퉁이에 있는 홍등가에는 오늘날 특별한 박물관이 있다. 정면에 깃발이 걸려 있음에도 불구하고, 관광객들—보행자 혹은 배를 탄 사람들—은 종종 그것을 여느 집과 다름없는 것으로 여기고 그냥 지나친다. 전형적인 네덜란드의 주거 양식으로 지은 그 좁고 높은 건물은 대략 1629년에 건축되었고, 1661~1663년에 대대적으로 재건축되었다. 그때 소유주인 양말 상인 얀 하르트만은 정면 꼭대기에 수사슴 형상을 조각했고 자기 이름을 따서 건물 이름을 바꾸었다. 1805년경의 그림(그림 7.1)은 내받이창 세 개와 잘록한 박공이 하나가 있는 건물의 모습을 보여준다. 그것의 오른쪽 측면은 이례적으로 깊다. 그것은 운

그림7.1

암스테르담의 아우데제이드스 보르뷔르흐발과 헤인체 후크스테그의 모퉁이에 있는 "Hart"라고 불리는 집의 외관. 이것은 세 집 가운데 가장 오른쪽에 있는 것이다. J. L. 반 벡이 C. 반 바르트의 《암스테르담 로마가톨릭교회의 번성》, 에칭, 1805년을 보고 그린 세밀화. 암스테르담 시립문서보관소 소장.

하를 굽어보는 집 하나와 뒷골목에 접한 "뒷집" 두 개로 구성되어 있는데, 모두 하나의 지붕을 공유하고 내적으로 연결되어 있다. 유리창을 보면 5층 건물임을 알 수 있다; 계단을 내려가면 지하실 문이 나오고, 정면에 있는 계단을 오르면 현관이 나온다. 오늘날 암스텔크링 박물관 방문객들은 잘 보존된 17세기 상인의 집을 볼 수 있다. 하르트만은 복층 유리창과 높은 천장으로 통풍이 잘되는 앞쪽 방에 상품을 전시했으며, 뒤쪽 방에는 책을 보관했다. 박물관의 안내선을 따라 위로 올라가면 여러 개의 방을 지나는데, 그중 거실은 신고전주의의 순수한 모델로서 하르트만의 사회적 자부심을 보여준다. 3층에 가면 비로소 1887년에 저명한 네덜란드 가톨릭교도들이 그 건물을 매입하여 박물관으로 만든 이유를 알 수 있다. 방문객들은 갑자기 교회에 들어온 느낌을 받는다.

그것은 19세기에 "다락방에 있는 우리 주"라고 명명되었다. 그 전에는 단순히 하르트Hart 혹은 한체Haantje라고 불렸다. 큰길에서는 보이지 않는 이 로마가톨릭 예배당에는 150명이 넘는 신자가 들어올 수 있었다. 신자들은 뒷골목 쪽으로 난 쪽문으로 들어와 약 30계단을 올라 이곳에 도착한다. 좁고 깊숙한 집회실은 3층 거의 전부를 차지하고 있으며, 4층과 5층에 있는 넓은 직사각형 오목 면은 갤러리다(그림 7.2). 벽 쪽에 있는 두 개의 걸상은 유명인사들을 위한 것이다. 방의 한쪽 끝에는 제단이 있고, 그 위에는 자단紫檀으로 만든 감실이 있으며, 그 뒤에는 바로크 양식의 프레임을 한 제단 배경화가 2층 높이로 걸려 있다. 1716년경에 제작된 그림은 야코브 더 비트의 〈요르단 강에서의 그리스도의 세례〉이다. 전에 그것은 전례주년의 일부 기간에만, 여러 개의 제단화와 교대로 걸렸다. 제대의 왼쪽 기둥 안쪽에는

그림7.2

하르트Hart에 있는 비밀교회로 "다락방에 있는 우리 주±"라고 불렸다. G. J. 반 루이즈가 찍은 사진. 암스텔크링 박물관 소장.

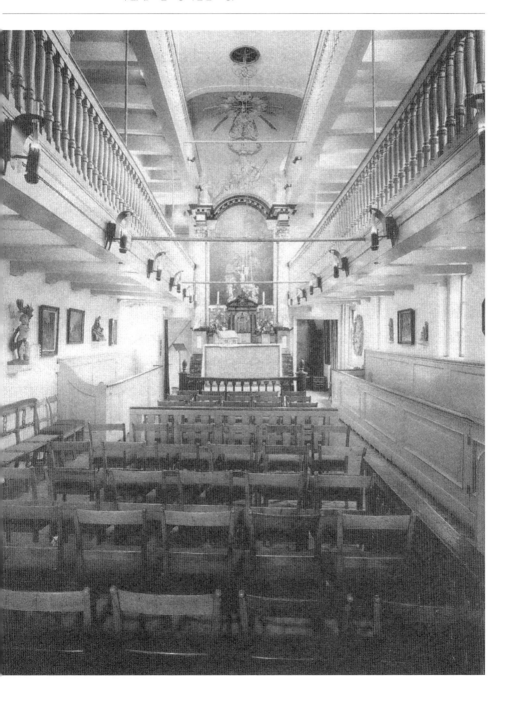

18세기 말에 제작된 작은 설교단이 왼쪽 복도 쪽으로 세워져 있다. 제대 뒤쪽으로는 부속 기도소로 나가는 문이 있고, 그 반대쪽 첫 번째 갤러리 높이에는 오르간이 있다.

하르트는 네덜란드인들이 말하는 비밀교회의 모습이 가장 잘 보존된 곳이다. 당시 북부 네덜란드에는 이러한 비밀교회가 많았다. 1700년, 암스테르담의 가톨릭교도들은 이러한 불법 예배소를 20개, 메노파는 6개 가지고 있었다. 적어도 네 개의 다른 집단들도 각각 하나씩 가지고 있었다. 위트레흐트에는 15개가 있었는데 11개는 가톨릭, 2개는 메노파, 한 개는 루터파, 한 개는 청원파였다. 1620년대에 이미 할렘에는 11개가 있었는데, 7개는 가톨릭, 3개는 메노파, 한 개는 루터파였다. 어떤 도시에서는 외국인들이 전혀 비밀스럽지 않은 화려한 예배소를 가지고 있었다. 1675년 암스테르담에 세워진 포르투갈인들의 시나고그, 회중의 대부분이 독일인 이주민이었던 18세기 미델부르크의 루터파 교회 등이 그러했다. 그렇지만, 토착적인 비칼뱅파들은 대부분 비밀교회에서 예배를 보았다. 일반 지역*—네덜란드 군대가 점령한 남부의 긴 조각 땅으로 일곱 주에는 속하지 않는—의 인구는 대부분 가톨릭이었고 비밀교회에서 예배를 보았다.

하르트와 같은 건물은 네덜란드 공화국의 종교생활에서 중요한 역할을 했다. 정치적인 이유로 칼뱅파, 즉 개혁교회는 스페인에 대한 반란을 통해 공화국의 공식 교회로 부상했고, 권력과 특권을 독점했다.

---

* The Generality Lands. 네덜란드 연합주의 1/5 정도의 지역으로 전국의회the States-General의 직할지다. 일곱 주인 Holland, Zeeland, Utrecht, Guelders, Overijssel, Friesland, Groningen과 달리, 이곳은 지역 의회가 없고 중앙 정부에 대표를 파견하지도 않았다.

그러나 비국교도들은 사실상의 관용을 누려, 17세기 유럽에서 네덜란드 사회는 종교적으로 가장 다양한 사회가 되었다. 비밀교회는 공식적으로는 칼뱅파 국가인 곳에서 비국교도들이 예배볼 수 있는 주요 공간이었다. 그들의 폐쇄적인 교회에는 성직자들이 상주했고 예식이 정기적으로 거행되었다. 그것은 많은 벽보를 위반하는 것이었지만, 정부 당국의 괴롭힘은 산발적이고 국지적이었으며, 어떤 때에는 우연적이었다. 게다가 교회가 있다는 것도 엄격한 비밀이 아니었다. 이웃은 물론이고 외국인들도 그 존재를 알았다. 행정관들은 그곳의 성직자들을 임명하는 데 비공식적이기는 하지만 적지 않은 목소리를 내기도 했다. 이러한 이유로 비밀교회라는 용어의 사용을 거부하는 학자도 없지 않다. 왜냐하면 그 용어는 해방운동에 전념하던 가톨릭이 자기 조상들이 겪은 억압을 과장하던 19세기에 등장한 용어이기 때문이다.

그런데, 비밀교회가 진짜 비밀이 아니었다면, 왜 비밀임을 과시한 것인가? 그것은 어떤 제약 아래에서 운영되었고, 그러한 제약은 어떻게 만들어졌나? 왜 행정관들을 그렇게 자주 그것을 봐주었나? 왜 다른 신앙을 가진 이웃들은 그것의 존재에 대해 강력 대응하지 않았나? 그리고 왜 비국교도들은 개혁교회의 특권적 지위는 기본적으로 건드리지 않은 채 그렇게 옹색하고 불편하고 초라한 장소에서 예배를 보았나? 이러한 질문들은 네덜란드의 비밀교회와 비슷한 것들이 유럽에 수천 개나 있었다는 사실을 고려하면 매우 중요한 질문이다. 그러한 건물의 이름은 다양했다: 가정교회, 기도집, 만나는 집, 미사집, 가정예배당, 기도소, 회합장소. 그것은 프랑스, 오스트리아, 스위스, 영국, 신성로마제국 등지에 있었다. 그곳에서도, 네덜란드에서와 마찬가지로, 그것은 비국교도들을 위한 중요 기구였다.

건축학적 구조가 말해주듯이, 근대 초에 관용이 행해질 수 있던 하나의 방법은 공적인 예배와 사적인 예배를 새롭게 구분하는 것이었다. 하나의 의미에서, 그러한 구분은 건물의 건축에서 말 그대로 초석이 놓였고 구체화되었다. 그렇지만, 좀더 중요한 의미에서, 그것의 경계는 계속 조정되었다. 이 과정의 당사자들은 정부 당국과 비국교도들뿐만 아니라 이웃과 동료시민들이었다. 정부 당국과 비국교도들은 이들의 의견에 귀를 기울였다. 그것의 경계는 주로 상징적이고 시각적인 용어로 규정되었기 때문에, 근대 세계에서 공적인 것과 사적인 것을 구분하는 법적인 경계선과는 근본적으로 달랐다. 그것을 검토하는 것은 근대 초의 공적인 삶과 사적인 삶의 광범위한 구분에 새로운 빛을 비추어준다.

궁극적으로, 근대 초의 공적인 것과 사적인 것의 구분은 그것이 사회적 실재인 만큼이나 문화적 허구였다. 네덜란드와 유럽의 비밀교회들은 진짜 교회였다. 그곳에서는 대규모 집회가 열렸고, 행정관과 이웃들도 그것을 알고 있었다. 그곳의 예배에 참석한 비국교도들과 그들을 관용한 정통교도들은 위장행위를 한 것이다. 그럼에도 불구하고, 이러한 위장행위는 종교적 다원주의의 방해물을 우회할 수 있는 중요한 수단이었다: 공동체의 정체성을 규정하는 종교의 중심 역할. 비밀교회는 사적인 것으로 구분된 공간 안에 비국교도들을 가둠으로써 아우슬라우프가 했던 것과 같은 트릭을 성취했다. 비밀교회는 공동체의 공식 교회가 공적인 영역에서 누려온 독점을 지켜주었기 때문에 그 성취도는 더 나았다고도 할 수 있다. 그것들은 외면적으로는 종교적 단일성을 유지시킴으로써 비국교도들이 공동체의 정체성과 통합성에 가하는 위협을 중화시켜주었다.

양심을 위하여

앞에서 살펴보았듯이, 아우슬라우프의 목적은 국교도들이 순수성을 유지해야 하는 공동체의 공간 밖에서 비국교도들이 제식을 거행하게 하는 것이었다. 이러한 제식을 변두리, 성벽 밖, 혹은 전적으로 다른 공동체로 몰아냄으로써, 아우슬라우프는 제식들을 상징적으로 덜 위협적인 것으로 만들었다. 또한 그것은 국교도들이 그들을 보지 못하도록 해주었다. 관할구역 밖에서 제식이 거행된다면, 지역 관리들은 그것에 대한 통제력을 가지고 있지 못했고, 그리하여 그것을 허가하거나 막는 데 대해 책임질 필요가 없었다. 이들에게 아우슬라우프는 이렇게 편리한 점을 가지고 있었다. 다른 한편, 비국교도들에게 아우슬라우프는 매우 불편했다. 그것은 시간을 잡아먹었을 뿐만 아니라 근대 초 유럽에서의 여행에 수반된 가혹함과 위험에 그들을 노출시켰다. 따라서 겨울에 아우슬라우프를 행하는 사람들의 수가 줄어든 것은 놀라운 일이 아니다. 위그노들은 연약한 아이들이 세례를 받으러 가는 길에 죽었다고 불만을 터뜨렸다. 그러나 아우슬라우프의 가장 큰 제약은 그것이 인접성을 요구한다는 것이었다. 이주민들은 새로운 집을 찾아 먼 길을, 필요하다면 바다를 건너기도 했지만, 비국교도들은 정기적인 예배보기를 위해서 갔다 올 수 있는 거리만 갔다. 작은 영토들, 조각난 관할구역들, 그리고 불규칙한 경계선 등은 아우슬라우프를 쉽게 했다. 이러한 이유로 중부와 동부 유럽에서는 아우슬라우프가 흔하고 지속적이었지만, 서쪽으로 한참 가면 그것의 유용성은 훨씬 제한되었다.

비국교도들의 예배가 공동체의 공간 밖에서 실시되는 한 관용되었다면, 문제는 그 공간의 경계가 정확히 어떠했나 하는 것이었다. 중요한 것은 종파주의 시대에 새로운 종류의 경계선이 등장했다는 것이다. 그것은 외적이라기보다는 내적인 것으로, 논란 많은 그 공간을 규정했다. 가정과 가정을 에워싸고 있는 공적 영역을 구분하는 선이 그어졌다. 공적인 것과 사적인 것, 공동체의 영역과 가정의 영역이 점점 분명히 구분되었으며, 비국교도들은 가정 안에서는 예배의 자유를 부여받았다는 데 대해서 일반적으로 동의했다.

공적인 것과 사적인 것의 이러한 구분이 네덜란드공화국에서 종교적 관용으로의 문을 열었다. 그것은 결정적인 구분이었지만, 법적인 구분은 아니었다. 그것은 위트레흐트 연맹(1579)이나 다른 정치체의 문서에도 나타나지 않는다. 여기에는 양심의 자유와 예배의 자유가 명확히 구분되었다. 연맹의 제13조에 의해, 모든 네덜란드인들은 양심의 자유를 향유했다. 양심의 자유는 법이 보장한 유일한 종교적 자유였다. 그것은 무엇을 수반하는가? 첫째, 사람들은 자기들이 원하는 대로 믿을 수 있었다. 행정관들은 종교적인 믿음을 심사하거나 재판할 권력을 가지고 있지 않았다. 둘째, 누구도 칼뱅파 예배의식에 참석하라고 요구받지 않았다. 네덜란드 개혁교회는 법적으로 그 참여가 요구되는 "국교"의 지위를 갖지 못했다. 이론적으로는 양심의 자유가 보장되었다. 그것은 비국교도들이 자기들 방식으로 예배보는 데 대해서는 아무것도 규정하지 않았다. 그러나 실제로는 많은 것들이 뒤따라 일어났다. 양심과 예배 사이의 구분은 사적인 믿음과 공적인 믿음 사이의 구분으로 변형되었으며, 그 둘 사이의 경계선은 양심이 아니라 가정 둘레에 그어졌다.

개혁교회는, 비록 국교는 아니었지만, 네덜란드 사회에서 특별한 역할을 했다. 세속 당국은 그것의 가르침을 확인했고, 목사들의 급료를 지급했으며, 회합을 감시했다. 교회는 공화국의 군인들과 선원들, 그리고 공공시설의 고아들과 재소자들을 종교적으로 돌보았다. 개혁파 교회는 과거의 소교구 교회들을 배타적으로 사용했고, 교육, 자선, 부부문제에 대해 중요한 발언권을 행사했다. 목사들은 일요일마다 설교단에서 세속적인 고지물을 낭독했고, 위기의 시간에는 참회기도를 하며 공동체를 이끌었다. 그들은 설교를 하면서 교회 구성원만이 아니라 전 국민의 죄악을 꾸짖었다. 네덜란드 개혁교회는, 비록 국교는 아니었지만, 사회의 공식적인 종교 기구로서 새로운 라벨을 요구했다. 네덜란드인들은 그것을 "공공교회"라고 불렀다. 그것은 그들의 땅에서 공공의 종교적 삶을 독점했다.

비칼뱅파들이 그 독점에 도전하는 것은 금지되었다. 그들은 친구들이나 이웃들과의 일상적인 교류에서 개인적인 신앙을 표현할 수 있었다. 그러나 집단으로서는 공적인 모습을 띨 수 없었다. 그들은 교회처럼 보이는 건물에서 예배볼 수 없었고, 야외에서도 예배볼 수 없었다. 실제로, 네덜란드 법은 여러 가족들의 모임을 공적인 행사, 즉 "비밀집회"로 규정하고 금지했다. 그러나 집안에서는 개인이나 단일 가족이 원하는 대로 하는 것을 허용했다. 예를 들면, 가톨릭교도들은 기도를 할 수 있었으며, 이를 위해서 서적, 그림, 가구 등 어떠한 신앙 도구든지 사용할 수 있었다. 그러한 물건의 생산이나 판매, 구입이나 소유는 불법이 아니었다. 그리하여 17세기 초 가톨릭 연대기 작가는 다음과 같이 기록할 수 있었다: "거의 모든 가톨릭교도들의 집에는 작은 제단과 성상이 구비된 작은 방이 있는데, 가족들은 이 기도실에서 읽고 기도했다."[200] 이렇듯, "양심의 자유"는 사적이고 가정적인 예배의 자유를 의미했다. 그것은 전국의회가 1644년의 편지에서 설명했듯이 "양심을 위해서, 모든 주민은 사적인 집과 가정에서 아무런 방해를 받지 않는 것"을 의미했다.[201] 이러한 맥락에서, 가정은 하나의 혈족 단위라기보다는 친척을 위시하여 하인, 도제, 집사, 심지어는 장기체류 손님들을 포함하는 동거인 집단을 의미했다.

그러한 양심의 자유는 비국교도들이 단일 가정보다 더 큰 집단으로 모이는 것을, 달리 말하면 교회를 가지는 것을 허가하지 않았다. 그러나, 실제로, 가정예배는 훨씬 더 크고 정교한 그 무엇, 즉 비밀교회를 위한 포장이었다. 가장 간단한 경우에, 비밀예배 장소는 우리의 연대기 작가가 묘사한 기도소와 비슷했다. 라이덴에서, 반 산토르스트 가톨릭 수녀들은 자기들의 기도소를 약간의 초, 성모 마리아 그림, 제단으로도 사용되는 상자 등을 갖춘 비좁은 다락방이라고 묘사했다. 신부가 미사를 드리기 위해서 가까이 오면, 그들은 이웃의 가톨릭신자들에게 참석하라고 알렸다. 공화국 초기에, 그러한 예배 장소는 많았다. 1619년, 헤이그의 가톨릭신자들은 50여 개 집에서 모였는데, 대부분은 약간 명의 예배자들을 위한 방을 가지고 있었다. 1641년, 라이덴에 있는 3,500명의 가톨릭신자들은 30개의 집에서 모였다. 그러한 확산은 불가시성을 최대화했으나, 몇 안 되는 신부들이 모든 신자들과 예배보는 것을 극히 어렵게 만들었다. 한 종교집단이 한 장소에 가지고 있는 예배소의 수는 구성원들의 수에 따라 달랐지만, 그것은 또한 역으로 그들이 누리던 안전도를 알려준다. 17세기의 추세는 예배소의 수를 줄이고 통합하는 것이었다. 특별기도실과 원룸예배당은 성직자들이 상주하는 더 크고 항구적인 비밀교회로 대체되었다. 가톨릭신자들은 이것을 "기도소"라고 불렀는데, 그것은 종교개혁으로 상실한 소교구 교회들의 대체물이었다.

도시에 있는 비밀교회들은 하르트를 빼닮았다. 그것은 많은 사람들을 수용할 수 있는 다락방, 여러 층으로 된 갤러리, 예배 도구 등을 갖추었다. 1643년에 홀란드 지방법원에서 나온 보고서는 그러한 "공식적인 예배당"은 일반적으로 "값비싼 제단, 기둥 위 갤러리, 아치형 지붕, 신자석, 오르간, 음악가, 온갖 종류의 악기 등 요컨대 정식 예배당에 필요한 모든 것"을 가지고 있다고 기록했다. 그것은 "그들의 종교를 공식 허용한다고 해도 넓히고 장식할 필요가 없을 정도로 컸다."[202] 최근에 구다와 암스테르담의 비밀교회 내부 재건축공사는 그 보고서가 내심 무언가를 바라고 있기는 해도 전혀 과장이 아님을 알려준다. 교회 내부는 17세기 중엽에 상당히 장식되었던 것이다. 도시에 있는 창고들도 괜찮은 공간이었다. 시골에서는 헛간을 개조해서 신자들을 위한 공간을 확보했다. 그렇지만, 대부분의 비밀교회는 집안에 만들어졌다.

몇몇 비밀교회는 새로 만든 별도의 교회 건물이었다. 대체로 그것은 건물들 사이에 정원이 있던 곳에 들어섰다. 브레이뷔르그라는 이름의 비밀교회는 지금도 남아 있다. 암스테르담의 청원파가 사용한 그 교회는 1629~163년에 건물 뒤편에 카이저스흐락트가 바라보이는 쪽에 세워졌다. 그것은 벽돌을 붙이고 나무로 테두리를 두른 큰 건물로(그림 7.3), 회중석, 측면복도, 두 개의 기둥 위 갤러리 등을 갖춘 우아한 신고전주의 양식으로 내부를 꾸몄다. 최종적으로 신자들은 그 주위에 있는 건물들을 사들여, 하나는 목사관으로 쓰고 나머지는 임대했다. 구다에 있는 성 얀 밥티스트나 위트레흐트에 있는 성 마리 같은 가톨릭신도회들은 이러한 방식으로 부동산을 집중시켜 완전한 교회 건물

그림7.3

브레이뷔르그 비밀교회의 공중사진. 이 교회는 1629년과 1631년 사이에 세워진 암스테르담의 청원파 교회였다. 일반 집들 사이에 위치하며 크기는 대략 18미터×20미터다.

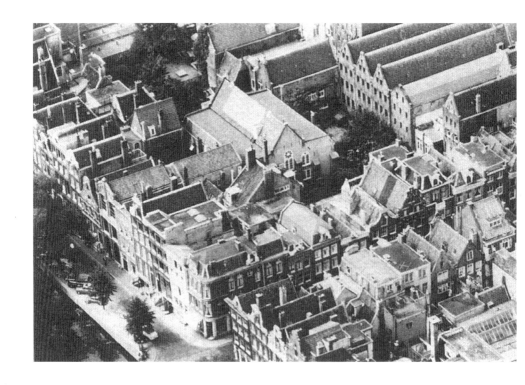

을 지었고, 그것을 성직자뿐만 아니라 헤스텔레이케 마흐텐 혹은 클로펜이라고 알려진 여자들의 숙소로 제공했다. 이들은 수도원에서처럼 함께 살면서 가톨릭 공동체를 위해 봉사했다.

크건 작건 간에 비밀교회의 공통점은 불가시성이었다: 그것은 주요 도로에서 보면 교회로 보이지 않았다. 외부에는 십자가, 종, 아이콘, 탑, 화려함 등 일체의 교회 상징물이 없었다. 비밀교회와 정식교회의 차이는 각 종파가 그러한 상징물들을 어떻게 여기느냐에 따라 달랐다. 바로크 가톨릭에 있어서는 그 차이가 최소화되었지만, 다른 극단에 있는 메노파의 경우는 단순한 구조를 선호했다. 그러나, 비밀교회는 교회로서의 공적인 존재감을 가지고 있지 않았을 뿐만 아니라, 문자 그대로 다른 종류의 건물 모습을 했다. 법적으로도 그러했다. 권리증이나 저당증서에는 집, 헛간, 창고 등으로 기록했으며, 여전히 사적인 개인, 대체로 회중 가운데 유력인사의 소유였다. 회중은 법적인 실체로 존재하지 않았으며, 그들이 속한 교회 기구 역시 그러했다. 그러나 비밀교회의 본질적인 표시, 그리고 그것의 기능적인 성공의 열쇠는 그것의 법적인 위장이 아니라 물리적인 위장이었다. 그것은 시각적이거나 청각적인 상징으로 존재를 드러내지 않음으로써 물의나 소란을 일으키지 않으려 했다. 비밀교회를 묵인했던 네덜란드 정부 당국도 그렇게 표면적으로 나타내지 않을 것을 항상 강조했다. 1691년, 암스테르담 시정위원회가 암스테르담의 가톨릭신자들이 옛 비밀교회를 버리고 새로 지은 교회로 이사갈 때 제시한 조건들은 이례적으로 깐깐했다. 기존 건물은 너무 낡아서 신자들의 무게를 이기지 못해 붕괴할 위험이 있었다. 시정위원회는 참사를 두려워하여, 11가지 조건 아래 이사를 승인했고, 회중의 지도자인 프란체스코 수도자 에히디우스 더 흘라바이스는 거기에 동의했다. 거기에는 다음과 같은 조항이 들어 있다.

(4) 소란을 일으키는 것을 피하기 위해, 〔흘라바이스〕는 새로운 집회 장소의 출입은 더 이상 조데브레스트라트 쪽이 아니라 덜 자극적인 뒤쪽의 뷔르흐발 쪽임을 약속한다.

(5) 〔흘라바이스〕는 집회 장소 앞에 어떠한 썰매도 세워놓지 않을 것을 약속한다.

(6) 〔흘라바이스〕는 예배가 끝난 후 사람들이 건물 앞에 서서 다른 사람들을 기다리지 않도록 감독하며, 가난한 사람이 건물 앞에서 구걸하는 것을 일체 허용하지 않는다.

(7) 아래 서명자는 〔가톨릭과 개혁파 프로테스탄트들이〕 교회에 오고가다가 마주쳐 소란을 일으키지 않을 시간에 예배를 시작하고 끝마치도록 유의한다.

(8) 아래 서명자는 가톨릭신자들이 허가된 집회 장소를 오고갈 때 떼를 지어 다니지 않도록, 그리고 묵주기도서나 교회 서적, 그 밖의 다른 자극적인 물건을 가지고 다니지 않도록 감독한다.[203]

이러한 규정들은 그 교회가 공적인 영역에서는 교회로 보이지 않도록 하려는 것이었다.

그러나, 그러한 불가시성은 피상적인 것에 불과했다. 이웃간의 내밀한 관계를 요구하고 고양시키는 사회에서, 이례적인 왕래는 아무리 감추려 노력해도 시선을 끌기 마련이었다. 그리고 회중은 지나치게 조심하지 않아도 충분히 안전하다고 느꼈다. 거리를 지나는 사람들은 간혹 내부 집회에서 흘러나오는 음악 소리를 들을 수 있었다. 세속 당국에게 진정하기 위해 정보를 모은 칼뱅파 목사들은 자기 동네에서 비밀교회가 어디에 있는지 정확한 위치를 아는 데 어려움이 없었다. 그들의 진정은 세속 당국에게는 전혀 뜻밖의 것이 아니었다. 사실, 누구나 그들이 어디에 있는지 알고 있었고, 쉽게 찾을 수 있었다. 필립 본 제센의 《암스테르담》(1664) 같은 안내서에는 관광객들을 위한 비밀교회의 위치가 나와 있다. 얀 바헤나르는 1765년판 도시 설명서에서 비밀교회들에 대한 완전한 개요를 제공했다.[204] 그럼에도 비밀교회가 사생활과 가족생활을 가장한 것은 종교적 다양성이 야기한 딜레마를 해결하는 데 효과적이었다. 비국교도들을 시야에서 멀리함으로써, 일체의 상징적인 것들을 박탈함으로써, 개혁파 교회의 공적 종교생활 독점을 지켰던 것이다. 그것은 그리하여 종교적 단일성의 외양 혹은 허구를 유지했다.

이러한 조정으로 비국교도들은 각종 부담을 짊어졌다. 그들은 지역의 행정관리들이 그러한 허구를 유지하는 대가로 부과한 "인정료"를 납부해야 했다. 또한, 조정에도 불구하고, 그들은 여전히 열정적이고, 과민하고, 혹은 부당한 관리들로부터 예배를 방해받았다. 특히 스페인과의 전쟁에서 불리해졌을 때, 가톨릭 배신자들의 제5열에 대한 공포가 솟아나, 관리들은 가톨릭 예배를 폐쇄하라고 압력을 가했다. 그러나 1609년 12년전쟁의 휴전조약 체결 이후, 그러한 폐쇄는 덜 빈번해졌으며, 1648년 오랜 갈등을 종식시킨 베스트팔렌 조약 이후에는 정말로 드물어졌다. 비밀교회는 종교적 관용을 실천하는 장치—유일한 것은 아니었지만 공화국에서는 가장 중요한—로 기능했다.

상이한 집들

비밀교회는 잘 알려진 네덜란드의 현상이지만, 유럽의 다른 지역에 있던 유사한 현상에 대해 주목한 학자는 거의 없다. 관련된 종교집단이 무엇이든지 간에, 그것이 구체화한 관용 방식은 지역공동체가 공식적인 종교와 종교적 다양성을 조화시키려고 노력한 곳이라면 어디에든지 적용될 수 있었다. 가톨릭 다수파는 프로테스탄트 소수파들을 이러한 방식을 통해, 프로테스탄트가 가톨릭을 관용하는 것만큼이나 쉽게 관용했다. 예를 들면, 가톨릭이 지배하던 쾰른에서, 16세기 말 이후, 루터파는 개혁파 프로테스탄트들처럼 "비밀의, 답답한 가정교회"에서 예배볼 수 있었다.[205] 사실, 루터파는 두 개 혹은 세 개의 회중으로 구성되어 있었다―독일어 사용자, 네덜란드어 사용자, 프랑스어 사용자. 이러한 집단들의 존재는 공공연한 비밀이었다. 1705년에 작가 블랭빌은 쾰른의 한 예배에 참석하여, "사람들이 그렇게 많은 것을 보고 깜짝 놀랐다. 홀은 위아래로 꽉 차서 빈틈이 없었다. 적어도 5~600명은 되었다."[206] 그러나 여전히 조심해야 했다. 1708년에 브란덴부르크 대사가 자기 집에서 열리는 예배에 프로테스탄트들이 참석하도록 서면초청장을 보냈을 때 폭동이 일어났다. 1787년에 시의회가 프로테스탄트들이 새로운 대형 "기도소―학교―설교소"를 지으라고 허가했을 때에도 폭동이 일어났다.[207] 제국의 다른 지역에서, 비밀교회는 공인된 세 종파 이외의 집단들을 받아들였다. 글뤽슈타트의 청원파들은 1624년에 "문을 닫고…… 예배보라"는 공식 허가를 받았다. 프로이센 정부는 1722년에 쾨니히스베르크의 메노파에게 "사적인 집에서, 그러나 아무런 말이 나오지 않도록 완전히 조용하게

예배 보는 조건으로 집회"를 허가했다.[208]

비밀교회에 의존한 가장 특별한 사례는 인구 다수가 믿는 종교가 불법이었던 아일랜드였다. 박해가 고조에 달했던 1640년대와 1650년대를 제외하고, 아일랜드 가톨릭은 반半비밀적인 예배당을 운영할 수 있었다. 잉글랜드인들은 이것을 "미사집"이라고 불렀다. 시골에서는 대체로 진흙으로 지었고 초가지붕을 올린 오두막, 헛간, 광이 그러한 기능을 했으며, 때로는 원래 용도로도 사용되었다. 도시의 집들은 한결 널찍했다. 1620년대에 더블린에 있었던 예수회 예배당의 내부는 그곳을 방문한 잉글랜드인 윌리엄 브레리톤경에게 큰 인상을 남겼다: "이 교회의 설교단은 그림으로 잘 장식되어 있다. 높은 제단도 그러한데, 그것은 성당처럼 계단과 난간으로 돌출되어 있다. 그 양쪽에는 고해소가 세워져 있다. 중앙에는 고정 좌석도 없고, 본당도 없고, 성상 안치소도 없었지만 그런 만큼 더 널찍했다. 양 측면과 아래쪽에는 갤러리가 있다."[209] 제한된 공간을 최대한 활용한 갤러리는 전 유럽적으로 도시 비밀교회의 일반적인 모습이었다. 아일랜드 미사집은 18세기에 늘어났고, 질적으로도 개선되었지만, 눈에 띄지 않도록 조심했다. 더블린에 있는 미사집 대부분은 다른 건물 뒤의 좁은 길에 세워진 축사나 창고를 개조한 것이었다. 코르크 주의 클라인과 챨빌의 행정관들은 "그 도시에서 교회가 보이는 곳"에는 미사집을 세우지 못하게 했다. 킬다르의 교구 목사는 미사집이 "나의 교회에서 직선 길에 있고, 멀지 않은 곳에" 있기 때문에 허물게 했다.[210] 1691년의 암스테르담 지침처럼, 이러한 행동들은 외양뿐만 아니라 위치에 따라 비밀예배 장소가 공적이나 사적으로 인식되었음을 보여준다. 그러나, 그것은 또다시 시각적인 것의 특별한 힘을 강조한다. 비록 위장했을지라도, 교회가 보이는 곳에 있는 미사집은 교회에 대한 도전으로 여겨졌던 것이다.

미사집과 같은 매우 유사한 것들 외에도, 비밀교회의 세 가지 변형이 네덜란드 바깥에 세워졌다. 이 셋은 건축학적인 외관이 모호했으며, 거주지에 위치했고, 가족적인 신앙 실천을 토대로 세워졌다. 동시에, 그것이 위치한 집이 일반적인 도시민이나 농민들의 집과 다르듯이, 일반적인 비밀교회와 달랐다.

하나는 영주의 예배당이었다. 유럽의 토지 엘리트들은 가정예배의 전통을 가지고 있었다. 중세의 관습법과 교회법은 그들과 가솔들이 중요한 축일에는 소교구 교회에 참석한다는 조건 아래 가정에서 예배 보는 것을 허가했다. 종교개혁 이후, 일부 엘리트들은 이러한 영주의 특권을 대폭 확대하여 그것을 비국교도들의 신앙생활을 위한 도구로 이용했다. 잉글랜드와 스코틀랜드에서, 국교를 기피하는 젠트리와 귀족들은 장원 안에 있는 집에 가톨릭 예배당을 세웠다. 장원에 반영구적으로 거주하던 선교신부들은 이러한 불법적인 예배당을 이용했다. 레이번 주교의 셈에 의하면, 1701년 당시 219명의 귀족과 젠트리가 거주신부를 데리고 있었다. 거주신부들은 장원의 가솔들을 종교적으로 돌보았다. 이들은 일반적으로 평민들의 가솔보다 규모가 컸으며, 국교기피 엘리트들은 차지농들과 그 밖의 다른 예속민들도 예배에 참석하도록 권했다. 이러한 것들은 특히 두 나라의 남부 농촌에서 시행되던 유일한 가톨릭 예배였다. 거실을 분할하여 만든 예배당은 시간이 가면서 더 커지고 덜 감추어졌다. 17세기 초, 그것은 일반적으로 좁은 다락방에 자리 잡았다. 1700년에는, 편리한 2층 방들을 예배당, 성물실, 사제관으로 이용하는 것이 보통이었다. 1750년에 이르러 예배당은 1층과 완전히 연결되었다.

영주의 예배당에 의존하는 것은 잉글랜드 가톨릭의 사회적 성격 형성에 장기적인 영향을 끼쳤다. 무엇보다도, 신부들이 주거, 돈, 보호, 예배 장소 등을 제공하는 젠트리의 필요와 요구에서 벗어나지 못하게 했다. 이러한 방식으로 성직자와 평신도 사이의 힘의 균형을 근본적으로 변화시켰다. 마찬가지로, 그것은 장원의 여자 구성원들—국교기피 집안을 경영하는 여자들—에게 적어도 1620년대까지는 가톨릭 공동체에서 이례적으로 큰 리더십을 부여했다. 여자들은 스코틀랜드와 아일랜드의 국교기피 초기 단계에서도 마찬가지로 힘을 얻었다. 네덜란드공화국에서 가톨릭교회가 비밀교회 회중들을 효과적으로 통제하는 데에는 수십 년이 걸렸다. 신부들은 언제나 클로펜의 재정적·실천적 도움을 받아야 했던 것이다. 권력이 이처럼 일반 성직자에서 벗어나는 경향은 시간이 지나면서 역전되거나 완화되었다.

영국의 국교기피자들과 달리, 프랑스의 칼뱅파 귀족들은 "영지교회"라고 알려진 예배당에 대해 법적인 권리를 가지고 있었다. 영국에 있는 예배당과 비교해서, 이 예배당은 비국교도들을 부양하는 데 부차적인 역할밖에 하지 못했다. 왜냐하면, 세벤 같은 지방을 제외하면 프랑스 칼뱅주의는 기본적으로 도시 운동이었기 때문이다. 낭트칙령은 폐기되는 1685년까지, 다른 초기의 관용칙령들과 마찬가지로, 위그노들이 특정 도시의 외곽에서 공적으로 예배보는 것을 허가했다. 그 칙령은 예배의 공적인 성격을 강조하기 위해 다음과 같이 규정했다: "종을 쳐서 사람들에게 예배를 알릴 수 있다." 또한 그 칙령은 위그노 귀족들에게 "그들의 집에서, 그곳에서 살고 있는 한, 그리고 그들이 없다면 그들의 처나 가족이 살고 있는 한, 개혁교회의 예배를 볼 수 있는" 권리를 부여했다.[211] 상급재판권을 가진 귀족들은 원하는 만큼 사람을 가정예배에 초대할 수 있었다. 그러한 권력을 가지지 못한 귀족들은 이론적으로는 최대 30명까지 초대할 수 있었다. 그러나 실제로는 이러한 제한을 무시하고, 차지농, 피후견인, 친구들을 불러들였다.

중세 유럽의 귀족들은 지배자의 예배당을 본떠서 예배당을 만들었다. 근대 초 대부분의 지배자들은 여전히 궁정 예배당을 가지고 있었고, 그들의 종교가 공식적인 종교와 달랐던 예외적인 지역에서 그것은 비국교도들을 보호하는 중심지가 되었다. 그것은 비밀교회의 두 번째 변형이었다. 잉글랜드에서는 엄밀히 말하면 국왕이 아니라 그들의 배우자가 최초의 사적 예배당을 가졌다. 찰스 1세의 부인인 프랑스의 앙리에트 마리는 두 개를 가지고 있었는데 둘 다 이니고 존스가 설계한 것이었다: 서머세트 하우스 채플과 성제임스 궁전에 있는 말보로 하우스 채플. 신성로마제국에서, 베스트팔렌 평화는 개혁파의 영토 안에 있는 루터파 지배자에게 "그가 거주하는 곳에, 그가 있을 때…… 그의 종교의 궁정 설교자를 두는 것"을 허가했다. 그 역도 마찬가지였다.[212] 1697년에 작센의 프리드리히 아우구스트 1세는 가톨릭으로 개종했을 때 이 조항을 프로테스탄트-가톨릭 분열 지역에 적용시켜, 자기의 여러 거주지에서 가톨릭 예배를 가능하게 했다. 뷔르템베르크의 제후인 카를 알렉산더는 1733년 루터파의 공국을 계승한 후 슈투트가르트와 루드비히스부르크에 가톨릭 예배당을 세웠다. 두 예배당의 건축 비용을 부담한 뷔르템베르크 신분회는, 가톨릭 예배는 그 밖의 지역에서는 실시될 수 없으며 "공개적인 예배를 위한 상징이나 행동"은 불가하다고 규정했다.[213]

대사관 예배당은 비밀교회의 세 번째 변형이었다. 종교개혁 이후 새로운 외교 규칙이 등장했는데, 그것은 주재국의 종교와 대사의 종교가 다른 경우 대사는 대사관 안에 자기 가족을 위한 예배당을 여는 것이었다. 근대 초의 규정에 따르면 대사관은 주거지와 집무실로 사용되었기 때문에 그러한 예배당은 대사관 예배당으로 불렸다. 그것의 합법성은 가솔들에게 뿌리를 내렸다: 이론적으로 예배당과 예배당의 신부들은 대사와 그의 가족에게만 봉사할 수 있었다. 대사의 동국인들—예를 들면, 사업상 나온 상인들—이 예배에 참석해도 별로 말이 나지는 않았다. 다른 나라 사람들이 참석하는 것은 민감한 문제였다. 그러나 가장 논란이 된 문제는 그 지역의 비국교도들이 예배에 참석할 수 있느냐, 그리고 그러한 예배가 그 지역의 성직자에 의해 그 지역 언어로 진행될 수 있느냐 하는 것이었다. 런던에서 이 문제는 스페인, 프랑스, 베네치아 대사관 주변 거리에서 폭력적인 충돌을 일으키곤 했다. 지역 관리들은 예배를 마치고 나오는 지역민들을 체포하려고 하여 외교적인 마찰을 일으켰고 왕국 정부를 곤란하게 만들었다. 그러나 충돌이 일어났고 긴장이 계속되었지만, 런던의 대사관 예배당(그림 7.4)은 잉글랜드 가톨릭교도들의 예배 장소요 보호 장소로서 잘 기능했다. 대륙에서도 그러했다. 네덜란드는 열두 나라의 수도에 있는 대사관 예배당을 후원했다. 황제 레오폴트 1세가 프로테스탄트 도시들에 대사를 둔 중요한 목적은 "그 지역의 가톨릭신자들을 위한 가톨릭 예배가 열리고, 이 종교의 발전을 도모하기 위함"이었다.[214]

18세기에 새로운 법적 원칙이 등장했는데, 대사관 예배당을 합법화한 "치외법권"이 그것이었다. 그것은 "대사와 대사관 경내는 대사의 조국의 땅에 있는 것과 마찬가지여서 오직 조국의 법에만 따른다고

그림7.4

런던의 링컨스인에 있는 사르데냐 대사관. 리차드 챌로너 주교가 "런던의 중요한 종교 시설"이라
고 부른 이곳은 18세기 말 잉글랜드에서 로마 가톨릭교회의 대체 성당으로 사용되었다. R. 액커
만, 《런던의 소우주》, 제1권 (런던, 1808)에 수록된 에칭. 의회도서관 소장.

그림7.5

알자스의 트라엔하임에 있는 고풍스러운 시나고그의 내부.
크기는 5.5미터×4.5미터. 이 공간은 지역 목사들의 격렬한 반대에도 불구하고
1723년에 시나고그로 개조되었다.

가정하거나 주장하는 것"이었다. 이 원칙에 의해서, 대사관 예배당은 주재국 영토에 있지 않기 때문에 주재국의 종교법을 위반하지 않았다. 그러나 법원 판결, 조약, 기존의 법 등은 대사관 예배당의 수가 늘어날 당시에는 대사관 예배당을 보호하지 못했다. 대체로 치외법권은 대사관 예배당을 관용하던 기존 관행을 합리화하기 위해 만들어진 사후 정당화였다. 실로, 대사관 예배당 문제는 "사람들의 마음이 이 특별한 허구를 받아들이도록 하는 데 있어서 단일 요인으로서는 가장 큰 것"이었다.[215]

비밀교회는 그리스도교 비국교도뿐만 아니라 유대인에게도 적용되었다. 17세기 말 알자스 지방에는 가정이라는 포장 아래 운영된 비밀 시나고그가 수십 개 있었다. 이 시나고그는 처음에는 개인의 집안에 있는 방들로 구성되었다. 그 방은 대체로 2층에 있었으며, 남자와 여자의 공간이 분리되는 등 잘 정비되어 있었다. 남아 있는 것은 매우 드문데, 1723년에 세워진 시나고그의 유적을 트라엔하임에서 볼 수 있다(그림 7.5). 이 같은 기도소들의 사적인 성격은 1701년 알자스 지사 르펠르티에 드 라 우세에 의해 강조되었다. 지사는 라이쇼펜의 유대인들이 공개적으로 자기들의 종교를 실천하고 있다는 수도원장의 비난에 대해 조사했는데 그가 발견한 것은 그와 정반대였다: "라이쇼펜의 유대인들이 드리는 예배는 누군가가 당신에게 말하듯이 그렇게 공개적인 것이 아닙니다. 엄밀한 의미의 시나고그는 없습니다. 단지 이지방의 오랜 관습에 의해, 한 곳에 일곱 유대인 가구가 있을 때, 그들은 신자들의 집에 조용히 모여 독서를 하고 기도를 했던 것입니다."[216] 유대인 인구가 늘어남에 따라, 기도소도 늘어났다. 어떤 집들은 내부를 개조하여 공동체의 중심으로 만들었고, 시나고그이자 학교로 사용했다. 겉으로는 이웃에게는 여전히 집으로 보였다. 그러나 다른 지역에서와 마찬가지로 알자스에서 1725년에 일어난 갈등이 보여주듯이, 공적인 것과 사적인 것의 구분은 벽돌과 나무의 문제라기보다는 인식과 협상의 문제였다. 비샤임, 빈첸하임, 하겐탈의 유대인들은 불법으로 새로운 시나고그를 지었다고 고발당했다. 그들은 이에 대해 기존의 기도소를 확대하고 "이전"했을 뿐이라고 대답했다.[217] 최종적으로 알자스 최고회의는 건물을 부수라고 명령했다.

그리스도교인들과 유대인들 사이의 협상이 함부르크에서 진행되는 동안 당국에 대한 호소와 폭력 위협이 있었다. 함부르크의 세파르디 유대인 공동체는 1580년대에 형성되었는데, 처음에는 개인 집에서 예배보던 것이었다. 1650년 공동체는 최대 15가구까지 모여서 기도할 수 있는 허가를 받았다. 그러나 남의 이목을 피하기 위해 한 번에 네댓 가구만 들어오고 나가야 했다. 이 허가는 공동체를 더욱 대담하게 만들어, 그들은 더 크고 더 그럴듯한 예배소를 만드는 것을 고려하기 시작했다. 함부르크의 루터파 성직자들은 그들의 의도에 항의했고, 반유대주의적 설교로 민중의 감성을 자극했다. 1672년, 유대인 공동체는 기존의 기도소를 확장하려는 계획을 강행했다. 즉시 폭동의 기운이 감돌았고, 도시 민병대 대장은 자기 부하들이 폭동을 진압할지는 장담할 수 없다고 정부에 경고했다. 의회는 시나고그를 폐쇄하고, 세파르디들이 기존의 작고 비공식적인 예배소로 만족할 것을 강요하는 예방조치를 취했다.

18세기에는 그 도시의 아슈케나지 유대인 공동체에서도 비슷한 드라마가 전개되었다. 의회가 1710년에 공포한 유대인 규정은 아슈케나지들이 "공적인 건물"을 갖는 것은 금했지만, "그들이 호른과 트럼펫〔유대인들이 제식용으로 사용하던 숫양뿔을 지칭한다〕을 사용하여 요란하게 이웃을 자극하지 않거나 혹은 제식용 등불을 공개적으로 달아놓지 않는 한" 사적으로 예배보는 것은 허가했다.[218] 이 빤한 위장막은 평화를 유지하는 데 충분하여, 1732년이 되면 몸집이 커진 공동체는 14개의 비밀 시나고그를 가지게 되었다. 그러나 1746년, 대형 시나고그의 신축은 소요를 일으켰다. 함부르크 의회는 건축을 묵인했고, 도시 교외의 좁은 뒷골목에 있는 후미진 지역을 전략적으로 선택했다. 그러나 공사가 이목을 끄는 것은 불가피했다. 시민들의 공식적인 진정서가 의회를 움직이는 데 실패하자, 성난 군중은 절반 정도 완성된 건물 주위에 모여 그것을 파괴하겠다고 위협했다. 겁먹은 의회는 그것을 파괴하라고 명했다.

묵인하기

함부르크 의회가 유대인들에게 더 큰 비밀 시나고그의 건축을 허가한 것은 사적인 예배와 공적인 예배 사이의 경계선을 다시 그어 종교적 소수파와 공모한 것이었다. 함부르크의 루터파 군중은 폭력을 동원하고 위협하면서 그 선을 원래의 위치로 되돌려놓았다. 전형적으로, 협상은 비국교도들과 지역 당국만이 아니라 정통종교 시민들과 성직자들 사이에서 진행되었다. 농촌 지역과 덜 자율적인 도시에서는 다른 요소들도 협상에 포함되었다: 제후, 신분회, 귀족. 함부르크에서 발생한 민중 동원 같은 것은 공식적인 정책의 실패를 의미했다. 지배자들은 비국교도들의 행동을 면밀하게 통제해 민중 동원과 그것이 정부 당국에 가하는 도전을 사전에 예방하려 했다. 그들은 공동체의 정통 파들이 어쩔 수 없이 동의할 만한 것을 신중히 계산하여 비국교도들이 움직일 수 있는 사적인 영역의 경계를 설정했다. 예를 들면, 암스테르담의 시정위원회는 흘라바이스의 가톨릭 회중이 칼뱅파에게 "어떠한 도발도 하지 않을 것임"을 약속받으려 했다. 프로이센 정부는 메노파들의 예배는 "아무런 소문도 내지 않고 완전히 조용하게" 진행되어야 한다고 규정했다. 알자스 지사는 유대인들의 예배를 승인하면서 "불미스러운 일"을 일으키지 않았다고 적었다. 이러한 용어는 관리들이 민중의 의견에 민감했음을 드러낸다. 또한 협상이 일반적으로는 물리적으로가 아니라 말로 진행되었음을 알려준다.

협상에서의 논점들을 통해 근대 초 유럽인들이 공적인 예배와 사적인 예배를 구분하기 위해 적용했던 기준이 무엇인지 알 수 있다: 얼마나 많은 사람들이 예배에 참석했나; 어떤 사람들이 참석했나; 예식은 언제 열렸나; 예배당의 크기; 장소와 외관; 걸인들과 예배당 바깥에 세워둔 탈것들의 존재; 한꺼번에 들어가고 나오는 사람들의 수; 그들의 행동거지; 예식을 알리기 위해서 종을 치거나 초대장을 보내는 문제. 이러한 기준 가운데 어떤 것들은 근대 초 서구 문화에 끼쳤던 것과 같은 효력을 근대 서구 문화에도 끼쳤지만, 다른 것들은 그렇지 않았다. 오늘날 초대장은 공적인 것이 아니라 사적인 기능으로 간주되어, 수백 명이 참석하더라도 공적인 예배가 될 수 없다. 마찬가지로, 오늘날의 교회는 교회로 보이고, 시나고그는 시나고그로 보이고, 모스크는 모스크로 보이지만, 모두 사적인 기관이다. 그것이 사적인 것으로 간주되는 이유는 무엇보다도 기업체 같은 기관과 마찬가지로 비정부적이고 자발적인 결사체라는 지위 때문이다.

17세기 초에도 몇몇 지식인들은 사생활에 대해 그렇게 정의를 내렸다. 최초의 인물로는 로저 윌리엄스를 들 수 있다. 그는 1644년 다음과 같이 주장했다: 교회나 그 밖의 다른 "예배 기관"은 "도시 안에 있는 의사들의 단체와 같다; 동업조합, 회사, 동인도회사, 투르크-상인들 혹은 그 밖의 회사와 같다; 도시의 본질과 존재 그리고 그것의 복지와 평화는 그러한 개별 회사들과는 본질적으로 다르다."[219] 존 로크도 교회의 의지적이고 결사적인 성격을 강조했다. 그러나 대부분의 계몽사상가들은 그리스도교적이지는 아니더라도 시민적인 국교의 필요성은 인정했다. 18세기의 실제는, 18세기의 이론보다 훨씬 더, 상징과 감각적인 표식 특히 시각적인 표식에 기초한 사적인 예배에 대한 과거의 정의가 여전히 기능했음을 보여준다. 그 세기 내내, 비밀교회와 그 변형물들은 계속 기능했고, 새로운 것들이 지어졌으며, 그것들이 구성한 사적인 영역의 경계를 놓고 논란이 일어났다.

영국은 다소 예외였다. 명예혁명 이후, 프로테스탄트 비국교도들은 점점 더 사회적으로 수용되었으며, 1689년의 관용법은 전에는 비밀이었던 그들의 모임 장소를 허가했다. 정면을 위압적으로 장식하고 중심부에 위치한 새로운 예배 장소들은 대담하고 공개적인 성명이었다. 이와는 대조적으로, 영국의 가톨릭에서는, 오래전에 설정된 한계 안에서만 변화가 일어났다: 그들의 예배 장소 역시 더 커지고 덜 비밀이었지만, 비가시성이라는 비밀교회의 본질적인 성격은 벗지 못했다. 따라서, 18세기 말에 진행된 가톨릭의 해방이, 스코틀랜드에서의 비교가 드러내주듯이, 극적이었다(그림 7.6). 1750년대에 지어진 타이닛의 성니니안 예배당은 "가난한 여자가 한동안 살았던 작고 누추한 집이었다. 마을에서는 여기에다가 양을 사육하기 위한 부속 건물을 지

그림7.6

비밀교회와 공공교회 : 스코틀랜드의 타이넷에 있는 성니니안 교회와 프레숌에 있는 성그레고리 교회. 피터 F. 앤슨이 근래에 그린 그림.

으라고 제안했는데, 그것은 사실 우리가 쓰려던 것이었다." 프레숌의 성그레고리 예배당은 해방 직전에 지어졌는데, 서쪽 면을 이탈리아 바로크 양식으로 장식하여 가톨릭성당으로도 손색이 없다. 항아리 용마루로 완결한 완만한 박공에는 "DEO 1788"라고 새겨져 있다.[220]

예외는 영국 밖에서도 찾아볼 수 있다. 그러나 어느 곳에서나 두드러진 것은 비밀교회 전통의 지속이다. 단기적으로 볼 때는 계몽주의의 영향으로 그 전통 안에서 관용이 거부되기보다는 확대되었다. 관용의 상승에서 하나의 이정표로 갈채받는 황제 요셉 2세의 관용특허장(1781)은 분명한 사례를 제공해준다. 그것이 오스트리아의 프로테스탄트들에게 부여한 자유는 "사적 종교 실천exercitium religionis privatum"이었다. 칙령은 그것이 실천되는 건물의 외관이 "공적인" 종교적 실천을 위한 건물의 외관과 구분되어야 한다는 점을 분명히 했다. 프로테스탄트 교회들은 "교회임을 알려주는 표시 예컨대, 굴뚝, 종, 큰길 쪽으로 난 공개적인 입구 등을 가질 수 없다."[221] 칙령은 비국교도들에게 완전한 시민권을 부여한 점에서는 참으로 혁명적이었지만, 예배의 공간적인 조정이라는 측면에서는 여전히 보수적이었다. 그것은 그 나라에서 가장 큰 집단이었던 빈의 프로테스탄트들에게 하나의 비밀교회를 다른 비밀교회로, 혹은 세 개의 비밀교회를 두 개의 비밀교회로 바꾸는 것을 허용했다. 수도에서 프로테스탄트들의 예배는 덴마크, 스웨덴, 네덜란드 대사관의 보호 아래 반세기 이상 번창했다. 칙령이 공포되자, 두 개의 루터파 회중은 하나로 통합되었고, 칼뱅파와 함께, 과거에 성클라라 수녀원에 속했던 버려진 수녀원을 매입했다. 건물은 칙령의 조건을 맞추기 위해 대대적으로 리모델링되었다. 루터파들이 사용하는 수도원교회는 새로 지은 2층 건물에 의해 거리로부터 가려졌으며, 뜰 쪽 입구를 통해서 들어갈 수 있었다. 1880년대에 가서야 비로소 루터파나 칼뱅파 예배당은 교회 외관을 갖출 수 있었다.

사적 종교 실천: 요셉 2세 정부는 이 용어를 계몽주의보다 반세기 앞선 베스트팔렌 평화조약의 일부인 오스나브뤼크 조약(1648)에서 빌려왔다. 그것은 예배의 세 가지 공인된 유형 가운데 하나였다. 하나는 "가정예배"였다: 가톨릭 제후의 루터파 신민들, 그리고 루터파 제후의 가톨릭 신민들도, "아무런 조사나 간섭을 받지 않고 집에서 사적으로 자유로운 양심에 따라 자기 식으로 예배드리는 것이 용인되며 방해받지 않는다."[222] 그 조약은 또한 세 주요 종파들에게 1624년에 있던 곳에서 교회를 운영하는 것을 허가했다. 이것이 소위 "공적 종교 실천exercitium religionis publicum"이었다. 또한 그것은 사람들이 계속할 수 있는 (혹은 재개할 수 있는) 중간 유형의 예배인 "사적 종교 실천"을 인정했다. 그것은 성직자가 주도하며 "정해진 시간에 교회에서"가 아니라 "그들[예배자들]의 집에서 혹은 그 목적으로 지정된 다른 집에서" 실시되었다.[223] 사적 예배는 비밀교회 예배였던 것이다.

이러한 세 가지 구분을 통해서, 베스트팔렌의 외교관들은 가정예배보다 훨씬 진전된 것이 사적인 "집"에서 진행되었음을 인정했다. 요셉 정부는 한층 더 분명하게 교회의 외적 표식이 없는 "교회들"을 인정했다. 불가시성이 유일한 가치인 기관이 역사적인 문서에서 인정되고, 제국의 기본구성법 안에 명시된 것은 얼마나 역설적인가? 그렇지만, 역설은 비밀교회의 두 가지 중요한 진실을 반영한다. 첫째, 그것의 법적인 불가시성이 아니라 물리적인 불가시성이 그것을 효과적인 것으로 만드는 데 기여했다는 점이다. 둘째, 그것이 구체화한 "사적인 것"과 "가정적인 것"은 매우 얄팍한 구실이었다는 점이다. 진실로, 근대 초 유럽에서 공적인 예배와 사적인 예배 사이의 구분은 그것이 사회적 실제인 만큼이나 문화적 허구였다. 그것은 유럽인들이 비국교도들과 직접적으로 맞닥뜨리지 않고 그것을 받아들일 수 있도록 해준, 그리하여 그들이 완전히 받아들일 수 없는 것을 관용하게 해준 하나의 스토리였다. 그것은 공적으로는 종교적 단일성의 외양을 유지했고, 그로써 종교적 갈등의 위협을 잠재웠다. 그것은 사람들이 시민적이고 종교적인 공동체는 여전히 하나인 듯 알고 살아갈 수 있도록 해주었다. 그것은 명백히 허구였고 또 그렇게 인정되었다. 네덜란드인들은 "손가락 사이로 바라보는 것"에 대해 이야기했다. 이 비유는 그것의 불완전성과 무지함이 자기부과적인 것임을 암시한다. 비국교도들을 "눈감고 바라보기" 역시 동일한 의미였다. 훨씬 더 일반적인 것은 아일랜드에서 프로이센까지 사용된 "공모"라는 용어였다. 이 용어는 내키지 않고 부분적이기는 하지만 자의식적인 관용을 의미한다. 비국교도들은 또 비국교도들대로 공동체의 공식 종교가 누리고 있는 공적인 종교생활의 독점에 대해 도전하지 않음으로써 허구에 일조했다. 그들의 주장은 일반적으로 다른 형태를 취했다: 사적 예배 공간을 확대하기.

근대 초 유럽에 나타난 공적 예배와 사적 예배의 구분은 국지적인 현상이 아니었다. 그것은 그 시대에 전반적으로 나타난 공적 영역과 사적 영역의 구분의 일부이면서 동시에 그것의 등장을 도왔다. 프로테스탄트 종교개혁과 가톨릭 종교개혁 직후, 유럽의 새로운 종교적 분열은 공동체의 파괴를 위협했다. 이에 대해, 공적인 것을 사적인 것으로부터 분리하는 것은 그것을 지키는 하나의 방법이었다. 양심의 자유를 가정에서 가족을 위한 예배의 자유를 의미하는 것으로 재정의 함으로써, 유럽인들은 가정을 전과 다른 새로운 공간으로 지정했다. 가정은 그렇지 않았으면 금지되었을 신앙을 실천할 수 있는 안전한 공간이 된 것이다. 이제 도시나 시골에서 행해진 모든 행동이 모든 주민들의 구원에 영향을 주는 것은 아니었다. 공동체의 공간은 분할되었다. 비국교도들이 비밀교회에 모여 예배드릴 때마다, 그리고 정통교도들이 그들의 예배를 눈감아줄 때마다, 사적인 영역과 공적인 영역을 구분하는 선은 강화되었다.

비밀교회의 위치와 건축학적 형태가 시사하듯이, 이 새로운 형태의 사적 영역은 무엇보다도 집안에 자리 잡았으며, 18세기에 이르러서는, 적어도 몇몇 사람들에게는, 종교적 단일성의 요구로부터만이 아니라 사회의 전반적인 요구로부터의 도피처가 되었다. 그것은 비공식성과 감정적 내밀성을 위한 안전지대가 된 것이다. 다른 구조들도 위장막으로 기능했지만, 대부분의 비밀교회는 가정집임을 주장함으로써 관용되었다. 낭트칙령, 베스트팔렌 평화, 그 밖의 다른 문서들은 그것이 분명히 집안에 위치하는 것으로 이야기했다. 그것들을 지칭하는 데 사용된 용어들—가정교회, 기도집, 만나는 집, 미사집, 가정예배당—은 그것의 가정적 성격을 강조했다.

비밀교회는 공적 영역의 성격에 대해서도 빛을 비추어준다. 철학자 위르겐 하버마스는 18세기에 새로운 "진실로 부르주아적인" 공적 영역이 등장하는 것을 보았다. 여기에서 개인들은 처음에는 문학에 대해 그 다음에는 정치에 대해 이성적으로 논의하고 토론했다.[224] 비밀교회는 그러한 영역이 태어나는 것을 도왔는가? 하버마스는 새로운 영역이 살롱, 커피하우스, 프리메이슨 지회, 그 밖의 사회적 포럼에서 결정結晶되는 것을 보았다. 비밀교회도 이와 유사하다. 종교 논쟁은 공적인 토론을 자극했고, 하버마스가 기술한 "여론"에 호소했다. 분명히 비밀교회는 비국교도들을 위한 사회적 포럼이었다. 그러나 비밀교회 혹은 전반적인 국교 반대를 하버마스가 관심을 가지고 있는 현상과 섞지 말아야 하는 충분한 이유가 있다. 비밀교회의 회중은 국가와 분리된 시민사회의 구성원으로 간주될 수 있지만, 대단히 다양한 사회적 지위와 교육 정도를 가진 구성원들로 이루어졌기 때문에, 하나의 계몽된 공중을 형성하지 못했다. 그것은 모든 그리스도교 종파들과 유럽 유대인의 두 계파를 포함하는 등 신앙적인 면이나 실천적인 면에서 공통분모가 없었다. 어떤 사람들은 "이성적이고 비판적인 토론"에 참여했는가 하면, 어떤 사람들은 주로 제식을 행하기 위해서 모였다. 어떤 사람들은 여자들과 평신도들도 주도적인 역할을 하도록 허용했지만, 시간이 지나면서 성직자들의 권위는 떨어지는 것이 아니라 올라갔다. 또 그러한 회중이 "부르주아"의 집에서만 모인 것도 아니었다.

하버마스는 근대적 공공 영역과 "표상적 공공성"이 특징인 이전의 공공 영역을 대조시켰다.[225] 후자의 경우에, 타자들에 대한 자기 선전과 자기 표상은 사람이나 사물에게 그것의 공적인 성격을 부여하는 것이었다. 그의 주장에 따르면, 표상적 공공성은 기장記章, 옷, 태도, 수사학, 축제, 상징적인 어휘의 사용을 통해서 달성되었다. 그것은 그 자체로 지위와 권력의 주장이었다. 비록 간략하고 시사적인 데 그치고 있지만, 하버마스의 "표상적 공공성" 개념은 근대 초 유럽에서의 공적인 예배와 사적인 예배의 차이를 의미하는 것 같다. 외부의 청중들에 대한 상징적인 자기 표상은 일반적인 소교구, 대성당, 수도원 교회 등을 비밀교회와 구분시켜주는 것이었다. 전자의 공공성은 공동체의 공식적인 신앙을 비국교도들의 신앙과 구분시켜주는 지위와 권력의 진정한 천명이었다. 그러나, 이러한 종류의 공공성은 18세기에 새로운 근대적인 공공성 개념에 굴복했다는 하버마스의 주장과는 반대로, 비밀교회는 지속되었다. 그것은 "표상적 공공성"이 구체제 말까지 그리고 부분적으로는 그 이후까지 살아남았음을 시사해준다. 비밀교회의 전반적인 추세는 덩치는 커지고 비밀성에 대한 관심은 줄어드는 것이었지만, 그래도 언제나 외면적인 불가시성은 유지했다. 최종적으로 볼 때, 그것의 사적인 성격은 폭넓게 인정된 허구였으며, 게다가 점점 더 얇아졌다. 그러나 1780년대까지도 그 허구성은 유지되었다. 대중들의 생각—정통교도들의 편견—에 대한 양보로서, 그것은 빌 클린턴 대통령이 미국 군대의 게이와 레즈비언들을 위해 도입한 "묻지도 말하지도 말기" 정책과 놀랍도록 닮았다. 그 같은 사회적 위선은 하버마스가 "진정한" 공공 영역에 있다고 말한 합리성이나 개방성과 일치하지 않는다. 동시에 그것은 공적인 것과 사적인 것의 경계가 "얼마나 불안정하고 포착하기 어려운" 것이었으며 지금도 여전히 그러한지를 잘 보여준다.[226]

ARRANGEMENTS
VIII
교회 공유, 권력 공유

비버라흐의 성마르틴 교회

독일의 고高슈바벤 지방에 있는 그림 같은 도시 비버라흐(그림 8.1)에 가면 비밀교회와 반대되는 것을 볼 수 있다. 도시 중심에 우뚝 서 있는 교회의 상징탑은 주변의 언덕에서도 보인다. 성마르틴 교회는 수세기 동안 비버라흐의 모든 주민들을 위한 단 하나의 소교구 교회였다. 도시 직공들이 당시 유행하던 퍼스티언 천을 생산한 중세 말 전성기에, 도시 인구는 대략 6천 명 정도였다. 비버라흐는 전형적인 독일의 "홈타운"이었고, 주민들은 그냥저냥 함께 살아갔다. 상업과 축제는 중앙의 시장광장에서 열렸고, 회의와 행정은 그 옆에 있는 시청에서 이루어졌다. 근대의 기준으로도 작은 도시인 비버라흐는 오늘날에도 여전히 내밀한 분위기를 간직하고 있으며, 과거의 자취 가운데 많

그림8.1

독일의 마음의 "고향"인 근대 초 비버라흐. 가톨릭과 프로테스탄트가 함께 사용한 공유교회인
성마르틴 교회가 우뚝 솟아 있다. 노老(마태외 메리안)의 판화(1643), 에든버러 대학 도서관 소장.

그림8.2

비버라흐의 성마르틴 교회 시계. 시계의 한 면은 프로테스탄트 회중석을, 다른 한 면은 가톨릭 성
가대석을 향하고 있다.

은 것이 지금도 남아 있다. 커다란 중세 건물들이 성마르틴 교회의 입구를 가리고 있는데, 교회의 고딕식 내부는 1740년대에 로코코 양식으로 장식을 입혔다.

교회 안으로 들어가 내부를 둘러보면, 회중석과 성가대석에서 볼 수 있도록 큰 시계가 둥근 천장에 붙어 있는 것을 보고 놀라게 된다(그림 8.2). 또한 회중석은 화려한 도금, 모조대리석, 치장벽토 등으로 장식된 성가대석보다 덜 화려하다는 것을 알게 된다. 예술적으로 주목받고 있는 천장 프레스코(그림 8.3)를 살펴보면, 어떠한 불일치를 발견한다. 한편으로, 서쪽 입구에서 성가대석의 앱스까지, 프레스코는 한 명의 예술가가 그린 만큼 스타일 면에서 통일성이 있다. 다른 한편으로, 그것은 두 개의 상이한 도상학적 구상으로 이루어졌다. 회중석 위의 프레스코는 루터파 교회에 어울린다. 그것은 예수의 생애를 표현한다―목동들과 동방박사들의 경배, 할례, 신전에서의 대화, 율법학자들 사이에 있는 소년 예수, 부활의 기적과 성령 강림. 측면 통로 역시 《신약성서》의 장면들로 장식되어 있다. 그러나, 성가대석 위의 프레스코에서는, 승리하는 교회가 마치 하늘에서처럼 사도들, 교부들, 복음서가들, 대천사 미카엘, 묵시록의 양, 천사들과 함께 솟아오른다. 교회를 의인화한 것은 성모 마리아다. 천사들은 성모 마리아에게 교황의 삼중관을 씌워준다―대단히 가톨릭적인 표상. 이러한 불일치는 성마르틴 교회의 특이함을 이해하는 열쇠다. 그것은 루터파와 가톨릭이 함께 사용하는 교회, 즉 "공유교회Simultankirche"였던 것이다.

성마르틴 교회는 독일에서 가장 오래된 공유교회다. 그것은 슈말칼덴 전쟁에서의 (일시적인) 승리에 감격한 카를 5세가 공식적으로 복음주의를 받아들인 비버라흐에 가톨릭 예배의 재개를 명령한 1548년

그림8.3

공유교회. 비버라흐의 성마르틴교회의 내부. 1740년대 요하네스 지크의 프레스코화로 천장을 장식했다. 남서쪽 모퉁이에서 찍은 사진이다.

이후 변함없이 그렇게 사용되었다. 당시 도시 주민의 압도적인 다수는 프로테스탄트였다. 도시를 점령할 만한 군대를 가지고 있지 못했던 황제는 비버라흐에서 프로테스탄티즘을 없앨 수 없었다. 그러나 그는 가톨릭이 그들의 수를 넘어서는 특권과 권력을 누릴 수 있도록 신경을 썼다. 그는 도시의 기본법을 파기하고, 가톨릭 귀족들이 지배하는 새로운 정부를 세웠으며, 프로테스탄트에게 성마르틴 교회를 공동으로 사용하도록 강요했다. 1553년부터 프로테스탄트들과 가톨릭교도들은 교회에서 자기들 성직자의 주도 아래 자기들 의식에 따라 정식예배를 드렸다. 얼마 후, 아우크스부르크 평화는 "두 종교"가 "한동안 실천된" 제국의 도시들에서, 두 종교는 "이후에도 그렇게 유지된다"고 선언하여, 그러한 조정을 고정시켰다. 두 종교의 시민들은 각각의 재산과 특권을 간직하면서 "함께 이웃하며 평화롭고 조용하게 살아갈 것"이었다.[227] 슈바벤 지방에 있는 7개의 제국 도시들과 함께, 비버라흐는 두 형태의 그리스도교가 완전한 법적인 자격을 가지고 공개적으로 실천되는 공식적인 두 종교 도시가 되었다. 16세기에 이러한 조정은 '공유'라고 불렸다.

다음 세기에 이 용어는 좀더 특별한 의미를 지니게 되어, 종교집단들이 비버라흐에서처럼 건물이나 재산 등을 공유할 때에만 적용되었다. 게다가 성마르틴 교회는 그렇고 그런 교회가 아니었다. 그것은 언제나 도시의 정신적인 열망, 곧 도시는 하나의 성스러운 공동체라는 인식을 구현해왔다. 그러나 이제 교회는 도시가 신앙적으로 분열되었음을 구체화했으며, 분열이 정식으로 법제화된 장소가 되었다. 일요일과 축일에, 가톨릭과 프로테스탄트는 교대로 예배를 드렸다. 1649년의 제국위원회는 가톨릭은 성마르틴 교회를 오전 5시부터 6시까지,

루터파는 6시부터 8시까지, 가톨릭은 8시부터 11시까지, 루터파는 11시부터 12시까지, 가톨릭은 12시부터 오후 1시까지 사용할 수 있다고 규정했다. 이렇게 해서 시계가 필요해진 것이다. 오후도 비슷하게 나뉘었는데, 정확한 시간은 계절에 따라 달랐다. 성마르틴 교회의 종은 두 종류의 예배를 알리기 위해 울렸다. 가톨릭은 교회를 자유롭게 이용했으나, 루터파는 대체로 회중석으로 제한되었으며, 목사가 성찬식을 거행할 때에만 성가대석으로 들어갈 수 있었다. 교회에 들어가고 나올 때 두 집단은 서로 엇갈렸으며, 어깨를 마주치는 경우도 있었다. 이렇게 프로테스탄트와 가톨릭은 상징으로 가득한 건물을 함께 사용할 것을 요구받았다. 그들은 상이한 방식이기는 하지만 성스럽다고 여기는 공간에서, 사악하며 심지어는 악마적이라고 생각하는 상대 집단의 믿음과 제식을 허용하지 않을 수 없었다.

두 종교의 공존은 근대 초 유럽에서 종교적 다양성 문제를 해결하기 위해 선호되었던 방법은 아니었다. 반대로, 그것은 지배자들이 자기들과 신민들은 종교적으로 하나다, 라고 하는 얄팍한 주장마저 유지할 수 없게 만든 상황의 산물이었다. 많은 면에서, 그것은 아우슬라우프나 비밀교회 예배와 정반대였다. 이것들은 이탈과 거부에 기초하여, 종교적 다양성을 인정하거나 충분히 해결하지 않은 채 묵인한 것이었다. 반대로, 두 종교는 종교적 분리에 대한 충분하고 공개적인 인정에 기초해 공존할 수 있었다. 그것은 적대적인 사람들이 서로 마주보고, 서로의 존재를 공개적으로 인정하고, 재산을 공유하고, 협조할 것을 요구했다. 두 개 혹은 그 이상의 집단이 하나의 교회를 분리 사용하여 예배보는 근대적인 의미의 공유는 최후의 조정책이었다. 그것이 긴장감을 조성했다는 것은 놀라운 일이 아니다. 주목할 만한 점은 비버라흐 같은 공동체에서 그것이 얼마나 안정적이고, 지속적이며, 본질적으로 평화적이었나 하는 것이다. 두 종교의 공동체가 갈등을 일으켰던 시간과 장소와 그렇지 않았던 시간과 장소를 비교함으로써, 우리는 관용에 대해 가치있는 교훈을 얻을 수 있다. 무엇보다도 관용의 실천은 종교적 집단들 사이의 긴장을 근절하거나 갈등을 해결하는 데—이것은 종종 불가능한 일이다—달려 있는 것이 아니라 그것을 조정하고 억제하는 데 있다는 것을 알 수 있다.

복수의 국가교회들

거의 예외없이, 유럽의 지배자들은 신민들 사이의 종교적 분열을 인정하지 않기 위해서 최선을 다했다. 이것은 그러한 인정이 의미하는 것을 고려하면 놀라운 것은 아니다. 근대적인 의미에서의 교회와 국가의 분리를 생각할 수도 없었던 시대에, 지배자들은 종교적인 문제에 개입하는 것을 망설이지 않았다. 중립적인 자세를 취하는 것은 선택의 대상이 아니었다. 종교적 다양성을 인정하는 것은 그들에게 하나 이상의 종교를 인정하고, 보호하고, 가능하면 물질적인 원조도 마다하지 않을 것을 요구했다. 그러한 수용은 국교제도를 폐지하는 것이 아니라 두 개 혹은 여러 개 국가교회를 인정하는 것으로 이어졌다. 하나 이상의 교회가 국가의 지원을 받게 된 것이다. 그러한 조정을 통해서, 공동체의 모든 구성원들은 여러 개 국가교회 가운데 하나에 속해야 했다. 그렇지 않은 교회는 금지되었거나 묵인되었다. 예를 들면 팔츠에서의 상황이 그러했다. 18세기에 팔츠의 주민들은 칼뱅파, 루터파, 혹은 가톨릭교회에 참석할 것을 법적으로 요구받았다. 행정관들은 부활절에 영성체를 했다는 서면증서를 제출하라고 요구할 수 있었다.

이러한 유형의 조정이 상이한 신앙인들이 같은 도시나 시골에서 살았고 예배를 보았다는 것을 의미하는 것은 아니었다. 예를 들면, 스위스연방은 국교가 두 개였지만, 대부분의 칸톤에서는 하나의 종교만 실천되었다. 마찬가지로, 1555년 이후 신성로마제국은 두 개의 국교를, 1648년 이후에는 세 개의 국교(가톨릭, 루터파, 칼뱅파)를 가졌지만, 대부분의 영방은 하나의 공식 종교를 가졌다. 따라서 우리의 관심을 끄는 것은 지역공동체가 두 개 혹은 여러 개의 종교를 가졌을 경우이다. 부분적인 리스트만으로도 부족함이 없다. 스위스에서 그것은 1531년 이후에는 소위 말하는 '위임통치령'의 도시와 시골, 글라루스 칸톤의 도시와 시골, 그리고 조금 후에는 그라우뷘덴의 도시와 시골을 포함했다. 그것은 트란실바니아에 있는 많은 공동체들을 포함했는데, 이곳에서는 1568년 이후 4개의 종교—칼뱅파, 가톨릭, 루터파, 유니테리언—가 공식적으로 "받아들여"졌다. 다시 말하면 인정되었다. 그것은 17세기 초 헝가리왕국에서도 많은 공동체를 포함했는데, 얼마 뒤에는 조금 줄어들었다—1681년 이후에는 주 당 두 개의 도시만 그러했다. 신성로마제국에서는, 오스나브뤼크의 주교관구인 율리히 클레베스에 두 종교 마을들이 있었으며, 17세기와 18세기에는 다른 영방에도 그러했다. 앞에서 살펴보았듯이, 비버라흐와 7개의 제국 도시들—울름, 보나우뵈르트, 카우프뵈른, 로이트키르쉬, 라벤스부르크, 딘켈스뷜 그리고 상업의 중심지인 아우크스부르크—는 1540년대나 1550년대부터 두 종교 도시였으며, 그 밖의 몇몇 영방도시들

—콜마르, 하게나우, 에센, 도르트문트, 아헨, 알렌—은 몇 십 년 후에 그렇게 되었다. 팔츠는 1685년 가톨릭 지배자가 들어온 후 종교공동체가 두 개 늘어났다. 알자스는 1673년 프랑스에 "재통합"된 후 그러했다. 네덜란드공화국에서는 마스트리흐트가 두 종교 도시였다. 또한 오베르마스 지역에는 1632년에 네덜란드 군대가 정복한 이후 두 종교 도시들과 시골들이 생겨났다. 리투아니아의 빌니우스는 가톨릭과 동방정교회 그리스도교인들이 함께 시민으로 살았던 중세 이래 계속 두 종교 도시였다. 두 종교공동체가 가장 많았던 곳은 프랑스였는데, 어떤 것들은 1560년대에, 어떤 것들은 1598년의 낭트칙령 때에 생겨났다. 거기에는 위그노들이 "소유"에 의해 도시 성벽 안에 교회를 갖는 것을 허용받았던 모든 프랑스 도시들이 포함된다. 또한 좀더 광범위한 정의를 적용하면, 위그노들이 "양보"에 의해 도시 바깥에 교회를 갖는 것이 허용되었던 도시들도 포함된다.

하나의 공동체가 두 종교 혹은 다수 종교사회가 되기 위해서는, 당연한 얘기지만, 주민들이 종교적으로 혼합되어야—균등하게는 아니더라도—한다. 한 종파에 속하는 사람들은 다른 종파에 속하는 사람들보다 훨씬 많을 수 있었다. 그러나 그 밖의 다른 것도 필요했으니, 종파에 따라 공식적으로 나뉜 공권력이 법적으로 인정되는 것이 바로 그것이었다. 그러한 분리는 16세기 스위스, 신성로마제국, 프랑스에서 교착상태에 빠진 종교전쟁의 결과였다.[228] 그러나 스위스의 전쟁과 독일의 전쟁을 끝낸 "종교적 평화" 조약과 달리, 낭트칙령은 하나의 전체로서의 정치체가 아니라 수백 개의 지역공동체에서 두 종교주의를 확립했다(이전의 칙령들이 했던 것처럼). 칙령으로 프로테스탄트 예배를 허가한 곳에서는 어디에서든지, 이론적으로 그리고 일반적으로는 실천적으로도, 두 종교공동체가 세워졌다. 왜냐하면, 칙령의 규정 아래, 가톨릭 예배는 위그노가 폐지했던 곳 어디에서든지 재개되었기 때문이다. 심지어는 압도적으로 프로테스탄트들이 지배하던 님과 라로셸도 두 종교 도시가 되었다.

법적으로 공권력을 분리하는 데 항상 전쟁이 필요하지는 않았다. 1573년, 성바르텔르미 축일의 학살 사건 이후, 폴란드 귀족들은 프랑스에서 광적으로 벌어지고 있는 잔인한 투쟁을 사전에 예방하기 위해 바르샤바 연합을 체결했다. 그 연합은 프랑스의 칙령보다는 스위스와 독일의 조약과 더 닮았다. 그것은 지배엘리트 사이의 불간섭 협정으로서, 각각의 영지가 단일 공식 종교를 가진 모자이크를 창출했다. 대조적으로, 어떤 협정들은 높은 수준에서뿐만 아니라 지역적인 수준에서도 두 종교주의를 만들어냈다. 예를 들면, 1614년에, 율리히 클레베스의 북서 독일 땅의 상속을 놓고 경쟁하던 지배자들은 그곳을 분할하기로 합의했다. 한 지배자는 브란덴부르크의 칼뱅파 선제후였고, 다른 한 명은 팔츠–노이부르크의 가톨릭 공작이었다. 그들 사이에, 그리고 그들의 후계자들 사이에 체결된 일련의 조약들은 특히 브란덴부르크에 속한 클레베스와 마르크에서 분할한 지역에 여러 종교의 공개적인 예배를 보장했다. 오스나브뤼크 주교관구에 대한 논쟁은 한층 더 놀라운 타협으로 이어졌다. 1650년 이후, 이곳은 지역 가톨릭 참사회가 선출한 가톨릭 주교와 브라운슈바이크–뤼네부르크 가문의 루터파 제후가 교대로 통치했으며, 주교구의 59개 소교구 가운데 31개는 가톨릭 성직자를, 20개는 루터파 성직자를, 8개는 양쪽의 성직자를 갖는 것으로 종결되었다. 신성로마제국은 이러한 기형으로 가득찼다.

몇몇 경우, 공식적인 종교적 다원주의는 종교개혁 훨씬 이전에 있었던 법적이고 정치적인 조정의 산물이었다. 예를 들면, 트란실바니아에서, 그것은 수세기 동안 폭넓은 정치적인 자치를 누린 종족집단들이 상이한 종교를 받아들였을 때 생겨났다. 대부분의 마자르인들(종족적으로 헝가리인들)은 16세기에 칼뱅파로 개종했다. "작센인들"(종족적으로 독일인들)은 압도적으로 루터파를 선택했다. 반면에, 동쪽 국경을 지키기 위해서 불러들인 수비대의 후손인 세케이들은 대부분 유니테리언이 되었거나 가톨릭으로 남았다. 1437년에 이 세 집단은 연합하여, "세 종족의 연맹"을 결성했다. 1560년대, 그들은 트란실바니아 의회에서 모여, 각각의 종족이 누리던 자치권을 확대했다. 각 종족이 받아들인 종교를 인정했고, 종족별로 종교적인 문제를 처리하도록 허가한 것이다.

중세부터 내려온 좀더 일반적인 조정 형태는 "콘도미니엄"이었다. 이곳에서는 두 명 혹은 그 이상의 지배자들이 한 지역의 주권을 공동재산으로 공유했다. 종교개혁 이후, 이 지배자들은, 네덜란드에서 마스트리흐트의 주민들이 경험했듯이, 상이한 종교를 가졌다. 중세 초 이래, 그 도시는 두 명의 영주, 즉 브라방의 공작과 리에주의 제후-주교가 지배했다. 네덜란드 군대가 1632년 마스트리흐트를 정복했을 때, 네덜란드 전국의회는 공작의 권력을 빼앗았다. 그 후 그들은 가톨릭 제후-주교와 함께 그 도시를 다스렸다. 마찬가지로 프로테스탄트 칸톤과 가톨릭 칸톤도 스위스의 Gemeine Herrschaften(공동통치령)을 공동으로 다스렸다. 전통적으로 이 지역은 영어로 "Mandated Territories(위임통치령)"이라고 불렸다. 아마 더 나은 번역은 "Common Lordships(공동지배령)"일 것이다. 거기에는 투르가우, 라인탈 외에도 16개의 다른 지방들이 포함되었다. 칸톤도 아니고 스위스연방의 준準멤버(주네브나 그라우뷘덴 같이)도 아닌 이 지역은 칸톤들의 지배에 종속된 부속 지역이었다. 사실, 상황은 한층 더 복잡했다. 왜냐하면 위임통치령마다 상이한 조합의 칸톤들이 있었기 때문이다. 예를 들면, 투르가우는 5개의 가톨릭 칸톤(V. Orte), 그들의 불구대천의 적인 취리히, 종교적으로 분리된 글라루스, 그리고 1712년부터는 프로테스탄트 베른의 지배를 받았다. 보 지방에 있는 에샬란스는 베른과 가톨릭 프라이부르크에 종속되었다.

신앙의 요새

공식적인 종교 다원주의는 지역적인 차원에서 많은 실천적인 어려움을 제기했는데, 대상 종교가 가톨릭과 프로테스탄트일 때 특히 그러했다. 그러나 가장 심각한 어려움은 가장 직접적인 것이었다: 경쟁적인 집단들은 어디에서 예배를 볼 것인가? 많은 도시와 시골, 특히 집들이 다닥다닥 붙어 있는 중핵 도시와 시골은 하나의 교회 혹은 예배당만 가지고 있었다. 복수의 종파가 기존 건물을 함께 사용하지 않는다면, 하나는 새로운 교회를 지어야 할 것이었다. 그것은 소수파가 감당하기 힘든 엄청난 재정적 부담이었다. 울름의 프로테스탄트들이 1617년과 1621년 사이에 이러한 길로 나갔을 때, 대략 20만 플로린의 비용이 들었다. 비버라흐의 프로테스탄트들은 울름 사람들을 모방하려 했으나, 충분한 돈을 모으는 것이 불가능함을 알았다. 그들은 성마르틴 교회의 사용을 가톨릭 시민들에게 양보할 생각도 있었으나, 그렇게 할 여유가 없었다. 트란실바니아 신분회는 여러 개의 종교를 인정하는 문제를 놓고 논의할 때 이러한 난제 때문에 고심했고, 이례적인 해결책을 제시했다. 각 소교구의 다수 종파가 소교구 교회를 배타적으로 사용하는 대신, 다수 종파는 소수파들이 예배당을 지을 수 있도록 재정적으로 도와주는 것이었다. 이 특별한 약속이 실제로 이행되었는지는 알려지지 않았다.

여하튼, 새로운 교회의 재정적 부담은 한 번의 지출로 끝나지 않았다. 건물을 짓고 내부를 꾸민 다음에도 유지관리비가 필요했고, 성직자 급료도 필요했다. 기존 교회의 경우, 그러한 고정경비는 중세의 유증遺贈에 의해 전부 혹은 적어도 일부는 해결되었다. 이 돈은 첫째는 "교회 기금"의 일부였으며, 둘째는 성직 수입의 일부였다. 새로운 교회들은 그러한 유증이 없었다. 옛 유증을 새로운 종파들 사이에 나누어야 할 것인가? 그렇다면, 그것은 각 집단의 비용을 감당하는 데 충분하지 못할 것이다. 이러한 어려움은 글라루스와 스위스의 다른 혼합 지역에서 끝없는 갈등을 일으켰다. 십일조와 제식비, 즉 지역 성직자가 세례, 결혼, 사망 등을 등록하고 받는 돈은 어떻게 할 것인가? 이것들도 나누어야 할 것인가? 그렇게 하는 것은 기존 기관의 재정적 토대를 잠식할 수 있었다. 이것을 예방하기 위해, 몇몇 종교집단은, 심지어는 공적인 예배의 권리를 가진 집단도 다른 좀더 특권적인 교회 성직자들에게 돈을 지불할 것을 요구받았다. 예를 들면, 프랑스 위그노들은 낭트칙령에 의해 가톨릭 십일조를 납부해야 했는데, 이것은 몹시 짜증나는 일이었다.*

여러 가지 이유로 큰 도시에서는 작은 도시나 시골에서만큼 어려움

---

* 국가는 위그노가 가톨릭교회에 낸 십일조를 보전해주었다.

이 많지 않았다. 첫째, 대부분의 큰 도시들은 중세로부터 많은 교회 건물들을 물려받았기 때문에 프로테스탄트 도시들은 그중 일부를 다른 용도로 전환하거나 아예 파괴해버릴 수 있었다. 종교적으로 혼합된 도시들에서, 경쟁 종파들은 서로 다른 교회들을 사용할 수 있었다. 신성로마제국의 에르푸르트, 힐데스하임, 민덴, 브레슬라우, 슈트라스부르크, 레겐스부르크, 이스니, 켐텐 등 많은 도시에서 그러했다. 이러한 도시들은 공식적으로는 프로테스탄트 도시들이었으나, 아우크스부르크 평화가 조인되기 전에는 법적인 이유로 그리고 정치적인 이유로 도시 안에 있는 가톨릭 기관들(대체로는 수도원과 성당들)에게 자기들의 의지를 강요하는 데 실패했다. 아우크스부르크 평화의 지속적인 보호 아래, 이러한 기관들은 가톨릭 예배가 지속되고 가톨릭 평신도들이 예배볼 수 있는 인클레이브가 되었다. 이러한 조정은 아우슬라우프와 비밀교회가 그러했던 것과 마찬가지로 도시가 종교적 단일성의 외양을 유지할 수 있도록 해주었기 때문에 어떤 측면에서는 매우 편리했다.

큰 도시에는 교회 건물들과 사람들이 집중되어 있기 때문에 그곳의 종교집단들은 소수파라고 하더라도 작은 도시나 시골에서보다 더 큰 경우가 많았다. 그리고 시골 사람들은 시장 보러 도시에 가듯이, 예배 보러 도시에 가기도 했기 때문에, 도시 회중의 수는 더욱 늘어났다. 글로가우, 야우어, 슈바이드니츠 같은 슐레지엔의 도시들은 이 같은 현상의 극단적인 사례를 제공한다. 베스트팔렌 조약에 의해, 루터파는 도시 안에 있는 기존 교회들을 사용하지 못하는 대신 도시 성 밖에 안전교회를 세우는 것을 허가받았다. 이 교회들은 한때 프로테스탄티즘의 중심지였던 슐레지엔의 합스부르크 세습 공령에 있는 유일한 루터파 교회였다. 시골 사람들은 7킬로미터나 떨어져 있는 야우어에 와서 예배를 보았다. 비록 대형 목재교회는 5천 명을 수용할 수 있었지만 예배자들이 많아 일요일에는 3차례나 예배를 열어야 했다(당연히 추측할 수 있듯이, 야우어에는 여관이 많이 생겨났다). 예배자들의 도시 집중과 상업으로 창출된 부를 이용하여, 도시 회중들은 시골 회중들보다 훨씬 더 용이하게 새로운 교회를 세우고 인원과 시설을 갖추는 데 필요한 재정 자원을 마련할 수 있었다. 이러한 이유에서도 예배의 자유는 작은 공동체에서보다 큰 도시에서 조정하기가 더 쉬웠다.

그러나 종파주의 시대에 종교와 관련된 어떤 이슈도 순수하게 실용적이지는 않았다. 한 집단이 어디에서 예배를 보느냐 하는 것은 가장 중요한 상징적인 의미를 가지고 있었다. 공성전 시대의 요새처럼, 교회는 종파 간 투쟁에서 가장 중요한 쟁취 대상 가운데 하나였다. 그리하여, 교회가 크면 클수록, 위치가 좋으면 좋을수록, 시민공동체와의 유대가 강하면 강할수록, 그것의 가격은 올라갔다. 이것이 근대 초 유럽에서 그렇게 많은 소교구 교회들이 공유 형태를 취하게 된 또다른 이유다. 종교적 적대자들은 공동체의 재산에 대한 요구만이 아니라 공동체의 정신적인 심장에 대한 요구도 포기하려 하지 않았던 것이다. 이것은 한 종파의 구성원들이 다른 종파의 공적 예배가 공격적이고 위협적이라고 생각하게 된 또다른 이유였다. 왜냐하면 교회는 가시적이었고 공공 영역에서 존재성을 확보한 만큼, 그 안에서 예배보는 집단 역시 그러했기 때문이다. 그것이 움직이는 감성은 종교행렬, 축일, 장례식 등이 충돌을 일으킬 때와 똑같았다. 공적 예배에서, 이단들은 모두 자기천명적인 집단이 되었다. 교회의 존재감이 크면 클수록, 그 안에서 행해지는 예식을 무시하기가 더 어려워졌다. 그리하여 사람들은 그러한 예식이 거행되게 함으로써 그것을 관용했다.

몇몇 교회들이 공격의 대상이 된 것은 놀라운 일이 아니다. 그러한 폭력은 폴란드의 국왕 도시에서는 반복적으로 일어난 반면, 프랑스의 가톨릭과 프로테스탄트들은 각자의 고유 교회에서 예배드릴 권리를 (한동안) 가지고 있었다: 가톨릭은 소교구 교회의 사용권을 유지했고, 프로테스탄트들은 새로운 목재교회 건축을 허가받았다. 가톨릭 군중은 프로테스탄트들의 교회를 되풀이해서 불질렀다. 국왕으로부터 받은 특권도 루터파와 칼뱅파가 예배를 본 크라쿠프의 공유교회를 보호하지 못했다. 이 공유교회는 1574년 방화로 약탈당하고 피해를 입었으며, 1587년에는 바닥까지 불탔고, 1591년에 다시 파괴되었다. 포젠의 루터파 교회는 1603년부터 1606년 파괴될 때까지 매년 그 지역 예수회 콜레주 학생들의 공격을 받았다. 그 루터파 교회는 두 차례 재건축되었고, 두 차례 다시 전소되었다. 1627년 가톨릭 군중은 루블린의 칼뱅파 교회와 소치니파 교회를 파괴했다. 바르샤바에서 루터파는 교회를 짓기 시작했으나 군중이 허물어버리는 바람에 포기했다. 프로테스탄트들은 가장 강력했을 때 가장 끈질겼다. 리투아니아의 수도 빌니우스에 있는 루터파 교회는 탑을 빼고는 거리에서 보이지 않았는데 1610년과 1737년 사이에 6차례나 방화로 피해를 입었거나 파괴되었고, 그때마다 재건되었다. 그곳에 있는 칼뱅파 교회 역시 4차례 파괴되었고 4차례 재건되었다.

교회는 무엇보다도 탑과 종 때문에 공공 영역에서 강력한 존재감을 가졌다. 이웃은 물론이고 도시 전체를 지배하는 탑의 모습과 종소리는 행렬보다 더 피하기 어려운 것이었다. 탑과 종은 그 영향력 안에 있는 사람들에게 교회의 존재감을 심어주었는데, 종소리는 특별히 그것이 알리는 예배에 대해 관심을 불러 일으켰다. 다른 종파의 사람들에게 이것보다 더 불쾌한 것은 없었다. 그리하여 탑과 종에 대한 금지는 비국교도들의 예배에 가해진 가장 일반적인 제한 가운데 하나였다. 1781년에 나온 요셉 2세의 그 유명한 관용특허장도 오스트리아의 프로테스탄트들이 교회를 세울 수 있도록 허가하면서도 탑과 종은 금했다. 1791년, 잉글랜드의 제2차 가톨릭 구제법도 마찬가지로 가톨릭 예배당은 첨탑이나 종을 설치할 수 없다고 규정했다. 두 경우 모두 제약은 두 가지 목적을 가지고 있었으니, 하나는 소수파의 열등한 지위를 나타내는 것이고, 다른 하나는 교회가 다수의 국교도들에게 덜 공격적으로 보이게 하는 것이었다. 정부는 이들의 반발을 두려워했던 것이다. 이와 대조적으로, 낭트칙령은 위그노가 교회에 종을 달 수 있다고 인정하여 위그노의 공적인 예배 권리를 강조했다. 이러한 양보에도 불구하고, 도피네 지방 가프의 가톨릭교도들은 1620년대에 지역의 위그노들이 교회에 탑을 얹히고 예배를 알리기 위해서 종을 치기 시작하자 불만을 터뜨렸다. 1605년, 슈트라스부르크(당시는 신성로마제국의 루터파 도시였다)의 행정관들은 성마르그리트 수녀원의 수녀들이 예배당의 종을 치는 것을 금지했다. 그들은 예배보러 가는 가톨릭 평신도들과 종소리를 듣고 경각심을 느껴 예배보러 가는 사람들을 방해하러 나설지 모르는 프로테스탄트들 사이에 폭력이 발생할 것을 두려워했던 것이다. 한 세기 후, 종소리는 알자스 지방 시골에서 이따금 갈등을 일으켰다. 그곳의 가톨릭교도들은 가톨릭의 종이 침묵을 지키는 성주간 동안에 루터파들이 종을 치는 것을 막으려 했다. 1704년에 문첸하임의 본당 신부는 어느 누구도 교회 탑에 올라가 종을 울릴 수 없음을 분명히 했다. 그는 종탑 앞에서 경비를 섰으며, 종을 치러 오는 루터파를 칼로 위협했다. 종교행렬, 축일, 장례식 중에 종을 치는 것도 분쟁을 일으켰다. 1687년, 팔츠의 새로운 가톨릭 지배자는 동료 신자들이 개혁파의 수중에 있는 지역 소교구 교회의 종을 치는 것을 허가했다. 그러자 "종 전투"가 발생했다. 1696년, 정부는 칙령을 집행하기 위해 바카라흐로 군대를 파견할 필요가 있다고 생각했다.

공유

공유는 공적 예배의 극단적인 형태였다. 경쟁적인 종파들이 하나의 교회를 공동 사용하는 곳에서는 눈이나 귀를 피할 수 없었다. 다른 집단이 바로 면전에 있었기 때문이다. 예배에 참석할 때마다 그들과 직면했다. 신의 적들이 신의 집을 사용하는 것, 거기에는 신성모독적인 요소가 있었다. 적어도 그러한 것이 17세기 종교 당국의 생각이었다. 마스트리흐트의 목사들은 공유를 "동일 교회에서" "신과 지옥에서 온 악마"에게 예배드리는 것을 허용하는 것이라고 묘사했다.[229] 로마에서, '신앙의 전파를 위한 성청'은 1627년과 1631년 사이에 공유에 반대하는 세 가지 교령을 발표했다. 그것은, 가능한 한 가장 강력한 용어로, "이단들이 세속적이고 신성모독적인 행위를 하는" 교회에서 선교 신부들이 미사 드리는 것을 금했다.[230] 그 대신, 성청은 신부들이 개인 집에 이동식 제단을 설치해야 한다고 선언했다. 달리 말하면, 비밀교회가 공유교회보다 선호되었던 것이다.

자연스럽게, 그러한 반대는 약해졌고, 종교집단들은 상호간에 덜 적대적이 되었다. 루터파와 칼뱅파는 폴란드에 있는 공유교회와 그 밖의 다른 교회의 사용을 행복하게 공유했다. 장로파와 감독파는 1661년 이전과 1689년의 도시 공략 중에 또다시 데리의 성콜럼바인 교회를 함께 사용했다. 18세기 초, 그들은 몇몇 스코틀랜드 도시에서 그렇게 했다. 프로테스탄트들과 가톨릭은 프로테스탄트의 상이한 종파들보다 교회 공유에 대해서 걱정을 더 많이 했다. 그렇지만, 역설적으로, 프로테스탄트–가톨릭 공유교회는 다른 형태의 공유교회보다 언제나 더 많았다. 두 가지 상황이 이러한 사실을 설명해준다. 첫째, 지배자가 자기 종교와 다른 종교를 가진 지역을 상속받거나 정복했다. 이것은 비버라흐와 그 밖의 다른 제국도시들의 상황으로, 이 도시들은 1540년대에 강제로 두 종교 도시가 되었다. 오베르마스의 네덜란드 소유지에서도 마찬가지였다. 이곳에 원래 있던 가톨릭 주민들은 칼뱅파 뜨내기들이나 개종자들과 교회를 공유하지 않으면 안 되었다. 그라우뷘덴에서도 마찬가지였다. 프로테스탄트 당국은 팔텔리네 마을의 가톨릭교도들에게 교회를 함께 사용할 것을 강요했다. 근대 초 유럽에서 공유교회가 가장 많았던 지역은 알자스와 팔츠 지방의 라인강 상류 지역이었다. 이곳에서 공유교회는 다수의 반대를 무릅쓰고 자기 종교를 확대하기로 작정한 제후들에 의해서 17세기 말에 잔인하게 강요되었다.

　로마는 루이 14세가 알자스 지방의 루터파 교회에 공유를 강요하는 것에 반대했으며, 프랑스의 주교들도 마찬가지였다. 태양왕은 그들을 무시했다. 조약에 의해 프로테스탄트 예배를 폐지하는 것이 금지되자 (알자스 지방은 제국의 일부였고, 프랑스에 합병된 이후에도 베스트팔렌 조약의 규제를 받았다) 루이는 차선책을 택했다. 1684년, 루터파는 소교구에 가톨릭이 7가구 이상 살고 있으면 교회의 성가대석을 넘겨주어야 한다는 왕명을 받았다. 루터파는 회중석을 계속 사용할 것이나, 분리벽을 세워 공간을 둘로 나눌 것이었다. 4년 안에, 50개가 넘는 교회의 성가대석이 넘어갔다. 1697년에는 백 개가 넘었다. 많은 소교구가 기준인 7가구를 채우지 못했다는 것은 문제가 되지 않았다. 예수회와 카푸친회 선교사들은 가톨릭 일용노동자들을 가구로 셈하며 이주를 장려했다. 교회가 가톨릭으로 넘어가기에 충분한 가톨릭 신부가 없다는 것도 문제가 되지 않았다. 그것은 다음 문제였다. 루이는 각 소교구에 가톨릭 교두보를 확보하고 본 것이다. 마찬가지로 중요한 것은, 그가 "이단들"로부터 교회의 가장 신성한 부분을 되찾았고, 가톨릭의 우위를 확립했다는 것이었다.

팔츠 선제후국은 16세기 말 이래 인구의 대다수가 칼뱅파였는데, 30년전쟁 기간 동안 스페인 군대가 점령했을 때 공유교회가 나타나기 시작했다. 1680년대, 루이 14세는 라인 강 좌안에 있는 모든 팔츠 공동체와 우안에 있는 일부 공동체에 공유교회를 강요했다. 중요한 전환점은 최후의 칼뱅파 선제후가 죽고 그 가문의 가톨릭 지파가 계승한 운명적인 1685년에 찾아왔다. 팔츠-노이부르크 집안 출신 선제후들은 이전 조약들을 파기하지는 않고 자기들 종교를 확대하기 시작했다. 최종적으로, 1698년 선제후 요한 빌헬름은 이제까지는 칼뱅파가 배타적으로 사용하던 교회를 가톨릭, 루터파, 칼뱅파가 공유해야 한다고 선언했다. 강력한 저항에 부딪힌 선제후는 1705년 뒤로 물러섰다. 그는 우안에 있는 교회들은 5 대 2의 비율로 칼뱅파와 가톨릭에게 할당된다고 양보했다(루터파는 하나도 못 가졌다). 실제로, 212개 교회가 칼뱅파로, 113개 교회가 가톨릭으로, 그리고 130개는 공유교회로 남았다. 공유교회 가운데에는 수도인 하이델베르크의 중심 교회인 성령교회가 있었다.

많은 교회를 프로테스탄트와 가톨릭의 공유교회로 이끈 또다른 상황은 콘도미니엄이었다. 상이한 종교를 가진 지배자들이 하나의 영방을 함께 통치하는 경우, 공유교회는 확고한 법적 권리에 기반한 편리한 수단이었다. 이것은 공유교회가 투르가우 같은 위임통치령에 왜 그렇게 많았는지를 설명해준다. 프로테스탄티즘은 1520년대에 그곳에서 빠르게 퍼졌고, 프로테스탄트들은 1526년경부터 많은 소교구에서 예배 방식을 개혁했다. 그러나 1531년 취리히가 전투에서 패배함으로써 상황이 역전되었다. 제2차 카펠 평화조약 아래에서, 위임통치령의 프로테스탄트들은 개혁을 하지 않은 지역에서는 더 이상 개혁을 추진할 수 없었지만, 개혁을 한 곳에서는 전에 하던 대로 계속 예배를 볼 수 있었다. 그러나 가톨릭이 세 가정밖에 안 되는 소수파라 할지라도 교회 사용을 원한다면 두 집단은 그것을 공유해야 할 것이었다. 17세기에 투르가우에만 공유교회가 35개에 달했다.

위임통치령에 거주한 가톨릭과 프로테스탄트들은 시민적 문제에서는 동등했지만, 종교는 그렇지 않았다. 가톨릭은 1531년 조약 아래에서 특권적이고 표준적인 지위를 차지한 반면 프로테스탄트들은 제한적인 면제를 받았다. 이러한 법적 불균형은 교회를 공유하는 데 큰 영향을 끼쳤다. 이론적으로, 가톨릭은 언제나 새로운 형제회를 만들고, 새로운 제단을 세우고, 새로운 예배를 도입할 수 있었지만, 프로테스탄트들은 기존의 것들만 계속할 수 있었다. 이론적으로, 가톨릭은 원하는 대로 공유교회를 개조하거나 장식할 수 있었다. 조약에는 프로테스탄트들이 가톨릭으로의 개종을 방해할 수 없다고 분명히 명시되어 있지만 그 반대에 대해서는 아무 말이 없다. 그러나 현장에서의 실상은 매우 달랐다. 왜냐하면 대부분의 소교구에서 프로테스탄트들은 전체 인구의 과반을 차지했거나 가장 수가 많았기 때문이다. 이렇게 프로테스탄트들은 사실상 도시와 시골을 지배했으면서도 법적 지위는 열등했기 때문에 법적 소송을 많이 제기했다.

종파들이 동등할 때에도, 공유교회는 사소한 언쟁과 괴롭힘의 원천이었다. 1687년, 오베르마스 지역에 있는 팔크의 칼뱅파 목사는 지역의 가톨릭교도들이 "교회 입구에서 서성거리고 있다가 우리를 조롱하거나 위협하고, 우리가 교회 밖으로 나가려고 하면 우르르 몰려들어 온다"고 불만을 터뜨렸다.[231] 스위스의 도시인 글라루스에서 한 프로테스탄트는 가톨릭이 신성한 성체를 보관하는 감실에서 카드놀이를 했다. 아우크스부르크의 성울리히 교회와 성아프라 교회에서, 프로테스탄트들은 제단 앞에 개똥을 버렸다. 가톨릭교도들은 프로테스탄트들의 설교단 위에 있는 공명판을 찢어버렸다. 비버라흐에서는 30년전쟁 중에 긴장이 고조되었다. 그곳의 가톨릭교도들은 1638년에 누군가 성수반(성당 입구에 놓아두는 물그릇)에 코를 박는 모욕을 당했다. 그들은 교회 성가대석으로 가는 철문을 닫아 루터파가 종전처럼 성찬식을 하지 못하게 방해함으로써 보복했다. 이듬해, 한 가톨릭교도는 교회 탑에 걸려 있는 커다란 경계종을 울림으로써 마을 유지인 루터파 약제사의 결혼식을 방해했다. 이에 대응하여 사람들이 모여들었다. 가톨릭교도들은 종을 친 것은 단순한 실수였다고 주장했지만, 루터파는 폭동을 일으키려는 행동이라고 추정했다. 이 사건은 정치적인 대결로 비화되어, 양측은 다른 지역의 지지를 끌어들였다. 결국, 이 분쟁을 해결하기 위해서 제국위원회가 소집되었다.

갈등에는 다른 종교집단의 예배를 방해한 종교집단의 구성원들이 연루되었다. 1607년 3월, 한 신부가 시끄러운 소리와 "기이한 몸짓"으로 왔다갔다 하면서 비버라흐의 프로테스탄트들이 예배보는 것을 방해했다.[232] 그가 다음 날에도 그렇게 하자, 목사는 예배를 중단했고, 회중 몇이 신부를 붙잡아 가격한 후 교회 밖으로 쫓아냈다. 그들은 신부를 구타한 죄로 구속되었다. 알자스 지방의 후나비르 마을에 살던 한 루터파 교사는 가톨릭 예배가 진행 중일 때 아이들을 대동하고 성가대석을 지나가거나, 학생들이 교리문답 시간에 참여하도록 종을 치곤 했다.[233] 어떤 갈등은 가구와 제식 도구에서 비롯되었다. 프로테스탄트들이 가톨릭 영주인 생갈 수도원장과 반복적으로 충돌한 스위스의 토겐부르크에서, 중재조사단은 가톨릭만이 공유교회의 세례반을 사용할 수 있다고 결정했다. 그러나 프로테스탄트들이 세례반 뚜껑 위에 있는 물단지에서 아이들을 세례시키는 것은 허용했다. 이에 대한 반발로, 수도원장의 관리들은 세례반의 중심을 뾰족하게 만들어 물단지를 놓을 수 없게 했다. 알자스 지방의 마을 호르부르-리크비르에서, 가톨릭 본당 신부들은 1754년에 루터파가 교회 안에 탁자, 의자들을 채워놓아 통행을 방해했다고 불만을 터뜨렸다. 1759년 어느 날 밤, 후나비르의 본당 신부와 가톨릭 교사는 이 목재 가구들 가운데 일부를 치우고, 부수고, 태워버렸다. 교회를 장식하는 방식도 도발을 일으킬 수 있었다. 1691년, 비버라흐의 가톨릭교도들은 프로테스탄트와 가톨릭이 함께 사용하는 시립병원의 예배당에 연옥 그림을 걸었다. 프로테스탄트들이 "거기에 마르틴 루터의 〔그림〕을 걸 것"이라고 위협하자 행정관은 그 그림의 제거를 명령했다.[234] 1742년 성마르틴 교회의 내부 장식을 바꾸기 시작했을 때 비버라흐의 프로테스탄트들은 성베드로가 교황의 권위를 상징하는 삼중관, 삼중십자가, 열쇠를 들고 있는 벽화에 대해 항의했다. 그러한 갈등은 18세기에도 줄어들지 않았다. 사실, 공유교회는 이전 시대보다 그 시대에 훨씬 더 많은 갈등을 일으켰다. 공유교회가 더 일반화된 것이 그 이유였다. 제국에서는 공유교회의 수가 그 세기 초에 정점에 도달한 반면, 알자스 지방에서는 계속 늘어나 프랑스혁명 직전에는 약 160개에 달했다.

그렇지만, 갈등이 아무리 빈번하고 격렬했다 해도, 범위는 제한적이었다. 폭력을 야기한 것이 없지는 않지만—팔츠에서는 한 신부가 프로테스탄트 목사의 예배가 시간을 넘기자 청중에게 총을 쐈다—그것은 예외적이었다. 그것이 폭동으로 이어진 적은 거의 없었다. 상호 대치, 은밀하고 사소한 파괴행위, 조롱 같은 것이 일반적이었다. 그러한 괴롭힘은 사람들의 존재나 근본적인 권리들을 위협하지 않았다. 공유교회의 근본적인 사실이 아니라 공유교회가 어떻게 조정되었는가 하는 세부 사실들을 문제삼았던 법적 소송들 역시 위협적이지 않았다. 반대로, 괴롭힘의 규모가 작았다는 것 자체가 더 폭력적이고 더 불안한 분쟁이 회피되었음을 가르쳐준다. 교회 사용을 둘러싼 갈등은 일반적이었으나 사소한 것들에 집중되어 있었다.

인류학적인 관점에서 볼 때, 공유 때문에 일어난 갈등은 기능적인 것이라고 볼 수 있다. 이런 점에서, 그것은 중세 스페인에서 그리스도교인들이 유대인들에게 가했던 폭력과 비슷했다. 14세기 말까지 스페인에 퍼져 있던 종교집단들의 평화 공존 시기에도 사소한 폭력이 주기적으로 일어났다. 매년 부활절 직전의 성주간에, 그리스도교 성직자들과 아이들은 도시의 유대인 구역에 있는 건물 벽과 문에 돌을 던졌다. 그 과정에서 유대인이 죽을 수도 있었지만, 그것이 그들이 노린 목표는 아니었다. 그들의 폭력은 근대에 와서 유대인들이 겪었던 포그룹과는 전혀 달랐다. 그것은 규모도 작았을 뿐만 아니라 강한 제식적인 요소, 심지어는 놀이적인 요소를 가지고 있었다. 그리스도교인들이 노린 것은 그들의 공동체에서 유대인들을 제거하는 것이 아니었다. 그들이 원했던 것은 유대인들을 유대인들의 자리에 놓고 그리스도교인들과 유대인들을 나눈 경계를 강조하는 것이었다. 그들이 행동에 나서는 동안, 직업이나 지위에서 그리스도교 공동체의 정신적 가치를 선언할 특별한 의무를 지니고 있는 사람들은 공동체를 대표해서 유대교에 대한 거부감과 혐오감을 표현했다. 서기 30년에 있었던 예루살렘 정복을 재연함으로써, 그들은 유대인들의 종속을 재천명했다. 어떤 의미에서, 그들의 폭력은 하나의 저항, "그리스도교 사회에서 유대인들을 관용하는 것은 위험과 비용이 따른다는 경고"였다. 또다른 의미에서, 그것은, 그리스도교인들과 유대인들 사이의 정상적인 관계를 표현함으로써 그 관계를 안정시켰고, "유대인들이 그리스도교 사회에서 계속 존재하는 것을 가능하게 하는 조건들"을 만드는 데 기여했다.[235]

근대 초의 공유교회에서 행해진 상호간의 괴롭힘 역시 두 종파 공동체를 안정시키는 데 기여했을지도 모른다. 물론, 그것은 유쾌할 수 없었고, 종종 긴장된 분위기를 조성했다. 그러한 공동체에서는 종교적인 갈등이 자주 일어났고, 그 빈도는 하나의 공식 종교를 가진 공동체에서보다 더 높았다. 왜냐하면 경쟁적인 종파들이 종교의식을 공적으로 치르는 곳에서는 적대감도 공적으로 표출했기 때문이다. 그들은 비국교도들이 다른 곳으로 나가거나 사적으로 예배볼 때 했던 것처럼 못 본 체할 수가 없었다. 경쟁적인 종파들이 하나의 교회를 공유하는 곳에서, 그들의 대치는 예배만큼이나 빈번했다. 그러나, 그러한 갈등은 경쟁적인 종파들이 공적인 영역을 통제하기 위해 싸우는 폭동과는 분명히 달랐다. 제한적이지만 상당히 상징적인 목표를 가진 그 갈등은 본질적으로는 평화적인 충돌의 한 형태였다. 그것은 흔히 성직자들이 부추겼고(언제나는 아니지만), 종파들 사이의 공식적인 관계를 명확히 하는 경쟁과 상호 거부를 재천명했다. 동시에 그것은 적대감을 비교적 무해하게 배출하는 출구로 기능했다. 법적 소송의 경우에 분명히 그러했는데, 여기에서는 갈등이 엄격한 규칙에 따라 처리되는 지정된 포럼으로 옮겨갔던 것이다. 이 같은 제한된 형태의 갈등은 평화 공존을 위협하기는커녕 오히려 가능하게 해주었다. 그것은 어떤 점에서는 관용할 수 없다고 여겨진 것—그것도 자기들의 예배 장소에서—을 관용한 사람들에게서 나올 수 있는 최소한의 것이었다.

따라서, 그 모든 진통에도 불구하고, 공유교회는 나름대로 기능했다. 다른 조정이 불가능했거나 받아들일 수 없을 때, 그것은 경쟁적인 종파들이 동일한 공동체에서 공적으로 예배볼 수 있게 해주었으며, 그들 사이의 갈등을 조율하고 제한해주었다.

법의 자구字句

내가 이제까지 본 도시 가운데 두 종교가 이곳에서만큼 서로 반감을 가지고 있는 곳은 없다. 그러나 그것은 아무도 해치지 않는다. 우리의 안전은 법의 자구로부터 나온다. 그렇지만, 반감은 대단히 크고, 모든 것에 영향을 준다…… 그것은 시청에서, 교회에서, 부부의 침대에서 지배적이다. 그것은 우리의 피를 펌프질한다. 우리는, 믿을 수 없지만, 어느 정도는 적으로 태어난다. 아침에, 시청에서, 국가의 아버지들은 따뜻하기 이를 데 없는 애국자이며, 국가의 보존을 위해 손에 손을 잡고 일을 하며, 모두 같은 모습이다. 그러나, 오후가 되면, 시의회 회의가 끝나고 나면, 그들은 적이다. 당신은 아우크스부르크 성벽 안에 무슨 계몽인이 있는지 믿지 못할 것이다. 이러한 측면에서 볼 때, 한 명도 없다.[236]

한 주민은 18세기 후반 아우크스부르크의 종교 상황을 이렇게 묘사했다. 베스트팔렌 평화 이후 한 세기 반이 지나도록 독일의 가장 큰 두 종교 도시는 여전히 적대감에 싸여 있었던 것이다. 이곳에서 "계몽주의 시대"는 세속주의의 성장을 목격하지 못했다. 교육받은 사람들조차도 종교적인 차이를 무시하거나 상이한 종파들을 똑같이 정당한 것으로 보려 하지 않았다. 신앙과 예배를 사적인 영역으로 이관하지 않았다. 반대로, 종파적인 경쟁심은 공적인 생활에 지속적으로 침투해 들어왔다. 아우크스부르크의 가톨릭 시민들과 루터파 시민들은 광적으로 서로서로를 구분했으며, 특정한 형태로 대결하는 데 열중했다. 종파적 충성심은 어떤 이름을 지을 것인가, 집의 정면을 어떻게 장식할 것인가, 여자들은 어떻게 옷을 입을 것인가 등을 결정했다. 그것은 어떤 학교에 다닐 것인가, 어떤 병원에서 치료받을 것인가, 어떤 감옥에 구금될 것인가, 그리고 최종적으로 어떤 묘지에 묻힐 것인가 등을 결정했다. 그것은 아우크스부르크 시민들을 "보이지 않는 경계"에 의해 두 개의 완전히 적대적인 집단으로 나누었다. 그렇지만 이 "두 부류의 사람들"은 거의 단절 없는 평화 속에서 살았다.[237]

관용이라는 것이 다른 종교들을 우호적으로 수용하는 것이라면, 사람들이 원하는 대로 믿고 예배볼 권리를 가지고 있음을 인정하는 것이라면, 근대 초 유럽에는 관용이 거의 없었다고 말할 수 있다. 역설적으로, 평화로운 공존을 위해서, 관용은 종파적인 적대감과 양립해야 했으며, 그것을 고려해야 했다. 이것은 종교적인 분리가 법적으로 인정되고 공적으로 드러난 아우크스부르크 같은 두 종교 도시에서 가장 뚜렷했다. 익명의 동시대인이 "법의 자구"에 대해 언급한 것은 그러한 공동체에서 관용이 어떻게 시행되었는지를 알려준다. 그것은 종교적인 갈등을 억누르고 그것을 비교적 무해한 것으로 만드는 법과 제도의 복잡한 틀을 통해서 시행되었던 것이다. 그 틀은 예배를 위한 조정보다 훨씬 더 많은 것을 포함했다. 그것은 종교적인 영역을 훨씬 뛰어넘어 공동체의 정치와 제도를 구조화했다.

그러한 틀의 가장 기본적인 구성요소는 보장이었다. 다종파적 공동체에서 평화로 이끄는 가장 강력한 것은 오늘날 우리가 안전 보장이라고 부르는 것이었다. 모든 종교집단에게 그들의 예배는 폐지되지 않을 것이며, 그들은 박해받지 않을 것임을 확고하게 보장해주는 것 말이다. 그러한 보장은 약한 사람들에게나 강한 사람들에게나 효과가 있었다. 약한 집단의 우려—종교전쟁을 체험했거나 이전에 다른 지역에서 자행된 참상에 대해 들은 적이 있는 사람들을 괴롭힌 악몽 같은 시나리오—를 잠재움으로써, 그것은 많은 경우 불안에서 생겨난 공격적인 행동을 축소시켰다. 동시에, 그것은 강한 집단이 종교적인 독점을 획득하려는 기도를 좌절시켰다. 그것은 그들에게 전면적인 승리에 대한 전망을 주지 않음으로써, 그들이 호기를 마음껏 활용하지 못하게 했다.

누가, 무엇이 그러한 보장을 해줄 수 있는가? 어느 정도는, 동료 시민들이 서로서로 보장해줄 수 있었다. 1560년대, 제2차 프랑스 종교전쟁 전야에, 캉, 몽텔리마르, 아노네, 니옹, 그리고 그 밖의 대여섯 개 작은 도시들의 가톨릭과 위그노들은 "엄숙한 우애협정"을 맺었다. 이 도시의 시민들은 총회에서 "종교의 차이와 관계없이…… 항구적인 평화, 우애, 형제애 속에서, 마치 한 도시의 참된 시민들처럼" 살기로 맹세했다.[238] 그들은 서로서로를 자극하거나 공격하지 않기로, 향후의 갈등에 참여하지 않기로, 심지어 어떤 경우에는 재정적이고 군사적인 부담을 함께 지기로 합의했다.

그러나 순전히 국지적인 화해로는 군대의 힘을 당해낼 수 없었으며, 동료 시민들에게 항구적인 보장을 제공할 수도 없었다. 시민적 전통과 충성심이 강력하다고 해도, 그것이 언제나 계속해서 종파적 충성심을 이길 것인가? 자연히 사람들은 안전을 위해서 다른 곳에 있는 동료 교인들에게 의지했으며, 동맹의 네트워크를 구축했고, 강자들의 후원을 얻기 위해 노력했다. 그들은 그러한 관계를 통해서 공격을 막을 수 있는 정치적·군사적 세력을 갖추려 했다. 불가피하게, 그들은 자기들의 직접적인 환경을 훨씬 넘어서는 종파들의 폭넓은 관계망 속으로 끌려들어갔다. 그런 경우에, 국지적인 평화라 해도 그것은 상당한 정도로 지역적인, 국가적인, 심지어는 국제적인 무대에서의 종파들 사이의 세력 균형에 달려 있었다. 비교적 균형이 이루어지고 있을 때에는 억지력이 작용할 수 있었다. 왜냐하면 두 집단뿐만 아니라 국지적인 긴장을 통제하는 데 관심을 가지고 있는 그들의 동맹세력과 후원세력들 모두에게 갈등 비용이 높아지기 때문이다. 그러나 힘의 균형이 현저하게 한쪽으로 기울면, 안정이 깨졌다. 한 종파가 광의의 무대에서 승리를 거두면, 그 종파의 지지자들은 자기들의 작은 도시와 마을에서 공격적으로 행동해도 되겠다고 느낀다. 그러면 궁지에

몰린 약자들은 먼저 공격을 가하는데, 그것은 선제적 방어에서 안전을 도모하는 것이며, 동료 교인들의 패배에 대한 보복을 모색하는 것이었다. 아니면 단순히 자기들의 분노와 공포의 배출구를 찾는 것이었다.

전쟁은 외부로부터의 약탈과 파괴를 초래했을 뿐만 아니라 공동체 내부 투쟁에서 한쪽에 승리를 가져다주었다. 마찬가지로, 평화는 지역적인 조정을 위한 기초를 쌓았다. 그것은 아우크스부르크의 프로테스탄트들이 매년 휴일을 정해 베스트팔렌 평화를 기념한 이유 가운데 하나였다. 또한 그러한 이유로 아우크스부르크의 프로테스탄트들과 비버라흐, 보름스, 함부르크, 그 밖의 다른 독일 도시들의 프로테스탄트들은 베스트팔렌 평화와 아우크스부르크 평화를 기념하는 백주년 축제를 열었다. 아우크스부르크의 프로테스탄트들은 베스트팔렌 평화를 신의 섭리라고 생각했다. 그것은 군대에 의한 절멸의 위협을 제거했을 뿐만 아니라, "형평의 기적"을 가져다주었다. 다시 말하면 도시 안에서 성공적으로 평화를 유지하도록 제도를 개혁했던 것이다. 프랑스의 위그노들은 낭트칙령을 기념하는 축일을 만들지는 못했지만, 그것을 토템처럼 숭배하여, 그것의 힘은 국왕도 구속할 수 있다고 과장했으며, 그것의 조항들을 꼼꼼하게 시행하는 데에서 안전을 찾고자 했다. 폴란드에서도 비슷했다. 바르샤바 연합은 폴란드 귀족들 사이에서 신비스러운 후광을 띠고 있었다. 폴란드 귀족들은 그것을 자기들의 "황금빛 자유"의 토대 가운데 하나라고 생각했다. 크게 보면, 이러한 조약들은 프로테스탄트의 승리를 말해주는 것이었다. 왜냐하면 그들은 가톨릭이 종교개혁 이전부터 누려오던 법적인 권리를 보장받았기 때문이다. 그러나 프로테스탄트들뿐만 아니라 가톨릭에게도,

그것은 힘의 균형을 공식화하고 힘의 균형에 법적인 힘을 실어줌으로써 어느 정도 실질적인 안전을 가져다주었다.

조약이 안전을 가져다준 방법 가운데 하나는 현상을 동결하는 것이었다. 트란실바니아의 법은 이례적으로 1572년 당시에 "받아들여지지" 않은 그리스도교 종파들을 금지함으로써 그렇게 했다. 그것은 유니테리언에서 갈라져 나온 안식일엄수주의자들sabbatarians을 박해한 법적인 근거였다. 더 일반적으로, 법과 조약은 현상유지 개념을 사용하여 집단들이 예배볼 수 있는 장소를 지정했다. 그렇게 한 최초의 중요한 조약은 스위스 위임통치령을 위한 1531년의 제2차 카펠 평화였다. 낭트칙령은, 프랑스 종교전쟁을 종결시킨 이전의 국왕 "평화칙령들"과 마찬가지로, 위그노들의 "소유" 권리, 즉 그들이 1577년이나 1596~1597년에 교회를 가지고 있던 곳에서 예배볼 권리를 인정해주었다. 베스트팔렌 평화는 1624년을 제국의 기준시점으로 정했다. 공식적으로 가톨릭 영토에 살고 있는 칼뱅파와 루터파가 그 시점에서 자기들 방식의 예배를 볼 수 있었으면, 계속 예배를 보거나 예배를 재개할 수 있었다. 프로테스탄트 영토에 살고 있던 가톨릭교도들도 마찬가지였다. 그 예배가 공적인 것이었으면 앞으로도 그럴 수 있었으며, 사적인 것이었다면 그 상태로 있어야 했다. 많은 작은 조약들도 대체로 현상을 동결시키는 내용이었다.

"현상"을 결정하는 것은, 특히 기준시점이 과거의 어느 시점일 경우에는, 창조적인 해석행위였다. 종파들의 운이 극적인 변화를 겪었다면, 시점의 선택은 매우 중요했다. 베스트팔렌에 모인 협상자들은 팔츠에서 개혁파 신앙의 우위를 회복하기 위해 1624년이 아니라 1618년, 즉 그 땅이 스페인 군대에 의해 점령되기 전의 시점을 기준

연도로 잡는 데 동의했다. 루터파 영토에 있는 칼뱅파와 칼뱅파 영토에 있는 루터파들은 1648년을 설정했다. 반대파들은 다른 시점을 제안할 수 있었다. 근 60년 동안, 브란덴부르크와 팔츠-노이부르크의 지배자들은 율리히-클레베스의 땅에 대해 그 시점을 잡을 수 없었다. 그러다가 결국 1672년 그들은 그러한 노력을 포기하고 대신 마을별로 조정을 해나갔다. 그 과정은 힘들고 복잡했다. 제후들과 외교관들이 날짜에 동의했을 때에도, 경쟁적인 종파의 구성원들은 그 당시 자기들의 작은 도시와 마을의 상황에 대해 상반된 초상화를 제시하곤 했다. 이러한 이유 때문에, 경쟁적인 요구들을 해결하는 것은 낭트칙령 직후에 프랑스의 각 지방을 순회했던 국왕위임관들의 주요 임무 가운데 하나였다. 그들은 칙령의 조항들을 구체적인 지역 상황에 어떻게 적용할지를 결정했다. "이행위원회"는 베스트팔렌 조약 이후 제국에서 동일한 일을 맡았다.

'현상'이 어떻게 결정되든지 간에, 그것을 동결하는 것은 위안과 안정을 주는 효과가 있었다. 이제 더 이상 종교적 소수자들은 교회를 잃을지 모른다고 불안해할 필요가 없었다. 마찬가지로, 다수자들도 적의 교회를 빼앗거나 폐쇄하려 할 수 없었다. 소수자들이 불과 몇몇 가정으로 줄어들거나 두 배로 늘어난다 해도, 교회의 할당은 변경될 수 없었다. 그러니, 어떤 의미에서, '현상'은 구속력이 되어, 예배를 위한 조정이 상황에 따라 달라지는 것을 막아주었다. 그것은 종파들을 속박함으로써, 역설적으로, 종파들을 갈등으로부터 해방시켜주었다. 현상이 단단하게 동결되면 동결될수록 효과는 컸다.

종파들 사이에 자산과 자원을 나누는 규정들을 살펴보면, 동일한 역설을 발견할 수 있다: 규정이 세세하고 엄격할수록 평화로 이끄는

데 도움이 되었다. 그것은 단순한 통찰력이 아니었다. 프랑스, 스위스, 제국의 지배엘리트들은 경험으로부터 그러한 교훈을 끌어냈고, 그것을 법과 조약에 적용했다. 문서의 길이도 그에 따라 늘어났다. 1563년에 나온 프랑스의 앙부아즈 칙령은 단 7개 조항, 1576년의 볼리외 칙령은 63개 조항이었는데 반해, 낭트칙령은 92개의 공개조항과 56개의 비밀조항 그리고 여기에 비밀보증서가 있었다. 정부 관리들이 적용하는 과정에서 조항을 분명하게 하고 필요하면 추가함으로써, 프랑스의 평화칙령은 예컨대 휴일에 집을 장식하는 문제에서부터 아이들을 개종시키는 문제에 이르기까지 프로테스탄트-가톨릭 공존이 제기한 모든 문제를 망라했다. 그것은 위그노들이 어디에서 예배를 보는가 하는 핵심적인 문제에 대해 예외와 면제의 긴 리스트를 포함했다. 오스나브뤼크 평화(베스트팔렌 평화와 관련된 부분) 역시 아우크스부르크 평화를 수정하고 보완하느라 4배 이상 길어졌다.

아우크스부르크 평화의 한 문장만이 종교적으로 혼합된 도시 상황을 언급했으며, 결정적으로, 공직에 대해서는 아무 말도 하지 않았다. 이러한 누락은 두 종교 도시의 정부를 가급적 가톨릭으로 채우려는 카를 5세의 의지를 반영한 것이었다. 그것은 성공적이었다. 아우크스부르크 평화와 30년전쟁 발발 사이 기간 동안, 가톨릭은 루터파가 다수를 차지한 비버라흐, 아우크스부르크, 라벤스부르크, 딘켈스빌의 행정부와 의회를 지배했다. 충분히 예상할 수 있는 일이지만, 이것은 갈등을 일으키기 마련이었다. 교회 다음으로, 도시 정부의 관직은 종파들 사이에 나누어야 하는 가장 민감한 자리였다. 그것은 공공기금 관리 같은 행정관들이 관장하는 자리들을 공유하기 위한 열쇠였다. 종교 평화의 조항들을 시행하는 일차적인 책임을 맡은 사람은 행정관이었다. 도시민들의 정서와 동떨어진 정서를 가지고 있는 사람은 그러한 일을 공정하게 처리할 수 없었다. 지역공동체의 분쟁 해결 같은, 지역 당국에게 기대되었던 중재 역할을 효과적으로 수행할 수도 없었다. 실로, 합리적인 권력 분배가 이루어지지 않으면, 종교적인 평화는 "죽은 문자"와 다름없었다.[239] 지역 정부는 시민들 사이의 분쟁을 중재했을 뿐만 아니라 분쟁의 평화적 해결을 위한 기본적인 대화의 장을 제공했다. 시청 회의실에서 분쟁 당사자들은 대화의 엄격한 예법과 규칙을 준수해야 했다. 그들은 폭력을 금하고 대화를 권하며 다른 어떤 이해관계보다 도시공동체의 공익을 우선하는 제도적 틀 안에서 직접 대면할 수 있었다.

그러나 상이한 신앙을 가진 사람들이 공직에 선출되는 것은 그 자체로는 안정을 증진시키는 데 별로 기여하지 못했다. 그것이 경쟁적인 종파의 구성원들이 권력을 공유하고 심지어는 상호 유대를 맺을 수 있는 가능성을 연 것은 사실이다. 그러나 그것은 그에 못지않게 격렬한 투쟁을 야기할 수도 있었다. 왜냐하면 각각의 종파들이 사실상 정치적인 당파를 결성하고 가급적 많은 관직을 차지하려 했기 때문이다. 1581년 프로테스탄트들이 시의회에서 과반을 차지했던 아헨에서 그러한 일이 일어났다. 가톨릭 지도자들은 더 이상 시의회에 참석하기를 거부하고 도시를 떠나 망명의회를 구성했는데, 이들은 7년 후 스페인 군대의 도움으로 권좌에 복귀했다. 공직 후보자들을 종파에 관계없이 뽑아야 한다는 법령의 효과도 제한적이었다. 그것은 종파들이 지나치게 대립하지 않았을 때에만 효과가 있었으며, 어떠한 경우에도 실질적으로 강요할 수 없었다. 비버라흐의 루터파는 1563년 황제가 가톨릭뿐만 아니라 프로테스탄트들도 공직에 선출될 수 있음을 강조했을 때 그것을 알았다. 루터파가 비버라흐의 추밀원에 처음 진출한 것은 그로부터 13년이 지나서이며, 루터파가 시장으로 뽑힌 것은 9년이 더 지나서였다. 사실, 경쟁적인 종파들이 충분히 정치적으로 대표될 수 있는 유일한 방법은 각 종파에게 일정한 공직을 할당하는 것이었다. 이것은 정부에 참여하는 종파의 비율이 전체 인구를 대략적으로나마 반영할 수 있도록 비례적으로 그렇게 할 수 있었다. 혹은, 두 종파 사이에 균등하게 50 대 50으로 공직을 나눌 수도 있었다. 이것이 바로 "균등" 시스템이었다.

균등

균등parity의 어근적 의미는 물론 평등equality이다. 베스트팔렌 평화에 이 용어가 사용되기 오래전에, 제국 내에서 부분적인 균등 혹은 사실상의 균등은 많았으며, 스위스와 프랑스에서도 마찬가지였다. 실제로 유럽에서 그것을 최초로 실험한 도시는 프랑스 도시들이었다. 프랑스 제1차 종교전쟁 직후인 1563~1564년, 최소 6개 프랑스 도시의 행정관들은 시정부의 최고위직인 시의회 의원을 가톨릭과 프로테스탄트 동수로 하는 "동수" 의회를 세웠다. 이러한 도시에 캉, 니옹, 몽텔리마르 같은 도시들이 포함된 것은 우연이 아니었다. 몇 년 후 이들 도시에서는 우애협정이 체결되었다. 이 도시에서 다수를 차지하고 있던 위그노들은 평화를 위해 권력의 일부를 양도하기로 합의했다. 이러한 초기 실험은 특히 지역적인 주도로 이루어졌고, 대부분 단명했다. 대조적으로, 가장 잘 알려졌고 가장 많이 연구된 균등제도는 조약에 의해 만들어졌고, 한 세기 반 이상 평화를 유지시켰다. 베스트팔렌 평화로 구성된 독일의 네 도시, 즉 아우크스부르크, 비버라흐, 라벤스부르크, 딘켈스빌의 정부가 그러했다.

완전히 만개한 형태의 균등은 대단히 복잡한 조정이었다. 근본 원칙은, 베스트팔렌에서 천명되었듯이, 두 종파에게 공직의 "평등과 평등한 수"를 보장하는 것이었다. 그것은 의회, 위원회, 법원을 비롯한 모든 정부 기구에 적용되었다. 어떤 점에서 볼 때, 그러한 원칙은 이행하기 쉬운 것이었다. 왜냐하면 근대 초에 시장 같은 공직은 한 사람이 아니라 집단이 결정을 내리는 합의체였기 때문이다. 그러나, 그러한 공직들은 홀수로 구성되어 있었다. 그러한 경우에, 조약은 구체적이었다. 예를 들면, 아우크스부르크에서, 가톨릭은 추밀원에서 4자리를 차지했고, 프로테스탄트는 3자리를 차지했다. 균형을 잡기 위해서, 다른 시의회 의원 수에서 프로테스탄트는 가톨릭보다 한 명 더 많았고, 그리하여 시의 "작은 의회"에서는 균형을 이루었다. 아우크스부르크에는 3명의 재무관이 있었기 때문에, 한 해는 가톨릭이 2명이고 다음 해에는 프로테스탄트가 2명이 되도록 교대할 것을 조약은 규정했다. 도시 방어, 세금, 상업, 건축 등 홀수의 공직자들이 있는 기구에서는 그런 식으로 교대가 이루어지도록 했다. 뿐만 아니라, 어느 해이든지 가톨릭이 두 명 있는 기구와 프로테스탄트가 두 명 있는 기구의 수가 동수가 되도록 조정이 이루어졌다. 한 명의 담당자가 있는 공직의 경우에도 그러한 조정이 이루어졌다. 가톨릭과 프로테스탄트의 수가 언제나 동수가 되도록 교대와 조정이 이루어진 것이다.

사실, '균등'은 어떠한 제도에도 적용될 수 있었고 또 적용되었다. 예를 들면, 프랑스 도시인 니오르에는 17세기에 12개의 민병대가 있었는데, 6개의 민병대에는 한 명의 가톨릭 대위와 기旗, 한 명의 프로테스탄트 중위와 하사가 있었으며, 다른 6개 민병대는 정반대였다. 라로셸에서는 프로테스탄트 상인과 가톨릭 상인이 시상업위원회에 동수로 참여했다. 1633년, 왕명은 님의 콜레주에 '균등'을 강요했다. 예수회는 1학년, 3학년, 5학년에게 물리 수업을 가르쳤고, 프로테스탄트는 2학년, 4학년, 6학년에게 논리 수업을 가르쳤다(1학년이 최고학년이고 6학년이 최저학년이었다). 1680년, 콜마르는 길드마다 프로테스탄트 대표 1명, 가톨릭 대표 1명을 두라는 명령을 받았다. 심지어는 수도원도 이런 식으로 나뉠 수 있었다. 18세기에 라벤스베르크 주에 있는 실데슈 수녀원은 가톨릭 수녀뿐만 아니라 루터파와 칼뱅파 수녀도 받아들였다. 각각의 종파가 3분의 1을 차지했고, 수녀원장은 돌아가면서 맡았다. 이 모든 경우에, 경쟁적인 종파의 구성원들은 공동 기구에 함께 참여했다. '균등'은 기관 분리의 형태를 취할 수도 있었다. 이 경우, 각 기관은 동등한 수로 분리되었으며, 정부로부터 동등한 재정지원을 받았다. 베스트팔렌 조약에 의해, 아우크스부르크의 루터파는 도시에 원래 있던 고아원을 관리할 권리를 얻었다. 제국위원회는 가톨릭 고아들을 위해서 별도의 고아원을 설립해야 한다고 결정했고, 루터파 고아원에 있던 가구, 옷, 기타 동산의 절반을 그곳으로 옮기도록 했다. 스위스의 글라루스 칸톤은 1683년에 정부를 분리하는 일종의 균등을 실시했다. 가톨릭과 프로테스탄트들은 계속 함께 살았지만, 그 후로는 각각, 법정, 의회, 금고, 군대를 가졌으며, 스위스 연맹 의회에도 따로따로 대표를 파견했다. 몇몇 정부 기구는 공동으로 남았지만, 18세기에는 우체국장과 우편배달부마저도 각각 두었다.

일반적인 균등, 특히 완전한 수적인 균등은 몇 가지 커다란 장점을 가지고 있었다. 첫째, 그것은 각 종파들이 한 도시에서 예배를 보고 정부에 참여하는 권리 같은 근본적이고 그렇기 때문에 위험한 문제들로부터 관심을 돌릴 수 있었다. '균등' 체제에서 살고 있는 사람들은 자기 종파가 다른 종파와 똑같은 수의 공직을 차지하고 똑같은 액수의 기금을 받으며, 똑같은 대접을 받는 것에 대해 지나칠 정도로 관심이 많았다. 이러한 점에서 균등은 공유교회랑 비슷했다. 그것은 실제로는 사소한 분쟁을 조장하기도 했지만, 갈등에 대해서 엄격하고 세밀한 제한을 가했다. 둘째, 그것은 불확실성을 없앴다. '현상'을 분명히 정하는 조약 조항처럼, '균등'은 정확히 규정되고 매우 쉽게 관리될 수 있는 특정 사항들을 동결시켰다. 수적 균등은 상대적인 인구, 부, 제후의 후원 등과 같은 요인들과 무관하게 종파들 사이의 세력 균형을 창출했다. 예컨대, 아우크스부르크의 인구는 1650년과 1800년 사이에 크게 변해, 프로테스탄트의 인구는 처음에는 2 대 1 비율로 가톨릭보다 많았으나 구체제 말에 가면 가톨릭이 3대 2의 비율로 프로테스탄트보다 많아졌다. 그러나 각 종파가 차지한 공직 수는 여전히 똑같았다. 세력 균형 상의 변화를 일체 배제함으로써, '균등'은 종파들에게 현재 자기들의 자산과 재원을 상실하거나 적의 자산과 재원을 빼앗을 수 없을 것임을 보장했다. 마지막으로 가장 분명한 것은, 수적 균등은 어느 종파도 투표를 통해서 밀어붙일 수 없음을 확실히 했다. 양 종파 구성원의 동의 없이는 어떤 법도 통과될 수 없었고 어떤 결정도 내릴 수 없었다.

공직의 비례적 배분은 이러한 장점을 가지지 못했다. 그것은 소수가 정부에 참여하는 것을 보장했지만, 다수가 소수에게 횡포 부리는 것을 막지 못했다. 한쪽은 강력하고 다른 한쪽이 허약한 것은 평화로 이끌지 못했다. 그 때문에 카우프뵈른의 도시 정부는 두 차례 붕괴되었다. 그러한 붕괴는 간섭을 불렀다. 그리하여 1721년 제국위원회는 "itio in partes(나누기)"와 "amicabilis compostio(우호적 합의)" 같은 라틴어 구절로 알려진 일련의 행동을 강요해 그 문제를 최종 해결했다. 한 종파에만 관련된 종교문제가 발생하면, 그 종파의 시의원들은 자기네끼리 만나 그 문제를 결정하고, 전체 의회에서의 결정과 동일한 권위를 가지고 실행할 수 있었다. 문제가 양 종파와 관련된 것이면, 프로테스탄트와 가톨릭 의원들은 별도로 회합을 갖고 입장을 정리한 다음 합동회의를 열었는데, 여기에서 각 집단은 각각 한 표를 행사했다. 결정을 내리는 데는 두 집단의 승인이 필요했다. '나누기'와 '우호적 합의'는 이렇게 각 종파들이 의회에서의 수와 관계없이 동등한 투표권을 갖게 해주었으며, 그들 사이의 분쟁은 오직 합의에 의해서만 해결될 것임을 분명히 했다. 그것은 종파들 사이에 일종의 "균등"을 확립했다. 마찬가지로 그것은 각 종파가 다른 종파의 간섭을 받지 않고 내부 문제를 다룰 수 있도록 해주었다. 이러한 자율성은 균등만큼이나 중요했는데, 왜냐하면 근대 초의 행정관은 종교문제에 대해 광범위한 권위를 행사했기 때문이다. 이러한 권위는, 작게는 교회위원 감독에서부터 성직자의 임명뿐만 아니라 심지어는 교리문제 판정에 이르기까지 폭이 넓었다. 가톨릭 행정관이 프로테스탄트 교회에 대해 그러한 권위를 행사하거나 거꾸로 프로테스탄트 행정관이 가톨릭교회에 대해 그러한 권위를 행사하는 것은 부당하고 편파적이었지만, '나누기'가 없으면 그러한 일이 실제로 일어났다.

역사적으로, 대체로 프로테스탄트들은 종교적으로 혼합된 정부 기구에서의 다수결 투표를 반대했다. '나누기'는 그들이 1520년대에 했던 요구의 이행이었다. 실제로, 프로테스탄트라는 이름 자체가 프로테스탄트들이 가톨릭의 품으로 돌아갈 것을 요구한 슈파이어 제국의회의 다수결 투표 결정에 반대하여 그들이 1529년에 제출한 "저항"에서 나왔다. 그때 그들은 양심의 문제에서 다수의 결정은 소수를 구속할 수 없다고 주장했다. 왜냐하면 "신의 영광과 관련된 문제, 그리고 영혼의 행복과 구원과 관련된 문제에서, 각자는 신 앞에 서서 자신을 설명해야 하기 때문에".[240] 그들은 또한 "Quod omnes tangit, ab omnibus debet approbari(모두에게 영향을 주는 것은 모두의 동의를 받아야 한다)"라는 로마법 원칙을 인용했다.[241] 바로 직전 해에 스위스의 칸톤 대표회의Tagsatzung에서 그 같은 저항이 일어난 것은 우연이 아니었다. 거기에서, 베른의 지지를 받은 취리히는 종교문제에서 다수결 투표의 구속력을 더 이상 인정하지 않을 것임을 선언했다. 이것은 제국과 연맹의 통합과 존재 자체를 위협하는 중요한 사건이었다. 두 경우 모두 최종적인 해결책은 동일했다: '나누기'와 '우호적 합의'. 제국에서 그 해결책은 30년전쟁 말에 나왔다. 그때 베스트팔렌 조약에 의해 제국의회는 그러한 관행을 받아들였다. 스위스에서 그것은 더욱 점진적으로 나왔다.

거의 200년 동안, "다수결 원칙"의 유효성은 스위스의 헌정적 갈등에서 가장 중요한 쟁점이었다. 그것은 연맹의회가 투르가우, 라나타인탈, 그 밖의 다른 종교적으로 혼합된 위임통치령들을 다룰 때마다 나타났다. 이 지역의 프로테스탄트들은 시민권과 예배권을 향유했지만 '균등'은 아니었다. 그들의 불평등은 연맹에서, 더 정확히 말하면 행정관을 임명하고 정책을 수립하는 등 공동통치 지역을 지배하는 칸톤들의 집단에서 가톨릭 칸톤이 프로테스탄트 칸톤보다 많다는 사실에 의해 고착되었다. 다수결 표결은 가톨릭이 위임통치령에서 지배권을 차지하도록 해주었다. 가톨릭 칸톤들은 그것을 "우리 자유로운 스위스의 근본법"이라고 부르며, "다수는 다수이어야 한다"고 주장했다.[242] 반면에, 프로테스탄트 칸톤들은 다수가 지배하는 세속적인 문제와 그렇지 않은 종교적인 문제를 구분하려 했다. 1632년, 그들은 가톨릭 칸톤으로부터 중요한 양보를 얻어냈다. 가톨릭 칸톤들은 종교문제에 있어서 그리고 "그것과 관련된 문제에 있어서는" 만장일치 결정만이 효력을 가지며, 칸톤들이 그러한 합의에 도달하지 못하면, 그 문제는 동수의 프로테스탄트 재판관과 가톨릭 재판관으로 구성된 중재재판소에서 결정한다는 데에 합의한 것이다.[243] 그런데 문제는 그것이 모호하다는 데 있었다. 무엇이 종교적인 문제인가를 명확히 규정하지 않은 것이다. 프로테스탄트들은 조금이라도 종교적인 성격이 가미된 분쟁에서는 조약의 준수를 요구했고, 가톨릭은 칸톤들의 다수결 표결만이 분쟁이 종교적인지 아닌지를 결정할 수 있다고 주장했다. 이러한 교착상태를 해결하기 위해서는 종교전쟁이 필요했다. 1656년, 제3차 국가평화 회기 중에, 스위스인들은 또다른 중재재판소(이 또한 반은 프로테스탄트이고 반은 가톨릭인)가, 그들이 진지하게 "재판권의 재판"이라고 부른 것을 심의하는 데 동의했다. 그것은 분쟁이 종교적인지 아닌지, 그리하여 그것이 다수결로 결정될 것인지 아니면 중재로 넘어갈 것인지를 결정할 것이었다. 1680년대 초에 글라루스와 관련해서 다수결 표결문제가 생겼을 때에도 종교전쟁 직전까지 갔다. 최종 결정은 취리히와 동맹국이 결정적인 승리를 거두어 1531년의 군사적 패배의 결과를 마침내 뒤집을 수 있게 된 제4차 종교전쟁 후인 1712년에 가서야 겨우 내려졌다. 연맹적 차원에서, 제4차 국가평화는 종교적이건 아니건 간에 그것이 대단히 중요한 문제일 경우에는 '나누기'와 '우호적 합의'를 적용한다고 규정했다. 연맹의회의 결정이 등록된 연맹의회 의정서 자체가 이러한 절차에 따라 합의될 것이었다. 즉 가톨릭 간사와 프로테스탄트 간사는 각각 별도 회합을 가진 뒤 합의 문서에 도달하기 위해 협의했다. 즉시, 위임통치령의 교회, 묘지, 학교, 정부에서, 제4차 국가평화는 프로테스탄트들에게 완전한 '균등'을 부여하는 평화적인 혁명을 일으켰다.

정부의 맨 아래에서부터 맨 위에 이르기까지, 다수결 표결은 평화 공존에 기여하지 못했다. 스위스 연맹의회에서 그것의 종언을 고한 것은 연맹의회가 위임통치령에 대해 이중적인 기능을 했다는 점에서 이중적으로 중요했다. 한편으로, 그것은 행정관들을 지명하고 그들을 위한 정책을 수립하는 행정 기구였다. 다른 한편으로, 그것은 통치령의 프로테스탄트와 가톨릭 주민들 사이의 심각한 갈등을 해결하는 최종심 재판소였다. 스위스의 사례는 이렇게 해서 종교 갈등을 조정하고 진정시키기 위한 최종적인 장치, 즉 사법체계로 우리의 관심을 인도한다. 사법체계는 특히 중요했다. 왜냐하면 스위스에서와 마찬가지로 근대 초 유럽에서 사법과 행정의 경계는 유동적이었기 때문이다. 재판소는 판결을 내렸을 뿐만 아니라 집행했으며, 지역적인 차원에서는 동일한 사람이 치안판사와 검사의 일을 맡기도 했다. 재판—법과 합치하지 않는 것에 대한 소송, 사법적 분쟁에서 유리한 판결을 얻기 위한 호소, 회계와 관련된 소송, 권위에 대한 개인들과 기관들의 이의신청—은 근대 초 정부의 본질 자체였으며, 규제와 법 집행을 위한 정부의 기본 도구였다고 이야기된다. 따라서 직원, 절차, 법적 기준 등에 있어서 재판소가 종파적 균등의 원칙을 준수하는 것이 절대적으로 중요했다. 또한 재판소는, 우리에게 좀더 친숙한 방식으로, 집단들이 심각한 문제에 대해 해결책을 구하고 부당한 일에 대해 개선책을 구하기 위해 의지하는 중요한 기구였다. 그리고 또한 오늘날처럼, 대부분의 소송은 끝까지 가서 공식적인 판결로 끝나지 않고 타협에 의해 해결되었다. 중재자로서의 역할을 효과적으로 수행하기 위해, 재판소는 갈등 당사자 사이에서 중재적인 위치를 지켜야 했다. 그것은 강자에 대항하는 약자들을 보호하는 버팀목으로 인식되어야 했다. 요컨대 그것은 중립적이어야 했다. 만일 노골적으로 한 종파를 편들면 종파들 사이에 평화를 유지할 수 없었다. 그것이 편애하는 종파는 처벌받지 않을 것임을 확신하고 공격적으로 나올 수도 있었다. 따라서, 공평한 재판은 갈등을 진정시키는 치료약이었을 뿐만 아니라 제한적이기는 하나 효과적인 예방약이었다.

이점에 있어서, 유럽의 다종파 국가들의 사법체계는 적지 않은 대조를 보여준다. 프랑스의 사법체계는 실패작이었다. 일찍이 1564년에 위그노들은 프로테스탄트와 가톨릭 사이의 갈등을 해결하기 위해 종교적으로 혼합된 법정의 설치를 요구했다. 1576년 이후에 그리고 다시 낭트칙령 이후에 설치된 그러한 법정은 "칙령법정"이라고 알려졌다. 보르도, 카스트르, 그르노블의 칙령법정은 프로테스탄트 재판관과 가톨릭 재판관이 동수였으며, 그리하여 "동수법정"이라고 불렸다. 그러나, 늦게 세워진 루앙의 칙령법정은 가톨릭이 다수였고, 프랑스 북부의 대부분 지역을 관할하던 파리의 칙령법정에는 프로테스탄트 재판관이 단 한 명 있었다. 카스트르의 법정을 연구한 학자에 의하면 그것의 활동은 마지막 종교전쟁 이후 랑그도크 지방을 평화롭게 만들었다. 그것은 묘지, 행렬, 위그노 예배 장소 등의 문제와 관련된 지역의 분쟁이 폭력적인 갈등으로 비화되는 것을 막았던 것이다.[244] 그러나 1612년, 위그노들은 대부분 격렬한 반反위그노로 구성되어 있으며 경쟁적인 법정에 의해 권위가 약해지는 것을 탐탁치 않게 여기던 고등법원이 칙령법정의 힘을 약화시키고 있다고 국왕에게 불만을 토로했다. 고등법원은 칙령법정의 사법권을 문제삼아 그들의 권위를 크게 잠식했다. 그러한 사법적인 분쟁은 종종 국왕참사회에서 종식되었는데, 루이 13세와 루이 14세의 국왕참사회는 칙령법정을 약화시키는 쪽으로 결정을 내렸다. 동수법정의 재판관이 공평하게 나뉘었을 때마다, 그리고 사안이 국왕의 관심을 끌 때마다 사안은 국왕참사회에 올라갔다. 국왕은 어떤 종교적인 사안이든지 심리할 권리를 가지고 있었기 때문이다. 그로 인해 합동재판은 프랑스에서는 다수결 표결, 적대적인 법정, 국왕의 노골적인 편들기에 의해 심하게 비틀거렸다. 이러한 것들은 17세기 프랑스에서 하층민들의 종교 폭력이 산발쪽으로 지속된 것을 설명하는 데 도움을 준다. 가톨릭은 최고 사법기관이 자기편이라는 것에 고무되었다. 폴란드의 국왕 도시에서 가톨릭 군중이 폭력을 행사한 데에도 유사한 동력이 작용한 것이 아닌가 생각할 수 있다. 지역 의회를 통해서, 폴란드 귀족들은 사법기관이 폭력행위자들을 기소하지 않고 면죄부를 주고 있다는 불만을 거듭 토로했다. 프랑스에서도 사법체계의 편파성 때문에 가톨릭은 법 자체를 종파적 갈등의 무기로 사용할 수 있었다. 그들은 자기들의 적을 고등법원에 제소하기만 하면 승리할 수 있다는 확신을 가졌던 것이다.

신성로마제국에서의 상황은 달랐다. 이곳에서는 사법체계가 '균등'을 증진시키는 최전선에 있었다. 중요한 기구는 제국국사재판소였다(그림 8.4). 아우크스부르크 평화 아래에서 "당사자가 어떤 종교에 속하는지 관계없이" 재판하는 임무를 부여받은 이 재판소는 아우크스부르크 평화를 제국의 헌법으로 삼아 비당파적인 재판을 해나갔다.[245] 제국의 두 공식 종교 사이의 '균등'은 베스트팔렌 평화가 그것을 법제화하기 오래전에 그것의 판결 속에 담겨 있었다. 1560년 이후, 재판소에서 종교적인 문제를 다루는 재판관은 언제나 동수의 프로테스탄트와 가톨릭으로 구성되었다. 이것은 후일의 '나누기'와 '우호적 합의'라는 절차를 예고하는 것으로, 이들 "사정관들"은 서로서로의 입장을 존중할 것과 합의에 도달할 것을 요구받았다. 우려했던 것과는 반대로, 이 실험은 크게 성공했다. 재판소는 평화적인 수단으로 종교전쟁을 수행하는 포럼이 되지 않았다. 반대로, 재판소는 종교적인 이유로 야기된 구금과 폭력행위에 맞서 두 종파 모두의 약자를 보호하는 법원 문서를 발급했다. 비록 그 재판소는 1601년에 해체되었지만, 베스트팔렌 평화를 논하던 제후들과 외교관들은 그것을 모델로 삼아, 재판소의 선구적인 절차를 상세히 연구하고, 그것을, '균등'과 함께, 훨씬 광범위하게, 그것의 자매기구인 황제친재최고재판소, 항소심재판소, 그리고 가장 결정적으로는, 제국의회로 확대했다.

비버라흐와 아우크스부르크 같은 두 종교 도시들은 특별했다. 세 가지 사항이 이 두 도시를 근대 초 유럽의 종교적으로 혼합된 다른 도시들과 구별해주었다. 첫째, 그곳에서 상이한 신앙을 가진 사람들은 공개적으로—아무런 비밀도 없이 완전히 공개된 상태에서 예배본다는 의미에서—예배를 보았다. 그들의 신앙이 법적으로 인정되었기 때문에, 그들의 예배가 인가되었다는 의미에서 공개적으로. 둘째, 상이한 신앙을 가진 사람들은 완전한 시민권을 가지고 있었다(비록 완전

그림8.4

비非분파적 재판의 선구. 신성로마제국의 두 최고법원 가운데 하나인 제국국사재판소. 법원의 심리 혹은 청문을 보여주는 익명의 판화. 팔츠 주립도서관 소장.

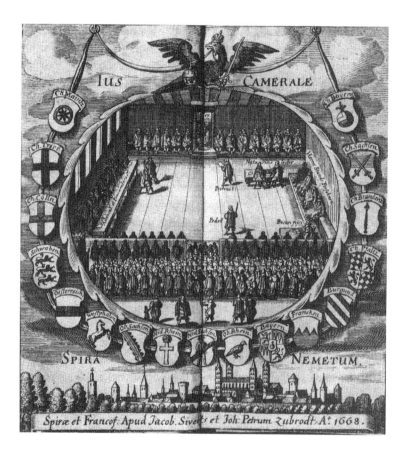

한 종교적인 권리는 아니었지만). 셋째, 경쟁적인 종파의 구성원들이 정치적인 권위를 공유할 수 있도록 권력도 어느 정도 나뉘었다. 그러한 공동체에서, 신앙에 의해 나뉜 그리스도교인들은 정면으로 대면했으며, 서로의 존재를 인정하고, 서로의 행동을 참아내야 했다. 종교의 차이를 그렇게 완전하고 솔직하게 인정하는 것은, 어떤 의미에서는, 최고 수준의 상호적 관용을 요구했다. 그것은 종파의 공존이 야기할 수 있는 일체의 곤란한 문제들을 심각한 형태로 제기했다. 교회와 공직에 대해서만 아니라 교육, 자선, 매장, 서약, 달력, 혼인법 등 종교와 관련된 일체의 공동체 생활에 대해서 말이다. 모든 것이 잠재적으로는 분쟁의 대상이었다.

그러한 공동체에서, 다섯 가지 사항이 평화로 나아가는 데 도움을 주었다. (1) 박해의 위협과 타자를 박해할 가능성을 제거한 안전 보장, (2) 종파들의 분쟁 소지를 제한한 엄격하고 상세한 규정, (3) 한 종파가 다른 종파를 지배하지 못하게 한 종파들 사이의 균등, (4) 각각의 종파들이 외부의 간섭 없이 내부문제를 처리하는 자치, (5) 분쟁을 공평하게 해결하는 법적 장치. 각종 칙령과 조약이 증명하듯이, 이러한 요인들의 가치는 프랑스, 제국, 스위스의 지배엘리트들에게 시간이 지나면서 점점 더 분명해졌다. 프랑스인들은 그 교훈을 가장 빠르게 그러나 가장 잘못 배웠다고 말할 수 있다. 낭트칙령은 안전, 규정, 자치, 혼합법정 등을 제공했다. 그것의 이행을 감독하는 국왕위임관들은 많은 도시에 비례대표 제도를 세웠으나 '균등' 제도를 세운 곳은 거의 없었다. 모든 조정은 국왕의 선의에 달려 있었다. 앙리 4세의 죽음 이후에 그 의지는, 종전과는 반대로, 위그노를 굴복시키는 것이었다. 궁극적으로 프랑스의 중앙집권적 구조는 종파들 사이의 진정한 균등 그리고 그것과 함께 공평한 재판을 불가능하게 만들었다. 또한, 점점 더 "절대적인" 권력을 강력히 요구한 프랑스 국왕은 위그노들의 자치와 안전지대를 용납할 수 없었다. 반면, 제국과 연맹의 느슨한 국가 구조는 다종파주의를 좀더 쉽게 받아들일 수 있었다.[246] 제국의 주권 영방들과 연맹의 칸톤들은 서로간에 법적으로 평등한 관계에 있었기 때문에, 그들 사이에 진정한 세력 균형을 얻어낼 잠재력을 가지고 있었다 (폴란드에서도 그러했으나, 오직 귀족들에 대해서만 그러했고, 국왕도시에서는 아니었다). 그리하여 지역적 차원의 균등 조정은 상층부에서 메아리치고 강화될 수 있었다. 또한 그러한 국가들은 종교개혁 이전부터 갈등을 중재하는 제도와 절차를 물려받았는데, 그것들은 새로운 환경에 적용될 수 있었다. 제국 내에서의 이러한 발전은 베스트팔렌 평화에서 정점에 도달했고, 독일인들은 그 다음 한 세기 반 동안 그것을 엄격히 고수했다. 스위스인들은 1680년대에 베스트팔렌을 모델로 삼았으며, 그것의 원칙은 그들이 1712년에 만들어낸 좀더 일반적인 평화에 적용되었다. 사실, 이 세 지역의 지배엘리트들은 서로서로를 감시했으며, 이웃의 경험으로부터 대리 경험을 쌓아나갔다.

그러나 똑같이 중요한 것은 도시민이나 마을 주민들이 평화 공존을 받아들이는 것이었다. 지역에서의 '균등' 체험은 일찍이 1563년에 프랑스의 몇몇 도시에서 시작되었다. 제국에서 최초의 명백한 수적 균등 요구는 1562년에 비버라흐의 루터파로부터 나왔으며 그들은 여러 차례 그것을 되풀이했다. 제국의 네 균등 도시 모두에서, 도시민들은 1648년 이전에 길고 짧은 차이는 있지만 균등의 몇몇 측면을 자발적으로 이행했는데, 그것은 후일 조약으로 법제화되었다. 두 종파주의는 카를 5세의 강요로 시작되었지만, 그들은 결국 그것을 받아들였으며, 그것을 실천하기 위한 방법을 모색했다. 베스트팔렌의 조항들은 프로테스탄트들의 요구를 매우 직접적으로 충족시켰으나, 1648년에 이들 도시들의 가톨릭교도들 역시 그것을 환영할 준비가 되어 있었다. 따라서 프로테스탄트와 가톨릭 모두 조약이 규정한 '균등'을 신속하게 받아들였으며 그것을 교육, 자선, 그 밖의 다른 사회생활 영역으로 확대한 것은 놀라운 일이 아니다. 그들 스스로 이미 그것의 규범을 내면화하고 있었기 때문이다.

　공유교회도 그러했다. 일반적으로 그것은 한 신앙을 가진 지배자들이 다른 신앙을 가진 신민들에게 강요한 것이다. 대중은 비록 그것이 반대할 만한 것이기는 했어도 필요하다면 예배를 위해 수용할 만한 조정으로 받아들였다. 투르가우의 도시민들과 농촌 주민들은 그 조정을 개선할 방법을 모색하기도 했다. 다른 위임통치령에서처럼, 가톨릭은 미사를 위해 성가대석뿐만 아니라 신자석을 사용할 법적 권리를 가지고 있었다. 그럼에도 불구하고, 17세기에 그들은 점점 더 많은 교회 안에 별도의 두 공간을 물리적으로 분할하여 프로테스탄트들이 신자석을 독점적으로 사용하는 것을 허가했다. 비슷한 방식으로, 오베르마스의 네덜란드 땅에 있는 프로테스탄트들은 17세기 후반에 신자석과 성가대석 사이에 대형 커튼을 걸기 시작했다. 그들은 예배볼 때에는 커튼을 쳤는데, 모든 물건들 가운데 가장 도발적인 물건인 가톨릭의 제단을 보지 않으려는 것이었다. 정부 당국도 새로운 조치를 취했다: 알자스와 팔츠의 공유교회들은 처음부터 분할벽을 설치했다. 그리고 1757년 '신앙의 전파를 위한 성청'은 최종적으로 입장을 완화하여, 동일한 교회 안에서 미사와 "이단적이고 분파적인" 의식을 거행하는 것을 마지못해 인정했다. 그것이 교회 안에서 물리적으로 분

리된 공간에서 거행되는 한 말이다.[247]

'균등'은 근대 초 유럽에서 두 종파주의의 가장 극단적인 형태였다. 역설적으로, 그것은 가장 안정적이었다. 공유교회처럼, 그것은 종파적 분쟁을 종식시키지 못했다. 반대로, 그것은 종파적 분쟁이 영원히 지속되게 했다. 그렇지만, 그러한 갈등에는 승자도 패자도 없었다. 갈등은 대부분 평화적이고 법적인 채널을 통해 진행되었고, 대부분 사소한 일에 집중되었다. '균등'은 다른 어떤 공식적인 다원주의보다 양측의 교전 규칙을 더 잘 확립했다. 그러한 규칙을 받아들임으로써, 종파들은 자기들의 공격성을 억제했고, 승리의 열망을 완전히 충족시키려 하지 않았으며, 서로서로 평화롭게 공존하기로 합의했다. 그들은 재원을 공유했으며, 행동을 조정했고, 교회 건물의 유지보수에서 교회를 번창시키는 일에 이르기까지 모든 문제에서 직접적으로 협력했다. 언제나 인정한 것은 아니지만, 그들은 서로서로의 삶의 동반자가 되었다. 그것은 계몽주의자들이 말한 관용은 아니었지만, 그래도 관용은 관용이었다.

[제3부]

—

상호작용

INTERACTIONS

INTERACTIONS

IX

사람의 친구

조합원들

모든 시가 흡연자들에게 잘 알려진 렘브란트의 1662년 그림 '직물상
길드 조합원들'(그림 9.1)은 17세기 네덜란드 미술의 대중적인 아이콘
이다. 그 그림을 보면 우리는 그 시대로 돌아가 6명의 차분한 네덜란
드인이 일하고 있는 방으로 들어간 것 같은 기분이 든다. 우리 때문에
방해받은 그들은 책에서 눈을 떼고 우리를 바라본다. 우리가 그들을
바라보듯이 말이다. 그들 뒤에는 모자를 쓰지 않은 하인이 있다. 조합
원들의 의무는 유럽의 상업 중심지인 암스테르담에서 판매되는 직물
의 품질을 검사하는 것이었다. 그것은 저질 상품이 진품으로 통과되
는 것을 막는 도덕적 날을 가진 의무였다. 하얀색 단순 컬러의 수수한
검은 옷을 입은 관리들은 한몸이 되어 진지하게 일한다. 이 그림만 보

그림9.1

렘브란트의 〈직물상 길드 조합원들〉(1662). 크기는 191.5cm×279cm.
암스테르담의 레이크스 박물관 소장.

면 이들이 어떤 근본적인 점에 있어서 서로 나뉘어 있으리라고는 상상하기 힘들다. 그러나 이들 5명은 4개의 상이한 종파에 속해 있었다. 책 바로 앞에 앉아 있는 조합장은 칼뱅파였다. 왼쪽에서 두 번째 반쯤 서 있는 사람은 엄격한 올드 프리지안 언어를 사용하는 메노파로서 회중의 대표였다. 다른 두 조합원은 자기 집에 비밀교회를 가지고 있는 가톨릭이었다. 다섯 번째 사람은 청원파였다.

이러한 사실을 아는 사람들에게, 렘브란트의 그림은 네덜란드의 황금시대에 네덜란드 사회의 종교적 관용을 상징한다. 당시 네덜란드 사회는, 잉글랜드 대사 윌리엄 템플에 의하면, "〔종교적인〕 견해의 차이는 감정感情상으로 아무것도 만들어내지 않았고, 대화에서도 거의 아무것도 만들지 않았다"; 상이한 신앙을 가진 사람들은 "세계의 시민으로서 함께 살았고, 휴머니즘이라는 공통의 유대와 평화의 끈으로 결합되었고, 정의로운 법의 공평한 보호를 받았고, 모든 예술과 산업에서 똑같은 장려를 받았으며, 사고와 탐구에 있어서 똑같은 자유를 누렸다."[248] 이것은 오늘날 우리가 진심으로 지지할 관용의 이상理想이었다. 이것은 아무런 편견의 벽이나 사회적 차별이 없는 완전한 통합의 이상이었다. 그 안에서, 상이한 신앙을 가진 사람들은 살고, 일하고, 놀고, 장사하고, 배우고, 나누고, 희생하고, 사랑했다. 그들은 공동의 이해관계로 결합되었으며, 공동의 기호와 가치를 공유했다. 종교적인 차이는 사적인 영역으로 밀려났으며, 그곳에서 모든 사람들은 양심의 자유를 누렸다. 사람들은 자기 의지에 따라 예배보거나 보지 않았으며, 함께 예배보는 사람들이 반드시 이웃에 사는 사람이거나 혹은—조합원들처럼—함께 일하는 사람일 필요도 없었다. 그것의 실제가 이러한 이상과 일치하는 한, 네덜란드의 황금시대는 근대 자유주의 사회의 선구였다. 그것이 우리가 여전히 그것을 기념하는 하나의 이유이다.

오늘날 많은 사람들처럼, 템플 역시 통합이 관용의 열쇠라고 믿었다. 그에 의하면, "그렇게 생각이 상이하면서도 대화와 공동생활을 그렇게 쉽게" 만든 것은 "작은 회로에까지 퍼져 있는 상업, 협력, 면식"이었다.[249] 그의 생각이 맞는가? 사회적 통합은 네덜란드공화국에서 공존의 바퀴에 기름을 칠했나? 근대 초에 종교집단들이 평화롭게 공존한 곳에서는 어디에서든지 그것을 발견할 수 있을까? 불행하게도, 역사가들은 아직 구체적인 연구를 수행하지 않았기 때문에, 대부분의 유럽에서 상이한 신앙을 가진 사람들이 서로 우정을 나누고 학교에 가고 사업을 하고 결혼을 했는지 말할 수 없다. 또한 역사가들은 단순하게 예 아니면 아니요로 대답할 수도 없다. 예를 들면, 16세기 파리에서, 위그노들은 "자기네끼리 거래하기를 선호했다." 자기네끼리 결혼하고, 돈을 빌려주고, 다른 사람의 자녀를 하인이나 도제로 받아들이고, 엘리트들은 동일교인들의 후견인이 되어주었다.[250] 그러나 그것은 단순한 선호였다. 위그노들은 가톨릭과도 그렇게 했던 것이다. 대신, 종교집단은 어떤 점에서는 통합되었고 어떤 점에서는 그렇지 않았다. 예를 들면, 16세기에 독일 도시인 베셀에서, 칼뱅파와 루터파는 교회에 함께 다녔고 넓은 교구교회에서는 성찬식도 함께했다. 그렇지만 학교와 자선기관은 별도로 유지했다.

이렇게 복잡하고 불확실하기는 하지만, 하나는 분명하다. 근대 초 유럽에서, 관용은, 템플이 시사했듯이, 공적 영역이 종교적으로 중립이거나 혹은 집단들이 완전히 통합되는 것에 달려 있지 않았다. 종교적 혼합사회에서 예배를 조정하는 상이한 방법이 존재했듯이, 상이한 신앙을 가진 사람들 사이의 상호작용에는 상이한 패턴이 존재했다. 이점에서도 관용은 상이한 형태를 취했다.

두 모델

우리가 종종 인정하는 것 이상으로, 우리의 관용 모델은 급진적인 개인주의에 기초하고 있다. 우리가 계몽주의로부터 물려받은 그 이데올로기에 의하면, 모든 인간은 양도할 수 없는 권리를 신 혹은 자연으로부터 부여받았는데, 그중에는 종교의 자유도 들어 있다. 각자는 원하는 대로 믿고 예배볼 수 있으며, 원하는 대로 믿음을 수정하거나 실천을 변경할 수 있다. 우리는 개종할 수 있으며, 다른 사람을 개종시키기 위해 선교할 수 있다. 우리는 하나의 종교공동체에서 다른 종교공동체로 소속을 변경할 수 있다. 기존 공동체가 만족시키지 못하면, 새로운 공동체를 설립할 수 있다. 신앙들 사이에서뿐만 아니라 믿음과 믿지 않음, 실천하기와 실천하지 않기 사이에서도 선택할 수 있다. 주위 사람들과 문화가 선택에 많은 영향을 주기는 하지만, 종교는 궁극적으로 개인의 의지로 결정할 문제이다.

이러한 모델을 집단이 사회의 일차적 단위인 모델과 대조해보라. 종교공동체는 광범위한 자치를 누리고 있으나 개인들은 그렇지 못한 세계, 관용이 공동체에는 확대되나 그 공동체의 구성원들에게는 그렇지 않은 세계를 상상해보라. 철학자 빌 킴리카가 생각해본 것이 바로 이것이다. 그가 전적으로 상상력에만 의존한 것은 아니었다. 그는 이전의 오스만제국을 그러한 세계의 예로 들었다.[251] 유대인과 그리스도교인이라는 그들과는 다른 "책의 사람들"을 관용한 것으로 유명한 오스만인들은 "밀레트" 시스템이라는 것을 발전시켰다. 이슬람은 그들의 국교였으며, 오직 그것을 실천하는 사람들만 완전한 시민권을 부여받았다. 그러나 유대인들과 두 주요 그리스도교인들, 즉 그리스 정교도들과 아르메니아 정교도들은 특별 세금을 내는 조건으로 피보호신민dhimmis 대접을 받았으며, 공동체 조직이 허용되었다. 각각의 피보호집단, 즉 밀레트는 자체의 법, 재판소, 관리, 예배당 등을 가지고 있었다. 종교 지도자들은 동시에 세속의 지도자여서, 추종자들에게 세금을 부과하고 범죄자를 처벌할 수 있는 권력을 가지고 있었다. 모든 비이슬람교도들은 밀레트에 속해야 했으며, 밀레트의 지도자에게 복종해야 했다. 구성원들은 양심의 권리가 없었다. 밀레트의 공식적인 가르침에서 벗어나거나 그것의 규칙을 어길 권리가 없었다. 개종할 수 없었다. 이슬람으로 개종하는 것 이외에는 불가능했다. 다른 신앙을 가진 사람과 결혼할 수 없었다. 이슬람 남자는 피보호신민 여자와 결혼할 수 있었지만 말이다. 유대인들과 그리스도교인들은 굴욕적인 제한을 받았다. 그러나 밀레트는 대체로 자치적이었고, 그 한계 내에서 유대인들과 그리스도교인들은 예배와 삶의 방식에 대해 법적인 보호를 받았다.

이 두 모델은 매우 상이한 사회를 만든다. 첫 번째 자유주의 모델(개인에게 자율성이 부여된다는 본래 의미에서의 자유)은 종교적인 용광로를 장려한다. 상이한 신앙을 가진 사람들이 서로 교제하고 영향을 주고받는 등 종교적인 충성심은 유동적이다. 그들이 종교 기관에 들어가거나 나오거나 함에 따라, 회중과 종교가 성하거나 쇠할 수 있다. 개인들은 종교가 자기들의 삶에서 무슨 역할을 할 것인지를 결정할 수 있기 때문에, 신앙은 그들 아이덴티티의 커다란 부분을 형성할 수도 있고 작은 부분을 형성할 수도 있다. 일할 때, 놀 때, 기타 대부분의 다른 영역에서, 그들은 종교적인 차이에 관계없이 공동의 사회와 문화에 참여한다. 이와 대조적으로, 두 번째 모델에서는, 종교집단들의 경계가 뚜렷하고 독립적이어서 서로간에 접촉이 거의 없다. 사회는 통합되어 있지 않고 격리되어 있다. 동시에, 각각의 집단은 종교적인 것을 훨씬 넘어서는 것까지 관장하는 포괄적인 공동체다. 오스만제국의 밀레트처럼, 각각의 집단은 자체의 법, 관습, 학교, 자선기관, 네트워크, 클럽, 축제, 심지어는 정부를 가지고 있다. 확실히, 첫 번째 모델을 기준으로 두 번째 모델을 평가한다면, 그것은 덜 관용적인 것처럼 생각된다. 그리고 우리의 가치 기준으로 그렇게 평가하는 것은 우리의 특권이다. 그러나 두 번째 모델 역시 나름대로의 장점과 단점을 가지고 있으며, 첫 번째 모델과는 다른 종류의 관용을 실제로 제공한다는 점을 아는 것이 중요하다. 두 번째 모델 안에서, 종교집단은 강력하고 응집적인 공동체를 형성한다. 종교집단은 커다란 자율성을 누리며, 신앙에 부합하도록 생활 일체―사적일 뿐만 아니라 공적인, 개인적일 뿐만 아니라 공동체적인―를 규제한다.

물론 이러한 모델은, 막스 베버의 "이상형"처럼, 하나의 추상이다. 그것은 실제 생활에서는 하나의 경향에 지나지 않는 것들을 단순하고 순수한 형태로 나타낸 것이다. 그렇지만, 그것은 근대 초 유럽의 종교적으로 혼합된 공동체에서 볼 수 있는 다양한 패턴을 이해하는 데 도움을 준다. 왜냐하면 두 모델은 그곳에서의 실제 생활과 근접한 것이기 때문이다. 네덜란드공화국은 대체로 첫 번째 모델과 닮았다. 그것의 관용을 형성한 이데올로기가 계몽주의적 의미에서 인권의 이데올로기였던 것은 아니다. 그러나 스페인에 대한 반란을 전개하면서 네덜란드인들은 양심의 자유를 근본적인 원칙으로 받아들였다. 그 자유는 개인에게 부여된 것이었다. 실천적인 차원에서, 그것은, 우리가 살펴보았듯이, 공적인 영역과 사적인 영역의 구분이라는 형태를 취했다. 확실히, 17세기에는 공적인 것과 사적인 것이 우리 시대와는 다른 의미를 가지고 있었다. 공적인 영역은 중립적이지 않았다. 그렇지만, 비칼뱅파는 자기들의 비밀교회에서, 문을 닫고서, 자기들이 원하는 대로 예배볼 수 있었으며, 행정관들은 그것을 모른 척했다. 비록 공화국에는 국교가 있었지만, 법은 그 국교의 예배 혹은 다른 교회의 예배에 참석하라고 요구하지 않았다. 역설적으로, 이러한 조정은 복수의 교회가 인정받고 특권을 부여받는 것보다 더 개인적인 종교의 자유에 이바지했다. 네덜란드 칼뱅파는 국교회였지만 대단히 제한적인 힘을 가지고 있어서, 근대 초 유럽에서는 국교라고 할 수도 없을 정도였다. 네덜란드인들은 교회를 선택할 수 있었을 뿐만 아니라 교회에 갈지 말지를 결정할 수 있었다. 네덜란드공화국 초기의 가장 두드러진 종교적 특징은 이러한 선택을 한 사람들이 대단히 많았다는 사실이다. 할렘, 델프트, 구다, 위트레흐트, 기타 중요 도시들에서, 어느 교회도 나가기를 거부한 사람들의 수가 우리의 지식이 줄어드는 1620년대까지는 다수를 차지했다. 북서부의 프리슬란트, 그로닝겐, 드렌테 지방에서, 상당한 수의 소수파들은 17세기 내내 그리고 18세기까지도 어떤 교회에도 속하지 않았다. 이들 비구성원들의 일부는 아무 종파에 가입하지 않았으며 교회 예배에 참석하지 않았다. 그러나 이들은 근대적인 의미에서의 무신론자는 아니었다. 전부는 아니어도 대다수는 신의 존재를 믿었고 자신들을 그리스도교인이라고 생각했다. 그렇지만 이러저러한 이유로 그들은 예배보기 위해 집단에 가입하는 것보다는 신과 개인적이고 순수하게 사적인 관계를 맺는 것을 선호했다. 그들은 휘베르트 다외프하외스의 신비주의적 믿음 같은 것을 가지고 있는 경우도 있었고, 에라스뮈스(꼭 그를 읽은 것은 아니지만)처럼 그리스도교 신앙의 본질은 올바른 도덕적 행동에 있다고 생각하는 경우도 있었다.

한 교회에 속한 네덜란드인들은, 엄격한 메노파가 아니라면, 얼마나 열심히 교회에 다닐 건가를 스스로 선택할 수 있었다. 예를 들면, 개혁파 교회의 주일 예배에 참석하는 사람들의 다수는 교회의 실제적인 구성원이 아니었다. 그들은 교회의 도덕적이고 교리적인 규칙에 복종하기를 거부했고, 그리하여 1년에 서너 번 제공되는 성찬례에서 제외되었다. 이러한 형태는 회중, 즉 교회 구성원들과 함께 기도하고 노래하기를 바라고 개혁파 목사의 설교를 듣기를 바란 "동조자"라고 알려진 사람들에게 매우 잘 어울렸다. 비슷한 방식으로, 가톨릭 회중 속에는, 자주 고해하고 영성체를 하는 사람들, 일 년에 한 번 부활절에 그렇게 하는 사람들, 심지어는 출생, 결혼, 죽음과 같은 삶의 중요한 단계를 교회의식으로 거룩하게 만들기 위해서만 신부들에게 의지하는 사람들이 있었다. 가톨릭 교직자들은 이들을 각각 열성신자, 괜찮은 신자, 이름만 신자라고 불렀다. 심지어는 열성신자들 사이에서도, 경쟁적인 교회가 존재한다는 사실과 아무 교회에도 속하지 않을 수 있다는 가능성은, 종파적으로 동질적인 지역의 그리스도교인들이 잘 알지 못하는 수단을 평신도들에게 제공했다. 네덜란드 개혁파 당회의 기록은 신자들이 제재를 받아들이기를 거부한 징계 사건으로 가득하다. 개혁파 교회 구성원들, 특히 "동조자들"은 성직자들의 권위에 대해 회의적이었으며, 세속인들도 성서를 이해하고 해석할 수 있다고 믿었다. 1640년대에서 1660년대까지, 로테르담에서, 어떤 신자들은 메노파나 청원파와 종교문제에 대해 토론하는 클럽을 조직했다. 또 적지만 어떤 사람들은 개혁파 의식 외에도 메노파나 학교파 성찬의식에 참여했다. 비록 예외적인 것이기는 하나, 이러한 사례들은 네덜란드 종교 상황의 절충주의, 실험, 유연성 등을 알려준다.

일화적 증거들은 적어도 17세기 전반기에는 사회적 통합의 수준이 높았음을 시사해준다. 또 문화적으로도, 종파들은 공통의 취향을 공유했다. 예를 들면, 렘브란트의 그림을 산 사람들은 렘브란트가 그린 사람들처럼 종교적으로 다양했다. 심지어는 피터 산레담 같은 예술가도 그러했다. 교회 내부를 하얗게 칠한 그의 그림은 전에는 칼뱅주의적 미학이라고 이해되었으나, 사실 그는 프로테스탄트 고객뿐만 아니라 가톨릭신자 고객을 위해서 그러한 그림을 그렸다. 네덜란드 황금시대의 가장 대중적인 작가는 "Father"라는 다정한 이름으로 알려진 야콥 카츠였다. 경건한 칼뱅파인 그는 교훈적이고 도덕적인 책을 썼는데, 모든 종파 사람들이 그것을 읽었다. 황금시대의 가장 저명한 작가는 53살의 나이에 메노파에서 가톨릭으로 개종한 시인이며 극작가인 조스트 반 덴 본델이었다.

네덜란드와 뚜렷이 대조되는 곳은 아우크스부르크이다. 이 독일 도시는 특히 1648년 이후에는 여러 가지 측면에서 우리의 두 번째 모델에 부합한다. 이 도시에서는 루터파와 가톨릭만 법적으로 허용되었고, 모든 주민들은 둘 중 하나에 속했다. 두 신앙 사이의 삼투는 드물었으며, 둘 다로부터 멀어지는 것은 범죄행위였다. 각각의 종파는 자체의 행정관이 있었고, 문제가 자기 공동체에 관련될 때에는 별도로

회의를 열었다(나누기itio in partes). 민사적인 문제에서 정부는 합동으로 운영되었지만, 종교적인 문제에서는 각각의 공동체가 자율적으로 움직였다. 가톨릭과 루터파는 각각 대응적인 기구들을 가지고 있었다. 그들은 학교, 병원, 고아원, 감옥, 묘지 등을 별도로 운영했다. 18세기에 이곳을 방문한 한 철학자가 경멸적으로 말했듯이, 아우크스부르크에는 루터파 돼지와 가톨릭 돼지를 위해서 두 개의 돼지우리가 있었다.

아우크스부르크가 모든 측면에서 격리되었던 것은 아니다(오스만 사회도 그러기는 마찬가지였다). 1711년에 60개 구역 가운데, 3개 구역에만 루터파 가정이 없었고, 4개 구역에만 가톨릭 가정이 없었다. 가톨릭이 루터파 가정에서 하인으로 일하는 것은 흔했으며, 두 종파의 상인들이 함께 사업을 떠나기도 했다. 모든 길드는, 적어도 18세기에는, 두 종파의 구성원들을 포함했다. 그런가 하면, 어떤 직종은 전적으로 한 집단이 지배했다: 예를 들면, 대부분의 도살업자, 양조업자, 대장장이는 루터파였고, 정원사와 건축노동자는 가톨릭이었다. 장인들은 다른 종파 사람들을 도제나 직인으로 쓰지 않았고, 루터파와 가톨릭 직인들은 별도의 술집에서 놀았다.

문화적으로, 아우크스부르크는 가톨릭과 루터파가 서로를 타자화하는 데 "광기"를 보여줄 정도로 어떤 도시보다 더 양극화되어 있었다. 그들은 집의 정면을 다르게 장식했다. 가톨릭은 성체현시대와 성체 등 대단히 종교적인 모티브의 이미지들을 사용했다. 그들은, 적어도 여자들은 서로 다르게 옷을 입었다. 가톨릭은 볼트 모자를 썼고, 프로테스탄트는 윙 모자를 썼다. 이름도 다르게 지었다. 가톨릭은 자기들이 존경하는 성인이나 그 밖의 다른 인물의 이름을 따서 프란츠 요셉이나 요셉 이그나츠라고 아이 이름을 지었고, 루터파는 프로이센의 위대한 선제후인 프리드리히 빌헬름 같은 또다른 성격의 영웅의 이름을 따서 아이 이름을 지었다. 그들은 또한 하인리히 같은 전통적인 독일 이름을 많이 사용했으나, 가톨릭은 점점 이런 이름을 피했다. 아우크스부르크에 있던 두 종교 공동체의 집단심성과 관행을 뚜렷이 나타내는 이러한 "문화투쟁"에서 중립적인 것은 거의 없었다. 그들은 "보이지 않는 장벽"으로 나뉜 별개의 "국민"인 것 같았다.[252]

그러나 이 두 공동체는 종족집단이라는 의미에서는 별개의 "국민"이 아니었다. 이러한 점에서 아우크스부르크는 서두에 말했던 오스만의 밀레트 제도와 달랐다. 적어도 처음에는, 그 도시에서 가톨릭과 루터파의 구분은 순전히 종교적이었다. 처음에 아우크스부르크인들이 그러한 분리를 받아들이기 어려웠던 이유 가운데 하나가 바로 그것이었다. 또다른 이유는 그러한 균열이 공동체의 핵심인 시민들에게까지 영향을 주었다는 점이다. 이와는 대조적으로, 오스만제국에서, 종교집단들은 인종적 동질성도 가지고 있었다. 물론, 무슬림들은 다민족 집단이었고, 작은 차원에서는 유대인 밀레트와 그리스도교인 밀레트의 구성원들도 그러했다. 그렇지만 오스만제국에서 피보호신민들이 고유한 믿음뿐만 아니라 조상, 관습, 때로는 언어를 가진 별도의 사람들이었다는 것은 분명하다. 나아가 오직 한 집단, 즉 무슬림만 완전한 시민이었고, 나머지는 다 관용된 신민이었다. 이들은 "이슬람의 영토" 안에서 살고 있지만 거기에서 영원히 산다 해도 '국외자'였다. 유럽에서도, 다른 신앙을 가지고 있는 사람들이 시민이 아니라 외국인일 때 그들의 신앙을 관용하는 것이 더 쉬웠고 일반적이었다.

외국인단

서구문명이 조각나기 훨씬 전에도, 유럽인들 가운데에는 다른 민족 nation은 다른 종교를 믿는다는 생각을 어느 정도 수용한 사람들이 있었다. 십자군의 이상과는 대조를 이루는 이러한 관념은 보카치오의 《데카메론》 같은 중세문학에 전해졌다. 이 책에는 세 아들과 고귀한 반지 하나를 가진 아버지에 대한 이야기가 나온다. 아버지로부터 그 반지를 물려받은 아들이 가족의 전통에 따라 아버지의 후계자가 된다. 그러나 아버지는 세 아들을 똑같이 사랑했기 때문에 그 반지와 똑같은 반지를 두 개 더 만들어서 세 아들에게 하나씩 주었다. 화자인 유대인이 설명하듯이, 아버지는 신이고 세 아들은 각각 유대인, "사라센", 그리스도교인이다. 각자는 자기만이 "신의 유산과 신의 참된 법"을 가지고 있다고 믿었다.[253] 이 이야기는 16세기 이탈리아에 널리 퍼졌다. 이 이야기는 1580년에는 한 베네치아의 대장장이에 의해, 1599년에는 메노키오라는 이름의 방앗간 주인에 의해서 되풀이되었다. 메노키오는 다음과 같이 결론내렸다: "모든 사람은 자기의 신앙이 옳다고 생각한다. 그리고 우리는 어떤 것이 옳은 것인지 알지 못한다. 그러나 나의 할아버지, 나의 아버지, 나의 민족이 그리스도교인이기 때문에, 나는 그리스도교인으로 남기를 원하며, 그것이 옳은 종교라고 믿는다." 메노키오는 보카치오의 책으로부터 신앙에 대한 상대주의적 관점을 끌어낸 것이다. 방앗간 주인은 또다른 14세기 텍스트인 《만더빌 경의 여행》으로부터도 비슷한 결론을 끌어냈다. 이 책은 먼 동쪽으로 떠난 환상적인 여행 중에 만난 이상한 사람들에 대한 이야기다. 메노키오는 다음과 같은 생각을 끌어냈다: "나는 육신이 죽으면 영혼도 죽는다고 생각한다. 왜냐하면 매우 다양한 사람들 가운데 어떤 사람은 이렇게 믿고 어떤 사람은 저렇게 믿기 때문이다."[254] 그리스도교인, 무슬림, 유대인이 수세기 동안 어깨를 맞대고 함께 살았던 스페인에는 "많은 메노키오"가 있었다. 종교개혁이 일어나자, 어떤 사람은 북유럽에서 들어온 새로운 그리스도교에 그와 똑같은 지혜를 적용했다: "각자는 자기의 법 안에서 자신을 구원할 수 있다. 무어인은 그의 법 안에서, 유대인은 그의 법 안에서, 그리스도교인은 그의 법 안에서, 그리고 루터파는 그의 법 안에서."[255] 법이라는 단어를 종교의 동의어로 사용한 것은 그 자체로 관용의 가능성을 내포하고 있다. 왜냐하면, 법이 민족마다 다른 것은 정상이라고 받아들여졌기 때문이다.

지중해 지역 항구의 시민들은 외국인의 존재에 대해 익숙했다. 전형적으로, 이러한 외국인들은 언어와 출신지에 따라 특별 구역에서 집단으로 살았다. 베네치아와 그 밖의 다른 항구에서, 그들은 "민족단"을 구성했다. 그것은 자체의 법, 재정, 관리들을 가진 자치적인 단체였다. 베네치아에 있던 민족단으로는, 이슬람교도인 투르크인들과 알바니아인들, 법적으로는 "레반트인"(오스만제국 출신), 포넨트인(이베리아 출신), 독일인(즉 아슈케나지)으로 세분된 유대인들,* 그리고 그리스 정교도들이 있었다. 독일인들은 베네치아에서 또다른 민족단을 구성했는데, 그들 대부분이 프로테스탄티즘을 받아들였기 때문에 기존의 조정으로도 그들은 어렵지 않게 받아들여졌다. 독일인들은 상업용 겸 주거용 건물인 독일상관에서 자기들 방식으로 예배볼 수 있었으며, 적어도 1640년대부터는 자체 목사가 있는 완전한 회중을 구성

---

* 이들 유대인들에 대해서는 제11장 참고.

했다. 베네치아 내지에 있는 파도바 대학에서도 외국인들은 "민족단"으로 조직되었다. 유럽의 다른 대학에서와 마찬가지로 이곳에서도, 학생들은 오랫동안 민족단으로 나뉘었다. 종교개혁 이후 파도바의 독일인 민족단은 거의 모두 프로테스탄트였다. 구성원들은 공개적으로 자기 신앙을 표현하지 않는 식으로 신중을 기한다면 아무런 제재를 받지 않았다. 프로테스탄트들이 이렇게 편안한 대접을 받은 것은 토착 비국교도들이 박해받은 것과 큰 대조를 이루었다. 차이는 "외국인들"은 그리스도교 사회에서 살아도, "분명히 그것에 속하지 않았다"는 것이었다.[256]

종교적으로 뿐만 아니라 정치적으로도, 외국 민족단의 구성원들은 국외자였다. 또한 이러한 이유로, 그들은 국외자들에 대해 종종 인종주의에 가까운 적대감을 보여온 지역엘리트들과 토착 장인들에게 덜 위협적인 존재가 되었다. 특히 장인들은 시민 특권의 배타적인 수호자들이었고, 그것을 새로운 사람들과 나누기 싫어했다. 그들에게 교리적 정통성은 그들이 대단히 소중히 여기는 사회적 명예심, 도덕적 자질, 경제적 자립, 시민적 책무 같은 것들과 구별되지 않았으며, 심지어는 그것의 선결조건이었다. 함부르크처럼 장인들이 도시 행정에서 발언권을 가지고 있는 도시는 상인들이 전권을 가지고 있는 도시보다 덜 관용적이었다. 그러나 장인들은 비국교도들이 시민권을 획득하는 것은 막으려 했지만, 비국교도들이 비시민으로서 도시에 들어와 사는 것에 대해서는 그다지 반대하지 않았다. 사실, 많은 도시들은 비시민을 거류외인과 외국인이라는 두 유형으로 나누었다. 거류외인은 오늘날 외국인 거주자로 알려진 집단과 비슷하다. 그들은 장기거주자들이었고, 다양한 권리를 부여받았는데, 몇몇 경우에 그것은 낮은 단계의 시민권에 해당하는 것이었고 실제로는 종종 그렇게도 불리웠지만, 정치 참여는 언제나 배제되었다. "외국인"은 적어도 이론적으로는 일시적인 방문자였다. 그들은 행정관들과 계약을 맺지 않는 한, 아무런 권리를 가지지 못했다. 그들은 필요한 기간 동안만 혹은 은인자중하는 동안만 공동체에 머무는 것이 허용되었다. 역설적으로, 많은 도시들은 시민 비국교도들보다 외국인 비국교도들을 더 관용했다. 예를 들면, 16세기 말 보름스에서, 가톨릭은 전체 시민의 10퍼센트도 되지 않았지만, 전체 인구 가운데에는 20퍼센트 정도 되었다. 루터파 도시였던 스트라스부르는 프랑스에 편입된 후에는 극단적인 불균형을 이루었다: 1783년에는 시민 가운데 71퍼센트가 프로테스탄트였고 거류외인 가운데 68퍼센트는 가톨릭이었다.

이러한 패턴에 대한 설명은 부분적으로는 경제적이다. 특히 경제가 어려워지면, 장인들은 이주민들을 그들의 종교에 관계없이 경제적인 경쟁자로서 두려워했다. 도시 시민만 길드에 가입할 수 있었기 때문에, 이러한 두려움은 이주민들이 시민권을 획득하는 것을 막아 어느 정도 없앨 수 있었다. 그렇게 함으로써 그들이 수공업에 종사하거나 소매점을 여는 것을 차단할 수 있기 때문이다. 몇몇 이주민들의 비국교 신앙은 도시민들이 시민권을 거부할 수 있는 좋은 구실이 되었다. 물론, 그러한 배제는 이기적인 엘리트들에 의해 느슨해지기도 했고, 없어지기도 했다. 그렇지만, 그것은 하나의 집단으로서의 비국교도들의 직업, 부, 지위 등에 커다란 영향을 주어, 그들을 도시사회의 중간 계층에서 상층으로 밀어올리거나 하층으로 떨어뜨렸다. 비시민에게 열려 있는 직업으로 살아가도록 강요받은 비국교도들은, 한편으로는, 상인, 귀족, 제후의 관리, 대학생, 의사, 혹은 신부 등 시민권을 요구하지 않는 모든 엘리트 자리에 들어갈 수 있었다. 다른 한편으로, 그들은 군인, 선원, 하인, 행상인, 일용노동자, 계절노동자, 부랑자 등이 될 수 있었다. 똑같은 이유로 유럽 유대인들 가운데에서도 비슷한 양극화가 이루어졌다.

그렇지만, 경제적인 이해관계는 작은 부분에 불과했다. 비시민들은 정치에서 배제되었기 때문에 정치권이나 종교 기관에 도전할 수 없었다. 도시의 (혹은 민족의) 그리스도교 공동체에 속하지 않았기 때문에, 그것의 일체성을 파괴할 수 없었다. 공동체의 완전한 구성원이 아니었기 때문에 그들의 존재는 시민들의 존재가 그러했던 것만큼 도시의 신성함을 더럽히는 것으로 여겨지지 않았다. 비국교도 예배라도 공동체의 공간 밖에서 이루어진다면 공동체를 더럽히지 않는 것이나 마찬가지였다. 정치적으로나 종교적으로, 비국교도들은 국외자일 때보다는 시민일 때 공동체에 더 큰 위협이 되었다. 국외자일수록 덜 위협적이었다. 이러한 감성의 눈금은 공공질서를 뒤집었다. 그것은 네덜란드공화국에서 루터파와 유대인들이 가톨릭과 그 밖의 다른 비국교도들과 달리 대단히 공개적이고 빛나는 예배 장소를 가지고 있었던 이유를 설명해준다. 토착적인 비칼뱅파들은 대부분 비밀교회에서 예배를 본 반면, 루터파와 유대인들—전자는 대부분, 후자는 전부—은 외국인 이민자와 그들의 후손들이었다. 프랑스의 프로테스탄티즘을 잔인하게 탄압한 직후인 1686년 1월, 루이 14세가 독일과 그 밖의 다른 외국 프로테스탄트 상인들과 장인들에게 프랑스로의 자유로운 출입을 재차 보장한 것도 마찬가지 이유로 설명할 수 있다. 루이는 자기 왕국에 토착 프로테스탄트들이 있는 것보다는 외국인 프로테스탄트들이 있는 것이 받아들이기 쉬웠던 것이다. 그 후—심지어는 위그노들이 심하게 박해받고 있을 때에도―그는 파리에서 루터파와 칼뱅파 대사관 예배당이 기능하는 것을 허용했다. 유럽 어디에서나, 자기 나라의 종교와 다른 종교를 가진 나라에 상주하는 대사들은 자기 동국인들이 대사관 예배에 참석하는 것을 허용해도 아무 문제가 없었다. 이와는 대조적으로, 그 지역 출신 비국교도가 대사관 예배에 참석하는 것은 종종 항의 대상이 되었다. 17세기 런던에서는 스페인과 포르투갈 대사관 주위에서 폭력적인 충돌이 빈번히 일어났다. 시민들과 지역 관리들은 토착 비국교도들이 외국인 비국교도들과 똑같은 자유를 누릴 수 있다고 생각하지 않는다는 점을 분명히 했다. 외국인인 경우에도 일시적인 방문자라면 관용하기가 더 쉬웠다. 이론적으로는 모든 외국인들(거류외인에 반대되는)에게 그러했지만, 대사, 상인, 대학생, 군인들의 경우에는 특히 그러했다. 몇몇 공동체는 정착하지 않을 것이 분명한 비국교도들만 관용했다. 예를 들면, 1662년 마인츠의 행정관들은 프로테스탄트 상인들이 결혼하지 않았을 때에만 도시 거주를 허용했다.

서유럽인들은 적어도 누가 "외국인"인지, 누구의 언어, 관습, 종교가 표준적이고, 누구의 언어, 관습, 종교가 이질적인지에 대해서 언제나 분명히 알고 있었다. 동유럽에서는 그 구분이 더욱 복잡했다. 인종이주의 물결이 대단히 복잡한 정주 양식을 낳았기 때문이다. 이곳에서 "민족들"은 트란실바니아에서 색슨, 세클러, "헝가리" 민족(여기에는 마자르인들뿐만 아니라 슬로바키아인들, 크로아티아인들, 루테니아인들이 포함된다)이 그러했듯이 몇몇 경우에는 거의 평등한 조건 아래에서 공존했다. 중세에도, 동유럽의 민족적 구분은 대부분 종교적 구분이었다. 타타르인은 무슬림이었고, 아르메니아인은 그리스도 단성론자였고, 유대인은 물론 유대교도였다. 비록 투르크 기원의 카라이트는 자기들만이 진정한 유대인이라고 생각했지만 말이다. 착취당하고 있던 거대집단인 그리스인들과 루테니아인들은 그리스 정교도였다. 많은 체코인들은 15세기 이래 후스파였다. 이때까지도 일부 리투아니아인들은 이교도로 남아 있었다. 종교개혁이 일어나자, 이전에는 종교적 차원에서 일어나지 않았던 인종적 균열이 종교적 차원을 획득했다. 왜 그리고 어느 정도 그것이 사실이었는지는 골치아픈 문제다. 오늘날도 민족주의자들은 동유럽에서의 인종과 종교의 일치를 신화화하고 있다. 그러나 발트 해에서 카르파티아 산맥까지 퍼져 있는 대부분의 "색슨인들"(인종적으로 게르만족)은 프로테스탄트가 되었으며, 프로테스탄트 종파들 사이의 긴장이 심해지면서 대부분 루터주의를 선택했다고 말해도 크게 잘못된 것은 없다. 대부분의 세클러 공동체는 유니테리아니즘을 받아들였으며, 일부는 가톨릭으로 남았다. 트란실바니아에서 대부분의 칼뱅파는 마자르족이었다.

동유럽에서 "민족"과 종교의 일치성은 종교개혁 이후에도 계속되어 관용을 용이하게 했다. 그것은 종교적 다원주의에 확실한 선례를 제공해주었다. 루터파인 스비토슬라브 오르젤스키는 1592년 연설에서 "폴란드에서 종교의 다원성은 새로운 것이 없다"고 말했다. "그리스도교도인 그리스인들 외에도 이교도들과 유대인들이 오래전부터 있었고, 로마 가톨릭(즉 후스파)이 아닌 다른 종교도 수세기 동안 존재했다."[257] 오르젤스키는 주장했다: 이 집단들이 평화롭게 함께 살 수 있었다면, 지금 프로테스탄트들과 가톨릭교도들이 그렇게 할 수 없는 이유는 무엇인가? 종교개혁 이전에 "민족들" 사이의 평화를 가능하게 해주었던 타협과 조정이 계속 그렇게 기능했던 것도 "민족들"이 신앙에 의해서 나뉘었기 때문이었다. 예를 들면, 트란실바니아의 세 민족은 오랫동안 자율적이었고 자치적이었다. 각자가 종교문제를 해결하도록 하고, 각자가 받아들인 종교를 공식 인정하는 것이 자연스러운 것으로 여겨졌다. 과거에는 하나의 종교집단에게 적용되었던 조정이 새로운 종교집단들에게 확대될 수 있었다. 리투아니아의 수도인 빌니우스에서 실제로 그러한 일이 일어났다. 1430년대 이후, 빌니우스의 루테니아인들은 리투아니아인들 옆에서 완전한 시민권을 가지고 있었고—말하자면, 그리스 정교도들이 가톨릭교도들 옆에서—도시 기본법은 소수파인 루테니아인들이 언제나 한 명의 시장과 세 명의 시의원을 보낼 수 있음을 보장했다. 길드도 마찬가지로 루테니아인들에게 일정한 수의 자리를 할당해주었다. 구두공 길드의 경우에는 절반을 주었는데, 이것은 균등의 중세적 사례였다. 종교개혁이 일어나자 빌니우스의 길드들은 이러한 모델을 루터파에게로 확대했다. 그러나 칼뱅파에게는 그렇게 하지 않았는데, 그 이유는 루터파는 독일인으로서 "민족단"이었던 반면, 칼뱅파는 동료 리투아니아인이었기 때문이다. 이렇게 해서, 구두공들은 각각 2인씩 가톨릭 조합장, 정교도 조합장, 루터파 조합장을 두게 되었다. 다른 길드들도 마찬가지였다. 칼뱅파는 오직 종교적으로만 가톨릭과 달랐기 때문에 어떠한 자리도 할당받지 못했다. 동방귀일가톨릭교회Uniate(1596년에 브레스트 연맹으로 창설된)에 속한 루테니아인들은 칼뱅파와 같은 대접을 받았다.[279] 그들은 정교도(그 후 Disuniates로 알려진)와 구별되는 "민족"이 아니었기 때문에, 별개의 집단으로 인정받지 못했고 어떤 자리도 할당받지 못했다. 빌니우스가 중세로부터 물려받은 관용을 위한 조정은 인종적 라인을 따르는 종교적 분열에만 적용될 수 있었다.

친밀한 관계

그러나, 집단이 오직 신앙에 의해서만 나뉘었을 때, 자기들이 동일한 조상, 관습, 언어, 특권들을 공유하고 있는 하나의 민족people, 하나의 공동체라고 생각했을 때, 공존은 어떠했나? 아이러니하게도, 이러한 경우에는 문제가 더 많았다. 답을 시사하는 두 모델이 있긴 하지만, 역시 과도하게 단순화시킨다. 네덜란드공화국과 아우크스부르크의 극단적인 사례마저도 그것과 완전히 합치하지는 않는다. 유럽의 나머지 지역의 경우는 너무나 다양해서, 시험적이고 제한적인 일반화 이상의 것을 제공해주지 않는다. 그렇지만 몇 가지 패턴은 반복적으로 일어나는 것처럼 보인다.

첫째, 구역들이 격리되지는 않았다. 유대인들과는 달리, 그리스도교 비국교도들은 어디에서도 강제로 게토에서는 살지 않았다. 쾰른 같은 몇몇 도시에서 그들은 시민권을 얻지 못했고 그래서 재산을 소유할 수 없었지만, 그렇다고 임차마저 못하지는 않았다. 파리 같은 도시에서는 도시에서 가게를 여는 것이 금지되었다. 파리에서 위그노 장인 대부분은 변두리인 생마르셀에서 살았다. 그렇지만 상인들과 전문직업인들은 이러한 규제의 방해를 받지 않았다. 비국교도들은 도시 성벽 바깥에서, 심지어는 더 멀리, 공동체의 경계 바깥에서 예배를 보아야 했다. 일부는 장거리 아우슬라우프를 하는 대신 예배지 가까이에서 사는 것이 편리하다고 느꼈다. 마찬가지로, 아우크스부르크, 콜마르, (1607년까지) 도나우뵈르트 같은 두 종교 도시의 성벽 안에서, 소수자들은 자기들의 예배지 주위에 모여 사는 경향이 있었다. 자연히 이곳은 공동생활의 중심지가 되었다. 이러한 종류의 선택적 친화

력에 의해, 종교집단은 종종 편안하고 즐겁고 안전하게 살 수 있는 특정 지역을 지배하게 되었다. 그러나 그 같은 경향이 격리로 치닫지는 않았다. 우리가 아는 모든 도시에서 대부분의 구역은 정도의 차이는 있지만 모두 종교적으로 혼합되어 있었다. 종파들 사이의 평화는 별도 공간에서 사는 것에 달려있지 않았다.

반대로, 이웃함은 관용을 증진시키는 힘이 있었다. 근대 초의 이웃은 (오늘날의 기준으로 보면) 응집적 사회조직이었다. 네덜란드의 많은 도시들에서, 이웃은 자체의 법령, 재정, 관리, 축제 등을 가진 자치체였다. 구성원들 사이의 조화를 증진시키는 것 자체가 그것의 공언된 존재 이유였다. 일반적으로, 그것의 법령은 구역민들이 "어떤 식으로든지 상호간에 기분을 상하게 하거나 해를 입히거나 경멸적인 말을 하는 것, 혹은 폭력을 가하거나 위협을 가하는 것"을 금했다. 한 잉글랜드 방문자에 의하면, "사이가 틀어지는 것을 막기 위해 종교에 대해 이야기하는 것"을 특히 금하는 법령들이 많았다.[258] 이웃이 공식적인 구조를 갖추지 못한 경우에도 이웃하여 함께 사는 사람들은 상호간에 포괄적인 의무가 있었으며, 다른 사람의 삶에 밀접하게 관련되어 있었다. 그들은 종교와 관계없이 이웃의 결혼, 장례 등에 참석하는 것이 관습이었는데, 프랑스의 칼뱅파 성직자와 네덜란드의 가톨릭 성직자는 그것을 막으려고 애썼다. 이웃이 곤경에 처하면 돈을 빌려주거나 혹은 다른 형태의 자선사업으로 도와주었다. 가정 분쟁이 폭력으로 비화하면 거기에 개입했다. 그들은 재판에서 어느 쪽에든지 증인으로 나섰다. 어떤 의미에서, 이웃하여 함께 사는 사람들의 여론은 모든 사람이 재판받고 명예가 심판받는 법정이었다.

"네 이웃을 너 자신처럼 사랑하라"고 예수는 명령했다(마태오복음

22: 39). '이웃'은 그리스도교의 자비와 사랑의 개념과 중첩되는 에토스였다. 그리하여 그것은 종교적 차이의 원심력을 상쇄할 수 있었다. 1592년 폴란드 예수회원인 피터 스카르가는 프로테스탄트들에 대해서 그들의 "이단성은 나쁘다. 그러나 그들은 좋은 이웃이고 형제다"라고 썼다.[259] 1572년, 성바르텔르미 축일의 학살이 진행 중일 때, 그리고 또 1621년 폭동이 한창일 때, 몇몇 파리의 위그노들은 "친족이기 때문에, 혹은 이웃이기 때문에, 혹은 이해관계 때문에 친구의 계약을 맺었던" 가톨릭교도들의 보호를 받았다.[260] 1650년 뷔르츠부르크 주교가 키칭겐의 루터파들에게 도시에 있는 가톨릭 소수파를 관용하라고 명령했을 때, 그는 "평화롭게, 친구처럼, 소박하게, 그리고 좋은 이웃으로" 살 것을 요구했다. 이에 대해 루터파들은 "가톨릭 동료-시민들과 함께, 그리스도의 사랑과 통합 속에서" 살 것을 약속했다.[261] 1670년, 한 잉글랜드 행정관은 퀘이커교도들을 박해하기를 거부하면서 다음과 같이 설명했다: "눈물이 나의 뺨에 흘러내렸고", "나의 평화로운 이웃에게 해를 끼치기 싫었다."[262] 1724년 도르체스터를 방문한 다니엘 디포우는 영국 국교 성직자와 비국교 성직자가 함께 차를 마시고, "마치 …… 보편적catholic 신앙과 폭넓은 자비심을 가진 사람들처럼, 점잖은 이웃으로서 대화를 나누는 것"을 보고 기뻐했다.[263]

이웃에 비해 시장은 변덕스럽고 경박한 장소였다. 종교집단 사이의 경제적 거래는 일관되지 않았고, 경제적 조건과 종파적 관계의 폭넓은 분위기에 민감했다. 한쪽 극단에 있는 것은 (언제나처럼) 네덜란드, 특히 홀란드였다. 이곳의 17세기 모습은 렘브란트의 '조합원들'에 나타난 모습과 비슷했다. 심지어 이곳에서도, 상업적 유대가 어느 정도나 가족관계 위에서 이루어지느냐에 따라, 사람들이 같은 교인들과 함께 일하고 거래하는 비율이 달라졌다. 비교적 작은 집단인 메노파가 특히 그러했고, 잉글랜드에서는 퀘이커파가 그러했다. 그러나 네덜란드인들은 종교를 가리지 않고 모든 나라 사람들과 적극적으로 장사를 했으며, 그들의 상업지향적인 도시 안에서도 그렇게 했다. 그러나 네덜란드의 해양도시와 내륙도시는 구분해야 한다. 많은 내륙도시에서, 칼뱅파 시민들은 시민권과 길드회원권을 제한하는 데 성공했다. 1620년대와 1650년대에, 아른헴, 네이메헨, 데벤터, 즈볼레는 가톨릭 이주민들에게 선출자격을 주지 않았다. 소수가 지배하는 해양도시와 달리, 내륙도시는 길드 조합원들에게 발언권을 준 비교적 개방적이고 공동체적 조직이었다. 이러한 점에서, 내륙도시는 인근에 있는 독일 도시들과 닮았다. 이곳의 법령 역시 비국교도 이주민들에게는 시민권을 제한했다. 1650년대에 이르러, 슈트라스부르크, 레겐스부르크, 울름, 프랑크푸르트, 쾰른, 그뮌트, 로트바일은 모두 같은 조치를 취했다. 폴란드의 도시들은 길드 조합원들의 요구에 의해 더 일찍 그러한 조치를 취했다.

종파들 간의 투쟁에서 경제적인 무기도 사용되었다. 다른 신앙을 가진 사람들을 길드에서 추방하는 것, 그들을 도제나 직인으로 받아들이기를 거부하는 것, 그들의 상점을 보이코트하는 것, 그들과 거래하지 않는 것 등이 바로 그것이었다. 이러한 사건들은 잘 알려져 있으며, 성직자들이 선동한 사건들도 많았다. 그러나 이러한 방식은 양립하기 어려운 것이었다. 예를 들어, 하나의 직종에서 종교적 반대자들을 배제하는 것은 그들과 함께 일하거나 우호적인 유대를 맺을 필요를 없애는 것이었다. 그러나 상이한 종교집단이 상이한 경제 영역을 통제할 때, 그들은 서로 물건을 사거나 팔지 않을 수 없었다. 종교집단들은 경제 영역에서는 어떤 식으로든 언제나 협력했다.

또다른 놀라운 사실은 그러한 영역이 상당히 넓어서 심지어는 예배에 필요한 물건이나 서비스에까지 확대되었다는 것이다. 예를 들면, 네덜란드의 마을인 흐라프트의 메노파 목수—다름 아니라 마을 유지의 아들—는 칼뱅파 목사의 관사를 수리하는 데 고용되었으며, 프리슬란트의 마을인 드론레이프의 칼뱅파 목수는 가톨릭 비밀교회를 짓는 데 고용되었다. 프랑스의 도시인 님에서, 칼뱅파 약제사는 가톨릭교도들에게 양초를 팔았고, 칼뱅파 대장장이는 성배를 제작했으며, 칼뱅파 철공소 공인들은 성당 종탑 위에 십자가를 세웠다. 님의 당회는 1590년대와 1600년대에 이들에게 소명을 요구했으며, 우상숭배의 공범이라고 판정했다. 교회는 그러한 행동을 막기 위해 애썼으나 대체로 소용이 없었다. 프랑스에서 칼뱅파 시노드는 가톨릭 서적과 예술품의 생산을 금했으나, 1650년대에 리옹의 칼뱅파 조각가인 장자크 튀르네상은 성인들의 초상화와 성모 마리아의 생활 모습을 제작했다. 리옹의 칼뱅파 출판사는 가톨릭 전례서와 간추린 교회법을 출판했다. 아우크스부르크에서도, 루터파 대장장이, 조각가, 인쇄업자, 화가들은 가톨릭 예배와 신앙생활에 필요한 물건들을 생산했다. 18세기에 아우크스부르크의 예술계를 장악한 가톨릭신자 화가들은 가톨릭 교회뿐만 아니라 루터파 교회 및 공유교회를 위해 작품을 생산했다. 그렇다고 해서 가톨릭 예술가가 가톨릭 예술품을 생산하는 것, 가톨릭 출판업자가 가톨릭 서적을 출판하는 것, 프로테스탄트들이 프로테스탄트용 물건을 생산하는 것이 더 일반적이지 않았다는 것은 아니다. 그렇지만 예외는 적지 않았다.

개인적이고 가족적인 민감한 문제에 있어서도, 상이한 종교를 가진 사람들은 도움을 주고받았다. 17세기 몽펠리에서, 가톨릭과 위그노는 같은 신앙의 공증인을 찾는 경향이 있었지만, 모든 공증인들은 다른 신앙의 고객을 가지고 있었다. 리옹의 위그노들은 리옹에는 칼뱅파 공증인이 없었기 때문에 가톨릭 공증인을 찾아야 했다. 리옹의 공증인들은 칼뱅파 고객의 신앙을 존중하느라 신중했다. 한 여자의 유언장에, 공증인은 "우리의 유일한 중개자인 예수-그리스도"라는 표현을 사용했으며, 그녀가 속한 교회를 프랑스 법이 명하는 대로 "자칭 개혁교회"가 아니라 "리옹의 개혁교회"라고 불렀다.[264] 종교가 혼합된 마을에 사는 사람들은 병원 치료를 위해서는 더욱 흔하게 다른 종교 사람들에게 의지했다. 그리스도교 비국교도들과 유대인들에게 열린 직업인 내과의사는 이들 집단 출신이 압도적으로 많았다. 산파의 지위는 훨씬 민감했는데, 왜냐하면 가톨릭교도들에게 산파는 준사제적인 기능을 수행했기 때문이다. 신생아가 죽을 위험에 빠지면 가톨릭 산파는 긴급 세례를 줄 수 있었던 것이다. 프로테스탄트 산파가 그 의식을 수행하기를 거부하자, 프랑스 국왕은 1680년에 그것을 구실로 그들을 완전히 배제해버렸다. 프로테스탄트들은 가톨릭 산파들이 자기들 마음대로 어린아이들에게 세례를 줄 것을 두려워하여 이 칙령에 격렬하게 저항했다. 그러나 가톨릭교도들도 불만이었다. 왜냐하면 그들은 산모와 어린애가 위급한 순간에는 신앙에 관계없이 능숙한 산파를 원했기 때문이다. 실제로, 개혁파 산파를 선호한 가톨릭교도들도 있었다. 그들은 "더 현명하고, 더 믿을 만하고, 더 경험이 많다"고 여겨졌기 때문이다.[265] 라인란트의 도시인 오펜하임에서, 산파들은 고객의 편의를 봐주는 데 열심이었다. 시의회의 요구에 따라 프로테스탄트 산파들은 필요하다면 가톨릭 부모들을 위해 긴급 세례를 주는 데 동의했으며, 가톨릭 산파들은 부모가 프로테스탄트일 때는 아이들에게 세례를 주지 않기로 동의했다.

가내 하인의 지위는 또다른 차원에서 민감했다. 하인들은 집안에 들어오면 가족 구성원이 되었고, 가장의 권위 아래 들어갔다. 종교 차이는 많은 문제를 제기했다. 하인들이 가족 기도에 참석할 수 있을까? 그들이 가족을 따라 교회에 갈 수 있을까? 가톨릭 하인들이 가톨릭 금식일에 프로테스탄트 가족을 위해 음식을 준비할 수 있을까? 그러한 날에 가족과 함께 같은 음식을 먹을 수 있을까? 가톨릭 축일에 일할 수 있을까? 많은 성직자들은 종교적인 차이가 집안의 내부 성소에 침투해 들어오는 것은 위험하다고 생각했다. 한편으로, 성직자들은 독실한 하인이 이단적인 주인의 강압이나 유혹에 의해 개종하는 것을 두려워했다. 프랑스에서 라로셸의 주교를 위시한 많은 사람들은 1660년대와 1670년대에 위그노 주인들의 그러한 행동을 비난했다. 다른 한편으로, 성직자들은 이단적인 하인이 독실한 가족을 전염시키지 않을까 걱정했다. 1600년대에, 독일의 두 종교 도시에서 루터파 목사들은 가톨릭 하인들을 해고하라고 요구했고, 이로써 커다란 논쟁이 벌어졌다. 목사들의 주장에 따르면, 가톨릭 하인들이 순진한 아이들을 개종시키려 했다는 것이다. 홀란드에서도 성직자들은 이러한 위험을 걱정했다. 1652년 개혁파 시노드는 교황파 하인들을 고용할 때 조심해야 한다고 경고했다. "가족의 자유가 감시당하고, 특히 가족의 종교적 순수성이 오염되는 것으로부터" 가족을 지키기 위해서 말이다.[266]

그러한 훈계에도 불구하고, 종교적으로 혼합된 도시에서 다른 신앙을 가진 사람들을 하인으로 고용하는 가족은 많았다. 특히 네덜란드, 프랑스, 독일의 도시들에서는 프로테스탄트 가족이 가톨릭 하인을 고용하는 경우가 많았다. 이유는 인구 때문이었다. 가내 하인들의 대부분은 결혼지참금을 마련하기 위해 인근 도시에 와서 일하는 시골 소녀들이었다. 그들을 고용하는 사람들은 도시 중산층이나 부유한 계층이었다. 종교개혁 초부터 도시민들은 시골 사람들보다 프로테스탄티즘을 더 잘 받아들였고, 이러한 패턴은 근대 초 내내 계속되었다. 그 결과는 통계적 불균형이었다. 주변 시골에서 도시로 옮겨간 사람들은 대체로 가톨릭이었고, 그들을 고용한 사람들은 대체로 프로테스탄트였다. 물론 정반대 사례도 있었다.

성직자들은 하인들이 아이들을 타락시킬지 모른다고 두려워했지만, 다른 신앙을 가진 교사들이 그렇게 할 것이라는 데 대해서는 의심하지 않았다. 근대 초 유럽에서, 교육은 거의 변함없이 종교적 성격을 강하게 띠고 있었다. 특히 아이들이 기도서나 교리문답서를 통해서 ABC를 배워나가는 기초 단계에서 그러했다. 따라서, 부모가 아이들을 다른 종파의 학교에 보내는 것은 이례적인 일이었다. 16세기 말과 17세기 초, 폴란드와 프랑스에서 우수하다는 평판을 받은 예수회 콜레주들은 프로테스탄트 학생들을 받아들이는 일이 많았다. 폴란드에서 그들의 유일한 경쟁자는 프로이센왕국 도시들(단치히, 엘빙, 토른)에 있는 루터파 아카데미와, 유명한 교육개혁가인 코메니우스가 교사로 있던 라코프의 소치니파 아카데미였다. 이 학교는 1602년 설립되어 1638년 파괴될 때까지 다양한 신앙을 가진 지주들의 아들을 교육했다. 오늘날에도 그러하듯이, 부모들은 아이들에게 최고의 교육 기회를 주기 위해서 학교의 종파를 따지지 않았다. 1618년에 한 목사의 말에 의하면, 프랑스 도시 님에 있는 대부분의 프로테스탄트 공증인들은 아이들을 예수회 학교에 보냈다. 그것 때문에 지역 당회에 소환된

한 위그노 어머니는 지역의 개혁파 콜레주가 "엉성하다"고 불만을 터 뜨렸으며, 자기는 아들을 "잘 교육"시킬 의무가 있다고 단호히 선언 했다.[267]

학교는 학교대로 다른 신앙을 가진 학생들을 받아들이기 위해 노력 했다. 예를 들면, 폴란드 예수회는 프로테스탄트 학생들이 강론을 듣 고 종교 과목을 수강할 것을 요구했으나, 미사 같은 예식에 참석하는 것은 면제해주었다. 그것은 잠재적인 개종자들을 끌어들이기 위한 교 묘한 전략이었다. 이것은 폴란드 예수회가 지나친 압박을 가하지 않 을 때에만 통했다. 어떤 교사들은 종교가 다른 학생들을 가르칠 때에 는 별도의 자료를 사용하는 등 다양한 접근방법을 취했다. 예를 들어, 1670년대에 한 프랑스 마을의 가톨릭 교사들은 위그노 아이들에게 개혁파 교회의 교리문답을 가르쳤다. 또 어떤 마을의 가톨릭 교사들 은 위그노 아이들에게 클레망 마로가 칼뱅파식으로 만든 다윗 찬송가 를 가르쳤다. 프랑스 도시인 퐁르벨의 콜레주 학생들은 "각자의 종교 에서 사용되는 기도문"을 외웠다.[268]

이러한 사례들은 통칙이 아니라 예외였다. 다른 신앙을 가진 교사 들에게 아이를 맡기는 것은 그가 그리스도교 진리의 경쟁자들에게 노 출되고, 그들의 추종자들과 함께 어울리고 친구가 되는 것을 받아들 이는 것이었다. 교회 지도자들이 그런 것을 아주 싫어했다는 것은 놀 라운 일이 아니다. 프랑스의 위그노 목사들은 그것을 종식시키기 위 해 맹렬한 캠페인을 벌였다. 시노드는 금지령을 내렸고, 당회는 부모 들을 단속했다. 그러나 그들의 노력이 10년간 반복되었다는 것은 그 들의 성공이 얼마나 제한적이었는지를 보여줄 뿐이다. 한편, 잉글랜 드에서는 그러한 노력이 불필요했다. 왜냐하면 이곳의 가톨릭 젠트리들은 아이들을 바다 건너 두애, 생토메르 등지의 콜레주로 보내 경건한 가톨릭신자로 키웠기 때문이다. 마찬가지로 몇몇 네덜란드의 가톨릭 가정은 법을 어기고 공화국 국경 바깥의 메헨 주나 라벤슈타인 지역 같은 가톨릭 인클레이브나 남부의 가톨릭 주에 있는 학교로 아이들을 보냈다.

통합 대 분리

성직자들은 혼합과 친밀함—"신자와 불신자, 독실한 자와 독실하지 않은 자가 함께 거주하고 친근한 대화를 나누는 것"—이 신자들에게 미칠 영향을 경계했다.[269] 그들은 종파간의 차이를 흑과백처럼 뚜렷하고 불변적인 것으로 보았고, 그리스도교인들이 적대적인 캠프로 나뉘어 있다고 생각했다. 모호한 충성심—무관심, 불확실함, 절충주의, 실험, 가변성—은 그들 종파의 세계관과 잘 맞지 않았다. 그들은 적의 이탈을 크게 기대했으나, 17세기 어느 시점에서는 기존 신자들의 충성심을 다지고 강화하는 것을 가장 중요한 일로 받아들였다. 그 후, 성직자들은 통합이 가져올 노출과 손실 위험보다는 분리의 안정성을 선호했다. 그들이 이러한 방향으로 가한 압력에 힘입어 16세기에는 비교적 통합적이었던 공동체가 장기적으로는 종파의 라인에 따라 분리되는 전반적인 경향을 보여주었다.

그러한 경향은 공식적으로 두 개 혹은 그 이상의 종파들이 함께 있던 공동체에서 가장 뚜렷했다. 종파간의 차이를 분명히 인정하는 것이 평화 공존의 토대였던 것이다. 그러한 공동체에서, 차이의 인정은 점차 제도의 분리로 구체화되었다. 하나의 예는 '나누기'를 통치의 메커니즘으로 도입하는 것이었다. 또다른 예는 공유교회 안에 가톨릭 전용 성가대석과 프로테스탄트 전용 회중석을 물리적으로 구분하는 것이었다. 공동묘지(교회의 뜰)도 또다른 구체적인 예다. 스위스의 투르가우에서, 프로테스탄트와 가톨릭은 18세기까지는 함께 매장되었다. 그러나 완전 균등 원칙이 적용되어 기존의 공동묘지는 별도의 구역들로 구분되었다. 프랑스에서는 16세기까지도 가톨릭과 위그노가 소교구 공동묘지에 함께 매장되었으나, 그 후 많은 지역에서 분리되었다. 1598년 낭트칙령에 의해 가톨릭과 위그노는 별도의 공동묘지에 묻혔다. 칙령에도 불구하고 많은 공동체에서는 옛 관습이 한동안 지속되었다. 새로운 위그노 공동묘지를 조성할 돈을 모으는 문제가 이러한 사례들 가운데 일부를 설명해준다. 또다른 사례들은 종파들 사이의 관계가 좋았기 때문이다. 예를 들면, 1609년, 카스텔모롱(아주네 지방)의 주민들은 우정과 평화를 위해 종파에 관계없이 소교구 공동묘지에 "자기 조상의 묘 안에, 종교간의 차별 없이, 이제까지 해오던 대로" 시신을 매장하는 데 동의했다.[270] 하나의 타협책으로서, 국왕 파견관들은 옛 소교구 공동묘지에 벽을 세우거나 도랑을 만들어 가톨릭 구역과 위그노 구역으로 구분하라고 권했다. 이것은 종파들을 분리시키기는 했으나, 두 종파 모두 공동체의 한복판에 있는 조상들의 매장지에 자리를 마련하게 되었다. 요컨대 타협책은 그들을 분리했으나 동등하게 만들었다. 그러나 그 후, 가톨릭은 위그노들이 도시 성벽 밖에 별도의 새로운 묘지를 마련하여 시신을 매장하도록 압력을 가했다. 이러한 조치의 상징과 굴욕감은 분명해서, 위그노 학자인 이삭 카조봉은 파리 교외의 장례식에 참석하자마자 그것을 느꼈다. "나는 우리 매장지를 처음 보았다. 우리는 도시에서 쫓겨났다. 우리는 알지도 못하는 곳에 마치 쓰레기처럼 버려졌다."[271] 위그노들이 그 조치에 저항한 것은 당연했다.

칙령이 폐기되기 직전까지도, 프랑스에서, 교육은 종파들 사이의 접촉 공간이었다. 이와 대조적으로, 독일에서는 분리 경향이 뚜렷했다. 이곳에서는 16세기에는 프로테스탄트와 가톨릭이 함께 다니는 학교가 많았으나 점차 분리되었고, 처음에는 종파를 넘어 학생들을 받아들인 종파의 학교들도 더 이상 그렇게 하지 않았다. 아우크스부르크에서 이러한 변화를 정밀 추적할 수 있다. 이곳에서 루터파가 지배하던 시립중등학교는 처음에는 가톨릭 학생들도 받아들였고, 루터파 교리문답을 제출받은 학급에서만 종교 교육을 시켰다. 1581년부터, 루터파 중등학교는 마찬가지 방식으로 프로테스탄트 학생들을 받아들였고 특히 무상이었기 때문에 흡인력이 컸던 지역 예수회 학교의 도전을 받았다. 1640년대에도 콜레주에는 프로테스탄트 학생들이 조금 있었다. 그러나, 베스트팔렌 평화 이후, 아우크스부르크에서의 중등교육은 엄격히 분리되어, 가톨릭 학교와 프로테스탄트 학교는 학생 수와 관계없이 똑같은 지원금을 받았다. 비버라흐도 가톨릭과 루터파 학교를 분리했으며, 에르푸르트, 힐데스하임, 레겐스부르크, 마스트리흐트(네덜란드의 유일한 균등 도시), 그리고 스위스의 두 종교 도시인 글라루스도 마찬가지였다. 여러 종교를 인정한 트란실바니아에서는, 공인된 네 종교 모두 16세기 말에 이르러서는 각자 자기 학교를 가졌다.

심지어는 네덜란드에서도, 공화국 초기의 특징이었던 상이한 신앙을 가진 사람들의 손쉬운 혼합은 18세기에 이르러서는 어느 정도, 적어도 몇몇 분야에서는, '분리'에 자리를 넘겨주었다. 프리슬란트 주에서, 그러한 경향은 자선 분야에서 진행되었다. 1675년경부터, 그곳의 시 당국은 개혁교회의 구성원이거나 "동조자"가 아닌 빈민들에 대한 책임을 포기했다. 대신 그들은 비국교 교회가 빈민을 돌볼 것을 촉구했으며, 1750년대에 주정부는 그것을 요구하는 핵심 법령을 통과시켰다. 종파마다 교회, 고아원, 양로원을 세워야 했고, 자기들의 돈으로 어려운 사람들을 도와야 했다. 메노파들은 이러한 도전에 신속하고 화끈하게 대처했으나, 가톨릭과 루터파는 마지못해 응할 뿐이었다. 일을 쉽게 만들기 위해, 행정관들은 어느 정도 세금을 면제해주었으며, 결정적인 조치로, 비국교도들이 자선 유산을 받는 것을 허용했다. 이것은 매우 제한된 형태의 법적 인정이나 다름없었다(가톨릭은 1776년에야 그것을 받았다). 따라서 프리슬란트도 여러 종교를 인정하는 방향으로 움직였다고 말할 수 있다. 여기에서도 우리는, 우리의 두 번째 모델이 시사하듯이, 다종교 인정과 분리 사이의 관련성을 확인할 수 있다.

이와 비슷한 장기적인 경향은 종교집단들이 자체의 하위문화를 발전시키는 데에서도 나타났다. 독일 도시인 슈파이어, 튀빙겐, 프랑크푸르트 등지에서의 서적 소유 방식이 그것을 보여준다. 18세기 슈파이어에서 루터파와 개혁파의 서적 소유 방식은 큰 차이가 없었지만, 가톨릭의 서적 소유 방식과는 현저하게 달랐다. 루터파는 내면적이고 신비적인 신앙을 돕는 성서, 찬송가, 설교서, 신앙서적—이 서적들의 대부분은 매우 오래된 것이고, 16세기와 17세기 이래 유산으로 전해 내려온 것이며, 가정 신앙생활에서 사용되었다—이 많았던 반면, 가톨릭은 예수의 삶, 마리아와 성인 경배에 대한 서적들과 성물들을 많이 소유했다. 부유한 루터파건 가난한 루터파건 양적인 차이만 있을 뿐 똑같은 종류의 물건을 소유했다. 이점에 있어서는 가톨릭도 마찬가지였다. 이 도시들에서 서적문화를 결정한 가장 중요한 것은 종교였다.

반면에, 프랑스 도시인 메츠에서는 17세기에(낭트칙령을 폐기하기 전에) 엘리트와 비엘리트가 소유한 서적 종류에 차이가 있었으며, 그 차이는 종파 라인을 절단했다. 가톨릭이건 프로테스탄트이건, 프랑스에서 라틴어 교육을 받은 사람들은 종교 서적뿐만 아니라 세속 서적도 소유했다. 그들은 콜레주와 아카데미에서 접한 지식인 문화에 대한 깊은 관심을 유지했다. 그들의 서재에는 키케로, 플루타르코스, 세네카 같은 고대 작가들이 쓴 책과, 양적으로는 적지만 에라스뮈스, 몽테뉴 같은 근대 작가들이 쓴 책이 있었다. 함께 공부했건 그렇지 않건, 프랑스의 가톨릭과 프로테스탄트 도시엘리트들은 자기들에게 공통의 지식과 취미를 제공해준 문화를 흡입했다. 어떤 사람들에게는 이 문화가 평생의 관심사가 되어, 가톨릭과 프로테스탄트가 섞여 있는 아카데미에 들어가고 살롱에 참여하도록 자극했다. 그중 가장 지적인 사람들은 "문필공화국"이라고 알려진 학자들의 국제적이고 범종파적인 공동체에서 적극적인 역할을 했다. 또 어떤 사람들에게는 이 문화가 신사임을 입증하는 하나의 사회적 코드였다. 신사의 에토스는 상이한 종교를 가진 그리스도교인들을 통합시키고, 어느 정도 높은 사회적 지위에 있는 사람들에게 공통의 정체성과 가치를 제공해주었다. 궁정인들과 엘리트 지주들도 마찬가지로 공통의 에토스를 가지고 있었다. 계급 연대성은 폴란드 귀족들이 그들의 농노들에게가 아니라 그들 상호간에 관용을 실천하는 데 중요한 요인이었다. 이러한 관용은 "사르마티즘" 이데올로기에 의해 자라났는데, 이것은 폴란드 귀족들의 라이프스타일에 신화적이고 목가적인 후광을 둘러주었고, 자기들은 특별한 가치를 지니고 있다고 생각하게 해주었다.* 영국에서도 비슷했다. 영국의 가톨릭 젠트리(그리고 귀족들도)와 프로테스탄트 젠트리(그리고 귀족들도)는 "영지 경영, 말馬, 경주대회, 사냥 등 여가생활 양식, 관심, 취미를 공유했다."[272]

　장인들이나 농민들에 대해서도 비슷한 이야기를 할 수 있다. 이 집단들에서도, 상이한 신앙을 가진 그리스도교인들은 공통의 가치를 많이 공유했다. 그들은 명예심과 이웃함의 가치를 존중했고, 친절과 우정의 의무를 인정했으며, 어떤 행동이 도덕적이고 어떤 행동이 비도덕적인지에 대해 생각이 일치했다. 그들은 속담과 조크 같은 민중문화의 요소들을 많이 공유했다. 그들은 극히 분리적인 공동체를 제외하고는, 공동의 레크리에이션에 참여했다. 프랑스에서, 칼뱅파 성직자들은 춤, 술집, 사냥, 시장, 사육제, 성인聖人 축일 등의 행사에서 가톨릭과 어울리는 위그노들을 질책했으나 아무 소용이 없었다. 영국에서는, 퓨리턴적인 사람들만 제외하고 모두가 축구경기, 경마, 닭싸움을 즐겼다. 종종 종파적 라인을 따라 일어난 정치적 양극화의 경우는 그렇지 않았지만, 상이한 신앙을 가진 그리스도교인들은 시민적 충성심을 많이 공유했다. 가장 뚜렷한 예는 아일랜드 도시인 데리의 경우였다. 이곳의 가톨릭교도들은 1688년 명예혁명을 기념하는 연례축제에서 프로테스탄트들과 함께했다. 그러한 일은 오늘날은 상상할 수

---

* Sarmatism. Sarmatia는 폴란드를 지칭하는 전설적이고 시적인 이름이다. 사르마티즘은 폴란드 귀족의 문화와 이데올로기를 형성하는 데 큰 영향을 끼쳤다.

없는 것이지만, 18세기 중엽 아일랜드 가톨릭들이 보기에 명예혁명은 자기들 신앙이 패배한 것이 아니라 입헌적 자유가 스튜어트 왕들의 전제적이고 절대주의적인 주장에 대해 승리한 것이었다.

요컨대, 상이한 신앙을 가진 그리스도교인들이 동일한 언어, 조상, 관습, 법을 가지고 있는 하나의 "민족"일 경우에는, 분리로의 경향과 하위문화의 차이에도 불구하고, 많은 것을 공유했다. 그것은 종교적인 힘을 억누르고 신앙이 분리한 사람들을 통합시키는 세속적인 힘에 의해서만 그런 것이 아니었다. 첫째, 세속적인 것과 종교적인 것은 근대 초 문화에서는 그렇게 분명하게 나뉘지 않았다. 거의 모든 가치나 충성심은 종교적인 색채를 띠고 있었다. 이와 관련해서 가장 유명한 것은 법에 대한 복종과, 신을 대신해서 권위를 행사하도록 "신이 임명한" 것으로 여겨진 지배자에 대한 복종이었다. 그리스도교인들이 십계명과 그 밖의 다른 성서 구절에 기초하여 세운 도덕률도 명백히 그러했다. 그리고 우리가 앞에서 살펴보았듯이, 자비와 이웃함과 같은 가치 역시 그러했다.

둘째, 상이한 신앙을 가진 그리스도교인들은 종교적인 근본 가치와 관념들을 공유했다. 극히 종파주의적인 그리스도교인들도 고대와 중세에서 전해진 풍부한 종교적 유산을 공유했다. 이 유산에 포함된 것으로는, 공통의 신학적 사고방식, 공통의 신비주의, 공통의 성서적 준거(특히 프로테스탄트들 사이에서), 희생과 용서, 죄와 성스러움, 섭리와 구원, 신앙과 성찬 등과 같은 공통의 어휘—비록 다르게 사용되기는 했지만—그리고 세속 세계와 그 세속 세계를 에워싸고 있는 눈에 보이지 않는 정신 세계의 관계에 대한 훨씬 더 공통의 지혜 등이 있다. 상이한 종파의 그리스도교인들은 이 공통의 유산 위에서 종종 만날 수 있었다. 놀라운 예는 아르놀두스 부켈리우스와 카스파르 바를라에우스라는 두 네덜란드 학자가 1620년과 1630년대에 나눈 우정이었다. 부켈리우스는 당시 전투적인 칼뱅주의자였다. 그는 소년기의 가톨릭주의로부터 오랫동안 정신적으로 방황한 후 위트레흐트의 네덜란드 개혁교회의 장로가 되었다. 그는 네덜란드에서 가장 논쟁적인 "정밀파" 칼뱅주의 신학자였던 히스베르투스 보에티우스의 동료였다. 청원파의 리더였던 바를라에우스는 칼뱅파들이 1619년 몰아낼 때까지 라이덴 대학에서 가르쳤다. 후일 보에티우스는 그에게 반대하는 싸움을 벌였다. 이들은 극렬히 대립했던 교회에 속했으나 1626년 만난 후 단단한 우정을 쌓아갔다. 그들의 우아한 라틴어 편지를 보면, 두 사람은 교리나 교회 정책상의 쟁점에 대해서는 언급하지 않으려고 조심했다. 그렇다고 해서 신에 대해 이야기하는 것을 멈추지는 않았다. 부켈리우스가 자기 죄에 대해 생각하면서 멜랑콜리에 빠지자, 바를라에우스는 그의 슬픔을 달래주기 위해 그리스도 송가를 썼으며, "그리스도 안에 있는 사람들은 처벌받지 않음"을 상기시켰다. 부켈리우스는 긍정적으로 답변했다. "그분의 참된 말씀은 위로를 줍니다: '나는 죄인의 죽음을 원하는 것이 아니라 그가 개종하여 살기를 원한다.' 나는 약하고 심장은 굳어 있습니다. 나는 유일하신 하느님께서 치료해주실 것을 고대하며, 그분은 간청하는 사람을 물리치지 않을 것임을 압니다. 내 눈앞에서 벌어지고 있는 삶의 광경과 범죄는 나를 더욱더 영원한 것들에 대한 생각으로 이끕니다…… 마땅히 이제 나는 이 몹쓸 시대를 경멸하며 지복의 기쁨을 갈망합니다. 사람들의 마음을 헤아리시는 그 위대한 분께서 우리에게 이러한 것들을 주시기를, 그리고 그분께서 당신과 나 그리고 모든 선량한 사람들에게 구원을 베풀어주시기를 바랍니다."[273] 그들 사이의 차이에도 불구하고, 부켈리우스와 바를라에우스는 서로에게서 모든 자질 가운데 가장 귀중한 자질인 '경건함'을 발견했다. 그들은 서로를 선한 그리스도교인이라고, 그러니 구원받을 것이라고 생각했다.

부켈리우스는 청원파는 물론이고 가톨릭과 메노파 등 상이한 신앙을 가진 친구들이 많았다. 언뜻 보면 이것은 앞뒤가 맞지 않는 것처럼 보인다. 왜냐하면 그는 일기에서는 가톨릭을 어리석은 우상숭배자라고 비난했으며, 청원파는 네덜란드 사회의 그리스도교적 성격을 잠식한다고 확신했고, 장로로서 이 집단에 대항하기 위해 행정관들에게 로비를 했기 때문이다. 부켈리우스의 개인적인 관용은 종파적인 열정의 결핍에 기초한 것이 아니었다. 그러나, 분명히, 그는 그러한 열정을 어디에서, 언제, 어떻게 표현하는 것이 좋은지 알고 있었다. 이것은 다른 신앙을 가진 사람들과 어떻게 교류해야 하는지에 대한 불문코드와 다름없었다. 중요한 규칙 중의 하나는 실체로서의 경쟁적인 종파—그들의 도그마, 제식, 기구, 정치적 네트워크—와 그 종파에 속한 사람들을 구분해야 한다는 것이었다. 사람들은 자기가 개인적으로 아는 사람들—이웃, 친척, 동료 시민, 친구—과 종파의 깃발 아래 행진한(그렇게 생각한) 냉혹하고 익명적인 이데올로그들을 동일시하지 않았다. 이러한 구분은 사회적으로 기대되고 고무되었을 것이다. 또한 그것은 그들의 추상적인 종파적 헌신과 그들의 구체적인 사회적 경험을 조화시킨다는 개인적이고 심리적인 필요를 충족시켰던 것으로 보인다. 이러한 분리 덕분에 사람들은 자기들의 개인적인 관계에 손상을 입히지 않으면서 실체에 대해서 전쟁을 벌일 수 있었다. 그것은 부켈리우스에게만 국한된 것이 아니었다. 정반대로, 그것은 네덜란드 사회에서 상이한 신앙을 가진 사람들 사이의 일반적인 관계를 형성했던 것으로 보인다. 또한 그것은 네덜란드인들에게만 국한되지 않았다. 한 폴란드의 격언은 그 규칙을 완벽하게 담고 있다: "사람에게는 친구, 그러나 명분에게는 적." 1630년 잉글랜드에서, 퓨리턴 교구 목사인 조셉 벤담은 "자애로운 그리스도인의 증오", 즉 "알고서 미워하고, 사람을 사랑하고, 그러나 그의 악한 속성은 미워할 것"을 주문했다. 한 세기 반 후인 1780년, 그 규칙은 프로테스탄트 폭도들의 혼란스러운 반응에서 메아리쳤다. 그들은 "가톨릭교도들이 있는 집으로 들어가라는 말을 듣고 대답했다. '우리에게 가톨릭교도란 무엇인가? 우리가 반대하는 것은 오직 교황파이다!" 18세기 초 아일랜드에서, 프로테스탄트인 미들톤 경은 가톨릭주의를 격파하기 위해 정부는 단호한 조치를 취하라고 주장했다. 그러나 그는 자기랑 가까운 가톨릭교도인 스탠디쉬 바리에 대해서는 좋게 생각했다. 그는 "교황파이기는 하지만 내가 아는 한 최고의 교황파이다"라고 선언했다.[274] 이렇게 그 고집 센 사람들은 자기의 믿음을 고수하면서도 언제나 예외를 두었던 것이다.

역사가들은 종교적으로 혼합된 근대 초 유럽의 많은 지역에서 상이한 신앙을 가진 사람들 사이의 사회적 교류 유형에 대해 제한적인 연구만 했다. 이 유형은 정교하게 짜여 있었고, 공동체에 따라 크게 달랐다. 그것은 앞에서 기술했던 것보다 훨씬 더 복잡했다. 우리의 두 모델은 실상에 도달하는 것을 도와주는 도구에 불과하지만, 통합과 분리 사이의 대조를 분명하게 드러내주는 장점이 있다. 16세기와 18세기 사이에 한 모델에서 다른 모델로 옮겨가는 일반적인 추세가 있었을까? 분명한 것은, 적어도 두 종파 혹은 다종파 사회에서, 몇몇 형태의 분리는 갈등을 줄이는 데 도움을 줄 거라는 기대 속에서 일어났다는 것이다. 그 형태는 다양했지만, 어떤 경우에도 종파집단의 엄격한 분리로 치닫지는 않았다. 특히 거주 장소에 의해서는 그렇지 않았다. 그렇지만, 프랑스에서 사자死者를 분리한 것은 16세기에 폭력적인 충돌을 야기한 문제를 해결하려는 시도가 분명했다. 17세기 프랑스에서 새로운 묘지의 조성은 가톨릭과 위그노 사이의 관계가 전반적으로 변했음을 알려준다. 마찬가지로, 투르가우 사람들은 분쟁을 줄이기 위해서 공유교회의 성가대석과 회중석을 물리적으로 분리했다. 신성로마제국의 균등 도시에 살던 가톨릭과 루터파는 공유교회보다 자기들만의 교회에 대해 점점 더 높은 선호도를 보여주었다. 그러한 공동체에서, 종교집단은 강력했고, 응집력이 있었으며, 어떤 측면에서는, 갈수록 별도의 집단으로 굳어졌다.

18세기 아우크스부르크에서도, 대립적인 신앙을 가진 사람들은 불가피하게 교류했고, 많은 장소—동네, 시장, 시청—에서는 실제로 협력했다. 공동체가 통합되면 통합될수록, 그곳에는 혼합적인 장소가 많았다. 신생 네덜란드공화국에서, 대립적인 신앙을 가진 사람들이 함께 일하고, 사귀고, 친구가 되고, 그리고 앞으로 보듯이, 심지어는 결혼하는 일도 흔했다. 그들이 신앙을 꺾거나 누그러뜨리지 않고 어떻게 그렇게 할 수 있었는지는 분명하지 않다. 그러나 아르놀두스 부켈리우스의 우정은 적대심과 우정을 조화시킬 수 있는 하나의 방법을 시사해준다. 그것은 명분과 사람을 구분하고, 집단과 개인을 구분하는 것이었다. 그러한 구분은 종교적 관용의 "야누스의 얼굴"을 설명하는 데 도움을 준다. 거기에서 사람들은 관용적이며 동시에 불관용적일 수 있었고, 일반적으로 관용적이며 동시에 불관용적이었다.[275] 또한 부켈리우스의 삶은 사람들이 유동적이고 통합적인 사회의 구성원으로서 누린 자유에 대해서 알려준다. 가톨릭으로 성장한 부켈리우스는 처음에는 휘베르트 다외프하외스가 위트레흐트에 세운 도덕과 신비주의적 경건성을 강조한 "자유사상가" 단체에 가입했다. 그 후 그는 네덜란드 칼뱅주의의 도그마와 종규宗規를 받아들였다. 그러한 정신적 순례는 네덜란드공화국에서 결코 드물지 않았다.

그러나 개인과는 달리 집단의 경우에 통합은 어두운 면을 가지고 있었다. 네덜란드의 메노파인 틸만 반 브라크트는 자기가 편집한《순교자들의 거울》(1660)에서 그것의 위험을 지적했다. 실제로 반 브라크트는 조상들이 그 어떤 종교집단보다도 가혹하게 박해받았던 16세기 나날들에 대해 향수를 느끼고 있었다. 그는 메노파가 그 후 네덜란드 사회에서 받아들여지고 부유해진 것이 잘된 것인지 그렇지 않은 것인지 확신이 서지 않았다. 그가 보기에, 안락은 "유해하고 세속적인 마음"을 동반하는데, 그것은 도덕과 종교적 열정의 후퇴에 다름 아니었다.[276] 이러한 이유로, 반 브라크트는 박해보다 관용이 영혼을 더 위협한다고 보았고, 미래에 대해 걱정했다. 그로서는 충분히 그럴만한 이유가 있었다. 그의 시대에 메노파가 수용되었고 18세기에는 동화되기에 이르렀는데, 그때에는 그들의 신앙과 다른 네덜란드 프로테스탄트들의 신앙의 차이가 크지 않은 것으로 보였기 때문이다. 메노파 교회 신자들이 교회를 떠나고, 개혁파 교회에 들어가고, 개혁파 배우자와 결혼하고, 자녀들을 개혁파 프로테스탄트로 키움으로써, 많은 교회들이 무너지거나 축소되었다. 살아남은 메노파 교회는 대부분 네덜란드 사회의 주류로부터 분리되어 농촌의 단순한 생활 양식을 선택하고 신자들에게 엄격한 공동체 규율을 강요한 교회들이었다.

18세기 말, 프랑스인 엑토르 생장 드 크레브쾨르는 북아메리카의 주민들 사이에서 믿기지 않는 종교적 다양성을 관찰했다. 그가 보기에 유럽의 모든 교회와 분파들이 신대륙으로 이식된 것 같았다. 일부는 새로운 땅에 집단으로 정착했으나, 대부분의 지역에서 상이한 종파의 그리스도교인들은 이웃하며 함께 살았다. 크레브쾨르는 그러한 통합이 극적인 결과를 낳았다고 확신했다. "분파들끼리 가깝게 자리잡지 않는다면, 그들이 다른 종파들과 섞인다면, 그들의 열정은 연료 부족으로 식을 것이고, 얼마 지나지 않아 꺼져버릴 것이다. 그러면 아메리카인들은 종교에 대해서도 마치 국가에 대해서와 같이 모든 사람들과 관계를 맺을 것이다. 그들에게서 영국인, 프랑스인, 유럽인의 이름은 사라질 것이고, 마찬가지로, 유럽에서와 같이 엄격한 그리스도교의 양태도 사라질 것이다. 그리하여 모든 분파들은 모든 민족들과 마찬가지로 섞일 것이다. 그리하여 종교적 무관심은 대륙의 끝에서 끝까지 부지불식간에 퍼질 것이다."[277] 아메리카의 후속 역사에 비추어볼 때, 크레브쾨르가 예언한 것의 논리성에 대해서는 의문을 제기할 여지가 충분하다. 통합이 언제나 무관심 혹은 심지어 완전한 동화로 이끄는 것은 아니다. 용광로 속에서 모든 요소가 자기의 독특한 냄새를 잃어버리는 것은 아니다. 그렇기는 해도, 인간 사회의 다른 측면에서와 마찬가지로 종교에서도 개인적 자유와 집단 응집력 사이에는, 통합과 분화 사이에는 어느 정도 긴장이 일어난다. 포스트모던 이론가들은 계몽주의의 이상理想에 의문을 제기하면서 이점을 지적했다. 오늘날 전 지구적으로 종교 갈등이 재연되는 것을 보면 그 것을 한층 더 잘 알 수 있다. 개인으로서, 우리의 문화와 정체성의 상당 부분은 우리가 속한 집단—종교적, 인종적, 국가적, 인종적—에 뿌리를 두고 있다. 우리가 누리는 관용이 이러한 집단들을 잠식하고 집단들 사이의 차이를 희석시킨다면 그 관용은 얼마나 유의미한가? 우리의 근대적 통합주의적 관용 모델의 대가는 무엇이고, 그 대안은 무엇인가?

INTERACTIONS

X

위반

가프의 축제

1628년, 프랑스의 알프스 산맥 기슭에 있는 작은 마을 가프의 가톨릭 아이들은 흥분을 억제할 수 없었다. 그들은 희년* 축제를 벌이기 위해 지역 소교구가 조직한 행렬에 참여하기로 되어 있었다. 어머니들은 남자아이들은 천사처럼 여자아이들은 동정녀처럼 보이게 옷을 만들었다. 위그노 집안의 아이들은 몹시 질투가 나서, 행렬이 있는 날, 울면서 자기들도 천사와 동정녀가 되고 싶다고 졸랐다. 결국 부모는 아

---

* 희년禧年(Jubilee). 가톨릭교회에서 1300년부터 시행한 용서, 개종, 신을 향한 정신적인 노력의 기간이다. 처음에는 50년마다 희년을 제정했으나 1400년부터는 25년마다 제정했다. 희년은 성년聖年이라고도 불린다. 가장 최근의 희년은 2000년에 요한 바오르 2세가 선포한 희년이다.

이들에게 졌다. 부모는 아이들을 위한 옷을 만들었고, 위그노 아이들은 가톨릭 친구들과 함께 즐겁게 노래부르며 행진했다. 도시의 신부들은 "이단들"이 행렬에 참여한 것을 알고 경악했으며, 그 아이들을 행렬에서 쫓아내기 시작했다. 이렇게 해서 소란이 일어났고 가프의 주교 귀에도 들어갔다. 생각이 깊은 이 고위성직자는 신부들에게 아이들이 행렬에 참가하도록 내버려두라고 명령했다. 그날 저녁, 의기양양한 표정으로 집에 돌아온 위그노 소년, 소녀들은 부모들에게 "우리도 가톨릭이다!"라고 말했다.[278] 그 사건을 정리한 카푸친회 선교사에 의하면, 가프의 칼뱅파 부모들은 매질로도 아이들을 막을 수 없었다. 그날 많은 어린 개종자들이 교회로 들어갔다.

카푸친회 수도사들의 증언을 글자그대로 받아들일 수는 없다. 그들에게 그 축제 이야기는 더 광의의 사실을 증명해주었으니, 그것은 가톨릭 제식의 화려함은 어린이들뿐만 아니라 어른들도 잠재적인 개종자로 끌어들였다는 것이다. 무색의 교회와 간소한 예식으로 대표되는 칼뱅주의의 검소함과 대조를 이루는 가톨릭의 이러한 측면은 그리스도교인들의 영혼을 놓고 벌이는 투쟁에서 강력한 무기라고 선교사들은 믿었다. 이점에서 카푸친회 수도사들은 분명히 옳았다. 웅장하고 화려한 것을 좋아하고, 의식儀式과 극劇을 좋아하던 바로크 시대에, 가톨릭은 프로테스탄트 종파들이 따라올 수 없는 미학적 호소력을 가지고 있었다. 또한 가톨릭은 간단히 말해서 더 재미있었다. 그것은 더 많은 즐거움과 더 많은 놀이를 제공했다. 가톨릭은 프로테스탄티즘이 결코 필적할 수 없을 정도로—사실은 의도적으로 피한 것이지만—종교적 제식과 민중적 축제를 혼합했다. 그래서 가톨릭이 대다수를 차지한 가프 같은 도시에서 희년과 성인의 축일을 기념하고 사육제를 벌일 때, 그 행사는 공간적으로나 상징적으로 전 공동체를 망라함으로써 또다른 차원을 지니게 되었다. 그러한 행사는 프로테스탄트들에게 날카로운 양심의 문제를 제기했다. 신앙을 배신하는 것을 피하기 위해 놀이를 삼가고, 친구들을 피하고, 광의의 공동체에서 물러서야 할 것인가? 만일 그렇다면 그것은, 모든 사람이 하려고 하지 않은, 심지어는 이해하려고 하지 않은, 어린이들은 분명히 하려고 하지 않은, 희생이었다.

가톨릭은, 프로테스탄트들이 보기에, 특별한 매력을 가지고 있었다. 그러나 근본적으로, 함께 어울려 살고 있는 모든 종교집단은 위험에 직면했다. 공존으로 인해, 각 집단 구성원들은 경쟁적인 믿음과 관행에 노출되었고, 그러한 노출과 함께 유혹, 압력, 대안 지식, 선택의 가능성 등이 찾아왔다. 관용은 반 브락트가 두려워한 열정의 상실을 넘어 동화나 심지어는 개종을 일으키기도 했다. 우리 관점에서 볼 때 이것이 가프의 축제가 준 가장 중요한 교훈이다. 혼합적인 사회에서의 삶은 경쟁적인 집단에게 기회와 위험—신자들을 얻을 수 있는 기회와 상실할 수 있는 위험—을 동시에 주었으며, 교회 지도자들은 통합의 수용과 분리의 요구 사이에서 전략적 선택을 해야 했다. 다른 많은 성직자들처럼, 가프의 신부들은 분리를 선호했으며, 그 사건 이후 가프의 칼뱅파 부모들은 신부들이 그렇게 나가기를 원했다. 그러나 가프의 주교는 통합이 개종자들을 만드는 잠재력을 가지고 있음을 알아차렸다.

통합 가운데 가장 극단적인 것은 근대 초 유럽에서 "혼합" 결혼이라고 불린 상이한 신앙 사이의 결혼이었다. 그 어떤 관계나 교류보다도, 그것은 종교집단을 구분하는 일체의 사회적 장벽을 무너뜨리는 경향이 있었다. 상이한 신앙을 가진 사람들은 혼합결혼을 통해 한 아궁이와 한 침대를 사용하게 되었다. 그것은 종교적인 "타자"(또는 적어도 그러한 사람)를 내밀하고 사랑스러운 사람으로 변화시켰다. 자기의 행복은 그의 행복에 달렸다. 결혼은 커플의 사적인 가정생활에서의 친밀한 조정을 요구해 배우자를 서로의 종교적 관점에 노출시켰다. 그리고 가장 중요한 것은, 혼합결혼은 아이들을 처음부터, 발육기부터 두 신앙에 노출시켰고, 그 과정에서 두 교회 모두에게 아이들에 대한 발언권을 주었다는 점이다. 개종과 혼합결혼은 근대 초 종교생활에서 "두 개의 가장 큰 금기"로 불렸다. 그 둘은 가깝게 연결되어 있었다. 왜냐하면 혼합결혼을 통해 신앙 사이에 이동이 빈번하게 일어났기 때문이다.[279] 그러나 종교적으로 혼합된 유럽의 모든 지역에서 금기는 깨어졌다. 그리하여 신생 네덜란드공화국 같은 유동적이고 통합적인 사회에서, 개종과 혼합결혼은 금기라고 불릴 수도 없을 정도로 흔한 일이었다. 그것은 유럽의 교회에 가장 큰 위협이면서 가장 큰 희망이었다.

영혼을 위한 전쟁

근대 초 유럽에서 개종은 민감한 문제였다고 말하는 것은 점잖게 말하는 것이다. 개종은 개인의 가장 사적인 확신이 대중적인 관심사가 되는 것으로서 이루 말할 수 없는 스캔들이었다. 구성원을 잃은 집단에게, 그것은 신, 진리, 교회, 친구, 가족에 대한 배신이었다. 알자스의 루터파는 성스러운 것과 사회적인 것을 합해서 개종을 "아버지와 어머니에 대한 신성모독"이라고 불렀다.[280] 그러한 배신을 행하는 자들은 증오의 대상이었으며, 때로는 물리적인 공격을 받았다. 북프랑스의 작은 마을 장빌에서, 르노르망이라는 이름의 변호사는 1660년대에 프로테스탄티즘으로 개종했는데, "거리에 나가면 사람들이 즉시 그를 알아보고는 돌을 던지며 쫓아다녔고, 한번은 집까지 따라와서 약탈하고 가져갈 수 없는 것들은 박살냈기 때문에 거리에 나가려 하지 않았다."[281] 르노르망은 마을을 떠나 다시는 돌아오지 않았다. 팔츠의 바인하임에서는 1719년에 다음과 같은 불만이 터져나왔다. "누구라도 가톨릭이 되면, 모욕을 당하고 욕을 먹었으며, 심지어는 마을에서 쫓겨나기도 했다."[282] 일 년 후, 스코틀랜드의 마을인 포차벌스에서, 가톨릭교도들이 프로테스탄티즘으로 개종한 토머스 밀러라는 사람과 그의 집을 공격했고, 집기를 훔치거나 파괴해버렸다.

그리스도교의 가르침에서, 전교는 "신의 커다란 영광"을 위해서뿐만 아니라 그렇지 않으면 저주받을 "영혼의 구원"을 위한 그리스도적 사랑의 행위였다.[283] 종파주의 시대에, 전교는 한 종파가 다른 종파를 직접 공격하는 것으로 이해되었다. 실로, 그것은 정신적인 전쟁이었다. 17세기 프랑스에서 가톨릭교회는 개종자를 확보하기 위해 공개적이고 격렬한 전쟁을 벌였다. 가톨릭 성직자들은 그것을 하나는 자신들로 구성되었고 다른 하나는 칼뱅파 목사들로 구성된 두 군대가 대치하는 전쟁으로 묘사했다. 그들은 평범한 세속인들을 놓고 싸웠는데, 이들이 바로 전장戰場이었다. 프로테스탄트 지도자들은 평신도들이 그렇게 수동적이라고는 보지 않았다. 그러나 그들은 가톨릭 선교사들이 놀라운 힘을 가지고 있다고 생각했다. 무엇보다도 그들은 프로테스탄트를 가톨릭으로 개종시키는 것을 유럽에서의 일차적인 목표로 삼고 있는 예수회 수도사들을 악마라고 생각했다. 프로테스탄트들에게—그리고 18세기 철학자들에게도—예수회는 가톨릭의 본질인 공격성과 불관용성의 화신이었다. 함부르크의 루터파 목사인 요한 아드리안 볼텐은 1790년에 이렇게 썼다. "가톨릭신자들에게 교회의 팽창에 대해 신경쓰지 말라고 말하는 것은 가톨릭신자임을 그만두라고 말하는 것과 같다."[284] 볼텐처럼 대부분의 유럽인들은 전교를 평화 공존과 양립할 수 없다고 생각했다.

공격받은 사람들이 폭력으로 대응하는 것은 놀랍지 않다. 예를 들면, 님에서, 피에르 쿠텔이라는 13살짜리 고아가 가톨릭으로 개종한 것이 폭동의 불을 지폈다. 저명한 위그노 집안 출신인 그 소년은 두 신앙이 공유한 균등 기관이었던 지역 콜레주의 학생으로서 예수회의 영향 아래에 있었다. 피에르가 개종하자, 가톨릭은 그를 빼돌려, 처음에는 친구 집에서 그 다음에는 지역 주교관에서 지내게 했다. 그것은 그의 프로테스탄트 후견인들이 가할 압력으로부터 그를 보호해주었다. 프로테스탄트들이 보기에, 그것은 유괴나 다름없었다. 법적으로 일리가 있었다. 낭트칙령은 어린아이들을 둘러싼 그러한 전투를 미연에 방지하기 위해, 소년들의 경우에는 14살, 소녀들의 경우에는 12살이 되어야 개종할 수 있다고 규정했기 때문이다. 쿠텔의 친척들과 후견인들은 아이를 돌려보내라고 주교에게 요구했지만 헛일이었다. 9월 4일(이날이 프로테스탄트와 가톨릭 모두에게 신앙의 날이었던 것은 우연이 아니다), 대부분 모직물과 피혁물 장인으로 구성된 5백여 명의 프로테스탄트들이 주교 관저로 몰려가 그 아이를 빼앗았다. 그들의 폭력은 대단했다. 주교의 하인 가운데 3명이 치명적인 부상을 당했는데, 그중 한 명인 문지기는 망치로 얻어맞고 한참을 끌려간 후 돌멩이 세례를 받았다. 이 "쿠텔 사건"은 님의 콜레주를 두 개의 기관으로 분리한 일련의 사건들 가운데 하나였다.

개종을 둘러싼 소동은 프랑스에서 특히 자주 일어났지만, 폭력적인 사건은 다른 곳에서도 일어났다. 아일랜드의 페르마나프 주에서, 한 젠트리 집안은 백여 명의 군중을 이끌고 자기 딸을 개종시킨 감리교 설교자가 숙박하고 있는 집을 포위했다. 1787년에 코르크 주교 존 버틀러가 개종하자, "민중들은 너무 충격을 받아 그의 마차 주위에 모여들어 손에 닿는 것은 무엇이든지 그에게 던졌다."[285] 1661년 아우크스부르크에서, 루터파는 가톨릭으로 개종한 소녀들이 끼어 있는 행렬을 공격했다. 루터파가 보기에, 소녀들은 "순전히 도발 목적"으로 그들의 눈앞에서 행진하고 있었던 것이다.[286] 그것은 흔한 일이었다. 개종자들은 강력한 선전효과가 있었기 때문에 흔히 그렇게 이용되었다. 성직자들은 개종을 신의 진리가 승리한 것으로 기념하면서 논쟁적인 설교의 기회로 삼았고, 팸플릿 작가들은 글로 나발을 불었다. 어떤 교회에서는 개종행위를 정교한 제식으로 만들어, 지역 공동체에서 화려하게 공연했다. 그것은 오늘날의 정치적인 "공개재판"에 비교될 만했다. 어쨌든, 교회는 개종자들이 기존 믿음을 공개적으로 버렸다고 언제나 주장했다.[287]

개종이 한쪽에는 환희를 다른 한쪽에는 고통을 가했다고 말하는 것은 과장이 아니다. 그것은 한 신앙이 진리이고 다른 신앙은 거짓임을 너무나 강력하게 증언해주었기 때문에 프랑스의 선교사들은 이미 가톨릭이었던 사람을 새로운 개종자로 만들어 행진시켰다. 적어도 위그노들은 그렇게 주장했다. 비난은 가능한 행동만큼이나 의미심장했다. 마찬가지로, 사적으로 이루어진 개종—예를 들면, 사람들이 임종할 때―에 대한 소문도 열심히 퍼졌고 열심히 부정되었다. 위그노는 1647년에 피에르 자리주라는 예수회 수도자가 개종했을 때 커다란 승리를 거두었다. 그러나 3년 후 자리주가 가톨릭으로 되돌아감으로써 승리를 탈취당했다. 그의 복귀에 대한 설명은 그의 이름으로 출판되었다. 그 사람의 근황은 확실하지 않았다. 예수회는 자리주가 교단으로 돌아온 후 참회하기 위해 세상을 등졌다고 주장했다. 위그노는 예수회가 그를 납치하여 은밀한 보복을 가했다고 믿기를 선호했다. 모든 개종 가운데 성직자의 개종이 가장 민감했다. 왜냐하면 신앙교육 전문가들의 개종보다 신앙의 거짓됨을 더 잘 증명할 수 있는 사람이 없기 때문이다. 그 신앙에 정통했던 사람보다 그것을 더 파괴적으로 부정할 사람이 있겠는가? 그러니 성직자 개종자를 받아들인 교회가 그에게 팸플릿을 쓰게 하고 이전의 신앙을 반대하는 설교를 하게 하여, "철회 설교"라는 장르를 만들어낸 것은 놀라운 일이 아니다. 1718년과 1727년 두 차례, 그러한 설교는 독일 도시 힐데스하임에서 폭동을 일으켰다.

팸플릿과 철회 설교는 평신도들이 교회 지도자를 따라 후속적인 개종을 하도록 권유하기 위한 것이었다. 가톨릭교회는 그러한 시나리오를 상상한 유일한 기관이 아니었다. 그러나 일반적으로 그 시나리오는 상상의 수준을 벗어나지 않았다. 프로테스탄티즘을 받아들인 유럽의 모든 지역에서, 성직자들의 개종은 종교개혁의 과정에서 결정적인 역할을 했으며, 그것에 뒤이어 일어난 반가톨릭 논쟁의 물결도 그러했다. 그러나, 후기에는, 성직자들의 개종과 논쟁이 평신도들에게 얼마나 효과적이었는지 분명하지 않다. 16세기 말부터 18세기 초까지, 종파들의 심성이 뿌리박히고 성직자들의 충성심이 확고해짐에 따라 약간의 사람들에게만 영향을 주었을 것으로 생각할 수 있다. 그렇지만 충분한 연구가 없기 때문에 어떤 확실한 패턴을 찾아내기는 불가능하다. 비버라흐에 대한 연구를 보면, 가톨릭의 논쟁 설교는 18세기에 루터파의 "비교적 빈번한" 개종에 책임이 있다.[288] 그러나 대조적으로 아우크스부르크에서는 그러한 설교가 거의 아무도 바꾸지 못했다. 17세기 후반, 매년 성직자들은 많이 개종했지만 도시의 성인 인구 가운데 개종자는 평균 0.1퍼센트도 안 되었다. 표면적으로 볼 때, 이것은 논쟁 설교가 아우크스부르크에서는 아무 효과도 없었음을 말해준다. 그러나 거기에는 또다른 가능성이 있다. 어쩌면 그러한 설교의 진정한 목적은 겉으로 보이는 것과는 다른 것이었을지 모른다. 어쩌면, 그것은 겉으로 보이는 것처럼 프로테스탄트들을 가톨릭으로 개종시키려는 것이라기보다는 정반대로 가톨릭의 배교를 막으려는 것이었을지 모른다. 프로테스탄티즘을 공격하고, 두 종파 사이에 흑백의 경계선을 그음으로써 그 설교는 가톨릭 평신도들의 신앙심과 교회에 대한 충성심을 강화했다. 그 설교가 두 신앙의 공존 때문에 혼란스러워하고 있는 "단순한" 가톨릭교도들과 두 신앙 모두 받아들일 만하다고 생각하고 그저 모든 사람이 평화롭게 살기만을 바라는 "게으른"(종파적으로는 무관심한) 신자들에 대한 우려를 담고 있는 것은 이 때문이다. 만일 이러한 해석이 옳다면, 그 설교는 종파들 사이의 경계를 허무는 것이 아니라 강화시켜 덜 삼투적으로 만들기 위한 것이었다.[289]

선교 노력은 경쟁적인 신앙의 확고한 지지자들보다는 종파적 충성심이 약하고 불확실한 사람들을 향해 이루어졌다. 말하자면 그 노력은 복음적이라기보다 사목적이었다. 예를 들면 엘리자베스 여왕의 잉글랜드에서 그러했는데, 이곳에서 가톨릭 선교사들은 스스로를 가톨릭이라고 생각하면서도 소교구 예배에 참석하던 "교회 교황파"에게 노력을 집중했다. 또한 네덜란드공화국에서도 그러했는데, 이곳에서는 교회에 나가지 않던 수많은 사람들을 놓고 종파들이 경쟁을 벌였다. 사실, "선교"와 "개종" 같은 개념들은 종파를 바꾸는 것과 삶의 방식을 바꾸는 것을, 다시 말하면 이단들의 개종과 죄인들의 회심을 구분하지 않았다. 두 경우 모두, 선교사들의 목표는 마음의 변화를 일으켜 교회의 가르침을 받아들이도록 하는 것이었다. 성프랑수아 드 살은 이 두 유형의 개종을 직접적으로 연결시켜, 가톨릭신자들이 모범적으로 경건한 생활을 하도록 함으로써 프로테스탄트들의 호감을 살 수 있을 거라고 믿었다(참된 신앙은 참된 신앙행위를 일으킨다는 생각을 기억하자). 그와 함께 프랑스의 시골에서 대대적인 선교 캠페인을 벌인 카푸친 수도회의 첫 번째 목표는 가톨릭교도들이 더 열정적인 신앙생활을 하도록 유도하는 것이었다.

겉보기와 달리 신앙 논쟁과 선교 캠페인이 종종 방어적이고 내부 단속적인 목적을 가지고 있었다면, 개종자들(근대적인 의미에서의)은 어떤 사람들이었고, 어떻게 개종했는가? 가톨릭교회는 평신도 엘리트들 특히 제후들과 귀족들을 타깃으로 삼았다. 가톨릭교회는 중세의 지배자들이 무엇보다도 그리스도교를 전파시켜주기를 기대했듯이, 종교개혁 이후 시기에도 세속 권력자들이 신민들에게 참된 신앙을 다시 부과해주기를 기대했다. 프랑스의 앙리 4세부터 잉글랜드의 제임스 2세에 이르기까지, 그리고 리투아니아의 위대한 제후 고아孤兒 라드지빌에서 프랑스의 대귀족 튀렌에 이르기까지, 귀족들의 개종은 가용한 강제력을 통해서 뿐만 아니라—혹은 많은 경우에, 우선적으로—확실한 예, 조성된 분위기, 확대되었거나 취소된 후원관계 등을 통해서도 강력한 영향을 끼쳤다. 이러한 점에서, 가톨릭교회는 대단히 조직적이었지만, 그들만 그런 것은 아니었다. 아마도 평신도 엘리트들에게 가장 무거운 압력을 가한 곳은 아일랜드였다. 이곳에서 가톨릭귀족과 젠트리들은 17세기에 대부분의 땅을 빼앗겼다. 18세기에 시행된 형법에 의해, 장남이 아일랜드의 프로테스탄트 교회에 들어가면 즉시 전 가족 재산을 요구할 수 있었다. 그렇지 않으면 그것은 그의 부모의 죽음과 함께 조각날 것이었다. 비록 가톨릭 엘리트는 차지인이나 중개인으로 프로테스탄트 지주를 위해 봉사함으로써 지위와 부를 유지할 수 있었지만, 아일랜드의 형법은 몇몇 지역, 특히 얼스터 같은 지역에 많이 남아 있던 가톨릭 지주들의 개종을 유도했다.

　노인과 병자 같은 약자들은 개종의 주요 대상이었다. 죽음의 공포—그리고 뒤따르는 심판—는 독실한 행동을 이끄는 강력한 자극이었듯이, 사람들이 자기의 신앙적 선택을 돌이켜보아 그것이 잘못된 것이 아님을 확신하는 데 이용되었다. 죽음과의 직면은 신앙에 대한 최후의 시험, 신앙이 의심을 이기는 순간일 뿐만 아니라 참회할 수 있는 마지막 기회로 여겨졌다. 연극, 인쇄물, 설교, 그림 등에서 표현되었듯이, 임종은 죽음을 앞둔 사람의 영혼을 위한 우주적인 투쟁이 벌어지는 무대였다. 바로 이 순간에 구원이 달려 있었다. 이 드라마에서 가족과 친구들은 중요한 역할을 했다. 많은 개인적인 고백에서, 사랑하는 사람이 잘못된 신앙 때문에 지옥에 떨어질 것이라는 생각은 고통스러운 눈물과 절박한 간청의 이유였다. 성직자들이 죽음을 앞둔 사람에게 위로를 주고, 가톨릭인 경우에는 병자성사를 주는 것이 사목 의무의 일부였다. 1640년대에 님과 같이 종교적으로 혼합된 도시에 역병이 돌았을 때, 상이한 종파의 성직자들 사이에 경쟁이 붙었다.

환자들을 위해 감염 위험을 무릅쓰고 대범하게 사목 활동을 한 사람들이 대중적인 평판을 얻었고, 임종시의 개종으로 보상을 받았다.

젊은이들—아이들, 소년들, 총각들, 처녀들—또한 전교에 특별한 반응을 보였다. 가프의 희년 이야기는 많은 것을 시사해주며, 프랑스의 두 도시(레라크와 리옹), 독일 도시(아우크스부르크), 영국의 주(케임브리지샤이어)에 대한 연구는 이를 뒷받침해준다. 이곳의 젊은이들은 특히 많이 개종했던 것이다. 리옹에서, 가톨릭으로의 전형적인 개종자들은 남녀 불문하고 20대에 이주해왔으며 그중 많은 사람은 부모 가운데 한쪽이나 양쪽 모두가 없는 사람들이었다. 이들 뿌리뽑히고 고립된 젊은이들은 1659년부터 '선교를 위한 친구들'의 표적이 되었다. 이것은 프로테스탄트들을 개종시키기 위해 신부들과 독실한 평신도 유력인사들을 결합시킨 단체였다. 그 단체는 파리, 루앙, 그르노블, 마르세유 등지에 있는 지역 참사회와 함께 젊은이들이 가톨릭을 받아들이고 그것에 충실한다는 조건 아래, 숙박, 직업훈련비, 학교수업료, 결혼지참금 등 그들이 필요로 하는 것은 무엇이든지 제공했다. 신앙의 대가로 안전과 지원을 준 것이다. 이러한 위협에 대처하기 위해서 리옹의 칼뱅파 당회는 재정적 원조를 제공했다. 다른 칼뱅파 교회들도 그렇게 했다. 그러나 시간이 갈수록 위그노들은 가톨릭의 재력에 맞서기 어렵다는 것을 알았다. 1652년 또다른 가톨릭 단체인 '성사를 위한 친구들'은 개종자들을 위한 기금을 창설했고, 1676년 프랑스 국왕은 국가적인 차원의 "재무관 금고"를 설치했다.

근대 초 유럽에서 재정적인 유인책을 써서 개종자들의 환심을 사려고 한 것은 전교의 일반적인 부분이었다. 빈민들은 자선을, 엘리트들은 땅과 정부 관직을, 중간계층은 채무 탕감, 조세 감면, 병사 숙영 의무 면제 등의 혜택을 받았다. 모든 교회나 정부가 그러한 일에 적극적이었던 것은 아니지만, 전혀 하지 않은 것도 아니었다. 그것을 비열한 영혼 매수(종종 그렇기는 했다)라고 성급하게 단죄하지 않기 위해서는, 프로테스탄트 비국교도 목사였던 새뮤얼 챈들러의 관찰을 주목해야 한다. 그는 잉글랜드의 가톨릭 자선사업에 대해 비난했지만 그것의 효과는 긍정적으로 바라보았다. "그들[빈민들]은 자기들이 어려울 때 도와준 사람들의 친절함에 넘어갔으니, 사람들을 착한 행동으로 이끄는 종교에 대해 어떻게 나쁘게 생각하겠는가?"[290] 또한 개종으로 신앙만이 아니라 공동체가 바뀐다는 것을 주목해야 한다. 어린이, 빈민, 사회의 취약계층이 옛 신앙 동료들을 포기하면 새로운 신앙 동료들로부터 보살핌을 받을 필요가 있었다. 귀족들이나 유지들은 전통적인 의미에서는 약하지 않았지만 종교적인 충성심에 따라 얻거나 잃을 것이 많았다. 그들이 종종 그렇게 압력에 굴복한 이유는 여기에 있을 것이다.

유인책의 이면은 위협이었다. 근대 초 유럽에서는 집단마다 상이한 권리와 특권을 가지고 있었다. 따라서 비국교도들이 장애─최소한 정부 관직으로부터의 배제(예배의 제한은 말할 것도 없고)─를 겪었다는 것은 당연하다. 이것은 엘리트 집단에서 많은 개종을 일으켰다. 말할 필요도 없는 것이지만, 비국교도들이 당한 불이익은 상상 이상으로 무겁고 고통스러웠다. 박해받은 사람들을 동정한다면, 압력 때문에 개종한 사람들도 이해해야 한다. 모든 사람이 순교자의 자질을 가지고 있는 것은 아니며, 자기 신앙에 충실하기 위해서 반드시 순교자가 되어야 하는 것도 아니다. 예컨대, 엘리자베스 시대 잉글랜드의 "교회 교황파"에 대해 생각해보자. 그들은 법이 요구하는 한도 내에서, 말하자면 소교구 교회의 안식일 예배에 참석함으로써, 잉글랜드 교회에 충실했다. 그렇지만 그들은 성찬식 때에는 대놓고 교회에 가지 않음으로써 자기들의 가톨릭 신앙을 분명히 드러내었다. 그들은 일요일 예식을 무시하고 가톨릭 기도서를 읽음으로써 교회 참석을 저항의 형태로 전환시키기도 했다. 그들은 압도적으로 남성이었다—성의 불균형이 의미심장하다. 가장이요, 공민권을 부여받은 신민이요, 잠재적인 배심원이요, 관직 보유자(일부는)로서, 잉글랜드 남자들은 여자들이나 어린아이들보다 국교신봉 압력을 훨씬 더 많이 받고 있었다. 그러니 집안의 다른 구성원들은 그렇지 않아도 가톨릭 남자들이 잉글랜드 교회에 가는 것은 흔한 일이었다. 그들은 압력에 굴복했다고 말할 수 있지만, 그들의 국교신봉은 가족을 그냥 그대로 두기 위해서 당국의 요구에 굴복한 것이었다. 남자들은 부인과 아이들이 국교거부자가 될 수 있는 자유를 산 것이다. 이렇게 가족 구성원들은 억압적인 환경에서 살아남으려는 필요와 가톨릭교회에 대한 충성심을 조화시키는 전략에서 상이한 역할을 수행했다. 귀족들과 젠트리는 진전된 전략을 취했다. 그들은 국교거부에 따른 과중한 벌금과 토지몰수 위험을 피함으로써 부와 권력을 보존했고, 그것을 가톨릭 신앙을 보호하고 발전시키는 데 사용했다. 가장이 교회 교황파였던 가족들은 신부들을 보호하고 가족 예배당을 운영했는데, 그러한 가족의 수는 많았다. 무엇보다도, 집안의 안주인들이 가톨릭 신앙을 지키고 아이들을 가톨릭 신앙 속에서 키우고 하인들과 차지인들에게 그것을 전파하는 데 열심이었다.

이렇게 노동이 성에 따라 구분되는 것은 어떤 종교가 공식 종교이고 어떤 종교가 그렇지 않은가에 관계없이 유럽의 여러 지역에서 발견된다. 그것은 아마 억압이 심한 상황에서 특별히 유용했던 것 같다. 알자스 지방이 루이 14세의 프랑스에 "재통합"된 후 프로테스탄트들 사이에서 그것이 일반적이었던 것, 18세기 아일랜드의 엘리트 가톨릭 집안에서 그러했던 것은 그 때문으로 보인다. 일부 에피소드에 의하면, 심지어는 네덜란드공화국에서도 17세기 초에 남자 귀족들은 개혁파 교회의 예배에 참석하면서도 부인과 아이들은 가톨릭을 믿도록 돕거나 부추겼다. 그러한 부부의 종교적인 믿음은 실제보다 더 복잡했던 것으로 보이기 때문에, 그들을 남편과 아내가 상이한 믿음을 가지고 있는 "혼합결혼"으로 분류하기는 어려울 것 같다. 혼합결혼에서는 공적인 외양을 유지하려는 시도는 없었지만, 사적으로 필요한 조정을 하는 것은 훨씬 더 어려웠다.

이 가증스러운 결합

근대 세계에서, 특히 용광로 신화가 국민적 아이덴티티의 결정적 구성요소인 아메리카에서, 일반적으로 이종異種결혼Intermarriage—종교적이건, 인종적이건—은 관용 및 다원주의와 결합되어 있다. 근대 초세계에서도 그러했다. 당시 관용으로 가장 유명한 국가인 네덜란드공화국은 종교적 혼합결혼의 비율이 높은 것으로 평판이 났다. 토착인들과 외국인 방문자들 모두 그것의 빈도에 주목했으며, 그것이 공화국의 종교 분위기에 중요한 영향을 주었다고 이구동성으로 말했다. 개혁파 목사인 베르나르드 드빙흘로는 1602년에 다음과 같이 말했다: "네덜란드인들은 이단 화형을 찬성하지 않을 것입니다." "어떤 사람은 그의 조카가, 어떤 사람은 그의 삼촌이, 어떤 사람은 그의 아들이, 어떤 사람들은 그들의 부인들이, 그들의 살의 살이uyt haer arm, 영혼보다 더 소중한 사람들이, 죽음의 고통을 당하는 것을 본다면 어떻게 되겠습니까?…… 여러분, 어떻게 생각하십니까? 그것이 성공하겠습니까? 거기에 무슨 기쁨이 있겠습니까?"[291] 네덜란드인들에 따르면, 종교적인 차이에도 불구하고 가족에 대해서 느끼는 사랑은 박해를 끔찍한 일로 만들었다. 그들은 종교적으로 혼합된 가족, 특히 무엇보다도 혼합결혼을 당시 사회에 퍼진 관용의 징후만이 아니라 원인이라고 생각했다.

따라서, 공화국에서조차 그러한 결혼이 자주 그리고 강하게 비난받았다는 사실은 조금은 놀랍다. 교회 다니는 사람은 누구나 그것이 위험하고 괘씸한 일이다, 라는 메시지를 피할 수 없었다. 암스테르담의 칼뱅파 당회는 혼합결혼을 "그릇되고", "비열하고", 신에 대한 죄라고 묘사했다.[292] 델프트의 당회는 아이들을 다른 신앙을 가진 사람들과 결혼하게 두지 말라고 신자들에게 경고했다. 그들은 신앙의 차이를 흑백으로 대조시켰다. 그들은 "빛은 어둠과 아무것도 공유하지 않는다"면서 개혁파 그리스도교인들은 다른 신앙을 가진 사람들과 결혼해서는 안 된다고 말했다.[293] 가톨릭교회도 모진 용어로 혼합결혼을 비난했다. 그들이 보기에 혼합결혼은 일종의 신성모독이었다. 혼합결혼을 하는 사람은 "치명적인 중죄"를 짓는 것이라고 크리스티아누스 몰리나는 대중적인 네덜란드어 논문에서 경고했다. 임의주교로서 '가톨릭교회 홀란드 선교회'의 책임을 맡은 필립 로베니우스는 1648년에 "불신자와 결혼하는 것은 그리스도교인을 악마에게 팔아넘기는 것과 다르지 않다"고 썼다.[294] 1741년의 한 교황선언문은 "부끄럽게도 어리석은 사랑 때문에 정신을 잃어 가톨릭교회가 언제나 저주하고 금지해온 가증스러운 결합을…… 자기들의 영혼 속에서 혐오하지 않는" 가톨릭교도들을 비난했다. 이것은 교황청이 네덜란드에서 혼합결혼에 대한 규칙을 처음 공식적으로 완화시킬 때 사용한 언어였다.[295]

또한 교회는 혼합결혼을 한 사람들을 괴롭힘으로써 그것을 막았다. 실제적인 방법은 매우 다양했다. 최초의 네덜란드 개혁파 시노드 가운데 한 시노드는 당회가 "문제의 상황에 따라, 당회 앞에서, 즉 공개적으로 죄를 고백하든가 혹은 당분간 성찬에 참여하지 못하게 하든가, 혹은 파문의 절차를 밟든가" 하는 식으로 문제를 처리하라고 권고했다.[296] 가장 흔한 것은, 당회가 교인이 죄를 뉘우치고 회중과 화해할 때까지 성찬에 참여하지 못하게 하는 것이었다. 당회는 자녀들이 그러한 결혼을 하도록 허락한 부모에게도 같은 벌을 내렸다. 가톨릭교회는 고해라는 무기를 가지고 있었다. 스페인에 대한 반란 이후, 약해지고, 와해되고, 간헐적으로 박해받은 교회는 혼합결혼을 막기 위해서 서서히 기어를 올렸다. 1656년, 선교 활동을 감독하는 교황청 기구인 '신앙의 전파를 위한 성청'은 홀란드 선교회의 신부들에게 그러한 결혼을 한 사람에게는 배우자가 가톨릭으로 개종하기 전에는 고해를 받지 말라고 명령했다. 그러한 거부는 가톨릭신자들의 영성체를 막기도 했다. 앞으로 보겠지만, 얼마나 많은 성직자들이 그처럼 엄격한 교령을 준수했는지는 분명하지 않다. 일반적으로, 선교지에서 활동하던 재속성직자들은 주교구에 있던 성직자들보다 유연했으며, 예수회, 도미니코 수도회 같은 수도회 사람들은 한층 더 유연했다. 17세기 말, 안트베르펜 주교구에 속한 도시인 베르겐 오프 좀의 성직자들도 느슨했다.

가장 엄격한 사람들은 메노파였다. 그들은 그것을 "외부결혼"이라고 불렀는데, 그것을 어떻게 취급할 것인가 하는 문제는 메노파 운동을 분열시킨 중요한 기준 가운데 하나였다. 스펙트럼의 한쪽 끝에 있는 바틸란트인들은 메노파 배우자가 적극적이고 올바른 신자로 남아 있는 한 혼합결혼은 괜찮다고 생각했다. '젊은 프리슬란트인들' 같은 온건한 집단은 위반자가 참회할 때까지 일시적으로만 금지하는 정도였다. 다른 극단에 있는 '올드 프리지아인들'과 '올드 플랑드르인들'은 메노파가 아닌 사람은 물론이고 메노파의 다른 집단에 속하는 사람과의 결혼도 "외부결혼"으로 간주했다. 그들은 혼합결혼에 대해 "완전 금지", 즉 회중으로부터의 추방이라는 벌을 내렸다. 그것은 위반자의 가족도 위반자 본인을 만나지 못하게 할 정도로 가혹한 추방이었다. 추방자는 배우자가 개종하거나 죽어야만 다시 들어올 수 있었다. '올드 프리지아인들'은 17세기 중반에 처벌을 완화했고, 올드 플랑드르인들은 1739년에 가서야 완화했다.

네덜란드공화국 이외의 지역에서도, 교회는 혼합결혼에 대해 가혹하게 비난하고 제재했다. 그러나 어떤 것도 그 결혼이 "명예로운 결혼 상태"임을 부정하지는 않았다.[297] 어떤 그리스도교 종파도 혼합결혼(그리스도교인들 사이의)의 유효성 혹은 결합의 구속력을 부정하지 않았다. 이 주목할 만한 사실은 설명을 요한다.

하나의 분명한 이유는 결혼의 신성함에 대한 깊은 존중심이었다. 프로테스탄트 교회는 가톨릭과 달리 이혼을 인정했지만 실제로 이혼을 허락한 경우는 드물었다. 그들은 남편과 아내가 서로에게서 기대할 수 있는 동반자 관계를 축하했지만, 감성적이고 정신적인 친밀함을 결혼의 필수조건이라고, 그것의 결핍을 이혼의 충분조건이라고 생각하지 않았다. 두 번째 이유는 신약성서의 권위였다. 신약성서는 그리스도교인과 이교도와의 결혼을 유효하다고 분명히 선언했다. '고린도전서 1'에서, 사도 바울은 그러한 결혼은 이교도가 그리스도교인 배우자와 함께 살기를 거부할 때에만 해체될 수 있다고 말했다. 종교개혁 이후 시대에, 이혼에 대한 이러한 허가는 "바울의 특권"이라고 알려졌으며, 프로테스탄트 지도자들은 그것이 정통 그리스도교인들과 이단들 사이의 결혼에도 적용될 수 있는지를 놓고 논쟁을 벌였다. 어떤 경우에도, 그 특권은 다른 방향으로 확대되지 않았다. 그리스도교인들은 이교도—혹은 이단—배우자를 종교의 차이를 이유로 버리거나 이혼할 수 없었다. 남편이 너무 심하게 박대해서 "생명이 위험할 경우"에만 아내는 남편을 버릴 수 있다고 장 칼뱅은 조언했다. 그렇지 않으면, 아내는 "남편을 기쁘게 해주겠다고 신 앞에서 한 맹세로부터 벗어날 수 없으며, 무슨 일이 일어나든 남편에게 충실해야 한다."[298] 실제로, 교회는 남편으로부터 억압받는 아내들에게 관심을 가졌다. 그러나, 칼뱅의 말이 시사하듯이, 교회의 관심은 가부장적 권위의 유지라는 또다른 명령과 충돌했다. 사회적 안정과 질서는 가정의 고결함, 그리고 그 안에서 유지되는 권위와 복종에 달려 있다는 데에는 이론이 없었다. 이것이 모든 유럽의 교회들이 혼합결혼의 구속력을 받아들인 세 번째 이유였다. 잉글랜드의 설교사인 윌리엄 구즈는 "믿음 없는 남편"을 둔 아내의 예를 아내가 남편에게 바쳐야 할 복종의 모델로 들었다. "만일 불신자들이 악마의 이미지를 가지고 있지 않고, 불신자들이 사탄의 신하가 아니라면, 누가 그러한가? 그러나 아내들은 그들에게 복종해야 하고 그들을 두려워해야 한다."[299] 그러니, 음란하고, 세속적이고, 술에 쩌들고, 불경건한 남편에게는 더욱더 복종해야 한다고 구즈는 결론내렸다.

네덜란드공화국과 그 밖에 종교적으로 혼합된 다른 지역에서, 성직자들은 혼합결혼을 인정했을 뿐만 아니라 그 결혼식을 주재했다. 말하자면, 그들은 (자기 교회가 그 지역에서 공식적인 지위를 가지고 있다면) 결혼을 공개적으로 고지했고, 엄숙한 의식을 집행하면서, 자기 교회 신자를 그렇지 않은 사람과 결합시켰다. 공화국의 일부 지역에서, 커플은 유럽의 다른 지역에서는 볼 수 없는 선택권을 가지고 있었다. 다름 아니라 그것은 행정관이 주재하는 공민적 의식을 통해 결혼하는 것이었다. 그러나 이곳에서도, 개혁파 목사들은 "공적인 결혼"은 본래 "시민적인" 것이라는 이유로 혼합커플—비국교도 커플도—의 결혼식을 주재하려고 했다.[300] 프로테스탄트 목사들은 가톨릭 신부들보다 이러한 견해를 쉽게 받아들였다. 왜냐하면 그들의 교회는 결혼을 성사로 보지 않았기 때문이다. 그들은 결혼문제를 조정하기 위해서 행정관들과 긴밀히 협력했다. 그러나 최종적인 권위는 기꺼이 행정관들의 수중에 남겨 두었다.

가톨릭교회의 경우, 1563년에 나온 "비록" 교령은 신부들이 가톨릭 신자를 이단과 결혼시키거나 이단을 이단과 결혼시키는 것을 암묵적으로 금했다.* 그러나 한창 반란이 진행 중이던 네덜란드의 여러 지역에서와 같이 그것이 제대로 공포되지 않은 곳에서는 아무 효력이 없었다. 그것이 공포된 지역에서도, 많은 신부들과 일부 주교들은 그 교령을 지키려 하지 않았다. 그것을 강요하려는 시도는 그들이 꺼린 이

---

* Tametsi는 비록(although)이라는 뜻으로 트렌토 공의회 제24항 제1장에 규정된 문서의 첫 번째 단어이다. 이 조항은 비밀결혼과 관련된 가톨릭교회의 법으로 1908년까지 시행되었다. 이 문서는 결혼은 배우자의 의지로 맺어지는 것이며 부모의 동의는 결혼을 유효하게 만드는 데 반드시 필요한 것은 아니라고 규정했다.

유를 시사해준다. 1656년 로마의 성청은 가톨릭이 아닌 사람이 사전에 개종하지 않으면 혼합결혼식을 주재하지 말라고 공화국의 신부들에게 명했다. 프리슬란트와 오베레이셀 사이의 경계 지역에서 일하고 있던 프란체스코회 수도사 안토니우스 페르켄스는 이 명령이 신자들을 얼마나 혼란스럽게 하고 있는지 상관에게 보고했다. 만일 비가톨릭신자가 개종하기를 거부하면 가톨릭신자는 결혼을 포기하거나 아니면 사제의 축복없이 결혼하는 고통스러운 선택을 해야 했다(네덜란드의 가톨릭신자들은 목사나 행정관 주재로 합법적으로 결혼한 후 가톨릭성직자의 주재로 "다시 결혼하는 것"이 일반적이었다). 가톨릭신자가 후자를 선택하고 결혼을 강행한다면, 교회의 눈으로 보면 간음과 동거의 죄를 짓는 것이었고, 그 치명적인 죄에 대해 용서받지 못한다면 저주를 면하지 못할 것이었다. 그러나 교단은 죄의 사함을 금했다. 누가 그렇게 가혹한 단죄를 감수할 것인가? 그렇게 절망적인 운명을 받아들일 것인가? 페르켄스는 로마의 교령이 비가톨릭신자들을 개종시키기는커녕 오히려 많은 가톨릭신자들로 하여금 신앙을 버리게 하지 않을까 우려했다. 페르켄스는 가톨릭교회가 그 같은 강력한 조치를 취하면 득보다 실이 훨씬 많을 것임을 직접적인 사목 경험이 있는 다른 신부들과 마찬가지로 잘 알고 있었다. 프로테스탄트 목사나 행정관이 아니라 (혹은 여기에 덧붙여) 신부가 결혼식을 주재할 때 혼합결혼을 한 가톨릭이 신앙에 충실할 가능성, 계속 그것을 실천할 가능성, 그리고 자녀들을 가톨릭 안에서 키울 가능성이 훨씬 더 높았다. 실로, 교회가 그렇게 중요한 순간을 주도함으로써 교회는 새로운 가정의 미래생활 속으로 가치 있는 진입을 하는 것이었다. 사방에서 항의가 빗발치자, 임의주교인 요하네스 반 네르카셀은 성청에게 정책의 재고를 요청했고, 성청은 1671년에 그 요청을 받아들였다.

전 유럽적으로, 칼뱅파, 가톨릭, 루터파, 영국 국교회 성직자들 모두 똑같은 잠재적인 손익계산을 했다. 그들은 그것에 입각하여 혼합결혼식을 주재했고, 혼합결혼을 하는 교회신자들을 지나치게 질책하지 않도록 조심했다. 알자스 지방의 스트라스부르 교구 신부들은 자기들이 혼합결혼을 축복하지 않는다면 그 커플은 목사들에게 부탁할 것이고, 그러면 교회는 가톨릭 배우자를 상실할 것이라고 상부에 우려를 전달했다. 한 스코틀랜드 학생은 프랑스 개혁교회의 규칙과 1660년대 중반에 자기가 푸아투 지방에서 관찰한 현실 사이에는 괴리가 있다고 적었다. "남자건 여자건 교황파와 결혼하는 것은 금지되었다. 결혼한다면 전체 교회신자 앞에서 자기들의 실수와 자기들이 일으킨 스캔들에 대해 공개고백을 해야 했다. 그렇지만 실제로 그러한 엄격성은 매우 드물게 혹은 점잖게 시행되었다. 왜냐하면 그 규칙을 강요하면 그 사람은 〔그 규칙을 따르느니〕 차라리 교황파가 될 것이어서 결과적으로 신자 한 명을 잃게 되기 때문이다."[301]

물론, 종교적으로 혼합된 공동체에 있는 성직자들 가운데 혼합결혼을 축성하기를 거부한 사람이 없지는 않았다. 예를 들면, 프랑스 남부 도시인 님의 가톨릭 신부들은 가톨릭교회에서 가톨릭 배우자와 결혼하기를 원하는 프로테스탄트에게 개종을 요구했다. 1609년과 1621년 사이에, 그들이 님 성당에서 주재한 결혼식의 4분의 1은 배우자 중 한쪽(거의 언제나 여자)이 결혼식 전 몇 달 사이에 가톨릭으로 개종한 경우였다. 그러나 님의 사례는 성직자들이 혼합결혼을 축성하기를 거부하면 일어날 수 있는 신자의 상실이라는 위험 외에 또다른 위험이 있음을 알려준다. 그것은 위선적이고 불성실한 신자의 획득이었다. 일

년에 평균 두세 번, 가톨릭신자와 결혼하기 위해서 개종했던 프로테스탄트 여성은 님의 당회에 출석하여 용서를 구하고 칼뱅파 교회에서 다시 받아줄 것을 부탁했다. 그러면 진정한 참회가 있은 후 그녀의 요청은 받아들여졌다. 사실이건 아니건, 그녀는 부모가 결혼을 강요했다고 말했다. 그러나, 그녀의 책략은 "결혼을 위한" 개종자들이 철저한 가톨릭 신앙교육을 받거나 성실성의 증거를 보여줄 것을 요구하지 않은 가톨릭성직자들을 포함한 여러 명의 묵인을 필요로 했다. 님의 한 주교가 말했듯이, 이러한 "신성모독적인 수치"는 1663년 루이 14세 정부가 가톨릭신앙을 버리는 것을 금하고 그런 사람들에게는 추방과 재산몰수형을 부과할 때까지 수십 년간 계속되었다.[302]

혼합결혼을 금하는 법은 역효과를 낳을 수 있었다. 아우크스부르크의 행정관들이 1635년에 그러한 법을 공포했을 때 결혼을 위한 개종이 급증했다. 홀란드 주의회는 1755년에 주에서 이루어지는 혼합결혼에 대해 최초의 법적 제약을 가했을 때 유사한 반응을 기대했다. 그들은 개종자들이 새로운 신앙인으로 인정받기 전에 성실성을 입증하도록 일 년 동안의 시험기간을 둘 필요가 있다고 생각했다. 그렇지 않으면, 커플은 위장개종을 통해 혼합결혼에 대한 처벌을 피할 거라고 우려했던 것이다.

물론, 결혼을 위한 개종이 모두 당국의 압력에 의해 이루어진 것은 아니었다. 제도적인 방해물 외에도, 혼합결혼을 하는 사람들은 친구, 가족, 이웃, 그리고 무엇보다도 배우자의 신념과 싸워야 했다. 암스테르담의 무명화가 가운데 한 명인 하윌라우메 하르데인은 안나 포르미아우와 결혼하기 위해 가톨릭에서 칼뱅파로 개종했다. 후일 그는 암스테르담 당회에서 자기는 오직 "이 여자를 얻을 생각에" 개종했다고 솔직하게 말했다.[303] 결국 그는 가톨릭의 품으로 되돌아갔다. 결혼을 위한 개종이 모두 불성실한 것은 아니었다. 혼합결혼의 파장—커플의 육체적 친밀함과 정신적 분열, 가정의 갈등과 "무질서", 그리고 자녀 양육문제—때문에 어떤 사람들은 그러한 결합을 배격했고 어떤 사람들은 한쪽이 개종할 필요성을 느꼈다. 결혼은 명예롭고 성스러운 상태로 여겨졌다. 역설적으로, 개종은 결혼을 그러한 상태로 유지할 수 있게 해주었다.

그렇지만, 1750년대까지 공화국에서 혼합결혼을 법적으로 막은 것은 없었다. 종교적 혼합커플은 몇 가지 약속을 요구받는 것이 고작이었다. 개혁파 배우자는 아무런 방해나 망설임 없이 자기 신앙을 유지할 것, 그리고 커플의 아이들을 개혁파로 양육할 것 등이 그것이었다. 종교적인 혼합커플은 시청이나 개혁교회에서 결혼할 수 있었고, 비칼뱅파와 결혼한 남자는 어떠한 직업이나 관직에서도 법적으로 배제될 수 없었다. 1738년까지 그러했다. 몇몇 지역에서 그들은 개혁파 교회의 장로로 일할 수 있었고(프리슬란트의 볼스바르트-보르쿰의 종교법원은 1643년에 명백히 그렇게 규정했다), 그리고 심지어는 목사가 될 수도 있었다. 그 당시 네덜란드인들은 개종 압박을 별로 받지 않았다.

혼합결혼의 비율

종교적인 혼합결혼의 비율은 평판대로 네덜란드에서 유럽의 다른 어느 지역에서보다 정말 높았는가? 그렇다면, 그것은 혼합결혼과 관용 사이의 관계에 대해 무엇을 말해주는가? 불행하게도, 이 주제에 대해서는 거의 연구가 이루어지지 않았기 때문에 확실한 자료는 없다. 게다가, 초기로 갈수록 믿을 만한 통계의 기초자료들은 더 드물다. 혼합결혼을 규제하고 제한하는 법은 우리의 최대의 희망이다. 왜냐하면 법이 시행되면 행정관들은 그 같은 결혼 사례들을 꼼꼼하게 기록해야 하기 때문이다. 그러나 그것이 의미하는 것은 혼합결혼에 대한 방해가 가장 적었던 시기, 즉 혼합결혼이 가장 흔했던 시기인 16세기와 17세 초에 대해 알기 어렵다는 것이다. 1677년, 위트레흐트의 행정관들은 한쪽이 개혁파고 한쪽이 가톨릭인 혼합커플은 결혼 전에 성실성과 불간섭을 약속할 것을 요구하는 법을 공포했다. 그 도시의 결혼등록부에 대한 표본조사는 1680년에 이루어진 결혼 가운데 개혁파−가톨릭 결혼은 2.1퍼센트에 불과하며, 1700년에도 그 수준이었음을 알려준다. 그러나 1720년에는 7.2퍼센트로 올랐다가 1740년에는 6.2퍼센트로 약간 떨어졌다. '네덜란드 일반 지역'에 있는 도시인 베르겐 오프 좀의 수치도 위트레흐트의 수치와 비슷하다. 1736년과 1795년 사이에 맺어진 결혼 가운데 8.7퍼센트는 가톨릭과 프로테스탄트(칼뱅파나 다른 교파) 사이의 결혼이었다.

홀란드에서, 비교 가능한 비율은 이보다 훨씬 낮았다. 이곳의 기록은 암스테르담의 행정관들이 합법적으로 결혼한 사람들의 종교를 기록할 것을 촉구한 1755년의 포고문이 나온 후에야 비로소 체계적인 것이 되었다. 1760년 암스테르담에서의 결혼 건수 2,533건 가운데 칼뱅파와 가톨릭 사이의 결혼은 단 한 건도 없는 것으로 보인다. 20년 후에는 단 0.24퍼센트만이 칼뱅파와 가톨릭의 결혼이었다. 이 수치는 놀랍도록 낮다. 암스테르담의 행정관들이 속았기 때문인지 모른다. 그러나 홀란드의 다른 지역도 이 수치의 10배 수준에 머물러 있다.

1780년대, 칼뱅파–가톨릭 결혼은 라이덴에서는 2.8퍼센트, 로테르담에서는 1.8퍼센트, 바세나르에서는 1.5퍼센트였다. 그처럼 불완전하고 제한적인 증거로부터 확실한 결론을 도출하려는 것은 무모하다. 그렇지만, 시험적인 작업가설로서, 공화국에서 프로테스탄트–가톨릭 혼합결혼의 비율이 18세기에 상승했으나, 전반적으로 매우 낮은 수준에 머물렀다고 말할 수는 있을 것 같다.

이와는 대조적으로, 프로테스탄트 비국교도들은 칼뱅파와 혹은 자기들끼리 빈번하게 결혼한 것으로 보인다. 1780년에 암스테르담에서의 결혼 건수 가운데 5퍼센트 이상이 상이한 프로테스탄트 종파들 사이의 결혼이었는데, 대부분 루터파와 칼뱅파의 결혼이었다. 1761년 이후 위트레흐트에서 결혼한 루터파 남자의 절반 이상, 루터파 여자의 40퍼센트 이상이 칼뱅파와 결혼했다. 인구의 다수가 가톨릭이었던 베르겐 오프 좀에서도 비슷한 양상이었다. 이곳에서는 결혼한 가톨릭의 7퍼센트만 비가톨릭 배우자를 선택했고, 결혼한 칼뱅파의 15퍼센트는 비칼뱅파를 선택했으며, 결혼한 루터파의 52퍼센트는 비루터파를 선택했다. 루터파가 대단히 많았던 1760년 암스테르담에서, 루터파 가운데 13퍼센트만 다른 신앙을 가진 배우자를 선택했다. 대조적으로, 메노파는 3명 가운데 1명, 청원파는 3명 가운데 2명이 혼합결혼을 했다. 이러한 것들이 프로테스탄트 비국교도들은 족내혼, 즉 자기들 집단 내부에서의 결혼을 선택하는 경향이 없었다는 것을 의미하지는 않는다. 예를 들면, 루터파는 베르겐 인구의 4.7퍼센트에 불과했기 때문에 그들이 같은 종교 사람을 선호하지 않았더라면 95.3퍼센트를 다른 종교의 사람에게서 찾았을 것이다. 비교적 유연했던 네덜란드 사회에서도, 모든 집단은 어느 정도는 족내혼을 했다. 그렇지만, 18세기의 결혼 패턴은 상이한 종파의 프로테스탄트들끼리의 사회적인 교류가 높았음을 증언해준다. 프로테스탄트들 사이의 결혼은 당시 전통적인(삼위일체를 인정하는) 프로테스탄트 교회들 사이에 퍼져 있던 우호적인 관계를 민중적 차원에서 반영한 것으로 보인다. 사실 18세기에 이르러 그들은 교리적 신조를 전보다 덜 중요하게 여겼으며, 공통의 성서적 경건성을 함께 나누었다. 사회관계는 종교문화를 뒤따랐던 것이다. 그러나, "계몽주의 시대"에도, 프로테스탄트와 가톨릭은 높은 장벽으로 나뉘어 있었다.

비록 단편적이기는 하지만, 유럽의 다른 지역에서 나온 자료는 네덜란드공화국이 그렇게 예외적이지는 않았음을 보여준다. 네덜란드가 초기에는 높은 혼합결혼 비율을 보여주었다 해도—우리가 확인할 수 없는 내용이다—그곳만 그런 것은 아니었다. 16세기 후반, 독일 도시인 밤베르크는 앞에서 언급한 도시들과 비교할 때 천문학적으로 높은 가톨릭-프로테스탄트 혼합결혼 비율을 보여준다. 그것은 도시의 구역에 따라 최저 13퍼센트에서 최고 28.5퍼센트의 차이를 보였다. 프랑스의 아키텐 지방에 있는 도시 레라크에서, 가톨릭과 프로테스탄트 사이의 혼합결혼 비율은 17세기 초에는 12퍼센트 정도였다가 1670년대와 1680년대에 6퍼센트 정도로 떨어졌다. 네덜란드에서처럼 유럽의 다른 지역에서도 초기보다는 18세기 후반을 알려주는 자료가 더 많다. 아우크스부르크와 스트라스부르 같은 대도시에서, 프로테스탄트-가톨릭 결혼은 드물었다. 아우크스부르크에서는 1774년과 1789년 사이의 결혼 가운데 1퍼센트만이 혼합결혼이었고, 스트라스부르에서는 1774년과 1784년 사이에 2.8퍼센트의 결혼만 그러했다. 라인강변에 있는 독일의 작은 도시 오펜하임의 주민은 가톨릭, 칼뱅파, 루터파가 대종을 이루었는데, 혼합결혼의 비율이 훨씬 높았다. 1775년과 1798년 사이, 오펜하임의 혼합결혼 비율은 16.8퍼센트로, 공화국에서의 그 어떤 비율보다 높았다. 그러나 그 결혼 가운데 거의 4분의 3은 루터파와 칼뱅파 사이의 결혼이었고, 신랑은 대체로 루터파였다.

영국 측 자료는 18세기에 프로테스탄트 집단 사이에 높은 수준의 통합이 이루어졌음을 시사해준다. 1720년대부터, 영국에서 프로테스탄트 비국교도의 수는 급속히 떨어져, 1715년과 1810년 사이에는 절반 이상 줄어들었다. 이것은 특히 퀘이커교도들에게 타격을 주었는데, 혼합결혼은 이러한 감소를 부분적으로 설명해준다. 1750년경에 이르러, 아일랜드 퀘이커교도들의 수 역시 크게 줄어들었다. 비록 회중(모임)의 수는 늘어났어도 말이다. 아일랜드 퀘이커교도들이 퍼져나감에 따라, 동료 퀘이커교도들 사이에서 결혼 상대를 찾는 것이 더욱 어려워졌고, 그리하여 혼합결혼 비율이 치솟았다. 18세기 전반기, 더블린 거주 퀘이커교도들의 4분의 1에서 3분의 1이 비퀘이커교도와 결혼했으며, 그 후 "분리"되었다, 다시 말하면 회중에서 추방되었다. 지리적 확산은 "친구들을 폭넓은 프로테스탄트 공동체의 사회적 관습과 동일시하고, 동화하도록 압력을 넣은" 효과가 있었다.[304]

이것은 우리가 많은 곳에서 종교적 소수파들이 스스로를 유지하는 데 겪은 어려움에 대해서 듣는 이야기다. 그들이 이러한 어려움을 결혼 시장에서보다 더 직접적으로 직면한 곳은 없다. 1645년에 로베니우스는 로마에 있는 성청으로부터 왜 프리슬란트에서는 그렇게 많은 가톨릭신자들이 가까운 친척들과 결혼하는지 묻는 편지를 받았다. 임의주교는, 그들은 "동등한 조건을 가진, 금지된 촌수를 넘어선 가톨릭

신자 가운데에서는" 결혼 상대를 찾을 수 없다고 "너무 쉽게 속단한다"고 대답했다.[305] 그곳에는 가톨릭 가족의 수가 너무 적으며, 그들은 이미 혼합결혼을 통해 맺어졌다고 그는 계속 불만을 토로했다. 1660년, 페르켄스 형제는 신자들로부터 비슷한 이야기를 들었다: "이단의 수가 너무 많고 가톨릭 소녀들의 수가 부족해서" 가톨릭 남자들은 "비슷한 수준의 가톨릭 소녀들을 찾기 힘들다"고 하소연했다.[306] 네덜란드의 가톨릭신자들은, 본인들의 말에 의하면, 종교적인 족외혼과 사회경제적 족외혼 사이에서 선택해야 했다: 그들은 가톨릭 혹은 자기들과 동등한 수준의 지위와 재산을 가진 사람과 결혼할 수 있었다. 통계는 그들의 이야기를 뒷받침해준다. 예를 들면, 홀란드 남부 마을인 마스란트에서, 종교적인 혼합결혼은 경제적인 혼합결혼이 아니었으며, 그 역도 마찬가지였다. 거래는 또한 지리적인 차원을 가지고 있었으니, 종교집단이 작으면 작을수록 같은 신앙의 배우자를 찾기 위해 더 멀리까지 망을 던져야 했다. 홀란드 북부 마을인 흐라프트에서, 소수파인 메노파 신자들은 다수파인 칼뱅파보다 마을 외부에서 결혼상대자를 찾는 비율이 23퍼센트 더 높았으며, 가장 소수파였던 가톨릭은 60퍼센트 더 높았다.

이러한 거래 패턴은 네덜란드 바깥에 있는 소수파들도 비슷하게 겪었다. 가장 분명한 사례 가운데 하나는 독일 도시인 울름에서 볼 수 있다. 1570년과 1624년 사이, 이 도시의 가톨릭은 거의 절반이나 줄었는데, 같은 시기, 가톨릭신자들 가운데 외지인과 결혼한 사람은 두 배 이상 늘었다. 프로방스의 뤼베롱 지방은, 프로테스탄트와 가톨릭의 수가 비슷했다. 이곳에서 혼합결혼은 매우 드물었지만, 어떤 집단이 어떤 소도시에서 종교적 소수파가 되든지 간에, 그들은 다른 곳에서 배우자를 찾아야 했다. 거의 모든 지리적 족외혼은 종교적으로는 족내혼이었다. "외지인"이면서 상이한 신앙을 가진 사람과 결혼할 필요는 없었다. 프리슬란트에서처럼 푸아투에서도 근친혼(프로테스탄트들에게서보다 가톨릭에게서 더 촌수 폭이 넓었다)을 피해야 한다는 필요성은 종교적인 혼합결혼의 비율을 높였다.

종교적인 소수파가 살아남기 위해서는 족내혼을 해야 했다. 그들은 이것을 제재를 통해서 만큼이나 가치를 통해서 한 세대에서 다음 세대로 전해주었다. 실패는 파국적인 결과를 가져올 것임을 모두 알고 있었다. 왜냐하면 혼합결혼은 교회가 신자를 상실하는 지름길 가운데 하나였기 때문이다.

왜냐하면 그들은 너의 자식들을 빼돌릴 것이기 때문이다

유럽의 경쟁적인 종파들에게 혼합결혼은 기회인 동시에 위험이었다. 한편으로, 성직자들과 평신도들은 "이단적인" 배우자를 "참된" 신앙으로 이끌기를 희망할 수 있었다. 실제로, 한 영혼을 구한다는 기대감은 집단 외부에서 배우자를 찾은 것을 정당화시켜주는 이유 가운데 하나였다. 1578년에 열린 국가 시노드가 네덜란드의 칼뱅파가 자녀들을 비교회인들에게 결혼시키는 것을 허용했을 때, 그 승인조건은 약혼자가 "[개혁파] 종교에 반대하지 않는 것"이었고, "진리 안에서 자랄 것이라는 좋은 희망"을 주는 것이었다.[307] 그러나, 시노드가 주로 마음에 두었던 그러한 결혼은 엄밀한 의미의 혼합결혼이 아니었다. 그것은 개혁파 신자를 교회에 대해 느슨한 감정을 가지고 있거나 전혀 가지고 있지 않은 사람과 결합시키는 것이었다. 공화국에서 이러한 사람들은 주요 경쟁 대상이었으며, 그들을 끌어온다는 희망은 참으로 현실적이었다: 최종적으로 많은 사람들이 어떤 교회든 들어갔다. 상이한 종파의 사람을 개종시키는 것은 별개의 문제였다. 이점에서 네덜란드 교회는 다른 지역의 교회와 다르지 않았다. 그들은 혼합결혼이 이익만큼 손실을 발생시키지 않을까 걱정했다. 1595년 델프트 당회는 교회 구성원들에게 "반대 신앙을 가진 사람을 끌어올 수 있다는 헛된 희망으로 자신을 속이지 말라"고 권고했다. 왜냐하면 종종 "악이 승리를 거두기" 때문이었다.[308] 네덜란드에서 많은 독자층을 가지고 있던 칼뱅파 도덕가인 야콥 카츠는 처녀들에게 똑같은 충고를 했다: "젊고 건강한 사람이// 아픈 사람의 입에 키스를 하면// 그녀는 오히려 병에 걸릴 것이다// 아픈 사람을 낫게 하는 것이 아니라." 여기에 그는 다음과 같은 경고를 덧붙였다: "그는// 그 처녀가 할 수 있는 것 이상으로 그 문제를 심하게 밀어붙일 수 있다는 것이// 확실하지 않은가?"[309] 그러나 아내들이 남편으로부터의 압력에 약했지만, 실제로 종교적인 영향은 양방향으로 흐를 수 있었다. 모든 혼합결혼은 두 교회를 직접적인 경쟁관계 속에 넣었으며, 어느 쪽도 승리를 장담하지 못했다. 일반적으로, 교회는 손실의 위험을 피할 수 있다면 이익의 기회를 희생하는 편을 선호했다.

물론, 혼합결혼에는 한 명의 배우자보다 많은 사람이 걸려 있었다. 교회 지도자들뿐만 아니라 친구들, 친척들, 그리고 세속 당국이 가장 관심을 둔 것은 자녀들의 운명이었다. 그리스도를 위한 사람들을 잃을 수 있다는 가능성은 비신앙인과의 결혼을 반대한 궁극적이고도 가장 오래된 이유였다: "왜냐하면 그들은 너의 자식들이 나를 따르지 못하게 빼돌릴 것이고, 그들은 다른 신을 섬길 것이기 때문이다"(신명기 7:4).[310] 혼합결혼에서 낳은 아이들은 태어날 때부터 악한 영향을 받는다고 몰리나는 경고했다: "그들은 젖을 먹으면서 이단을 빨아들인다." 그들은 교황, 주교, 신부들을 미워하도록, 이단적인 기도와 교리문답을 외우도록 교육받는다. 후일, 그들은 가톨릭이 아닌 파트너와 맺어진다. "그리하여 이 암은 아이들, 아이들의 아이들, 조카와 질녀들에게로 대대손손 퍼져나간다."[311] 아이들과 함께 가족의 미래 세대가 계속된다. 가톨릭교회는 그 어떤 종파보다 완강하게 그러한 손실을 막기 위해 싸웠다. 가톨릭교회의 주교는 비가톨릭 배우자가 자녀를 가톨릭으로 키운다는 조건 아래 혼합결혼을 허가했다. 많은 신부들은 혼합결혼을 주재하기 전에 그러한 약속을 하라고 요구했다.

그러나, 프로테스탄트–가톨릭 결혼에서 태어난 많은 아이들은 가톨릭으로 양육되지 않았다. 교회의 비난을 무시하고, 세속 사회는 이에 대해 나름대로의 관행을 만들어나갔다. 유럽의 일부 지역, 예를 들면 북동 스코틀랜드의 엔지 같은 곳에서는 가부장적 권위가 지배적이었고, 아이들은 아버지의 신앙에 따라 양육되었다. 17세기의 스트라스부르, 프랑스의 작은 도시인 모즈뱅, 그리고 18세기 팔츠 지방에서도 그러했다. 프랑스의 푸아투 지방에서 부모는 딸을 종교적으로 무지하게 키우거나 중립적으로 키워 결혼시킴으로써 남편의 종교가 무엇이든지 그것을 받아들일 수 있도록 했다는 보고가 있다. 만일 그것이 사실이라면 남자의 권위를 증언해주는 놀라운 기록이다. 반면, 일반적으로 자녀교육을 책임진 사람은 아버지가 아니라 어머니였다. 최소한 프랑스의 두 지역—라로셸과 소브 마을—에서, 혼합결혼으로 태어난 아이들은 대체로 어머니의 신앙에 따라 양육되었다.

혼합결혼에서 태어난 아이들이 모두 같은 신앙 속에서 양육되어야 하는 것은 아니었다. 프리슬란트에서, 어떤 커플은 첫째 아이는 가톨릭, 둘째 아이는 개혁파…… 하는 식으로 교대로 세례를 시켰다. 18세기 위트레흐트에서도 이렇게 출생순서에 따라 교대로 세례시키는 것이 일반적이었다. 프리슬란트 지방의 또다른 커플은 "아들은 개혁교회에서, 딸은 교황파 교회에서, 혹은 반대로 세례시키는 데" 동의했다.[312] 이 경우 부모의 종교적 소속이 자녀들의 패턴을 결정했다: 아들은 아버지의 종교를 따랐고 딸은 어머니의 종교를 따랐다. 이러한 식으로 성性과 종교를 일치시키는 것은 한 세대에서 다음 세대로 복제되었다. 베르겐 오프 좀에서 혼합커플의 40퍼센트는 이러한 식을 따랐다. 사실, 이것은 근대 초 유럽에서, 네덜란드뿐만 아니라 트란실바니아, 프로이센, 프랑스, 스코틀랜드, 아일랜드 등 다양한 지역에서 입증되는 가장 일반적인 관행이었다. 독일 도시인 아우크스부르크에서, 그것은 심지어는 쌍둥이에게도 적용되어, 아들은 루터파로, 딸은 가톨릭으로 양육되었다.

이러한 관행이 그렇게 널리 퍼진 이유는 무엇인가? 그 당시의 설명이 없으니 우리는 가설을 세울 뿐이다. 분명 그것은 아들은 아버지와 동일시하고, 딸은 어머니와 동일시하는 것을 도와주었다. 아이들은 부모와 종교를 일치시킴에 따라 부모의 사회적 역할도 떠맡게 되었다. 어머니는 훈련의 일환으로 일상적인 활동에 딸을 동행시켰는데, 여기에는 교회에 가는 것도 포함되었다. 두 번째 이유도 첫 번째 이유 못지않게 중요하다. 그 관행을 따르는 가족이 많아지자, 그 관행은 신앙 사이의 인구적 균형을 고정시켰다. 사실, 이론적으로, 아이들은 12살이나 14살 무렵으로 설정된 "분별 연령"이 되면 자기의 신앙을 선택할 수 있었다. 그러나 대부분의 성인들은 어릴 때의 신앙에 충실했다. 따라서 집단에서 똑같은 수의 아이들이 각각의 신앙에서 양육되지 않는다면, 몇 세대 지나지 않아 각각의 교회신자 수에 큰 변화가 생길 수 있었다. 그러한 변화는 종교적으로 혼합된 공동체의 안정성을 위협할 것이었다. 신자 수가 줄어드는 교회는 위기를 느낄 것이고, 신자 수가 늘어나는 교회는 새로운 힘을 과시하고 싶어질 것이었다. 앞서의 관행은 위협과 유혹을 동시에 제거했다. 그것은 종파들 사이의 현재의 관계가 어떠하든지 간에 그것을 영속화시키는 경향이 있었다. 법에 의해서건 관습에 의해서건 결혼 전 계약에 의해서건, 세속사회는 그러한 관습을 받아들였다. 어떤 교회도 그것을 명하거나 공식적으로 권하지 않았다. 그러나 다시 한번, 유럽의 종파들은 잠재적이익이라는 미래 전망보다는 현재의 지위를 다지는 것을, 현상유지라는 안전을 선택했다.

그러나 근대 초의 높은 사망률 때문에, 혼합결혼에서 나온 아이들의 종교적인 양육문제는 언제나 위태로웠다. 많은 아이들은 분별 나이에 도달하기 전에 부모 가운데 한쪽을 잃었다. 그렇게 되면, 죽음은 가족 내에서의 종교적 균형을 무너뜨렸고, 아이들에 대한 권위는 살아남은 아버지나 어머니의 손에 들어갔다. 어떤 사람은 사망한 배우자와 했던 약속을 지키지 않았다. 그러한 신뢰 위반은 흔하게 발생해서 독일 도시인 보름스에서는 그것을 금지하는 법령을 공포할 정도였다. 또 어떤 공동체에서는, 정부가 사안별로 이 문제에 개입하여, 그 결과 종교 분쟁에 대한 기록을 많이 남겨주었다. 예를 들면, 베르겐 오프 좀에는, 프로테스탄트 부모가 사망한 아이들에 관한 상세한 기록이 남아 있다. 1630년대와 1760년대 사이에, 베르겐의 개혁파 목사, 장로, 행정관들은 그러한 아이들이 가톨릭으로 양육되는 것을 막기 위해 조직적으로 움직였다. 프로테스탄트 친척들과 후견인들도 마찬가지였다. 실로, 한쪽은 프로테스탄트 배우자의 가족과 친구들, 다른 한쪽은 가톨릭 가족과 친구들 사이에서 아이의 양육을 놓고 줄다리기가 벌어졌다. 어떤 경우, 베르겐의 프로테스탄트들은 아이들을 가톨릭 부모나 후견인에게 맡기느니 차라리 시립 고아원에 맡겨버렸다. 가톨릭의 일반적인 전술은 아이들을 인근 남부 네덜란드에 있는 학교나 친척들에게 보내는 것이었는데, 프로테스탄트들은 이것을 일종의 유괴라고 생각했다.

이러한 "유괴" 사건과 비슷한 것을 17세기 프랑스에서도 볼 수 있다. 이곳에서 위그노들은 가톨릭이 많은 아이들을 납치했다고 비난했다. 앞에서 언급한 쿠텔 사건은 많은 사건들 가운데 하나일 뿐이다. 1680년대 몽펠리에에서는 17명의 아이를 포함하는 10건의 고소 사건이 벌어졌다. 그중 9건에서 아이들은 혼합결혼의 자녀들이며, 부모들 가운데 한 명은 얼마 전에 죽었다. 그러나 네덜란드의 사례와 달리 프랑스의 사례에서는 가톨릭 부모의 죽음이 그러한 싸움을 일으켰다. 다섯 사례에서, 죽은 가톨릭 부모의 가까운 친척은 실제로 그 아이를 "유괴"하여, 그가 프로테스탄트 부모의 손에서 프로테스탄트로 양육되는 것을 막았다. 다른 두 사례에서는, 가톨릭 친척들은 프로테스탄트 후견인을 상대로 법적인 소송을 제기했다.[313] 그들은 프랑스 가톨릭 정부 기관의 도움을 기대할 수 있었다. 실제로, 1681년에 국왕 판결은 "분별 연령"을 7살로 낮추었는데 이것은 행동허가증을 발급한 것과 다름없었다. 그 후 가톨릭으로 개종하기를 원했다고 알려진 7~8살 먹은 아이들을 합법적으로 채갈 수 있었다. 엘리 브누아가 쓴 프랑스 개혁교회의 행운과 불운에 대한 연대기는 한쪽 부모의 공포와 연민을 불러일으키는 "유괴" 이야기로 가득하다. 그의 설명에 의하면, 가톨릭은 속임수, 압력 등을 사용했으며, 심지어 더 악의적으로는, 어린아이에게 성호를 긋게 했다. 그것으로 가톨릭은 그들을 수도원이나 수녀원에 넣기에 충분했다.[314]

그것은 위그노에게는 참으로 불행한 일이었지만 프랑스의 많은 가톨릭에게는 상식이었다. 그들은 약간의 강제력은 어린아이들을 개종시키는 데 필요하다고 생각했다. 그들이 행동하게 하기 때문이다. 그들은 두 경우 모두 강제력은 교육적인 기능을 하는 것이고, 어린이 본인을 위해서 좋은 것이라고 생각했다. 게다가, 어린이들은 프로테스탄트 사회에 묻혀 있고 프로테스탄트 부모들에게 의지하는 한 "참된" 신앙을 받아들이기 힘들 것이었다. 그들의 행복을 지킬 '선교를 위한 친구들' 같은 기구가 필요한 것은 이러한 이유에서였다.

혼합결혼에서 한쪽의 죽음이 외부인의 개입을 불렀다면, 양쪽의 죽음은 그것을 당연시했다. 아이들이 고아가 되면, 법적 후견인인 친척이나 가족의 친구들이, 최종적으로는 지역 정부가 그들에게 새로운 가정을 제공하기 위해 나섰다. 근대 초 유럽에서, 고아는 빈민 가운데 가장 돌봄이 필요한 사람으로 분류되었으며, 그들을 돌보기 위한 고아원을 세우는 도시가 점점 늘어났다. 고아원은 언제나 아이들을 그 도시의 공식 종교 안에서 키웠다. 자연히, 종교적 비국교도들은 아이들을 가정에서 키우게 하거나 자기들의 고아원을 세우는 등 그러한 기관으로부터 멀리 하기 위해 최선을 다했다. 네덜란드의 많은 비국교도들은 17세기 후반부터 그렇게 했다. 그러나 대부분의 고아원은 공적 기관이었기 때문에, 혼합결혼의 많은 고아들은 운명적으로 거기에서 양육되었다.

혼합결혼이 종종 비국교도 남자들의 위장이었다면, 그리고 결혼을 위한 개종이 진심에서 나온 것이 아니었다면, 다른 종교를 가진 사람과 결혼한 사람의 종파적 충성심에 불확실성의 기운이 감돈 것은 놀라운 일이 아니다. 혼합커플과 그들의 아이들의 지위에는 모호한 것이 있었다. 그렇다고 해서 혼합결혼한 사람들이 반드시 교회에 덜 열심이었다거나 신앙심이 약했다거나 다른 사람들에 비해 종교가 삶의 중심이 아니었던 것은 아니다. 그러나 "빛과 어둠"은 "공유하는 것이 없다"해도, 혼합결혼은 그것들을 어느 정도는 혼합시켰고, 그리하여 커플과 가족에 회색의 막을 쳤다. 교회가 (그리고 위트레흐트 같은 세속 도시가) 혼합커플에게 걱정스럽게 요구했던 첫 번째 사항은 "참된" 종교를 고백한 배우자에게 그것을 포기하도록 압력을 가하거나 유혹해서는 안 된다는 것이었다. 그들은 혼합결혼을 한 사람들은 해로운 영향을 받지 않을 수 없음을 알았던 것이다. 우리가 살펴보았듯이, 혼합결혼에서 태어난 아이들의 운명에 대한 우려는 충분히 근거 있는 것이었고, 이에 대한 부모들의 약속은 우발성을 이길 수 없었다.

개종자들도 비슷한 걱정을 했다. 그들의 머릿속에는 하나의 질문이 언제나 맴돌았다: 그들의 개종은 진실되고 완전했나? 강제 개종의 경우, 대답은 분명히 아니다, 였다. 카스텔리옹을 비롯한 관용 제창자들은 스페인의 유대인들을 예로 들며 이점을 언급했다. 14세기 말과 15세기에 유대인들의 개종은 명목상의 위장 그리스도교인들을 양산했다. 많은 교황들은 그러한 개종의 가치에 대해 의문을 제기했다. 교황 인노켄티우스 11세는 이러한 이유로 낭트칙령의 폐기를 비난했다. 그

러나 온건한 압력—루이 14세의 정부가 "부드러운 폭력"이라고 부른
—아래 이루어졌거나 물질적인 이익을 가져다준 개종은 어떤가?[315]
근대 초 유럽에서 전교는 그 결과의 가치에 대해 의문을 던졌다. 개종
이 명목적인 것을 넘어선 경우에도, 그것은 그들의 기원과 유대 때문
에 애매모호한 중간집단을 생산했다. 예를 들면, 18세기 아일랜드에
서, 귀족과 젠트리 가운데 프로테스탄티즘으로 개종한 사람들은 이전
의 동료 교인들에 대해 지속적인 연민과 지지를 표명했다. 그들은 의
회에 진출하고, 변호사가 되고, 치안판사로 일하면서, 프로테스탄트
체제와 가톨릭 주민들 사이를 중재했다. 형법을 집행하는 데 있어서
그들을 신뢰할 수 없었다. 1714년 아일랜드 의회의 한 의원이 말했듯
이, "그〔개종자〕는 친구들과 친족들을 곧바로 잊을 수 있을까? 친족의
유대에 귀를 막고 신부, 사촌, 형제가 기소당하도록 가만히 있을 수
있을까?[316] 회의懷疑는 정당했다.

개종자들은 다른 이유에서도 우려를 일으켰다. 그들은 신성한 금기
를 위반한 전력이 있기 때문에 또다시 그것을 위반할지도 모른다고,
어렸을 때의 신앙으로 돌아갈지도 모른다고 생각하지 않을 수 있을
까? 사실, 상당한 수의 개종자들은 조만간에 재개종을 했다. 아우크
스부르크에서는 거의 20퍼센트가 그렇게 했다. 가장 흔한 패턴 가운
데 하나는 결혼을 위해 개종했던 사람들이 배우자가 죽으면 다시 개
종하는 것이었다. 님에서, 1661년에 가톨릭으로 개종한 28명 가운데
8명이 재개종했다. 재개종 후 다시 개종한 사람도 있다. 타랑트의 제
후인 앙리−샤를 드 라 트레무이유는 프로테스탄트로 태어나 가톨릭
으로 개종했다가 프로테스탄티즘으로 되돌아가서, 성년기의 대부분
을 프로테스탄트로 보낸 다음 **노년에** 가톨릭으로 돌아갔다(타랑트가

혼합결혼으로 태어난 것은 우연이 아니다). 그러한 사례들은 우려의 불을 지폈다. 재개종을 금하는 법은 가혹했다. 1663년의 프랑스 법은 개종한 다음 다시 개종한 프로테스탄트에게 추방과 재산몰수형을 부과했다. 1734년에도 남부 네덜란드(당시 오스트리아의 지배를 받고 있었다) 정부는 개종한 다음에 다시 개종한 프로테스탄트에게 화형을 명했다. 교회법에 의하면, 재개종한 이단은 비록 가톨릭교회의 품으로 돌아왔다고 해도 그러한 처벌을 받았다. 왜냐하면 토마스 아퀴나스가 오래전에 설명했듯이, 교회는 "개종해서 들어왔다가 다시 개종한 사람은 다시 돌아와도 진실되지 않다"고 생각해야 하기 때문이다.[317] 그러니 개종자들의 신경이 날카로워져서, 새로운 신앙에 대한 충성심을 증명하는 듯이 행동한 것은 놀라운 일이 아니다. 특별한 언급이 필요한 사람은 프랑스의 생콤 남작인 가스파르 드 칼비에르이다. 위그노였다가 낭트칙령이 폐기되자 "새로운 가톨릭"이 된 그는 개종을 거부한 보나주 지방의 위그노들을 냉혹하게 추적했다. 1702년 8월에 일어난 그의 암살은 유럽의 역사에서 가장 덜 알려졌지만 가장 야만적인 종교전쟁이었던 세벤전쟁을 촉발시켰다.*

사람들이 어떻게 생각했든지 간에, 종파들 사이의 경계는 언제나 어느 정도 회색이었고 구멍 나 있었다. 그것은 더 그렇거나 덜 그럴 수 있었다. 혼합결혼 문제에 있어서, 성직자들은 분명한 선호를 보여주었으니, 교회 구성원들을 잃는 것보다는 확대의 기회를 희생하기를 좋아했다. 물론 그들은 자기들의 신앙이 전 세계로 퍼져나가 신의 계획이 이루어지는 것을 보고 싶어 했다. 그러나, 17세기의 어느 시점에

---

* 세벤전쟁에 대해서는 제12장 참고.

이르면, 대부분의 성직자들은 통합보다 분리를 선호했다. 그 같은 선호의 힘은 프로테스탄트와 가톨릭을 구분하는 사회적·문화적 장벽을 높이는 데 오랫동안 이바지했다. 그러한 벽이 관용과 양립할 수 없던 것은 결코 아니었다. 반대로, 우리가 살펴보았듯이, 두 개 혹은 세 개의 종교가 인정된 사회에서 그것은 종교집단 사이의 관계를 증진시키기도 했다. 혼합결혼의 높은 비율이 관용과 동일시 될 수는 없다. 그러나 그것은 특정한 형태의 관용을, 다시 말하면 상이한 신앙을 가진 사람들 사이에서 이루어진 높은 수준의 통합과 동화를 포함하는 교류의 형태에 대해 알려준다. 그러한 관용은 개인들에게 많은 자유를 부여했다. 일체성과 동질성을 유지하려는 집단에게, 특히 작은 소수파에게, 그것은 매우 실제적인 위협이었다.

INTERACTIONS

XI

불신자들

게토의 발명

일몰 무렵부터 새벽에 마롱가의 종이 울릴 때까지, 베네치아 게토의 문은 굳게 닫혔다. 유대인들이 자기들의 유폐를 안전하게 하기 위해 고용한 그리스도교 경비들은 도시의 유명한 유대인 구역으로 가는 문들을 엄중 감시했다. 이것은 유럽사에서 최초의 게토는 아니었지만, 하나의 모범에 해당하는 것이었다. 게토ghetto라는 말도 여기에서 나왔다. 베네치아 방언으로 ghet는 "주물공장"을 뜻한다. 그것은 산업지구의 변두리에 위치한 작은 섬에 있었는데, 1516년에 수백 명의 유대인을 이곳에 밀어넣어 살게 한 것이다. 거칠게 들리지만, 베네치아에서 게토를 창설한 것은 유대인에 대한 정책을 관대하게 하는 것이었다. 왜냐하면 이들은 15세기에는 도시에 들어와 사는 것이 허용되지 않았기 때문이다. 그러나 1509년, 베네치아 정부는 본토에 있는 베네치아의 부속 영토인 베네토가 적의 침입을 받자 거기에 살고 있던 유대인들에게 도피처를 제공해야 했다. 경악한 탁발수도자들은 이러한 획기적인 조치에 반대하여 설교단에서 목소리를 높였다. 그들은 그것이 도시에 신의 분노를 떨어뜨리고 군사적 패배를 초래할 것이라고 비난했다. 한 행정관은 다음과 같이 주장했다: "전 세계에서 〔유대인들을〕 추방하는 것은 좋은 일이다. 그러면 신은 유대인들을 추방하자 인도로 가는 신항로를 발견한 포르투갈 왕을 금의 왕으로 만들어주셨듯이 이 공화국에게도 번영을 가져다주실 것이다."[318] 그러나 유대인은 유용했다. 실제로, 도시의 가난한 서민들은 그들의 소액 대부가 없으면 아무것도 할 수 없었고, 도시의 군사 시설을 유지하는 데에는 그들에게서 짜내는 세금이 필요했다. 그래서 게토가 설치된 것이다. 그것은 유대인들이 베네치아에서 자유롭게 살도록 허용하는 것과 그들을 추방하는 것 사이의 타협이었다. 그것의 목적은 그리스도교 공동체가 유대인들의 거주를 받아들일 수 있도록 만드는 것이었다.

이러한 거주의 필수조건은 분리였다. 유대인들은 낮에는 자유롭게 도시에 출입하면서 생업에 종사할 수 있었고, 도시는 그로부터 이익을 얻었다. 시작 당시 게토 주민들의 핵이었던 "독일" 유대인들―아슈케나지. 이들의 조상 가운데 많은 사람들은 여러 세대 동안 이탈리아에서 살았다―은 대부업에 종사했다. 아슈케나지들은 또한 "스트라자리아", 즉 헌옷과 생활용품 판매에도 종사했다. 1540년대부터는 오스만제국에서 레반트인들이 들어왔고, 스페인과 포르투갈에서는 포넨트인들이 들어왔다. 이들은 모두 이베리아 반도에 기원을 둔 세파르디 유대인들이었다. 이들은 원거리 무역에 종사하면서 큰 이익을 얻었다. 1590년대에 이르러 발칸과 콘스탄티노플과 이루어지는 베네치아의 교역은 대부분 이들이 주도했다. 세파르디들에게 새로운 땅이 할양되었고, 1633년에는 또다시 땅이 할양되었다. 이렇게 땅이 늘어남에 따라 게토의 출입문도 이전되었으며, 건물들은 그 밖의 다른 접근로를 막기 위해 조정되었다. 심지어는 시각적 접근도 어느 정도 차단되어, 그리스도교인들은 유대인들을 볼 수 없었고, 유대인들도 마찬가지였다. 유대인들은 게토를 떠날 때마다 특별한 모자를 써야 했고, 그래서 곧바로 식별되었다. 터키 양식으로 옷을 입은 레반트인들은 노란색 터번을 썼다. 다른 유대인들은 노란색 모자를 쓰다가 후일에는 붉은색 모자를 썼다. 무엇보다도 그들은 저녁 시간에 그리스도교인들과 어울리는 것이 금지되었다. 그때는 게토의 문이 닫혔고, 어두운 운하를 도는 순찰 보트는 특별한 허가 없이는 어떤 유대인도 나올 수 없고 어떤 그리스도교인들도 들어갈 수 없도록 감시했다.

이 같은 강제적인 야간 분리는 유럽의 게토를 특정 집단이 거주하는 다른 구역들과 다르게 만들어주었다. 유대인 구역은 유럽에 여러 세기 동안 존재했고, 북아프리카와 서아시아에도 그러했다. 그러나 게토는 16세기 유럽에서 본질적으로 새로운 것이었다. 베네치아가 시작한 게토는 1555년부터 이탈리아에서 세워져, 구체제 말까지 계속 늘어났다. 그것은 그리스도교인들과 유대인들이 사회적 관계를 맺는 것—노동과 사업의 시간이 아니라 식사, 술, 놀이, 연회, 잠, 섹스 등의 시간 동안 함께 섞이는 것—을 방지하기 위해 고안된 것이었다. 그것은 사교와 공존이 만들어낼 친밀함과 영향력에 대한 두려움의 표현이었다. 가장 중요한 것은, 유대인들을 게토에 분리한 것은 신과 세상에게 그들은 별개의 민족임을 선언하는 것이었다는 점이다. 비록 그들은 도시 '안'에 거주했지만 도시에 '속하지' 않는다는 것이었다.[319] 상징적으로, 게토는 유대인들이 그리스도교 공동체를 더럽히고 타락시키는 것을 막아주었다. 이것은 근대 초 유럽에서 이들 "불신자들"을 관용할 때의 기본적인 선결조건이었다.

그리스도교에서, 유대인과 무슬림은 불신자였다. 이단과 달리, 이들은 그리스도교 신앙에 대한 배신자, 과거에 받아들였고 마음속으로는 여전히 인정하고 있는 진리를 의도적으로 거부하는 자들이 아니었다. 그들은 그리스도교인들이 그리스도교의 다양한 종파를 포괄하기 위해 넓게 정의한 신앙의 외부에 있다. 더 정확히 말하면, 그들은 그리스도교 공동체의 외부에 있다. 왜냐하면 최종적으로 그들을 불신자로 만드는 것은 그들이 무엇을 믿고 무엇을 믿지 않고가 아니라 그들은 세례성사를 통해 그리스도의 몸의 일부가 된 적이 결코 없다는 사실이기 때문이다. 그리스도교의 관점에서 보면, 유대인과 무슬림은 전형적인 종교적 외부인이었다. 이교도들—유럽의 마지막 이교도인 리투아니아인들은 14세기와 15세기에 그리스도교로 개종했다—과 달리, 유대인과 무슬림은 유럽인들이 이용하거나 정복하기를 원할 수 있는 먼 땅에 살지 않았다. 그들은 그리스도교 사회의 내재적 존재였고 인지된 위협이었다.

유대인을 관용한 데에는 특별한 이유가 있었다. 분명히, 그 관용은 대부분 악마의 거래, 즉 종교적 충동과 경제적 필요를 조화시킨 것이었다. 유대인의 존재는 종교적으로도 정당화될 수 있었다. 그들이 금융업에 종사함으로써 그리스도교인들은 고리대의 죄를 범하는 것을 피할 수 있었고, 유대인의 부富는 그리스도교 세계를 위해 빼앗을 수 있었다. 포르투갈의 경험에 근거한 주장을 반박하면서, 베네치아의 원로들은 스페인의 경험을 지적했다. 1492년에 유대인들이 세례를 받아들일 것인가 떠날 것인가를 강요받았을 때 많은 사람들은 이스탄불로 떠났고, 그곳에서 그들의 부는 술탄 술레이만이 시리아와 이집트를 정복하는 데 기여했다는 것이다. 원로들은 말했다: 지중해의 패권을 놓고 무슬림 오스만제국과 영웅적인 투쟁을 벌이고 있는 베네치아 같은 그리스도교 국가가 그 부를 사용할 수 있다면 얼마나 좋을 것인가. 더 근본적으로, 유대인과 그들의 토라는, 의도한 것은 아니지만, 그리스도교의 진리성을 증언해준다는 것은 그리스도교 도그마의 핵심 항목이었다. 유대인과 토라는 "우리 신앙의 적으로부터 온 우리 신앙의 증거"였으며, "우리에게, 형상적으로, 우리가 믿는 것"을 보여주었다.[320] 유대인들을 개종시키는 것은 그리스도교인들의 의무였으며, 네덜란드 학자인 후고 그로티우스(그 밖의 여러 사람들도)가 주장했듯이, 그것은 "유대인들과 그리스도교인들의 교류를 차단한다면" 불가능할 것이었다.[321] 그리스도의 재림이 있을 때까지, 즉 진정한 메시아가 유대인들 가운데 남은 사람들을 개종시킬 때까지, 그들은 언제나 우리와 함께 있어야 했다. 그때까지, 블레즈 파스칼에 의하면, "(유대인)은 예수 그리스도의 증거로서 계속 존재해야 하고, 또 그분을 십자가에서 처형했기 때문에 비참하게 살아가야 한다."[322]

게토는 이러한 비참함을 늘이기 위해서 의도되었다. 게토는 크기가 작았기 때문에 언제나 붐볐으며, 부유한 유대인들도 더럽고 비위생적인 작고 촘촘하게 들어선 건물에서 살았다. 베네치아의 건물은 6~7층으로 지어졌고, 소련체제 시대에 지나치게 많은 가족을 수용하기 위해 지은 모스크바 아파트처럼 공간 배치가 가변적이었다. 이러한 의미에서, 게토 자체가 하나의 처벌이었다. 그것의 불편함은 매일매일 유대인들에게 굴욕감을 주어 그들의 예속성을 상기시키고 개종을 자극하기 위한 것이었다.

그러나 근대 초 유대인들은 게토를 그렇게 나쁘게 보지 않았다. 어떤 면에서, 그것은 문과 벽이 있고 또 베네치아의 경우는 해자에 해당하는 것이 있어서 성채와 다름없었기 때문에 민중의 폭력이나 약탈로부터 그들을 보호해주었다. 베네치아의 행정관들도 도시 게토를 설치할 때 그러한 보호를 염두에 두었다. 반유대인 폭동이 일어난 후인 1599년에 게토를 만든 베로나 정부도 마찬가지였다. 그 후 2백 년간 베로나의 유대인들은 시나고그에서 즐겁게 노래 부르고 밝게 불을 켠 행렬을 벌이면서 게토 설치를 기념했다. 베네치아의 랍비 레온 모데나(그림 11.1)는 1599년에 그들에게 글을 쓰면서, 게토 설치를 환영할 또다른 이유를 발견했다. 그는 그들이 "게토에 함께 거주하는 것을 …… 디아스포라가 합체할 조짐"이라고 불렀다.[323] 메시아에 대한 기대에 사로잡혀 있던 근대 초 유대인들은 진정한 메시아가 오고 이스라엘 종족들이 신성한 땅에 또다시 모이는 그날을 열망했다. 게토는 이렇듯 그리스도교 종말론뿐만 아니라 유대인 종말론에서도 긍정적인 의미를 가지고 있었다.

실제로, 게토는 감옥이 아니었으며, 그것이 의도한 분리도 완전하지 않았다. 낮시간 동안 그리스도교인들과 유대인들은 문과 운하 부두를 통해 베네치아에 자유롭게 출입할 수 있었다. 많은 그리스도교인들이 베네치아 게토에 있었다: 스트라자리아를 구매하려는 사람들, 지대를 걷으려는 지주들(유대인들은 부동산 소유가 허용되지 않았다), 돈을 빌리려는 빈민들, 혹은 행운의 여신이 미소를 지어 저장물을 되찾은 빈민들, 짐꾼들, 거리 청소부들, 물 운반인들, 노점상들, 점원들,

그림11.1

베네치아 랍비 레온 모데나의 초상화. 그는 자기의 그리스도교인 청중들에게 특별히 적용하기 위해 머리를 맨머리로 그렸다. 그의 *Historica de' riti hebraici*(베네치아, 1638) 표지의 세부細部. 옥스퍼드 그리스도교 교회 지도부 소장.

행상들, 행정관 하인들, 유대인 인쇄업자와 보석상들이 고용한 노동자들. 그리스도교 아이들은 게토에 들어가 일하거나 놀았다. 18세기 초 당국이 금지할 때까지는 그러했다. 그리스도교 여행자들은 그저 구경하기 위해 게토에 들어갔다. 레온 모데나는 유대인 학생들뿐만 아니라 그리스도교 학생들에게도 히브리어를 가르쳤는데 이들 가운데 일부는 성서 언어를 마스터하기 위해 베네치아에 온 외국인들이었다. 그의 설교는 지역 탁발수도자들을 매료시켰고, 그는 그들과 학문적 대화를 나누었다. 또한 그의 설교는 프랑스 국왕의 동생 같은 외국의 유명인사들을 매료시켰다. 모데나는 자서전에 그들이 찾아온 것을 자랑스럽게 기록했다. 또한 그는 부끄럽게도 자기의 강박적인 도박도 기록했다. 그는 다양한 종교의 사람들과 함께 종종 도박판을 벌였던 것이다.

사실, 밤에도 많은 사람들이 베네치아 게토를 출입했다. 그리스도교인 변호사들은 유대인들의 재판에 참여하기 위해 들어갔고, 그리스도교인 우체부들은 유대인들의 편지를 가지러 들어갔다. 1628년 다재다능한 모데나는 이례적으로 심하트 토라를 위한 합창을 기획했다.* 그것은 그리스도교 관객들을 끌어모았던 것으로 보인다. 왜냐하면 "그들이 안전하게 통과할 수 있도록 많은 경찰들이 동원되었기 때문이다."[324] 유대인 음악가들은 높은 평판을 얻었다. 그리고 라이첼이라는 이름의 가수는 "귀족, 시민, 그 밖의 귀한 인사들" 집에서 공연할 수 있도록 밤에 게토를 떠날 수 있는 특별 허가를 받았다.[325] 유대인 의사들도 상당히 인기가 있었다. 그래서 의사–환자의 친밀한 관계

---

* Simhat Torah는 매년 토라 강독 수료를 기념하여 벌이는 행사다.

가 정부 당국을 신경쓰게 하기는 했지만, 의사들은 밤에 그리스도교인 환자의 집을 방문하는 것이 허용되었다. 특별한 명성의 표시로, 몇몇 유대인들은 그리스도교인들의 검은색 모자를 쓰는 것이 허용되었다. 심지어는 유대인 빈민들도 기름과 생필품을 구입하기 위해 게토 밖으로 나오는 것이 허용되었다.

게토는 그리스도교인들과 유대인 사이의 관계를 차단하지 못했다. 반대로, 그것은 그들의 관계를 새로운 토대 위에 올려놓아, 전보다 더 쉽고 자유롭게 해주었다. 게토의 벽과 문으로 인해 그리스도교인과 유대인의 분리는 물리적이고 상징적인 강력한 형태를 취하게 되었다. 그리하여 그것은 그리스도교인들이 유대인들이 자기들의 삶에 끼어드는 것에 대한 걱정을 잠재웠다. 이러한 식으로, 그것은 향후 이탈리아에서 그리스도교인들과 유대인들이 맺을 관계의 조건을 새로 세웠다.

게토는 그리스도교인과 유대인의 관계가 전환기에 접어들었을 때 만들어졌다. 한 세기 이상, 유럽의 유대인들은 전보다 훨씬 가혹한 박해를 받았다. 유대인들이 유례없는 번영과 문화적 발전을 이룩한 스페인에서는, 수천 명의 유대인들이 강제로 그리스도교로 개종했다. 신앙을 고수한 사람들은 최종적으로 1492년에 추방당했다. 유대인들은 그 후 곳곳에서 쫓겨나 16세기 중반이 되면 서부나 중부 유럽에는 거의 남지 않았다. 그때, 알프스 산맥 북부와 남부의 그리스도교 공동체들은 유대인들이 들어와 사는 것을 계속 관용하기 위한, 혹은 다시 한번 관용하기 위한 조건으로서 새로운 조정을 모색했다. 그 조정은 유대인들을 그리스도교 공동체로부터 분리하는 것을 새로운 방식으로 조직하거나 확대하는 것이었다. 오늘날의 관점에서 보면, 그러한 조정은 근본적으로는 차별이었다. 그래서 나는 그것을 오늘날의 종교 갈등에 대한 해결책으로는 지지하지 않는다. 그렇지만, 이전 시대의 관점에서 보면, 그것은 유대인들의 삶의 조건을 유리하게 하고 개선하는 것이었다. 그 당시 그것의 대안은 해방과 통합이 아니라 추방과 강제 개종이었다.

무슬림이 유대인과 똑같은 조건으로 근대 초 유럽에서 사는 것이 허용되었다면, 그들은 실제보다 훨씬 수가 많았을 것이고 안락했을 것이다. 베네치아는 무슬림 상인들을 위해 벽으로 둘러싸인 숙소를 마련해주었는데, 그것은 유대인 게토와 완전히 다르지는 않았다. 투르크 상관이라고 알려진 그 숙소 역시 밤에는 문을 잠그고 새벽에는 문을 여는 경비를 두고 있었다. 그러나 베네치아의 게토는 다른 지역에서 유대인 공동체를 세울 때 모델로 쓰인 반면, 상관은 예외를 벗어나지 못했다. 무슬림들은 그들이 다르 알 하르브라고 부른 전쟁 지역으로 들어가는 모험을 하지 않았다. 유럽의 변방인 리투아니아와 스페인에는 이 지역이 각각 기독교화되고 재기독교화되기 전에는 무슬림 공동체가 있었다. 그러나 스페인의 무슬림은 근대 초 역사에서 가장 악명 높은 박해 가운데 하나를 경험했고, 1614년에 그들의 후손인 모리스코들은 그리스도교 세계로부터 추방되었다. 다른 지역에서, 무슬림은 노예였거나 고립된 개인들이었다. 이들 또다른 불신자들이 그리스도교 유럽의 대부분 지역에서 조직을 이루어 살게 하는 데에는 어떤 조정도 충분하지 않았던 것이다.

신의 징벌

디아스포라 유대인들이 땅도 없고 국가도 형성하지 못한 흩어진 민족이요 약하고 무력한 소수였던 반면, 무슬림들은 15세기부터 17세기 말까지 그리스도교 유럽에 대한 강력한 경쟁세력이었던 문명과 제국을 형성했다. 무엇보다도, 1453년 오스만인들의 콘스탄티노플 정복은 "투르크인들"을 "그리스도교 세계의 표준적인 적"으로 전환시켰다.[326] 그것은 비잔티움제국의 잔존세력을 쓸어버림으로써 서부 그리스도교 세계와 팽창주의적인 무슬림 국가 사이에 아무런 완충지도 남겨놓지 않았다. 육지에서, 그것은 중부 헝가리를 초토화시키고 오스만 군대를 1529년과 1683년 두 차례 빈의 입구까지 진격시킬 적대관계를 예고하는 것이었다. 오스만군대는 1680년대와 1690년대에 결정적으로 후퇴할 때까지 중부 유럽을 직접적으로 위협했으며, 공포심을 심어놓았다. 바다에서도 오스만제국은 1530년대에 동부 지중해의 패권을 장악한 강력한 해상세력이었다. 베네치아는 해상제국의 대부분을 양보하지 않을 수 없었고, 술탄에게 공물을 바쳐야 했다. 이 두 전선에서, 황제와 교황은 불신자들을 몰아내기 위해 그리스도교 세계의 힘을 집중시켜야 했다.

멀리 서쪽에서는 다른 부류의 무슬림 세력이 강력하게 존재하고 있었다. 무슬림의 콘스탄티노플 점령만큼이나 획기적인 사건인 1492년 그리스도교 세력의 그라나다 정복은 이베리아 반도의 마지막 무슬림 국가를 소멸시켰다. 그러나 그것은 실제적인 군사적 경계선을 옮겨놓았을 뿐이었다. 수천 명의 스페인 무슬림은 북아프리카로 도주해, 일부는 모로코 군대에 합류했고 일부는 바르바리아 해적에 합류했다.

그들은 고향 안달루시아를 상실한 데에 대한 반감으로 넓게는 유럽에 대해 직접적으로는 스페인에 대해 "성스러운 게릴라전"을 벌였다.[327] 그들은 보복과 이익을 위해 그리스도교 선박, 화물, 선원, 승객 등을 노획했다. 그들의 활동이 한창이던 17세기 전반기에, 해적들은 불과 9년 동안 영국 선박 466척을 노획했다. 해적선은 아라비아에서 영국 해협까지 출몰했다. 1617년 그들의 해적선이 템스 강에 나타났을 때 런던 시민들은 충격과 공포에 사로잡혔다. 사실, 해적선의 일차적인 목적은 그리스도교인들을 사로잡아 북아프리카로 데려간 다음 몸값을 받고 풀어주거나 노예로 판매하는 것이었다. 해적선이 먼 바다에서만 공격을 감행한 것은 아니었다. 해적들과 오스만 해군은 그리스도교 세계의 해안을 공격했는데, 1544년에는 나폴리 만을 공격하여 7천여 명의 포로를 잡았다. 이러한 활동의 범위와 북아프리카의 그리스도교 노예의 규모는 제대로 알려지지 않았다. 바르바리아 지방에 있던 그리스도교인 노예는 대략 4만 5천 명이었던 것으로 추산되며, 1680년 이후 줄어들었다. 대체로, 근대 초 전 기간 동안, 백만 명이 넘는 유럽의 그리스도교인들이 무슬림의 수중에서 노예로 고초를 겪었던 것으로 생각된다.[328]

유럽의 문화에서 "투르크인들"과 "무어인들"이 무서운 존재로 무대, 인쇄물, 설교에 등장하는 것은 놀라운 일이 아니다. "신의 징벌"은 루터를 비롯한 설교자들이 투르크인들을 지칭한 것으로, 신이 자기 백성들의 죄를 벌주는 채찍이었다. 그들의 메시지에 의하면, 신은 그들이 회개하고 개혁할 때까지 그것을 계속 휘두를 것이었다. 그러니 유럽인들이 적에 대한 정보에 갈증을 느꼈던 것 역시 놀라운 일이 아니다. 16세기 프랑스의 여행문학에서, 오스만제국을 다룬 책은 아메리카를 다룬 책의 두 배나 되었다. 이러한 책들 가운데, 바르톨로마우스 고르주비치가 쓴 《공물을 바치는 그리스도교인들과 투르크인들이 부리는 노예들이 겪은 빈곤과 재난》(1544)은 6개국 언어로 출판되었으며, 폭발적으로 팔렸다. 고르주비치가 포로생활을 하면서 목격한 일들을 비통하게 설명한 것이 투르크인들의 비인간적인 잔인함에 대한 유럽인들의 공포와 편견을 키웠다면, 외교관인 필립 뒤 프렌−카네의 《레반트 여행》(1573)은 경쟁국가와 문명의 정연함과 정교함에 대한 존경심을 표현했다. 사실, 유럽인들의 느낌은 이중적이었다. 북아프리카에서 포로로 잡혀 노예처럼 살면서도 신앙을 고수한 사람들이 있기는 했지만, 적지 않은 수의 사람들이 이슬람으로 개종하고 "투르크인이 되어" 무슬림 세계에서 새롭고 만족스러운 삶을 영위했다. 이탈리아 해안에서 발트 해까지의 그리스도교 세계의 항구들은 그들이 이러한 유혹에 굴복하기 전에 그들을 되사기 위한 기금을 조성했다. 일부 그리스도교인들은 자유의지로 그러한 삶을 선택하여 그리스도교 세계에서 도주하기도 했다. 이슬람을 위해 그리스도교 세계를 버린 사람들은 "배교자"라고 불렸다.

　그리스도교 세계와 이슬람 세계는 전 지중해와 대서양의 일부를 망라하는 길고 구멍난 경계선으로 나뉘어 있었다. 선원들, 어부들, 상인들, 그리고 섬과 해안 주민들은 모두 그 경계선 위에 있었다. 그리고 폴란드인, 독일인, 오스트리아인, 이탈리아인, 스페인인 등 육지와 바다에서 투르크인들과 싸운 전사들은 말할 것도 없고, 중부 헝가리인들 역시 그러했다. 이 경계선을 따라 갈등이 일어났을 뿐만 아니라 조정과 상호 영향 등이 행해졌다. 이점은 오스만제국과 합스부르크가가 일종의 공동통치 형태로 주민들을 착취한 헝가리를 제외하고는 많이 연구되지 않았다. 이곳에서 투르크인들은 대포 같은 유럽의 새로운 무기 기술을 배웠으며, 그리스도교인들은 필라프 요리를 먹었고, 그들의 제후들은 투르크식 카프탄[띠 달린 긴 소매옷]을 입었다. 원했건 원하지 않았건, 유럽인들은 대거 경계선을 넘어 북아프리카와 레반트로 가서 살았으며, 이곳에서 오래전부터 살아온 다양한 그리스도교인들을 만났다: 다수는 그리스 정교도들이었으며, 그 밖에도 아르메니아 그리스도교인들, 콥트교도, 자코비트, 마론교도들.* 또한 "프랑크인들"이라고 알려진 유럽인들이 십자군전쟁 이래 레반트에 자리 잡았으며, 베네치아인들을 필두로 유럽의 상인들이 그곳에 교역 기지를 건설했다. 그리스도교인들은 방문자, 노예, 혹은 소수 거주자(소위 말하는 피보호신민)로서 오스만 사회에서 나름대로 역할을 했다. 심지어 그리스도교 노예 가운데 일부는 자기들의 종교를 믿는 것을 허용받았다.

우리의 문제는 정반대이다: 무슬림은 그리스도교 유럽에서 살면서 자기들의 종교를 믿었는가, 그들은 적응하여 살았는가, 그렇다면 어떻게 적응했는가. 이점에 대해서는 연구가 많이 이루어지지 않았다. 그렇지만, 그리스도교 세계에 사는 무슬림은 매우 드물었던 것으로 보인다.

이점은 유럽과 서아시아의 경제 교류가 활발했다는 점에서 사뭇 의아스럽다. 16세기에도 여전히 이집트와 시칠리아는 지중해의 곡창이었으며, 다량의 상품 교역이 이루어졌다. 또한 포르투갈인들의 상품

* Jacobites는 시리아의 단성론자들이고, Maronites는 시리아의 성聖마론을 따르는 동방가톨릭교회 신자들이다.

이 희망봉을 돌아오기는 했지만, 일부 향신료는 여전히 아시아에서 레반트를 거쳐 유럽으로 왔다. 17세기 말에는, 페르시아산 비단, 예멘과 에티오피아산 커피, 아나톨리아산 모헤어(앙골라 염소 털), 울, 면화 등이 서쪽으로 갔고, 레반트는 유럽의 가내공업 생산품의 시장으로 떠올랐다. 그러나 이러한 교역이 무슬림들에 의해 이루어지는 경우는 거의 없었다. 처음에는 베네치아와 제노바 상인들이 대부분을 수송했다. 16세기에는 세파르디 유대인들이 중요한 역할을 했고, 17세기에는 네덜란드, 영국, 프랑스의 상인들이 지배했다. 대체로 유럽의 상인들이 무슬림 세계로 갔지 거꾸로는 아니었다. 그리고 심지어는 알레포, 스미르나 같은 레반트의 상업 허브에서도 대부분의 교역은 지역의 유대인들과 그리스도교 소수파들에 의해 중계되었다.

무슬림 상인들은 가끔 자기들의 배를 이용하거나 그리스도교인들의 배를 이용하여 유럽의 항구로 상품을 가져왔다. 그들은 몰타, 팔레르모, 리보르노, 마르세유, 툴롱, 말라가 등지에 머물렀다. 한 영국인은 1688년에 플리머스에서 알제리 상인을 만난 것을 신에게 감사했다. 그는 포로로 잡혀 있는 자기 아들의 석방을 돕기로 약속했기 때문이다. 무슬림 상인들은 담배를 사기 위해 유럽에 갔는데, 무슬림 도덕가들은 흡연을 유럽인들의 더러운 습관이라고 비난했다. 폭풍 때문에 무슬림 상인들과 선원들이 유럽의 해안에 떠밀려오기도 했다. 그러나 이것은 유럽에 살고 있는 무슬림과는 다르다. 개별 상인들이 중요한 항구에 단기간 혹은 장기간 거주했던 것은 분명하다. 예를 들면, 16세기 말 리보르노에서 한 무슬림 상인은 "자기 나라 스타일"로 지은 대저택에서 살았고 그 집은 지역의 랜드마크가 되었다.[329] 그러나 전 유럽을 통틀어 베네치아에서만 무슬림 상인들이 조합의 특권을 가지고 공동 거주하는 것이 공식 인정되었다.

'세계의 시장'으로서의 도시의 전통에 충실한 베네치아 행정관들은 "투르크인들"을 교역하러 들어온 많은 외국 민족 가운데 하나로 환영했다. 터번을 두르고 수염을 기른 투르크인들은 적은 수에도 불구하고 도시에서 이국적인 존재감을 드러냈다. 교황청의 항구인 안코나 역시 1594년에 술탄이 그곳에서 자기의 신민들이 교역하는 것을 금할 때까지 투르크인들을 끌어들였다. 안코나의 손실은 베네치아의 이익이었다. 베네치아에는 1570년 당시 75명의 무슬림 상인이 있었다. 원래 무슬림들은 호텔이나 사저에 머물면서 리알토에서 그리스도교인들과 거래를 했다. 그러나 이 때문에 그들은 괴롭힘을 당했고, 그리하여 1570년 베네치아와 오스만제국 사이에 전쟁이 일어났을 때 베네치아 정부는 그들에게 안전한 주거지를 제공할 필요를 느꼈다. 심지어는 전쟁 이후에도, 정부는 "투르크인들을, 낮에 혹은 밤에, 행동이나 말로, 모욕하거나, 괴롭히거나, 해를 끼치거나, 폭력을 가하거나, 혹은 어떤 식으로든 방해하는……" 사람들은 누구든지 엄하게 처벌할 것이라고 여러 차례 경고했다.[330] 반대로, 그리스도교인들은 투르크인들이 "소년들을 꼬드기고, 훔치고, 그리스도교 여자들과 관계를 맺고 있다"고 비난했다. 또한 그들이 그리스도교를 조롱한다는 불만도 있었다.[331] 베네치아 정부는 투르크인들을 그리스도교인들로부터 또 그리스도교인들을 투르크인들로부터 보호하고, 규제하고, 세금을 부과하기 위해, 투르크인들을 단일 건물에 거주시키는 것이 바람직하다고 생각했다. 이를 위해 1579년에 "천사"라는 이름의 숙소를 마련했다. 그러나 그것은 너무 작아서 보스니아와 알바니아에서 온 상인들은 받아들일 수 있었으나, 정부 당국이 격리시키려고 가장 많이 신경쓴 "아시아인들"은 받아들일 수 없었다. 대중의 저항도 있었고 대체 건물을 찾느라 시간을 허비한 후, 1621년에야 커다란 새 건물을 개관했다: 투르크 상관(그림 11.2)

교황 대사에 의하면, 투르크인들은 "유대인들이 자기들의 게토를 가지고 있듯이 상인들의 편리한 생활을 위해 자기들만의 거주지"를 원했다.[332] 투르크인들이 실제로 이러한 비교를 했는지 아니면 교황 대사만 그렇게 했는지는 모른다. 어쨌든 상관은 가까운 모델을 가지고 있었다. 가운데뜰이 있는 외국 상인용 숙소는 무슬림 세계에서는 흔한 것이었고, 퐁두크스fondouqs라고 불렸다. 베네치아 상인들은 이 건물을 직접 경험했고, 베네치아는 그것을 모방하여 오래전에 독일 상인들을 위한 독일 상관을 세웠다. 투르크 상관은 대운하에 있던 궁전을 개조한 웅장한 건물로, 창문과 문을 폐쇄하거나 가려서 거주자들이 "몰염치하거나 상스러운 행동을 범할" 기회를 차단했다.[333] 그리스도교 여자들이나 소년들이 건물에 들어가거나, 혹은 투르크인들이 무기를 반입하는 것을 막기 위해 하나 남은 문 앞에는 그리스도교도 경비를 세웠다. 밤이 되면 건물의 문을 닫았다. 건물 내부는 두 부분으로 나뉘었는데, 하나는 발칸 지역의 상인들을 위한 것이고, 다른 하나는 "캠릿(낙타 털, 염소 털, 아나톨리아산 비단을 섞어 만든 비싼 옷감) 판매상과 아시아인들"을 위한 것이었다.[334] 거기에는 숙소, 창고, 상담실, 우물 등이 있었다. 경비원은 무슬림들의 세정식을 위해 우물의 물을 깨끗하게 유지해야 했다. 그들만큼 자주 씻지 않던 그리스도교인들은 그 관행을 주목했다. 거기에는 또한 모스크로 사용되는 방도 있었다.

이 상관은 완전히 예외였다. 그리스도교 세계의 다른 어느 지역에

그림11.2

베네치아에 있는 투르크 상관. 1858~1869년에 재건축되기 전의 모습이다. 1855년경 도메니코 브레솔린의 촬영. 피렌체의 알리나리 문서보관소 소장.

도 무슬림 상인들은 그러한 건물을 필요로 할 정도로 많지 않았다. 1790년대가 되어서야 비로소 무슬림 대사가 주재하기 시작했다. 교역에서처럼 외교에서도 무슬림은 종종 중개인에게 의지했다. 특히 팔라치가家 같은 세파르디 유대인들이 그 일을 맡았는데, 이들은 네덜란드공화국에서 모로코 술탄들을 위해 일했다. 세파르디들은 유럽어와 문화에 대한 지식 그리고 국제적인 교류망 덕분에 그러한 역할을 하기에 적합했다. 또한 교역에서처럼, 무슬림 지배자들은 유럽인들이 찾아오는 것을 선호했다. 불신자들에게 경의를 표하고 사귀는 것을 보이고 싶지 않았던 유럽의 제후들도 그것을 좋아했다. 이점에서는 비밀교회에서와 같은 위선이 감돌았다. 그리스도교 세계 밖에서 하는 행동은 눈에 잘 띄지 않았고, 그리하여 유럽 내에서 행해지는 행동보다 덜 거슬렸다. 외국에서의 외교는 더 신중했다. 그래서, 16세기 말에는 베네치아, 프랑스, 잉글랜드, 신성로마제국이 이스탄불에 대표를 상주시켰으며, 그 다음 2세기 동안 다른 유럽 국가들이 뒤를 따랐다. 투르크와 모로코는 가끔씩 특사를 파견했으며, 페르시아 특사는 정말 드물었다.

이들이 유럽을 방문하는 목적 가운데에는 동맹 결성도 있었다. 합스부르크가를 공동의 적으로 간주하는 국가들은 적어도 하나의 공동 대의는 가지고 있었다. 일찍이 1536년에 프랑스 국왕 프랑수아 1세는 오스만인들과 협정을 맺었는데, 프랑스와 오스만제국과의 협정 체결은 몇 차례 더 이루어졌다. 협정에 의해, 오스만제국의 전 함대와 4만 명의 군인이 프랑스 도시 툴롱에서 1543~44년 겨울을 지냈다(이 기간 동안 여자들과 아이들을 포함한 대부분의 주민들은 소개되었다). 프로테스탄트와 무슬림은 동맹을 맺을 또다른 이유가 있었다. 그들은 "우상숭배"를 범하는 가톨릭에 대한 증오심을 공유했다. 1613년에 헤이그를 방문한 모로코 특사 아마드 이븐 카심 알-하자리는 방문국의 칼뱅파 신앙에 대해 솔직한 호감을 표시했다. 또한, 그에 의하면, 프로테스탄트 학자들도 "무슬림들은 우상숭배자들을 벌하기 위해 신이 지상에 보낸 칼이기 때문에 미워하지 말라"고 주민들에게 가르쳤다.[335] 프로테스탄트 학자들이 모두 그러한 연대를 느낀 것은 아니지만, 가톨릭 국가들과 지배자들 특히 합스부르크가가 무슬림들의 정면 공격을 받는 것을 고마워한 사람이 없지 않았다. 신의 섭리의 신비에 기대어, 영국인 토마스 풀러는 1651년에 다음과 같이 생각했다: "전 서부 그리스도교 세계는 〔스페인 왕이〕 항상 깨어 있는 덕분에 조용히 잠잘 수 있다. 그의 갤리선이 튀니스와 알지에의 하구를 틀어막고 있기 때문이다. 그렇다. 신의 섭리는 그렇게 명했다. 가톨릭 제후들의 지배령 (그들은 그렇게 불렀다)은 프로테스탄트 국가들을 지키기 위해 동쪽과 남쪽에 설치한 방어막이다."[336] 종교전쟁 시대에, 프로테스탄트들과 무슬림들은 프로테스탄트 적들을 "칼뱅파 투르크주의"라고 비난하는 가톨릭 논객들의 비방을 그럴듯하게 보이게 해주는 사실들 때문에 난감해 했다. 황제 카를 5세는 오스만제국의 위협이 없었더라면 프로테스탄트 종교개혁을 초기 단계에서 진압했을지 모른다. 후일, 오스만제국은 펠리페 2세의 힘을 분산시킴으로써 네덜란드인들이 스페인 반란을 성공시키는 데 일조했다.

알-하자리 같은 특사를 보는 것은 많은 유럽인들에게는 무슬림의 실물을 보는 첫 번째 기회였다. 특사들은 대체로 파리, 헤이그, 런던, 빈, 베를린 같은 유럽의 수도에 거주했다. 어떤 사람들은 폭넓게 여행했다. 초대 헤이그 주재 투르크 공사인 오메르 아그하는 라이덴, 할

렘, 암스테르담, 위트레흐트 등지를 돌아다녔다. 모로코의 장관인 모하마드 빈 아브드 알-와하브는 1690년에 마드리드로 가는 길에 카디즈에 들렀는데, "도시의 모든 주민들이 군인들과 기병들과 함께 우리를 따라다녔고", 그 다음 행선지인 산타 마리아에서는 "수많은 남자, 여자, 아이들"의 환영을 받았다. 코르도바에서도 그러했다. 대사들은 일행과 함께 움직였기 때문에 더욱 눈에 잘 띄었다. 아그하 일행은 19명이었다. 또한, 몇몇 그리스도교인들에게, 외교사절들과의 접촉은 비인간적인 것으로만 제한되지는 않았다. 알-하자리는 네덜란드로 가기 전에 프랑스에서 2년 반을 체류했는데, 신부들, 수도사들과 대화를 나누었고, 재판관의 집에서 식사를 했으며, 아랍어 능력을 향상시키고자 애쓰는 학자들의 질문을 받았고, 함께 사는 국왕 관리의 친척과는 낭만적인 스텝을 밟기도 했다. 1699년에 모로코 사절을 이끌고 프랑스에 온 압달라 빈 아이스하는 궁정에서 샤를롯 드 카뮈 멜손이라는 여자와 가까이 지냈으며, 사랑의 시를 보냈다. 그는 한 프랑스 외교관 가족과도 진실된 우정을 나누었다.

그리스도교인들 가운데 일부는 무슬림들을 받아들이는 것이 지나치게 어렵다고는 생각하지 않았으며, 무슬림들도 사업을 위해 유럽을 방문하는 것이 지나치게 불편하다고는 생각하지 않았다. 그러나 무슬림 공동체는 별개의 문제였다. 동부 유럽에는 리투아니아의 타타르들이 있었다. '황금군단' * 의 후손인 이들은 빌니우스 인근 지역에 정착하도록 권고받았으며, 이곳에서 땅과 특권을 받는 대가로 리투아니아

---

* 황금군단Golden Horde은 13세기 중엽부터 15세기 말까지 러시아를 지배했던 몽골족의 나라를 가리킨다

의 대對러시아 전쟁에서 싸웠다. 또한 그 후에도 그들은 폴란드-리투아니아 군대에서 기병으로 복무했다. 원래는 대부분이 남자였던 타타르들은 초기에는 그리스도교인들과 결혼하는 것이 허용되었지만 이 특권은 1606년에 철회되었다. 그 무렵 대부분의 타타르들은 지역의 백러시아어를 차용했다. 그렇지만 그들은 뚜렷한 언어적·종족적 아이덴티티를 가진 민족으로 남아 있었다. 그들은 정착한 마을에 모스크를 세우는 것을 허용받았다. 그들의 수가 얼마나 되었는지는 알기 어렵지만 16세기에 십만 명 정도 되었을 것으로 추산되는데 그 수는 중부 유럽이나 서부 유럽에서는 찾아볼 수 없는 것이었다. 이 지역에는 근대 초에 오직 두 유형의 무슬림 공동체가 있었다: 노예와 추방당할 때까지의 모리스코.

무슬림들만 그리스도교 포로들을 노예화한 것은 아니었다. 그리스도교인들도 정규전이나 노예무역상, 몰타 기사단, 성스테파노 기사단 등이 약탈 공격에서 잡은 포로들을 노예화했다. 이렇게 해서 만들어진 노예는, 유럽인들이 구매한 노예들이 대부분 여자와 어린이였고 가내 하인으로 고용되었던 이전 시대의 노예들과 매우 달랐다. 16세기에도 이탈리아와 스페인, 특히 나폴리와 시칠리아왕국 그리고 안달루시아에는 수천 명의 가내 노예들이 있었다. 그렇지만 그러한 노예들은 그리스도교 가정들에 흩어져 살았으며, 마드리드에서처럼 수가 많은 지역에서도 아랍어를 사용하거나 이슬람교는 물론이고 전통적인 관습을 지키는 것조차 금지당했다. 북유럽에도 약간의 무슬림 노예들이 있기는 있었다. 이곳에서 제후들은 화려하게 옷을 입은 투르크 소년들을 궁정에 하인으로 세워놓았으며, 마리 드 메디치 같은 사람들은 투르크인 자수공을 고용했다. 몇몇 유럽인들, 특히 외교관들은 이슬람 지역 체류를 마치고 돌아올 때 한두 명의 노예를 데리고 왔다. 남부 유럽에서 가내 노예는 규모가 달랐다. 그렇지만 시간이 지나면서 수가 줄어들어, 17세기 말이 되면 사실상 근대 초 노예들의 핵심만 남았다. 이들은 성인남자 포로들로서, 대부분 유럽의 지중해 해군의 갤리선에서 노잡이로 부역했다: 베네치아, 토스카나, 교황청, 스페인, 그리고 1660년대부터는 프랑스.

유럽의 갤리선에는 노예 외에도 죄수들과 전쟁포로들이 있었지만, "투르크인들"은 훨씬 더 뛰어난 노잡이로 평판이 높았다. 그들의 육체적 용맹성은 "투르크인처럼 강한"이라는 프랑스어 표현을 낳을 정도였다. 그들은 가장 힘든 노잡이 자리에 배치되었으며, 다른 노잡이들의 모범이 되도록 각 선박에 분산되었다. 그들은 항구에 있을 때는 북아프리카의 그리스도교 노예들처럼 지중해 지역 말로 "바니"라고 부르는 집에 공동 수용되었다. 그들은 거기에서 공동체를 형성했는데, 한창때는 그 수가 리보르노에서는 1천 명, 제노바에서는 천 5백명에서 2천 명, 마르세유와 툴롱에서는 합쳐서 2천 명에 달했다. 그들은 자기들의 이익을 대변할 지도자를 뽑았고, 분쟁을 조정했으며, 노동을 조직했다. 북아프리카의 바니에 그리스도교 예배당이 있듯이, 1680년 리보르노의 무슬림들이 살던 4개의 바니에도 예배당이 있었다. 1689년 리보르노에서 한 카푸친 수도회 수도자의 눈에 한 건물이 들어왔는데 그는 그것을 진짜 모스크라고 불렀다. 그 라벨은 그의 묘사에 어울렸다: "한번은 앞에서 말한 카푸친 수도회 수도원장들이 나에게 투르크인들의 모스크를 보라고 했다. 그것은 작은 집이었다. 투르크인들은 깨끗이 씻은 다음에 맨발로 그곳에 들어갔다. 안에는 설교단, 두 계단, 쿠란, 율법서들이 있었다. 한쪽에는 금빛 외투가 있었고, 다른 한쪽에는 터번과 그들이 소중하게 여기는 물건들이 있었다. 그곳에서 그들은 마호메트의 법을 집행했다. 이 모스크는 그들에게 허용되었다. 왜냐하면 투르크인들도 바니에 있는 그리스도교인들이 비밀교회를 여는 것을 허용했기 때문이다."[337] 프랑스 선박의 무슬림 노잡이들은 마르세유와 툴롱에 모스크를 세웠다. 그들은 배가 항구 밖으로 나가지 않는 겨울에는 수공업에 종사하거나 해안가에 상점을 세웠다. 1701년, 교황청 항구인 키비타베키아에 있던 무슬림 노예들은 예배방 비슷한 것을 가지고 있었으며, 1737년에 제노바에 있던 노예들은 도시의 부두에 "모스케아"라고 불리던 것을 가지고 있었다. 무슬림들은 이 모든 항구에서, 스페인 항구인 카디스에서처럼, 자기들의 공동묘지를 가질 수 있었다. 북아프리카에 있던 그리스도교인들도 마찬가지였다. 그렇지만, 무슬림들이 거주하고 있는 부둣가 건물 내부에 눈에 띄지 않게 공동묘지를 만들 수는 없었다. 그것은 단단하고 건조한 땅에 만들어야 했기에, 무슬림들은 시신을 그곳으로 가져가야 했다. 공동묘지는 무슬림 예배당과 달리 눈에 띄었고, 그래서 지역 그리스도교인들의 적대감을 피하지 못했다. 1696년, 카스티야 정부는 "살아 있건 죽었건 무어인이나 투르크인 노예"를 학대하는 사람은 모두 벌을 받는다는 경고를 해야 했다.[338] 튀니지아의 파샤를 비롯한 북아프리카의 정부 당국들이 유럽에 있는 무슬림 묘지의 폐쇄를 막은 것이 한두 번이 아니었다. 그리스도교 포로들에게 똑같은 보복을 하겠다고 위협했던 것이다.

서부 유럽에서 가장 규모가 크고 강력한 무슬림은 스페인에서 추방되기 전까지의 모리스코들이었다. 이들은 중세에 이베리아 반도에 왕국을 세웠던 무어인들의 후손이었다. 1492년에 이베리아 반도 최후의 이슬람왕국이 멸망하고 8년 후, 그들은 세례를 받을 것인가 추방당할 것인가의 선택을 요구받았다. 1526년, 스페인 전역에서 이슬람교는 불법이 되었고, 스페인에 살던 무슬림들은 적어도 명목상으로는 그리스도교인이 되었다. 그들은 아라곤 전체 인구의 5분의 1, 발렌시아 인구의 3분의 1이었으며, 1568년까지는 그라나다 인구의 다수였다. 그해 크리스마스 전야에 그라나다의 모리스코들은 무슬림식 삶의 방식을 억압하는 데 저항하여 무기를 들었다. 그들의 반란은 참담한 패배로 끝났고, 양측 모두 처참한 피해를 입었다. 하나의 전환점이었다. 대부분 지역에서, 그리스도교인들과 무슬림 사이의 "평화 공존"이 종식되었다. 처벌로서, 그리고 불안감이 커지는 것을 막기 위해, 펠리페 2세는 반란 지역의 약 5만 모리스코들을 노예로 만들어 카스티야 전역에 분산시켰다. 동시에, 종교재판이 진행되어 모리스코들의 처벌에 가속이 붙었다. 1566년과 1609년 사이에 250명의 모리스코들이 이슬람교를 믿었다는 이유로 단죄되었고, 오토다페라는 요란한 의식 아래 처형되기 위해 세속 당국으로 이첩되었다. 50년 동안, 수천 명이 국왕 갤리선 종신노역을 선고받았는데, 이것은 사형과 다름없었다. 그러한 박해에 대한 저항은 진압되었다. 1591년 펠리페는 아라곤의 (그리스도교) 귀족들이 모리스코 가신들을 보호하는 것을 막기 위해 군대를 파견했다. 1580년대부터 논의된 모리스코들의 추방은 1609년에 개시되어 5년간 진행되었다. 30만 명의 남녀노소가 강제로 고향을 떠나야 했다. 이들은 근대 초 유럽에서 가장 큰 종교 난민이었다. 대부분은 북아프리카로 추방되었거나 도주했고, 나머지는 동쪽으로 갔다.

그런데 스페인 당국은 무슬림의 존재를 왜 수용하지 못한 것일까?

그리고 스페인의 일반적인 "구舊그리스도교인들"(새로운 그리스도교인인 모리스코와 유대인 콘베르소와 구별되는)도 그러했나? 가장 먼저 기억해야 할 것은 그리스도교인들은 수세기 동안 이베리아 반도의 "재정복"을 진행해왔다는 점이다. 스페인 무슬림의 정복, 명목적인 개종, 박해, 추방은 이러한 십자군의 최종 단계였다. 이것은 스페인의 그리스도교왕국, 특히 카스티야의 문화와 정체성을 형성하는 데 큰 역할을 했다. 또한 기억해야 할 것은, 스페인은 외부의 무슬림 국가들과 전쟁 중이었다는 점이다. 오스만제국과는 1580년까지, 그리고 바르바리아 해적들과는 그 후에도 계속 그랬다. 모로코는 여전히 침입을 위한 집결지였다. 유럽의 그리스도교 비국교도들과 마찬가지로, 스페인의 모리스코들 역시 신앙을 함께 하는 외국세력의 자연스러운 동맹—기회가 주어지면 내부로부터 국가를 배신할 잠재적인 배신자들의 제5열—으로 여겨졌던 것이다. 이러한 불안감이 완전히 부당한 것은 아니었다. 투르크 함대가 1558년에 미노르카를 약탈할 때, 모리스코들은 거리에서 춤을 추었으며, 포르투갈 군대가 1578년에 일소되었을 때는 투우, "그리고 다른 축제"를 벌였다.[339] 그라나다의 모리스코들이 반란을 일으켰을 때 4천 명의 투르크인들과 북아프리카의 베르베르인들이 들어와 가담했고, 알지에의 총독은 무기와 탄약을 공급했다. 무슬림들이 모리스코들의 유일한 외국 동지였던 것은 아니다. 1570년대에 모리스코들은 프랑스의 위그노와 손을 잡았고, 오스만인들은 네덜란드인들에게 모리스코의 봉기와 때를 맞추어 스페인에 대한 공격에 함께 나서자고 제안했다. 후에도 네덜란드–모리스코 연합 공격에 대한 소문이 떠돌아다녔다. 비록 실행에 옮겨지지는 않았지만 말이다.

이 모든 시기 동안, 모리스코들은 이슬람교에 충성을 다했다. 그들이 그리스도교 세례를 받아들인 것은, 이슬람은 박해의 시기에 필요하다면 그렇게 하는 것을 허용한다고 알고 있었으며 또 그들의 종교 지도자들도 그것을 확인해주었기 때문이다. 세례 후에, 그들은 집에서 파다스fadas를 행했는데, 그것은 애기들에게 뿌린 성유를 닦아내는 의식이었다. 그들이 이슬람교를 믿고 무슬림의 생활 방식을 얼마나 따랐는지는 지역에 따라, 대체로 모리스코들과 구舊가톨릭들이 서로 얼마나 분리되어 있었는가에 따라 달랐다. 발렌시아에서, 모리스코들이 살고 있는 마을 대부분에는 그리스도교인들이 살고 있지 않았다. 이곳에서는 추방 직전까지 완전한 이슬람 문화가 만개했다. 이곳의 모리스코들은 아랍어만 말했으며, 남자들은 할례를 했고(1580년 무렵까지는 모두가, 그 후에는 절반 정도가), 몇몇은 일부다체제를 실시하기도 했다. 모스크 건물은 없었지만, 무슬림식 결혼식을 주재하고 샤리아법에 따라 분쟁을 중재하는 무슬림 성직자는 있었다. 1502년에서 1568년까지 그라나다에서도 상황은 비슷했다. 그리스도교 당국은 모리스코들의 관습—이것은 이슬람교가 요구하는 것이 아니라 아랍문화의 일부였다—을 없애기 위해서 부단히 노력했다. 그들은 동화를 진정한 개종의 열쇠라고 생각했다. 모리스코들은 "무어적인 것들"에 대한 기억을 모두 잊고, "그리스도교인들처럼 살고 행동해야 했다."[340] 그들은 심지어는 구舊그리스도교 가족과 결혼할 것을 권유받기도 했다.

이와 대조적으로, 아라곤의 모리스코들은 대부분 다른 사람들과 섞여서 살았다. 이러한 통합적 환경에서, 그들은 카스티야어를 말했고, 서류에는 그리스도교식 날짜와 무슬림식 날짜를 병기했으며, 가난한 여자들을 제외하고는 그리스도교인들처럼 옷을 입었다. 역설적으로,

이곳의 모리스코들은 발렌시아에 있는 그들의 사촌들보다 (인구 비례로 볼 때) 훨씬 더 많은 박해를 받았다. 왜냐하면 이단재판소는 일반적으로 그리스도교도 밀고자들에게 의존했기 때문이다. 모리스코들은 다른 모리스코들을 배신하지 않았다. 그래서 아라곤의 모리스코들은 여전히 이슬람에 충실했으면서도 발렌시아에 있는 모리스코들처럼 충분히 신앙생활을 할 수 없었을 뿐만 아니라 공개적으로 그렇게 할 때는 위험했다. 돼지고기를 피하고, 포도주를 거부하고, 심지어는 개인위생을 철저히 하는 것만으로도 의심받기에 충분했다. 그렇다고 가정생활의 프라이버시가 공식적인 제재를 받는 상황은 아니었다. 여전히 가정은 무슬림 의식과 관습을 은밀하게 시행할 수 있는 물리적이고 사회적인 공간이었다. 그리하여 아라곤에서 이슬람 의식을 행하는 것은 유럽의 일부 지역에서 비국교도 그리스도교인들이 "가정예배"를 보는 것과 상당히 유사했다. 그리고 그러한 의식처럼, 혹은 거기에서 자라난 가족예배당처럼, 그것은 여자들에게 중요한 역할을 부여했다. 이러한 환경에서 여자들은 이슬람의 가장 중요한 보존자요 전달자가 되었다. 그들은 집안에 격리되어 무슬림 관행에 따라 요리하고, 청소하고, 가정의 일상생활표를 짰다. 그들은 심지어 파다스와 같은 의식들을 주재했으며, 자녀들을 가르쳤다. 그리스도교 관리들은 이 왕국 안으로 침범해 들어가려 했으나 쉽지 않았다.

모리스코들은 이단재판소의 관할 아래 있었다. 왜냐하면 그들은 공식적으로는 불신자가 아니라 이단이었기 때문이다. 그들이 무슬림 의식을 따랐을 때, 그들은 많은 우려에도 불구하고 그들을 동료로 간주해야 했던—왜냐하면 교회에게 있어서 세례는 취소할 수 없는 성사였기 때문이다—교회를 배신한 것이었다. 실제로, 이단과 불신자의 범주는 모리스코들의 경우에는 분명하지 않았다. 관계 당국은 대체로 그들이 의도와 목적에 있어서 여전히 무슬림이라고 단정했다. 이로써 그들은 이베리아 반도의 또다른 집단인 콘베르소와 비슷하게 되었다. 콘베르소 역시 신新가톨릭이었지만 종교적 감성은 훨씬 다양했다. 모리스코들 이상으로 그들은 교회를 종교적으로, 내부로부터의 배신과 부패로써, 위협했다.

개종, 성, 분리

콘베르소들은 세례받은 유대인과 그러한 유대인의 자손이었다.[341] 1391년 스페인을 휩쓸었던 무시무시한 박해(포그롬)의 물결 속에서 수만 명의 콘베르소들이 만들어졌다. 당시 스페인 유대인의 3분의 1이 학살당했고, 3분의 1이 "강제로 세례반으로 끌려갔다."[342] 그 후 수십 년간 그들의 수는 늘어났고, 1492년에는 수천 명이 박해보다는 세례를 택하면서 더 늘어났다. 모리스코들과 달리, 일부 콘베르소들은 새로운 종교를 매우 진지하게 받아들였고, 구舊그리스도교 사회에 동화되었으며, 자녀들을 그리스도교인으로 키웠다. 그런데 역설적으로 이것은 구舊그리스도교인들의 걱정을 키웠을 뿐이었다. 스페인 가톨릭의 위대한 인물들 가운데 몇몇—신비적인 테레사 다빌라, 인문주의자 후안 루이스 비베스, 예수회원 살메론과 라이네즈—은 콘베르소 집안 출신이었다. 콘베르소들이 《아라곤의 녹색 책》(1507)에서 자랑스럽게 기록했듯이, 정부 관리 가운데에도 유대인 조상이 있는 사람들이 많았다. 스페인의 첫 번째 강력한 이단재판관인 토르케마다도 그러했다. 이러한 사실들은 콘베르소들은 모두 마음으로는 유대인이 며 유대인들의 영향이 스페인 사회 곳곳에 퍼져 있다고 본 구舊그리 스도교인들이 느낀 최악의 공포를 확인해줄 뿐이었다. 이렇게 퍼진 위협과 싸우기 위해 구舊그리스도교인들은 "피의 순수성" 법을 공포 했다. 믿음이 아니라 조상에 의거해서 유대인임을 정의하는 이 법은 콘베르소들을 세습적인 카스트로 전환시켰다. 그것은 심지어 동화된 사람들도 유대인의 낙인을 찍고, 권력 기관과 제도에서 추방하는 것 을 가능하게 했다.

다른 콘베르소들은 진정한 "이스라엘의 아들과 딸"로 남았다.[343] 수 십 년간의 관용 기간 이후, 스페인 이단재판소는 그들의 은밀한 "유대 화"를 근절하는 작업에 착수했다. 처음 15년 동안 이단재판소는 전적 으로 이러한 형태의 이단에 대해 관심을 기울였다. 피고들 가운데 95 퍼센트는 이 때문에 고소당했다. 이 집단에는 유대주의를 하나의 종 교로서 받아들이지는 않지만, 유대적인 관습, 예컨대 돼지기름이 아 니라 올리브기름으로 요리를 한다거나 금요일에 침대시트를 바꾼다 거나 아이들 이름을 구약성서에서 따온다거나 하는 등의 관습을 고수 하는 콘베르소들이 포함되었다. 이단재판관들은 종교와 종족문화를 구분하지 않았다. 그것을 지키는 사람들 가운데 상당수가 여자들이었 다. 여자들은 비밀-무슬림 관습에서 그랬듯이, 비밀-유대 관습에서 도 중요한 역할을 했다. 실로, 이단재판관들이 유대화를 막기 위해 노 력할수록, 가정은 "문화적 저항의 요새"가 되었으며, 여자들은 점점 더 "유대 전통의 중심 담지자"가 되었다.[344]

스페인 당국은 유대인임을 공언한 사람들이 그러한 유대화를 돕고 부추긴다고 확신했다. 도시의 옛 유대인 거주 지역에 살고 있던 많은 콘베르소들은 유대인 이웃, 친구, 심지어는 친척들과 매일매일 어깨를 마주쳤다. 이들은 콘베르소들에게 유대 관습을 소개했고, 유대인 소속감을 느끼게 해주었다. 어떤 곳에서는 콘베르소들과 유대인들이 함께 예배를 보기도 했다. 그리하여 1393년 도미니코 수도사인 빈센테 페레르는 유대인들로부터 콘베르소들을 격리시킬 필요성을 역설했고, 1470년대와 1480년대에는 몇몇 지역에서 그러한 시도가 행해졌다. 1492년 추방령의 가장 중요한 목적은 이 두 집단을 과격하게 분리시키는 것이었다. 페르디난도와 이자벨라는 잠행적인 내부의 이단 위협을 근절하기 위해서 유대인들은 더 이상 "[신그리스도교인들을] 자기들의 사악한 신앙과 생각 속으로 끌어들이거나 타락시키지 말아야 한다"는 것을 확실히 할 필요가 있었다.[345]

스페인에서 유대인을 추방한 것은 유대 역사에서 중요한 사건이었다. 그러나 그것은 유럽 유대인의 지도를 근본적으로 바꾼 일련의 추방 가운데 가장 큰 추방이었을 뿐이다.[346] 사실, 유대인들은 일찍이 1290년에 잉글랜드에서, 1394년 이후 프랑스 왕국에서 추방당했으며, 흑사병 이후에는 대량학살을 당했다. 그러나 15세기 말까지 이베리아 지역뿐만 아니라 독일, 오스트리아, 체코, 이탈리아, 남부 프랑스 지역에는 대규모 유대인 공동체가 있었다. 그때 유대인들이 여러 도시와 지방에서 연속적으로 잔인하게 추방되는 국면이 계속되었는데, 그 이유는 부분적으로만 알려져 있다. 1490년대에 정점에 도달한 첫 번째 추방의 파도는 도시민 특히 길드조합원, 하급성직자 특히 탁발수도자들에게서 발원한 민중적 요구에 의해 북부 유럽으로 밀려들어 갔다. 남부 유럽에서는, 시칠리아와 사르데냐(1492), 프로방스(1498), 그리고 1497년에 대부분 스페인에서 망명온 유대인 약 7만 명을 강제 세례시키는 것으로 종식된 포르투갈에서의 계획적인 추방 등이 있었다. 잠시 소강상태를 거친 후, 추방은 1530년대에 고조되었다. 이때는 루터파 제후, 교황, 그 밖의 다른 지배자들이 앞장섰다. 1570년대에 이르면 서부와 중부 유럽에는 유대인임을 공언하는 사람들이 거의 남지 않았다.

그들은 어디로 갔는가? 일부는 북아프리카로 갔고 일부는 이탈리아로 갔다. 그러나 대부분은 동쪽으로 갔다. 아슈케나지는 폴란드-리투아니아로 갔고, 세파르디는 발칸 지방과 레반트 지방의 오스만제국 영토로 갔다. 폴란드의 국왕 도시들에서, 그리스도교 상인들과 길드 조합원들은 유대인들을 그들의 직종 속으로 받아들이는 데에 저항했다. 유대인 불관용 특권을 누리고 있던 바르샤바 같은 도시들은 유대인들을 전면적으로 배제하려고 했다. 17세기 후반, 국왕은 이러한 경계석의 일부를 허물었다. 그러나 처음부터 폴란드의 귀족들은 정반대의 입장을 취했다. 특히 귀족들의 광대하고, 인구가 부족하고, 미개발된 영지가 널려 있던 동쪽의 리투아니아와 폴란드 우크라이나에서, 귀족들은 기꺼이 유대인들을 받아들였다. 그들은 토착적인 상인과 장인이 거의 없는 지역에 유대인 이민자들이 들여올 상업적이고 산업적인 기술을 높이 평가했다. 유대인 경영자들과 임차인들이 귀족들의 영지를 경작했고, 목재와 잉여곡물의 수출을 주선했다. 유대인 장인들은 비누 제조, 모피 공정, 증류 등과 같은 산업을 발전시켰다.

이들 이민자들은 폴란드의 기존 유대인들이 그리스도교 사회와 맺은 관계와는 다른 관계를 맺었다. 그들은 "서구의 기술과 언어를 가지고 온 서구인이며, 그것을 변화된 환경에 접붙였다."[347] 중세에, 유대인들은 종교적인 목적을 위해서는 히브리어를 사용했지만 일반적으

로는 지역 그리스도교인들의 언어를 구사했다. 근대 초 폴란드-리투
아니아의 유대인들은 독일어 방언인 이디쉬어를 썼다. 그들은, 몇 세
기 전에 독일에서 이주해 들어와 종교개혁 시대에는 프로테스탄티즘
을 받아들인 "색슨인들"처럼, 혹은 루테니아의 그리스 정교도 농민들
이나 그 밖의 많은 다른 집단들처럼, 폴란드 가톨릭교도들과 언어, 문
화, 조상 등을 공유하지 않았다. 그들은 분명히 구분되는 "외국 민족"
이었다. 우리가 앞에서 살펴보았듯이, 유럽인들은 자기들 집단보다
그러한 집단의 종교적 차이를 더 쉽게 관용할 수 있었다. 그것은 중세
이래 다민족적이고 다종교적인 국가를 형성한 동유럽에서 특히 그러
했다. 오스만제국에서도 상황은 비슷했다. 이곳에서 세파르디들은 스
페인어 방언Ladino을 썼고 이베리아의 관습을 고수했다.

　1570년대, 이탈리아는 유대인이 외국인이었던 이러한 유형에서 예
외였다. 이곳에서는 추방 이후에 커다란 유대인 공동체가 11개 도시
에 남아 있었다: 로마, 안코나, 베네치아, 만토바, 페라라, 베로나, 파
도바, 카잘레 몬페라토, 피렌체, 모데나, 파르마. 비록 이 공동체 안에
는 세파르디 망명자들과 이디쉬어를 말하는 아슈케나지들이 있었지
만, 대부분은 이탈리아어를 사용했다. 이들은 몇 세대 전부터 반도에
거주했다. 게토가 이탈리아에서 발명되었으며, 정확히 이 시대에 그
수가 늘어나기 시작한 것은 우연이 아니다.

　베네치아 게토의 최초 모방자는 1555년에 나왔다. 그때 교황 파울
루스 4세는 "어리석은 일이기 때문에" 교서를 공포했다.* 이것은 교

---

* Cum nimis absurdum은 교황 파울루스 4세가 1555년에 공포한 교서이다. "자기들의 잘못 때문
　에 신에 의해 영원한 노예의 벌을 받은 유대인들이…… 어리석은 일이기 때문에……"

황령 안에 있는 유대인들의 유폐를 명하는 것이었는데, 여기에는 로마의 옛 공동체도 포함되었다. 가장 전투적인 반종교개혁 교황 가운데 한 명이었던 파울루스는 그리스도의 재림 때 가서야 유대인들이 개종하는 것을 끈기 있게 기다릴 수 없었다. 그는 유대인들이 지금 개종하도록 압력을 넣음으로써 그날을 앞당길 수 있다고 생각했다. 그는 이러한 방식으로 추방보다 더 철저하게 유대주의를 근절하기를 희망했다. 유대인들을 개종시킨다는 희망은 16세기 중엽 이탈리아에서 강했다. 17세기 말 경건주의의 영향을 받은 루터파의 독일에서도 그러했다. 그러나 어느 경우에도 큰 성공을 거두지는 못했다. 1543년에 로마에 예비신자의 집이 세워졌고, 매년 평균 10여 명 정도의 유대인(모두가 지역 주민은 아니었다)이 개종했다. 개종은 승리로 여겨졌다. 유대주의에서 개종한 사람들 가운데에는 요하네스 페퍼코른과 안토니우스 마르가리타처럼 유대주의에 정통한 지식을 그것을 공격하는 데 사용한 저명한 논객들이 있었다. 스펙트럼의 다른 한쪽에서, 개혁적인 주교 카를로 보로메오가 관찰했듯이, 그리스도의 자비를 얻는 데 필사적이었던 가난한 개종자들은 새로운 신앙의 신뢰할 수 없는 지지자였다. 한 그리스도교 종파에서 다른 그리스도교 종파로 개종한 사람들의 지위를 둘러싼 모호함과 그런 사람들의 행동에 영향을 준 잠복적인 불안감은 그리스도교로 개종한 유대인들(그리고 무슬림들)에게서도 찾아볼 수 있다. 그리스도교 개종자들 사이에서와 마찬가지로 그들 사이에서도 우리는 "자기가 받아들인 교회와 맹렬히 결합한 열광자들"을 발견한다. 그들은 보통 이상의 열정을 보여줌으로써 "수용을 얻어내고 개종 동기에 대한 의심을 무력화시켜려" 했다.[348]

교황령의 북쪽에서는, 유대인들을 개종시키려는 열망보다는 그들을 분리시키려는 열망이 게토를 세운 동기였다. 이 분리는 완전하지는 않았지만 상징성은 강력해서, 유대인들의 존재가 가져올 영향에 대한 그리스도교인들의 불안감을 해소시키는 데 이바지했다. 그 불안감은 두 가지 가능성에 집중되었는데, 하나는 그리스도교인들과 유대인들 사이의 성性이었다. 그 가능성을 차단하기 위해서, 1215년의 제4차 라테라노 공의회는 그리스도교인들이 분명히 식별하고 그리하여 "역겨운 잡혼"을 피할 수 있도록 유대인들은 뱃지를 부착할 것을 요구했다.[349] 이것은 그리스도교 하인들이 유대인 집에 들어가 사는 것을 교회법이 금한 이유 가운데 하나였다. 14세기 아라곤에서, 그리스도교인-유대인 관계에서 유대인 남자가 그리스도교인 여자와 성관계를 갖는 것만큼 분쟁을 많이 야기한 것은 없다. 베네치아의 행정관들은 도시의 게토에 관한 규정에서 잡혼에 대한 두려움을 반복적으로 이야기했다. 그리스도교인과 유대인이 한집에서 사는 것은 필연적으로 성관계로 이어진다고 생각했기 때문이다. 마르카르두스 드 수자니스의 1558년 논문은 게토를 세우는 이유를 설명하는 데 많은 지면을 할애했다. 유대인과의 "지나친 친밀감과 소통"이 왜 위험한가를 설명하기 위해서, 그는 《신명기》 7장—이종결혼을 금하고 그것의 결과를 경고하는 구절—을 인용했다.[350]

그리스도교인들의 불안은 유대교로 개종할 가능성에도 집중되었다. 이것은 유대인 조상을 둔 그리스도교인이라는 집단의 경우를 제외하고는 실제로 사회적 위협이 되지 않았다. 근대 초에 유대교로 개종한 그리스도인들은 적었기 때문이다. 이탈리아는 포르투갈에서 도망친 콘베르소들에게 16세기에 다른 어떤 그리스도교 국가도 제공하지 못한 그런 기회—자기 조상들의 신앙을 공개적으로 받아들 수 있는 기회—를 제공해주었다. 많은 사람들은 국제적인 상업 중심지인 베네치아로 들어갔다. 그러나 도착하자마자 그들은 어려운 결정을 해야 했다. 왜냐하면 "그리스도교와 유대교 사이의 선택은 신앙 사이의 선택만이 아니었기 때문이다." 그것은 또한 자유와 구속, 권력과 굴종 사이의 산택이었다.[351] 유대교를 받아들인 콘베르소 남자는 유산, 경력, 직업 등을 포기해야 했다. 반면에 고향으로 돌아간다면 죽음의 위험을 무릅써야 했다. 사람들이 망설일 만한 충분한 이유가 있었다. 이베리아를 떠난 사람들 가운데에는 유대주의로 돌아갈 생각이 없는 사람들도 있었다. 그들은 단지 박해를 피하거나 사업을 계속하기 위해서 떠난 것이었다. 유대인들은 콘베르소들이 스스로 돌아올 것으로는 생각하지 않았다. 그래서, 처음에는 이탈리아에서, 나중에는 북유럽에서, 유대인 학자들은 이 집단을 겨냥한 교육적이고 호교론적인 문헌들을 많이 출판했다. 일반 사람들은 콘베르소들이 그리스도교를 버리도록 촉구하기 위해 가족과 조상의 유대에 호소했다. 심지어는 이베리아에 아직 남아 있는 콘베르소들이 "우상의 땅"을 떠나도록 설득하기 위한 노력도 했다. 예를 들면, 1615년에 암스테르담에 설립된 자선단체인 도타르는 이베리아를 떠난 가난한 콘베르소 소녀들에게 결혼지참금을 주었다.

베네치아에 들어와 신앙 사이에서 망설인 사람들은 이단재판을 받을 위험이 있었다. 1556년 파울루스 4세는 포르투갈에서 태어난 사람들은 모두 세례받은 그리스도교인으로 간주한다고 선언했다. 그러니 그들이 유대교를 받아들인다면 배교의 죄를 짓는 것이었다. 베네치아의 행정관들은 이러한 새로운 정책에 동의할 수 없었다. 그래서 1590년경부터 그들은, 도시에 도착한 순간부터 유대인으로 산 사람들을 배교자 그리스도교인이 아니라 유대인으로 취급했다. 그것은 노란색 모자를 쓰고 게토에 거주하는 것을 의미했다. 그렇지 않은 경우, 도착 자들은 선량한 그리스도교인으로 행동하고, 유대인과 섞이는 것을 피할 수 있었다. 교회나 세속 당국이 용납할 수 없었던 것은 모호한 행동, 불확실한 충성, 그리스도교인들과 유대인들을 구분하는 사회적·물리적 경계의 위반 등이었다.

그들은 좋은 장벽은 좋은 이웃을 만든다고 말했다. 게토의 벽을 세운 것은 이탈리아에서 그리스도교인들과 유대인 사이의 관계를 증진시켰다. 그 둘 사이의 경계를 더욱 분명하고 확실하게 함으로써 그것은 잡혼에 대한 그리스도교인들의 불안과 유대인들의 선교 "유혹"(성적인 언어를 주목하라)을 불식시켰다. 그것은 도시 복판에 유대인들을 위한 별도의 공간을 할양해주었지만 그리스도교인 공동체의 몸통으로부터는 유대인들을 제거했다. 그것은 유대인들이 도시 안에 남고, 다시 들어오고, 심지어는 처음으로 들어올 수 있는 조건들을 세움으로써 유대인들의 추방을 불필요하게 만들었다. 중세 스페인에서, 그리스도교인들과 유대인 사이의 성관계를 금한 것은 직접적인 충돌을 막았을 뿐만 아니라 "다른 형태의 소통과 교류에서 발생할 수 있는 긴장을 완화시켰다."[352] 게토 역시 비슷한 효과를 냈다고 말할 수 있다. 밤 동안 격리된 유대인과 그리스도교인들은 낮 동안 더 나은 관계를 맺을 수 있었다. 15세기와 16세기 초, 유대인들은 수백 개의 이탈리아 도시와 마을에서 사는 것이 허용되었지만, 전당포를 운영하면서 살아가야 했다. 이 일은 그들을 혐오스러운 존재로 만들었고 종교적인 갈등을 유발시켰다. 그들은 게토에 모여 살면서 더 많은 종류의 일을 하는 것을 허락받았다. 이 새로운 경제적인 자유는 그리스도교인들과 유대인들 사이의 더 다양하고 조화로운 관계의 징조이자 원인이었다.

게토는 유대인들에게 또다른 이익이 되었다. 그것은 더 풍부하고 더 포괄적이고 더 유대적인 문화의 발전을 자극했다. 그것은 유대인들이 음악, 시, 연극공연 등을 즐기면서 저녁을 함께 보낼 수 있도록 해주었다. 그것은 유대인들이 형제회, 스터디그룹 등을 결성하는 데 도움을 주었는데, 이들 중 상당수는 카발라 신비주의에 빠져들었다. 집중과 분리 덕분에 유대인들은 교육과 빈민구조에서 장례와 코우셔(유대인 율법에 맞는) 고기 공급에 이르는 공동체 서비스 담당 기구를 조직할 수 있었다. 유대인 공동체는 더 정교하고 강력한 제도와 자치기구를 발전시켰다. "심리적으로 그리고 문화적으로…… 유대인들은 스스로에게 고개를 돌렸고, 비유대 사회와 더욱 멀어졌다…… 유대종교와는 분명히 다른 유대 사회, 유대 민족이 전보다 더 분명한 실체로 떠올랐다."[353]

게토만이 이러한 효과를 준 것은 아니다. 그것이 강요한 내적 추방이 유대문화와 민족성을 자극했듯이, 아슈케나지 유대인들을 폴란드로 내몰고 세파르디 유대인들을 새로운 디아스포라로 분산시킨 외적 추방 역시 그러했다. 폴란드에서, 유대인들의 지식은 유명한 예시바(탈무드 학원)에서 자라났고, 유대인들의 자치는 정교한 시스템으로 발전했다. 팔레스타인에서, 카발라 연구는 새로운 형태의 유대 신비주의를 낳았다. 모든 곳에서, 추방의 쓰라림은 메시아가 신의 선민들을 모으러 올 것이고 그들을 성지로 인도할 것이라는 희망을 키워주었다. 추방 속에서, 유대인들은 새로운 기대, 능력, 문화적 자산들을 발전시켰다. 그들은 서부와 중부 유럽으로 돌아올 때 이러한 것들을 가지고 들어왔다.

이방의 이방인들

근대 초 유대인들에게 민족은 복잡한 것이었다. 한편으로, 그들은 자기들과 그리스도교인들이 유대적이고 히브리적인 "민족"이라고 부른 것, 즉 고대 이스라엘인들의 후손이었다. 다른 한편으로, 상이한 지역에 오래 거주함으로써, 유대인들은 상이한 언어, 문화, 음식, 의복, 제식들을 가지게 되었고, 그리하여 상이한 "민족들"로 나뉘었다. 이러한 민족들 가운데 어떤 사람들은 아슈케나지였고 어떤 사람들은 세파르디였다. 그들은 같은 구역 혹은 같은 게토에서 함께 살 때에도, 별도의 시나고그에서 예배보기를 좋아했다. 그때 거기에는 법적인 "민족단", 거류외인들의 자치체가 있었다. 그것은 다양한 종족들을 포함하거나 쪼갰다. 예를 들면, 베네치아에서 이탈리아와 독일의 유대인들은 함께 "독일 민족"을 형성했으나, 이베리아 출신 유대인들은 포넨트인들과 레반트인들로 분리되었다. 유대인들은 중첩된 공동체의 망에 속했고, 그에 따라 정체성은 복잡했다.

16세기와 17세기에 포르투갈과 스페인에서 북서 유럽으로 이민 간 콘베르소들은 유대인으로서와 마찬가지로 이베리아인으로서도 복잡했다(그들이 스페인에 속하는지 포르투갈에 속하는지는 분명히 구분할 수 없다. 포르투갈에 있던 콘베르소 가족들은 대부분 1492년에 스페인에서 도주해온 사람들이며, 그들 가운데 일부는 그 후 스페인으로 되돌아갔다. 이러한 역류는 1540년대 포르투갈 이단재판소가 세워지면서 시작되었고, 1580년에 포르투갈이 스페인에 합병되면서 늘어났다). 그들은 문학적이고 지적인 글에서는 카스티야 스페인어를 사용했지만, 일상생활에서는 대부분 포르투갈어를 사용했다. 많은 가족 구성원들은 이베리아에 남아 상업상의 파트너로 일했다. 이민자들은 이달고의 귀족적 에토스를 각색하여, 자기들이 예언자, 유대 왕족, 성모 마리아, 기타 유명한 조상들의 계보라고 주장하면서 "고귀한" 조상에 대해 자부심을 드러냈다. 어떤 사람들은 자기들을 비난하는 법령들에 대한 반발로, 유대 혈통의 "순수성"을 자랑하기도 했다. 콘베르소 이민자들은 종종 자기들을 "포르투갈 민족"이라고 지칭했다. 그들은 유대인이 아니라 포르투갈인이라고 소개했으며, 서부 프랑스, 더 북쪽의 도시들, 특히 안트베르펜, 암스테르담, 함부르크, 런던에 정착하는 것을 허가받았다.

이들 이민자들의 유대계 계보와 성향은 널리 알려졌다—프랑스에서 '스페인 사람'과 '마라노'라는 용어는 실제로 동의어였다. 그러나 어디에서도 1610년대 이전에는 유대주의가 공식적으로 관용되지 않았다. 이 시기에 이탈리아나 무슬림 세계가 아니라 북쪽으로 이주해 간 콘베르소들은, 적어도 공개적으로는, 이베리아에서 했듯이 그리스도교인으로서 살아야 했다. 돈이 없는 이민자들에게 프랑스는 가장 가까운 피난처였기 때문에 그곳의 상황을 최대한 이용해야 했다. 그러나 대부분의 콘베르소 이민자들은 상인이었다. 그들은 이베리아에서 발트 해까지의 유럽 북서 해안을 따라 이루어지는 해상 교역로에서 황금 기회를 발견했다. 그들은 포르투갈과 포르투갈 해외 식민지에서 오는 상품—설탕, 향신료, 귀금속, 보석, 브라질 목재, 그리고 얼마 후에는 커피, 차, 초콜릿, 담배—의 조달자로서 돈을 벌었다. 그들은 이익을 위해 종교적 자유를 포기하는 의식적인 타협 속에서 지중해가 아니라 북쪽을 선택했다. 그렇기는 하지만, 이것은 그들의 결정에 대한 냉소적인 해석이다. 좀더 신중한 해석은 콘베르소가 된다는 것이 종교적으로 무엇을 의미했는지를 고려해야 한다. 1497년의 강제 개종 이후 몇십 년 동안, 콘베르소들은 포르투갈에서 독특한 형태의 신앙을 발전시켰다. 그들은 일관된 형태의 믿음과 실천으로서의 랍비 유대주의와 단절되었기 때문에 그리스도교 교육과 그리스도교 문화의 영향을 많이 받았다. 그들의 믿음은 다양한 요소들을 결합한 혼합주의적 하이브리드가 되었다. 그것은 유대적 특징을 고수하면서도 그리스도교적 관점에서 다시 빚어낸 것이었다. 예를 들면, 콘베르소들은 성서적 인물인 에스더를 수호성인으로 삼았다. 그들은 이단재판의 희생자들을 신성한 순교자로 기념했다. 그들은 자기들이 모세의 율법에 대한 믿음을 견지하는 한 그리스도교적 실천을 따르고 따르지 않고는 중요하지 않다고 생각했다. 이삭 오로비오 데 카스트로 같은 사람들은 일종의 신新스콜라 신학을 받아들였고, 후안 데 프라도 같은 사람들은 이신론으로 나아갔다. 콘베르소들이 단순히 위선적인 유대인이었던 것은 아니다. 언젠가는 조상의 종교로 되돌아가겠다고 굳게 결심하고 이베리아를 떠난 사람들에게도, 유대주의로 이행하는 것은 어려웠다. 그것은 먼저 정통 유대주의가 정말로 무엇인지 배울 것을 요구했다. 랍비의 권위를 따르면서 그들은 오래 간직해온 믿음과 습관을 버려야 했다. 남자들은 할례를 받아야 했다. 그것은 그들을 돌이킬 수 없이 유대인으로 만들어주며, 이베리아로 귀환하는 것을 더욱 위험하게 만드는 고통스러운 과정이었다. 콘베르소 이민자들은 이 모든 것이 그리스도교에서 말하는 영혼의 구원을 얻는 데 필요하다고 생각하지 않았다.

결정적인 차이는 북서 유럽에는 그들이 사적으로 생각하고 행동하는 것을 엿보는 이단재판관이 없다는 것이었다. 합스부르크가가 지배하는 네덜란드에서만 콘베르소들은 이베리아에서만큼 조심해야 했다. 그 밖의 다른 지역에서는 비교적 안전하게 음식과 청결에 대한 유대인 가내 관습을 지키고, 가족들과 함께 집에서 안식일과 축일을 기념하고 기도할 수 있었다. 그들은 프랑스에서 그렇게 했다. 프랑스 정부는 "신新그리스도교인이라고 불리는 포르투갈인들과 상인들"을 유치했고, 1550년에 귀화허가증을 발급했으며, 그들이 "간섭 받지 않고 자유롭고 안전하게 살 수 있음"을 보증했다.[354] 여기에 고무된 수천 명의 콘베르소들이 서부 프랑스로 들어왔으며, 보르도와 바욘에 크고 활기찬 공동체를 형성했다. 이곳에서 우리는 콘베르소들의 종교생활이 16세기의 비밀 유대 가정예배에서 17세기의 반半비밀—회중예배로 바뀌는 것을 추적할 수 있다. 이러한 예배는 함부르크 등지에 있는 것과 유사한 가정—시나고그에서 진행되었다. 프랑스의 세파르디 유대인들(이제부터 이들은 이렇게 불릴 자격이 있다)은 사적으로 예배를 보는 한 그리고 가톨릭을 거부하는 공적인 행위를 하지 않는 한 방해받지 않았다. 그들은 1640년대와 1650년대에는 묘비에 히브리어로 글을 새기기 시작할 정도로 안전하다고 느꼈다. 바욘의 유대인들은 금요일 저녁마다 창문을 열어놓고 안식일 촛불을 밝힌다는 불만이 당국에 접수되었다. 프랑스의 세파르디들은 사제들의 묵인 하에 세례, 결혼, 사망 사실을 소교구 대장에 기록했다. 1720년대에 그들은 가톨릭적인 가장假裝을 최종적으로 벗어버렸다. 1723년 한 국왕 문서는 처음으로 그들을 "전에는 신新그리스도교인이었고, 포르투갈인이라는 타이틀로 나의 왕국에서 인정받고 살고 있는 유대인들"이라고 말했다.[355] 그러나 구체제 말까지 그들의 시나고그는 겉으로는 일반 집과 다르지 않았다.

1590년대에 암스테르담에 들어오기 시작한 콘베르소들은 더 큰 자유를 누렸다. 이곳에는 처음부터 이단재판소도 없었을 뿐만 아니라 그들이 따라야 할 국교도 없었다. 또한 네덜란드공화국의 공식 종교는 프로테스탄트였기 때문에 가톨릭으로 가장할 필요도 없었다. 실로, 공화국이 스페인과 전쟁 중일 때, 가톨릭은 공화국에 대한 충성심을 의심받을 수 있었으며, 스페인이나 포르투갈 가톨릭은 이중적으로 그러했다. 그래서 암스테르담의 세파르디들은 프랑스와 함부르크의 세파르디들이 그랬던 것처럼 포르투갈계系 신新그리스도교인 상인으로 시작했으며, "그들은 그리스도교인이라는 인식 위에서" 시민권을 받았다.[356] 정통 유대주의에 대한 지식이 많지 않았던 그들은 1602년에 도착한 한 아슈케나지 랍비로부터 교육을 받기 시작했다. 1616년, 그들의 회중은 3개로 늘어났는데, 하나는 구성원의 집에서 예배를 보았고, 다른 하나는 창고에서 예배를 보았다. 또 다른 하나는 가정−시나고그로 지은 집으로서 이층에는 홀이 있고 아래층에는 두 가족의 살림집이 있었다. 이 건물은 그리스도교 비국교도들의 비밀교회처럼, 예배당으로 보이지 않았다. 그러나, 1639년, 암스테르담의 세파르디들은 사적 공간의 허구를 계속 유지할 필요를 느끼지 못했다. 그들은 하나의 회중으로 통합하면서, 화려하게 개조되고 확장된 하우트흐락트에 시나고그를 세웠다. 그것의 신고전주의적 정면은 그 도시에 유대인들이 존재하고 있음을 멋지고 자신있게 선언했다. 1642년에 총독 프레데릭 헨드릭은 이 시나고그를 방문했다. 이 시나고그는 1675년에 문을 닫았다가 더 웅장한 포르투갈의 시나고그Esnoga(그림 11.3)로 변신했는데, 이 건물은 지금도 있다. 종교적·정치적 상황 덕분에 암스테르담의 세파르디들은 유대인으로서 공개적으로 예배볼 수 있었다. 이점에 있어서, 그들은 공화국 안에 있던 대부분의 그리스도교 비국

그림11.3

1675년부터 사용된 암스테르담의 포르투갈인 시나고그Esnoga. 로메이인 데 호흐헤가 1680년경에 그린 "교회 측면도"라는 제목의 에칭. 암스테르담 시립문서보관소 소장.

교도들보다 더 많은 자유를 누렸다.

　암스테르담의 세파르디들은 베네치아의 포넨트인ㅅ 회중을 모델로 삼아 정통 유대공동체를 세웠다. 그들의 통치위원회는 종교법을 집행했다. 논란이 생기면 그들은 레온 모데나 같은 베네치아의 랍비들에게 문의했다. 지식인들은 그리스도교 학자들과 토론했고, 반反그리스도교 호교문을 작성했으며, 성서와 탈무드를 비롯한 법적이고 신앙적인 책을 많이 출판했다. 그들은 "우상의 땅"에 남아 있는 콘베르소들에게 선교했으며, 프랑스뿐만 아니라 심지어는 이베리아로 기도서를 몰래 들여보냈다. 그들은 콘베르소 소녀들에게 암스테르담으로 와서 유대주의를 받아들이는 조건으로 도타르를 통해 결혼지참금을 제공했다. 암스테르담의 세파르디들은 가난한 형제들이 팔레스타인이나 카리브 지역으로 이주하는 것을 주선했다. 1655년 그들은 유명한 랍비인 메나세 벤 이스라엘을 단장으로 하는 사절단을 잉글랜드에 보내 올리버 크롬웰에게 유대인들을 "다시 받아들일 것"을 설득했다(이것은 실제보다 더 극적인 것처럼 들린다. 크롬웰은 런던에 있는 세파르디들이 가정-시나고그에서 예배보고, 공동묘지로 사용할 땅을 빌리는 것을 허용했을 뿐이었다. 그것은 반半비밀적인 조정이었기 때문에 크롬웰은 자신의 양보를 문서화하기 거부했다).

　역설적으로, 암스테르담을 포르투갈 디아스포라의 수도로 만들었던 바로 그 자유가 암스테르담을 반反유대 정통주의의 중심지로 만들었다. 콘베르소들의 사고방식은 18세기 초까지 이베리아를 떠나 암스테르담으로 들어온 사람들 사이에서 간단히 사라지지 않았다. 어떤 사람들은 유대주의를 받아들이지 않았다. 그럴 필요도 없었다. 왜냐하면 공화국에서 그리스도교인들에게 교회 멤버십이 강제 사항이 아니었듯이 시나고그 멤버쉽 역시 강제 사항이 아니었기 때문이다. 어떤 사람들은 그리스도교인과 유대인으로서 이중생활을 하려 했다. 이들을 막기 위해, 1620년에, 할례받지 않은 남자들은 시나고그에 들어올 수 없다는 판결이 공포되었다. 또한 어떤 콘베르소들은 유대교의 가르침에 대해 비판적이고 독립적인 자세를 취했다. 후안 데 프라도에서 스피노자에 이르는 일련의 이단적인 사상가들은 암스테르담의 랍비 정통주의에 도전했다. 그렇지만 정통주의의 포교자들조차도 "민족"의 멤버쉽이 중요하다고 생각했다. 사실 이것은 종교법에 아무런 근거도 없는 것으로서 그 중요성은 도타르의 자격규정에 반영되었다: "포르투갈 민족과 카스티야 민족의 가난한 고아들과 가난한 소녀들"은 그들이 유대주의를 따르는지에 관계없이 지참금을 받을 수 있었다. 비非세파르디 가족 출신 소녀들은 배제되었다.[357] 분명히, 피는 믿음보다 진했다.

포르투갈 디아스포라들은 이베리아인으로서, 네덜란드, 프랑스, 독일, 잉글랜드에서 철저히 이국적인 요소였다. 그러나 다른 측면에서 볼 때, 많은 사람들은 상당히 동화되었다. 그들은 그리스도교인들처럼 옷을 입었고, 수염문제도 그리스도교 방식에 맞게 해결했다. 지식인들은 고전과 르네상스 문헌을 읽고, 예술품과 이국적인 물품들을 수집하고, 철학의 흐름을 연구하는 등 당대의 지식인 문화에 참여했다. 의사들은 그리스도교 의사들과 같은 의술을 실시했다. 그것은 많은 사람들이 (그리스도교) 대학에서 공부했다는 점을 감안하면 그다지 놀라운 일이 아니다. 그들 가운데 부유한 사람들은 시골집을 구입하고, 귀족 작위를 획득하고, 행정관들과 제후들을 위한 파티를 열었다. 여자들은 짧은 치마를 입었고, 머리카락을 드러내놓고 다녔다. 부유하고, 섬세하고, 세상사에 경험이 많은 그들의 지도자들은 그리스도교 지배자들의 중상주의적인 사고방식에 어필하는 방법을 알았다. 그들은 관용을 얻는 대가로 그들에게 새로운 상업로와 새로운 산업을 제공했다.

종족적 충성심, 자유로운 사상, 그리스도교 문화에의 동화 등은 포르투갈 디아스포라의 특징이었다. 16세기 말부터 대거 중부 유럽과 북서 유럽으로 돌아간 아슈케나지들 가운데 그 어떤 집단도, 적어도 처음에는, 그렇게 강력하지 않았다. 이들 역류 이민자들은 폴란드-리투아니아에 남은 유대인들만큼 많지 않았다. 그러나 그곳의 유대인들이 농민과 수공업자가 되고, 다른 지역에서는 금지되었던 직업에 종사할 수 있었던 자유 덕분에 인구 폭발이 일어났다. 15세기 말에는 2만 4천 명에 불과하던 폴란드의 유대 인구는 1648년에는 17만 명으로 늘어났다. 한 세기 후, 인구는 75만 명으로 늘어나 "아마도 전 세계 유대 인구의 절반"이 되었다.[358] 그러나 1600년경부터 이미 많은 유대인들이 프랑크푸르트와 프라하의 공동체가 누린 중세의 영광을 회복하기 위해 동부에서 돌아왔다. 17세기에, 체코, 오스트리아, 독일에 유대인 수가 급증했다. 그 지역에 있던 그리스도교인들이 유대인들에 대해 새롭게 관용적인 모습을 보여준 것은 아니었다. 폭동에서 나타났던 대중적인 반유대주의, 재추방 요구 등이 그 세기 후반에 재점화되었다. 제국도시 가운데 프랑크푸르트와 함부르크는 유대인들을 다시 받아들인 유일한 대도시였다. 대부분의 작은 도시들은 계속해서 그들을 거부했다. 빈에는 1624년에 새로운 유대인 공동체가 세워졌는데, 빈 당국은 55년 후 황제 레오폴트 1세에게 압력을 가해 그것을 해체하고 주민들을 추방하는 데 성공했다. 폴란드에서처럼 독일에서도 유대인들의 존재에 대한 저항은, 언제나처럼 도시 수공업자들 사이에서, 대단히 강력했다. 17세기에, 다른 외국인들과 마찬가지로 유대인들도 길드의 힘을 약화시키거나 우회하는 것이 정치적으로나 경제적으로 유리하다고 생각한 제후들의 호의를 받았다. 제후들은 유대인들이 작은 시골 도시나 마을에 살면서 여러 가지 직업을 갖는 것을 허가했다. 그들은 독일 제후들이 새로 건설한 도시, 그리하여 그리스도교 공동체의 확고한 조직이 없는 도시에 정착하도록 초청받았다. 유대인들은 또한 필립스부르크와 같은 요새 도시에 정착하도록 초청받았다. 제후들은 무기를 조달하기 위해, 심지어는 전쟁 비용을 마련하기 위해 유대인 상인들의 자본에 의존했다. 30년전쟁이 중부 유럽의 유대인들에게 큰 혜택이었던 것은 그 때문이다. 이들은 현금이 아니라 특권으로 보상받기도 했다.

17세기에, 유럽 대부분의 지역에서 아슈케나지 공동체는 지역적인 차원에서건 그 이상의 차원에서건 강력한 자치 제도를 가지고 있었다. 유대 법과 관습이 일상생활을 형성했으며, 랍비의 권위는 높았다. 아슈케나지와 그리스도교인들 사이의 소통은 특히 사회의 중간계층에서는 동화로 이어지지 않았다. 재정가로서, 군수품 조달업자로서, 신중한 막후 외교관으로서, 자기의 제후를 섬긴 "궁정 유대인들"은 이 시기에 걸출한 인물이 되었다. 그들 이전에 세파르디 엘리트들이 그랬던 것처럼, 아슈케나지 엘리트들 역시 그리스도교 엘리트들의 지위와 생활 양식을 동경하기 시작했고, 일부는 그들과 비슷한 수준에 도달했다. 사회적 사다리의 가장 낮은 단계에서는 아슈케나지들과 그리스도교인들이 대단히 자유롭게 뒤섞였다. 점점 더 많은 수의 행상인들과 유대 빈민들이 그리스도교인 유랑자, 거지, 좀도둑들과 노상에서 함께 힘든 생활을 했다. 이들의 수는 유대인들이 유럽의 새로운 경제 성장에 참여하는 데 실패한 18세기에 더 늘어났다. 18세기 중엽, 독일과 보헤미아 유대인들의 절반 이상은 빈곤했다. 이것은 18세기에 세파르디들은 물론이고 아슈케나지들도 통합되고 어떤 측면에서는 동화되는 경향이 늘어난 여러 가지 이유 가운데 하나다.

이러한 경향은 영국에서 가장 강했다. 1655년에 유대인들의 "재허가" 이후, 영국의 유대 인구는 1720년대 이민자들이 몰려오기 시작하여 그 세기 중엽 7, 8천 명에 달할 때까지는 많지 않았다. 이들 가운데 4분의 3 정도는 아슈케나지였다. 새로운 이민자들에 의해 강화된 이 공동체(혹은 공동체들)의 다수는 유대 법과 관습을 고수했다. 그러나 영국의 유대인들은 대륙에서는 정상이었던 자치적인 "민족"이나 자치체를 결성하지 않았다. 그들의 랍비 지도자들과 세속 지도자들은 세속적인 문제에 대해서 권위를 가지고 있지 않았다. 그러므로 꽤 큰 규모의 소수파들이 점차 영국화되는 것은 어렵지 않았다. 대부업자, 머천트 은행가, 경화 브로커 등과 같은 상층 계급은 연극과 오페라를 관람하고, 초상화를 그리고, 바쓰에서 목욕을 했다. 자연히 그들은 이디쉬어가 아니라 영어를 말했다. 동화된 중산층도 대체로 그러했다. 그들 역시 상류층과 마찬가지로 그리스도교 세계에서 유행하는 옷을 입고, 수염을 기르지 않거나 가발을 썼다. 이러한 과정은 하층민들 사이에서도 널리 퍼졌다. 이들은 세기 중반에는 대체로 그리스도교인들과 같은 건물에서 살았다. 영국의 유대인은 시나고그에 나가지 않거나 유대인 공동묘지에 시신을 매장하지 못한 것은 아니었지만, 유대교 제식생활에 있어서 점점 더 느슨해졌다. 그리스도교인들과 결혼하고 아이들을 그리스도교인으로 키우고 심지어는 세례까지 시킨 소수의 유대인들에게 동화는 근본적인 영향을 주었다.

　15세기와 16세기 초, 유대인들은 이 지역 저 지역에서 차례로 추방되어, 서부 유럽과 중부 유럽에는 거의 남지 않았다. 16세기 말에 이르러 역류가 시작되었다. 유대인들이 돌아오기 시작했고, 전보다 훨씬 뜸하게 공격을 받았다. 경제적이고 지적인 분야에서, 유대인들과 그리스도교인들은 전보다 훨씬 더 긴밀하게 소통했다. 무엇이 이러한 근본적인 변화를 일으켰는가? 확정적인 답은 불가능하지만, 두 가지 요인은 조명받을 자격이 있다.

　첫째, 서구 그리스도교 세계가 분열됨으로써 유럽인들은 완전히 새로운 적대감을 가지게 되었다. 이슬람과의 갈등 라인에서 떨어져 있는 불신자들이 제기하는 위험은 그리스도교 종파들이 제기하는 위험보다 덜 시급했다. 유대인들과 무슬림은 그리스도교 공동체의 병든 지체肢体가 아니었다. 그들은 그 외부에 있을 뿐이었다. 그들은 진리를 배신하거나 타락시키려 하지 않았다. 그들은 단지 그것을 인정하기를 거부했을 뿐이었다. 그들은 그리스도교인들이 자기들의 홈그라운드에서 만난 종교적으로 가장 이질적인 집단이었다. 그들의 잠재적인 타자성은 경쟁적인 그리스도교인들의 더 음험하고 더 위험한 타자성과 뚜렷이 대조되었다. 불신자들은 제대로 규제되고 통제되기만 하면, 이단자들과 달리, 그리스도교인들의 개인적인 구원과 그리스도교 공동체의 건강을 위협하지 않을 것이었다. 이것이 17세기에 유럽에 널리 퍼진 생각이었다. 확실히, 함부르크의 불관용적인 루터파 길드 조합원들의 대변인 오버알텐은 그러한 생각을 공유했다. 그들은 1647년에 다음과 같이 말했다: "유대인들의 유혹에 대해서는 두려워할 필요가 없다. 그러나 칼뱅파는 언제나 뿌리를 내린다." 후고 그로티우스에게, 이것은 유대인들이 네덜란드공화국에 정착하는 것을 허용해야 하는 이유였다: "여기에는 〔이미〕 많은 〔종교〕가 있다. 가장 덜 위험한 것은 가장 다른 것이다. 가장 쓰라린 것은 형제들의 증오심이다. 쉬운 것은 이웃으로부터의 타락이다."[359] 이러한 계산에 의해, 유대인들은 너무 이질적이고 그들의 믿음은 너무 달라서 종교적인 위협이 될 수 없었으며, 무슬림들도 군사적인 위협을 가하지 않는 한 그들의 존재를 관용할 수 있었다.

둘째, 비그리스도교인들은 과거와는 전혀 다른 방식으로 외국인이 되었다. 물론, 유대인들과 무슬림들은 한 종교의 신봉자들이 아니었다. 심지어는 중세에도, 그들은 그들을 지칭하는 인종적 용어―히브리인들, 투르크인들, 사라센인들, 무어인들―가 증명하듯이, "민족들"을 구성한다고 인식되었다. 그러나 그들이 외국인임은 추방으로 뚜렷이 강조되었다. 추방 이후 이베리아의 유대인들(유대교를 신봉하는 사람들)은 그들의 언어가 사용되는 지역을 제외하고 모든 지역에서 살았다. 아슈케나지들은 폴란드에 살건, 보헤미아에 살건, 네덜란드공화국에 살건 이디쉬어를 사용했다. 심지어 독일어 사용 지역으로 되돌아간 사람들은 그들의 조상들보다 더 문화적으로 그리스도교인들과 달랐다. 이 모든 환경에서, 유대인들의 외래성―유대인으로서 혹은 "포르투갈인"으로서―을 강조하는 것은, 그들의 존재를 더욱 받아들일 만한 것으로 만들고 그들을 배려하는 새로운 조정의 가능성을 열어주었다. 일부 유대인들의 중단없는 존재로 인해 덜 외래적이 되었던 이탈리아에서는 분리라는 상이한 접근방법이 채택되었다. 그것은 절대적이지는 않지만 새롭고 극단적이었다.

16세기와 17세기에, 그리스도교 유럽에서 유대인들의 지위는, 과거와는 다른 방식으로, 그들이 외국인이라는 원칙 위에서 정해졌다. 17세기와 18세기에, 많은 지역에서, 경제적, 사회적, 문화적 트렌드가 유대인들의 동화를 유도함에 따라 현실은 이러한 원칙에서 다소 벗어났다. 18세기 말에 이르러 대부분의 지식인들은 그 원칙을 분명히 거부했고, 프랑스혁명은 그것을 최종적으로 폐기했다.

프랑스에서 1790~91년에 일어난 유대인 "해방"과 유럽의 다른 나라들에서 뒤따라 일어난 비슷한 운동은 훨씬 광범위한 기획의 일부였다. 그것에 영향을 준 것은 계몽사상과 계몽사상의 진보관념이었다. 그것을 지지하는 사람들은 모든 자치체의 해체, 그것과 함께 모든 특권과 차별의 폐지를 추구했다. 요컨대 그들은 모든 시민들의 법 앞에서의 평등을 추구했다. 그들도, 루이 14세와 마찬가지로, 비록 이유는 전혀 다르지만, "국가 안의 국가" 혹은 클레르몽–토네르 백작이 말한 "민족 안의 민족"을 용인할 수 없었다.[360] 귀족들의 특권을 빼앗고, 길드의 독점을 폐지하며, 지방들을 균일하게 통치해야 하는 것과 동일한 이유로, 유대인들 역시 별도의 자율적인 집단(혹은 프랑스에서는 서부의 세파르디와 동부의 아슈케나지의 두 집단)으로 해체되어야 했다. 그러할 때에만 그들은 근대 국가 속으로 통합될 수 있었으며, 충분하고 능동적인 시민으로서 국민의 몸에 동화될 수 있었다. "하나의 민족으로서의 유대인들에게는 모든 것을 거부하고, 개인으로서의 유대인들에게는 모든 것을 주어야 한다"고 클레르몽–토네르는 선언했다.[361] 이 같은 사고방식에 따르면, 유대인들이 개인으로서 해방되기 위해서는 민족으로 존재하기를 멈추어야 했다.

해방을 지지했던 혁명가들은 "해방 안에서 유대 역사의 청산과 유대 공동체의 사멸을 보았다."[362] 법적인 통합은 완전한 동화로 이어진다고 생각되었다. 실로 이것은 중요한 강조점으로, 전 유럽의 개혁가들과 혁명가들이 열렬히 기대하고 조숙하게 예고했던 것이었다. 왜냐하면 동시대인들이 동의한 것이 하나 있다면 그것은 유대인들은 베를린의 계몽사상가인 크리스티안 폰 돔이 말한 "공민적 진보"를 결여한 사악하고 타락한 민족이라는 것이었기 때문이다.[363] 무엇보다도, 그들의 "고리" 대금은 부정직하고 부정하고 게으른 삶의 방식으로 인식되었다. 논란의 대상이 된 유일한 문제는 유대인들의 악이 내재적인 것인가 아니면 상황의 산물인가였다. 계몽사상의 낙관주의를 공유한 사람들은 후자를 지지했다. 그들은 비난 속에서 악순환을 감지했다: 정직한 직업을 갖지 못하게 된 유대인들이 그들에게 남겨진 유일한 방식으로 산 것을 어떻게 비난할 수 있는가? 프랑스 왕립협회의 간사는 1788년 보고서에서 다음과 같이 말했다: "우리의 편견이…… 그들의 악의 첫 번째 원인이다…… 우리는 그들을 정직하지 못하게 만들었다. 그러니 어떻게 그들이 정직하기를 기대할 수 있겠는가?"[364] 개혁가들은 상황이 변하면 유대인들의 행동도 변할 것으로 기대했다. 빗장이 풀리면 유대인들은 농민과 장인이 되기 위해 달려갈 것이고, 이방인 사회의 관습과 덕성을 받아들일 것이라고 대부분은 (잘못) 예상했다. 반면에, 루소적인 기질을 가진 사람들은 그들의 악한 습관이 뿌리 깊기 때문에 그들을 재교육하기 위해서는 강제력을 사용해야 한다고 생각했다. 예를 들면, 그레구아르 신부는 정부는 유대인들이 모여 사는 것을 금하고, 이종결혼을 권하고, 유대인 아이들이 그리스도교 학교에 다니게 해야 한다고 제안했다.

오리엔탈리스트 학자인 요한 다비드 미카엘리스 같이 해방을 반대하는 사람들은 유대인들이 정말로 동화할 것인지에 대해 회의적이었다. 그들은 물었다: 유대인들이 어떻게 그리스도교인들과 함께 살 수 있을 것인가? 그리스도교인들과 똑같은 음식을 먹지 않는데 어떻게 군대에서 함께 근무할 수 있을 것인가? 상이한 안식일을 지키는데 어떻게 그리스도교인들과 함께 일할 수 있을 것인가? 언젠가는 성지에 자기들의 나라를 세울 것을 희망하는 판에 어떻게 국가에 충성을 바칠 것인가? 달리 말하면, 자기 종교의 핵심적인 요소들을 포기하지 않았는데 어떻게 완전히 통합될 수 있을 것인가? 18세기의 유대인-그리스도교인 관계의 실제는 그러한 회의주의와는 달랐다. 그러나 반대자들의 의문은 근대의 통합주의적 관용 모델에 내재한 딜레마를 알려준다. 그것은 유대인들이 오랫동안 직면했던 바로 그 딜레마이며, 오늘날 무슬림과 그리스도교인들이 싸우고 있는 바로 그 딜레마다.

[제4부]

변
화
CHANGES

CHANGES

XII

계몽주의?

진보의 개념

"기이하다! 우리 조상들의 관습에서 거칠고 충격적인 것이 모두 사라졌다; 전 그리스도교 세계에는, 이전 시대의 촌스럽고 투박한 분위기 대신 보편적인 세련됨과 과도한 예의범절이 자리 잡았다. 교황파만이 아무런 변화를 느끼지 못한다; 교황파만이 과거의 인습적인 잔인함을 고수한다." 피에르 벨은 1686년에 이렇게 썼다. 그는 루이 14세의 낭트칙령 폐기에 뒤이은 야만적인 학살을 회고하며 전율했다. 위그노인 벨에게 그 종교적 불관용의 극치는 비정상 이상이었다. 그것은 가톨릭이 "여전히 야만적이고 완악하며" 그 어느 때보다도 "잔인함과 기만에 젖어 있다"는 증거였다. 그것은 한 고독한 전제군주의 개인적인 적의를 비난하는 것으로는 설명될 수 없었다. 벨에게 그러한 박해는 그의 시대의 유럽에 만연하기 시작한 "예의범절과 공손함"과는 어울리지 않는 시대착오였다.[365] 벨은 '폐기'가 프랑스 종교전쟁 시기에 자행된 그 어떤 것만큼이나 야만적인 박해라고 생각했다.* 벨은 이렇게 두 개의 다소 모순적인 관념을 가지고 있었으니, 하나는 그의 시대가 이전 시대보다 더 문명화된 시대라는 것이었고, 다른 하나는 유럽인 다수가 실천하는 종교는 그 어느 때보다 야만적이라는 것이었다.

벨의 첫 번째 관념은 오늘날 유럽사에 이야기되는 것들과 일치한다. 교과서에는 분명히, 논문에는 암시적으로 나타나는 그 이야기는 1650년경에 끝나는 "종교전쟁의 시대"와 종교전쟁 이후 시대를 뚜렷하게 대비시킨다. 첫 번째 시대의 유혈낭자하고 무익한 투쟁을 겪은 유럽인들은 종교적인 도그마에 환멸을 느끼게 되었다고 흔히 이야기된다. 지배자들은 더 이상 자기 정책이 종교적 요구에 의해 결정되는 것을 용인하지 않았고, 대신 정치적·경제적 이익을 고려했다. 그들은 국가이성을 따랐고, 중상주의 정책에 의해 나라를 부유하게 만들었다. 지식인들은 관용을 소극적인 양보가 아니라 적극적인 선善이라고 다시 정의했다. 그들의 관념이 퍼져나가면서, 상이한 신앙을 가진 사람들은 서로서로를 받아들였다. 계몽주의가 과학혁명을 뒤따르면서, 이성은 전진하고 종교적 열정은 후퇴했다. 유럽은 더욱 문명화되었다.

이러한 이야기 덕분에 벨은 우리 이야기에서 중요한 역할을 차지한다. 계몽주의의 선구자로 인정받는 벨은 《역사적 비판적 사전》을 썼으며, 여기에서 볼테르와 같은 독자들은 커다란 재미뿐만 아니라 심

---

* '폐기'란 1685년 루이 14세의 낭트칙령 폐기Révocation de l' Edit de Nantes를 가리킨다.

각한 회의주의를 맛보았다. 자신이 편집한 문학저널《문필 공화국 소식》을 통해서 밸은 "세련된 지식"이 널리 유통되는 통로를 보여주었다. 그리고 관용의 문제에 대해, 그는 (다른 글도 있지만)《예수 그리스도의 말씀인 "억지로라도 데려와라"에 대한 철학적 논평》을 썼다. 이 글과 3년 뒤에 출판된 존 로크의 첫 번째《관용서신》은 처음으로 근대적 의미의 종교적 관용에 철학적 토대를 제공한 것으로 평가받는다. 근대적인 의미라는 말은 인간은 본래 자기가 원하는 대로 믿고, 자기의 믿음을 말과 예배를 통해 공개적으로 표현할 권리를 가지고 있음을 인정한다는 것이다. 밸이 이러한 원칙을 위해 기여한 것은 박해를 정당화하는 성아우구스티누스의 논리를 철저히 반박한 것이다. 보쉬에 주교는 바로 그 정당화를 1685년의 운명적인 10월에 프랑스의 궁정에서 설파했다. 밸은 주장하기를, 사람들이 믿지 않는 종교를 강제로 믿게 하는 것은 아우구스티우스와 보쉬에가 말했듯이 구원의 가능성을 높여주는 것이 아니라 죄를 범하게 하는 것이다. 왜냐하면 "양심의 명령을 거스르는 것은 모두 죄"이기 때문이다.[366] 한편, 로크는 국가 권력의 한계에 주목했고, (다른 무엇보다도) 정부는 종교문제에 대해 관할권이 없다고 주장했다.

이러한 주장들이, 종종 이야기되듯, 그렇게 새로운 것은 아니다. 밸의 주장은 신앙은 강요될 수 없으며 강제는 위선을 낳을 뿐이라는 오래된 경구를 확대한 것이다. 로크의 주장은 루터가 제시한 두 왕국 사이의 구분, 즉 신의 왕국과 세상의 왕국 사이의 구분에 근거하고 있다. 또한 밸과 로크가 제안한 관용은 오늘날 우리가 수용할 수 없는 한계를 가지고 있다. 로크는 가톨릭과 무신론자를 관용의 수혜자에서 배제했고, 밸은 권력을 가지고 있다면 다른 사람들을 박해할 사람들에게 자비를 베풀 수 없다고 믿었다. 여러 세대의 지식인들은 밸과 로크의 글(어떤 사람들은 여기에 스피노자의 글을 덧붙인다)이 관용의 논거를 결정적으로 입증했다고 생각했다. 이 정도 의미에서, 우리는 "〔근대의〕 관용의 원칙은 이제 확고해졌다"라고 주장하는 많은 학자들과 생각을 같이한다.[367]

그러나, 이 원칙을 그것이 나온 1680년대와 그것이 유럽에서 최종적으로 법제화된 프랑스혁명 사이의 유럽인들의 행동과 비교하면 불일치를 느낀다. 이러한 불일치는 밸의 두 관념 사이의 불일치와 비슷한 것이다. 1650년 이전 시기와 비교해볼 때, 문화 규범과 기대에 있어서 근본적인 변화가 일어나고 있었던 것은 분명하다. 유럽인들은 점점 관용적으로 변해가고 있다고 '생각' 되었고, 고상한 사회에서는 관용이 문명화된 행동의 표식으로 찬양되었고 요구되었다. 그러나 유럽이 "계몽주의 시대"에 겪은 수많은 종교 분쟁은 결코 무시할 만한 것이 아니었다. 물론, 오늘날의 역사가들은 가톨릭교회가 그러한 분쟁에 책임이 있다고 간단하게 말할 수 없다는 것을 안다. 그렇게 하는 것은 밸이 도움을 준 휘그적 해석을 받아들이는 셈이 될 것이다. 그러나 그들은, 밸과 마찬가지로, 1650년 이후의 박해와 종교 폭력을 본질적으로 하나의 일탈, 유럽문명의 발전에 있어서 초기 단계의 유물 정도로 보는 경향이 있다. 일례로, 유명한 장 칼라스 사건을 살펴보자. 이 툴루즈의 프로테스탄트는 아들이 가톨릭으로 개종하는 것을 막기 위해 의도적으로 살해했다는 이유로 1762년에 처형되었다. 볼테르는 관용 캠페인에서 이 어리석은 고소를 효과적으로 이용했다. 그것은 당시에도 "시대착오"라고 불렸다. 왜냐하면 그 무렵이 되면 프랑스 가톨릭은 박해를 "용납할 수 없는 것"이라고 생각했기 때문이다.[368]

그런데 툴루즈의 재판관 다수가 정말로 그렇게 생각했다면, 칼라스는 처형되지 않았을 것이다. 계몽주의 철학자들은 그 사건을 시대착오라고 선언했다. 그러나 그것은 논쟁적인 효과를 위해 진보의 개념을 사용한 것이며, 박해를 후진적인 행동 형태라고 낙인찍은 것이다. 그것은 18세기에는 흔한 전술이었으며, 그러한 수사학이 위선적인 것은 아니었다. 그것은 밸과 그의 세대로부터 역사적 변화에 대한 특별한 모델을 물려받은 많은 사람들의 관점을 표현했다. 그 모델은 진보적 발전의 진화적 모델이라 할 수 있는 것으로, 정상적인 것이 무엇인가 하는 것을 경험적 관찰보다는 그들이 실현되기를 바라는 규범과 가치에 의해서 규정했다. 관용의 옹호자였던 그들은 역사를 관용의 상승 이야기라고 보았다. 그들의 지적 계승자인 우리도 여전히 그렇게 보고 있다.

이어지는 것은, 1650년과 1789년 사이의 종교 갈등과 관용에 대한 대안적 역사다. 이것은 계몽주의 이래의 지배적인 설명을 교정할 목적으로 기술된 발췌적이고 간략한 설명이다. 이것은 두 개의 논점을 가지고 있다. 하나는 연대기적인 것으로, 종교전쟁, 박해, 대중 폭력은 유럽의 많은 지역에서 18세기까지 지속되었다. 그것의 감소는 흔히 이야기되는 것보다 늦게 그리고 제한적으로 일어났다. 두 번째 논점은 사회적이다. 18세기에는 상이한 국가들, 공동체들, 사회집단들 사이의 분화가 심화되었다. 이렇게 갈라지면서, 유럽 사회의 커다란 부분은 관용을 포용했고, 다른 부분들은 그렇지 않았다. 실천으로서의 관용은 계몽주의 훨씬 이전에 행해졌다. 종교개혁 이후, 로크와 밸이 글을 쓰기 시작하기 1세기 이상 전에, 유럽의 그리스도교인들은 종교적인 차이에도 불구하고 평화롭게 공존하는 길을 찾아왔다. 또한 그들은 유대인들과 함께 사는 새로운 길을 찾았다. 다수의 사람들에게 관용은 1650년 이후에도 그 이전과 다르지 않았다. 그것은 유감스러운 현실을 제한적이나마 타개하기 위한 실용적인 조정이었다. 그것이 고장 나는 것은 드물지 않았다.

끝없는 싸움

"관용의 상승"은 대체로 두 가지 요인으로 설명된다. 하나는 경험이다: "종교전쟁을 겪은 그리스도교인들은 이제는 살아야 하고 살게 해야 한다는 것을 최종적으로 확신했다."[369] 역사가들은 말한다: 프로테스탄트와 가톨릭은 독일(두번), 프랑스, 네덜란드, 전 유럽에서 막판까지 싸움을 벌인 후, 무력으로는 상대방을 개종시킬 수 없음을 최종적으로 깨달았다. 30년전쟁이 끝나는 1648년에 이르러, 가장 전투적인 그리스도교인들도 자기들의 노력이 실패했음을 알았다. 그들은 한때 그렇게 확신하고 예견했던 전면적인 승리를 진정한 신앙에게 가져다줄 수 없었던 것이다. 그들은 모든 수단이 고갈되고서야 노력을 포기했고, 유럽의 종교적 통일은 요원해졌음을 받아들였다. 베스트팔렌조약에 의해, 흔히 이야기되는 바에 의하면, 유럽의 프로테스탄트 국가들과 가톨릭 국가들은 서로의 존재를 인정했고 그들 사이에 설정된 세력 균형을 받아들였다. 신성로마제국의 영토(합스부르크가의 세습 영지는 제외하고) 안에서, 가톨릭, 루터파, 칼뱅파는 법적인 보호를 얻었다. 이것은 "그의 지역"의 원칙에서 상당히 진전된 것이었다. 12년 후, 잉글랜드의 왕정복고도 비슷한 효과를 얻었다. 그것은 20여 년간의 싸움을 끝낸 것이다. 마지못해서이긴 하지만, 관용의 필요성은 최종적으로 인정되었다.

유럽인들이 이러한 교훈을 얻는 데 50년도 아니고 150년도 아니고 왜 100년이 걸렸는지 궁금해하는 사람들이 있을 것이다. 30년전쟁이 특별한 효과를 냈다는 것은 부인할 수 없다. 그것의 규모와 비용은 유럽인들에게 전쟁에 대한 염증을 느끼게 했고, 그것의 피해는 그들을 무섭게 했다. 그렇지만 경험 자체는 아무런 설명이 되지 않는다. 문제는 사람들이 경험을 어떻게 해석했고, 그것에 비추어 전망과 행동을 어떻게 수정했는가, 이다. 실제로 유럽인들은 1648년 이후에도 날카롭게 분열되어 있었다. 그들이 함께 살 때 실천적인 면에서 어떤 조정과 타협을 했든 간에, 그들이 일상적으로 주고받은 것이 어떠하든지 간에, 이데올로기적 차원에서는, 가톨릭교도들과 프로테스탄트들은 전력을 다해 싸워야 하는 적이었다. 그들은 상대방의 교회, 제식, 도그마를 증오했고, 그러한 적대감은 유럽의 정치에서 변함없는 힘이었다. 예를 들면, 라이프니츠는 이러한 근본적인 분열이 극복되지 않으면, 그리고 두 집단이 통합되지 않으면, 베스트팔렌 평화는 하나의 휴전, 즉 일시적인 휴지기가 되고 말 거라고 생각했다. 갈등의 불은 재 아래에서 연기를 내고 있으며, 필연적으로 다시 타오를 것이라고 그는 경고했다. 많은 유럽인들, 특히 프로테스탄트들에게, 유럽인들이 위기 속으로 빠져 들어간 1680년대에 그러한 일이 일어났다.

길버트 버네트는 그것을 "프로테스탄트 종교의 다섯 번째 큰 위기"라고 불렀다. 그것은 프로테스탄티즘이 너무나 많은 타격을 받아서 회복불능인 것처럼 여겨진 사건이었다. 그것은 여러 가지 사건들이 이례적으로 한꺼번에 일어난 1685년에 정점에 달했다. "2월에, 잉글랜드 국왕은 자신이 교황파라고 선언했다. 6월, 팔츠 선제후 카를이 후계자 없이 죽자 선제후의 지위는 편협한 교황파인 노이부르크 가에 돌아갔다. 10월, 프랑스 국왕은 낭트칙령을 폐기했다. 그리고 12월, 사부아 공작은…… 자기 아버지가 발도파에게 부여했던 칙령을 폐기했다. 그러니 그 해는 매우 위태로웠던 때였음을 인정하지 않을 수 없다."[370] 잉글랜드 국교회 주교들에게는 잉글랜드의 사건이 가장 중요했다. 잉글랜드에는 메리 튜더 이래 가톨릭 군주가 없었으며, 그때의 박해의 기억은 매년 거행된 기념식과 폭스의 베스트셀러 《순교자들의 책》을 통해 생생히 전해졌다. 요크 공작인 제임스가 가톨릭임은 1673년에 이미 분명해졌다. 그때부터 잉글랜드인들은 가톨릭이 왕위를 계승할 가능성을 배제할 수 없었다. 내부의 적이 국가교회를 전복하는 것에 대한 그들의 항구적인 불안감을 이것보다 더 심하게 자극할 수 있는 것은 없었다. 가톨릭의 폭동에 대한 두려움은 1678년 티투스 오우테스가 예수회의 음모를 이야기할 때 병적 흥분상태에 빠졌다. 그 음모는 예수회 수도사가 찰스 2세를 죽이고, 런던에 불을 지르며(1666년의 대화재는 "교황파의 배신과 악의" 때문으로 단죄되었다), 도시에 있는 프로테스탄트들의 목을 도려낼 것이라는 거였다.[371] 물론, 이 "교황파" 음모의 궁극적인 목적은 전 국민에게 가톨릭을 다시 강요하는 거였다. 그것은 스미스필드의 화염의 이미지를 불러내는 것으로, 모든 잉글랜드 프로테스탄트들에게는 악몽이었다.* 오우테스의 폭로는 무시무시한 힘을 얻고 퍼져나가 35명의 살인으로 이어졌다. 찰스는 그 사건이 제임스를 계승에서 배제하는 것을 막기 위해 세 차례나

---

* 메리 여왕 시대에 이곳에서 50여 명의 프로테스탄트들이 화형당했다.

의회를 해산해야 했다.

국왕으로서 제임스 2세는 심사법의 폐지와 상비군의 유지를 제안함으로써 국교도들과 멀어졌다. 첫 번째 제안은 잉글랜드 정부를 가톨릭의 수중에 놓는다고 위협하는 것이었으며, 두 번째 제안은 가톨릭 지배자들은 변함없이 절대권력을 추구한다는 생각을 확인해주는 것이었다. 잉글랜드의 프로테스탄트들이 보기에 가톨릭은 종교적인 혐오 대상만이 아니었다. 그것은 사제들이 신자들의 영혼을 노예화하듯이 지배자들이 국민들의 몸을 노예화하는 포괄적인 전제專制체제였다. "교황파로부터 상비군과 자의적인 권력개념이 나왔다.…… 교황파를 무너뜨리자, 그러면 자의적인 정부와 권력이 종식될 것이다. 교황파가 없으면, 그것은 단순한 공상이나 개념에 불과하다."[372] 제임스에게 아들이 태어나자, 1688년 가을, 최종적으로 그에게 반대한 상당수의 토리당원들은 폐위를 지지하는 국민적 합의에 도달했다. 연이어 가톨릭 군주가 등장할 가능성에 직면하여, 의회는 많은 사람들이 신성하게 여긴 원칙, 즉 세습 계승 원칙을 깼다. 잉글랜드를 가톨릭과 전제로부터 구하기 위해, 정치적인 국민은 네덜란드공화국 총독인 오라녜공 빌렘과 그의 부인인 제임스의 딸 메리를 왕과 여왕으로 맞아들였다.

당시에는 잉글랜드만 불확실한 운명에 흔들리던 프로테스탄트 국가가 아니었다. 1685년 팔츠의 마지막 프로테스탄트 선제후가 죽자, 신성로마제국에서 가장 큰 칼뱅파 지역인 그의 영토는 팔츠-노이부르크의 가톨릭 가문에게 넘어갔다. 새로운 선제후는 현상을 유지하겠다고 약속했지만, 동료 신자들을 우대하기 시작했다. 이것은 루이 14세가 팔츠에 대해 경쟁적인 주장을 하던 상황에서 프로테스탄트들이 희망할 수 있는 최선의 것이었다. 루이 14세가 선호한 정책이 무엇이 었는지는 그의 군대가 팔츠에 침입해 들어와 라인 강 좌안의 영토와 우안의 일부를 점령했을 때 분명해졌다. 이곳에서 칼뱅파들은 개종 압력을 받고, 교회를 포기하거나 공동 사용을 강요받는 등 가혹한 취급을 받았다. 그 무렵, 저低알자스 지역의 프랑스 관리들은 모든 마을 주민들에게 가톨릭으로 개종할 것을 강요하고 있었다. 전에는 신성로 마제국에 속했고 주민 대부분이 루터파인 이 지역은 모호한 법적인 구실 아래 루이에 의해 병합되었다. 루터파로 남은 마을의 교회는 분할되었다. 팔츠와 알자스 사이에 있는 라인란트 지역의 놀란 프로테스탄들에게는 자기들의 신앙이 소멸되는 것처럼 보였다.

훨씬 더 남쪽에서, 사부아의 발도파는 더욱 가혹한 운명을 만났다. 가톨릭공국에 거주하던 이들 중세 이단의 후손들은 인접한 프랑스 지역의 형제들을 따라 개혁파를 받아들였다. 그들은 전에도 여러 번 박해를 받았지만, 1685년 12월 사부아 공작은 최종 해결 조치를 취했다. 그는 그들의 종교를 금했으며 명령 위반자에게는 사형을 내렸다. 그들의 교회를 파괴했고, 목사들을 추방했고, 아이들은 가톨릭으로 세례를 시켰다. 루이 14세의 요구로 나온 이러한 폐기 조항들은 프랑스의 낭트칙령 폐기 조항들과 비슷했다. 발도파가 받아들이기를 거부하자, 종교전쟁이 일어났다. 전쟁이라는 용어는 그처럼 일방적인 상황에는 어울리지 않지만 말이다. 불과 3일 동안 약 9천 명의 남자, 여자, 어린이(동시대의 팸플릿은 더 많은 수를 얘기한다)가 포로로 잡혔으며, 이 가운데 3분의 2는 몇 달간의 포로기간 동안에 죽거나 죽음을 당했다. 이듬해 겨울, 잔혹함을 이기고 살아남은 사람들은 스위스로 호송되었다. "누더기옷"을 입고, 배고픔과 질병에 지쳐, 얼음과 눈 덮인 산을

강제로 넘으며 죽어갔다.[373]

그 시대 최대의 박해는 '폐기' 바로 그것이었다. 1679년, 루이의 정부는 1660년대에 위그노를 상대로 개시했던 정벌을 재개했다. 2년 후, 푸아투의 지사는 새로운 개종 기법을 실험했다. 그것은 위그노의 집에 군인들을 숙박시켜, 그들이 굴복할 때까지 가혹행위——군인들에게 지시된 말은 강간이나 살인과 다름없는 것이었다——를 하고, 빈곤하게 만드는 것이었다. 1685년 정부는 다른 위그노 요새에도 그 방법을 적용하라고 명령했다. 세비녜 부인의 말에 의하면, 용기병들은 "매우 훌륭한 선교사들"이었다. 너무 훌륭해서 얼마 안 있어 루이는 "〔개혁파 종교〕를 믿는 과인의 신민들 가운데 더 선량한 사람들과 더 많은 사람들이 가톨릭 신앙을 받아들였기 때문에…… 낭트칙령의 집행이…… 불필요해졌다"고 주장할 수 있었다.[374] 물론 그것은 거짓말이었다. 당시에도 약 75만 명의 위그노가 있었다. 오직 목사들에게만 망명이 허용되었다: 그들에게는 떠날 것인가 말 것인가를 결정할 15일이 주어졌다. 그리고 떠난다면 7살이 넘은 아이들은 놓고 떠나야 했다.[375] 1680년대와 1690년대에 약 20만 명이 불법적으로 프랑스를 떠났으며, 그 후 10만 명이 또 프랑스를 떠났다. 도망치다 잡힌 사람들은 가혹한 벌을 받았다. 약 1,500명이 개종하거나 죽을 때까지 프랑스 해군 갤리선에서 노잡이로 썩어야 했고, 여자들은 수도원에 갇혔다. 프랑스에 남아 "신新가톨릭"이라고 불리던 사람들이 위그노로 재개종하면 다시 이단에 빠졌다는 이유로 처형되었다.

버네트는 이것을 "역사상 가장 폭력적인 박해 가운데 하나"라고 불렀다. 어쨌든 그것이 근대 초 유럽에서 그리스도교 비국교도들이 겪었던 공식적인 박해 가운데 가장 큰 규모였음은 분명하다.[376] 네덜란드공화국, 잉글랜드, 스위스, 독일(브란덴부르크가 가장 유명한데, 이곳의 칼뱅파 선제후는 그들을 초청했다) 등지로 흘러들어간 위그노 난민들은 그 비극적인 사건에 인간적인 모습을 그려주었다. 그들은 따뜻하게 환영받았고, 국제적인 형제단에 속하며 보편적인 적과 싸우고 있다는 프로테스탄트들의 의식을 강화시켜주었다. 그들은 동료 교인들에게 이 패배를 받아들이지 말라고 호소했다.

 적어도 오라녜공 윌리엄(빌렘)에게는 호소할 필요가 없었다. 그의 세속적인 관점에 대해서는 충분히 많이 기술되었다. 확실히 그는 자기의 철천지원수인 루이 14세에 맞서기 위해 합스부르크가나 심지어는 교황청과 동맹을 맺은 데 대해 아무런 후회를 하지 않았다. 윌리엄은 정치적일 뿐만 아니라 종교적이기도 한 위협에 대처하는 데에는 그러한 동맹이 가장 중요하다고 생각했다. 루이가 유럽에서 열망한 "보편적 지배"는 프로테스탄트들을 전제정뿐만 아니라 박해에 굴복시키는 것이었다. 이것은 9년전쟁(1688~1697)의 지지세력을 모으기 위해 꾸며낸 시니컬하고 선전적인 노선이 아니라 윌리엄의 최측근인 포틀랜드 제1백작 한스 빌렘 벤팅크의 신념이었다. 잉글랜드와 네덜란드공화국의 일반 여론도 똑같았다. 이곳에서 나온 다수의 팸플릿은 스페인에 대한 반란에서 나왔던 것들과 동일한 은유와 이미지를 사용했으며, 심지어는 동일한 팸플릿도 있었다. 여기에서 윌리엄은 구약성서의 영웅으로, 가톨릭 박해자들은 적그리스도의 앞잡이로 나오며, 그들의 행동에서는 프로테스탄티즘을 근절하려는 일관된 전의가 감지된다. 프로테스탄트들에게 갈등의 종교적인 요소와 정치적인 요소는 나눌 수 없는 것이었다.

 레이스베이크 평화(1697)는 그들을 크게 실망시켰다. 윌리엄과 그 밖의 다른 프로테스탄트 지배자들은 루이가 '폐기'를 취소하지 않을 거라고 생각했다. 투사들은 가톨릭 예배가 프랑스인들이 "회복한" 팔츠 지역에서 계속될 것임을 규정한 제4조 때문에 특히 분개했다. 팔츠 선제후는 '평화'를 이용하여 개혁파 교회에 '공유'를 강요했다. 1719년에 새로운 선제후가 개혁파 교리문답서들을 몰수하고, 과거에는 공유되었던 하이델베르크의 중심교회를 자기와 동료 신자들의 배타적인 사용을 위해 압류했을 때, 긴장이 고조되었다. 이에 대한 보복으로 브란덴부르크─프로이센과 그 밖의 다른 프로테스탄트 국가들이 가톨릭 신민들을 처벌하자, 사건은 제국의 외교적 위기로 비화되었다. 국제적인 동맹들, 즉 프로이센, 영국(국왕인 조지 1세는 하노버의 지배자이기도 했다), 프랑스 동맹과 오스트리아, 스페인 동맹이 대립했다. 그 문제는 또다른 유럽 전쟁을 일으킬 것으로 생각되었다.

그러는 동안, 스위스와 남부 프랑스에서는 종교적인 내전이 벌어졌다. 남부 프랑스에서 위그노들이 벌인 대對가톨릭 저항은 1702년에 폭력적으로 변했다. 세벤전쟁은 16세기 프랑스 종교전쟁 이후 유럽에서 일어난 가장 참혹한 전쟁이었다. 확실히 거기에는 민간인이 민간인에게 자행한 극단의 폭력이 들어 있다. "카미자르"로 알려진 위그노들은 천년왕국설의 영향을 받았다. 이들은 신부들과 가톨릭 교사들을 도살했고, 교회, 성, 구舊가톨릭의 집을 약탈하고 방화했으며, 소름 끼치는 잔혹행위를 범했다. 군대는 절멸 작전으로 대응했다. 그들은 모든 신新가톨릭을 공범으로 간주하고, 1703년 고高세벤의 466개 마을을 초토화시켰으며, 주민들을 도륙했다. 스페인 계승전쟁 때문에 군대를 철수할 필요가 생기자, 정부는 구舊가톨릭으로 구성된 민병대를 소집했다. 이들은 십자군을 상징하는 하얀색 십자가를 부착했고

(전투적인 가톨릭이 16세기의 전쟁에서 그러했듯이), "하얀 카미자르" 혹은 "십자가의 아들"을 구성하여 잔혹행위를 벌였다. 그것은 원조 카미자르인 "검은" 카미자르의 복사판이었다. 1705년 봄이 되면 반란의 축은 무너졌지만 산발적인 봉기는 1711년까지 계속되었다. 네덜란드, 영국, 그 밖의 다른 반反프랑스 동맹국들이 그 배후에 있었다.

프랑스 사태는 토착 비국교도들이 외국에 있는 적의 자연스러운 동맹이라는 오래된 생각을 새롭게 확인해주었다. 그들은 기회만 있으면 봉기하여 자기들을 억압하는 국교회를 전복시킬 것이라는 두려움이 사라지지 않았다. 프로테스탄트들은 가톨릭의 충성심을 의심할 특별한 이유가 있다고 주장했다. 왜냐하면 그들의 교회는 "거기에 들어가는 사람들은 다른 제후의 보호를 받고 다른 제후를 위해 봉사한다는 생각 위에 서 있기" 때문이었다.[377] 로크는 잉글랜드의 프로테스탄트들이 가지고 있던 생각을 이렇게 표현했다. 로크가 암시한 제후는 물론 교황이었다. 교황은 이론적으로는 제후들을 폐위시킬 권력을 가지고 있다고 주장했다. 심지어 가톨릭교도들이 충성 맹세를 했다 해도, 그 맹세는 그들을 구속하지 않았다. 왜냐하면 그들은 교황과 예수회 총신들은 그들이 그것을 깨면 사면해줄 것임을 잘 알고 있었기 때문이다. 이러한 주장은 교황청이 영국의 군주들을 인정하기를 거부하고, 가톨릭 왕위 요구자가 망명지에서 살아 있는 한, 특별한 힘을 가지고 있었다. 그리하여 1745년의 재코바이트 침입이 반가톨릭 폭력을 일으킨 것은 놀라운 일이 아니다. 프로테스탄트들은 잠재적인 제5열을 분쇄하고 무력화시키기 위해 들고 일어났다. 비슷한 사건이 오스트리아 계승전쟁 중이었던 1747년 네덜란드공화국에서도 일어났다. 그때 프랑스 원정대가 베르겐 오프 좀을 점령하자, 지역 가톨릭교도들이 프랑스군을 도왔다는 소문이 퍼져나갔다. 반가톨릭 봉기가 네덜란드의 여덟 도시를 휩쓸었다.

18세기 전반에도, 많은 유럽인들은 비국교도들의 충성심을 여전히 의심했고, 전쟁 중에는 그들에게 채찍질을 가했다. 그들의 두려움에 편승한 군주들이 그들을 부추기기도 했다. 예를 들면, 영국의 휘그체제는 토리 반대파들을 약화시키기 위해서 또 자기들의 하락하는 인기를 끌어올리기 위해서 반反가톨릭 정서를 이용했다. 반면, 폴란드의 의회Sejm는 매우 진지했다. 17세기 중엽 이래, 폴란드의 루터파는 스웨덴에게서 후원과 보호를 구했다. 북부전쟁(1700~1721) 시기에, 폴란드의 절반은 스웨덴 군대에 점령당했고, 한동안 폴란드는 스웨덴과 러시아 사이에서 실제로 분할되었다. 1709년 스웨덴이 쫓겨난 후, 의회의 가톨릭교도들은 자국의 프로테스탄트들에게 고개를 돌렸다. 그들은 프로테스탄트들이 외국 점령군과 협력했다고 비난했다.

폭동을 일으키려 했다는 비난은 18세기의 가장 악명 높은 박해인 잘츠부르크 대주교구에서 루터파를 추방한 사건을 정당화시키는 데에도 결정적인 역할을 했다. 다른 많은 경우에서처럼 이 경우에도, 비난은 전적으로 믿을만한 것도 완전 거짓 구실도 아니었다. 1680년대 이래, 대주교구의 관리들은 일부 산악 주민들이 프로테스탄트 신앙을 품고 있다는 것을 알고 있었다. 1731년, 관리들과 농민들의 충돌은 위기로 치달았다. 약 1만 9천 명의 잘츠부르크 시민들이 프로테스탄트 목사를 두게 하거나 아니면 망명할 수 있게 해달라고 대주교인 레오폴트 폰 피르미안에게 청원했다. 이들 진지한 그리스도교인들은 충성스러운 신민의 면모를 많이 가지고 있었지만, 관용을 요구하는 것은 반란의 외적 표식이었다. 피르미안은 그들을 반도叛徒로 몰아 3년의 유예기간을 주지 않았다. 그렇지 않았더라면 그들은 베스트팔렌 조약에서 규정한 대로 재산을 처분하고 떠나는 데 필요한 유예기간을 받을 권리가 있었지만 말이다. 그는 그들을 빈곤하게 만든 후 강제로 영토 밖으로 몰아냈다. 다행히, 프로이센 국왕 프리드리히 빌헬름의 이기적인 자비심이 난민들을 냉혹한 운명으로부터 구해주었다.

이러한 충돌과 고통의 일람표를 확대하는 것은 어렵지 않다. 합스부르크 상위군주들에 대항하여 끊임없이 반란을 일으킨 헝가리 프로테스탄트들에 대한 박해는 특별한 연구를 필요로 한다. 사실, 역사가들이 종교적 관용의 상승을 뒷받침할 만한 이야기를 구성할 수 있는 유일한 방법은 동유럽을 설명 대상에서 배제하는 것이었다. 그럼에도 불구하고, 위에서 제시한 세부 사실만으로도 종교 폭력—민중적, 공식적, 군사적—은 17세기 말과 18세기 초 유럽의 많은 지역에서 계속되었다는 점을 증명하는 데 충분하다. 종교전쟁의 시대는 아직 끝나지 않았던 것이다.

신앙과 이성

종교적 관용이 상승했다고 전반적으로 믿게 해주는 두 번째 요인은 계몽주의다. 이렇게 보는 것은 어느 정도 진실성을 내포하고 있다. 문제는 역사가들이 계몽주의에 대해 지나치게 좁은 정의를 사용해 그 운동을 몇몇 관념과 동일시 할 때 발생한다. 로크의 경험주의, 뉴턴의 물리학, "기계주의 철학", 정부의 권위에 제한을 가하는 사회계약론, 진보 개념 등 계몽주의의 지적인 핵과 열망을 형성한 것으로 알려진 사상들은 18세기 초에 발표되었다. 이렇게 볼 때 계몽주의의 이야기는 그러한 사상들이 대중화되고 확산되는 이야기다. 그것은 이성 그리고 과학혁명의 성과들에 의해 증명된 이성의 가치가 신앙을 이기는 승리의 이야기다. 이성과 경험적 증거는 고대의 지혜, 교회의 가르침, 성서적 계시, 신적인 고취 등과 같은 권위를 대체하여 진리의 기준이 되었다. 그리하여, 전통적인 믿음은 모두 거센 비판을 받았다. 그리스도교의 중심교리를 비롯한 세상의 모든 종교들의 도그마와 제식들은 인간의 창조물이라고 폭로되었다. 계몽된 유럽인들은 그러한 것들을 더 이상 믿지 않았다. 계몽주의는 소수 극단주의자들을 무신론자로, 적지 않은 수의 동조자들을 이신론자로, 모든 사람들을 피상적인 그리스도교인으로 전환시켰다. 유럽인들은 이제 원시적인 "미신"이라고 보이는 것들과 종교 감정들을 내던졌다. 그들은 더욱 합리적으로 생각하게 되었고, 그러면서 더욱 관용적으로 되었다.

이러한 이야기는 많은 결함을 지니고 있다. 일례로, 그 이야기에 의하면 사상은 그것을 만들고, 전달하고, 받아들이고 혹은 거부하는 사람으로부터 분리된, 자율적인 힘을 가지고 있다. 또한 그 이야기는 18세기 사람들의 주장, 즉 자기들의 사상은 전前계몽주의 세대들의 사상보다 우월하다는 주장을 곧이곧대로 받아들이는 것이다. 그 결과, 그 이야기는 계몽주의 사상의 확산은 불가피했다고 말한다. 그러나 계몽주의의 가치를 지지한 사람들의 대부분은 뉴턴 물리학은 말할 것도 없고 로크의 인식론에 대해 깊은 지식을 가지고 있지 못했다. 대부분은 그러한 생각이 들어 있는 원저를 읽지 않았으며 그럴 필요도 느끼지 못했다. 볼테르 같은 대중보급자들이 그 요점을 파악해서 그것을 대중이 이해할 만한 가치, 경구, 상식 등으로 전환시켰기 때문이다. 설명을 요하는 것은 그것이 상당수의 유럽인들에 의해서 어떻게 유통되고 전유되었는지다. 계몽주의는 그렇고 그런 신조, 더 잘 말한다면, 예의범절의 코드가 되었다. 이 코드에 따르면, 예의 바른 사람이 합리적이고, 온순하고, 취미가 고상하고, 격정이나 편견에 빠지지 않는다. 그들은 예술과 과학에 흥미를 느끼고, 인간의 진보를 위해 헌신한다. 도시적이고, 사교적이고, 언제나 공손한 그들은 사람들의 차이를 받아들인다. 다양한 종교적인 믿음을 포함하여 말이다. "어느 한 정파나 주장에 대한 무절제한 열정, 고집, 박해 등은 아무리 칭찬할 만한 것으로 보여도" "범죄적이고, 악마적이고, 어리석은 것"이라고 영국의 예법과 도덕 조정관인 애디슨과 스틸이 조언했다. 알렉산더 포프는 "거친 광신자들"만이 "신앙의 방식"을 놓고 싸운다고 선언했다.[378] 만일 18세기에 그 어느 때보다 많은 유럽인들이 관용을 실천했다면 그것은 이들이 이러한 문명화된 행동규범을 받아들였기 때문이다. 관용은 그것의 가시적인 표현이었다. 그것은 계몽의 증거요 사회적 진보의 척도였다. 심지어, 그것이 실천된 것은 그것이 유행이었기 때문이라고까지 말할 수 있지만, 그렇게 하는 것은 그것을 실천한 사람들의 진지함과 높은 도덕적 목적을 간과하는 것이다.

전통적인 이야기는 신앙과 이성의 관계를 지나치게 단순화시킨다. 역사적인 기술이 아니라 논리적인 그것도 거짓 논리적인 기술에 기초해서, 개인들이 합리적인 자질을 자유롭게 사용하는 것은 신앙과 양립할 수 없다고 본다. "합리적인" 종교라는 개념 자체가 모순이며 그것을 주장하는 사람은 궁극적으로는 종교를 무너뜨리고 있다고 말한다. 유럽의 프로테스탄트 목사들 가운데 다수가 그렇게 생각했다. 18세기 초, 이들은 그리스도교의 가르침을 제대로 이해하면 그것은 완전히 "이성에 부합한다"는 일찍이 로크가 제시한 견해를 지지했다.[379] 이들 목사들이 설교한 종교는 복잡하지 않았고, 개인적이며, 실천적이었다. 그것은 국교신봉을 당연시 여기면서도 도그마와 제식보다 윤리적 행동을 강조했다. 그것은 그리스도교인들에게 최고의 의무는 자비와 사랑을 실천하는 것이고, 예수 그리스도의 삶에서 영감을 얻는 것이며, 자기 행복보다 다른 사람의 행복을 추구하는 것이라고 가르쳤다. 이것이 저급하고 작은 종교였나? 그것을 설교하는 사람들은 종교 그 자체에 대해 일종의 "배신"을 범한 것인가?[380] 많은 학자들은 그렇게 생각한다. 그들은 종파주의나 오늘날의 근본주의를 기준으로 삼아, 계몽주의의 신앙심이 열정과 그리스도교적 내용을 결여하고 있다고 생각한다. 그들은, 명시적으로는 아니지만 묵시적으로는, 도그마주의, 죄의식, 신정정치적 야심, 그리고 특정 신앙심의 전형적인 속성들을 신앙심 그 자체와 동일시하는 것이다.

이 이야기는 진정한 그리스도교의 다양한 형태를 인정하지 못함에 따라, 18세기 사회와 문화의 다양성을 제대로 평가하지 못한다. 잉글랜드에서 계몽주의 사상의 전파, 수용, 적용은 성직자들과 학자들 사이에서 1680년경에 시작되었다. 이것이 스펙트럼의 한쪽 끝이다. 또다른 한쪽 끝에서, 뷔르츠부르크와 밤베르크의 독일 주교구의 가톨릭교도들은 성직자들이 1770년대와 1790년대에 종교적 실천을 개혁하려고 시도하자 격렬하게 저항했다. 우리는 우리가 가지고 있는 이데올로기의 뿌리를 찾을 때 자연스럽게 계몽주의에 초점을 맞춘다. 이러한 관점에서 볼 때, 18세기 초의 몇 십 년은 근대의 여명기로 나타난다. 그렇지만 더 이른 기준점에서 보면, 그 동일한 몇 십 년은 깊은 신앙심의 시대로 기술될 수 있다. 수세대에 걸친 종교개혁가들의 노력이 위대한 결실을 맺은 시대로 말이다.

30년전쟁으로 종교생활이 붕괴된 중부 유럽에서 분명히 그러했다. 이곳에서 베스트팔렌 평화는 길고도 힘든 회복의 시작이었다. 교회는 재건되어야 했고, 새로운 세대의 성직자들이 훈련받고 배치되어야 했고, 평신도들은 재교육을 받아야 했고, 규율은 회복되어야 했다. 그 후 몇 십 년 동안 사목 활동과 교육 수준이 현저하게 높아졌다. 과거 어느 때보다 많은 독일인들은 자기 종파의 가르침을 이해하고 내면화했다. 그에 따라 그들은 일상생활의 다양한 면에서 믿음을 표현하기 시작했다. '평화' 덕분에 종파문화를 가꾸는 일이 가능해졌다. 비록 '평화'는 종파적 갈등을 조정하고 억제하기 위해 강력한 메카니즘을 도입했지만 그것을 해결하지는 못했다. 반대로, 전쟁은 쓰라린 감정—상호간의 박해의 기억—을 유산으로 남겼고, 그것은 종파적 충성심을 날카롭게 해주었다. 프로테스탄트–가톨릭 사이의 긴장은 몇몇 독일 도시들에서 폭동이 일어난 1710년대에 새로운 파열점에 도달했다. 독일에서 1680년대와 1730년대 사이에 프로테스탄트들은 역사적 승리를 기념했고, 가톨릭 선교사들은 논쟁을 벌이는 데 열심이었다.

가톨릭에게 있어서 시대는 여전히 바로크 시대였다. 예술에서처럼 신앙심에서도 그것은 18세기 초에 만개했다. 남부 독일에서는 교회 건축과 장식, 새로운 성유물함, 종교행렬과 민중적 신앙 등이 폭발적으로 늘어나, 전에 없이 많은 수의 순례자들을 끌어들였다. 네덜란드의 가톨릭교도들도 더 많은 순례를 떠났다. 그들은 1715년에 케벨라에르의 성모에게 순례를 가는 형제회를 설립했다. 오스트리아에서, 성모 마리아 경배는 과거보다 더 강렬했으며, 성체성사도 더 화려하게 거행되었다. 보헤미아에서는 수도원과 수녀원 수가 늘어났다. 프랑스의 교회 지도자들은 트렌토 개혁을 실천하기 위한 오랜 투쟁을 계속했다. 그들의 중요한 요구 가운데 하나는 평신도들은 일 년에 최소 한 번 부활절에 고해를 하고 영성체를 하라는 것이었다. 이것의 실천이 이 몇 십 년보다 더 잘 이루어진 적은 없으며, 일요일 대미사 참석도 마찬가지였다. 니스와 사부아에서, 망자들은 자기의 영혼을 위한 미사를 부탁하기 위해 많은 돈을 남겼다. 장례식은 화려했고, 비용이 많이 들었으며, 세부적인 절차는 신, 성모 마리아, 성인들에 대한 요란한 기도로 시작되는 유언장에 명시되었다.

18세기 초의 프로테스탄티즘은 온건하며 합리적이라는 평판을 받는다. 영국, 네덜란드공화국, 제국에서, 많은 성직자들은 이전 세대의 열정을 의식적으로 피했다. 몇몇 성직자들은 과거의 도그마를 계속해서 설교했지만, 다수는 프로테스탄티즘을 합리적인 종교로 보는 관점을 퍼뜨렸다. 그러나 이러한 기술을 지나치게 일반화시켜서는 안 된다. 평신도들과 관련해서는 특히 그러하다. 이 몇 십 년 동안, 독일에서는 경건주의가, 프랑스 위그노 사이에서는 천년왕국적인 예언이 퍼져나갔으며, 선교 활동의 붐이 일어났다. 다수의 유럽인들에게 소교구는 삶의 중심점이었다. 마을과 작은 도시에서, 소교구의 교회는 과거 어느 때보다 공동체가 모이는 장소였다. 일요일 예배는 가장 정규적이고 포괄적인 사회적 행사였다. 그때 사람들은 만나고, 소식을 들었으며, 젊은 사람들은 조심스럽게 연애했다. 소교구 성직자들은 공동체를 도덕적으로 지적으로 이끌었다. 소교구 관리들은 자선행사를 조직했고, 법과 질서 유지를 도왔다. 작은 공동체가 공통의 신앙으로 통합되어 있는 한, 시민생활과 종교생활은 여전히 중첩되었고 삼투했다.

모든 지역에서 다 그런 것은 아니었다. 17세기 말부터, 특히 잉글랜드에서는, 공적 영역에서 종교가 차지하는 자리를 근본적으로 바꾼 사회적·문화적 변화가 일어났다. 이러한 변화는 먼저 그리고 가장 빠르게 잉글랜드의 도시들에서 일어났다. 이곳에서는 엄청난 경제적 번영에 힘입어 1660년대에 도시 르네상스가 시작되었고 한 세기 내내 계속되었다. 런던은 말할 것도 없고, 지방의 주요 도시에서도 소교구 교회 옆에 사회생활의 대체 중심지가 생겨났다. 커피하우스, 클럽, 극장, 오락장, 회의실, 도서관, 서점 등이 늘어났다. 문학회와 철학회도 늘어났고, 1710년대부터는 프리메이슨 지부도 늘어났다. 야심적인 건축 계획에 의해 광장을 가진 새롭고 규격화된 도시 지형이 만들어졌다. 바쓰와 턴브리지 웰스 같은 온천 휴양도시들이 붐이었다. 새로운 포럼과 함께 새로운 형태의 사회성과 문화가 생겨났다. 사람들은 더 많이 여행했다. 종교 축일로 짜여진 전통적인 달력은 겨울과 여름의 사회적 계절에 자리를 양보했다. 전 세계적인 유행이 퍼져나갔고, 지역적인 관습의 호소력은 줄어들었다. 1695년 이후에는 거의 규제를 받지 않은 잉글랜드의 출판사들이 책, 팸플릿, 인쇄물들을 유례없이 많이 찍어냄에 따라, 새로운 사상은 새로운 청중을 얻었다.

번영, 인구증가, 사회적·지리적 이동성 등은 잉글랜드의 도시와 큰 마을에서 이러한 변화를 만들어낸 주역들이었다. 그것은 상이한 신앙을 가진 사람들 사이의 일상적인 교류를 평화롭게 해주었다. 장인들, 점주들, 노동자들은 부족한 자원을 놓고 필사적으로 다투지 않았다. 그러니 가톨릭이나 프로테스탄트 비국교도들이 자기들의 삶을 빼앗아갔다거나 신의 분노를 내리게 했다고 비난할 이유가 줄어들었다. 이러한 것들은 잉글랜드를 공동체가 개인적인 행동과 믿음을 거의 규제하지 않는 개인주의적인 사회로 만드는 데 기여했다. 1689년의 관용법도 이러한 방향으로 나아가는 데 기여했다. 글자 그대로만 본다면, 관용법이 한 것은 국교거부자들에게 법적으로 가해진, 그리고 책에는 여전히 남아 있는, 벌에서 프로테스탄트 비국교도들을 면제해주는 것이었다. 그러나 모두가 이해했듯이, 혹은 재빨리 알아차렸듯이, 이 면제는 넓은 외연을 가지고 있었다. 그것은 국교회 예배 참석을 사실상 본인의 의사에 맡김으로써 종교적인 의무 준수를 개인의 선택으로 바꾸어놓았다. 실제로, 가톨릭을 포함한 거의 모든 사람들이 소교구 예배에 불참할 수 있었다. 예배당 인가를 받은 프로테스탄트 비국교도들은 회중을 결성하고, 자유롭게 들어가거나 나갈 수 있었다. 이것은, 네덜란드공화국 이후, 근대 초 유럽에서 비국교화에 가장 가까운 것이었다.

17세기 말에 시작되어 18세기 내내 계속된 번영, 폭넓은 시민사회, 개인주의는 잉글랜드에서 관용을 실천하는 데 도움을 주었다(네덜란드인들 사이에서는 이미 오래전에 그러했다). 정치적 안정도 상이한 신앙 사이의 관계를 개선하는 데 기여했다. 이러한 점에서, 전환점은 1715년이다. 그때 휘그당은 성공적으로 정부에 재갈을 물렸는데, 그것은 몇 십 년간 계속될 것이었다. 그들의 승리는 휘그당과 토리당이 대립적인 정치적 견해뿐만 아니라 종교적 견해를 견지했던 50여 년의 투쟁을 종식시켰다. 한쪽에는 프로테스탄트 비국교도, 저파 국교회가 있었고, 다른 한쪽에는 고파 국교회, 선서거부자(명예혁명 이후 잉글랜드 국왕에게 충성 맹세하기를 거부한 사람), 그리고 가톨릭이 있었다. "정당의 격정"은 상당부분 종교적 격정이었으나, 1720년대에 최종적으로 가라앉았다.

이러한 요인들은 왜 잉글랜드 사회의 다수가 18세기에 관용을 받아들였는지를 설명하는 데 있어서 계몽주의와 어깨를 나란히 해야 한다. 그것들은 또한 왜 통합주의적인 유형의 관용이 지배적이었는지를 설명해준다. 왜냐하면 비교적 유동적인 사회에서 상이한 신앙을 가진 사람들은 자유롭게 섞였기 때문이다. 계몽주의의 영향을 이해하기 위해서는 계몽주의를 이러한 맥락에서 바라보아야 한다. 예의범절의 코드로서, 그것은 잉글랜드의 새로운 도시적 환경을 보완했고, 그곳에서 발전한 사회성의 제반 형태들을 규제했다. 이러한 맥락은 계몽주의의 영향이 왜 한계를 가지는지도 설명해준다. 어떤 사람들이 이러한 코드에 동의했는가? 어떤 사람들이 이러한 시민사회에 적극적으로 참여했는가? 그렇게 하기 위해서는 도시 안에 살거나 도시에 자주 왕래해야 했으며, 상당한 교양 능력과 더불어, 커피하우스, 서점 등을 이용할 수 있는 경제적 능력 등을 가지고 있어야 했다. 이러한 특권적 집단은 네덜란드공화국을 제외한 그 어느 나라보다 잉글랜드에서 규모가 컸고 확산되어 있었다. 가문과 지위보다 부와 문화에 의해 규정된 그 집단에는 젠트리뿐만 아니라 전문직업인, 상인, 부유한 장인들이 포함되며, 그 밖에도 많은 사람들이 그 영향권 아래에 있었다. 그렇지만, 그것이 요구하는 능력과 외양의 기준은 다수가 도달할 수 있는 수준보다 훨씬 높았다. 잉글랜드에서조차, 계몽주의는 주로 도시 사회의 상층과 중상층 사람들의 현상이었다. 이 계층에 속하는 많은 사람들은 1730년대에 뜨겁고 저돌적인 종교적 열정을 가진 감리교가 하층민들 사이에서 퍼져나가는 것을 경멸적으로 바라보았다. 이 운동을 이렇게 묘사하는 것은 중상 비방의 의도를 가진 과장이지만, 하층 계급이 상층 계급보다 "합리적인 종교"를 배격하는 경향이 강했음을 시사하는 데는 부족함이 없다.

17세기 말에 잉글랜드에서와 같은 번영을 겪지 못한 대륙에서는, 계몽주의의 범위가 더 좁고 뾰쪽했다. 이곳에서는 집단들 사이의 문화적 거리가 벌어졌으며, 18세기에도 계속 그러했다. 엘리트, 특히 도시 엘리트들은 전에는 모든 계층의 사람들이 함께했던 일과 여가생활에서 빠져나왔다. 그러한 일 가운데에는 종교적인 것도 들어 있다. 농촌 사람들과 가난한 사람들은 전통적인 믿음과 실천에 강하게 매달린 반면, 도시민들, 부유한 사람들, 교육받은 사람들은 그것을 버렸다. 길을 선도한 사람은 정부 관리, 성직자, 법률가, 의사, 교사 같은 최고 지식인들이었다. 이들은 가톨릭교도들이 영혼에 가해지는 연옥 벌을 면하기 위해 취하는 예방책들을 가장 먼저 그리고 가장 철저하게 버렸다. 옛 귀족가문, 상인, 제조업자들은 천천히 변했으며, 수공업자, 점주, 노동자들은 더 많이 망설였다. 바로크적인 실천을 포기한 사람은 여자가 남자보다 적어, 젠더의 갭이 크게 벌어졌다. 국제적인 도시, 번영하는 도시일수록 변화도 일찍 시작되었다. 그러나 파리에서조차도 가톨릭 유언장의 내용은 1720년대에 가서야 변하기 시작했다. 프로방스에서는 1760년대 이전에는 부분적이고 변덕스러운 일탈이 있었을 뿐이다. 고高오스트리아는 스펙트럼의 또다른 끝을 대표한다. 1780년대 요셉 황제의 개혁 이전에는 어떠한 집단의 유언장도 별로 변하지 않았다. 전체적으로 볼 때, 가톨릭 유럽에서 계몽주의 사상의 영향을 받은 서클은 적어도 18세기 중엽까지는 좁았다.

그러면 바로크적 제식의 포기가 궁극적으로 의미한 것은 무엇인가? 그것은 종교적 무관심의 표시인가? 몇몇 경우에는 분명히 그렇지만, 모두 그런 것은 아니다. 우리가 확실히 아는 것은, 18세기 후반에 가톨릭교도들 사이에 퍼진 행동양식에는 공동 제식의 반복 실행이 들어 있지 않다는 것이다. 그러나, 개인적인, 사적으로 다듬어진, 그리스도 중심적인, 윤리적인 신앙행위는 우리의 지표를 벗어난다. 그것은 자료적 흔적을 거의 남겨놓지 않았으며, 무종교와 구분하기 힘들다. 종교개혁 이후에 종파주의의 상승이 그리스도교의 모든 분파들을 변형시켰듯이, 18세기에는 프로테스탄트 신앙뿐 아니라 가톨릭 신앙도 더 사적이고 더 개인주의적으로 변했다. 얀센주의 운동은 이러한 추세에 힘을 실어주었고, 특히 프랑스에서 많은 지지를 받았다. 오스트리아에서 그러한 신앙은 개혁 성향의 고위성직자들과 신학자들에 의해 고무되었다. 이들 교회인들은 계몽주의의 목표—국가를 강화하고, 무지한 사람들을 교육하고, 예절과 도덕을 세련되게 만들고, 지상에서의 인간의 운명을 개선하는 등의—와 가톨릭 가르침 사이에서 아무런 모순을 보지 못했다. 1780년대에 자기의 세습 영토에서 가톨릭교회를 개혁하기 위해 강력한 조치를 취했던 황제 요셉 2세 역시 그러했다. 요셉은, 유명한 '관용특허장'에서 선언했듯이, "신앙은 신의 선물"이며, 종교는 "강요될 수 없다"고 믿었다. 가톨릭이 "구원을 주는 유일한 신앙"이 아니라는 것은 아니었다. 그것은 그것을 비웃는 "불행한 인간들"을, 최종적으로는, 신의 자비에 맡겨야 한다는 것이었다. 그는 주장했다: "그렇게 하지 않으면, 우리는 더 많은 영혼을 구원할 수 없을 것이며, 더 많은 유용하고 중요한 사람들을 잃을 것이다." 그리스도교의 가르침뿐만 아니라 "국가의 복지"도 관용을 요구한다고 그는 결론지었다.[381]

개혁과 반발

계몽주의가 18세기 유럽에 불균등하게 퍼졌다면―그것은 (예를 들면) 오스트리아인들보다 잉글랜드인들 사이에, 여자들보다 남자들 사이에, 가톨릭보다 프로테스탄트들 사이에, 시골 사람들보다 도시민들 사이에, 교육받지 못한 사람들보다 교육받은 사람들 사이에, 가난한 사람들보다 부유한 사람들 사이에 더 영향을 끼쳤다면―, 더 많은 관용에 대한 요구는 특정 집단에서 더 많은 반향을 불러 일으켰을 것으로 예상할 수 있다. 결정적으로, 가장 수용적이었던 사람들 중에는 계몽주의의 예법 코드를 일찍이 열정적으로 받아들인 사법관들과 정부 관리들이 있다. 물론 그들에게 관용은 개인적인 믿음뿐만 아니라 공공 정책의 문제이기도 했다. 17세기 말과 18세기에, 국가의 부와 힘은 자기들의 가장 중요한 책임이며 관용은 그것을 증가시킬 수 있다고 믿는 사람들이 늘어났다. 일례로, 런던의 치안판사인 슬링스바이 베텔은 "종교문제에서 양심을 강제하는 것"은 "교역에 가장 큰 해를 끼친다"고 단죄했다.[382] 이러한 견해는 계몽주의 사상뿐만 아니라 중상주의 그리고 동시대의 정부, 법, 경제이론 등에 의해 고무된 것이다. 또한 많은 사법관들과 관리들은 국교반대와 폭동을 더 이상 동일시하지 않았다. 이러한 점에서, 18세기 중엽은 결정적인 전환기였다. 잉글랜드에서는 극소수의 가톨릭교도들만 보니 프린스 챨리의 재코바이트 침입을 지지한 1745년이 전환점이었다. 프랑스에서는 7년전쟁(1756~1763) 중에 태도가 변하기 시작했다. 정부는 위그노들이 그 기회를 틈타 봉기할 것을 두려워하여 그들이 불법적인 집회를 작고 조용히 연다면 방해하지 않겠다고 (비공식적으로) 동의했다. 그러한 거래는 모두에게 이익이 되었다. 2세기 전에, 세바스티앵 카스텔리옹은 박해가 비국교도들을 폭동으로 내몰며 관용은 시민적 평화를 보장할 거라고 말한 적이 있다. 이제 그것은, 비교적 갑자기, 유럽의 정부엘리트들 사이에 상식적인 지혜가 되었다. "관용은 내전의 원인이었던 적이 없다. 반면, 박해는 이 땅을 피와 살육으로 뒤덮었다."[383]

18세기 중엽, 철학자들은 관용 캠페인을 진행했다. 그것은 디드로와 달랑베르의 유명한 《백과전서》 같은 책을 통해 독서 대중에게 전달되었고, 1760년대에는 볼테르의 행동주의에 의해 법정으로 인도되었다. 프랑스에서는 얀센주의자들이 그것을 강력하게 지지했다. 이들은 처음에는 자기 자신들을 위한 관용을 열망했지만 종국에는 "시민권은 종교적 관용의 권리를 부여했다"고 일반화시켰다.[384] 국교의 자의적이고 전제적인 성격에 대한 이러한 공격은 사법관들과 관리들이 속한 세련된 서클에서 개혁의 요구를 분출시켰다. 바로 이때부터, 법이 바뀌는 것은 시간문제였다. 18세기의 최초의 중요한 관용법들은 프랑스혁명 직전에 공포되었다. 현대적인 관점에서 볼 때, 그것들의 범위는 상당히 제한적이었다. 어떤 관용법도 한 세기 전에 로크가 제시했고(물론 단서조항으로 제한되었지만) 그 후 여러 차례 반복되었던 원칙, 즉 종교적 자유는 "모든 사람의 자연권"이며, 모든 사람은 "다른 사람들에게 부여된 것과 동일한 권리를 향유한다"는 원칙을 실천에 옮기지 않았다.[385] 오히려 그 관용법들은 세련된 사회의 중심 합의를 반영했는데, 그 사회의 구성원들이 원한 것은 유럽의 국교가 전복되는 것이 아니라 관대해지는 것이었다. 영국의 1778년 가톨릭구제법은 가톨릭교도들이 법적인 구실을 붙이지 않고도 토지를 매입하는 것을 허용했으며, 신부들과 교사들이 체포될 경우에는 형량을 줄였다. 그러나 그것은 가톨릭교도들이 투표하고, 공직을 보유하고, 대학 학위를 받는 것을 허용하지 않았고, 예배의 자유를 부여하지 않았다. 마찬가지로, 프랑스의 1787년 국왕칙령은 위그노들이 합법적으로 결혼하고 토지를 소유할 수 있는 시민적 자유를 부여했지만, 프로테스탄트 예배를 합법화하지는 않았다. 1781~82년에 오스트리아, 헝가리, 보헤미아에 공포된 요셉 2세의 관용특허장은 루터파, 칼뱅파, 그리스 정교도들이 예배보는 것을 허용했다. 그러나 비밀교회에서만 예배보는 것을 허용했으며, 그나마도 예배보기 전 6주 동안 그렇게 하지 말 것을 설득하는 가톨릭 교육을 받아야 했다. 베스트팔렌 조약(이것은 신성로마제국이 해체되는 1806년까지 제국의 유효한 법이었다)에 근거한 프로이센의 1788년 칙령은 루터파, 칼뱅파, 가톨릭에게 동등한 권리를 부여했으며, 다른 집단들에게도 보호망을 제공했다. 그러나 그것이 공포될 무렵에는 프로이센에서 계몽주의에 대한 반발이 진행 중이었다. 그 칙령은 프로테스탄트 교리에 의문을 제기하는 이신론자들과 그 밖의 사람들을 억누름으로써 프로테스탄트 교회의 전통적인 정통성을 보존하려고 했다.

이러한 법령들이 모든 사법관들과 관리들의 지지를 받은 것도 아니었다. 프랑스의 지방 고등법원 가운데 절반은 1787년 국왕 칙령에 반대했고, 그래서 국왕은 세 군데의 지방 고등법원에게 등재를 강요하기 위해 국왕의 '친림법정'이라는 카드를 꺼내야 했다. 오스트리아에서, 지역 당국은 요셉의 특허장에 대해 우려했지만, 그들의 반대는 황제의 명령에 의해 일소되었다. 이러한 반응은 영국의 가톨릭구제법이 야기한 민중의 분노에 비하면 아무것도 아니었다. 영국의 민중은 의회 대표들이 자기들의 생각을 고려하기를 기대했다. 영국의 법에 대한 그들의 반응은 극적이고 잘 기록되어 있어 특정 집단의 태도를 엿볼 수 있는 귀중한 자료다. 그들의 저항은 다수 유럽인들 사이에서 "관용이 상승했다"는 것에 대해 의문을 제기한다.

영국 정부는 그러한 소란을 예상하지 못했다. 그러나 정부는 문제를 사전에 예방하기 위해 구제법에 대한 최소한의 토론만 거친 후 밤늦게 의회에서 통과시켰다. 그것이 기정사실화된 데 놀란 반대파들은 폐기 운동을 벌이기 위해 프로테스탄트 협회라는 이름의 기구를 설립했다. 스코틀랜드의 반대파들은 정부가 그 법을 스코틀랜드에 적용하는 것을 막기 위해 모였다. 이 세력의 우두머리는 저돌적인 귀족인 조지 고든 경이었다. 7만 5천 명이 넘는 사람들이 그 법에 반대하는 청원서에 서명했다. 대부분의 서명자들은 특히 프로테스탄트 비국교도들이 많은 도시 출신이었다. 협회와 그것의 스코틀랜드 동맹은 팸플릿, 전단지, 카드, 신문, 집회, 토론 등을 통해 선전 캠페인을 벌였다. 이러한 방식으로 그들은 도시 노동자들 사이에 경종을 울리는 데 성공했다. 1779년, 에든버러와 글래스고에서 폭동이 일어났고, 다른 스코틀랜드 소도시에서도 소요가 일어났다. 이러한 폭력은 그것이 의도했던 효과를 얻어냈다. 당황한 정부는 스코틀랜드에서도 동일한 법을 만들려는 계획을 철회했다. 런던의 저항자들은 이 승리에 고무되었으며, 1753년의 민중 소요가 유대인 이민자들에게 시민권을 주려는 법안을 철회시킨 것을 기억했다.

1780년 6월, 고든 폭동이라고 알려진 것이 일어났다. 그것은 웨스트민스터에서의 집회와 행진으로 촉발되어 일주일간 계속되었다. 참가자들의 다수는 직인, 도제, 하인, 노동자 같은 임금노동자들이었고, 그 밖에 소기업인, 상점주, 행상인, 장인, 군인, 선원들이 있었다. 그들은 미사집, 대사관 예배당, 가톨릭학교, 저명한 가톨릭교도의 집과 가게 등을 파괴했다. 또한 그들은 가톨릭에게 더 큰 관용을 부여하려 한다고 여겨진 정부 장관들과 의원들뿐만 아니라 폭동을 진압하는 관리들도 공격했다. 공격자들이 보기에 이들의 동기는 매우 의심스러웠던 것이다: 런던의 신문은 이들 가운데 일부를 위장 교황파라고 비난했다. 4년 전, 의회는 캐나다의 가톨릭교도들에게 예배의 자유를 부여하는 퀘벡법을 통과시켰다. 2년 후, 정부는 구제법의 통과를 비밀스럽게 보장했다. 과대망상적인 사람들에게 이것은 가톨릭이 권력의 자리에 침투했음을 알려주는 증거였다. 어떤 사람들은 국왕 조지 3세를 의심했다. 그의 매우 고압적인 통치 방식은 전제정의 기미가 있었는데, 여전히 많은 영국인들은 그것을 교황파와 연결시켰기 때문이다. 가톨릭의 음모에 대한 그들의 두려움을 더욱 크게 만든 것은, 당시 영국이 프랑스와 스페인과 전쟁을 하고 있었다는 점이다.

런던의 군중은 수도에서 가톨릭을 근절하려고 하지 않았다. 다른 많은 종교적인 폭동처럼, 고든 폭동 역시 근본적으로는 "1778년 이전의 현상"을 회복한다는 "반동적이고 방어적인" 목표를 가지고 있었다.[386] 그러나 폭동이 진행되면서 목표는 확대되었고, 혼란은 확산되어, 감옥과 심지어는 영국은행이 공격을 받았다. 결국 정부는 사태를 진압하기 위해 군대를 동원했다. 군인들의 머스켓 일제사격으로 210명의 폭도가 현장에서 죽었고 75명이 부상으로 죽었다. 그 후 25명은 교수형에 처해졌고, 다른 사람들은 가벼운 처벌을 받았다. 이것은 런던의 역사에서 가장 유혈적인 종교 폭력 사건이었다.

지속적인 불관용의 사례로서, 고든 폭동은 가담자들이 영국인이고 프로테스탄트이고 도시민이라는 점에서 더욱 많은 것을 시사해준다.

이들은 앞에서 제시한 유럽의 "계몽되지 않은 사람들"에 대한 성격 규정에 포함되지 않은 집단이었다. 비록 폭력에는 가담하지 않았지만 협회의 청원서에 서명하고 집회의 행진에 참여했던 중산 계급 프로테스탄트 비국교도들 역시 그러했다. 우리의 성격 규정은 좀더 정교해질 필요가 있으며, 앞으로의 연구가 그 일을 해줄 것이다. 그렇기는 하지만, 1780년대에는 태도가 크게 달라졌다는 것만큼은 분명하다. 한쪽에는 나라의 지배엘리트들이 있고, 다른 한쪽에는 프로테스탄트 비국교도들과 우리가 민중이라고 부르는 집단이 있다. 첫 번째 사람들은 계몽주의의 가치를 받아들였고 가톨릭까지도 관용하는 데 더 이상 두려움을 느끼지 않았다. 두 번째 사람들은 프로테스탄트의 종교적 동질성과 영국의 국민적 동질성에 깊이 뿌리내린 반가톨릭주의를 계속해서 품고 있었다. 비국교도들과 민중들은 가톨릭에게 더 많은 관용을 부여하는 데 반대했을 뿐만 아니라, 새로운 관용적인 태도를 보이는 지배자들 역시 가톨릭임이 틀림없다고 생각했다. 관용을 증대시키려는 엘리트들의 시도는 교황파의 음모라는 수세기 묵은 공포를 재연시켰고, 민중적인 반발을 일으켰다.

　계몽주의의 관용 요구가 유럽의 다른 지역에 있는 비엘리트들 사이에서 얼마나 관심을 끌었는지 혹은 경청되었는지는 논란이 많은 문제다. 이 책에서 우리는 관용은 사상이나 정부의 정책 그 이상임을 보았다. 그것은 다양한 집단이 참여할 때에만 성공한 하나의 실천이었다. 우리는 아일랜드에서 폴란드에 이르는 수천 개의 공동체에서 다양한 직업과 지위를 가진 사람들이 그리스도교 세계가 경쟁적인 종파들로 분리됨으로써 생겨난 딜레마에 어떻게 대처했는지, 그리고 어떻게 어떤 공동체들은 종교적인 차이에도 불구하고 조정과 타협에 의해 평화롭게 공존했는지 살펴보았다. 관용의 실천은 계몽주의를 기다리지 않았다. 계몽주의가 한 것은 힘있는 집단의 태도를 바꾼 것이었다. 이들은 18세기에 관용의 긍정적인 가치에 대한 믿음이라는 새로운 신조를 받아들였다. 그러나 다른 사람들은? 가톨릭 농민들의 태도나 행동도 변했나? 소도시의 장인들과 점주들은 어떠했나? 종교 갈등은 근대 초 유럽의 마녀 박해와 비슷했다. 마녀 박해가 18세기에 끝난 것은 대부분의 유럽인들이 더 이상 마녀의 존재를 믿지 않았기 때문이 아니었다. 반대로, 대중들은 자기들의 이웃이 비밀스러운 방법으로 자기들에게 해를 끼치고 있다고 비난했다. 그러나 엘리트들은 초자연적인 현상에 대해 그러했듯이, 그러한 비난에 대해서도 점차 회의적이었다. 그 결과, 사법관들과 판사들은 더 이상 그러한 사건을 심리하려 하지 않았다. 마찬가지로, 엘리트들은 불관용자들의 "원시적인" 감정을 경멸했고, 종교 갈등을 만류했다. 그들의 새로운 태도는 정부 정책의 변화를 유도했기 때문만이 아니라, 비엘리트들 특히 사회적 상승을 열망하고 있던 중간 계층이 모방할 만한 모델로서도 매우 중요했다. 그렇다고 해서 더 폭넓은 계층에서 과거의 종교적 적대감이 감소했다는 것은 아니다.

에드워드 기본에게 고든 폭동은 "사라진 것으로 생각했던 어둡고 악마적인 광신"의 존재를 드러내주었다.[387] "크롬웰의 광적인 시대 이후 인간은 변했는가"라고 한 동시대인은 수사학적으로 물었다. "심지어는 지금도, 이 나라가 150여 년 동안 더 많은 품위와 진보를 이룩한 지금도", "교황파는 안 돼!"라는 "마법적 외침"이 전과 다름없이 "민중들"에게는 동일한 효과를 냈다.[388]

관용의 상승이라는 진부한 이야기는 많은 결함을 가지고 있다. 유럽의 마지막 종교전쟁은 1640년대가 아니라 1700년대와 1710년대에 벌어졌다. 영국, 프랑스, 폴란드의 지배엘리트들은 18세기 중엽이나 그 이후까지도 종교적 비국교도들을 잠재적인 배신자로 다루었다. 프랑스와 오스트리아 정부는 그때까지 프로테스탄트들을 적극적으로 박해했다. 그 세기 중반에 가서야 볼테르와 그 밖의 다른 사람들은 관용을 계몽주의의 구호로 삼았으며, 법과 정치는 개혁을 요구한다는 콘센서스가 유럽의 교양엘리트들 사이에서 형성되었다. 로크와 밸이 글을 쓴 지 100년이 지나서 나온 1780년대의 관용법들은 비국교도들의 지위를 개선했지만, 급격하게는 아니었다. 구체제가 지속되는 한 (그리고 많은 지역에서는 더 오랫동안—그러나 이것은 우리의 연구 범위를 벗어난다), 국교는 붕괴되지 않았고, 모든 신앙의 사람들에게는 예배의 자유가 부여되지 않았으며, 종교적 차별은 종식되지 않았다.

심지어는 유럽의 엘리트들 사이에서도, 18세기의 "관용의 상승"은 늦게, 갑자기, 왔으며, 일반적으로 이야기되는 것보다 훨씬 제한적이었다. 우리가 광폭의 사회집단에게로 고개를 돌리면, '상승'이라는 개념은 의심스럽게 보이기 시작한다. 고든 폭동은 관용의 모델로 평가받는 영국에서 일어난 유일한 종교 폭력이 아니었다. 대륙에서도 공적인 관용의 요구는 민중의 반발을 초래했다. 산발적인 사건들을 제쳐놓고 볼 때, 사람들은 일상생활에서 더욱 관용적으로 행동했는가? 공유교회는 18세기 알자스와 팔츠에서 더욱 널리 퍼졌다. 그러나, 그것은 민중의 요구가 아니라 정부의 명령에 의해서였으며, 그것이 확산되어감에 따라 그것이 야기하는 사소한 분쟁과 갈등도 비례하여 늘어났다. 사회적 소통의 영역에서, 우리는 혼합결혼이 적어도 특정 형태의 관용을 알려주는 좋은 지표임을 보았다. 상이한 프로테스탄트들 사이의 혼합결혼 비율은 18세기 영국과 네덜란드에서 늘어난 것으로 보인다. 그러나 프로테스탄트와 가톨릭의 결혼은 여전히 드물었다. 네덜란드인들 사이에서는 1700년대 초에 가장 드물었다. 바로크 가톨릭이 정점에 도달함에 따라, 프로테스탄트 신앙과 가톨릭 신앙의 차이는 이 수십 년 동안에 가장 커졌다.

이러한 사실들이 우리가 제기한 근본적인 문제에 정확히 답하는 것은 아니다. 상이한 신앙을 가진 사람들 사이의 관계가 18세기에 변했는가? 언제, 어디에서, 어떻게? 사실, 우리의 지식은 이 문제에 대해 확실한 답을 하기에는 너무 부족하다. 관용의 상승을 주장하는 사람들 역시 마찬가지로 주의해야 한다. 그들의 확신은 민중의 믿음과 행동을 도외시하고 엘리트들의 사상에만 편협하게 초점을 맞춘 데서 나온 것이다. '엘리트'와 '민중'이라는 구분은 모든 사회적 구분을 축약한 것으로, 가능하다면 더 정교하게 구분해야 할 것이다. 더욱 치명적인 것은, 관용의 상승이라는 이야기는 우리의 무지를 영속화시키는 이데올로기적 구성물이라는 것이다. 그것은 기지의 사실과 다르다는 점에서뿐만 아니라 영웅과 악인이 나오고 도덕이 들어 있는 상징적 이야기라는 점에서 하나의 신화다. 그것은 현재의 상태를 설명하거나 정당화시키기 위해 과거에 대해 말하는 이야기다. 이 신화에 따르면, 관용은 18세기에 승리를 거두었는데, 그 이유는 이성이 신앙에 대해 승리를 거두었기 때문이다. 그것이 승리한 이유는 종교가 대중에 대한 지배력을 상실했고 그리하여 역사적 현상으로서의 중요성을 상실했기 때문이다.

궁극적으로, "관용의 상승"이라는 이야기의 배후에는 두 번째 이야기가 놓여 있는데, 그것은 첫 번째 이야기를 그럴듯하게 해주고 지속 시켜준다. 그것은 서구 사회의 세속화 이야기다. 이 이야기에 따르면, 1650년경—몇몇 설명에 의하면 조금 일찍—유럽은 장기적인 진보의 과정에 들어섰다. 비록 수세기가 걸리기는 했지만, 20세기의 어느 시 점에 이르러 그 결과는 분명해졌다: 교회는 권력과 권위를 상당히 상 실했다; 성직자들은 더 이상 정치, 교육, 사회복지에서 중요한 역할을 하지 않았다; 예배는 덜 보편적이 되었다; 사람들은 자연 현상과 인간 사에 대해 종교적인 설명을 하지 않았다; 종교적인 경구들이 더 이상 의사소통에 동원되지 않았다. 국가, 사회, 문화와 분리할 수 없을 정도 로 뒤섞였던 종교는 믿음과 실천의 별도 조직체, 일요일만을 위한 무 엇이 되었다. 그것은 공적 영역에서 쫓겨나 사적인 것, 주변적인 것이 되었다. 그러나 이러한 이야기는 학자들 사이에서 논란을 일으킨다. 그들은 첫째, 그 이야기의 어떤 측면이 경험적으로 옳은지에 대해, 둘 째, 그것은 하나의 이야기로서 개념적인 결함이 없는지 여부에 대해 견해를 달리한다. 여기에서는 이 이야기에 대해 포괄적인 비판을 가 하지 않을 것이다. 우리는 그것이 18세기에는 어떠했는지에 대해서 이미 의문을 제기한 바 있다. 이제 그것이 오늘날 관용의 실천을 어떻 게 방해할 수 있는지를 고찰함으로써 이야기를 마무리하고자 한다.

허버트 버터필드는 근대 초 역사에 대한 오랜 휘그적 해석을 무너 뜨렸지만, 관용의 상승은 그 시기에 일어났으며 그것은 세속화와 종 교적 무관심의 산물이라고 생각했다. 이 같은 매우 직접적인 의미에 서, 세속화 이야기는 휘그 해석의 상속자였으며, 지금도 그러하다. 우 리는 더 이상 프로테스탄티즘이 종교적 자유를 낳았다고 박수치지 않 는다. 대신 우리는 과거의 역사에서 상승을 추적할 수 있고 현재의 승리를 기념하는 세속적 가치—개인주의, 사생활, 평등, 인권—에 공을 돌린다. 이것이 전적으로 잘못된 것은 아니다. 왜냐하면 그러한 가치들을 소중히 여긴다면 그것들을 강화시키는 데 기여한 이야기를 하려고 할 것이기 때문이다. 그러나 다른 사람들과 문화가 그러한 가치들을 공유하지 않는다면 어떻게 할 것인가? 비개인주의적이거나 위계적인 사회를 관용할 수 있을까? 인간은 생득적이고 양도할 수 없는 권리를 소유하고 있다는 것을 부정하는 사회를 관용할 수 있을까? 이것은 포스트모더니즘의 딜레마다. 관용이 현대 서구의 가치들을 받아들이는 데 달려 있다면, 세계의 다른 지역에서, 그리고 어쩌면 우리 자신의 미래 세계에서 그것의 운명이 어떠할지는 불확실하다.

관용이 종교의 거부 또는 최소한 종교의 주변화에 달려 있다면 한층 더 그러하다. 세속화 이야기는 종교적 열정과 헌신은 관용과 근본적으로 양립할 수 없으며, 후자는 전자가 시들 때에만 꽃핀다고 말한다. 종교가 정치나 공공생활에서 중요한 역할을 하면 다양한 사회 안에서 갈등을 일으킨다고 말한다. 그것은 신앙심이 깊은 사람은 필연적으로 불관용적이라고 말하는 것인가? 법, 관습, 제도, 가치가 종교에 의해서 형성된 사회는 이단을 박해하고 불신자들에게 성전을 벌여야 한다고 생각하는가? 경험적으로, 첫 번째 문제에 대한 답은 '아니오'다. 두 번째 문제 역시 잘못 제기된 것이다. 세속화 이야기는 우리를 진정한 종교의 변종들에 고정시킴으로써, 우리로 하여금 일반적인 종교를 불관용적인 특정 종교와 연결시키도록 한다. 그것은 종교를 파괴적인 광신주의와 동일시함으로써 종교 자체에 대해 두려움을 느끼고 단죄하도록 한다.

근대 초 유럽의 역사는 다른 견해를 권한다. 그것은 근대적 가치를 알지 못한 사회에서도 상이한 신앙을 가진 사람들이 평화롭게 공존했음을 보여준다. 적대감이 팽배한 철저히 종교적인 공동체에서도, 종교는 원시적이고 길들일 수 없는 힘이 아니었다. 종교개혁과 프랑스 혁명 사이의 시기 동안, 유럽인들은, 실천적으로, 종파적 갈등을 조정하기도 하고 억제하기도 할 수도 있었다. 그들의 조정과 화해는 제한적이고, 긴장감이 돌고, 차별적이긴 했으나, 오늘날 우리가 실천하는 관용의 유니크한 가치를 바라보고, 그와 다른 선택의 가능성을 전망할 수 있게 해준다.

별도의 언급이 없으면, 영어 이외의 언어로 인용된 논저들의 영어 번역은 내가 한 것이다.

서론

[1] Barbara B. Diefendorf, *Beneath the Cross: Catholics and Huguenots in Sixteenth-Century Paris* (New York, 1991), 47.

[2] Janine Garrisson, Tocsin pour un massacre: *La saison des Saint-Barthélemy* (Paris, 1968), 197: Denis Richet, "Aspects socio-culturels des conflits religieux à Paris dans la seconde moitié du XVIe siècle," *Annales: Economies, Sociétés, Civilisations* 32 (1977): 773에서 반향.

[3] Robert M. Kingdon, *Myths about the St. Bartholomew's Day Massacres, 1572~1576* (Cambridge, Mass., 1988), 41.

[4] Joseph Lecler, *Histoire de la tolérance au siècle de la réforme*, 2 vols. (Aubier, 1955~1955), 후일 영어번역으로는 *Toleration and the Reformation*, 2 vols, trans. T. L. Westow (London, 1960): W. K. Jordan, *The Development of Religious Toleration in*

England, 4 vols. (London, 1932~1940).

[5] Eric R. Wolf가 *Europe and the People without History* (Berkeley, 1982)에서 한 표현.

[6] Mehdi Amin Razavi, David Ambuel, eds., *Philosophy, Religion and the Question of Intolerance* (Albany, 1997), viii.

[7] Hugh Trevor-Roper, "Toleration and Religion after 1688," in *From Persecution to Toleration: The Glorious Revolution and Religion in England*, ed. Ole Peter Grell, Jonathan I. Israel, and Nicholas Tyacke, 389~408 (Oxford, 1991), 406; Joachim Whaley, "Pouvoir sauver les apparences: The Theory and Practice of Tolerance in 18th-Century Germany," *British Journal for Eighteenth-Century Studies* 13 (1990): 13.

[8] Alexandra Walsham이 *Charitable Hatred: Tolerance and Intolerance in England, 1500~1700* (Manchester, 2006), 5에서 이렇게 규정했다.

[9] Judith Pollmann이 *Religious Choice in the Dutch Republic: The Reformation of Arnoldus Buchelius (1565~1641)* (Manchester, 1999), 174에서 한 적절한 표현.

[10] 예컨대, Willem Frijhoff, "Dimensions de la coexistence confessionnelle," in *The Emergence of Tolerance in the Dutch Republic*, ed. Christiane Berkvens-Stevelinck, Jonathan Israel, G. H. M. posthumus Meyjes (Leiden, 1997), 213~237; Olivier Christin, *La paix de religion: L'autonomisation de la raison politique au XVIe siècle* (Paris, 1997); Keith Cameron, Mark Greengrass, Penny Roberts, eds., *The Adventure of Religious Pluralism in Early Modern France* (Oxford, 2000).

1. 신성한 열정

[11] Roland H. Bainton, *Hunted Heretic: The life and Death of Michael Servetus* (Boston, 1953), 152~153.

[12] Bainton이 *Hunted Heretic*에서 만든 말.

[13] Bainton, *Hunted Heretics*, 203.

[14] Sebastian Castellio, *Concerning Heretics: Whether They are to be Persecuted and How They Are to Be Treated* (1554; New York, 1965), 129, 139, 273, 131, 123에서 인용.

[15] Bainton, *Hunted Heretics*, 170~171.

[16] Castellio, *Concerning Heretics*, 271~272.

[17] *Ibid.*, 108.

[18] Ferdinand Buisson, *Sébastien Castellion, sa vie et son oeuvre* (1515~1563), 2 vols. (Paris, 1892), 2:23, 20, 21.

[19] Nikolaus Paulus, *Protestantismus und Toleranz im 16. Jahrhundert* (Freiburg-im-Breisgau, 1911), 74.

[20] Elisabeth Labrousse, "Note à propos de la conception de la tolérance au XVIII siècle," *Studies on Voltaire and the Eighteenth Century* 56 (1967): 802.

[21] Leonard W. Levy, *Blasphemy: Verbal Offense against the Sacred, from Moses to Salman Rushdie* (Chapel Hill, 1993), 89~90.

[22] Barbara B. Diefendorf, *Beneath the Cross: Catholics and Huguenots in Sixteenth-Century Paris* (New York, 1991), 56.

[23] Martin Luther, *On Temporal Authority: To What Extent It Should be Obeyed*, www.augustana.edu/religion/lutherproject/TemporalAuthority/Temporalauthority.htm.

[24] Luther, "Second Invocavit Sermon," in *The Protestant Reformation*, ed. Hans J. Hillerbrand (London, 1968), 29~37.

[25] Joseph Lecler, "Liberté de conscience: Origines et sens divers de l'expression," *Recherches de Science Religieuse* 54 (1966): 375.

[26] Heiko A. Oberman, *Luther: Man between God and the Devil* (New Haven, 1989), 204; Ernest W. Nelson, "The Theory of Persecution," in *Persecution and Liberty: Essays in Honor of George Lincoln Burr*, 3-20 (New York, 1931), 19.

[27] John Calvin, *Institutes of the Christian Religion*, 2 vols., trans. Ford Lewis Battles, ed. John T. McNeil (Philadelphia, 1960), 846.

[28] J. C. Davis, "Religion and the Struggle for Freedom in the English Revolution," *Historical Journal* 35 (1992): 519.

[29] Benjamin J. Kaplan, *Calvinists and Libertines: Confession and Community in Utrecht, 1578~1620* (Oxford, 1995), 34~35.

[30] Henry Kamen, *The Rise of Toleration* (New York, 1967), 9.

[31] Augustine of Hippo, "The Correction of the Donatists,", www.ccel.org/ccel/schaff/npnf104.html; Augustine of Hippo, Letter 93, www.ccel.org/ccel/schaff/npnf101.html.]

[32] Mark Goldie, "The Theory of Religious Intolerance in Restoration England," in *From Persecution to Toleration*, ed. O. Grell, J. I. Israel, N. Tyacke, 331~368 (Oxford, 1991), 364.

[33] Thomas Aquinas, *Summa Theologica*, 제2부의 제2절, Q. 11, art. 1. 영어 텍스트는 www.ccel.org/ccel/aquinas/summa.html.

[34] *Ibid.*, art. 3.

[35] Keith Thomas, *Religion and the Decline of Magic* (New York, 1971), 76~77.

[36] Alexandra Walsham, *Church Papists: Catholicism, Conformity and Confessional Polemic in Early Modern England* (London, 1993), 104.

[37] *Ibid.*, 47 – 법령 프로테스탄트들을 비난하는 예수회원 John Radford.

[38] E. Labrousse, "La conversion d'un huguenot au catholicisme en 1665," *Revue d Histoire de l Eglise de France* 64 (1978), 63.

[39] Kaplan, *Calvinists and Libertines*, 49.

[40] Walsham, *Church Papists*, 46.

[41] Bodo Nischan, "Lutheran Confessionalization, Preaching and the Devil," in his *Lutherans and Calvinists in the Age of Confessionalism* (Aldershot, 1999), 복제 7, p. 13.

[42] William L. Lumpkin, ed., *Baptist Confessions of Faith* (Philadelphia, 1959), 26.

[43] Irenaeus of Lyon, "Adversus Haereses," 제5권, 26장, 영어텍스트는 www.newadvent.org/fathers/.

[44] Elaine Pagels가 *The Origin of Satan* (New York, 1995), 13에서 한 표현.

[45] Nischan, "Lutheran Confesseionalization," pp. 2, 13.

[46] Blair Worden, "Toleration and the Cromwellian Protectorate," in *Persecution and*

Toleration, ed. W. J. Sheils, 199~233 (Oxford, 1984), 212.

[47] Christopher Hill, *Antichrist in Seventeenth-Century England* (London, 1990), 85.

[48] 잉글랜드에서 반가톨릭주의는 앵글리카니즘을 "긍정적으로…… 정의하기 어렵게 만드는" "교리상의 모호함"을 보상하는 특별히 추가적인 기능을 가지고 있다는 주장은 Colin Haydon, *Anti-Catholicism in Eighteenth-Century England, c.1714~80: A Political and Social Study* (Manchester, 1993), 254.

[49] Alexandra Walsham, "The Fatall Vesper': Providentialism and Anti-Popery in Late Jacobean London," *Past and Present* 144 (1994): 54.

[50] Bernard Dompnier, *Le venin de l'hérésie: Image du protestantisme et combat catholique au XVIIe siècle* (Paris, 1985), 170.

[51] J. Reitsma, S. D. van Veen, eds., *Acta der Provinciale en particuliere synoden, gehouden in de noordelijke Nedelanden gedurende de jaren 1572~1620*, 6 vols. (Groningen, 1892), 2:395.

[52] Joachim Whaley, *Religious Toleration and Social Change in Hamburg, 1529~1819* (Cambridge, 1985), 56.

[53] Bodo Nischan이 "The Elevation of the Host in the Age of Confessionalism: Adiaphoron or Ritual Demarcation?" in his *Lutherans and Calvinists*, 복제 5, 인용 pp. 19, 27에서 규정했다.

[54] Bodo Nischan, "Ritual and Prostestant Identity in Late Reformation Germany," in *Protestant History and Identity*, ed. Bruce Gordon, 2:142~158 (Aldershot, 1996), 145.

[55] F. L. Rutgers, ed., *Acta van de Nederlandshe synoden der zestiende eeuw* (Utrecht, 1889), 9.

[56] Alastair Duke, Gillian Lewis, Andrew Pettegree, eds., *Calvinism in Europe, 1540~1610: A Collection of Documents* (Manchester, 1992), 213.

[57] *Handbuch der Schweizer Geschichte*, 2 vols., 제2판 (Zurich, 1980), 634.

[58] Worden, "Toleration," 200.

2. 그리스도교 공동체

59 David Cressy, *Bonfires and Bells: National Memory and the Protestant Calendar in Elizabethan and Stuart England* (Berkeley, 1989), 69.

60 "국왕에게. 그의 생일날, 1632년 11월 9일. 짧은 생일축시", in Ben Jonson, *The Works of Ben Jonson...* (London, 1692), 572.

61 Cressy, *Bonfires and Bells*, 69.

62 Peter Burke, *Popular Culture in Early Modern Europe* (New York, 1978), 219.

63 David Cressy, *Birth, Marriage, and Death: Ritual, Religion, and the Life-Cycle in Tudor and Stuart England* (Oxford, 1999), 422에 인용된 엘리자베스 시대의 종교 광고.

64 Barbara Diefendorf가 파리에 대해 이렇게 규정했다. *Beneath the Cross: Catholics and Huguenots in Sixteen-Century Paris* (New York, 1991), 48.

65 Mack Walker가 *German Home Towns: Community, State, and General Estate, 1648~1871* (Ithaca, 1971)에서 한 표현.

66 Linda Colley, *Britons: Forging the Nation, 1707~1837* (New Haven, 1992), 17.

67 Bernd Roeck, *Eine Stadt in Krieg und Frieden: Studien zur Geschichte der Reichsstadt Augsburg zwischen Kalenderstreit und Parität (1584~1648)*, 2 vols. (Göttingen, 1989), 378.

68 Tertullian, "Liber ad Scapulam," in *Patrologiae Cursus Completus: Series Latina*, ed. J.-P. Migne, 1:774~784 (Paris, 1878–), 777. Henry Kamen이 *The Rise of Toleration* (New York, 1967), 9에서 이렇게 번역했다.

69 John Bossy가 *Christianity in the West 1400~1700* (Oxford, 1985), 58에서 이렇게 바꾸어 설명했다.

70 Eamon Duffy, *The Stripping of the Altars: Traditional Religion in England, c.1400~c.1580* (New Haven, 1992), 143.

71 R. Po-chia Hsia가 *The World of Catholic Renewal, 1540~1770* (Cambridge, 1998), 201에서 이렇게 규정했다.

72 Martin Luther, "On the Councils and the Church,", in *Luther's Works*, ed. Helmut T.

Lehmann, Jaroslav Pelikan, 41 : 3~178 (Philadelphia, 1955~1986), 145, 166.

[73] *Ibid.*, 166.

[74] August Friedrich Schott, *Sammlungen zu den deutschen Land-und Stadtrechten*, 3 vols. (Leipzig, 1772~1775), 1:204; Walker, *German Home Towns*, 42를 보라.

[75] Joachim Whaley, *Religious Toleration and Social Change in Hamburg, 1529~1819* (Cambridge, 1985), 188 (Whaley의 설명), 194.

[76] Mack Walker, *The Salzburg Transaction: Expulsion and Redemption in Eighteenth-Century Germany* (Ithaca, 1992), 202.

[77] Christopher Hill이 *Society and Puritanism in Pre-revolutionary England* (New York, 1997), 363~365에서 분류하고 성격 규정했다.

[78] 성아우구스티누스의 편지 22, 제1장, 제6절. www.ccel.org/ccel/Schaff/npnf101.html.

[79] Edward Muir, *Ritual in Early Modern Europe* (Cambridge, 1997), 56.

[80] Duffy, *Stripping of the Altars*, 136~137.

[81] Robert A. Schneider, *The Ceremonial City: Toulouse Observed, 1738~1780* (Princeton, 1995), 111~112.

[82] Lambertus Danaeus, *Ad libellum ab anonymo quodam libertino recens editum, hoc titulo, de externa seu visibili Dei Ecclesia... Responsio* ([Geneva], 1582), 32.

[83] John Coffey, *Persecution and Toleration in Protestant England, 1558~1689* (London, 2000), 34.

[84] David Underdown이 *Fire from Heaven: Dorchester in the Seventeen Century* (New Haven, 1992), 5,에서 성격규정.

[85] Judith Pollmann, *Religious Choice in the Dutch Republic: The Reformation of Arnoldus Buchelius* (1565~1641) (Manchester, 1999), 151.

[86] Thomas Jefferson, *Notes on the State of Virginia*, 질문 17, in Jefferson, *Writings* (New York, 1984), 285.

[87] Marie Juliette Marinus, "Het verdwijnen van het protestantisme in de Zuidelijke Nederlanden," in *1648: De Vrede van Munster; Handelingen van het herdenkingscongres te Nijmegen en kleef, 28~30 augustus 1996* ..., ed. Hugo de Schepper, Christian L.

Tümpel, Jan J. V. M. de Vet, 261~271 (Hilversum, 1997), 263.

[88] A. Schilling, ed., "Beiträge zur Geschichte der Einführung der Reformation in Biberach: 1. Zeitgenössische Aufzeichnungen des Weltpriesters Heinrich von Pflummern," *Freiburger Diöcesan-Archiv* 9 (1875): 379.

[89] Heiko A. Oberman, "Europa Afflica: The Reformation of the Refugees," *Archiv für Reformationsgeschichte* 83 (1992): 96.

[90] P. M. Jones, "Parish, Seigneurie and the Community of Inhabitants in Southern Central France during the eighteenth and Nineteenth Centuries," *Past and Present* 91 (1981): 102.

[91] Janusz Tazbir, *A State without Stakes: Polish Religious Toleration in the Sixteenth and Seventeenth Centuries* (New York, 1973), 34.

3. 발화점

[92] Felix Stieve, *Der Ursprung des dreissigjährigen Krieges, 1607~1619* (Munich, 1875), 43.

[93] Denis Crouzet, *La nuit de la Saint-Barthélemy: Un rêve perdu de la Renaissance* (Paris, 1994), 499.

[94] Natalie Zemon Davis, "The Rites of Violence," in her *Society and Culture in Early Modern France*, 152~187 (Stanford, 1975).

[95] Wiktor Weintraub, "Tolerance and Intolerance in Old Poland," *Canadian Slavonic Papers* 13 (1971): 42.

[96] Davis, "The rites of Violence," 153. 그녀의 강조.

[97] *Ibid.*, 174.

[98] Colin Haydon, *Anti-Catholicism in Eighteenth-Century England, c.1714~80: A Political and Social Study* (Manchester, 1993), 55. 나는 그 사건에 대한 Haydon의 해석을 따른다.

[99] *Ibid.*, 55.

[100] Norman Davies, *God's Playground: A History of Poland*, 2 vols. (New York, 1982), 1:180.

[101] Gregory Hanlon, *Confession and Community in Seventeenth-Century France: Catholic and Protestant Coexistence in Aquitaine* (Philadelphia, 1993), 232.

[102] Elie Benoist, *Histoire de l'Edit de Nantes: Contenant les choses les plus remarquables qui se sont passées en France avant et après sa publication, à l'occasion de la diversité des Religions... jusques à l'edit de revocation, en Octobre 1685*, 3 vols. (Delft, 1693), 3:34.

[103] 이 모든 것은 *ibid.*, 3:74, 253; 그리고 Elie Benoist, *The History of the Famous Edict of Nantes: Containing an Account of All the Persecutions, That have been in France From its First Publication to this Present Time*, 2 vols. (London, 1694), 1:253. 그리고 1660년 대 노르망디 지방에서 나온 거의 동일한 불만에 대해서는 3:337-338을 보라.

[104] Gerhard Pfeiffer, "Das Ringen um die Parität in der Reichsstadt Biberach," *Blätter für württembergishe Kirchengeschichte* 56 (1956): 30.

[105] Barbara Diefendorf가 *Beneath the Cross: Catholics and Huguenots in Sixteen-Century Paris* (New York, 1991), 149에서 이렇게 성격규정했다.

[106] A. N. Galpern가 *The Religions of the People in Sixteenth-Century Champagne* (Cambridge, Mass., 1976), 158에서 이렇게 성격규정했다.

[107] Bernd Roeck, *Eine Stadt in Krieg und Frieden: Studien zur Geschichte der Reichsstadt Augsburg zwischen Kalenderstreit und Parität (1584~1648)*, 2 vols. (Göttigen, 1989), 184.

[108] Gavin Langmuir, *Toward a Definition of Antisemitism* (Berkeley, 1990), 13.

[109] Paul Warmbrunn, *Zwei Konfessionen in einer Stadt: Das Zusammenleben von Katholiken und Protestanten in den paritätischen Reichstädten Augsburg, Biberach, Ravensburg und Dinkelsbühl von 1548 bis 1648* (Wiesbaden, 1983), 376.

[110] Bodo Nischan, *Prince, People and Confession: The Second Reformation in Brandenburg* (Philadelphia, 1994), 186~187.

[111] David Cressy, *Bonfires and Bells: National Memory and the Protestant Calendar in Elizabethan and Stuart England* (Berkeley, 1989), 32.

[112] Cressy가 *ibid*, xii에서 지적.

[113] Haydon, *Anti-Catholicism*, 246.

114 Sheila Williams, "The Pope-Burning Processions of 1679, 1680 and 1681," *Journal of the Warburg and Courtauld Institutes* 21 (1958): 112, 113.

115 Cressy가 *Bonfires and Bells*, 180에서 지적.

116 *Ibid.*, 182~183.

117 Nicholas Rogers가 "Riot and Popular Jacobitism in Early Hanoverian England," in *Ideology and Conspiracy: Aspects of Jacobitism, 1689~1759*, ed. E. Cruickshanks, 70~88 (Edinburgh, 1982), 77.

118 Patrick Fagan, "The Dublin Catholic Mob (1700~1750)," *Eighteenth-Century Ireland* 4(1989): 133~142.

119 Benoist, *Famous Edict of Nantes*, 1:278.

120 Craig M. Koslofsky, *The Reformation of the Dead: Death and Ritual in Early Modern Germany, 1450~1700* (New York, 2000), 100.

121 Geoffrey Rowell, *The Liturgy of Christian Burial: An Introductory Survey of the Historical Development of Christian Burial Rites* (London, 1977), 82.

122 Joannes Gerobulus, *Waerachtich Verhael van de staet der Gereformeerde kerke/ die den Sone Gods/ binnen Utrecht door't Evangelium vergadert wert: Midsgaders van alle andere minder dingen/ tot hulpe ende onderhoudinge van den selven Staet/ aldaer gebruyckelijck ende in Train sijnde* (Utrecht, 1603), 페이지 없음.

123 James R. Farr, *Hands of Honor: Artisans and Their World in Dijon, 1550~1650* (Ithaca, 1988), 253.

124 Philip Caraman, ed., *The Years of Siege: Catholic Life from James I to Cromwell* (London, 1966), 28. David Cressy, *Birth, Marriage and Death: Ritual, Religion, and the Life-Cycle in Tudor and Stuart England* (Oxford, 1999), 466과 비교할 것.

125 Randolph C. Head, "Fragmented Dominion, Fragmented Churches: The Institutionalization of the Landfrieden in the Thurgau, 1531~1610," *Archiv für Reformationsgeschichte* 96 (2005): 139.

126 Benoist, *Famous Edict of Nantes*, 1:277.

127 Craig Koslofsky, "Honour and Violence in German Lutheran Funerals in the

Confessional Age," *Social History* 20 (1995): 315~337, 330쪽의 주.

[128] Olivier Christian이 *La paix de religion: L'autonomisation de la raison politique au XVIe siècle* (Paris, 1997), III에서 한 지적.

[129] Bernard Dompnier, *Le venin de l'hérésie: Image du protestantisme et combat catholique au XVIIe siècle* (Paris, 1985), 213.

[130] Walter Scherzer, "Die Augsburger Konfessionsverwandten des Hochstifts Würzburg nach dem Westfälischen Frieden," *Zeitschrift für Bayerische Kirchengeschichte* 49 (1980): 32.

4. 하나의 신앙, 하나의 법, 한 명의 왕

[131] John Spurr, "'Virtue, Religion and Government': The Anglican Uses of Providence," in *The Politics of Religion in Restoration England*, ed. Tim Harris, Paul Seaward, and Mark Goldie (Oxford, 1990), 37.

[132] Thomas Grenfield, *The Fast: As it was delivered in a Sermon at St. Margarets in Westminster, before the Honorable House of Commons...* (London, 1661), 19~21.

[133] Josiah Woodward, *An account of the progress of the reformation of manners, in England, Scotland, and Ireland and other parts of Europe and America*, 14th ed. (London, 1706), 50.

[134] Randolph C. Head가 "Fragmented Dominion, Fragmented Churches: The Institutionalization of the Landfrieden in the Thurgau, 1531~1610," *Archiv für Reformationsgeschichte* 96 (2005): 119에서 이렇게 성격규정했다.

[135] Leonard W. Levy, *The Establishment Clause: Religion and the First Amendment* (New York, 1986), ix.

[136] Robert I. Moore, *The Formation of a Persecuting Society: Power and Deviance in Western Europe, 950~1250* (Oxford, 1987), 7.

[137] Gerhard Pfeiffer, "Das Verhältnis von politischer und kirchlicher Gemeinde in den

deutschen Reichsstädten," in *Staat und Kirche im Wandel der Jahrhunderte*, ed. Walter

Peter Fuchs, 79~99 (Stuttgart, 1966), 91~92.

[138] *Ibid.*, 84.

[139] Fritz Dickmann, "Das Problem der Gleichberechtigung der Konfessionen im Reich im

16. und 17. Jahrhundert," *Historische Zeitschrift* 201 (1965): 265~305, 279 n. 26.

[140] Johann Valentin Andreae, *Christianopolis*, ed. and trans. Edward H. Thompson

(Dordrecht, 1999), 196.

[141] 학자들은 confessionalization (원래의 독일어로 하면 Konfessionalisierung)이라는 용어
를 상이한 방식으로 사용함으로써 혼란을 야기하고 있다. 이 개념을 처음 발전시
킨 Wolfgang Reinhard와 Heinz Schilling 같은 사람들은 이것을 종교적인 개혁, 국
가건설, 그리고 이 책에서 뷔르템부르크의 사례를 들어 소개한 사회적 규율 등
이 혼합된 것으로 사용한다. 다른 사람들은 그것을 Ernst Walter Zeeden이 처음에
"the formation of confessions" (Konfessionsbildung)이라고 부른 것, 혹은 "the rise of
confessionalism,"이라고 알려진 것과 같이 좀더 순수하게 종교적인 과정의 동의어
로 사용한다. 이러한 종교적인 과정의 중요한 측면들은 제1장에서 기술되었다: 교
회 가르침의 내면화, 예리한 이분법적 구분, 일체성의 추구. 이러한 것들에다가 여
기에서 기술된 신학적 경향과 성직자 권위의 고양 등을 덧붙여야 할 것이다. 원래
의 개념은 이러한 종교적인 경향이 국가의 후원과 엘리트의 부담에 의존함을 시
사한다는 이유로 비판을 받았는데 그것은 당연하다. 관련 문헌을 참고하기 위해
서는 이 책의 마지막에 있는 참고문헌을 보라.

[142] Alastair Duke, Rosemary L. Jones, "Toward a Reformed Polity in Holland,
1572~1578," *Tijdschrift voor geschiedenis* 89 (1976): 379.

[143] 이 표현은 Janusz Tazbir가 *A State without Stakes*: *Polish Religious Toleration in the
Sixteenth and Seventeenth Centuries* (New York, 1973)에서 한 것이다. 그러나 폴란드에
서 반종교개혁의 승리는 Royal Prussia의 루터파들은 가톨릭으로 개종한 적이 없으
며 18세기말 폴란드 분할 이후에는 그저 폴란드인으로 계산되지 않았을 뿐이라는
점에서 하나의 환상이라는 Norman Davies의 주장에 동의할 수 있다 (Davies, *God's
Playground*: *A History of Poland*, 2 vols. (New York, 1982), 1:197~200).

[144] Ambroise Jobert, *De Luther à Mohila: La Pologne dans la crise de la Chrétienté, 1517~1648* (Paris, 1974), 39.

[145] Earl Morse Wilbur, *A History of Unitarianism: Socinianism and Its Antecedents* (Cambridge, Mass., 1947), 363.

[146] Anna Coreth, *Pietas Austriaca: Österreichische Frömmigkeit im Barok* (Vienna, 1982), 11 n. 7.

[147] Judith Pollmann, *Religious Choice in the Dutch Republic: The Reformation of Arnoldus Buchelius (1565~1641)* (Manchester, 1999), 149.

[148] Blair Worden, "Toleration and the Cromwellian Protectorate," in *Persecution and Toleration*, ed. W. J. Sheils, 199~233 (Oxford, 1984), 224.

[149] Colin Haydon, *Anti-Catholicism in Eighteenth-Century England, c,1714~80: A Political and Social Study* (Manchester, 1993), 13.

[150] David Cressy, *Bonfires and Bells: National Memory and the Protestant Calendar in Elizabethan and Stuart England* (Berkeley, 1989), 122, 72.

[151] Carol Wiener, "This Beleaguered Isle: A Study of Elizabethan and Ealry Jacobean Anti-Catholicism," *Past and Present* 51 (1971): 27~62.

[152] John Miller가 *Popery and Politics in England, 1660~1688* (Cambridge, 1973), 85에서 이렇게 성격규정했다.

[153] Robin Clifton이 "The Popular Fear of Catholics during the English Revolution," *Past and Present* 52 (1971) : 55에서 지적.

[154] G. H. Jones, "The Irish Fright of 1688: Real Violence and Imagined Massacre," *Bulletin of the Institute of Historical Research* 55, no. 132 (1982): 149.

[155] Nicholas Rogers, "Riot and Popular Jacobitism in Early Hanoverian England," in *Ideology and Conspiracy: Aspects of Jacobitism, 1689~1759*, ed. E. Cruickshanks, 70~88 (Edinburgh, 1982), 78.

[156] Benedict Anderson이 *Imagined Communities: Reflections on the Origin and Spread of Nationalism*, 2nd ed. (New York, 1967), 35에서 한 표현.

[157] Henry Kamen, *The Rise of Toleration* (New York, 1967), 35.

158 John Locke, *A Letter Concerning Toleration* (Indianapolis, 1955), 53~54. Johannes Brenz는 일찍이 재세례파에 대해 비슷한 이야기를 했다: "공적인 칼이 공정하게만 사용된다면 이 사람들로부터는 어떠한 봉기도 두려워할 필요가 없다" – 즉, 그들을 박해하지 않는다면. Sebastian Castellio, *Concerning Heretics: Whether They Are to Be Persecuted and How They Are to Be Treated* (1554; New York, 1965), 169.

5. 금화

159 John Donne, *Poetry and Prose*, ed. Frank J. Warnke (New York, 1967), 207.

160 Thierry Wanegffelen, *L'édit de Nantes: Une histoire européenne de la tolérance du XVIe au XXe siècle* (Paris, 1998), 98.

161 Hélène Bordes, "François de Sales et la conversion des protestants: Les sermons du chablais," in *La conversion au XVIIIe siècle: Actes du XIIe Colloque de Marseille* (1982년 1월), 111~122 (Marseille, 1983), 113.

162 Joseph Lecler, *Toleration and the Reformation*, 2 vols. (London, 1960), 1:238.

163 John P. Dolan, *History of the Reformation: A Conciliatory Assessment of Opposite Views* (New York, 1965), 376.

164 Lecler, *Toleration and the Reformation*, 2 vols. (London, 1960), 1:270.

165 *Discours sur la permission de religion dite Religions-Frid* (n.p., 1579), 페이지 없음.

166 Thierry Wanegffelen, *Ni Rome ni Genève: Des fidèles entre deux chaires en France au XVIe siècle* (Paris, 1997), 455.

167 Sebastian Castellio, *Concerning Heretics: Whether They Are to Be Persecuted and How They Are to Be Treated* (1554; New York, 1965), 129~130.

168 Maurice Cranston, *John Locke: A Biography* (London, 1957), 314.

169 Benjamin J. Kaplan, *Calvinists and Libertines: Confession and Community in Utrecht, 1578~1620* (Oxford, 1995), 27 ; Kaplan, "'Remnants of the Papal yoke': Apathy and Opposition in the Dutch Reformation," *Sixteenth Century Journal* 25 (1994):

651~667.

170 "Elizabeth I," www.royal.gov.uk/output/Page46.asp.

171 Peter Lake, "The Laudian Style: Order, Uniformity and the Pursuit of the Beauty of Holiness in the 1630s," in *The Early Stuart Church, 1603~1642*, ed. Kenneth Fincham, 161~185 (Stanford, 1993).

172 Paul Eisenkopf, *Leibniz und die Einigung der Christenheit: Überlegungen zur Reunion der evangelischen und katholischen Kirche* (Munich, 1975), 157~158.

173 Ambroise Jobert, *De Luther à Mohila: La Pologne dans la crise de la Chrétienté, 1517~1648* (Paris, 1974), 393.

174 Alexandra Walsham, *Church Papists: Catholicism, Conformity and Confessional Polemic in Early Modern England* (London, 1993).

175 Tim Harris, Paul Seaward, and Mark Goldie, eds., *The Politics of Religion in Restoration England* (Oxford, 1990), 18.

176 Geoffrey S. Holmes, *The Trial of Doctor Sacheverell* (London, 1973), 40; Alexandra Walsham, *Charitable Hatred: Tolerance and Intolerance in England, 1500~1700* (Manchester, 2006), 193.

177 Richard L. Goodbar, ed., *The Edict of Nantes: Five Essays and a New Translation* (Bloomington, Minn., 1998), 42.

178 Mario Turchetti, "Henri IV entre la concord et la tolérance," in *Henri IV, le roi et la reconstruction du royaume: Volumes des actes du colloque Pau–Nérac, 14~17 septembre 1989, 277~299* (Pau, 1990), 296.

179 Konrad Müller, ed., *Instrumenta pacis Westphalicae–Die Westfälischen Friedensverträge: Vollst. lateinischer Text mit Übers. der wichtigsten Teile und Regesten* (Bern, 1975), 24, 113.

180 H. Raab, "Der 'Discrete Catholische' des Landgrafen Ernst von Hessen–Rheinfels (1623~1693): Ein Beitrag zur Geschichte der Reunionsbemühungen und Toleranzbestrebungen im 17. Jahrhundert," *Archiv für mittelrheinische Kirchengeschichte* 12 (1960): 187.

6. 경계를 넘어

[181] Gustav Reingrabner, *Adel und Reformation: Beiträge zur Geschichte des protestantischen Adels im Lande unter der Enns während des 16. und 17. Jahrhunderts* (Vienna, 1976), 59.

[182] K. Kuzmány, ed., *Urkundenbuch zum österreichisch-evangelischen Kirchenrecht* (Vienna, 1856), 4~5.

[183] Grete Mecenseffy, *Geschichte des Protestantismus in Östereich* (Graz, 1956), 140.

[184] Josef Karl Mayr, "Wiener Protestantengeschichte im 16. Und 17. Jahrhundert," *Jahrbuch der Gesellschaft für die Geschichte des Protestantismus in Östereich 70* (1954): 103.

[185] Liselotte Westmüller, "Helmhard Jörger und die prostestantische Gemeinde zu Hernals," *Jahrbuch der Gesellschaft für die Geschichte des Protestantismus in Östereich 81* (1965): 185.

[186] R. J. W. Evans가 *The Making of the Habsburg Monarchy, 1550-1700: An Interpretation* (Oxford, 1979), 190에서 한 적절한 표현.

[187] Robert Muchembled가 *Frontiers of Faith: Religious Exchange and the Constitution of Religious Identities, 1400-1750*, ed. Eszter Andor and István György Tóth (Budapest, 2001), 4의 서문에서 한 표현.

[188] Ernst Walder, ed., *Religionsvergleiche des 16. Jahrhunderts* (Bern, 1974), 7-8.

[189] Ferdinand Elsener, "Das Majoritätsprinzip in konfessionellen Angelegenheiten und die Religionsverträge der schweizerischen Eigenossenschaft vom 16. bis 18. Jahrhundert," *Zeitschrift der Savigny-Stiftung für Rechtgeschichte, canon law section 86* (1969): 279.

[190] R. Fischer, W. Schläpfer, F. Stark, *Appenzeller Geschichte*, 2 vols. (Appenzell, 1964~1972), 1: 338.

[191] Martin Luther, *Werke: Kritische Gesamtausgabe* (Weimar, 1883-), section 4, vol. 6, p. 353; Mack Walker, *The Salzburg Transaction: Expulsion and Redemption in Eighteenth-Century Germany* (Ithaca, 1992), 18에서 번역.

[192] Elisabeth Labrousse, "Plaidoyer pour le nicodémisme," *Revue d'histoire ecclésiastique* 82 (1987): 267.

[193] Alexandra Walsham이 *Charitable Hatred: Tolerance and Intolerance in England, 1500~1700* (Manchester, 2006), 166에서 제기.

[194] John Toland, *Reasons for naturalizing the Jews in Great Britain and Ireland, on the same foot with all other nations...* (London, 1714), 6.

[195] Walker가 *The Salzburg Transaction*, 18에서 지적.

[196] Henry Kamen, *The Spanish Inquisition: A Historical Revision* (New Haven, 1997), 8.

[197] Ernst Walter Zeeden, "Ein landesherrliches Toleranzedikt aus dem 17. Jahrhundert: Der Gnadenbrief Johann Philipps von Schönborn für die Stadt Kitzingen (1650)," *Historisches Jahrbuch* 103 (1983): 150.

[198] Penny Roberts가 "The most Crucial Battle of the Wars of Religion? The Conflict over sites for Reformed Worship in Sixteenth-Century France," *Archiv für Reformationsgeschichte* 89 (1998): 247~267.

[199] "Erhalt uns, Herr, bei denem Wort// und steur des Papsts und Türken Mord," Z. Philip Ambrose가 www.uvm.edu/~classics/faculty/bach.에서 한 번역.

7. 사생활의 허구

[200] *Bijdragen voor de Geschiedenis van het Bisdom Haarlem* 1 (1873): 319.

[201] H. A. Enno van Gelder, *Getemperde vrijheid: Een Verhandeling over de verhouding van Kerk en Staat in de Republiek der Verenigde Nederlanden en de vrijheid van meningsuiting in zake godsdienst, drukpers en onderwijs, gedurende de 17e eeuw* (Groningen, 1972), 113.

[202] *Ibid.*, 118.

[203] Gemeemtearchif Amsterdam, 5024, inv. nr. 2: Resolutiën van Burgemeesters 1649~1698, fol. 279r~v (1691).

[204] Christian Gellinek, ed., *Europas erster Baedeker: Filip von Zesens Amsterdam 1664* (New York, 1988), 180, 191~195, 293~295, 359~361; Jan Wagenaar, *Amsterdam in zijne opkomst, aanwas, geschiedenissen, vorregten, koophandel, gebouwen, kerkenstaat, schoolen, schutterye, gilden en regeeringe* (Amsterdam, 1760), vol. 3, bk. 3. Von Zesen은 시나고그와 프로테스탄트 비밀교회는 포함시켰으나 가톨릭 비밀교회는 포함시키지 않았다.

[205] Leo Schwering, "Die religiöse und wirtschaftliche Entwicklung des Protestantismus in Köln während des 17. Jahrhunderts: Ein Versuch," *Annalen des historischen Vereins für den Niederrhein* 85 (1908): 14.

[206] Clemens von Looz—Gorswarem, "Köln und Mülheim am Rhein im 18. Jahrhundert: Reichsstadt und Flecken als wirtschaftliche Rivalen," in *Civitatum Communitas: Studien zum europäischen Städtewesen*, ed. Helmut Jäger, Franz Petri, and Heinz Quinn (Cologne, 1984), 548. "Blainvill"은 아마 필명일 것이다.

[207] E. Heinen, "Der kölner Toleranzstreit (1787~1789)," *Jahrbuch des kölnischen Geschichtsvereins* 44 (1973): 70.

[208] Walter Grossmann, "Städtisches Wachstum und religiöse Toleranzpolitik am Beispoel Neuwied," *Archiv für Kulturgeschichte* 62/63 (1980~1981): 221; Erich Randt, *Die Mennoniten in Ostpreussen und Litauen bis zum Jahre 1772* (Königsberg, 1912), 18.

[209] C. Litton Falkiner, *Illustrations of Irish History and Topography, Mainly of the Seventeenth Century* (London, 1904), 382.

[210] "Report on the State of Popery, Ireland 1731," *Archivium Hibernicum* 1~4 (1912~1915): 2 (1913): 127; and 4 (1915): 159.

[211] Roland Mousnier, *The Assassination of Henry IV: The Tyrannicide Problem and the Consolidation of the Franch Absolute Monarchy in the Early Seventeenth Century* (London, 1973), 353, 362, 320, 321에서 영어 번역.

[212] Konrad Müller, ed., *Instrumenta pacis Westphalicae—Die Westfälischen Friedensverträge: Vollst. lateinischer Text mit Übers. der wichtigsten Teile und Regesten* (Bern, 1975), 47 라틴어, 133 독일어.

[213] Paul Friedrich Stälin, "Das Rechtsverhältnis der religiösen Gemeinschaften und der fremden Religionsverwandten in Württemberg mach seiner geschichtlichen Entwicklung," *Württembergische Jahrbücher für Statistik und Landeskunde* (1868), 160 에서 설명.

[214] Joachim Whaley, *Religious Toleration and Social Change in Hamburg, 1529~1819* (Cambridge, 1985), 54.

[215] Garrett Mattingly, *Renaissance Diplomacy* (Boston, 1971), 272, 280−281; E. A. Adair, *The Exterritoriality of Ambassadors in the Sixteenth and Seventeenth Centuries* (New York, 1929)의 표현.

[216] Freddy Raphaël, Robert Weyl, *Juifs en Alsace: Culture, société, histoire* (Toulouse, 1977), 134.

[217] *Ibid.*, 135~137.

[218] Whaley, *Hamburg*, 92.

[219] Roger Williams, *The bloudy tenent, of persecution, for cause of conscience, discussed...* (London, 1644), 25.

[220] George Hay, *The Architecture of Scottish Post−Reformation Churches, 1560~1843* (Oxford, 1957), 154.

[221] Peter F. Barton, ed., "'Das' Toleranzpaten von 1781: Edition der wichtigsten Fassungen," in *Im Zeichen der Toleranz: Aufsätze zur Toleranzgesetzgebung des 18. Jahrhunderts in den Reichen Joseph II., ihren Voraussetzungen und ihren Folgen; Eine Festschrift*, ed. Peter F. Barton (Vienna, 1981), 165, 168, 170.

[222] Müller, ed., *Instrumenta pacis Westphalicae*, 독일어 텍스트 149, 라틴어 텍스트 37.

[223] "In aedibus propriis aut alienis ei rei destinatis," in Müller, ed., *Instrumenta pacis Westphalicae*, 독일어 텍스트 107, 라틴어 텍스트 18.

[224] Jürgen Habermas, *The Structural Transformation of the Public Sphere: An Inquiry into a Category of Bourgeois Society*, trans. Thomas Berger (Cambridge, 1989).

[225] *Ibid.*, 5.

[226] James Van Horn Melton이 *The Rise of the Public in Enlightenment Europe* (Cambridge,

2001), 15에서 기술.

8. 교회 공유, 권력 공유

227 Ernst Walder, ed., *Religionsvergleiche des 16. Jahrhunderts* (Bern, 1974), 53 (art. 27).

228 이 결과에는 중요한 중세의 선례가 있다: 1419~1436년 후스파 봉기 이후의 보헤미아. 이것은 이단 운동이 너무 강력해서 가톨릭 세력이 진압하거나 지하로 몰아낼 수 없었던 종교개혁 이전의 하나의 사례이다. 다섯 차례의 십자군이 얀 후스의 추종자들을 분쇄하는데 실패한 후, 바젤 협약으로 알려진 조약은 1436년에 하나의 평화 조치를 이끌어냈는데, 그것은 후스파 가운데 다수이고 온건했던 양형영성체론자들Utraquists에게 자신들의 영성체를 허용한 것이다. 그것을 인정한 바젤 공의회는 그 양보를 가톨릭교회 내의 한 집단에 대한 일시적인 양보일 뿐이라고 생각했다. 그렇지만 왕국에서 진행된 것은 분리적이고 경쟁적인 교회였다. 1465년부터 1478년까지 재개된 전쟁으로 보헤미아의 권력은 또다시 두 교회의 지지자들 사이에 양분되었다. 최종적으로, 1485년, 보헤미아 신분의회의 가톨릭 구성원과 양형영성체파 구성원은 Kutna Hora 평화조약을 체결했다. 이것은 한 국가 안에 가톨릭 그리스도교인들과 비가톨릭 그리스도교인들이 평화롭게 공존할 수 있도록 허용한 최초의 법적 문서이다. 의식적인 모방이 아니라—내가 아는 한, 아무도 보헤미아 조약을 모델로 삼지 않았다—상황의 힘에 이끌려, Kutna Hora는 중요한 측면에서 포스트종교개혁 조약들을 예고했다: 그것은 원래 단순히 일시적인 것으로 의도되었다; 그것은 순전히 정치적인 조정으로서 본질적이고 정신적인 비합법성 때문에 어려움을 겪었다; 그것은 다른 분파들—예컨대, 후스파 운동의 과격한 분파였던 보헤미아 형제회—에게는 아무런 보호를 제공하지 않았고, 그들의 실천을 불법화 했다; 그것은 현상을 동결함으로써 부분적인 평화를 수립하려고 시도했다; 마지막으로, 그것은 절반은 가톨릭 재판관, 절반은 양형영성체파 재판관으로 구성되는 특별법정을 설립하여 (비록 실현되지 않았지만) 장차 두 종파 사이에 발생할 분규를 해결하려고 했다. Winfried Eberhard, "Entstehungsbedingungen

für öffentlich Toleranz am Beispiel des Kuttengerger Religionsfriedens von 1484," *Communio viatorum* 29 (1986): 129~154; Eberhard, "Zu den politischen und ideologischen Bedingungen öffentlicher Toleranz: Der Kuttenberger Religionsfrieden 1485," *Studia Germano‒Polonica* 1 (1992): 101~118을 보라.

[229] W. A. J. Munier, *De beginfase van het z.g. simultaneum in de kerk van de H. H. Nicolaas en Barbara te Valkenburg (1632~1687): Katholieken en protestanten in strijd om het bezit van een kerkgebouw* (Valkenburg, 1985), 40.

[230] Kurt Rosendorn, *Die rheinhessischen Simultankirchen bis zum Beginn des 18. Jahrhunderts: Eine rechtsgeschichtliche Untersuchung* (Mainz, 1958), 4.

[231] Munier, *De beginfase*, 40.

[232] Gerhard Pfeiffer, "Das Ringen um die Partät in der Reichsstadt Biberach," *Blätter für württembergische Kirchengeschichte* 56 (1956): 24.

[233] Peter G. Wallace, "Hostility, Rivalry and Resistance: Simultaneum Churches and Confessional Politics in Eighteenth‒Century Alsace" (미발표, Hartwick 대학 사학과), p. 29. 이 자료의 공유를 허용해준 저자에게 감사한다.

[234] Andrea Riotte, "Die Partätische Stadt: Biberach, 1649~1806," in *Geschichte der Stadt Biberach*, ed. Dieter Stievermann, Volker Press, and Kurt Diemer, 309~366 (Stuttgart, 1991), 333.

[235] David Nirenberg가 *Communities of Violence: Persecution of Minorities in the Middle Ages* (Princeton, 1995), 228에서 지적.

[236] Etienne François, *Die unsichtbare Grenze: Protestanten und Katholoken in Augsburg, 1648~1806* (Sigmaringen, 1991), 230 n. 12.

[237] François, *ibid.*, 제목과 60쪽에서 성격규정.

[238] Olivier Christin, *La paix de religion: L'autonomisation de la raison politique au XVIe siècle* (Paris, 1997), 312 (Montélimar에서 쓰이던 말씨).

[239] Christin, *ibid.*, 92에서 지적.

[240] Hermann Conrad, "Reliogionsbann, Toleranz und Partät am Ende des alten Reiches," *Römische Quartalschrift für christliche Altertumskunde und Kirchengeschichte*

56 (1961): 172.

[241] Christin, *La paix de religion*, 140.

[242] Ferdinand Elsener, "Das Majoritätsprinzip in konfessionellen Angelegenheiten und die Religionsverträge der schweizerischen Eigenossenschaft vom 16. bis 18. Jahrhundert," *Zeitschrift der Savigny−Stiftung für Rechtgeschichte*, canon law section 86 (1969): 270, 279.

[243] Fritz Fleiner, "Die Entwicklung der Parität in der Schweiz," in Fleiner, *Ausgewählte Schriften und Reden, 81∼100* (Zurich, 1941), 85.

[244] Raymond A. Mentzer, "Bipartisan Justice and the Pacification of Late Sixteenth Century Languedoc," in *Regnum, Religio et Ratio: Essays Presented to Robert M. Kingdon*, ed. Jerome Friedman, 125∼132 (Kirksville, Mo., 1987).

[245] Walder, *Religionsvergleiche*, 54.

[246] Christin은 그것을 *La paix de religion*, 203∼204에서 "연방주의" 국가 구조라고 부른다.

[247] Rosendorn, *Die rheinhessischen Simultankirchen*, 4.

9. 사람의 친구

[248] William Temple, *Observations upon the United Provinces of the Netherlands* (London, 1673), 182.

[249] *Ibid.*, 183.

[250] Barbara B. Diefendorf, *Beneath the Cross: Catholics and Huguenots in Sixteenth−Century Paris* (New York, 1991), 134에서 이렇게 성격 규정했다.

[251] Will Kymlicka, "Two Models of Pluralism and Tolerance," in *Toleration: An Elusive Virtue*, ed. David Heyd, 81∼105 (Princeton, 1996).

[252] Etienne François, *Die unsichtbare Grenze: Protestanten und Katholiken in Augsburg, 1648∼1806* (Sigmaringen, 1991).

253 Giovanni Boccaccio, *The decameron containing an hundred pleasant nouels: Wittily discoursed, betweene seauen honourable ladies, and three noble gentlemen* (London, 1620), 16v (첫 날 세 번째 이야기).

254 Brian Pullan, *The Jews of Europe and the Inquisition of Venice, 1550~1670* (London, 1997), 160~161; Carlo Ginzburg, *The Cheese and the Worms: The Cosmos of a Sixteenth-Century Miller*, trans. John and Anne Tedeschi (New York, 1980), 106, 47.

255 Stuart B. Schwartz, "Hispanic Doubs and American Dreams: The Roots of Toleration in Early Modern Latin America," www.mtholyoke.edu/acad/latam/schomburgmoreno/schartz.htm.

256 Pullan, *Jews of Europe*, 153에서 지적.

257 Janusz Tazbir, *A State without Stakes: Polish Religious Toleration in the Sixteenth and Seventeenth Centuries* (New York, 1973), 35.

258 Benjamin J. Kaplan, *Calvinists and Libertines: Confession and Community in Utrecht, 1578~1620* (Oxford, 1995), 280 (두 인용).

259 Wiktor Weintraub, "Tolerance and Intolerance in Old Poland," *Canadian Slavonic Papers* 13 (1971): 42.

260 Elie Benoist, *The History of the Famous Edict of Nantes: Containing an Account of All the Persecutions, That have been in France From its First Publication to this Present Time*, 2 vols. (London, 1694), 2:326 (vol.2, bk. 8).

261 Christian Gottfried Oertel, ed., *Vollständiges Corpus Gravaminum Evangelicorum* (Regensburg, 1775) 제5섹션, 2:1780~81.

262 Bill Stevenson, "The Social Integration of Post-Restoration Dissenters, 1660~1725," in *The World of the Rural Dissenters, 1520~1795*, ed. Margaret Spufford, 360~387 (Cambridge, 1995), 373.

263 David Underdown, *Fire from Heaven: Dorchester in the Seventeenth Century* (New Haven, 1992), 262.

264 Odile Martin, *La Conversion protestante à Lyon (1659~1687)* (Geneva, 1986), 71.

265 Elie Benoist, *Histoire de l'Edit de Nantes: Contenant les choses les plus remarquables*

qui se sont passées en France avant et après sa publication, à l'occasion de la diversité des Religions... jusques à l'edit de revocation, en Octobre 1685, 3 vols. (Delft, 1693), vol. 3, pt. 1, 401.

266 W. P. C. Knuttel, ed., *Acta der particuliere synoden van Zuid-Holland, 1621~1700*, 6 vols. (The Hague, 1908~1916), 3:295.

267 Robert Sauzet, *Contre-Réforme et réforme catholique en Bas-Languedoc: Le diocèse de Nîmes au XVIIe siècle* (Paris, 1979), 186.

268 Jean Quéniart, *La Révocation de l'Edit de Nantes: Protestants et catholiques en France de 1598 à 1685* (Paris, 1985), 74.

269 Peter Martyr Vermigli, *A Treatises of the Cohabitacyon of the Faithfull with the Unfaithfull* (Strasbourg, 1555), A2r.

270 Keith Luria, "Separated by Death? Burials, Cemeteries, and Confessional Boundaries in Seventeenth-Century France," *French Historical Studies* 24 (2001): 207.

271 *Ibid.*, 218; 또 Charles Read, "Cimetières et inhumations des huguenots principalement à Paris aux XVIe, XVIIe, et XVIII siècles, 1563~1792," *Bulletin de la Société d'histoire du protestantisme français* 11 (1862): 134.

272 John Miller가 *Popery and Politics in England, 1660~1688* (Cambridge, 1973), 16에서 지적.

273 Judith Pollmann, *Religious Choice in the Dutch Republic: The Reformation of Arnoldus Buchelius (1565~1641)* (Manchester, 1999), 171~172.

274 Johann Junius Brutus Polonus 〔필명, Johann Crell〕, *A learned and exceeding well compiled Vindication of Liberty of Religion (Vindiciae pro religionis libertate)*, trans. John Dury ((London), 1646), 39; Alexandra Walsham, *Charitable Hatred: Tolerance and Intolerance in England, 1500~1700* (Manchester, 2006), 148; Colin Haydon, *Anti-Catholicism in Eighteenth-Century England, c,1714~80: A Political and Social Study* (Manchester, 1993), 13; S. J. Connolly, *Religion, Law, and Power: The Making of Protestant Ireland, 1660~1760* (Oxford, 1992), 127.

275 Pollmann이 *Religious Choice*, 174에서 한 적절한 표현.

[276] Thieleman J. van Braght, *The Bloody Theater or Martyrs Mirror of the Defenseless Christians...*, trans. Joseph F. Sohm (Waterloo, Ontario, 1999), 8. *Pilgrim's Progress*에서, John Bunyan은 동일한 위험에 대해 경고했다: 허영에 찬 속세를 지나왔고 박해를 견뎌냈기 때문에, 그리스도교인들과 그들의 충실한 동료들은 "안락함이라고 불리는 은은한 평원"에 도착했는데, 이곳에서 그들은 사치와 그밖의 온갖 유혹에 직면한다 (Bunyan, *Pilgrim's Progress* [1678], pt. 1, gateway.proquest.com/).

[277] J. Hector St. John de Crèvecoeur, *Letters from an American Farmer* (New York, 1904), 62~66.

10. 위반

[278] René Debon, "Religion et vie quotidienne à Gap (1657~1685)," in *Le Protestantisme en Dauphiné au XVIIe siècle*, ed. Pierre Bolle, 90~169 (Curandera, 1983), 136~137: Charles Charronnet, *Les Guerres de religion et la société protestante dans les Hautes-Alpes, 1560~1789* (Gap, 1861), 354~355.

[279] Etienne François, *Die unsichtbare Grenze: Protestanten und Katholiken in Augsburg, 1648~1806* (Sigmaringen, 1991), pt. 3, 제3장의 제목.

[280] Louis Châtellier, *Tradition chrétienne et renouveau catholique dans le cadre de l'ancien diocèse de Strasbourg (1650~1770)* (Paris, 1981), 350.

[281] Elie Benoist, *Histoire de l'Edit de Nantes: Contenant les choses les plus remarquables qui se sont passées en France avant et après sa publication, à l'occasion de la diversité des Religions... jusques à l'edit de revocation, en Octobre 1685*, 3 vols. (Delft, 1693), vol. 3, pt. 1, 449~450.

[282] Meinrad Schaab, "Die Wiederherstellung des Katholizismus in der Kurpfalz im 17. und 18. Jahrhundert," *Zeitschrift für Geschichte des Oberrheins* 114 (1966): 170.

[283] Odile Martin, *La Conversion protestante à Lyon (1659~1687)* (Geneva, 1986), 89.

[284] Joachim Whaley, *Religious Toleration and Social Change in Hamburg, 1529~1819*

(Cambridge, 1985), 46~47.

[285] John Brady and Patrick J. Corish, *The Church under the Penal Code* (Dublin, 1971), 49~50.

[286] Etienne François, *Die unsichtbare Grenze*, 216 n. 159 (François의 표현).

[287] Colin Haydon, *Anti-Catholicism in Eighteenth-Century England, c.1714~80: A Political and Social Study* (Manchester, 1993), 254에서 지적.

[288] Andrea Riotte, "Die Partätische Stadt: Biberach, 1649-1806," in *Geschichte der Stadt Biberach*, ed. Dieter Stievermann, Volker Press, and Kurt Diemer, 309-366 (Stuttgart, 1991), 337.

[289] Etienne François가 *Die unsichtbare Grenze*, 144~153에서 한 주장.

[290] Eamon Duffy, "'Poor Protestant Flies': Conversion to Catholicism in Early Eighteenth-Century England," in *Religious Motivation: Biographical and Sociological Problems for the Church Historian*, ed. Derek Baker, 292~304 (Oxford, 1978), 297.

[291] Wiebe Bergsma, *Tussen Gideonsbende en publieke kerk: Een studie over het gereformeerd protestantisme in Friesland, 1580~1650* (Hilversum, 1999), 96 n.1.

[292] Herman Roodenburg, *Onder censuur: De kerkelijke tucht in de gereformeerde gemeente van Amsterdam, 1578~1700* (Hilversum, 1990), 152, 168.

[293] A. Ph. F. Woiters and P. H. A. M. Abels, *Nieuw en ongezien: kerk en samenleving in de classis Delft en Delfland, 1572~1621*, 2 vols. (Delft, 1994), 2:202.

[294] C. Molina [Christianus Vermeulen], *Den Oprechten Schriftuerlijken RoomschCatholycken Mondt-Stopper*, 15th ed. (Antwerp, 1745), 178; P. Rovenius, *Reipublicae christianae libri duo, tractantes de variis hominum statigbus, gradibus, officiis et functionibus in ecclesia Christi, et quae in sinulis amplect[a]nda, quae fugienda sint* (Antwerp, 1648), 386.

[295] Church of Rome, *Declaratio SSmi D. N. Benedicti PP. XIV. super matrimoniis Hollandiae et Foederati Belgii: Et Acta Sacra Congregatione... Cardinalium Sacri Concilii Tridentini Interpretum, coram SS. D.N. 13. Maii 1741. exhibita.* (Louvain, 1742), 708; H. F. W. D.Fischer, "De gemengde huwelijken tussen katholieken en

protestanten in de Nederlanden van de XVI tot de XVIIIe eeuw," *Tijdschrift voor rechtsgeschiedenis* 31 (1963): 471를 보라. 그후 교회는 연합주나 네덜란드 군인들이 주둔하고 있는 "경계 도시"에서 행정관이나 개혁파 목사가 엄숙하게 주재한 프로테스탄트-가톨릭 결혼과 프로테스탄트-프로테스탄트 결혼은 유효하다고 인정했다.

296 J. Reitsma and S. D. van Veen, eds., *Acta der provinciale en particuliere synoden, gehouden in de noordelijke Nederlanden gedurende de jaren 1572~1620*, 6 vols. (Groningen, 1892), 2:147.

297 S. Zijlstra, *Om de ware gemeemte em de oude gronden: Geschiedenis van de dopersen in de Nederlanden, 1531~1675* (Hilversum, 2000), 307.

298 Philip E. Hughes, ed. and trans., *The Register of the Company of Pastors of Geneva in the Time of Calvin* (Grand Rapids, 1966), 345. Theodore Beza는 *Tractatus de Repudiis et Divortiis...* (Leiden, 1651), 246에서 비슷한 조언을 했다.

299 William Gouge, *Of domesticall duties*, 2nd ed. (London, 1634), 275.

300 F. L. Rutgers, ed., *Acta van de Nederlandshe synoden der zestiende eeuw* (Utrecht, 1889), 161; Reitsma and Veen, *Acta der provinciale en particuliere synoden*, 2:439~440, 3:446.

301 André Benoist, "Catholiques et protestants en 'Moyen-Poitou' jusqu'à la Révocation de l'Edit de Nantes (1534~1685)," *Bulletin de la Société historique et scientifique des Deux-Sevres* 2, no. 16 (1983): 329.

302 Robert Sauzet, *Contre-Réforme et réforme catholique en Bas-Languedoc: Le diocèse de Nîmes au XVIIe siècle* (Paris, 1979), 165~167, 266~269.

303 Roodenburg, *Onder censuur*, 158~159.

304 Kevin Herlihy가 *The Irish Dissenting Tradition, 1650-1750* (Dublin, 1995), 94에서 지적.

305 *Archief voor de geschiedenis van het Aartsbisdom Utrecht* 33 (1907): 50.

306 Fr. Marcellinus a Civetia, Fr. Theophilus Domenichelli, eds., *Epistolae missionariorum ordinis S. Francisci ex Frisia et Hollandia* (Quaracchi, 1888), 244 (#425, 1660년 5월 5일).

307 Rutgers, *Acta van de Nederlandshe synoden*, 273.

308 Wouters and Abels, *Nieuw en ongezien*, 1:245.

[309] Jacob Cats, *Houwelyck, dat is De gantsche gelegentheyt des Echten-Staets* (Middelburg, 1625), Vrijster, 2:33.

[310] 다음 자료에서 인용했다. Franciscus Duysseldorpius, *Reverendi... F. D. L. [Francisci Duysseldorpii Lugdunensis] tractatus de matrimonio non ineundo cum his, qui extra ecclesiam sunt* (Antwerp, 1636), 353, 362; Christianus Catholicus [Johannes Watelaar], *Korte ende waere uytvaert, Van alle oncatholijcke religien: Dienende tot eeuwige welvaert van alle Christelijcke zielen... Toe-geeygent aen alle de Catholijcken, die aen oncatholijcken getrouwt syn* (Roermond, 1651), 9; 다음 자료에서 반증. Ben Israels [Yeme de Ringh], *Tractaet Teghen het straffen der Buyten-getrouden, sonder onderscheydt: Dat is: Verantwoordinge, op eenen Brief, geschreven (van een Dienaer van Lenaert Klock: of Jan Schellinghwous [sic] ghezinde) aen een Broeder der Vereenighde Gemeente. Aengaende het bannen over den buyten-ghetrouden* (Amsterdam, 1628), 11, 15~16. 또한 아일랜드에서도 인용. Alan Ford, "The Protestant Reformation in Ireland," in *Natives and Newcomers: Essay on the Making of Irish Colonial Society, 1534~1641*, ed. Ciaran Brady and Raymond Gillespie, 50~74 (Dublin, 1986), 70.

[311] Molina, *Mondt-Stopper*, 180.

[312] Bergsma, *Tussen gideonsbende en publieke kerk*, 337.

[313] Jean-Paul Pittion, "L'affaire Paulet (Montpellier 1680–83) et les conversions forcées d' enfants," in *La conversion au XVIIe siècle: Actes du XIIe Colloque de Marseille (1982년 1월)*, 209~229 (Marseille, 1983).

[314] Benoist, *Histoire de l'Edit de Nantes*, vol. 3, pt. 1, 142–144, 188, 250, 296, 547; vol 3, pt. 2, 19, 20, 71~73, 174, 229~230, 243~247, 299, 334, 338~339, 445, 449~452, 510~511; vol. 3, pt. 3, 1003.

[315] Châtellier, *Tradition chrétienne et renouveau catholique*, 278.

[316] William P. Burke, *The Irish Priests in the Penal Times (1660~1760)* (Waterford, 1914), 194.

[317] Aquinas, *Summa Theologica*, second part of the second part, Q. 11, art. 4. Ernest W. Nelson, "The Theory of Persecution," in *Persecution and Liberty: Essays in Honor of*

George Lincoln Burr, 3-20 (New York, 1931), 13을 보라.

11. 불신자들

[318] Brian Pullan, *Rich and Poor in Renaissance Venice: The Social Institutions of a Catholic State, to 1620* (Oxford, 1971), 489. 행정관의 주장은 1497년의 사건을 추방으로 보았다는 점에서 부정확하다.

[319] Brian Pullan, *The Jews of Europe and the Inquisition of Venice, 1550~1670* (London, 1997), 153 참고.

[320] Marquardus de Susannis, *De Iudaeis et aliis infidelibus, circa concernentia originem contractuum, bella, foedera, vltimas voluntates, iudicia, & delicta Iudaeorum & aliorum infidelium, & eurum conuersiones ad fidem* (Venice, 1558), 8r.

[321] Hugo de Groot, *Remonstrantie nopende de ordre dije in de landen van Hollandt ende Westvrieslandt dijent gestelt op de joden*, ed. J. Meijer (Amsterdam, 1949), 110.

[322] Leo Poliakov, *The History of Anti-Semitism*, vol. 1: *From Roman Times to the Court Jews* (London, 1974), 201.

[323] Leon Modena, *Leo Modenas Briefe und Schriftstücke: Ein Beitrag zur Geschichte der Juden in Italien und zur Geschichte des hebräischen Privatstiles*, ed. Ludwig Blau (Budapest, 1905), 151.

[324] Benjamin Ravid, "Curfew Time in the Ghetto of Venice," in his *Studies on the Jews of Venice, 1382~1797* (Aldershot, 2003), 251.

[325] *Ibid.*, 247.

[326] Norman Housley가 *Religious Warfare in Europe, 1400~1536* (Oxford, 2002)에서 성격 규정.

[327] Pullan, *Jews of Europe*, 192의 표현.

[328] Robert C. Davis, *Christian Slaves, Muslim Masters: White Slavery in the Mediterranean, the Barbary Coast, and Italy, 1500-1800* (Basingstoke, 2003), 3~26.

[329] Cemal Kafadar, "A Death in Venice (1575): Anatolian Muslim Merchants Trading in the Serenissima," in *Merchant Networks in the Early Modern World*, ed. Sanjay Subrahmanyam, 97~124 (Brookfield, Vt., 1996), 103.

[330] Giorgio Vercellin, "Mercanti Turchi e Sensali a Venezia," *Studi Veneziani*, n.s. 4 (1980): 48 (1622년 명령).

[331] Paolo Preto, *Venezia e i Turchi* (Florence, 1975), 130. Kafadar, "A Death in Venice,", 108에서 번역.

[332] Kafadar, "A Death in Venice," 130.

[333] Ugo Tucci, "Tra Venezia e mondo turco: I mercanti," in *Venezia e i Turchi: Sconti e confronti di due civiltà*, 38~55 (Milan, 1985), 52.

[334] Kafadar, "A Death in Venice," 108.

[335] Ahmad ibn Qasim al-Hajari, *Kitab nasir al-din 'ala 'lqawm al-kafirin* (*The Supporter of Religion against the Infidel*), ed. and trans. P. S. van Koiningsveld, Q. al-Samarrai, and G. A. Wiegers (Madrid, 1997), 195.

[336] Thoma Fuller, *The History of the Holy Warre*, 4th ed. (Cambridge, 1651), 281.

[337] Salvatore Bono, *Schiavi musulmani nell Italia moderna: Galeotti, vu' cumprà, domestici* (Naples, 1999), 243.

[338] Alessandro Stella, *Histoires d esclaves dans la péninsule ibérique* (Paris, 2000), 56~57.

[339] E. William Monter, *Frontiers of Heresy: The Spanish Inquisition from the Basque Lands to Sicily* (New York, 1990), 215.

[340] Catherine Gaignard, *Maures et Chrétiens à Grenade, 1492~1570* (Paris, 1997), 265.

[341] 최근의 많은 역사가들처럼 나 역시 Marrano라는 용어 대신 Converso라는 용어를 사용한다. 왜냐하면 전자의 용어는 은밀한 유대화라는 의미를 담고 있는데 그들 모두가 그랬던 것은 아니기 때문이다.

[342] Jonathan I. Israel, *European Jewry in the Age of Mercantilism, 1550~1750* (Oxford, 1989), 6에 의하면.

[343] Renee Levine Melammed, *Heretics or Daughters of Israel? The Crypto-Jewish Women of Castile* (New York, 1999)에서 따온 표현.

[344] Melammed, *ibid.*, 168에서 성격 규정. 첫 문장은 Moriscas에 대해 이야기하고 있는 Mary Perry로부터의 인용이다.

[345] Haim Beinart, "The Expulsion from Spain: Causes and Results," in *The Sephardi Legacy*, 2 vols., ed. Haim Beinart, vol. 2, pp. 11~42 (Jerusalem, 1992), 2:29.

[346] 유럽의 유대인들의 지리적 분포와 인구에 대해서는 Israel, *European Jewry*를 따랐다.

[347] 폴란드와 오스만 지역으로 이주한 유대인들에 대해 이야기하고 있는 Israel, *ibid.*, 31에 의하면.

[348] Brian Pullan, *Jews of Europe*, 245의 기술.

[349] "Nefarie commiscentur"—공의회의 결정을 Burdegalen 지역에 시행할 것을 명령하는 교황 Honorius III의 교령 *Ad nostram noveritis* (1221)의 내용. Antonius Flavius de Sanctis, Church of Rome, Carlo Cocquelines, eds., *Bullarium privilegiorum ac diplomatum Romanorum Pontificum amplissima collectio ... [Bullarium Romanum]*, 6 vols. (Rome, 1739), vol. 3, pt. 1, p. 221.

[350] Susannis, *De Iudaeis*, 14v.

[351] Pullan, *Jews of Europe*, 168의 기술.

[352] David Nirenberg, *Communities of Violence: Persecution of Minorities in the Middle Ages* (Princeton, 1995), 158의 지적.

[353] Israel, *European Jewry*, 31, 71에 의하면.

[354] Gérard Nahon, "From New Christians to the Portuguese Jewish Nation in France," in *The Sephardi Legacy*, ed. Haim Beinart, vol. 2, pp. 336~364 (Jerusalem, 1992), 338.

[355] *Ibid.*, 338.

[356] R. G. Fuks-Mansfeld, *De Sefardim in Amsterdam tot 1795* (Hilversum, 1989), 39.

[357] Miriam Bodian, *Hebrews of the Portuguese Nation: Conversos and Community in Early Modern Amsterdam* (Bloomington, 1997), 134.

[358] Anthony Polonsky가 *The Jews in Old Poland: Jewish Community in the Poland-Lithuania Commonwealth, 1000~1795*, ed. Anthony Polonsky, Jakub Basista, Andrzej Link-Lenczkowski (London, 1993), 5 서문에서 평가.

[359] De Groot, *Remonstrantie*, 113 (Tacitus와 Seneca에서 인용한 잠언).

[360] Lynn Hunt, ed. and trans. *The French Revolution and Human Rights: A Brief Documentary History* (New York, 1996), 88.

[361] Gary Kates, "Jews into Frenchmen: Nationality and Representation in Revolutionary France," in *The French Revolution and the Birth of Modernity*, ed. Ferenc Feher, 103~116 (Berkeley, 1990), 113.

[362] Jacob Katz, *Out of the Ghetto: The Social Background of Jewish Emancipation, 1770~1870* (Cambridge, Mass., 1973), 208.

[363] C. K. W. von Dohm, *Über die bürgerliche Verbesserung der Juden* (Berlin, 1781).

[364] Paul Meyer, "The Attitude of the Enlightenment towards the Jews," *Studies on Voltaire and the Eighteenth Century* 26 (1963): 1198.

12. 계몽주의?

[365] Pierre Bayle, *A Philosophical Commentary on these words of the Gospel, Luke XIV. 23: Compel them to come in, that my house may be full...*, 2 vols. (London 1708; orig. French ed. 1686), 1:7.

[366] *Ibid.*, 1:273.

[367] J. W. Gough, "The Development of John Locke's Belief in Toleration," in *John Locke: A Letter Concerning Toleration in Focus*, ed. John Horton and Susan Mendus (London, 1991), 74.

[368] David D. Bien, *The Calas Affair: Persecution, Toleration, and Heresy in Eighteenth Century Toulouse* (Westport, 1979), 3, 5.

[369] Bernard Lewis, *Cultures in Conflict: Christians, Muslims, and Jews in the Age of Discovery* (New York, 1995), 17.

[370] Gilbert Burnet, *Bishop Burnet's History of his own time*, 3 vols. (London, 1725), 3:1120.

[371] J. P. Kenyon, *The Popish Plot* (London, 1972), 13.

[372] Sir Henry Capel, in Anchitell Grey, ed., *Debates of the House of Commons, from the*

year 1667 to the year 1694, 10 vols. (London, 1769), 7:149 (1679년 4월 27일).

373 Gilbert Burnet, *The History of the Persecution of the Valleys of Piedmont...* (London, 1688), 42.

374 Jean Quéniart, *La Révocation de l'Edit de Nantes: Protestants et catholiques en France de 1598 à 1685* (Paris, 1985), 123; "Revocation of the Edict of Nantes," history.hanover. edu/texts/nonantes.html.

375 당시에 아이를 부모로부터 갈라놓는 이 극도로 야비한 행위는 특히 오스트리아에서 종교 박해의 가장 일반적인 형태였다. 1684년, 동부 티롤의 Defereggental에서 쫓겨난 프로테스탄트들은 15살 미만의 아이들을 놓고 떠나야 했다. 이 아이들은 가톨릭으로 양육될 것이었다. 같은 시기, Dürrnberg에서 쫓겨난 프로테스탄트들도 동일한 명령을 받았다. 18세기에 오스트리아의 프로테스탄트들을 트란실바니아로 강제 이주시킬 때, 정부는 프로테스탄트 아이들을 억류하고, 1752년에 그들을 양육하기 위해 네 채의 "개종자 숙소"를 세웠다. 마지막 강제 이주는 1774년에 행해졌다.

376 Burnet, *Bishop Burnet's History*, 3:1126.

377 John Locke, *Letter Concerning Toleration* (Indianapolis, 1955), 51.

378 *The Spectator*, 8 vols. (Dublin, 1755), 6:23 (no. 399); classiclit.about.com/library/ bl=stexts/apope/.

379 John Locke, *The reasonableness of Christianity as delivered in the Scriptures* (London, 1695), 266.

380 Peter Gay가 *The Enlightenment: An Interpretation*, 2 vols. (New York, 1969), 1:343에서 비판했듯이.

381 Ole Peter Grell, Roy Porter, eds. *Toleration in Enlightenment Europe* (Cambridge, 2000), 14~15.

382 Slinsby Bethel, *The present interest of England stated* (London, 1671), 13.

383 Voltaire, *A treatise on religious toleration : Occasioned by the execution of the unfortunate John Calas...* (London, 1764; orig. French ed., 1763), 47.

384 Maria Linton, "Citizenship and Religious Toleration in France," in Grell and Porter,

Toleration in Enlightenment Europe, 170~171.

[385] Locke, *Letter Concerning Toleration*, 52, 55.

[386] Colin Haydon, *Anti−Catholicism in Eighteenth−Century England, c. 1714~80: A Political and Social Study* (Manchester, 1993), 224.

[387] Haydon, *Anti−Catholicism*, 240.

[388] "A real friend to religion and to Britain," *Fanaticism and Treason; or, a dispassionnate history of the rise, progress, and suppression, of the rebellious insurrections in June, 1780*, 3rd ed. (London, 1781), 4, 7.

참고문헌

우리의 이야기는 계몽주의로 시작해서 계몽주의로 끝난다 ─ 그것이 우리에게 물려준 진보의 개념과 그것의 역사적 도식에서 '관용'이 수행한 역할. 계몽주의 연구들은 한결같이 이러한 주제들을 다룬다. 훌륭한 연구인 Dorinda Outram의 *The Enlightenment* (Cambridge, 1995)와 Peter Gay의 낡았지만 여전히 고전적인 *The Enlightenment: An Interpretation*, 2 vols. (New York, 1969)는 콩도르세나 튀르고의 유토피아적인 낙관주의가 보편적으로 공유되지 않았음을 지적한다. 그렇지만 19세기 중엽이 되면, 종교적 자유가 정치적 자유와 함께 최종적으로 완전히 성취되었다는 확신이, 적어도 앵글로-아메리카 세계에서는, 확산되었다. 그때, "관용의 상승" 내러티브는 승리의 톤을 지니게 되었는데, 다음과 같은 책에서 잘 예시되었다: Thomas Babington Macaulay, *The History of England from the Accession of James II*, 2 vols. (1849~1861; London, 1985); John Lothrop Motley, *The Rise of the Dutch Republic* (London, 1868); W. E. H. Lecky, *History of the Rise and Influence of the Spirit of Rationalism in Europe*, 2 vols. (London, 1865). 이 책들은 후일 "휘그적" 역사 해석이라고 불리는 것을 제시했다. 휘그적 해석은 20세기에 다음과 같은 책에서 정교하게 설명되었다: Wilbur K. Jordan, *The Development of Religious Toleration in England*, 4 vols. (Cambridge, Mass., 1932~1940); William Haller, *Liberty and Reformation in the Puritan Revolution* (New York, 1955); Roland Herbert Bainton, *The Travail of Religious Liberty: Nine Biographical Studies* (Hamden, Conn., 1971). 1950년에 Herbert Butterfield는 *The Whig Interpretation of History* (London, 1950)에서 이러한 해석과 이것에 기초한 가정들을 가혹하게 비판했다. Butterfield는 역사를 진보적인 사람과 반동적인 사람의 투쟁으로 보는 휘그적 역사해석의 오류를 폭로했다. 오늘날 우리와 비슷한 생각을 가진 사람이 진보이고 그러한 생각에 반대하는 사람이 반동이다. 경험적인 차원에서, 몇 년 후에 Joseph Lecler는 오늘날에도 여전히 읽을 가치가 있는 대작 *Toleration and the Reformation*, 2 vols. (London, 1960) (원래의 프랑스어판은 1955

년)을 출판했다. 그는 여기에서 16세기에 관용에 대한 최선의 기록은 프로테스탄트 국가가 아니라 가톨릭 국가에 있다고 주장했다. Lecler의 연구는 지성사와 정치사의 고전적인 콤비네이션이었다. *The Rise of Toleration* (New York, 1967)에서, Henry Kamen은 관용의 증가에 있어서 합리주의와 함께 자유 무역이 역할을 했음을 인정하는 식으로 경제적인 힘과 사회적인 힘을 포함하기 위해 초점을 확대했다. 비록 그는 관용의 증가가 특정한 관념의 불가피한 결과가 아니라 우연적이고 제한적인 것이라고 보았지만 말이다. 1980년대에 이르러, 학자들과 비非학자들은 광범위한 합의에 도달했다. 그것은 프로테스탄티즘이 아니라 합리주의와 세속주의가 서구에서 관용이 장기적으로 상승하는 데 기여했다는 것이다. 원래의 휘그적 해석은 사멸된 것이나 다름없지만, 휘그적 도식은 여전히 지배적이었다.

"관용의 상승" 내러티브에 대한 좀더 진전된 도전은 1990년대에 재개되었는데, 그때는 논문모음집 같은 다소 소극적인 형태를 취했다: Ole Peter Grell, Jonathan I. Israel, Nicholas Tyacke, eds., *From Persecution to Toleration: The Glorious Revolution and Religion in England* (Oxford, 1991); Ole Peter Grell, Bob Scribner, eds., *Tolerance and Intolerance in the European Reformation* (Cambridge, 1996); John Christian Laursen, Cary J. Nederman, eds., *Beyond the Persecuting Society: Religious Toleration before the Enlightenment* (Philadelphia, 1998); Ole Peter Grell, Roy Porter, eds., *Toleration in Enlightenment Europe* (Cambridge, 2000). 이러한 연구서들은 수정주의적인 경향에 있어서 비일관적이고 단편적이지만, 많은 중요한 글들을 담고 있다. 프랑스 낭트칙령이 공포된 지 400주년인 1998년에는 많은 연구서가 출판되었다. Thierry Wanegffelen, *L'édit de Nantes: Une histoire européenne de la tolérance du XVIe au XXe siècle* (Paris, 1998)과 같은 책들은 전통적인 이야기를 하고 있는 반면, 논문모음집(학술대회의 결과물인)이 주종을 이루는 다른 책들은 새로운 방법론과 자기비판적인 성찰로 가득하다: 특히 Richard L. Goodbar, ed., *The Edict of Nantes: Five Essays and a New Translation* (Bloomington, Minn., 1998); Keith Cameron, Mark Greengrass, Penny Roberts, eds., *The Adventure of Religious Pluralism in Early Modern France: Papers from the Exeter Conference, April 1999* (Oxford, 2000); Ruth Whelan, Carol Baxter, eds., *Toleration and Religious Identity: The Edict of Nantes and Its Implications in France, Britain and Ireland* (Dublin, 2003); Michel Grandjean, Bernard Roussel, eds., *Coexister dans l intolérance: L'édit de Nantes* (1598) (Geneva, 1998). 수정주의는 작은 반발을 불러일으켰다. 휘그적 해석은 John Coffey, *Persecution and Toleration in Protestant England 1558~1689* (London, 2000)에서 휘그 해석의 원래 형태와 유사한

형태로 나타났다. 반면, Perez Zagorin은 *How the Idea of Religious Toleration Came to the West* (Princeton, 2003)에서 일반적인 영웅들과 그들의 관념을 소개했다. 관용의 역사에 대한 대부분의 책과 논문들은 여전히 지성사가 많다. 최근에 좀더 도발적인 연구가 정치이론가들에 의해 생산되었다: Cary J. Nederman, *Worlds of Difference: European Discourses of Toleration, c. 1100–c. 1550* (University Park, Pa., 2001); Ingrid Creppell, *Toleration and Identity: Foundations in Early Modern Thought* (New York, 2003). 자유주의의 계보에서 탁월한 위치를 차지하고 있는 존 로크는 역사가들과 이론가들에게 여전히 주요 인물이다. John Marshall은 *John Locke, Toleration and Early Enlightenment Culture* (Cambridge, 2006)에서 다각적인 맥락 속에 그의 사상을 놓고, 17세기 말 서부 유럽에서의 불관용과 관용이론뿐만 아니라 실천에 대해 연구했다. 관용이 자유주의 정치이론에서 차지하는 위치에 대한 철학적 분석을 위해서는, 무엇보다도, David Heyd, ed., *Toleration: An Elusive Virtue* (Princeton, 1996); Susan Mendus, *Toleration and the Limits of Liberalism* (Atlantic Highlands, 1993), Will Kymlicka, *Liberalism, Community and Culture* (Oxford, 1989)를 보라. 정치이론가인 Michael Walzer는 다른 각도에서 이 문제에 접근하여, 자극적인 작은 책 *On Toleration* (New Haven, 1997)에서 관용에 이바지한 정치 "체제들"에 대해 분석했다.

특정 국가의 관용의 역사에 관심이 있는 사람들은 Grell, Scribner, *Tolerance and Intolerance in the European Reformation*과 Grell, Porter, *Toleration in Enlightenment Europe*에서 연구 시작에 도움이 되는 좋은 논문들을 발견할 수 있을 것이다. 잉글랜드의 경우에는 Alexandra Walsham, *Charitable Hatred: Tolerance and Intolerance in England, 1500~1700* (Manchester, 2006)이 가장 훌륭한 입문서다. 이 책은 나의 연구를 위한 준비가 거의 끝났을 때 출판되었다. 이 책을 읽으면 나의 연구와 공통점이 많음을 알게 될 것이다. Keith P. Luria, *Sacred Boundaries: Religious Coexistence and Conflict in Early Modern France* (Washington, D. C., 2005)는 혁신적인 프랑스사 연구다. Philip Benedict, *The Faith and Fortunes of France's Huguenots, 1600–85* (Aldershot, 2001)은 중요한 논문들을 담고 있다. 프랑스어 독자들은 선택의 폭이 더 넓다: Jean Quéniart, *La Révolution de l'Edit de Nantes: Protestants et catholiques en France de 1598 à 1685* (Paris, 1985); Elisabeth Labrousse, *"Une foi, une loi, un roi?" Essai sur la Révocation de l'Edit de Nantes* (Geneva, 1985). 비교사적 관점을 기술된 16세기에 대한 중요한 연구로는, Olivier Christin, *La paix de religion: L'autonomisation de la raison politique au XVIe siècle* (Paris, 1997)이 있다. 신성로마제국에 대해 개관하기 위해 (그러한 것이 가능하다면) 영어 독자들이 읽을

수 있는 것은 산발적인 논문들뿐이다: Anton Schindling, "Neighbours of a Different Faith: Confessional Coexistence and Parity in the Territorial States and Towns of the Empire", in *1648: War and Peace in Europe*, ed., Klaus Bussmann, Heinz Schilling, I: 465~473 (Munich, 1998); Walter Grossmann, "Religious Toleration in Germany, 1684 [1648]~1750," *Studies on Voltaire and the Eighteenth Century* 201 (1982): 115~141; Joachim Whaley, "Pouvoir sauver les apparences: The Theory and Practice of Tolerance in 18th−Century Germany," *British Journal for Eighteenth Century Studies* 13 (1990): 1~18. Etienne François, "De l'uniformité à la tolérance: Confession et société urbaine en Allemagne, 1650~1800," *Annales: Economies, sociétés, civilisations* 37 (1982): 783~800 는 독일 도시들의 유형에 대한 유용한 정보를 담고 있다. 독일어가 가능한 독자들 은 Anton Schindling, Walter Ziegler, eds., *Die Territorien des Reichs im Zeitalter der Reformation und Konfessionalisierung: Land und Konfession 1500~1650*, 7 vols. (Münster, 1987~1997)에서 유용한 참고자료를 발견할 것이다. 정치적인 내러티브를 모은 Jean Bérenger, *Tolérance ou paix de religion en Europe centrale (1415~1792)* (Paris, 2000)은 신성로마제국, 오스트리아, 폴란드, 헝가리, 체코에 대한 전통적이기는 하지만 이해하기 쉬운 조망을 제공해준다. 폴란드에 대해서는 Janusz Tazbir, *A State without Stakes: Polish Religious Toleration in the Sixteenth and Seventeenth Centuries* (New York, 1973)이 있는데, 낡은 책이지만 아직 대체되지 않고 있다. 헝가리의 경우 종교적 관용(과 갈등)이라는 주제에 가장 가까운 책으로는 Márta Fata, *Ungarn, das Reich der Stephanskrone, im Zeitalter des Reformation und Konfessionalisierung: Multiethnizität, Land und Konfession 1500 bis 1700* (Münster, 2000)이 있다. 동중부 유럽을 개관하기 위해서는 E. William Monter, "Toleration and Its Discontents in East−Central Europe,", William Monster, *Ritual, Myth and Magic in Early Modern Europe* (Athen, Ohio, 1983), 130~147을 보라. 관용이라는 말은 일반적으로 아일랜드에는 적용되지 않는다. 비록 특히 18세기에 대해서는 적용되어야 하지만 말이다. 이 문제에 대해서는 C. D. A. Leighton, *Catholicism in a Protestant Kingdom: A Study of the Irish Ancient Régime* (New York, 1994)를 보라. 네덜란드에 대해서는 두 권의 영어 논문집이 있다: R. Po~Chia Hsia, H. F. K. van Nierop, eds., *Calvinism and Religious Toleration in the Dutch Golden Age* (Cambridge, 2002); Christiane Berkvens~Stevelinck, Jonathan Irvine Israel, G. H. M Posthumus Meyjes, eds., *The Emergence of Tolerance in the Dutch Republic* (Leiden, 1997).

　유럽의 종교적 소수파들에 대한 역사는 관용문제에 대해 중요한 성찰을 제공해준다. 가장 뛰어난 책으로는, John Bossy, *The English Catholic Community, 1570~1850* (New York, 1976)과 Michael R. Watts, *The Dissenters*, 2 vols. (Oxford, 1978~1995)가 있다. 그러나 1970년대까지도, 그리고 많은 경우에는 더 늦게까지도, 소수파들의 역사는 거기에 속한 사람들에 의해 씌어진 경향이 있었다. 종교집단들은 자체의 역사 서술 전통을 가지고 있었고, 그것을 통해서 자기들의 정체성의 주요한 측면들을 형상화하고 표현했다. 따라서 많은 학술서적들은 상당히 편향적이고 대체로 낡았다. 그렇지만, 몇몇 연구서들은 뛰어난 가치를 지니고 있으며, 사료적으로 뿐만 아니라 오늘날의 토론에 대해서도 좋은 지향점을 제공해준다. 예컨대, L. J. Rogier, *Geschiedenis van het katholicisme in Noord~Nederland in de zestiende en zeventiende eeuw*, 2 vols. (Amsterdam, 1846); Mihály Bucsay, *Der Protestantismus in Ungarn, 1521~1978*: *Ungarns Reformkirchen in Geschichte und Gegenwart*, 2 vols. (Vienna, 1977~1979); 그리고 기념비적인 Salo Wittmayer Baron, *A social and Religious History of the Jews*, 16 vols. (New York, 1952~1976). 종파적 자극은 많은 일차사료의 출판을 자극했다. 이러한 일차사료와 이차사료의 일부는 다음과 같은 전매 저널에 들어 있다: 아일랜드의 경우에는 *Recusant History, Archivium Hibernicum, Bulletin de la Société de l'histoire du protestantisme français, Jahrbuch der Gesellschaft für die Geschichte des Prostantismus in Österreich, Archief voor de Geschiedenis van het Aartsbisdom Utrecht, Bijdragen voor de Geschiedenis van het Bisdom Haarlem, Revue des études juives, Studia Rosenthaliana*. 이러한 자료들은 관용의 역사와 관련된 많은 정보를 제공해준다. 일차사료 가운데, 베스트팔렌 조약이나 1689년 영국관용법과 같은 법들은 매우 중요하다. 출판된 자료들은 André Stegmann, ed., *Edits des guerres de religion* (Paris, 1979); Goodbar, *The Edict of Nantes*; Ernst Walder, ed., *Religionsvergleiche des 16. Jahrhunderts* (Bern, 1974); Konrad Müller, ed., *Instrumenta pacis Westphalicae – Die Westfälischen Friedens-verträge*: *Vollständiger lateinischer Text mit Übersetzung der wichtigsten Teile und Tegesten* (Bern, 1949); K. Kuzmány, ed., *Urkundenbuch zum österreichisch-evangelischen Kirchenrecht* (Vienna, 1856) (오스트리아와 헝가리의 경우); Peter F. Barton, ed., *Im Zeichen der Toleranz*: *Aufsätze zur Toleranzgesetzgebung des 18. Jahrhunderts in den Reichen Joseph II., ihren Voraussetzungen und ihren Folgen*; *Eine Festschrift* (Vienna, 1981) (1781 Toleranzpatent); Geoffrey R. Elton, ed., *The Tudor Constitution*: *Documents and Commentary* (Cambridge, 1960); J. P. Kenyon, ed., The Stuart Constitution, 1603~1688: Documents and Commentary (Cambridge, 1966); Grell, Israel, Tyache, *From Persecution to Toleration* (facsimile of the 1689 Act); G. M.

von Knonau et al., eds., *Ämtliche Sammlung der ältern eidgenössischen Abschiede*, 8 in 23 vols. (Lucern, 1839~1986).

그러나 지역적 차원에서의 관용 실천을 이해하는 데 있어서 가장 중요한 자료는 지역 공동체에서의 종교생활에 대한 근대의 사례 연구다. 그러한 모습을 가장 잘 보여주는 것으로는, 프랑스의 경우, Louis Pérouas, *Le diocèse de La Rochelle de 1648 à 1724: Sociologie et pastorale* (Paris, 1964); Robert Sauzet, *Contre−réforme et réforme catholique en Bas−Languedoc: Le diocèse de Nîme au XVIIe siècle* (Paris, 1979); Louis Châtellier, *Tradition chrétienne et renouveau catholique dans le cadre de l'ancien diocèse de Strasbourg (1650~1770)* (Paris, 1981); Barbara B. Diefendorf, *Beneath the Cross: Catholics and Huguenots in Sixteenth−Century Paris* (New York, 1991); Gregory Hanlon, *Confession and Community in Seventeenth−Century France: Catholic and Protestant Coexistence in Aquitaine* (Philadelphia, 1993); Mark W. Konnert, *Civic Agendas and Religious Passion: Châlons−sur−Marne during the French Wars of Religion* (Kirksville, 1997). 독일의 경우에는, Gerald Lyman Soliday, *A community in Conflict: Frankfurt Society in the Seventeenth and Early Eighteenth Centuries* (Hanover, N. H., 1974); Peter Lang, *Die Ulmer Katholiken im Zeitalter der Glaubenskämpfe: Lebensbedingungen einer konfessionellen Minderheit* (Frankfurt am Main, 1977); Paul Warmbrunn, *Zwei Konfessionern in einer Stadt: Das Zusammenleben von Katholiken und Protestanten in den paritätischen Reichsstädten Augsburg, Biberach, Ravensburg und Dinkelsbühl von 1548 bis 1648* (Wiesbaden, 1983); Peter Zschunke, *Konfession und Alltag in Oppenheim: Beiträge zur Geschichte von Bevölkerung und Gesellschaft einer gemischtkonfessionellen Kleinstadt in der frühen Neuzeit* (Wiesbaden, 1984); Joachim Whaley, *Religious Toleration and Social Change in Hamburg 1529~1819* (Cambridge, 1985); Bernd Roeck, *Eine Stadt in Krieg und Frieden: Studien zur Geschichte der Reichsstadt Augsburg zwischen Kalenderstreit und Parität* (1584~1648), 2 vols. (Göttingen, 1989); Marc Forster, *The Counter−Reformation in the Villages: Religion and Reform in the Bishopric of Speyer, 1560~1720* (Ithaca, 1992); Stefan Ehrenpreis, "*Wir sind mit blutigen Köpfen davongelaufen······*": *Lokale Konfessionskonflikte im Herzogtum Berg 1550~1700* (Bochum, 1993); Peter G. Wallace, *Communities and Conflict in Early Modern Colmar, 1575~1730* (Atlantic Highlands, 1995). 네덜란드의 경우는, Joke Spaans, *Haarlem na de Reformatie: Stedelijke cultuur en kerkelijk leven, 1577~1620* (The Hague, 1989); Benjamin J. Kaplan, *Calvinists and Libertines: Confession and Community in Utrecht, 1578~1620*

(Oxford, 1995); Charles de Mooij, *Geloof kan bergen verzetten: Reformatie en katholieke herleving te Bergen op Zoom 1577~1795* (Hilversum, 1998). 스위스의 경우에는, Randolph C. Head, "Religious Coexistence and Confessional Conflict in the Vier Dörfer: Practices of Toleration in Eastern Switzerland, 1525~1615," in Laursen, Nederman, *Beyond the Persecuting Society*, 145~165; Frauke Volkland, *Konfession und Selbstverständnis: Reformierte Rituale in der gemischtkonfessionellen Kleinstadt Bischofszell im 17. Jahrhundert* (Göttingen, 2005). 영국의 경우, Daniel C. Beaver, *Parish Communities and Religious Conflict in the Vale of Gloucester, 1590~1690* (Cambridge, Mass., 1998); Muriel C. McClendon, *The Quiet Reformation: Magistrates and the Emergence of Prostantism in Tudor Norwich* (Stanford, 1999); Gordon DesBrisay, "Catholics, Quakers and Religious Persecution in Restoration Aberdeen,"*Innes Review* 47 (1996): 136~168; Kevin Whelan, "The Catholic Community in Eighteenth-Century Wexford," in *Endurance and Emergence: Catholics in Ireland in the Eighteenth Century*, ed. T. P. Power, Kevin Whelan, 129~170 (Blackrock, Co. Dublin, 1990). 헝가리의 경우, Franz Galambos, ed. and trans., *Glaube und Kirche in der Schwäbischen Türkei des 18. Jahrhunderts: Aufzeichnungen von Michael Winkler in den Pfarrchroniken von Szakadát, Bonyhád und Gödre* (Munich, 1987). 폴란드의 도시들에 대해서는 Gottfried Schramm이 *Jahrbücher für Geschichte Osteuropas, Zeitschrift Ostforschung* 등에 중요한 논문들을 발표했다. 대상 영역의 크기가 다르기는 하지만, 이 책은 이러한 지역 연구들로부터 수많은 사실들 뿐만 아니라 접근방법까지 많이 차용했다. 특히 유용했던 책은 Etienne François가 아우크스부르크에 대해 쓴 뛰어난 저작 *Die unsichtbare Grenze: Protestanten und Katholiken in Augsburg, 1648~1806* (Sigmaringen, 1991)이다. 이 책의 프랑스어 번역은 *Protestants et catholiques en Allemagne: Identités et pluralisme, Augsbourg, 1648~1806* (Paris, 1993).

　최근의 여러 저작들도 관용의 역사를 새롭게 조명하는 데 도움을 주었다. 어떤 책은 종교개혁 이후 독일의 종교생활을 연구하는 데 지배적인 패러다임이 되었으며 유럽의 다른 지역으로도 확대된 종파주의 현상을 다루었다. 내가 제1장에서 종파주의를 종교문화의 한 형태라고 본 것은 그것을 국가 건설이나 사회적 훈육과 밀접하게 결합시킨 Heinz Schilling 같은 학자들에 대한 비판을 담고 있다. 초기의 지향에 대해서는, Wolfgang Reinhard, "Reformation, Counter~Reformation, and the Early Modern State: A Reassessment," *Catholic Historical Review* 75 (1989): 383~401; Heinz Schilling, "Confessionalisation in Europe: Causes and Effects for Church, State, Society, and Culture," in Bussmann, *Schilling*, 1648, 1: 219~228; R. Po-Chia, *Social Discipline in the Reformation: Central Europe, 1550~1750* (London, 1989); Kaplan, *Calvinists and Libertines*, intro. and chap. 1; Andrew Pettegree, "Confessionalization in North Western Europe," in *Konfessionalisierung in Ostmitteleuropa: Wirkungen des religiösen Wandels im 16. und 17. Jahrhundert in Staat, Gesellschaft und Kultur*, ed. Joachim Bahlcke, Arno Strohmeyer, 105~120 (Stuttgart, 1999); Philip Benedict, "Confessionalization in France? Critical Reflections and New Evidence," in *Society and Culture in the Huguenot World, 1559~1685*, ed. Raymond A. Mentzer, Andrew Spicer, 44~61 (Cambridge, 2002). 주제와 관련된 또다른 저작은 종교폭력에 대한 것으로, 비극적인 이유로 해서, 대부분 프랑스 역사가들에 의해 연구되었다. 프랑스 종교전쟁에 뒤이은 종교폭동에 대해서는 무엇보다도 Natalie Zemon Davis, "The Rites of Violence," Natalie Zemon Davis, *Society and Culture in Early Modern France*, 152~187 (Stanford, 1975)를 보라. Mark Greengrass, "The Psychology of Religious Violence," *French History* 5 (1991): 467~474 과 Mack P. Holt, "Putting Religion Back into the Wars of Religion," *French Historical Studies* 18 (1993): 524~551 등은 유용한 비평논문이다. 프랑스어가 가능한 독자들은 Denis Crouzet, *Les guerriers de Dieu: La violence au temps des troubles de religion* (1525~1610), 2 vols. (Seyssel, 1990)이라는 권위 있지만 가끔은 혼란스러운 책을 읽으면 된다. 영국사가들은 반가톨릭 정서의 힘과 그것이 영국의 국민적 정체성을 형성하는 데 수행한 중심 역할을 인정하게 되었다. 이러한 내용은 다음과 같은 저작에서 밝혀졌다. Robin Clifton, "The Popular Fear of Catholics during the English Revolution," *Past and Present* 52 (1971): 23~55; Carol Wiene, "This Beleaguered Isle: A Study of Elizabethan and Early Jacobean Anti~Catholicism," *Past and Present* 51 (1971): 27~62; John Miller, Popery and Politics in England, 1660~1688 (Cambridge, 1973); Peter Lake, "Anti-Popery: The Structure of a Prejudice," in Conflict in Early *Stuart England: Studies in Religion and Politics, 1603~1642*, ed. Richard Cust, Ann Hughes, 72~106 (London, 1989); Londa Colley, *Britons: Forging the Nation, 1707~1837* (New Haven, 1992), 제1장; Colin Haydon, *Anti-Catholicism in Eighteenth-Century England, 1714~80: A Political and Social Study* (Manchester 1993); Tony Claydon, Ian McBride, eds., *Protestantism and National Identity: Britain and Ireland, 1650~1850* (Cambridge, 1998). 마지막으로, 유대주의에 대한 역사연구는 최근에 그야말로 혁명적인 변화를 겪었다. 내가 제2장에서 다룬 근대 초 유대인들의 역사, 특히 게토에 대한 기술은 유대인들의 역사를 영구적으

로 악화되어간 고통스러운 이야기로 보기를 거부하는 최근의 전문가들 사이에서 폭넓은 지지를 받고 있는 수정주의를 반영한 것이다. 그들의 연구에 대한 입문으로는, Robert Bonfil, *Jewish Life in Renaissance Italy* (Berkeley, 1994); David B. Rudermann, ed., *Essential Papers on Jewish Culture in Renaissance and Baroque Italy* (New York, 1992); Mark R. Cohen, ed., *The Autobiography of a Seventeenth-Century Venetian Rabbi: Leon Modena's Life of Judah* (Princeton, 1988); R. Po-Chia Hsia, Hartmut Lehmann, eds., *In and Out of the Ghetto: Jewish-Gentile Relations in Late Medieval and Early Modern Germany* (Washington, D. C., 1995); 그리고 내가 많이 참고한 Jonathan I. Israel, *European Jewry in the Age of Mercantilism, 1550~1750* (Oxford, 1989).

이제 분명히 드러났듯이, 이 책의 방법론은 절충적이다. 위에서 언급한 빚과 언급하지 않은 빚 외에도, 이 책은 다음 책에서 방법론적인 도움을 받았다: Philip Benedict, *The Huguenot Population of France, 1600~1685: The Demographic Fate and Customs of a Religious Minority* (Philadelphia, 1991)의 종교사에 대한 인구학적 접근; Natalie Zemon Davis, "The Sacred and the Body Social in Sixteenth-Century Lyon," *Past and Present* 90 (1981): 40~70과 David Nirenberg, *Communities of Violence: Persecution of Miniorities in the Middle Ages* (Princeton, 1995)의 인류학적 접근; David Cressy, *Bonfires and Bells: National Memory and the Protestant Calendar in Elizabethan and Stuart England* (Berkeley, 1989)의 기억과 기념에 대한 연구; Alexandra Walsham, *Church Papists: Catholicism, Conformity and Confessional Polemic in Early Modern England* (London, 1993), Miriam Bodian, *Hebrews of the Portuguese Nation: Conversos and Community in Early Modern Amsterdam* (Bloomington, 1997), Judith Pollmann, *Religious Choice in the Dutch Republic: The Reformation of Arnoldus Buchelius (1565~1641)* (Manchester, 1999), 그리고 Willem Frijhoff, *Embodied Belief: Ten Essays on Religious Culture in Dutch History* (Hilversum, 2002)의 종교문화와 정체성에 대한 연구.

찾아보기

근대 유럽의 종교 갈등과 관용 실천

유럽은 어떻게 관용사회가 되었나

- ⊙ 2015년 7월 29일 초판 1쇄 발행
- ⊙ 2016년 9월 19일 초판 2쇄 발행
- ⊙ 지은이　　　　벤자민 J. 카플란
- ⊙ 옮긴이　　　　김응종
- ⊙ 펴낸이　　　　박혜숙
- ⊙ 디자인　　　　이보용
- ⊙ 영업·제작　　 변재원
- ⊙ 종이　　　　　화인페이퍼
- ⊙ 펴낸곳　　　　도서출판 푸른역사
　우) 03044 서울시 종로구 자하문로8길 13
　전화: 02) 720-8921(편집부) 02) 720-8920(영업부)
　팩스: 02) 720-9887
　전자우편: 2013history@naver.com
　등록: 1997년 2월 14일 제13-483호

ISBN　979-11-5612-049-0　93900

• 잘못 만들어진 책은 교환해드립니다.